Andreas Treichler (Hrsg.)

# Wohlfahrtsstaat, Einwanderung und ethnische Minderheiten

Andreas Treichler (Hrsg.)

# Wohlfahrtsstaat, Einwanderung und ethnische Minderheiten

*Probleme, Entwicklungen, Perspektiven*

Westdeutscher Verlag

Die Deutsche Bibliothek – CIP-Einheitsaufnahme
Ein Titeldatensatz für diese Publikation ist bei
Der Deutschen Bibliothek erhältlich

1. Auflage Februar 2002

Alle Rechte vorbehalten
© Westdeutscher Verlag GmbH, Wiesbaden 2002

Lektorat: Nadine Kinne

Der Westdeutsche Verlag ist ein Unternehmen der Fachverlagsgruppe BertelsmannSpringer.
www.westdeutschervlg.de

Umschlaggestaltung: Horst Dieter Bürkle, Darmstadt
Druck und buchbinderische Verarbeitung: Rosch-Buch, Scheßlitz
Gedruckt auf säurefreiem und chlorfrei gebleichtem Papier
Printed in Germany

ISBN 3-531-13613-5

# Inhalt

1. **Einleitung**

Transnationale Migration und Einwanderung als Gegenstand
und Herausforderung für Wohlfahrtsstaat und –politik.............................. 15
*Andreas Treichler*

2. **Ungleichheit, Sozialstruktur und Konflikt**

Internationale Ungleichheit und Weltmigration........................................ 27
*Hans-Joachim Hoffmann-Nowotny*

Zuwanderung und der „Reichtum der Nationen":
demographische, ökonomische und fiskalische Aspekte.......................... 37
*Werner Sesselmeier*

Soziale Konflikte in der Einwanderungsgesellschaft: Merkmale,
Ausprägungen und Elemente der politischen Regulierung........................ 47
*Axel Schulte*

Sozialstruktur und Migration –
Die soziale Lage der Arbeitsmigranten in Deutschland............................ 69
*Thomas Meyer*

Einwandererintegration im Spiegel U.S. Amerikanischer Forschung........ 83
*Hermann Kurthen*

3. **Arbeitsmarkt, Beschäftigung und soziale Sicherung**

Einwanderung und Europäisierung. Postnationale Arbeitsmärkte
ohne wohlfahrtspolitische Verfassung?..................................................... 109
*Andreas Treichler*

Rechtliche Bedingungen für den Zugang zum Arbeitsmarkt
der EU-Mitgliedsstaaten für Drittstaatsangehörige.................................. 137
*Manfred Husmann*

Asylsuchende auf dem deutschen Arbeitsmarkt......................................... 151
*Peter Kühne*

Sozialrechtliche Stellung und soziale Sicherung
von Drittstaatsangehörigen in der Europäischen Union............................ 165
*Bernd Schulte*

4.  **Soziale Arbeit, organisierte Hilfen und interkulturelle Kompetenzen**

Abschied vom Paternalismus. Anforderungen an die
Migrationssozialarbeit in der Einwanderungsgesellschaft...................... 187
*Albert Scherr*

Interkulturelle Kompetenz als Schlüsselqualifikation
einer ethnisch pluralen Gesellschaft......................................................... 199
*Elisabeth Rohr*

Interkulturelle Erziehung im Elementarbereich...................................... 215
*Otto Filtzinger*

Unbegleitete jugendliche Flüchtlinge und Sozialarbeit........................... 233
*Karin Weiss und Oggi Enderlein*

Transkulturelle Psychiatrie und Psychotherapie..................................... 243
*Eckhardt Koch*


5.  **Antidiskriminierung, Gleichstellung und Partizipation**

Die Vorreiterrolle der Europäischen Union bei der Etablierung
einer Antidiskriminierungsgesetzgebung in der
Bundesrepublik Deutschland – Lernen von anderen Ländern................. 257
*Elçin Kürşat-Ahlers*

Staatlich geförderte Antidiskriminierungspolitik: Das Beispiel
der Antidiskriminierungsarbeit in Nordrhein-Westfalen......................... 279
*Dimitria Clayton*

Partizipation von Migranten und Einwanderern in Betrieben
und den Gewerkschaften – Das Beispiel der IG Metall........................... 295
*Nihat Öztürk*


6.  **Multiethnische Gesellschaften, städtische Vergemeinschaftung
    und soziokulturelle Selbstbestimmung**

Heterogene Zuwanderer und Nationalstaatsverständnis. Ein Essay......... 313
*Jürgen Fijalkowski*

Wohlfahrtsstaat, Einwanderungspolitik und Minderheiten
in Kanada: Modell für Deutschland und Europa?..................................... 327
*Heribert Adam*

Zuwanderung, ethnische Segregation und
städtische Vergemeinschaftung............................................................ 345
*Jürgen Friedrichs*

Autorenverzeichnis

# Siglenverzeichnis

**AAV**: Arbeitsaufenthalteverordnung
**Abs**.: Absatz
**AEVO**: Arbeitserlaubnisverordnung
**AentG**: Arbeitnehmerentsendegesetz
**AFG**: Arbeitsförderungsgesetz
**AsylbLG**: Asylbewerberleistungsgesetz
**ArGV**: Arbeitsgenehmigungsverordnung
**AuslG**: Ausländergesetz
**AWO**: Arbeiterwohlfahrt e.V.
**BA**: Bundesanstalt für Arbeit
**BDA**: Bundesvereinigung der Deutschen Arbeitgeberverbände
**BGBL**.: Bundesgesetzblatt
**BM FSFJ**: Bundesministerium für Familie, Senioren, Frauen und Jugend
**BVerfG**: Bundesverfassungsgericht
**CDU**: Christlich Demokratische Union
**CSU**: Christlich Soziale Union
**DGB**: Deutscher Gewerkschaftsbund
**DJI**: Deutsches Jugendinstitut, München
**EG**: Europäische Gemeinschaft
**EuGH**: Europäischer Gerichtshof
**EU**: Europäische Union
**GG**: Grundgesetz für die Bundesrepublik Deutschland
**KJHG**: Kinder- und Jugendhilfegesetz
**KMK**: Kultusministerkonferenz
**MOE**: Mittelosteuropa
**NRW**: Nordrhein-Westfalen
**RPL**: Rheinland-Pfalz
**Rspr**.: Rechtsprechung
**S**.: Seite
**SGB III**: Sozialgesetzbuch Drittes Buch – Arbeitsförderung
**SPD**: Sozialdemokratische Partei Deutschlands
**UN**: United Nations – Vereinte Nationen
**Vgl**.: Vergleiche
**VO**: Verordnung
**WVAN**: Werkvertragsarbeitnehmer
**z.B**.: zum Beispiel
**Ziff**.: Ziffer

# Vorwort

Der vorliegende Sammelband entstand im Rahmen des Forschungsschwerpunktes 'Europäische Perspektiven des Wohlfahrtsstaates und Einwanderung' am Institut für Migrationsstudien und interkulturelle Kommunikation (IMIK).

Für die vielfältige Unterstützung bei der Texterfassung und –bearbeitung ist der Herausgeber Frau Inge Werterbach und besonders Herrn Stefan Koch zu Dank verpflichtet.

Marburg / Frankfurt a.M., im Oktober 2001

Andreas Treichler

# 1. Einleitung

# Transnationale Migration und Einwanderung als Gegenstand und Herausforderung für Wohlfahrtsstaat und -politik

*Andreas Treichler*

## 1. Einleitung

Geschichtlich gesehen sind grenzüberschreitende Migrationen von Menschen nichts Neues und damit ein normaler Vorgang gesellschaftlicher Entwicklung. Es gab immer Menschen, die in einem anderen Land bessere Bedingungen zum Arbeiten und/ oder Leben für sich und ihre Familien gesucht haben oder vor kriegerischen Auseinandersetzungen und Gewalt geflohen sind. In den vergangenen Jahren wurde jedoch von Seiten der Gesellschaftswissenschaften verstärkt darauf hingewiesen, dass die allgemeinen Ursachen für transnationale Migrationen gerade in Zusammenhang mit der vielzitierten ‚Globalisierung' und einer sich polarisierenden sozialen Ungleichheit eine erhebliche Dynamik auszubilden in der Lage sind. Dementsprechend würde die Mobilisierung von Menschen weltweit zunehmen, ebenso wie die freiwillige und unfreiwillige transnationale Migration in und nach Europa. Nach mehreren Jahrhunderten Auswanderung entwickelt sich Europa zu einer der bedeutendsten Einwanderungsregionen weltweit. Dabei gehörte die Bundesrepublik Deutschland in der zweiten Hälfte des 20. Jahrhundert zu einem der bevorzugten Zuwanderungsländer auf dem ‚alten Kontinent', welches in quantitativer Hinsicht den Vergleich zu ‚klassischen' Einwanderungsländern wie den USA, Kanada und Australien nicht zu scheuen brauchte.

Zuwanderung nach Deutschland findet statt mit oder ohne Einwanderungsgesetz, ebenso wie die Durchsetzung des Einwanderungsprozesses der vergangenen Jahrzehnte weitgehend nicht wegen, sondern trotz staatlicher Migrations- und Ausländerpolitik erfolgte. Kriegerische und andere Gewaltverhältnisse, ein sich entgrenzender Markt nicht nur für Waren, sondern auch für Arbeitskräfte und Dienstleistungen sowie Kettenmigrationen nach Deutschland und Europa werden voraussichtlich sozial-räumliche Mobilität weiterhin auslösen, fördern, verstetigen oder erzwingen. Die gleichberechtigte Teilhabe und Integration von transnationalen Migranten, Einwanderern und ihrer Familien in zunehmend multiethnisch geprägte Gesellschaften aber ist keineswegs eine Zwangsläufigkeit. Im Gegenteil: So deuten viele Anzeichen zu Beginn des 21. Jahrhunderts darauf hin, dass gesellschaftliche Integrationsprobleme und Konflikte im allgemeinen wie auch speziell in Zusammenhang mit ethnischen Minderheiten zunehmen. Gleichzeitig steigen die sozialen, demokratischen und nationalökonomischen Kosten der Nichtintegration dieser Bevölkerungsgruppen.

Bei der Frage nach Möglichkeiten und Grenzen der Problem- und Konfliktbearbeitung kommt dem Wohlfahrtsstaat in diesem Zusammenhang eine nicht ausschließliche, wohl aber herausgehobene Bedeutung zu. Sozialwissenschaftlich wurde diesem Umstand Ende der 1990er Jahre Rechnung getragen, indem zum Verhältnis von transnationaler Migration und Wohlfahrtsstaat M. Bommes/J. Halfmann (Hrsg.) (1998); Bommes (1999) in theoretischer sowie H. Kurthen/J. Fijalkowski/G. Wagner (Hrsg.) (1998) in international-vergleichender Perspektive Beiträge vorlegen konnten. Eine Untersuchung, die Probleme und Herausforderungen einer Integrationspolitik unter Berücksichtigung des sich parallel durchsetzenden Europäisierungsprozesses zum Ausgangspunkt ihrer Untersuchungen macht und hierbei – soweit dies möglich war – praktisch-politische Handlungsempfehlungen sich zu formulieren traute, fehlte bislang. Diese Lücke versucht der vorliegende Sammelband, welcher sozialwissenschaftlich-grundlegende wie politisch-aktuelle Problemstellungen nach Möglichkeiten und Grenzen der wohlfahrtsstaatlichen Politik gegenüber Einwanderung und ethnischen Minderheiten aufgreift, zu schließen. Folgende Fragestellungen bilden Ausgangpunkte der Beiträge:

- Ist die nationale Konstitution des Wohlfahrtsstaates geeignet, auf transnationale Migrationen als einem Element von Globalisierung adäquat zu reagieren? Welche Maßstäbe gilt es hier anzulegen?

- Entstehen für Wohlfahrtsstaat und -politik zum Beispiel durch die Akzeptanz von transnationalen sozialen Räumen und der konflikthaften Existenz multiethnischer Gemeinschaften neue Herausforderungen; wenn ja, in welchen Problemfeldern?

- Welche Ansätze der wohlfahrtspolitischen Bearbeitung sozialer Problemlagen in Folge von Zu- und Einwanderung gab es bisher national, aber auch darüber hinaus?

- Welche politischen Integrationsstrategien und -bedingungen benötigt eine Einwanderungsgesellschaft wie Deutschland? Welche Integrationskonzepte scheinen hierbei erfolgsträchtig zu sein? Kann in diesem Zusammenhang von anderen Ländern gelernt werden?

Der Facettenreichtum und die Komplexität der Thematik erfordern methodologisch ein mehrdimensionales Vorgehen. Hierzu gehört (1) *Interdisziplinarität*, um soziale, ökonomische, politische, rechtliche und pädagogische Aspekte einbeziehen zu können; (2) *Internationalität*, um nationale Besonderheiten wohlfahrtspolitischer Entwicklungen bezüglich transnationaler Migrationen und Einwanderung zu vergleichen und gewichten; (3) einen – nach Themen und Autoren verschieden stark orientierten – *Theorie-Praxisbezug*, um die Handlungsrelevanz sozialwissenschaftlichen Arbeitens wider der Fehlentwicklungen nicht nur deutscher Soziologie als Produzenten einer weitgehend sich auf Reflexions- und Orientierungswissen beschränkenden Disziplin zu verdeutlichen. Zugleich ist herauszustellen, dass die vielfältigen Aufgabenbereiche und Tätigkeitsfelder professioneller Wohlfahrtspolitik, Sozialplanung sowie sozialer Arbeit der sozialwissenschaftlichen Fundierung und Begleitung bedürfen, wollen sie nicht in Selbstgefälligkeit und naiven Pragmatismus abgleiten. Nicht wenige der Expertinnen und Experten verfügen über Erfahrungen im akademischen wie auch im praktisch-politischen und/oder pädagogischen Bereich und besitzen zudem einen Migrationshintergrund.

## 2. Zu den Beiträgen

Das Kapitel ‚Ungleichheit, Sozialstruktur und Konflikt'

Diesem Kapitel kommt zunächst ein allgemeiner wie auch einleitender Charakter zu. *Hans-Joachim Hoffmann-Nowotny* thematisiert das Faktum der internationalen sozialen Ungleichheit als grundlegende Determinante in Zusammenhang mit dem weltweiten Bevölkerungs- und Wanderungspotential sowohl auf empirischer wie auch theoretischer Ebene. Internationale und interkontinentale Migrationen versprechen demnach das Thema des neuen Jahrhunderts zu werden, welche die Zukunft noch mehr bestimmen werden als die Gegenwart. In Analogie zu nationalen Wohlfahrtssystemen bilden sich, so seine These, ohne das dies schon bewusst erscheint, Ansätze weltgesellschaftlicher Wohlfahrtssysteme aus, deren erklärte oder unerklärte Absicht nicht zuletzt darin besteht, als ‚Migrationsbremse' zu wirken. Dennoch werden wohlfahrtsstaatliche Systeme auf nationaler Ebene nicht überflüssig. Sie geraten jedoch vor dem Hintergrund der so genannten Globalisierung unter Finanzierungs- und Legitimationsdruck, wie am Beispiel der Schweiz verdeutlicht wird.

Internationale soziale Ungleichheit ist keine natürliche und konstante Größe zwischen Nationalgesellschaften bzw. Staatengemeinschaften, sondern wesentlich durch ökonomische, politische und soziale Prozesse bedingt. Welche Bedeutung hat Zuwanderung für den ‚Reichtum der Nationen' (A. Smith) in demographischer, ökonomischer und fiskalischer Hinsicht für die Aufnahmegesellschaft? Die Bevölkerungsprognosen für Deutschland bis zum Jahre 2050 gehen von einem stark ansteigenden Altenquotienten aus. Vor diesem prognostischen Hintergrund wird Zuwanderung häufig als ein Instrument zur Relativierung der mit dieser Entwicklung verbundenen Probleme der Alterung und Schrumpfung gesehen. Dies gilt insbesondere für die Frage einer möglichen Stützung sozialer Sicherungssysteme durch Zuwanderung. *Werner Sesselmeier* zeigt auf, das zumindest in Deutschland Migration der schwächste demographische Einflussfaktor und im Gegensatz zur Fertilität und Mortalität weder strukturbestimmend noch trendbildend ist. Insgesamt aber muss Zuwanderung unter demographischen und ökonomischen Gesichtspunkten generell als positiv für die deutsche Volkswirtschaft bewertet werden.

Die westeuropäischen Länder haben sich in den vergangenen Jahrzehnten zunehmend mehr zu multiethnisch und –kulturell geprägten Einwanderungsländern entwickelt. Der damit sich vollziehende soziale Wandel stellt die Einwanderungsgesellschaften vor neue Probleme, Konflikte und Herausforderungen, und zwar in analytischer wie auch praktisch-politischer Hinsicht. Ethnisch-kulturelle Spannungen und Konflikte zwischen Bevölkerungsgruppen können den gesellschaftlichen

Zusammenhalt insgesamt gefährden. *Axel Schulte* geht der Frage nach, unter welchen Bedingungen Angehörige verschiedener ethnischer Gruppen oder kultureller Gemeinschaften miteinander auskommen können. Unter analytischen Gesichtspunkten werden zunächst verschiedene Problem- und Konfliktlagen erläutert und dann unter praktischen Gesichtspunkten Orientierungen für gesellschaftspolitische Maßnahmen entworfen.

*Thomas Meyer* beleuchtet die soziale Lage und sozialstrukturelle Stellung der Arbeitsimmigranten und ihrer Familien aus den ehemaligen Anwerbestaaten des Mittelmeerraumes in der Bundesrepublik Deutschland. Hierbei geht er insbesondere auf die Wohnbedingungen, Bildungsstruktur und berufliche Stellung der Migranten ein. Zwar ist die bundesdeutsche Sozialstruktur in den letzten Jahrzehnten heterogener und differenzierter geworden, so sein Fazit. Es verbietet sich somit, von Arbeitsimmigranten als einer ‚Randschicht' zu reden. Allerdings sind mit einem vergleichenden Blick auf die deutsche Bevölkerung die Einwanderer weiterhin am unteren Ende der gesellschaftlichen Status- und Ungleichheitshierarchie in Deutschland angesiedelt.

Eine ungleiche Verteilung von gesellschaftlicher Teilhabe und Teilnahme zwischen Migranten und Einheimischen begründen Integrationsprobleme, welche auch in Deutschland, aber nicht nur hier, existent sind. Historische und umfangreiche aktuelle Erfahrungen mit der Integration von Einwanderern, ihren Problemen und Dynamiken besitzen vor allem klassische Einwanderungsländer wie beispielsweise die USA. Hier ist die Integrationsforschung deutlich weiter entwickelt als in der Bundesrepublik und anderen europäischen Ländern. *Hermann Kurthen* stellt den Stand der US Amerikanischen Integrationsforschung, ihre verschiedenen theoretischen und konzeptionellen Ansätze und Modelle dar und fragt, ob diese Erklärungen, Methoden und Erfahrungen auf Deutschland und andere europäische Länder übertragen werden können.

Das Kapitel ‚Arbeitsmarkt, Beschäftigung und soziale Sicherung'

Der Arbeitsmarkt, welcher ohne politisch-staatliche und ethnisch-kulturelle Grenzziehung zunächst als ‚Weltarbeitsmarkt' zu denken wäre, ist die zentrale Drehscheibe sozialer Ungleichheit und zugleich der Ort, an dem über die Verteilung von Einkommens-, Beschäftigungs- und Lebenschancen der meisten Menschen entschieden wird. Da sich die Systeme sozialer Sicherung – unter Beachtung der Sonderstellung der Sozialhilfe zur Armutsvermeidung und -bekämpfung – von der beruflichen Stellung ableiten, welche die betreffenden Personen auf dem Arbeitsmarkt für sich zu realisieren vermag, besteht ein enger Zusammenhang zwischen Erwerbstätigkeit und sozialer Sicherung.

Da die Arbeitsmärkte nicht nur in europäischen Ländern überwiegend national begründet und ausgerichtet waren, muss ihre Konfrontation mit Prozessen der Globalisierung, transnationaler Migration und Einwanderung grundsätzlich problematisch erscheinen. Dies gilt vor allem für die wohlfahrtspolitische Regulation und Verfassung des Arbeitsmarktes. *Andreas Treichler* untersucht die Frage, inwieweit der traditionelle nationale Arbeitsmarkt vor dem Hintergrund von Einwanderung und Europäisierung noch existiert. Die fortschreitende Trans- bzw. Internationalisierung von Arbeitsmärkten in Westeuropa, so seine These, geht einher mit einer Schwächung der Systeme tariflicher und sozialer Sicherung zugunsten einer Individualisierung und Ökonomisierung der Arbeitsbeziehungen. Zugleich sind auf der Ebene der Europäischen Union – trotz Fortschritten bei der Verbesserung des sozialen Schutzes von Wanderarbeitnehmern und ihren Familien – bislang keine adäquaten Wohlfahrtssysteme analog zur nationalen Ebene aufgebaut worden.

Der Zugang zu den Arbeitsmärkten der Europäischen Union ist für Drittstaatsangehörige grundsätzlich nicht frei, sondern konditioniert. *Manfred Husmann* stellt aus rechtlicher Sicht diese vielfältigen Bedingungen des Arbeitsmarktzuganges für Drittstaatsangehörige auf europäischer und nationaler Ebene dar. In diesem Zusammenhang werden insbesondere angesprochen: das Verhältnis von nationalem zu europäischem Inländerprimat auf den Arbeitsmärkten, die Bedeutung des Rechtes der Arbeitnehmer auf Freizügigkeit für Drittstaatsangehörige sowie die rechtliche Stellung und vertraglichen Grundlagen der Beschäftigung drittstaatsangehöriger Personengruppen wie beispielsweise Grenzgänger/innen, Saison- und Werkvertragsarbeitnehmer/innen.

Die insbesondere in der ersten Hälfte der 1990er Jahren verstärkt erfolgte Zuwanderung von Asylsuchenden nach Deutschland und in andere europäische Länder hat zu gewichtigen arbeitsmarkt- und sozialpolitischen Reaktionen geführt. Die Möglichkeiten, aber auch Schwierigkeiten einer Integration dieser Personengruppe in den Arbeitsmarkt thematisiert *Peter Kühne*. Hierbei werden wesentliche rechtliche Barrieren einer Integration von Flüchtlingen auf nationaler Ebene benannt, wie auch Ergebnisse einer Dortmunder Regionalstudie vorgestellt und auf kommunaler Ebene Integrationsprobleme von Asylsuchenden konkretisiert. Der Autor weist auf überfällige Reformkonzepte hin und unterbreitet konkrete Maßnahmen zur Verbesserung der Arbeitsmarktintegration von Asylsuchenden.

In der Europäischen Union ist die Zahl der Migranten aus Drittstaaten mehr als doppelt so hoch wie die Zahl der Migranten, welche Staatsangehörige eines Mitgliedsstaates sind. Schon allein aufgrund dieser quantitativen Dimension verdient das Thema der sozialrechtlichen Stellung und sozialen Sicherung von Drittstaatsangehörigen in der Europäischen Union Beachtung, dem sich *Bernd Schulte* grundlegend annimmt. Ausführlich und detailliert werden Zusammenhänge von Freizügigkeit und sozialer Sicherung, der sozialen Sicherung von Wanderarbeitnehmern und ihren Familien sowie die Fortentwicklung der gemeinschaftsrechtlichen Koordinierung sozialer Sicherung auch durch die Verträge von Amsterdam und Nizza dargestellt.

Das Kapitel ‚Soziale Arbeit, organisierte Hilfen und interkulturelle Kompetenzen'

Soziale Arbeit im Wohlfahrtsstaat kann als professionelle Bearbeitung von Hilfsbedürftigkeit begriffen werden. Zu den hilfsbedürftigen Personengruppen werden von Seiten der sozialen Arbeit häufig auch ‚Ausländer/innen' bzw. ‚Migranten' und ihre

Familienangehörigen gezählt. *Albert Scherr* untersucht, inwieweit die Grundlagen, konzeptionellen Orientierungen und Organisationsformen der sozialen Arbeit nahe legen, diese Personengruppe vorschnell zum Klientel sozialarbeiterischen Handelns zu erklären. Es wird herausgestellt, dass eine Vielzahl hilfsbedürftiger sozialer Lagen von Migranten und insbesondere Flüchtlingen Folge politisch-staatlichen Handelns wie Nichthandelns sind, ohne dass dieser Umstand in der sozialen Arbeit hinreichend reflektiert sei. Der sozialbenachteiligten Lage entspreche dann ein so genannter ‚Elendsdiskurs', welcher geeignet ist, ein paternalistisches Berufsverständnis gegenüber Migranten zu begründen. Der Autor plädiert daher für eine stärker theoretisch fundierte Pragmatik des Helfens.

Die Kommunikation zwischen und Kooperation von Angehörigen verschiedener Ethnien und Nationalkulturen ist nicht selbstverständlich. Um ethnisch-kulturell bedingte Missverständnisse und Konflikte zu minimieren sowie speziell die Arbeitsorganisation und -effizienz in interkulturellen Zusammenhängen, zum Beispiel der sozialen Dienste, zu optimieren, entwickelt sich interkulturelle Kompetenz zu einer Schlüsselqualifikation. *Elisabeth Rohr* geht der Frage nach, wie interkulturelle Kompetenzen vermittelt werden können und untersucht in diesem Zusammenhang speziell Möglichkeiten und Grenzen interkultureller Trainings. Sie zeigt auf, dass hier grundsätzliche theoretische Defizite der Begründung und Vermittlung interkultureller Kompetenzen vorliegen, welche noch der interdiziplinären Forschung bedürfen.

Der Vermittlung interkultureller Bildung und Kompetenzen kommt in den verschiedensten Arbeits- und Lebensbereichen sozial- und bildungspolitisch eine nicht unerhebliche Bedeutung zu, so auch im Elementarbereich, wie *Otto Filtzinger* speziell am Beispiel von Kindertagesstätten zeigen kann. Diesem Bereich kam in der Vergangenheit kaum Bedeutung zu, wenn es um die Entwicklung und Umsetzung von Integrationsstrategien vor allem auf kommunaler Ebene ging. Hier gilt es nicht nur konzeptionell-planerisch wie auch personell umzudenken. Damit verbunden sein müsse, so der Autor, dass multiethnische bzw. kulturelle Teams unter den Fachkräften der erzieherischen und sozialen Arbeit mehr Verbreitung finden sollten. Dies setzt aber auch eine veränderte Einstellungspraxis des Fachpersonals voraus, in der mehr qualifizierte Fachkräfte mit Migrationshintergrund bei der Einstellung Berücksichtigung finden als bisher.

Innerhalb der Zuwanderungsgruppen, die nach Deutschland einreisen, bilden unbegleitete minderjährige Flüchtlinge eine besondere Gruppe auch unter den Asylsuchenden. Sie haben ohne Begleitung eines Familienangehörigen in Folge von Krieg, Vertreibung oder anderer existenzbedrohender Umstände ihre Heimat verlassen. Unbegleitete minderjährige Flüchtlinge zählen zu den schwächsten und verwundbarsten Menschen unserer Gesellschaft. Welche sozialarbeiterischen Hilfen dieser Gruppe im Rahmen wohlfahrtsstaatlicher Politik zuteil werden, stellen *Karin Weiss* und *Oggi Enderlein dar*. Die Autorinnen weisen auf repressive und diskriminierende rechtliche Vorgaben hin, welche eine soziale und pädagogische Arbeit erschweren, wenn nicht gar fallweise verunmöglichen. Hier bestehe Reformbedarf.

Der Migrationsprozess kann in Verbindung mit erheblichen gesundheitlichen Belastungen insbesondere psychosozialer Art stehen, wie am Beispiel von traumatisierten Flüchtlinge besonders deutlich hervorgehoben werden kann. Über Krankheitsverläufe und die Gesundheitsversorgung von Migranten und ihrer Familien im Rahmen der transkulturellen Psychatrie und Psychotherapie informiert *Eckhardt Koch.* Öffentliche Versorgungseinrichtungen wie psychiatrische Krankenhäuser, Gesundheitsämter und Beratungsstellen sollten sich, so der Autor, in stärkerem Maße Migranten und ihren speziellen Bedürfnissen und Anliegen öffnen. Da die psycho-soziale Versorgung von ethnisch-kulturellen Minderheiten in Ländern wie den Vereinigten Staaten, Großbritannien, den Niederlanden und Schweden bereits deutlich weiter entwickelt ist, könne von diesen gelernt werden.

Das Kapitel ,Antidiskriminierung, Gleichstellung und Partizipation'

Die Diskriminierung von Menschen aufgrund ihrer Hautfarbe, Abstammung, ethnisch-kulturellen Herkunft und Zugehörigkeit ist in allen europäischen Gesellschaften ein – mehr oder weniger stark ausgeprägtes – Problem. Dies gilt auch für die Bundesrepublik. *Elçin Kürşat-Ahlers* stellt fest, dass in Deutschland ein wirksamer rechtlicher Schutz vor Diskriminierung bislang fehlte und untersucht, inwieweit auf der Ebene der Europäischen Union Richtlinien existieren, die auch für Deutschland wegweisend und verpflichtend sind bzw. sein werden. Sie vergleicht in diesem Zusammenhang das Antidiskriminierungsmodell der EU-Richtlinien speziell mit den Ländern der USA, Niederlande und Großbritannien. In Anschluss an die Darstellung und Diskussion von Antidiskriminierungsstrategien in verschiedenen Bereichen der Arbeits- und Lebenswelt werden konkret einige politisch-praktische Durchführungsvoraussetzungen für Deutschland formuliert.

Verschiedene Formen der Antidiskriminierung und Ungleichbehandlung sind konkret vor Ort erfahrbar: im Wohnumfeld, auf Behörden und in Betrieben. Daher kommt der kommunalen und regionalen Ebene bei der Umsetzung von Antidiskriminierungs- und Gleichstellungspolitiken große Bedeutung zu. Auf föderaler Ebene existiert bislang lediglich im Bundesland Nordrhein-Westfalen eine staatlich geförderte Antidiskriminierungspolitik, welche eng verbunden ist mit der Arbeit des Zentrums für Zuwanderung NRW in Solingen. *Dimitria Clayton* stellt dieses nordrheinwestfälische Modell einer Antidiskriminierungspolitik vor. Sie geht dabei auf Maßnahmen, Projekte und Instrumente zur Beseitigung von Fremdenfeindlichkeit und Rassismus ein und thematisiert effiziente Strategien und ihre Weiterentwicklung.

Die gleichberechtigte Teilhabe und –nahme von Einwanderern am gesellschaftlichen Reichtum und den Entwicklungsmöglichkeiten der deutschen Gesellschaft ist nicht selbstverständlich. Dies gilt auch für die Partizipation an politischen Willensbildungs- und Entscheidungsprozessen. Am Beispiel der Industriegewerkschaft Metall stellt *Nihat Öztürk* die Entwicklung der Ausländerbeschäftigung der vergangenen Jahrzehnte im verarbeitenden Gewerbe dar und untersucht, inwieweit sich der Organisationsgrad und die Repräsentanz von Beschäftigten ausländischer Nationalität in den Interessenvertretungen der Betriebe und IG Metall verändert haben. Eine betriebliche Ausländerdiskriminierung finde nach wie vor statt, so der Autor. Strategien einer gewerkschaftlichen Antidiskriminierungspolitik bedürfen der Ausweitung und Weiterentwicklung gerade auch in Zusammenhang mit erweiterten Qualifizierungsmöglichkeiten auf betrieblicher Ebene.

Das Kapitel ‚Multiethnische Gesellschaften, städtische Vergemeinschaftung und soziokulturelle Selbstbestimmung'

„Stehen die Mitgliedsbedingungen des Typus Nationalstaat, insbesondere seine wohlfahrtsstaatliche Variante, einer angemessenen Behandlung transnationaler Migranten und ethnischer Minderheiten im Wege?" *Jürgen Fijalkowski* wählt diese Frage zum Ausgangspunkt, grundsätzliche Überlegungen historischer und international-vergleichender Art zu Wesen, Funktion und Leistungsbedingungen von Nationalstaaten und seiner gesellschaftlich-politischen Verfassung anzustellen. Problematisch, so sein Resümee, sei nicht der Nationalstaat als solcher, wohl aber das verdinglichende Verständnis der Nation als fixiertem historisch-ethnokulturellem Traditionszusammenhang. Das auch in der Gegenwart fortbestehende Verständnis der Nation als eine ethnokulturell definierte Kultur- und Herkunftsnation sei unter den Bedingungen von transnationaler Migration und Globalisierung nicht in der Lage, Gleichberechtigung und das friedliche Zusammenleben von verschiedenen Menschengruppen zu gewährleisten.

Kanada ist ein multikulturelles Einwanderungsland mit relativ harmonischen Gruppenbeziehungen. Die kanadische Gesellschaft ist Staats-, nicht Kultur- oder Abstammungsnation. Inwieweit Kanada mit seiner Einwanderungs- und Wohlfahrtspolitik ein Modell auch für Deutschland und Europa sein könnte, diskutiert *Heribert Adam* in seinem Beitrag. Eröffnet die kanadische Staatspolitik des Multikulturalismus ein mehr an Chancengleichheit zwischen ethnisch heterogenen Bevölkerungsgruppen oder verstärkt sie ethnisch-kulturelle Segmentierung und gesellschaftliche Fragmentierung? Am Beispiel des Landes Kanada, so der Autor, könne bewiesen werden, dass Multikulturalismus sich durchaus mit einer übergreifenden Staatsloyalität vereinbaren lasse. Sie sei sogar geeignet, ethnisch-kulturelle Gruppenbeziehungen harmonischer zu gestalten, als es der europäische Assimilationsdruck vermag.

Der Stadtsoziologe *Jürgen Friedrichs* lenkt zum Schluss den Blick nochmals auf die Bundesrepublik Deutschland und hier speziell auf das Ausmaß der Integration ethnischer Minoritäten in der städtischen Gemeinschaft. Ausgehend von dem Assimilationsmodell von H. Esser könne für Deutschland festgestellt werden, dass zwar mit der Zeit die Integration der Zuwandererbevölkerung zunehme, was sowohl an den Studien über schulische Bildung, aber auch an einer abnehmenden Segregation gezeigt werden kann. Unterschiede bestehen jedoch zwischen Städten und bestimmten Migrantengruppen, wie beispielhaft zwischen Köln und Frankfurt a.M. untersucht wurde. Die Überfälle von Deutschen auf Ausländer aber zeigen, dass insgesamt nur bedingt von Integration gesprochen werden kann. Da von einem steigenden Anteil von Angehörigen ethnischer Minderheiten in europäischen Ländern und hier insbesondere den Großstädten auszugehen ist, seien im Falle eines geringen wirtschaftlichen Wachstums verschärfte Konkurrenzen und Verteilungskonflikte um knappe Ressourcen, Arbeitsplätze und Wohnungen zwischen Einheimischen und Immigranten zu erwarten. Damit aber wäre wieder die Frage aufgeworfen, welcher Stellenwert und welche Rolle dem Wohlfahrtstaat bei der Befriedung sozialer Probleme zukommen werden.

## Literatur

Bommes, M. (1999): Migration und nationaler Wohlfahrtsstaat. Ein differenzierungstheoretischer Entwurf. Habilitationsschrift. Opladen: Westdeutscher Verlag

Bommes, M./Halfmann, J. (Hrsg.) (1998): Migration in nationalen Wohlfahrtsstaaten. Osnabrück: Universitätsverlag Rasch

Kurthen, H./Fijalkowski, J./Wagner, G. (Hrsg.) (1998): Immigration, Citizenship, and the Welfare State in Germany and the United States. Part A and B, Stamford: Jai Press

# 2. Ungleichheit, Sozialstruktur und Konflikt

# Internationale Ungleichheit und Weltmigration

*Hans-Joachim Hoffmann-Nowotny*

## 1. Einleitung

Angesichts des Ausmaßes der weltweit zu verzeichnenden Wanderungsströme in den letzten Jahrzehnten des 20. Jahrhunderts ist es vielleicht nicht abwegig, von „neuen Völkerwanderungen" zu sprechen (H.-J. Hoffmann-Nowotny 1995a). Heute gibt es mehr als 130 Millionen *internationale* Migranten, das heißt Menschen, die sich außerhalb ihres Geburtslandes aufhalten, was 2,3% der Weltbevölkerung entspricht. Die Zuwachsrate der *internationalen* Migranten wird auf rund 2% pro Jahr geschätzt (Weltentwicklungsbericht 1999/2000: 45).[1]

Und ob man es nun *Einwanderung* oder *Zuwanderung* nennt: der damit bezeichnete Sachverhalt, dass nämlich zunehmend mehr Menschen aus einer Vielzahl von Ländern aus aller Welt auf vielerlei Wegen auch nach Deutschland kommen, steht außer Frage. Ihn zu ignorieren hieße, die Augen vor einem Geschehen zu schließen, welches die Zukunft noch mehr als die Gegenwart bestimmen wird und *das* Thema des neuen Jahrhunderts zu sein verspricht: die internationale und interkontinentale Migration.[2]

Internationale Wanderungen, auch solche großen Umfangs und über weite Distanzen, sind selbstverständlich historisch nichts Neues. Die Geschichte der Menschheit ist auch eine Geschichte der Wanderungen und das Gleiche gilt ebenso für die Geschichte Deutschlands (K. Bade 2000), auch wenn die Bundesrepublik sich erst in jüngster Zeit mit dem Gedanken vertraut zu machen beginnt, nicht nur ein Einwanderungsland *geworden* zu sein, und zwar als Folge internationaler sozioökonomischer Ungleichheiten, sondern ein Einwanderungsland zu sein *gezwungen* ist.[3]

---

[1]   Daneben führen *interne* Land-Stadt-Wanderungen in den Ländern der Dritten Welt zu einem sprunghaften Zuwachs ihrer städtischen Bevölkerungen. Es entwickeln sich dort Megastädte mit 20 und mehr Millionen Einwohnern (United Nations 1997). Diese internen Wanderungen stellen oft die erste Etappe einer internationalen Wanderung dar, und zwar insbesondere dann, wenn die Zunahme der Urbanisierung und das Wirtschaftswachstum negativ korreliert sind. Genau dies ist in Afrika der Fall, was diesen Kontinent zusätzlich auswanderungsträchtig macht. Laut dem Weltentwicklungsbericht (1999/2000: 158) stieg zwischen 1970 und 1995 die Zahl der Stadtbewohner in einem durchschnittlichen afrikanischen Land um jährlich 4,7 Prozent, während das BIP pro Kopf um 0,7 Prozent pro Jahr sank. Diese negative Korrelation zwischen Urbanisierung und Pro-Kopf-Einkommen ist einmalig, selbst in armen Ländern und Volkswirtschaften mit geringen Wachstumsraten.

[2]   Es hat den Anschein, dass dies auch in der politischen Arena – bei allen Unterschieden in den Meinungen dazu – sukzessive erkannt wird.

[3]   Dieser zweite Aspekt soll jedoch im Weiteren nicht näher behandelt werden, auch wenn ihm ebenfalls internationale Ungleichheiten zu Grunde liegen, nämlich solche soziodemographischer Art. Dazu zählen insbesondere der Rückgang der Geburten unter das Bestandserhaltungsniveau (Abnahme der deutschen

Lässt man Massenwanderungen im Zusammenhang mit dem Zweiten Weltkrieg (Deportationen, „Umsiedlungen", Fluchtbewegungen, Vertreibungen) und die Massenflucht aus der ehemaligen DDR bis zum Bau der Mauer außer Acht, so ist es insbesondere die große europäische Süd-Nord-Wanderung der so genannten Gastarbeiter in den sechziger und siebziger Jahren des 20. Jahrhunderts, welche die Bundesrepublik zum Einwanderungsland gemacht hat. Seit den achtziger Jahren des letzten Jahrhunderts ist neben einer Fortsetzung der Arbeitsmigration – und der damit unausweichlich einhergehenden Familiennachzugsmigration[4] – insbesondere eine eindrückliche Zunahme von Bürgerkriegsflüchtlingen und Asylgesuchstellern sowie von illegalen Einwanderern festzustellen. Und es ist in erster Linie dieses Phänomen, das mit dem Thema „Internationale Ungleichheit und Weltmigration" angesprochen wird. Von erheblichem Umfang ist auch die immer noch anhaltende Einwanderung so genannter deutschstämmiger Personen aus Rumänien, Polen und insbesondere aus Russland und anderen Staaten der ehemaligen UdSSR (Aussiedler).

Die *europäische* Süd-Nord-Wanderung findet heute ihre Fortsetzung in einer *interkontinentalen* Süd-Nord-Wanderung, die in ihrer letzten Etappe oft als Ost-West-Wanderung in Erscheinung tritt. In Ungarn, Tschechien, Polen, der Ukraine und Russland sowie den baltischen Staaten „stauen" sich (neben wanderungsbereiten Einheimischen) Hunderttausende von Migranten aus Ländern der Dritten Welt, die auf eine Chance zur Weiterwanderung in „den Westen" warten, aber auch selbst in diesen Transformations-Ländern als Asylgesuchsteller einen Daueraufenthalt anstreben.[5] Schließlich sind auch die traditionellen europäischen *Emigrations*länder des Mittelmeerraumes inzwischen selbst zu *Immigrations-* und *Transitmigrations-*Ländern (Faist 2000) für illegale Einwanderer aus der Dritten Welt sowie aus Albanien und Staaten des ehemaligen Jugoslawien geworden.

Als Teil des „Westens" sowie aufgrund ihrer geographischen Lage ist die Bundesrepublik Zielland für viele der Transmigranten, aber selbst auch Transitland. Diese Migration wird anscheinend zunehmend von international tätigen Schleusergruppen organisiert. Nach vorsichtigen Schätzungen sollen Schlepperorganisationen jährlich rd. 500.000 Menschen (meist junge Männer) aus den armen Regionen

---

Bevölkerung), die damit verbundene Alterung der Bevölkerung („Rentenproblem") und Ungleichgewichte auf dem Arbeitsmarkt („green card" Initiative). Festzuhalten ist allerdings, dass Einwanderung diese Probleme allenfalls temporär mildern, nicht aber dauerhaft beheben kann. Zu einer kritisch differenzierten Betrachtung der „Bestandserhaltungs-Migration" (ein von der Bevölkerungsabteilung der UN geprägter Begriff) vgl. den Beitrag von Charlotte Höhn in BIB-Mitteilungen (2/2000: 12-15) sowie Schmid/Heigl/Mai (2000: 147 ff.). Eine treffende Antwort auf die Frage, ob „Bestandserhaltungsmigration" möglich sei, gibt Coleman (2000: 29): 1. yes, if you really think you want to, and 2. no, except at rates of immigration so high that they would generate economically and environmentally unsustainable population growth rates and permanently and radically change the cultural and ethnic composition of the host population: „replacement migration", indeed.

4    Vgl. dazu: Sechster Familienbericht (2000).
5    So wurden z.B. in der Tschechischen Republik zwischen 1990 und 1998 rund 18.000 Asylgesuche gestellt. Am Ende der 90er Jahre wird die Zahl der „irregulären Migranten" auf 200.000 und die der „Transmigranten" auf 100.000 bis 150.000 geschätzt (Drbohlav 2000: 172).

der Welt in die Staaten der Europäischen Union einschleusen (efms Migration Report 25, Nov. 2000: 11). Moskau, Prag und Warschau sind die wichtigsten Zentren der bandenmäßig organisierten Migration, bei der Profite von mehreren Milliarden Dollar anfallen sollen.[6] Anscheinend sind Drogenhandel und Menschenschmuggel in denselben Händen.[7] Schließlich wächst sich auch der „Kriminaltourismus", eine Art „temporärer" Migration, zu einer ernstzunehmenden Bedrohung der öffentlichen Sicherheit aus; dasselbe gilt für – zumindest in ihrem Ausmaß – bisher unbekannte Formen grenzüberschreitender organisierter Kriminalität.

## 2. Das demo-ökonomische Migrationspotenzial

Will man das *weltweite* Migrationspotenzial abschätzen, so ist es unabdingbar, erstens die mutmaßliche Entwicklung der Weltbevölkerung und zweitens deren nach ökonomischen Kriterien gegliederte Verteilung auf die Weltregionen zu betrachten. Drittens sind theoretische Überlegungen anzustellen, die auf die Frage Antwort geben, unter welchen sozio*kulturellen* und sozio*strukturellen* Voraussetzungen, und das heißt, unter den Bedingungen der internationalen Ungleichheit, ein gegebenes *Bevölkerungs*potenzial sich in ein *Wanderungs*potenzial umsetzt und schließlich in Wanderungen ausdrückt.

Nach Berechnungen der Bevölkerungsorganisation der Vereinten Nationen hat die Weltbevölkerung im Verlaufe des Jahres 2000 die 6-Milliarden-Grenze überschritten. Für das Jahr 2025 wird mit einer Zahl von über 8 Milliarden gerechnet. Weitergehende Schätzungen lauten dahin, dass die Weltbevölkerung im Jahre 2050 8,9 Milliarden beträgt und sich am Ende des 22. Jahrhunderts bei über 10 Milliarden stabilisieren wird (United Nations, Dec. 1999). Diese Projektionen (der „mittleren" Variante) gehen von der Annahme aus, dass die Geburtenraten in der Dritten Welt sich sukzessive verringern werden.

Was die genannten Zahlen in Bezug auf das Weltmigrations*potenzial* bedeuten, mag man daraus ersehen, dass von der heutigen Weltbevölkerung (Zahlen für 1998) 3,5 Milliarden Menschen in Ländern mit „niedrigem" Einkommen, 1,5 Milliarden in solchen mit „mittlerem" Einkommen und nur 0,9 Milliarden in Ländern mit „hohem" Einkommen leben (Weltentwicklungsbericht 1999/2000: 281). Im Jahre 2025 werden nach Meinung des United Nations Population Fund (mit einer anderen Kategorisierung) 1,3 Milliarden Menschen in entwickelten, dagegen 6,9 Milliarden in unterentwickelten Regionen leben.

---

6　Junge Chinesen, die beim Versuch, in die USA zu gelangen, gestellt wurden, gaben an, bis zu 35.000 US-Dollar an Schlepperorganisationen gezahlt zu haben. Für eine Schleusung von China nach Europa müssen 10.000 – 15.000 US-Dollar gezahlt werden, von Nordafrika nach Spanien 2.000-3.500 US-Dollar, vom Irak oder Iran nach Europa 5000 US-Dollar usw. (Laczko/Thompson 2000: 96).

7　Aus Spanien wird gar eine „Neuorientierung der Mafia vom Drogen- auf den Immigrantenhandel" berichtet (NZZ, 25.1.2001: 5).

Mit der skizzierten demographischen Entwicklung ist sicher ein immenses weltweites *Bevölkerungs*potenzial gegeben. Dieses Bevölkerungspotenzial stellt aber auch ein *Wanderungs*potenzial dar, das sich schon heute – und mutmaßlich in Zukunft zunehmend – in eigentlichen Massenwanderungen niederschlägt.

### 3. Weltgesellschaft und internationale Migration: Ein theoretischer Rahmen

Aus makrosoziologischer Perspektive muss bei der Frage nach der Umsetzung des skizzierten Potenzials in weltweite internationale und interkontinentale Migration vom Prozess der Entstehung einer „Weltgesellschaft" ausgegangen werden, d.h. von der fundamentalen Tatsache, dass die *Welt* zunehmend als *eine* Gesellschaft gesehen werden muss. Dies ist die Konsequenz eines heute „Globalisierung" genannten Prozesses, den Europa seit Beginn der Neuzeit vollzogen hat: nämlich die kulturelle und strukturelle Durchdringung der Welt, die man auch als „Europäisierung" oder „Verwestlichung" der Erde beschreiben kann. Sie ist Ergebnis eines Jahrhunderte währenden und in jüngster Zeit noch beschleunigten Prozesses von Eroberungen, Kolonisierungen, wirtschaftlicher, touristischer und zunehmend massenmedialer Durchdringung.

Diese Verwestlichung der Erde hat eine *strukturelle* und eine *kulturelle* Dimension, auf denen die Nationen, welche die Weltgesellschaft bilden, unterschiedliche Positionen einnehmen.

- Auf der *kulturellen* Dimension bedeutet die Europäisierung der Erde eine Diffusion des westlichen Modells im Sinne einer *Kulturintegration* oder *Werthomogenisierung*. Das heißt, es existieren gemeinsame *Vorstellungen* oder *Visionen* von Demokratie, universellen Menschenrechten, sozialer Gerechtigkeit, dem Recht auf Selbstbestimmung, Minderheitenschutz usw., die aber nur höchst unterschiedlich auch faktisch realisiert sind. Wir können also von einer *kulturellen Schichtung* innerhalb der Weltgesellschaft sprechen, einer Schichtung nach *immateriellen* Werten.
- Auf der *strukturellen* Dimension bedeutet die Europäisierung der Erde eine Diffusion des westlichen Modells im Sinne einer *Strukturintegration*, die in der wirtschaftlichen Dimension („Weltwirtschaft") am deutlichsten erkennbar ist. Auf dieser Dimension ist wiederum eine massive Ungleichheit innerhalb der Weltgesellschaft zu verzeichnen, die in Unterschieden ökonomischer Entwicklung, von Wohlstand und Wohlfahrt, deutlich sichtbar ist. Sie bringt eine Schichtung nach *materiellen* Werten zum Ausdruck.

Die Welt ist also zwar strukturell und kulturell europäisiert und verwestlicht worden, ohne dass aber die entsprechenden Werte auch Realität geworden wären; z.B., ohne dass Demokratie und Menschenrechte auf der einen und wirtschaftliche Prosperität sowie wohlfahrtsstaatliche Versorgung auf der anderen Seite auch nur annäherungsweise – wenn man von den kleinen ostasiatischen „Tigern" absieht – westlichen Standard erreicht hätten. Als *Flucht* im Sinne der Genfer Konvention sind dann Wanderungen anzusehen, die dem Gefälle im *immateriellen* Bereich folgen, während als so genannte *Wirtschaftsflüchtlinge* jene Auswanderer zu bezeichnen sind, die das *materielle* Gefälle zu überwinden trachten. Da beide Gefälle oft parallel laufen, ist eine klare Unterscheidung von „echten" und „Wirtschaftsflüchtlingen" in der Praxis oft nur schwierig oder gar nicht zu treffen.

Dass weitere strukturelle Spannungen, wie sie sich z.B. in Bürgerkriegen äußern, zusätzliche Migrationsschübe erzeugen oder bestehende verstärken, muss nicht weiter ausgeführt werden. Schließlich dürften auch ökologische Krisen und Katastrophen bald stärker als Wanderungsursachen in Erscheinung treten als dies bisher der Fall war.

Aus soziologischem Blickwinkel ist die Weltgesellschaft also als eine „geschichtete" Gesellschaft zu bezeichnen. Man kann von einer internationalen *Unterschicht,* einer internationalen *Mittelschicht* und einer internationalen *Oberschicht* sprechen, zu der selbstverständlich Deutschland zählt. Das Schichtungskonzept impliziert eine zwar durch Ungleichheit gekennzeichnete, aber prinzipiell „offene" Gesellschaft, das heißt eine Gesellschaft, die (im Gegensatz zu feudalen oder Kastengesellschaften) soziale Mobilität erlaubt, welche wiederum häufig mit geographischer Mobilität, das heißt Migration, verbunden ist.

Internationale Migration kann dann – in allgemeinster Formulierung – als eine spezifische Strategie zur sozialen Besserstellung betrachtet werden. Mit anderen Worten: Migration ist *ein* Ersatz – präziser soziologisch: ein funktionales Äquivalent – entweder für *individuelle* Mobilität oder für *kollektive* Mobilität, die beide den potenziellen Auswanderern im Herkunftsland versagt bleiben.[8] Individuelle Mobilität liegt auch dann vor, wenn Einrichtungen des Wohlfahrtsstaates in Einwanderungsländern den Einwanderern eine Existenzsicherung garantieren, die im Auswanderungskontext nicht gegeben war – jedenfalls nicht durch nationalstaatliche Wohlfahrtsorganisationen.

Mit diesem Hinweis mache ich auf eine weitere Konsequenz der skizzierten Diffusionsprozesse aufmerksam, nämlich auf den im Verlaufe dieses Geschehens zu verzeichnenden Zerfall der traditionellen, auf Sippen- und Familienbindungen beruhenden Wohlfahrtssysteme in den Ländern der internationalen Unterschicht, was einen weiteren der push-Faktoren der Auswanderung darstellt.

In diese Argumentation gehört schließlich eine spannungsreiche Konstellation, in der in noch existierende traditionelle Sippen- und Familiensysteme Erwartungen diffundiert sind, die in diesen Systemen selbst nicht erfüllt werden können. Das führt dann dazu, dass z.B. der älteste Sohn einer Familie – mit Unterstützung

---

8    Migration ist nicht nur dann ein funktionales Äquivalent für individuelle Mobilität im Auswanderungsland, wenn sie von „Exklusion" (z.B. Arbeitslosigkeit im Auswanderungsland) zu „Inklusion" (einer Beschäftigung im Einwanderungsland) führt, sondern auch dann, wenn „Inklusion" auf niedrigem Niveau durch „Inklusion" auf höherem Niveau ersetzt werden kann, also wenn z.B. mit einer vergleichbaren Arbeitsleistung oder wohlfahrtsstaatlichen Zuwendungen im Einwanderungsland ein höheres Einkommen als im Auswanderungsland erzielt werden kann (zu den Konzepten der „Inklusion" bzw. der „Exklusion" im Zusammenhang mit der Theorie des Wohlfahrtsstaates vgl. Luhmann 1981; 1997: 618 ff. sowie Bommes/Halfmann 1998).

des ganzen Familien-Clans – gleichsam zur Auswanderung „genötigt" wird, damit durch seine Überweisungen das traditionelle familiale Wohlfahrtssystem alimentiert werden kann.[9]

Ein Begriff wie „Mobilität" – um den theoretischen Faden wieder aufzunehmen – wäre aber sinnlos, hätte folglich auch keine Bedeutung für ein damit verbundenes Verhalten (z.B. kollektive Entwicklungsbemühungen oder eben Migration), gäbe es in der Welt als *einer* Gesellschaft nicht die genannten *gemeinsamen Vorstellungen,* die aus der Werthomogenisierung oder *kulturellen Integration* der Welt resultieren. Es ist diese kulturelle Integration, die erst weltweite Vergleiche bezüglich des Lebensstandards oder der Menschenrechtssituation möglich macht und die in der Welt in diesen Hinsichten bestehenden Ungleichheiten individuell bewusst werden lässt.

Gemeinsam mit den kaum abnehmenden strukturellen Entwicklungsunterschieden[10] mobilisiert also die Diffusion der Werte ein Potenzial, das sich angesichts des bisher geringen Erfolges *kollektiver* Entwicklungsanstrengungen den Weg der *individuellen* Mobilität via Auswanderung geradezu suchen *muss.*

Gegen diese Migration verstärkt die „Festung Europa" ihre Mauern und vertieft die Wallgräben. Als Versuche der „Vertiefung der Wallgräben" können auch die Bestrebungen bezeichnet werden, für Einwanderer Wohlfahrtsleistungen einzuschränken. Die Meinung allerdings, die „Festung Europa" vermöchte – u.a. auf diesem Wege – der Einwanderung dauerhaft zu widerstehen, dürfte sich zusehends als Illusion erweisen. So wie etwa das Römische Reich seinerzeit den *Limes* nur für begrenzte Zeit verteidigen konnte, als zwei Welten unterschiedlichen Entwicklungsstandes aufeinanderprallten, so ist heute – bildlich gesprochen – der *Rio Grande* überall. Zu welchen Konsequenzen schließlich Versuche führen können, die internationale Migration einzuschränken, lässt sich besonders dramatisch am kriegerischen Eingreifen der NATO gegen die Vertreibungspolitik Jugoslawiens im Kosovo demonstrieren. Hinter dem erklärten humanitären Ziel, den Vertreibungen ein Ende zu bereiten, stand auch die Absicht, der Ursache für die Flucht der Kosovo-Albaner nach Westeuropa und in andere Länder der westlichen Welt selbst um den Preis eines Krieges zu begegnen.

---

9   Vielleicht ist hier der Hinweis noch angebracht, dass angesichts leerer Kassen in den hochentwickelten Ländern eine (Wieder-)Belebung der traditionellen Wohlfahrtsfunktion der Familie angestrebt wird (vgl. dazu auch Hoffmann-Nowotny 1995b: 335 ).

10  Aus entwicklungs- wie aus migrationspolitischer Sicht muss bedenklich stimmen, dass die „Schere zwischen dem jeweiligen durchschnittlichen Pro-Kopf-Einkommen des ärmsten und des mittleren Drittels aller Länder einerseits und dem Durchschnittseinkommen des reichsten Drittels andererseits in den letzten Jahrzehnten immer weiter auseinander gegangen ist" (Weltentwicklungsbericht 1999/2000: 17).

## 4. Wohlfahrtssysteme und internationale Migration

Die Entwicklung hin zur Weltgesellschaft als *einer* Gesellschaft auf der einen Seite und die darin existierende immense Ungleichheit auf der anderen Seite führen zunehmend – ohne dass dies schon bewusst erscheint – in Analogie zum Aufbau nationalgesellschaftlicher Wohlfahrtssysteme – zur Entwicklung von *weltgesellschaftlichen* Wohlfahrtssystemen, deren erklärte oder unerklärte Absicht nicht zuletzt darin besteht, als Migrationsbremse zu wirken. Es ist deshalb zunächst die Frage zu stellen, welche Rolle den weltgesellschaftlichen Wohlfahrtssystemen in der eben mit Hilfe eines theoretischen Paradigmas skizzenhaft formulierten Analyse der Migrationssituation zukommt,[11] ehe auf die Rolle nationalstaatlicher Wohlfahrtssysteme der Einwanderungsländer im Zusammenhang mit der internationalen Migration eingegangen werden soll.

Bei der Antwort auf die eben gestellte Frage ist von zwei Dimensionen des Weltwohlfahrtssystems auszugehen:

Zur *ersten* Dimension gehören Teile der von Staat zu Staat bzw. von internationalen supragouvernementalen Organisationen (z.B. Weltbank, IDA) an bestimmte Nationen gewährten Entwicklungshilfe oder Beiträge an Staatsbudgets, sofern beide à fonds perdu gewährt werden. Solche Leistungen, die man durchaus als Wohlfahrtsleistungen bezeichnen kann, gehen vornehmlich an nationale Mitglieder (Regierungen) der internationalen unteren Unterschicht, die ärmsten der Entwicklungsländer; Länder, die mit dem Begriff „Entwicklung" allerdings nur dann in Verbindung gebracht werden können, wenn dieser ein negatives Vorzeichen erhält. Die internationale Wohlfahrt garantiert der Bevölkerung dieser Länder einen Minimalstandard des Überlebens,[12] wie dies auch die Sozialfürsorge in einem Wohlfahrtsstaat für dessen Bürger gewährleistet.

Zur *zweiten* Dimension des Weltwohlfahrtssystems gehören Organisationen der „Weltregierung" UNO, wie UNHCR und UNICEF, weiter das IKRK und die Rotkreuzgesellschaften und international tätige kirchliche Wohlfahrtsverbände (Caritas, HEKS) sowie schließlich eine Vielzahl von privaten Organisationen (z.B. médecins sans frontières). Diese Organisationen treten insbesondere dort in Erscheinung, wo Konflikte und Katastrophen aller Art Hilfebedürftigkeit erzeugen, und zwar im Wesentlichen bei Individuen oder Gruppen von Individuen. Und diese Wohlfahrtsorganisationen werden nicht selten „ausgebeutet", was ja wiederum auch nationalstaatlichen Wohlfahrtseinrichtungen widerfahren soll.

Die eben genannten Aktivitäten von Staaten bzw. Organisationen sind ohne Zweifel noch nicht in hohem Maße koordiniert und bilden deshalb ein „System"

---

11  Damit ist schon angetönt, dass man die Hypothese vertreten kann, die Entwicklung zur Welt*gesellschaft* habe – gleichsam als notwendige Implikation – die Entwicklung eines *Weltwohlfahrtssystems* zur Folge. Und ich vertrete hier explizit die Auffassung, dieses Wohlfahrtssystem existiere teilweise schon, selbstverständlich nicht vollumfänglich ausgebaut, aber doch schon in mehr als nur bescheidenen Ansätzen.

12  Dass sich die politischen Eliten solcher Länder gleichzeitig schamlos bereichern, indem sie große Teile der Wohlfahrtshilfe für sich abzweigen, sei nur am Rande erwähnt.

nur in einem lockeren Sinn dieses Wortes (Ähnliches gilt aber auch für die verschiedenen Teile von nationalstaatlichen Wohlfahrtssystemen.). Bisweilen konkurrenzieren sich verschiedene Organisationen sogar bei der Hilfeleistung, eine zunehmende Koordination ist aber feststellbar. Auch sind Anspruchsberechtigungen nur zum Teil verbrieft, gelten vielfach aber doch als quasiverbrieft, und dementsprechend werden „Ansprüche" oft lautstark eingefordert.

Hinsichtlich der Wirkung des im Entstehen begriffenen *Welt*wohlfahrtssystems auf die internationale Migration ist zu vermuten, dass es dazu beitragen könnte, strukturelle Distanzen innerhalb der Weltgesellschaft zu verringern. Das heißt, es trüge zu einer Verminderung von internationaler Migration bei. Sollte die Entwicklung der Welt zu einer Weltgesellschaft weiter voranschreiten (was sehr wahrscheinlich, aber nicht zwingend ist), dann ist auch die Fortsetzung des Weges zu einem – wie gesagt – schon in Ansätzen existierenden Weltwohlfahrtssystem vorgezeichnet. Sollten diese beiden Entwicklungen aber nicht zumindest *halbwegs* gleichsinnig verlaufen – was nicht unwahrscheinlich ist –, so werden die *Pfade* auf der „Wanderkarte" sich wohl zu veritablen „highways" auswachsen.

Hinsichtlich der Wirkung von nationalstaatlichen Wohlfahrtssystemen auf die internationale Migration ist ohne Zweifel davon auszugehen, dass zusammen mit den übrigen kulturellen Werten des Westens generell auch der Wert und die Idee des Wohlfahrtsstaates speziell weltweit diffundiert ist. Das heißt, die in dieser Hinsicht in der Weltgesellschaft bestehende Ungleichheit kann weltweit als bekannt vorausgesetzt werden.

In struktureller Hinsicht vergrößert die Existenz von wohlfahrtsstaatlichen Leistungen in den hochentwickelten Einwanderungsländern die materielle Distanz zwischen den nationalen Einheiten der Weltgesellschaft, die über solche Systeme verfügen (internationale Oberschicht) und denen, wo dies nicht der Fall ist (internationale Unterschicht). Das bedeutet: Wohlfahrtsstaatliche Leistungen, sofern Einwanderer davon nicht prinzipiell ausgeschlossen sind, verstärken die internationale Migration, wirken als *einer* der pull-Faktoren, vielleicht sogar (bei nicht nur für Einwanderer sinkenden Chancen einen Arbeitsplatz zu finden bzw. zu behalten)[13] zunehmend als nicht zu vernachlässigender Faktor. So stellt denn auch die Stabsstelle Asylwesen der Direktion (Ministerium) der Fürsorge des Kantons Zürich fest (Brief vom 5.2.1996), es sei ein bei Asylgesuchstellern häufig anzutreffendes Argument, „dass sie als ‚Flüchtlinge', das heißt als Gäste in die Schweiz

---

13 Ende 1995 betrug z.B. in der Schweiz die Arbeitslosenquote gesamthaft 4,3%. Während die Quote der Schweizer bei 3,1% lag, betrug sie für Ausländer 8,4% (bei Italienern – also den „klassischen" Gastarbeitern – 6,35%, bei Ex-Jugoslawen dagegen 14,2%, und fast gleich hoch war die Arbeitslosenquote der türkischen Erwerbsbevölkerung (zur Arbeitslosigkeit von Zweitgenerationsangehörigen in der Schweiz vgl. Hämmig/Stolz 2001: 185). Wie die Ausführungen in einigen der in Bommes/Halfmann (1998) enthaltenen Länderberichte zeigen, sind die Arbeitslosenquoten von Einwanderern in anderen europäischen Ländern noch weitaus größer als in der Schweiz (vgl. dazu auch Lesthaeghe (2000: 295), der für Türken und Marokkaner in Belgien über extrem hohe Arbeitslosenraten berichtet. Bei türkischen Männern beträgt sie 36,0%, bei Marokkanern 36,9%. Besonders bemerkenswert ist, dass die Arbeitslosenrate der zweiten Generation der Einwanderer (Türken 38,4%, Marokkaner 41,4%) höher ist als die der ersten Generation (Türken 34,9%, Marokkaner 29,3%).

gekommen seien und nicht als (billige) Arbeitskräfte, hingegen mit dem verbrieften Recht auf Fürsorgeleistungen".

Diese Einstellung kommt auch in der Klage eines Asylbewerbers auf Zahlung von Kindergeld für dessen im Heimatland verbliebene Kinder zum Ausdruck, die jüngst vom schweizerischen Bundesgericht in Lausanne letztinstanzlich entschieden wurde: Das Bundesgericht lehnte diese Klage nur deshalb ab, weil ein Asyl*bewerber* (noch) keinen regulären Aufenthaltsstatus habe, und somit nicht anspruchsberechtigt sei. Sollte er als Flüchtling anerkannt werden, so habe er selbstverständlich Anspruch auf Kindergeld (das – nota bene – mit 150 SFr. pro Monat und Kind etwa das Anderthalbfache des Primarlehrerlohns im Auswanderungsland ausmacht).[14]

Nur am Rande sei noch angemerkt, dass im Zuge der weltwirtschaftlichen Öffnung, der Verlagerung von Arbeitsplätzen aus den hochentwickelten Ländern, der dort grassierenden Arbeitslosigkeit und der Probleme der Finanzierung des Wohlfahrtsstaates, die Inanspruchnahme seiner Leistungen durch Asylgesuchsteller, Flüchtlinge und (in höherem Maße als die Einheimischen) arbeitslose Gastarbeiter, die Konkurrenz um diese Leistungen zwischen Einheimischen und Einwanderern zunimmt und die weitverbreitete latente Fremdenfeindlichkeit immer wieder in manifeste umschlagen lässt.


## 5. Schlussbemerkungen

Im Zuge des heute als „Globalisierung" bezeichneten Prozesses der Entstehung einer Weltgesellschaft führt die darin bestehende und zum Teil noch zunehmende internationale Ungleichheit zu einer Vielzahl von in kurz oder mittelfristiger Perspektive nur schwer oder gar nicht zu bewältigenden Problemlagen. *Ein* Problem – und zweifellos nicht das Geringste – ist die internationale und interkontinentale Migration, die ebenso zweifellos ihren Höhepunkt noch nicht erreicht hat.

---

14  In den gleichen Argumentationskontext gehört die schweizerische Erfahrung mit der Einführung der Arbeitslosenunterstützung für Gastarbeiter. Bis in die siebziger Jahre waren diese von Unterstützungsleistungen ausgeschlossen. Das führte dazu, dass ein Verlust des Arbeitsplatzes regelmäßig eine Rückwanderung nach sich zog (in der Ölkrise der siebziger Jahre verließen rund 200.000 Gastarbeiter die Schweiz). Nachdem aufgrund international verpflichtender Regeln die Schweiz auch den Gastarbeitern Arbeitslosenunterstützung gewähren musste, hat die Rückwanderung infolge Arbeitslosigkeit stark abgenommen.

# Literatur

Bade, Klaus (2000): Europa in Bewegung. Migration vom späten 18. Jahrhundert bis zur Gegenwart. München: Verlag C. H. Beck

Bommes, Michael/Halfmann, Jost (Hrsg.) (1998): Migration in nationalen Wohlfahrtsstaaten. IMIS-Schriften 6. Osnabrück: Universitätsverlag Rasch

Coleman, David A. (2000): Who's afraid of low support ratios? A UK response to the UN Population Division report on 'Replacement Migration'. Paper prepared for the United Nations 'Expert Group' meeting held in New York, October 2000, to discuss the report on 'Replacement Migration' presented by the United Nations Population Division.

Drbohlav, Dusan (2000): Die Tschechische Republik und die internationale Migration. In: Fassmann/Münz (Hrsg.): 163-181

efms Migrations Report 25, November 2000. Bamberg: europäisches forum für migrationsstudien (efms)

Faist, Thomas (2000): The Volume and Dynamics of International Migration and Transnational Social Spaces. Oxford: Oxford University Press

Fassmann, H./Münz, R. (2000)(Hrsg.): Ost-West-Wanderung in Europa. Wien/Köln/Weimar: Verlag Böhlau

Gerhardt, Uta/Hradil, Stefan et.al. (Hrsg.) (1995): Die Familie der Zukunft. Opladen: Leske + Budrich

Hämmig, Oliver/Stolz, Jörg (2001): Strukturelle (Des-)Integration, Anomie und Adaptionsformen bei der Zweiten Generation. In: Hoffmann-Nowotny (Hrsg.) (2001): 163-207

Höhn, Charlotte (2000): BIB-Mitteilungen Nr. 2. Wiesbaden: Bundesamt für Bevölkerungsforschung beim Statistischen Bundesamt

Hoffmann-Nowotny, Hans-Joachim (Hrsg.) (2001): Das Fremde in der Schweiz. Ergebnisse soziologischer Forschung. Zürich: Seismo Verlag

Hoffmann-Nowotny, Hans-Joachim (1995a): Die neue Völkerwanderung. Ein makroskopischer soziologischer Rahmen für siedlungsstrukturelle Überlegungen. In: Akademie für Raumforschung und Landesplanung, Siedlungsstruktur und Bevölkerungsentwicklung. Hannover: Verlag der ARL. 16-41.

Hoffmann-Nowotny, Hans-Joachim (1995b): Die Zukunft der Familie – Die Familie der Zukunft: In: Gerhardt/Hradil et.al. (1995): 325-345

Hoffmann-Nowotny, Hans-Joachim (2001): Internationale Migration und das Fremde in der Schweiz. In: Hoffmann-Nowotny (Hrsg.) (2001): 11-30

Laczko, Frank/Thompson, David (Hrsg.) (2000): Migrant Trafficking and Human Smuggling in Europe: A review of the evidence with case studies from Hungary, Poland and Ukraine. Geneva: IOM International Organization for Migration

Lesthaeghe, Ron (Hrsg.) (2000): Communities and Generations: Turkish and Moroccan Populations in Belgium. Brüssel: NIDI CBGS Publications, 36

Luhmann, Niklas (1981): Politische Theorie im Wohlfahrtsstaat. München/Wien: Olzog Verlag

Luhmann, Niklas (1997): Die Gesellschaft der Gesellschaft. Frankfurt a. M.: Suhrkamp Verlag

Neue Zürcher Zeitung (2001): Ungereimtheiten in Spaniens Ausländergesetz. Gratisflüge für arbeitsuchende illegale Einwanderer. Zürich

Schmid, Josef/Heigl, Andreas/Mai, Ralf (2000): Sozialprognose. Die Belastung der nachwachsenden Generation. München: Olzog Verlag

Sechster Familienbericht (2000): Familien ausländischer Herkunft in Deutschland. Leistungen – Belastungen – Herausforderungen. Bericht der Sachverständigenkommission der Bundesregierung (Vorsitzender: Hans-Joachim Hoffmann-Nowotny, Mitglieder: Klaus J. Bade, Maria Dietzel-Papakyriakou, Bernhard Nauck, Rosemarie von Schweitzer). Bonn: Bundesministerium für Familie, Senioren, Frauen und Jugend (Hrsg.)

United Nations (1997): World Urbanization Prospects: The 1996 Revision. New York: UN Population Division

United Nations (1999): Population Newsletter No. 68, December 1999. New York

Weltentwicklungsbericht 1999/2000 (2000): Globalisierung und Lokalisierung. Neue Wege im entwicklungspolitischen Denken. Frankfurt/M.: Weltbank, Frankfurter Allgemeine Zeitung

# Zuwanderung und der „Reichtum der Nationen": demographische, ökonomische und fiskalische Aspekte

*Werner Sesselmeier*


Die Auswirkungen von Migranten auf die ökonomische und gesellschaftliche Situation im Zuwanderungsland wird vor dem Hintergrund der demographischen Entwicklung einerseits und dem Problem partieller Arbeitskräfteknappheit andererseits wieder einmal quer durch alle Bevölkerungsgruppen und –schichten diskutiert. Die alle Debatten einende Frage lautet dabei „Wie viel Zuwanderung verträgt Deutschland?". Die Antwort auf diese Frage — so sie denn überhaupt zu beantworten ist — hängt von einer Vielzahl qualitativer und quantitativer Faktoren ab, deren Aussagekraft jeweils gesellschaftlich bewertet werden muss. Darüber hinaus spielt Migration auch im Zusammenhang mit der so genannten Globalisierung, also der internationalen Ausrichtung von Produktion, Absatz, Beschaffung und Finanzströmen, eine wichtige Rolle, die dadurch belastet wird, dass die Bevölkerung eher Risiken denn Chancen mit dieser weltweiten Integration der Güter- und Faktormärkte verbindet.

Der folgende Beitrag versucht als erstes zu zeigen, wie sich Migration auf die bisherige und zukünftige Bevölkerungsentwicklung ausgewirkt hat bzw. auswirken wird. Daran anschließend werden ökonomische und fiskalische Implikationen der Zuwanderung behandelt. Dazwischen wird ein kurzer Exkurs zur Rolle des Arbeitsmarktes für die Bewertung der Ergebnisse geschaltet. Dies ist notwendig, weil der Arbeitsmarkt die zentrale Integrationsinstitution in unserer Volkswirtschaft bzw. Gesellschaft darstellt. Über die Arbeitsmarktbeteiligung in Form von Erwerbsarbeit leisten die Migranten Beiträge zu den Sozialversicherungen sowie zum allgemeinen Steueraufkommen und erwerben gleichzeitig Ansprüche an die Solidargemeinschaft. Darüber hinaus soll damit auch verdeutlicht werden, dass es nicht um Zuwanderung als solche gehen kann, sondern nur um eine zweckgesteuerte Immigration. Damit wird auch klar, dass eine ökonomische Analyse von Zuwanderung immer nur freiwillige Zuwanderung betrachten kann und Asylpolitik sich auf Grund der übergeordneten Problematik dieser Betrachtungsweise entzieht.

Eine letzte Vorbemerkung betrifft den Begriff Zuwanderer: Als Ausländer gelten alle, die ihren Wohnsitz in Deutschland haben, jedoch nicht die deutsche Staatsangehörigkeit besitzen. Des Weiteren ist zu beachten, dass die Begriffe Ausländer und Migrant nicht die gleichen Personengruppen abdecken, da die zweite und dritte Generation der einmal zugewanderten Personen zwar Ausländer, nicht jedoch Migranten sind. Daneben gibt es Zuwanderer, die die deutsche Staatsbürgerschaft angenommen haben und deshalb aus der hier zu betrachtenden Gruppe herausfallen. Auch bleibt mit den Aussiedlern eine große Zuwanderungsgruppe unbeachtet. Schließlich wird die Gruppe der Asylbewerber und Bürgerkriegsflüchtlinge nicht in die Analyse einbezogen.

## 1. Bestandsaufnahme: Die demographische Entwicklung in Deutschland und die Rolle der Migration

Die Bevölkerungsentwicklung wird immer durch drei Parameter bestimmt: Fertilität, Mortalität und Migration.

Die *Fertilität*, d.h. die Zeugungs- und Gebärfreude — dies ist die wichtigste demographische Einflussgröße — wird üblicherweise durch die zusammengefasste Geburtenziffer gemessen. Diese Ziffer beschreibt die Zahl der Lebendgeburten pro Frau. In der Nachkriegszeit erreichte diese „zusammengefasste Geburtenziffer" zu Beginn der 60er Jahre mit etwa 2,5 Lebendgeburten je Frau ihr Maximum, um seit Beginn der 70er Jahre bis heute auf einen Wert von etwa 1,4 für die alten Bundesländer und auf ca. 0,8 für die neuen zu sinken. Das bestandserhaltende Niveau läge bei ca. 2,1. Nachdem sich der extrem niedrige Wert in den neuen Bundesländern langsam an das westdeutsche Niveau annähert, geht das Statistische Bundesamt in seiner aktuellen 9. koordinierten Bevölkerungsvorausberechnung von einer langfristigen zusammengefassten Geburtenziffer von 1.400 Lebendgeborenden je 1.000 Frauen aus. Nur Italien, Spanien und Griechenland weisen niedrigere Werte aus.

Die *Mortalität*, d.h. die Sterblichkeit bzw. die Lebenserwartung beeinflusste und beeinflusst die demographische Entwicklung in Deutschland in zweierlei Hinsicht. Einmal, und dies war in Deutschland bis in die 60er Jahre relevant, durch einen Rückgang der Säuglings- und Kindersterblichkeit mit der Folge eines steigenden Jugendquotienten, d.h. des Verhältnisses zwischen den 0-19jährigen und den 20-59 bzw. 64jährigen. Aktueller und vor allem für die Zukunft von größerer Bedeutung ist die ausgeprägt sinkende Sterbewahrscheinlichkeit im höheren Alter und damit verbunden ein nur als rasant zu bezeichnender Anstieg der so genannten ferneren Lebenserwartung. Über zwei Drittel der Zunahme der gesamten Lebenserwartung seit den 60er Jahren resultiert aus einer Zunahme dieser ferneren Lebenserwartung. Bei den 60jährigen westdeutschen Männern wird diese Restlebenserwartung, die derzeit bei 18,9 Jahren liegt, um über 2,5 Jahre auf 21,6 Jahre in 2050 ansteigen und bei den Frauen, bei denen sie zur Zeit 23,3 Jahre beträgt, sogar um 3,5 Jahre auf 26,7 Jahre.

Die 9. koordinierte Bevölkerungsvorausberechnung für Deutschland bis zum Jahre 2050 prognostiziert folglich eine weitere Verformung des Altersaufbaus in Deutschland verbunden mit einem stark ansteigenden Altenquotienten und einem Rückgang der Bevölkerung von heute 82 Mio. auf, abhängig vom Wanderungssaldo, 65 bzw. 70 Mio. Einwohner im Jahre 2050. Dieses Muster der Bevölkerungsentwicklung: Alterung und Schrumpfung ist — mit Ausnahme Irlands — in allen O-ECD-Staaten zu beobachten und beruht auf einer für Industrieländer typischen Entwicklung, nämlich der, dass die Zahl der Lebendgeborenen je Frau negativ und die Lebenserwartung positiv mit dem Entwicklungsniveau, also dem materiellen Wohlstand eines Landes korreliert ist.

Vor diesem prognostischen Hintergrund wird *Zuwanderung* als ein Instrument zur Relativierung der mit dieser demographischen Entwicklung verbundenen Probleme gesehen. Die Migration ist jedoch, zumindest in Deutschland, der schwächste demographische Einflussfaktor und im Gegensatz zur Fertilität und Mortalität nicht strukturbestimmend und auch nicht trendbildend. Gemessen an der Nettozuwanderung war und ist Deutschland seit Ende des zweiten Weltkrieges zwar nicht formal, aber faktisch ein Einwanderungsland. Die Nettozuwanderung, die Ende der 80er/ Anfang der 90er Jahre ihr Maximum hatte und zeitweise die Millionengrenze überschritt, hat das Durchschnittsalter der deutschen Wohnbevölkerung, welches gegenwärtig gut 40 Jahre beträgt, gesenkt. Der Verlauf der Wanderungen seit Mitte der 1950er Jahre ist durch starke Schwankungen gekennzeichnet. Für die 1990er Jahre ist allerdings ein eindeutig rückläufiger Trend feststellbar, der sich in den Vorausberechnungen des Statistischen Bundesamtes dadurch niederschlägt, dass mit zwei Varianten von jeweils 100.000 bzw. 200.000 Personen an jährlicher Nettozuwanderung gerechnet wird. Zusätzlich wird eine Sockelwanderung von 400.000 Zu- und Fortzügen unterstellt, die für sich alleine, d.h. auch ohne die angenommene Nettozuwanderung, zu einer Verjüngung der deutschen Gesellschaft beiträgt, da sich die Altersstruktur der Zuwanderer von der der Abwanderer unterscheidet.

Der schwache Einfluss der Migration auf die Bevölkerungsentwicklung beruht auch darauf, dass auch Zuwanderer älter werden und die ausländischen Frauen sich in ihrem Geburtenverhalten schnell und weitgehend dem der deutschen annähern, wenn auch mit starken nationalitätenspezifischen Unterschieden (Deutscher Bundestag 2000). Da mit zunehmender Verweildauer der Zuwanderer die Geburtenraten deutlich sinken, verringert sich der verjüngende Effekt, so dass auch eine gesteuerte Zuwanderung eine durch die Mortalität und Geburtenfreudigkeit der deutschen Wohnbevölkerung bedingte Alterung nicht verhindern, sondern allenfalls hinauszögern kann. Dies zeigt auch eine Studie der Vereinten Nationen (2000), wonach es erforderlich wäre, dass

- um die derzeitige Wohnbevölkerung konstant zu halten, in den nächsten 50 Jahren 17,2 Millionen Menschen nach Deutschland einwandern müssten,
- um die Erwerbsbevölkerung, das heißt die Anzahl der 15-64jährigen konstant zu halten, 24,3 Millionen Menschen zuwandern müssten und
- um den Altenquotienten, das heißt das Verhältnis der über 64jährigen zu den 15-64jährigen konstant zu halten, 181,5 Millionen zuwandern müssten.

Ziel einer wie auch immer gesteuerten oder gestalteten Zuwanderung sollte jedoch nicht eine konstante bzw. bestimmte Bevölkerungzahl oder eine bestimmte Bevökerungsstruktur sein. Zahl und Struktur an sich können keine erstrebenswerten Größen sein; denn entscheidend ist nicht das physische Dasein von Migranten, sondern deren Integration in Gesellschaft und Wirtschaft. Zuwanderungssteuerung, die nichts mit dem Gewähren von Asyl zu tun hat, sollte immer auf einer Verbesserung der ökonomischen Wohlfahrt der gesamten Wohnbevölkerung ausgerichtet sein. Akzeptiert man ein solches gesamtwirtschaftliches Wohlfahrtsziel, wird man Volumen und Mix der Zuwanderung an volkswirtschaftlichen Kriterien im Allgemeinen und an arbeitsmarktpolitischen im Besonderen ausrichten und nicht an irgendwelchen Bevölkerungszahlen. Und erst dann kann sinnvoller Weise über ökonomische Implikationen der Zuwanderung geredet werden. Dies ist in der Tatsache begründet, dass der Arbeitsmarkt als zentraler Allokationsmechanismus dient, durch den man die verschiedensten Rechte und Pflichten erwirbt. So ist z.B. das deutsche Sicherungssystem in erster Linie ein erwerbsarbeitszentriertes Sozialversicherungssystem, das auch nur alle abhängigen Beschäftigten erfasst. Die Sozialversicherungen sind also dem Arbeitsmarkt nachgelagert. Folglich können Zuwanderer nur dann (positive) Effekte auf das Sozialsystem in seiner jetzigen Form haben, wenn sie zuvor eine abhängige Beschäftigung gefunden haben. In der Konsequenz steht somit die Betrachtung des Arbeitsmarktes vor der Frage nach den ökonomischen Auswirkungen der Zuwanderung, da diese nur unter Berücksichtigung der Arbeitsmarktwirkungen beantwortet werden können.

## 2. Die Rolle des Arbeitsmarktes

### 2.1. Theoretische Zusammenhänge[1]

Der Einfluss der Zuwanderung auf einen nationalen Arbeitsmarkt hängt in einer ersten Annäherung vom Umfang der Zuwanderung ab. Unbegrenzte Zuwanderung führt — zumindest in der Theorie — zu einer sinkenden Beschäftigung der inländischen Arbeitnehmer bei gleichzeitigem Anstieg der Gesamtbeschäftigung und der Gesamtbevölkerung. Dies ergibt sich aus der Überlegung, dass die Zuwanderung erst endet, wenn das inländische Lohnniveau auf das des Weltarbeitsmarkts abgesunken ist. Das setzt einen völlig deregulierten Arbeitsmarkt voraus. Eine unbeschränkte Zuwanderung hätte somit im Vergleich zur Ausgangssituation eine höhere Arbeitslosigkeit der inländischen Beschäftigten bei einem für sie niedrigeren Lohnniveau zur Folge. Eine begrenzte Zuwanderung hätte demgegenüber einen geringeren Anstieg der Arbeitslosigkeit der Einheimischen und einen geringeren Lohnrückgang zur Folge. Neben diesen Bewegungen kommt es im makroökonomischen Kreislaufzusammenhang allerdings aufgrund der durch die Zuwanderung angestiegenen gesamtwirtschaftlichen Produktion auch zu einer vermehrten Arbeitsnachfrage. Abhängig von deren Ausmaß kann dies im neuen Arbeitsmarktgleichgewicht nun auch zu höheren Beschäftigungs- und Lohnniveaus inländischer Arbeitnehmer führen.

Erweitert man dieses einfache Modell dadurch, dass man unterschiedliche Arbeitnehmergruppen zulässt, dann lässt sich nach dem Verhältnis von in- zu ausländischen Arbeitnehmern fragen. Denn die Auswirkungen letzterer auf erstere hängt insbesondere davon ab, ob die Beziehung zwischen beiden komplementärer oder substitutiver Natur ist. Der Komplementaritätsthese zufolge besetzen ausländische Arbeitnehmer Arbeitsplätze, die inländische Arbeitnehmer aus verschiedenen Gründen nicht einnehmen wollen oder können. Sie nehmen somit eine Ergänzungsfunktion auf dem Arbeitsmarkt ein. Im Gegensatz dazu würden Ausländer entsprechend der

---

1    Eine ausführlichere Darstellung der theoretischen Zusammenhänge leisten Sesselmeier/Rürup 1996 und Zimmermann 1997.

Substitutionshypothese inländischen Arbeitnehmern die Arbeitsplätze wegnehmen, das heißt, Deutsche werden durch Migranten ersetzt.

Die postulierten Einflüsse auf die Beschäftigungsmenge hängen zweifellos nicht nur von der Zahl der Migranten, sondern auch von der Struktur des Arbeitsmarkts und insbesondere von der Lohn- bzw. Lohnstrukturflexibilität ab. Je rigider die Löhne, desto stärker wirkt sich die Erwerbstätigkeit von Ausländern in der Beschäftigungsmenge aus und umgekehrt. Schließlich muss betont werden, dass die Verteilungswirkung der Ausländerbeschäftigung ebenfalls von der Positionierung von In- und Ausländern auf dem Arbeitsmarkt abhängt. Werden beispielsweise gering qualifizierte Migranten beschäftigt, die inländische Arbeitnehmer im sekundären Teilarbeitsmarkt ersetzen und gleichzeitig als Komplemente zu gut qualifizierten Arbeitskräften im primären Teilsegment fungieren, dann profitieren die gut qualifizierten Inländer, während wenig qualifizierte Inländer tendenziell verlieren werden.

In der Realität muss man davon ausgehen, dass ausländische Arbeitnehmer sowohl eine komplementäre als auch eine substitutive Rolle einnehmen, folglich tritt in der Regel beides auf: Verdrängung und Ergänzung.

## 2.2. Die empirische Situation am deutschen Arbeitsmarkt[2]

Die Wirtschaftsstruktur zur Zeit der Hochphase der Gastarbeiterwanderung prägte und prägt die Arbeitsbereiche und Arbeitsmarktpositionen der Zuwanderer trotz einer mittlerweile relativ starken Verschiebung dieser sektoralen Strukturen. Die ausländischen Arbeitskräfte wurden vor allem für Tätigkeiten im Produzierenden und Baugewerbe angeworben. Entsprechend waren 1960 45% bzw. 26% der Ausländer in diesen Bereichen beschäftigt. Diese Werte stiegen im Produzierenden Gewerbe bis Mitte der 80er Jahre auf 63%, um bis 1995 wieder auf 50% zu fallen. Dagegen sind heute nur noch ein Drittel der deutschen Arbeitnehmer in diesem Sektor tätig. Das Baugewerbe allerdings verlor an Relevanz und beschäftigte bereits Anfang der 80er Jahre nur noch die Hälfte der ausländischen Arbeiter der 60er Jahre. An diesem Beschäftigungsniveau änderte sich seitdem nichts. Der Anteil von Ausländern in den Bereichen Handel, Verkehr, produktionsnahe Dienstleistungen, konsumnahe Dienstleistungen sowie soziale und staatliche Dienste stieg demgegenüber auf 35%. Entsprechend der Verhältnisse im Produzierenden Gewerbe sind hier allerdings 60% der deutschen Arbeitnehmer beschäftigt. Zu dieser sektoralen Bindung ausländischer Arbeitnehmer kommt hinzu, dass sie über die Zeit hinweg nur in wenigen Berufsgruppen tätig waren bzw. sind und dies in der Hauptsache als un- oder angelernte Kräfte.

---

2    Ausführliche Darstellungen mit weiteren Literaturverweisen zur Situation der Ausländer am deutschen Arbeitsmarkt während der letzten 50 Jahre bieten Bauer 1998, Münz/Seifert/Ulrich 1999; Schulz 1999 und Bender et al. 2000.

Die Arbeitslosenquote der ausländischen Erwerbspersonen lag seit Beginn der 80er Jahre in jedem Jahr über jener der westdeutschen Erwerbspersonen. Abgesehen von einer kurzen Phase der Wiederannäherung in der zweiten Hälfte der 80er Jahre entwickelten sich die Quoten von ausländischen und deutschen Erwerbspersonen weiter auseinander, wobei zu Beginn der 80er Jahre wie auch während der 90er Jahre die Arbeitslosenquote ausländischer Erwerbspersonen bei wachsender Arbeitslosigkeit überproportional anstieg und zum Jahresende 1996 einen neuen Rekord von 20,5% erreichte. Insgesamt lassen sich die Gründe für eine höhere Arbeitslosigkeit der Ausländer folgendermaßen zusammenfassen: Ausländer weisen einen überproportional hohen Beschäftigungsanteil im Produzierenden Gewerbe auf. Das Produzierende Gewerbe ist jedoch am stärksten vom Umstrukturierungs- und Rationalisierungsprozess betroffen. Zudem steigt die Nachfrage nach qualifizierten Arbeitnehmern, die ausländische Arbeitnehmer aufgrund ihrer im Durchschnitt niedrigeren Qualifikationen nicht erfüllen können. Der tertiäre Sektor bleibt vielen Ausländern wegen kundennäheren Tätigkeiten versperrt. Und selbständige Tätigkeiten scheitern oft an fehlenden Möglichkeiten zur Kapitalbeschaffung.

## 3.  Ökonomische und fiskalische Aspekte

Die ökonomischen und fiskalischen Auswirkungen der Zuwanderung hängen also zunächst einmal von ihrer ökonomischen Integration in den Arbeitsmarkt ab. Konkretisiert werden diese Auswirkungen in Fragen nach den Einflüssen auf das Wirtschaftswachstum zum einen und einer Kosten-Nutzen-Analyse bei den beitrags- und steuerfinanzierten Sozialleistungen zum anderen. Dazu werden im Folgenden die theoretischen Zusammenhänge dargestellt und — soweit vorhanden — empirische Ergebnisse präsentiert. Letztere sind immer nur für bestimmte Perioden vorhanden, nicht jedoch für den gesamten Zeitraum seit Beginn der Zuwanderung.

### 3.1. Makroökonomische Auswirkungen der Zuwanderung

Migranten können in dreierlei Hinsicht zum Wachstum einer Volkswirtschaft beitragen: Zum einen — und dieser Punkt wird hier nicht weiter verfolgt — dann, wenn sie spezifische Knappheitssituationen am Arbeitsmarkt relativieren[3] und damit Wachstumshemmnisse in Folge eines zu geringen Arbeitsangebotes beseitigen. Unterstellt man des Weiteren nicht nur eine komplementäre Beziehung zwischen in- und ausländischen Arbeitnehmern, sondern auch zwischen Arbeit und Kapital, so führt eine Ausdehnung der Zuwanderung und deren Integration in den Arbeitsmarkt ebenfalls zu einem verstärkten Wachstum. Schließlich sind die Wirkungen des Kreislaufzusammenhangs der Ausländerbeschäftigung zu beachten. Nicht nur die

---

3    Diesem Zweck diente die so genannte Green-Card-Aktion 1999/2000 zur Anwerbung ausländischer IT-Spezialisten.

erhöhte gesamtwirtschaftliche Nachfrage wirkt wachstumsfördernd, darüber hinaus werden wegen des zusätzlichen Verwaltungsaufwandes, des Bedarfs an zusätzlicher Infrastruktur, Wohnungen und Kultureinrichtungen neue Investitionen nötig, die wiederum zu neuen Beschäftigungsmöglichkeiten führen. In der Folge steigt wiederum die Nachfrage und es gibt einen Multiplikatoreffekt der Ausländerbeschäftigung. Die Größe des Multiplikators bestimmt sich zum einen aus der Wachstumsrate im Inland[4] und zum anderen aus der Struktur und dem Umfang der Zuwanderung. Wandert nur das einzelne Individuum, also der Arbeitsmigrant, dann ist der zu erwartende Wachstumseffekt geringer, als wenn ganze Familien wandern. Da aber in Folge des immer noch geltenden Anwerbestopps von 1973 die Familienmigration die Arbeitsmigration zunehmend verdrängte und die Ausländerhaushalte eine relativ hohe Konsumquote haben, kann von insgesamt positiven Auswirkungen ausgegangen werden.

Ältere Studien zeigen denn auch ein überwiegend positives Bild der Zuwanderung hinsichtlich der Produktivitätsentwicklung und des wirtschaftlichen Wachstums.[5] Für die erste Hälfte der 90er Jahre kommt das RWI ebenfalls zu dem Schluss, dass die Zuwanderung dieser Jahre ihren positiven Beitrag zum Wirtschaftswachstum geleistet hat (H.D. v. Loeffelholz/G. Köpp 1998).

### 3.2. Implikationen der Zuwanderung für die Sozialversicherungen

Die Inanspruchnahme der Sozialversicherungen durch Ausländer hängt insbesondere von zwei Faktoren ab: der Altersstruktur und dem Erwerbsstatus. Letzteres beruht auf der Tatsache, dass die Sozialversicherungen dem Arbeitsmarkt nachgelagert sind. Ausländische Männer weisen höhere Erwerbsquoten als deutsche auf, allerdings mit sinkender Tendenz. Die Erwerbsbeteiligung ausländischer Frauen liegt mittlerweile unter der deutscher Frauen (Deutscher Bundestag 2000: 144 f.). Je nach Versicherungszweig haben diese Abhängigkeiten unterschiedliche Auswirkungen.

Bei der *Arbeitslosenversicherung* ist zu beachten, dass die Leistungen der Bundesanstalt für Arbeit in ihrer Höhe von den individuellen Beiträgen der Versicherten abhängen. Wenn die Löhne der ausländischen Arbeitnehmer unter denen der deutschen liegen, dann sind auch ihre Beiträge zur Arbeitslosenversicherung und damit die korrespondierenden möglichen zu empfangenden Leistungen unter dem Niveau deutscher Arbeitnehmer. Daneben wurde bereits darauf hingewiesen, dass die Ausländer sich insbesondere in vom Strukturwandel negativ betroffenen Branchen konzentrieren. Dies und ihre insgesamt geringere Humankapitalausstattung führten dazu, dass ihre Arbeitslosenquote seit Anfang der 1980er Jahre beständig über der Gesamtquote liegt. Schließlich sank in Folge des Anwerbestopps der Anteil der sozialversicherungspflichtig beschäftigten Ausländer an allen Ausländern von damals 60% auf gegenwärtig 30%

---

4     Damit sind die Folgen der Zuwanderung nicht nur von der strukturellen Verfasstheit einer Volkswirtschaft abhängig, sondern auch von der jeweiligen konjunkturellen Situation, in der die Zuwanderung erfolgt.

5     Für einen Überblick über ältere Studien siehe Rürup/Sesselmeier 1993b.

(Deutscher Bundestag 2000: 132). Damit sanken sowohl die Beiträge zur Arbeitslosenversicherung als auch die Ansprüche.

Da es im *Krankenversicherungsbereich* keine nach Ausländern und Deutschen getrennten Daten gibt, ist man auch hier auf Hilfskonstruktionen angewiesen. Der Finanzstatus der gesetzlichen Krankenversicherungen wird ebenfalls durch die Struktur der Versicherten beeinflusst. Wichtig ist dabei, dass jeder Versicherte unabhängig von seinen Beiträgen Anspruch auf die gleichen Leistungen hat. Ausländer haben aufgrund ihrer Qualifikation und ihrer Arbeitsmarktposition geringere Einkommen, zahlen somit entsprechend geringere Beiträge und tragen zusätzlich noch ein höheres berufsbedingtes Krankheitsrisiko. Andererseits haben sie eine günstigere Altersstruktur als die deutsche Bevölkerung, sodass zunächst unklar ist, ob sich aus diesen unterschiedlichen Einflussfaktoren ein positiver oder negativer Saldo ergibt. Analysen von R. Ulrich (1992: 197) und H.D. v. Loeffelholz/G. Köpp deuten jedoch für die untersuchten Zeiträume darauf hin, „dass Ausländer im Bereich der Krankenversicherungen Nettozahler sind" (R. Ulrich 1992: 200).

Für die *Gesetzliche Rentenversicherung* ist die langfristige Betrachtung von herausragender Bedeutung, da Beitragszahlung und Leistungsempfang zeitlich auseinanderfallen. Gegenwärtig empfangen aufgrund der günstigeren Altersstruktur knapp 17% der Ausländer gegenüber 25% der Gesamtbevölkerung Rentenleistungen. Gleichwohl ist bereits die zukünftige Dynamik eines vermehrten Eintritts der ausländischen Bevölkerung in die Rente erkennbar, einer Entwicklung mit der auch ihr bisheriger Nettobeitrag zugunsten der deutschen Rentner abnehmen wird. In welchem Umfang dies jedoch konkret der Fall sein wird, hängt von der Entwicklung des Altenquotienten, d.h. dem Verhältnis der 65jährigen und älteren Personen zu den 20 bis unter 65 Jahre alten Personen ab. Dieser betrug 1999 bei den Ausländern 5,9%; während der entsprechende Wert für Deutsche ebenfalls 1999 bereits bei 27,6% lag (Bundesministerium des Innern 2000: 13). Den Bevölkerungsvorausberechnungen entsprechend werden beide Werte steigen, wobei der ausländische Quotient unter realistischen Annahmen auch weiterhin unter dem deutschen Wert bleiben wird.

Dieser Abschnitt zeigte deutlich, dass eine einfache Aussage über die Implikationen der Ausländerbeschäftigung auf die Sozialversicherungssysteme nicht ohne weiteres möglich ist. Es sollte auch nicht übersehen werden, dass ein Teil der Einflussfaktoren arbeitsmarktbedingt ist, also nicht den Zuwanderern, sondern deren Arbeitsplätzen zuzurechnen ist.

## 4. Schlussfolgerungen

Die Entwicklung zeigt, dass Deutschland seit Mitte der 1950er Jahre ein Einwanderungsland ist — und wenn man diesen Begriff nicht nur über die Existenz einer geregelten Zuwanderung definiert, sondern auch den Willen der Migranten zum dauerhaften Bleiben mitberücksichtigt, dann hat der Staat mit seinem 1973 erlassenen und bis heute geltenden Anwerbestopp diesen Eindruck unterstützt und nicht etwa, wie es die offizielle Rhetorik will, entgegengewirkt.[6] Unter ökonomischen Gesichtspunkten muss diese Zuwanderung generell als positiv für die deutsche Volkswirtschaft bewertet werden. Auch wenn es in den letzten Jahren zu stärkeren Verdrängungsmechanismen kam, so ist dies zuvörderst der Politik anzulasten, die auf Grund der Doktrin vom Nicht-Einwanderungsland auch mit den vielfältigen Formen temporärer Migration nicht umgehen konnte. Gleichzeitig wurde dadurch aber auch der Strukturwandel gefördert (E. Schulz 1999). Die bisherige Entwicklung zeigte aber auch, dass die Zuwanderung nach Deutschland auch in der Vergangenheit bereits arbeitsmarktorientiert war.

Darüber hinaus wird die Bundesrepublik als alternde und schrumpfende Gesellschaft Einwanderung brauchen. Und diese sollte schon allein aus dem Grund, dass die Bevölkerung auch und gerade unter Arbeitsmarktaspekten einer selektiven Zuwanderung positiver gegenübersteht als einer ungesteuerten (Th. Bauer/K. Zimmermann 2000), geregelt sein. Das heißt, eine gesteuerte Zuwanderung erscheint als Vorbedingung für eine erfolgreiche Integration der Ausländer. Ob allerdings die nationale Ebene die richtige für ein Einwanderungsgesetz ist, erscheint fraglich. Nicht nur rechtliche Aspekte sprechen für die Ebene der Europäischen Union. Vielmehr stehen die übrigen Industrieländer vor der gleichen Bevölkerungsentwicklung und ein Wettkampf um die besten Zuwanderer würde nur zu hohen ökonomischen und gesellschaftlichen Kosten führen. Zudem — und dieser Punkt darf auf keinen Fall außer Acht gelassen werden — würde diese Politik zu einem brain drain in den Entsendeländern führen, was wiederum die Ungleichgewichte zwischen den Industrieländern und den Entwicklungsländern verstärken würde.

Zuwanderung benötigt gerade vor dem Hintergrund der demographischen Entwicklung folglich eine Ergänzung um andere Politikmaßnahmen wie etwa Erhöhung der Produktivität, Ausweitung der Frauenerwerbstätigkeit und der Lebensarbeitszeit (B. Rürup/W. Sesselmeier 1993a). Die gesamtgesellschaftliche Reaktion auf den demographischen Wandel wird sicherlich in einem Mix aus allen vier Strategien zu suchen sein. Die Aufgabe der Politik wird es sein, Prioritäten zu setzen und Inkompatibilitäten zu vermeiden.

## Literatur

Bade, Klaus J./Münz, Rainer (Hrsg.) (2000): Migrationsreport 2000. Fakten-Analysen-Perspektiven. Frankfurt/New York: Campus
Balke, Friedrich et.al. (Hrsg.) (1993): Schwierige Fremdheit. Über Integration und Ausgrenzung in Einwanderungsländern. Frankfurt am Main: Fischer TB
Bauer, Thomas (1998): Arbeitsmarkteffekte der Migration und Einwanderungspolitik. Eine Analyse für die Bundesrepublik Deutschland. Heidelberg: Physica
Bauer, Thomas K./Zimmermann, Klaus F. (2000): Immigration Policy in Integrated National Economies. Discussion Paper No. 170. IZA Bonn
Bender, Stefan/Rürup, Bert/Seifert, Wolfgang/Sesselmeier, Werner (2000): Migration und Arbeitsmarkt. In: Bade/Münz (2000): 59-83

---

6    Es sollte auch nicht vergessen werden, dass Deutschland auch schon zu früheren Zeiten durch starke Zu- und Abwanderungswellen geprägt wurde (Sesselmeier/Rürup 1996).

Bundesministerium des Innern (2000): Modellrechnungen zur Bevölkerungsentwicklung in der Bundesrepublik Deutschland bis zum Jahr 2050

Deutscher Bundestag (2000): Sechster Familienbericht. Familien ausländischer Herkunft in Deutschland. Leistungen-Belastungen-Herausforderungen und Stellungnahme der Bundesregierung. BT-Drucksache 14/4357

Klose, Hans-Ulrich (Hrsg.) (1993): Altern der Gesellschaft. Antworten auf den demographischen Wandel. Köln: Bund-Verlag

Loeffelholz, Hans Dietrich von/Köpp, Günter (1998): Ökonomische Auswirkungen der Zuwanderungen nach Deutschland. Berlin: Duncker & Humblot

Münz, Rainer/Seifert, Wolfgang/Ulrich, Ralf (1999): Zuwanderung nach Deutschland. Strukturen, Wirkungen, Perspektiven. Frankfurt/ New York: Campus

Rürup, Bert/Sesselmeier, Werner (1993a): Die schrumpfende und alternde deutsche Bevölkerung: Arbeits-marktpolitische Perspektiven und Optionen. In: Klose (1993). 27-50

Rürup, Bert/Sesselmeier, Werner (1993b): Einwanderung: Die wirtschaftliche Perspektive. In: Balke et.al. (1993). 285-304

Sadowski, Dieter/Pull, Kerstin (Hrsg.) (1997): Vorschläge jenseits der Lohnpolitik. Optionen für mehr Beschäftigung II. Frankfurt/ New York: Campus

Schulz, Erika (1999): Zuwanderung, temporäre Arbeitsmigranten und Ausländerbeschäftigung in Deutschland. In: Vierteljahreshefte zur Wirtschaftsforschung 68. 386-423

Sesselmeier, Werner/Rürup, Bert (1996): Langfristige Wirkungen der Arbeiterimmigration auf Arbeitsmarkt, Faktorausstattung und Wachstumspfad seit der Reichsgründung. In: Jahrbuch für Wirtschaftsgeschichte 1996/2: Arbeitskräftewanderungen. Weinheim: Akademie Verlag. 39-72

Statistisches Bundesamt (2000): Bevölkerungsentwicklung Deutschlands bis zum Jahr 2050. Ergebnisse der 9. koordinierten Bevölkerungsvorausberechnung. www.statistik-bund.de

Ulrich, Ralf (1992): Der Einfluss der Zuwanderung auf die staatlichen Einnahmen und Ausgaben in Deutschland. In: Acta Demographica

Vereinte Nationen (2000): Replacement Migration: Is it a Solution to Declining and Ageing Populations? New York

Zimmermann, Klaus F. (1997): Die Arbeitsmarktkonsequenzen unterschiedlicher Einwanderungspolitiken. In: Sadowski/Pull (1997): 297-316

# Soziale Konflikte in der Einwanderungsgesellschaft: Merkmale, Ausprägungen und Elemente der politischen Regulierung

*Axel Schulte*

## 1. Einleitung

Die westeuropäischen Länder haben sich in den vergangenen Jahrzehnten infolge der Zuwanderung und dauerhaften Niederlassung von Migranten unterschiedlicher Ausprägung zu Einwanderungsgesellschaften entwickelt. Dieser soziale Wandel, in dessen Verlauf sich innerhalb der Aufnahmeländer Einwanderungsminderheiten bzw. neue ethnische Minderheiten gebildet haben, wirft vielfältige Fragen, Probleme und Herausforderungen sowohl unter analytischen als auch unter praktisch-politischen Gesichtspunkten auf. Dazu gehört auch die Frage der sozialen, insbesondere ethnisch-kulturellen Spannungen und Konflikte, die mit dieser Entwicklung einhergehen und die den gesellschaftlichen Zusammenhalt insgesamt gefährden (können).[1] Von zentraler Bedeutung für das Zusammenleben der Angehörigen von einheimischen und zugewanderten Bevölkerungsgruppen und dessen politische Gestaltung ist damit die Auseinandersetzung mit der Frage, die A. Giddens folgendermaßen formuliert hat:

> „Unter welchen Bedingungen können die Angehörigen verschiedener ethnischer Gruppen oder kultureller Gemeinschaften miteinander auskommen? Und unter welchen Umständen arten die Beziehungen zwischen ihnen wahrscheinlich in Gewalt aus?" (A. Giddens 1997: 324 f.)

Die folgenden Überlegungen versuchen, einen Beitrag zur Beantwortung dieser Frage zu leisten. Dabei geht es zunächst um die Präzisierung dessen, was ‚Konflikte' als soziales Phänomen beinhalten und welche Ausprägungen sie in der Einwanderungsgesellschaft haben (können), und im Anschluss daran um die nähere Bestimmung von Elementen einer politischen Regulierung dieser Konflikte. Die Argumentation zielt darauf ab, unter analytischen Gesichtspunkten verschiedene Problem- und Konfliktlagen zu erläutern und unter praktischen Gesichtspunkten Orientierungen für gesellschaftspolitische Maßnahmen zu geben.

---

[1] Bezeichnend sind hierfür Bade 1996; Heitmeyer/Dollase 1996; Heitmeyer/Dollase/Backes 1998; Fischer 1998; Friedrich-Ebert-Stiftung 1998; Cotesta 1999; Bielefeldt/Heitmeyer 2000; IZA 2000; Heitmeyer/Anhut 2000. Der vorliegende Aufsatz führt die Überlegungen fort, die vom Verfasser insbesondere in den folgenden Beiträgen entwickelt wurden: Schulte 1998a (mit ausführlichen Literaturangaben); ders. 1998b; ders. 2000b.

## 2. Merkmale und Ausprägungen sozialer Konflikte

*2.1. Konflikte als Form sozialer Beziehungen und Interaktionen*

Mit dem Begriff ‚Konflikt' wird in den Sozialwissenschaften eine besondere Form sozialer Beziehungen und Interaktionen bezeichnet, nämlich „Gegensätzlichkeiten, Spannungen, Gegnerschaften, Auseinandersetzungen, Streitereien und Kämpfe unterschiedlicher Intensität zwischen verschiedenen sozialen Einheiten" (K.-H. Hillmann 1994: 432). Bei diesen Auseinandersetzungen, die zwischen Individuen, Gruppen, Organisationen, Staaten und überstaatlichen Verbindungen, aber auch innerhalb dieser verschiedenen sozialen Einheiten ausgetragen werden können und deren Gegensatz kooperative oder konsensuale Formen der Interaktion darstellen, geht es in der Regel um den Zugang zu und die Verteilung von knappen Ressourcen. Dazu werden vorwiegend Macht, Einkommen, Besitz, Reichtum und Prestige gerechnet, es kann sich dabei aber auch (z.B. in internationalen Konflikten) um territoriale Fragen, die Besetzung von Ämtern oder um Fragen von Autorität und Befehlsgewalt handeln (G. Pasquino 1983: 217). Auseinandersetzungen um diese Gegenstände werden in der Regel als Interessenkonflikte bezeichnet.[2] Von ‚kulturellen', ‚ethnisch-kulturellen', ‚symbolischen' oder ‚Wert'-Konflikten wird demgegenüber dann gesprochen, wenn sich die Auseinandersetzungen eher auf den Bereich von Religionen, Sprachen, Ideologien, Werten und Identitäten beziehen.[3] Anders als Interessenkonflikte, bei denen es vor allem um quantitative Größen geht, gelten diese Konflikte als schwieriger zu ‚lösen', da sie eher qualitative Fragen betreffen und häufig in besonders intensiver Form ausgetragen werden. In der gesellschaftlichen Realität sind die Grenzen zwischen diesen verschiedenen Konflikttypen allerdings fließend (A. Schulte 1998a: 15 ff.).

Was das Verhältnis von Konflikten und Regeln betrifft, so können sich Konflikte *innerhalb* existierender Regeln und institutioneller Rahmenbedingungen abspielen, bei ihnen kann es aber auch *um* die Regeln selbst gehen, z.B. im Rahmen von Versuchen, einzelne rechtliche Bestimmungen (z.B. im Bereich des Stimmrechts) oder die Rechtsordnung insgesamt zu ändern. Zwischen beiden Polen gibt es eine Vielzahl von Mischformen. Insbesondere in Krisenzeiten können Konflikte um die Spielregeln häufig die Form gewaltförmiger Auseinandersetzungen annehmen. Als Ursachen für die Entstehung von sozialen Konflikten spielen vor allem Ungleichgewichte und Spannungsverhältnisse in der Gesellschaft, ungelöste soziale Probleme, unterschiedliche Interessen, Wertvorstellungen und Ideologien, soziale

---

[2]  Soziale Konflikte unterscheiden sich zudem nach der Struktur ihres Gegenstandes: sie können die Struktur von Nullsummenspielen sowie von Spielen mit negativem Gesamtgewinn oder positivem Gesamtgewinn haben.

[3]  Unter dem Gesichtspunkt der Ressourcen, um die sich Konflikte drehen (können), unterscheidet Cotesta zwischen ‚materiellen' und ‚symbolischen' Ressourcen. Zu den ersten zählt er Fragen der Beschäftigung, der Wohnung, der gesundheitlichen Versorgung und des Niveaus des städtischen Lebens; zu den zweiten Fragen der Identität der individuellen oder kollektiven Akteure (Cotesta 1999: 320).

Ungleichheiten und Herrschaftsverhältnisse sowie Differenzen über Lösungsstrategien eine Rolle. Hinsichtlich ihrer Reichweite können sich Konflikte auf Einzelfragen, auf gesellschaftliche Teilbereiche, gesamtgesellschaftliche und/oder transnationale Dimensionen beziehen.

Zu den Faktoren, die den Verlauf und die Intensität von Konflikten beeinflussen, gehören die Zahl und das Gewicht der beteiligten Akteure, deren Bereitschaft zum Engagement sowie die Art und Weise der Austragung. Unter dem Gesichtspunkt ihrer Auswirkungen für die beteiligten Akteure kann die Austragung von Konflikten dazu beitragen, die Setzung von Gruppen-Grenzen, den inneren Zusammenhalt und die Zentralisierung zu fördern; bei mangelnder Kohäsion der jeweiligen Gruppen können aber auch entgegengesetzte Wirkungen, nämlich deren Auflösung bzw. Zerfall eintreten. Der Einsatz von Gewalt als Mittel der Konfliktaustragung ist nicht so sehr ein Gradmesser für die Intensität eines Konflikts, als vielmehr ein Anzeichen dafür, dass gemeinsame Normen und Verfahrensregeln fehlen, nicht adäquat sind oder gebrochen werden (G. Pasquino 1983).

Hinsichtlich der Erscheinungsformen wird in der Regel zwischen manifesten und latenten Konflikten unterschieden. Latent ist ein Konflikt, „der nicht als solcher erkennbar ist, nicht zur offenen Austragung kommt und daher oft auch nicht mit zugelassenen und anerkannten Mitteln geführt wird" (W. Fuchs-Heinritz et.al. 1994: 357). Unter dem Gesichtspunkt der Konflikt-Beziehungen lassen sich zudem echte und unechte Konflikte unterscheiden. Echte Konflikte brechen aufgrund der genannten Ursachen zwischen Gruppen bzw. Personen auf und fungieren dabei als Mittel, ganz bestimmte Ergebnisse zu erzielen. Wenn diese oder ein funktionales Äquivalent erreicht sind, sind die Konflikte in der Regel beendet. Im Gegensatz dazu handelt es sich im zweiten Fall um eine Form des Konflikts, bei der dieser zumindest für einen der Kontrahenten Selbstzweck ist; der unechte Konflikt ist nicht durch gegensätzliche Ziele verursacht, sondern dient der Entladung von Spannungen und Aggressionen gegenüber einem im Prinzip austauschbaren ‚Partner' bzw. ‚Ersatzobjekt'. Werden auch die konfliktbedingten Aggressionen und Sozialängste kanalisiert, so kann es sich hierbei stets nur um Scheinlösungen handeln. Konfliktursachen werden somit nicht beseitigt, sondern nur verschoben und bestehen damit fort. Von daher wird in diesem Zusammenhang auch von einem umgeleiteten Konflikt gesprochen.

Hinsichtlich ihrer Folgen und Funktionen für die politische, soziale und ökonomische Ordnung und deren Bestand bzw. Entwicklung werden soziale Konflikte kontrovers beurteilt. Negativ werden sie am ehesten dann bewertet, wenn bei der Betrachtung gesellschaftlicher Verhältnisse ein Harmonie-, Gemeinschafts- oder Gleichgewichtskonzept zugrunde gelegt wird und die (unveränderte) Erhaltung der bestehenden Ordnung (bewusst oder unbewusst) im Vordergrund des Interesses steht. Konflikte erscheinen dann als Resultat abweichenden, dysfunktionalen oder irrationalen Verhaltens von Personen bzw. Gruppen. Wird demgegenüber davon ausgegangen, dass die Gesellschaft selbst durch Unterschiede, Widersprüche und Gegensätze gekennzeichnet ist, so wird der Konflikt eher positiv, nämlich als Ausdruck und Element sozialen Wandels und als Beitrag zur Weiterentwicklung, Stabilisierung und Integration der Gesellschaft interpretiert. Die Bereitschaft bzw. Fähigkeit zur Konfliktaustragung wird von daher auch als ein Kriterium für die Starrheit oder Flexibilität eines sozialen Systems angesehen (G. Pasquino 1983: 220).

## 2.2. Ausprägungen von sozialen Konflikten in der Einwanderungsgesellschaft

In den westeuropäischen Einwanderungsgesellschaften existieren Konflikte (real oder potentiell) in sehr unterschiedlicher Intensität zum einen zwischen der Mehrheitsgesellschaft und den zugewanderten Minderheiten, aber auch zwischen unterschiedlichen Gruppen auf jeder der beiden Seiten, wobei bei den jeweiligen Konfliktparteien unter Gesichtspunkten von (ungleich verteilter) Macht und Herrschaft zwischen ‚oben' und ‚unten' unterschieden werden muss.[4] Die Konflikte können strukturelle und kulturelle Dimensionen betreffen und sich auf gesellschaftliche, politische und ethnisch-kulturelle Fragen beziehen.

Was die Konflikte zwischen der Mehrheitsgesellschaft und den Einwanderungsminderheiten betrifft, so geht es z.B.

- im *rechtlich-politischen* Bereich insbesondere um Fragen, die den Status der jeweiligen Zuwanderer(-gruppen) (Arbeitsmigranten, Flüchtlinge, Asylbewerber usw.) betreffen, also um Fragen der Einreise, des Aufenthaltes und der Aufenthaltsbeendigung, der Beschäftigung und der sozialen Sicherheit, des Nachzugs von Familienangehörigen, der politischen Beteiligung und des Erwerbs der Staatsangehörigkeit,

- in *sozialer* Hinsicht zum einen um die Lage der Zugewanderten in wichtigen Lebensbereichen (Arbeit, Beruf, Wohnung, Bildung etc.), zum anderen aber auch um Fragen der Konkurrenz zwischen Einheimischen und Zugewanderten, z.B. auf dem Arbeitsmarkt, im Wohnbereich und im Bildungssystem sowie um Formen und Fragen der Kriminalität, und

- unter *kulturellen* Gesichtspunkten um Möglichkeiten und Formen der kulturellen Entfaltung der Angehörigen der Einwanderungsminderheiten und des gesellschaftlichen Umgangs mit kultureller Vielfalt.

---

4   Um die Entstehung und Entwicklung von sozialen Konflikten angemessen beschreiben und erklären zu können, ist es grundsätzlich erforderlich, die Zusammenhänge, die zwischen diesen und den jeweiligen Ausprägungen der Gesellschaft, des politischen Systems und der Beziehungen auf der internationalen und globalen Ebene bestehen, zu verdeutlichen (Pasquino 1983: 219). Da dies hier nicht geleistet werden kann, werden im Folgenden nur relevante Bereiche, Gegenstände und Akteure von (realen oder möglichen) sozialen Konflikten in der Einwanderungsgesellschaft erläutert. Eine differenziertere Typologie ist auf der Basis von mehreren Untersuchungen ethnische Konflikte in verschiedenen italienischen Regionen von Cotesta entwickelt worden. In diesem Zusammenhang weist er auch darauf hin, dass Konflikte in den bestehenden Gesellschaften, in denen starke soziale Ungleichheiten hinsichtlich des Zugangs zu Ressourcen und zu den staatsbürgerlichen Rechten existieren, von den schwächeren Gruppen als Mittel genutzt werden können, um die eigene Situation zu verbessern. In der Realität sei dieses Instrument aber eher und besser von den sozial stärkeren Gruppen zur Wahrung und Durchsetzung ihrer Interessen genutzt worden (Cotesta 1999: 319 f.).

Dazu kommen Konflikte, die mit Phänomenen der sozialen Diskriminierung, des Rassismus, der Fremdenfeindlichkeit und des Rechtsextremismus einerseits, mit Erscheinungsformen des ‚Fundamentalismus' andererseits in Zusammenhang stehen oder damit in Zusammenhang gebracht werden. Schließlich werden die im Bereich von Migration, Integration und Multikulturalität existierenden oder sich entwickelnden Konflikte vielfach auch durch ‚externe' Faktoren, Probleme und Zusammenhänge beeinflusst und geprägt.

## 3. Elemente der politischen Regulierung von sozialen Konflikten

*3.1. ‚Regulierung' als Form des politischen Umgangs mit sozialen Konflikten*

Entwicklung, Intensität und Folgen von sozialen Konflikten sind nicht nur von gesellschaftlichen, sondern auch von politischen Faktoren abhängig, und zwar insbesondere von der Art und Weise, wie mit ihnen politisch umgegangen wird. In dieser Hinsicht lassen sich grundsätzlich die folgenden Politiktypen unterscheiden:

- *Laissez-faire-Politiken*: Sie beinhalten passive Verhaltensweisen gegenüber sozialen Konflikten und resultieren in der Regel aus deren Leugnung, Verdrängung, Unterschätzung, Idyllisierung oder Romantisierung und/oder der Hoffnung, dass diese sich von alleine lösen.

- *Unterdrückung von Konflikten*: Sie beruhen in der Regel auf einer Überbetonung der von gesellschaftlichen Auseinandersetzungen ausgehenden Gefahren und Bedrohungen. Die Austragung von Konflikten soll kraft Befehl oder Gewalt vermieden oder blockiert werden. Bricht ein unterdrückter Konflikt doch offen aus, wird er gewöhnlich von allen Beteiligten unverhältnismäßig aggressiv geführt.

- *Lösung von Konflikten*: Hier wird auf die vollständige Beseitigung der Ursachen, der Spannungen und der Gegensätze abgestellt, die den Konflikten zugrunde liegen, in der Hoffnung, dass diese damit ein für allemal ‚gelöst' und beendet sind.

- *Förderung und Verschärfung von Konflikten*: Diese Haltung ergibt sich entweder als unbeabsichtigte Folge politischen Handelns oder im Zusammenhang mit einer bewussten Instrumentalisierung für bestimmte gesellschaftspolitische Zwecke, insbesondere zur Durchsetzung von Interessen an dem Erhalt oder der Erweiterung von Macht- und Herrschaftspositionen.

- *Regulierung und Institutionalisierung von Konflikten*: Dabei handelt es sich um Politiken, bei denen Konflikte als ein ‚normales' soziales Phänomen, als legitim und als prinzipiell positiv für die gesellschaftliche Entwicklung und Integration gesehen werden. Konflikte sollen offen ausgetragen werden können, ohne dass auf deren Unterdrückung oder eine endgültige ‚Lösung' abgestellt wird. Von zentraler Bedeutung ist dabei die Formulierung von Verfahrensregeln, die einerseits eine gewaltfreie Austragung von Konflikten ermöglichen, diesen aber andererseits Grenzen setzen sollen. Diese Regeln müssen von den jeweiligen

Konfliktparteien akzeptiert werden. Wird ein Konflikt gemäß akzeptierter, sanktionierter und befolgter Regeln ausgetragen, beinhaltet dies seine Institutionalisierung (G. Pasquino 1983: 220). Konzepte und Maßnahmen der 'Regulierung' sozialer Konflikte stehen in einem engen Zusammenhang mit der Demokratie.[5] Sie können sich auf die Prävention potentieller, Regulierung aktueller und Aufarbeitung abgeschlossener Konflikte beziehen.

Im Rahmen der auf 'Regulierung' gerichteten Politiken können unterschiedliche Instrumente und Methoden – einzeln oder komplementär, in zeitlicher Sequenz oder parallel – als Mittel der Steuerung eingesetzt werden. Dazu gehören insbesondere rechtliche Normen (d.h. bindende, mit Sanktionsdrohungen verbundene Gebote und Verbote), die Erhebung oder Verausgabung von finanziellen Mitteln, Maßnahmen, die als Vorbild und Modell wirken sollen, die Einräumung von Möglichkeiten der gesellschaftlichen oder politischen Partizipation sowie Maßnahmen, die durch Aufklärung, Information und Appelle sowie durch Förderung von Lernprozessen und Kommunikation individuelle Einstellungen und Verhaltensweisen beeinflussen sollen.

## 3.2. Verfahren und Werte der Demokratie

Demokratische Systeme bieten zwar aufgrund ihrer Offenheit Spielraum für unterschiedliche Formen des politischen Umgangs mit Konflikten, gleichwohl entspricht dieser Form politischer Herrschaft am ehesten die Methode der Regulierung und Integration von Konflikten. Maßgebend sind hierfür die Verfahrensregeln und inhaltlichen Werte, die der Demokratie zugrunde liegen.[6]

In der Demokratie, in der entsprechend dem Prinzip der Volkssouveränität alle staatliche Entscheidungsgewalt auf das Volk und dessen Willen zurückgeführt wird, sollen die Gesetze und Rechtsnormen, die sich auf die Gesamtheit beziehen und für deren Angehörige verbindlich sind, nicht heteronom, also durch eine von den Adressaten unterschiedene Instanz, sondern autonom, durch diese selbst begründet werden und der Machtfluss soll nicht von oben nach unten, sondern von unten nach oben erfolgen. Um dies zu gewährleisten, sind zum einen bestimmte Verfahrensregeln erforderlich. Die Beachtung dieser Regeln in der politischen Auseinandersetzung macht die Resultate dieser Willensbildung für die beteiligten Akteure akzeptabel und ist somit von zentraler Bedeutung für die Legitimation und Integration des Systems insgesamt. Die Regeln legen insbesondere fest, wer zur Teilnahme an den

---

5　Demgegenüber wird z.B. die (gewaltsame) Unterdrückung oder Blockierung von sozialen Konflikten eher autoritären oder totalitären Systemen zugerechnet (Pasquino 1983: 220). Die demokratische Regulierung von Konflikten kann auch im Zusammenhang mit dem historischen Prozess der 'Zivilisation' gesehen werden (Elias 1992).

6　Die folgenden Überlegungen orientieren sich vor allem an der demokratietheoretischen Konzeption von Norberto Bobbio, der zu den bedeutendsten Vertretern der politischen Philosophie in der Gegenwart gehört (Bobbio 1988; ders. 1995; ders. 1998).

kollektiven Entscheidungen berechtigt ist und mit welchen Verfahren diese Entscheidungen getroffen werden. Zu diesen Regeln gehören insbesondere der allgemeine und tendenziell universale Charakter des Wahlrechts, das gleiche Gewicht jeder Stimme, politische Freiheitsrechte, die bei den politischen Entscheidungen Zwänge von außen verhindern und Auswahlmöglichkeiten einräumen, das Prinzip der Mehrheitsentscheidung sowie ein gewisser Minderheitenschutz. Diese Regeln haben in erster Linie einen formalen Charakter; sie legen nicht fest, welche, sondern wie Entscheidungen getroffen werden.

Zugleich basiert die Demokratie auf inhaltlichen Elementen, nämlich auf bestimmten Werten und Idealen und ist auf deren Verwirklichung gerichtet. Den zentralen Ausgangspunkt bildet in dieser Hinsicht die Auffassung, dass jedes Individuum eine ,Person' mit den gleichen (Menschen-) Rechten und der gleichen sozialen Würde ist. Dies geht mit der Überzeugung einher, „dass der Staat für das Individuum gemacht ist und nicht das Individuum für den Staat." (N. Bobbio 1997: 104) Die Basis der Demokratie bilden die Werte der Freiheit und Gleichheit. ,Freiheit' erfordert in negativer Hinsicht die Abwesenheit von Behinderungen und Zwängen, in positiver Hinsicht die Möglichkeit bzw. die Fähigkeit zu selbstbestimmten Entscheidungen und Verhaltensweisen. Um dies zu garantieren, müssen die bürgerlichen und politischen Freiheitsrechte (Entfaltungs-, Meinungs-, Ausdrucks-, Presse-, Versammlungs- und Vereinigungsfreiheit) geschützt sein, was wiederum den Rechtsstaat im starken Sinne des Wortes erfordert. Das Prinzip der Gleichheit kann unterschiedliche Bedeutung haben, insbesondere als Gleichheit vor dem Gesetz, politische Gleichheit, Gleichheit der Chancen und faktische Gleichheit verstanden werden. Charakteristisch für die Demokratie ist ein Streben nach immer größerer Gleichheit bzw. gleicher Freiheit. Unter diesem Gesichtspunkt erhält die Demokratie neben ihrer formalen eine substantielle Bedeutung.

Über die Werte der Freiheit und Gleichheit hinaus sind die demokratischen Verfahrensregeln zwei weiteren Werten in besonderer Weise verpflichtet. Dazu gehört zum einen das Prinzip der Partizipation: Die Demokratie soll gewährleisten, dass die Staatsbürger aktiv – in direkter oder indirekter Form – an der politischen Willensbildung teilnehmen und politische Entscheidungen wirksam beeinflussen und diese – auf der Grundlage der Sichtbarkeit und Öffentlichkeit der Macht – kontrollieren (können). Das zweite wichtige Prinzip ist das der gewaltfreien Austragung und friedlichen Lösungen von sozialen Konflikten.[7] Zum Zweiten gehören zu den

---

7　Nach Bobbio ist das Ideal der Gewaltfreiheit eines der wichtigsten Kriterien für die Unterscheidung zwischen einem demokratischen und einem nichtdemokratischen System (Bobbio 1988: 33; ders. 1995: 10). Von anderer Seite ist allerdings auch darauf hingewiesen worden, dass Konflikte unter bestimmten Voraussetzungen und in bestimmten Fällen selbst bei Gewaltanwendung einen Beitrag zur Einheitsbildung und zum sozialen Wandel leisten könnten: „Das ist insbesondere dann wahrscheinlich, wenn der gewaltsame Protest gegen bestehende soziale Verhältnisse auf eine Unvereinbarkeit zwischen zentralen sozialen Normen und faktischen Gegebenheiten aufmerksam macht. (...) Außerdem bietet aggressives und gewalttätiges Verhalten, besonders in devianten Subkulturen, die Möglichkeit, dort sozial mobil zu sein, Achtung, Anerkennung und Prestige zu gewinnen, wo sonst andere gesamtgesellschaftliche Kanäle für sozioökonomischen Aufstieg blockiert sind." (Hahn/ Riegel 1973: 196 f.).

Werten, denen demokratische Systeme zusätzlich verpflichtet sind, „das Ideal der schrittweisen Erneuerung der Gesellschaft über den freien Gedankenstreit und den Wandel der Mentalitäten und Lebensformen", der Grundsatz der Toleranz, der sich gegen jede Form des Fanatismus, insbesondere gegen den blinden Glauben an die eigene Wahrheit, die Gewalt als Mittel, dieser Geltung zu verschaffen, sowie die daraus resultierende Bedrohung des inneren und äußeren Friedens richtet, sowie die Ansicht, dass alle Menschen (weltweit) in einem gemeinsamen Schicksal vereint sind (N. Bobbio 1988: 33).

Demokratische Systeme bieten so insgesamt erheblichen Spielraum für die freie Entfaltung von Individuen und Gruppen. Da Dissens zugelassen und die „Freiheit zum Dissens" institutionalisiert ist (N. Bobbio 1988: 60), können auch damit einhergehende Konflikte ausgetragen werden. Die Demokratie ist allerdings nicht nur durch Dissens, sondern auch durch ein gewisses Maß von Konsens charakterisiert, womit auch Grenzen des Dissenses, also auch der freien Entfaltung und Konfliktaustragung festgelegt werden (D. Schindler 1990). [8] Dieser demokratische Minimalkonsens soll als verbindlicher Rahmen für gesellschaftspolitische Auseinandersetzungen fungieren, bei deren Austragung Formen der physischen Gewalt ausschließen und den Bestand sowie die Entwicklung der Demokratie garantieren. Der Umgang mit der ‚Dialektik' von Konsens und Dissens und die Bestimmung eines derartigen Konsenses stellen in pluralistischen und multikulturellen Gesellschaften allerdings ein (Grenz-) Problem bzw. eine „Feuerprobe" dar (N. Bobbio 1988: 61 f.). Das, was als Basiskonsens gelten soll, steht nämlich in einem historischen und gesellschaftlichen Zusammenhang und unterliegt von daher den Einflussnahmen unterschiedlicher Akteure. Zudem gehen derartige Festlegungen durchaus mit Gefahren einher, zu denen insbesondere die „antipluralistische Introversion und Verhärtung des Grundkonsenses" und die Ausgrenzung unter Gesichtspunkten der politischen Opportunität gehören (E. Denninger 1994: 715 f.). Das, was der nicht-kontroverse Sektor in der Demokratie umfassen soll, kann sich – im Unterschied zum kontroversen Sektor – nur auf Grundsatzfragen beziehen (E. Fraenkel 1991: 246 ff.). Dazu zählen zum einen formale Elemente, insbesondere rechtsstaatliche und demokratische Verfahrensregeln, zum anderen inhaltliche Elemente, vor allem bestimmte Grundwerte oder sog. regulative Ideen (Menschenwürde, Menschenrechte, soziale Gerechtigkeit usw.). [9] Diese verfassungsrechtlichen Prinzipien gelten für alle, d.h. für Angehörige der Minderheit wie der Mehrheit. Sie stellen somit das „interkulturelle Minimum" bzw. die rechtliche Grundlage einer „ethnisch neutralen Republik" dar (L. Hoffmann 1992: 149). Grenzziehungen, die von diesen Kriterien ausgehen, können in extremen

---

8    Zum Zusammenhang von Dissens bzw. Konflikt und Konsens, vgl. auch Boudon/Bourricaud 1992: 273 und Balla 1989: 354.

9    Zur Bedeutung der Menschenrechte als „oberste Norm in unserem Überzeugungssystem" und „letzte Instanz, auf die wir uns in unseren Rechtfertigungsdiskursen berufen" sowie als „gemeinsamkeitssichernder Überzeugungssockel" in der modernen pluralistischen Gesellschaft, vgl. Kersting 1998: 311 f. sowie Bielefeldt 1998: insbes. 145 ff.

Fällen in relativ eindeutiger Weise erfolgen.[10] Zugleich sind allerdings bei den jeweiligen Konsensbestimmungen und Grenzziehungen Probleme, Konflikte und Kontroversen nicht ausgeschlossen.[11]

Neben ihrer idealen bzw. theoretischen Seite enthält die Demokratie auch eine reale bzw. praktische Seite. Unter diesem Gesichtspunkt sind die fundamentalen Regeln sowie regulativen Ideen, die für die Demokratie kennzeichnend sind, „kein ‚finales' Verfassungsereignis und kein ‚fertiges' Verfassungskonzept, sondern ein mehrstufiges, immer nur vorläufiges historisches Prozessresultat" (B. Guggenberger 1989: 131). Darüber hinaus existieren erhebliche Diskrepanzen zwischen den demokratischen Idealen und der realen Demokratie, mit denen wiederum unterschiedlich politisch umgegangen werden kann.[12] Strategien und Politiken der Demokratisierung sind darauf gerichtet, diese „Strukturdefekte" und die damit einhergehenden sozialen Ungleichheiten (E. Fraenkel 1991) abzubauen und die Möglichkeiten einer freien und gleichen Selbstbestimmung und Partizipation für Individuen und Gruppen zu erweitern.

### 3.3. Politiken der Integration

Zur Regulierung von sozialen Konflikten in der Einwanderungsgesellschaft können staatliche Politiken einen wichtigen Beitrag leisten. Dazu gehören insbesondere (speziell und allgemein orientierte) Politiken der Integration, also der Eingliederung der Zuwanderer(-gruppen) und des Zusammenlebens von diesen und der einheimischen Mehrheit.[13] Werden die Gesichtspunkte der Demokratie bzw. der Demokratisierung zugrunde gelegt, so sollten spezielle Integrationspolitiken vor allem darauf

---

10  Dazu zählen z.B. die Fälle, in denen von Seiten der Mehrheitsgesellschaft rassistische oder diskriminierende Übergriffe auf Angehörige der Minderheitenbevölkerung verübt werden, aber auch Fälle, bei denen von Seiten der Angehörigen der Minderheiten Körperverletzungen in Form von weiblichen Genitalverstümmelungen erfolgen (Schnüll/TERRE DES FEMMES 1999; Hermann 2000), sowie Fälle, in denen ‚fundamentalistisch' orientierte Bestrebungen existieren, die eigene Position mit Hilfe politischer Mittel für die Gesamtgesellschaft verbindlich zu machen (Schulte 1998a: 75f.).

11  Dies ergibt sich zum einen aus der Tatsache, dass die Prinzipien, die den Kern des Basiskonsenses ausmachen (sollen), einen hohen Abstraktionsgrad und einen heterogenen Charakter aufweisen und sowohl rechtliche Interpretations- als auch politische Gestaltungsspielräume enthalten. Dies gilt z.B. für die Menschenrechte (Bobbio 1998: 30 ff.). Zudem sind die Grenzen zwischen dem kontroversen und dem nicht-kontroversen Sektor fließend (Fraenkel 1991: 249). Das Prinzip „Keine Freiheit (Toleranz) für die Feinde der Freiheit (Toleranz)" kann schließlich eher restriktiv oder eher großzügig ausgelegt werden (Bobbio 1998: 102 ff.).

12  Die folgenden Überlegungen beruhen auf der Annahme, dass sich die Chancen für eine demokratische Integration von sozialen Konflikten und eine Integration der Gesellschaft durch Konflikte verbessern, wenn im Rahmen politischer Maßnahmen die Diskrepanzen, die zwischen dem Anspruch und der Realität der Demokratie bestehen, berücksichtigt und verringert werden. ‚Demokratisierung' wird somit auch als ein Beitrag zur Lösung bzw. zum Abbau komplexer sozialer Probleme, im vorliegenden Fall also des Problems der Regulierung und Integration aufgefasst und nicht als Gegensatz, sondern als Beitrag zur Steigerung der Effizienz interpretiert. Dabei ist allerdings zu berücksichtigen, dass die Konzipierung und Durchsetzung von Demokratisierungsprozessen mit (neuen) Problemen, Widerständen politischer Gegner und somit auch Konflikten einhergehen (können).

13  Vgl. dazu ausführlicher Schulte 1998a: 21 ff.; ders. 2000c.

gerichtet sein, der sozialen Marginalisierung und strukturellen Desintegration der Einwanderungsminderheiten entgegenzuwirken und ihnen formell und real gleiche Teilhabechancen in wichtigen Bereichen der Gesellschaft einzuräumen. Dies gilt vor allem für den rechtlich-politischen Status, die soziale Lage und die Möglichkeiten der kulturellen Entfaltung.

Ein erheblicher Teil der längere Zeit in der Bundesrepublik lebenden Immigranten verfügt nicht über die Staatsangehörigkeit und befindet sich somit in dem besonderen Ausländerstatus. Als Nicht-Staatsangehörige sind diese Personen zwar nicht rechtlos, da auch für sie in verschiedener Hinsicht gleiche Rechte gelten. Andererseits verfügen sie aufgrund des Fehlens der inländischen Staatsangehörigkeit nicht über die Bürgerrechte. Sie unterliegen ausländerrechtlichen Sondernormen und einer besonderen staatlichen Dispositionsbefugnis. Damit besteht zwischen dem sozialen Tatbestand der Einwanderung und dem rechtlich-politischen Ausländerstatus ein Spannungsverhältnis, das sich für die Betroffenen in vielfältigen direkten und indirekten Benachteiligungen, Diskriminierungen und Verunsicherungen auswirkt, erhebliche gesellschaftliche Konflikt- und Desintegrationspotentiale in sich birgt und zu grundlegenden Prinzipien der rechtsstaatlichen Demokratie im Widerspruch steht. Politische Maßnahmen, die darauf abzielen, eine stärkere Kongruenz zwischen den Inhabern politischer Rechte und den dauerhaft einer politischen Herrschaft Unterworfenen, also auch den länger im Inland lebenden Migranten herzustellen und so die politische Partizipation wie auch die gesellschaftliche Integration zu fördern und auf diese Weise auch Konfliktpotentiale abzubauen, müssen vor allem die besondere staatliche Dispositionsbefugnis über „Ausländer" abbauen. In dieser Hinsicht kommt konsequenten Erleichterungen des Erwerbs der Staatsangehörigkeit des Aufnahmelandes eine zentrale Bedeutung zu (A. Schulte 2000c: 33 ff. und 50 ff.).

Was die soziale Lage der Mehrheit der Immigranten in den westeuropäischen Einwanderungsgesellschaften betrifft, so ist diese in einem besonderen Maße durch soziale Ungleichheiten und Benachteiligungen gekennzeichnet. Diese weisen vielfältige Formen auf, sie sind in nahezu allen Lebensbereichen vorhanden und haben sich im Prozess der Einwanderung – trotz Verbesserungen, die in den vergangenen Jahren in einzelnen Bereichen und für bestimmte Gruppen erfolgt sind – bisher im Wesentlichen aufrechterhalten. Diese strukturelle Desintegration impliziert nicht nur für die Betroffenen, sondern auch für die Gesellschaft erhebliche Gefahren und Probleme, da sie die Entstehung und Entwicklung von kriminellen, extremen oder fundamentalistischen Einstellungen und Verhaltensweisen auf der Seite der Betroffenen sowie ablehnender, aggressiver und repressiver Reaktionen auf Seiten der Mehrheitsbevölkerung fördert und damit insgesamt die Gefahr der Entwicklung von sozialen, ethnischen und politischen Konflikten vergrößert.[14] Zur Bewältigung dieser Problemlage sind – in Übereinstimmung mit Grundsätzen des Völker-, des Europäischen und des Verfassungsrechts – entschiedene Maßnahmen zum Abbau dieser Benachteiligungen erforderlich. Dazu gehören insbesondere Maßnahmen zur

---

14  Zu den Konfliktpotentialen, die aus einem Zusammenfallen von sozialen Ungleichheiten und ethnischen Unterschieden resultieren (können), vgl. u.a. Giddens 1997: 325; Alexy 1994: 192.

Verbesserung der allgemeinen und beruflichen Qualifikation und zur Förderung bei Einstellungen und Beschäftigung sowie wirksame Maßnahmen gegen die vielfältigen Formen der sozialen Diskriminierung (A. Schulte 2000c: 63 ff.).

Für die Integration der Einwanderungsminderheiten und das Zusammenleben von einheimischen und zugewanderten Bevölkerungsgruppen spielen neben rechtlich-politischen und sozial-strukturellen auch ethnisch-kulturelle Gesichtspunkte eine erhebliche Rolle.[15] Eine besondere Problematik resultiert in diesem Zusammenhang daraus, dass ein erheblicher Anteil der Zugewanderten unter ethnisch-kulturellen Gesichtspunkten von der jeweiligen einheimischen Mehrheitsbevölkerung abweicht und sich somit innerhalb der Einwanderungsgesellschaften, vor allem auch in den städtischen Ballungszentren Phänomene und Tendenzen einer Pluralisierung der Kultur bzw. der Multikulturalität und Multi-Ethnizität entwickelt haben. In der Bundesrepublik kommt dies beispielhaft in der Erweiterung des religiösen Spektrums und der vor allem im gesellschaftlichen Alltag bestehenden sprachlichen und kulturellen Vielfalt zum Ausdruck (A. Schulte 2000c: 68 ff.). Über die Frage, wie die damit verbundenen Herausforderungen unter Gesichtspunkten von Integration und Demokratie angemessen bewältigt werden können bzw. sollen, gibt es erhebliche Kontroversen im wissenschaftlichen und gesellschaftspolitischen Bereich (A. Schulte 2000a: 199 ff. und 229 ff.).[16]

Für den politischen Umgang mit den Fragen der kulturellen Entfaltung der Migranten und der ethnisch-kulturellen Pluralität sollte meines Erachtens das Prinzip der „kulturellen Demokratie" (P. Häberle 1997) maßgebend sein. Dessen Basis bilden die kulturellen Grundrechte, die verfassungsrechtlich den ‚Menschen' allgemein und somit auch in gleicher Weise den Zuwanderern garantiert sind.[17] Sie umfassen als Abwehrrechte die Freiheit vor allem von staatlichen Assimilierungszwängen und als Teilhaberechte den Anspruch auf gleichberechtigte Beteiligung an den kulturellen Prozessen (D. Buser 1998: 18 ff.). Als Grundrechte haben sie einen offenen Charakter und können von daher autonom, und damit in (potentiell) unterschiedlicher inhaltlicher Richtung genutzt werden.[18] Sie stehen zunächst Individuen zu, sie

---

15  Zu den Begriffen der (Multi-)Kultur und (Multi-) Ethnizität vgl. Schulte 1998a: 11.

16  Als Beispiel für eine Position, in der Vorstellungen einer ‚multikulturellen Gesellschaft' als ‚Ideologie' kritisiert und problematisiert werden, vergleiche die folgende Einschätzung von Hoffmann-Nowotny. In seinen Überlegungen zum Thema „Migration, soziale Ungleichheit und ethnische Konflikte" kommt er zu dem Schluss, „dass die Beschwörung von Pluralismus und Multikultur offensichtlich und letztlich das von überzeugten Multikulturalisten akzeptierte Unvermögen einer Gesellschaft zum Ausdruck bringt, das Problem der Integration von Einwanderern zu bewältigen. Sicher ist jedenfalls, dass die Ideologie der multikulturellen Gesellschaft weder der Integration, noch der davon abhängigen Assimilation der Einwanderer förderlich ist. Sie fördert vielmehr – auch im Sinne einer self-fullfilling-prophecy – die dauerhafte strukturelle Segregation und kulturelle Separation von Einwanderern, eine askriptiv geschichtete und damit ‚neofeudale' Gesellschaft – mit vielen fatalen Folgen, zu denen auch ethnische Konflikte gehören. Sie führt in einen circulus vitiosus und in eine Gesellschaft, wie sie nicht weiter von den Utopien der multikulturellen Gesellschaft entfernt sein könnte" (Hoffmann-Nowotny 2000: 171).

17  Insofern wird in diesem Zusammenhang zu Recht von einer „kulturintegrativen Funktion der Verfassung" gesprochen (Hufen 1994: 118ff.).

18  Vgl. Maunz/Zippelius 1998: 221 ff. Dies impliziert, dass auch die sich daraus (potentiell) ergebende

enthalten aber auch kollektive Dimensionen, da die kulturelle Entfaltung in sozialen Zusammenhängen erfolgt (P. Häberle 1997: 314 ff.). Unter diesen Voraussetzungen muss staatliche Politik einerseits die kulturelle Entfaltung der Selbstbestimmung den Individuen und Gruppen überlassen, andererseits aber auch diese Entfaltung „durch die Sicherstellung der grundlegenden Existenzbedingungen und Bildungsbedürfnisse im materiellen und immateriellen Sinn" mitragen und fördern (D. Buser 1998: 26). Im Zentrum dieser „Konstellation von staatlicher Abstinenz (negativer Grundrechtsaspekt) und staatlicher Leistung (positiver Grundrechtsaspekt)" (D. Buser 1998) steht die Aufgabe, die kulturelle Selbstbestimmung, Entfaltung und Partizipation von Individuen und Gruppen zu ermöglichen, bestehende Ungleichheiten zwischen Mehrheits- und Minderheitenkulturen abzubauen, Prozesse des kulturellen Austauschs zu fördern und Mechanismen der Regelung und Integration von Konflikten zur Verfügung zu stellen.

Was die Zuwanderer betrifft, so sollte deren „Einbeziehung" in „differenzempfindlicher" Weise erfolgen (J. Habermas 1996b: 172 ff.). Dies kann durch Politiken der Anerkennung gefördert werden, die darauf gerichtet sind, die Angehörigen der Migrantengruppen vor einer „Missachtung" ihrer kulturellen und identitätsbildenden Lebensformen und Traditionen von Seiten der Mehrheitsgesellschaft zu schützen und diesen den gleichen Respekt wie der Mehrheitskultur zukommen zu lassen sowie Möglichkeiten autonomer Entscheidungen über die Aufrechterhaltung und Weiterentwicklung der jeweiligen kulturellen Lebensformen einzuräumen (J. Habermas 1993: 171 ff.). Hierzu gehört die Einräumung von Möglichkeiten einer kulturautonomen bzw. Binnenintegration und von besseren Möglichkeiten der kulturellen Entfaltung, insbesondere in den Bereichen der Sprache und Religion.[19] Dies kann unter bestimmten Voraussetzungen zusätzlich durch einen besonderen Minderheitenschutz abgesichert werden (A. Schulte 1998a: 42 f.).

---

ethnisch-kulturelle Heterogenität als „legitim" betrachtet wird. Von daher stellt nicht die Differenz, sondern die Ungleichheit den Gegensatz zu dem demokratischen Prinzip der Gleichheit dar.

19  Zu Fragen eines angemessenen Umgangs mit Mono- und Multilingualität in den europäischen Einwanderungsgesellschaften vgl. Paula 1994. Im religiösen Bereich könnte die Einführung eines islamischen Religionsunterrichts gemäß Art. 7 Abs. 3 GG nach der Auffassung von Muckel den Bedürfnissen des muslimischen Teils der Immigranten gerecht werden und damit auch einen Beitrag zu deren Integration leisten: „Religionsunterricht ist sicher kein Allheilmittel auf dem Weg zu einer größeren Integration der in Deutschland lebenden Muslime ausländischer Herkunft. Unzweifelhaft dürfte aber sein, dass die Integration gefördert wird, wenn es gelingt, den religiösen Bedürfnissen der Muslime in größerem Maße Rechnung zu tragen als bisher. Dazu könnte islamischer Religionsunterricht immerhin einen Beitrag leisten." (Muckel 2001: 64) In seiner Studie über ethnische Konflikte in Italien bezeichnet Cotesta Politiken der Anerkennung der neuen Minderheiten und der Unterstützung der Bildung von ethnischen Gemeinschaften, die darauf gerichtet sind, den Angehörigen dieser sozialen Gruppen den Zugang zu wichtigen Ressourcen (Wohnung, gesundheitliche Versorgung, Bildung) und zudem allgemein die Anerkennung kultureller Differenzen zu gewährleisten, als einen Beitrag zur „Prävention ethnischer Konflikte" (Cotesta 1999: 332). Zur Berücksichtigung und Institutionalisierung von Elementen eines kulturellen Pluralismus zur Bewältigung von ethnisch-kulturellen Konflikten in westeuropäischen Einwanderungsgesellschaften vergleiche auch Avineri 1996: 192 ff.

Im Hinblick auf die Frage der mit ‚Multikulturalität' bzw. ‚Multiethnizität' einher-gehenden Konflikte und deren politische Regulierung muss zunächst die bereits er-wähnte Unterscheidung zwischen echten und unechten Konflikten berücksichtigt werden. Unechte Konflikte kommen zwar im kulturellen Bereich zum Ausdruck, werden aber durch Ursachen bedingt, die mit der kulturellen Entfaltung der Minder-heiten wenig oder gar nichts zu tun haben. In diesen Fällen müssen erfolgsverspre-chende Lösungsstrategien bei ‚externen' Bereichen, z.b. bei nicht gelösten struktu-rellen Problemen und/oder bei (kultur-)rassistischen Einstellungen und Verhaltens-weisen auf Seiten der Mehrheitsgesellschaft ansetzen (A. Schulte 1998a: 37 f.). In-nerhalb der echten Konflikte sollte zudem zwischen alltäglichen und extremen Aus-prägungen unterschieden werden. Bei dem ersten Typ geht es um Konflikte zwi-schen unterschiedlichen Normen innerhalb des geltenden rechtlichen Rahmens.[20] Bei dem zweiten Typ handelt es sich demgegenüber um Verletzungen zentraler de-mokratischer und rechtsstaatlicher Verfahrensregeln und Werte.

Im rechtlichen Bereich werden neben und im Zusammenhang mit den Regeln der freien Entfaltung und für damit einhergehende Konflikte auch Mechanismen der Konfliktregulierung zur Verfügung gestellt. Dazu gehört das Prinzip der „prakti-schen Konkordanz der unterschiedlichen Grundrechtspositionen" (K. Hesse 1995: 142 f.): In den Fällen, in denen unterschiedliche Grundrechtspositionen (z.B. die Glaubens- und Bekenntnisfreiheit und der besondere Schutz von Ehe und Familie ei-nerseits und das Prinzip der staatlichen Schulaufsicht andererseits) in Konflikt gera-ten, werden sie einander zugeordnet und ihre jeweiligen Schranken herausgearbei-tet.[21] Auf diese Weise soll keine der grundrechtlichen Garantien im kulturellen Be-reich vorschnell geopfert, sondern nach dem Prinzip des schonenden Ausgleichs be-handelt werden. Grundsätzlich ist dabei davon auszugehen, dass die Schranken der jeweiligen kulturellen Betätigungsformen der Grundrechte um so deutlicher hervor-treten, „ je mehr das 'forum internum' grundrechtlicher Selbstbestimmung verlassen und die Wirkung auf andere Grundrechtsträger gesucht wird":

---

20  Diese reichen vom „vom Minarett im Wohngebiet über das Schächtungsverbot nach deutschem Tierrecht bis zum Feiertagsrecht, vom Eingriff in fundamentalistisch ausgeübte Elternrechte bis zur Strafzumessung bei religiös motivierten Straftaten." (Hufen 1994: 116) Zu diesen ‚alltäglichen' Konflikten vgl. insgesamt auch Kühnert 1992; IZA 2000. Zu Konflikten im Schulbereich vgl. u.a. Albers 1994; Alberts 1992; Füssel 1994; Hellermann 1996; Rädler 1996; Spies 1993. Zum ‚Kopf-tuchstreit' vgl. Debus 1999. Zu Konflikten um den Bau von Moscheen in Wohngebieten und den (lautsprecherverstärkten) Gebetsaufruf des Muezzins vgl. u.a. Beauftragte der Bundesregierung für die Belange der Ausländer (1997); Kirbach 1997a und 1997b; Bielefeldt/Heitmeyer 2000. Zum Konflikt zwischen dem Schächten von Tieren aus religiösen Gründen und Gesichtspunkten des Tierschutzes vgl. u.a. Kluge 1992; Kuhl/Unruh 1991. Zu (inter-)kulturellen Konflikten im Jugend-bereich vergleiche u.a. Friedrich-Ebert-Stiftung 1997; Heitmeyer/Müller/Schröder 1997; Seidel-Pielen 1996. Zu ethnisch-kulturellen Konflikten im Betrieb vgl. von Freyberg 1996.

21  Dass es sich hierbei in vielen Fällen nicht um einen einfachen Vorgang, sondern um einen schwie-rigen Prozess handelt, der nicht nur durch rechtliche, sondern auch durch gesellschaftspolitische Gesichtspunkte beeinflusst wird, wird am Beispiel des ‚Kopftuchstreits' in Baden-Württemberg von Debus (1999) aufgezeigt.

„So wird – um nur wenige Beispiele zu erwähnen – auch dem durch sein Gewissen dem Tierschutz Verpflichteten möglicherweise zugemutet, unerlässliche religiös bedingte Schlachtrituale zu ertragen, so schützen weder Religionsfreiheit noch Elternrecht vor der allgemeinen Schulpflicht. Die Religionsfreiheit schafft kein Recht darauf, nicht mit den religiösen Symbolen anderer Gemeinschaften im Schulunterricht in Berührung zu kommen. Ein gültiger Arbeitsvertrag darf nicht unter Hinweis auf Fasten- oder Feiertagsregeln einer Religionsgemeinschaft gebrochen werden. Die Baugenehmigung für eine Moschee im rein christlich geprägten Umfeld muss zwar nicht zuletzt im Hinblick auf Art. 4 GG bei Vorliegen der sonstigen Voraussetzungen erteilt werden, die grundrechtliche 'Gegengabe' muss aber darin bestehen, dass der Gebetsaufruf vor Sonnenaufgang die Nachtruhe und damit die Gesundheit der Nachbarn nicht tangiert. Dagegen scheint es unverhältnismäßig, die Teilnahme am koedukativen Sportunterricht auch für muslimische Mädchen unbedingt und ausnahmslos durchzusetzen oder einer Frau die Ausstellung eines Personalausweises zu versagen, weil sie kein Lichtbild ohne Kopfbedeckung beibringen möchte. Diese wenigen Beispiele zeigen, dass die durch das Zusammenleben unterschiedlicher Kulturen entstehenden Rechtsfälle des täglichen Lebens zwar kompliziert, aber keineswegs unlösbar sind."[22]

Sollen die Aufgaben der Prävention, Regulierung und Verminderung von sozialen Konflikten in multikulturellen Einwanderungsgesellschaften erfolgreich bewältigt werden, so müssen die speziellen durch allgemeine Integrationspolitiken ergänzt werden. Hierbei geht es zum einen darum, der Entstehung von ‚externen' gesellschaftlichen und politischen Problemen (z.B. kriegerische Auseinandersetzungen, alte und neue soziale Ungleichheiten, Massenarbeitslosigkeit, Gefährdung natürlicher Ressourcen, Prozesse der Isolierung, Entsolidarisierung und Individualisierung sowie demokratische Strukturdefekte) vorzubeugen oder zu deren Bewältigung in wirksamer Weise beizutragen. Diese Phänomene wirken sich nämlich für erhebliche Teile der Bevölkerung verunsichernd, benachteiligend und bedrohlich aus und gehen mit Diskrepanzen zwischen demokratischen Normen und der gesellschaftlichen Realität einher. Dies fördert wiederum Tendenzen, sich vermittels der Identifizierung von vermeintlich Schuldigen zu entlasten und durch die Ausübung von latenter und/ oder manifester Gewalt gegenüber anderen, in der Regel sozial Schwächeren, Gefühle der Orientierung, der Vergemeinschaftung, der Handlungsfähigkeit, der Überlegenheit und des Selbstbewusstseins zu gewinnen. Integrationspolitiken werden so nur dann eine gewisse Wirksamkeit entfalten können, wenn diese in der Gesamtgesellschaft bestehenden Phänomene und Prozesse der sozialen Verunsicherung und Benachteiligung, der Entdemokratisierung und der Desintegration abgebaut werden.

Ein weiterer wichtiger Bestandteil von allgemeinen Integrationspolitiken ist die Förderung von individuellen und kollektiven Kompetenzen und Lernprozessen und von Kommunikation und Dialogen. Entstehung und Entwicklung ethnisch-kultureller Konflikte sind auch beeinflusst durch subjektive Einstellungen und Verhaltensweisen, die in Vorurteilen, Intoleranz, Abwertungen oder Aggressionen gegenüber ‚Ausländern', ‚Fremden' und ‚Schwarzen' zum Ausdruck kommen und für den „autoritären Sozialcharakter" alter und neuer Prägung kennzeichnend sind. Um diese Einstellungen und Verhaltensweisen, die gegen ein auf Prinzipien der Menschenrechte und Demokratie beruhendem gesellschaftliches Zusammenleben gerichtet sind, abzubauen, sollte die Entwicklung eines Sozialcharakters mit demokratischem

---

22  Hufen 1994: 126 f.; vgl. auch Richter 1994: 645 f..

Profil ermöglicht und gefördert werden. Schlüsselqualifikationen sind in dieser Hinsicht Ich-Stärke und Autonomie sowie solche Dispositionen und Kompetenzen wie Reflexionsfähigkeit, Kommunikations- und Kritikfähigkeit, Konflikt- und Kompromissfähigkeit, Argumentationsbereitschaft und -fähigkeit, Empathie, die Fähigkeit zu ‚vernetzendem Denken' sowie Handlungsfähigkeit.[23] In diesen Zusammenhang gehören auch Maßnahmen, die bei den Angehörigen von Mehrheit und Minderheiten interkulturelle Orientierungen ermöglichen und fördern.[24] Dazu können Formen und Prozesse der Begegnung, des Austauschs, der (Selbst-) Reflexion und der Kritik innerhalb und zwischen verschiedenen Kulturen beitragen.[25] Da es sich um Qualifikationen und Schlüsselqualifikationen für *alle* Individuen handelt, sind zu den Adressaten entsprechender Lernprozesse die Angehörigen sowohl der zugewanderten als auch der einheimischen Bevölkerungsgruppen zu zählen.

Staatliche Politiken, die hier am Beispiel spezieller und allgemeiner Integrationspolitiken dargestellt wurden, sind zwar für die Regulierung von sozialen Konflikten in der Einwanderungsgesellschaft unter Gesichtspunkten der Demokratie bzw. der Demokratisierung von erheblicher Relevanz, gleichzeitig aber nicht von unbegrenzter Wirksamkeit. Sie enthalten nämlich häufig selbst bestimmte Defizite und sie werden in der gesellschaftlichen Realität in der Regel mit Faktoren konfrontiert, auf die sie keinen oder nur geringen Einfluss haben oder die ihnen sogar als Hindernisse entgegenstehen (R. Eckert 1996: 199 ff.). Nicht zuletzt unter dem Gesichtspunkt der Weiterentwicklung der Demokratie erscheint es von daher sinnvoll und notwendig, die in erster Linie von staatlichen Institutionen ausgehenden und getragenen Politiken durch vorstaatliche Verfahren der Konfliktbearbeitung zu ergänzen.

---

23  Claußen 1995: 368 ff.; Klafki 1998: 246.
24  Nach Auffassung der Kultusministerkonferenz beinhaltet die Entwicklung von interkulturellen Kompetenzen, dass die Individuen
    „– sich ihrer jeweiligen kulturellen Sozialisation und Lebenszusammenhänge bewusst werden;
    – über andere Kulturen Kenntnisse erwerben;
    – Neugier, Offenheit und Verständnis für andere kulturelle Prägungen entwickeln;
    – anderen kulturellen Lebensformen und -orientierungen begegnen und sich mit ihnen auseinandersetzen und dabei Ängste eingestehen und Spannungen aushalten;
    – Vorurteile gegenüber Fremden und Fremdem wahr- und ernstnehmen;
    – das Anderssein der anderen respektieren;
    – den eigenen Standpunkt reflektieren, kritisch prüfen und Verständnis für andere Standpunkte entwickeln;
    – Konsens über gemeinsame Grundlagen für das Zusammenleben in einer Gesellschaft bzw. in einem Staat finden;
    – Konflikte, die aufgrund unterschiedlicher ethnischer, kultureller und religiöser Zugehörigkeit entstehen, friedlich austragen und durch gemeinsam vereinbarte Regeln beilegen können." (Kultusministerkonferenz 1996: 5f.).
25  Zur Bedeutung von Dialogen für die Demokratie vgl. Bobbio 1997: 19. Zur Bedeutung von ‚Wertedebatten' für die Lösung von Konflikten in der Demokratie aus kommunitaristischer Sicht vgl. Etzioni 1996. Zum Zusammenhang zwischen der Demokratie und dem Prinzip, dem anderen zuzuhören, vgl. Avineri 1996: 195. Zu Möglichkeiten und Grenzen von interkulturellen und interreligiösen Dialogen vgl. Brocker/Nau 1997 und Interkultureller Rat in Deutschland e.V. 1997.

## 3.4. Vorstaatliche Verfahren der Konfliktregulierung

Vorstaatlichen Verfahren der Konfliktregulierung, die auch als „kommunikative" oder „konstruktive" Techniken bezeichnet werden, verzichten auf hoheitliche Setzung und Durchsetzung (vgl. zum Folgenden R. Eckert 1996: 206 ff.).[26] Im Kern geht es dabei um Verhandlung und Vermittlung sowie um Verständigung, Kompromisse oder Versöhnung zwischen den jeweiligen Konfliktparteien. Eine wesentliche Voraussetzung für eine damit verbundene friedliche Konfliktregulierung ist die Perspektivenübernahme, also die Bereitschaft, Fähigkeit und Möglichkeit, sich in die Perspektive des anderen, also auch des Gegners, hineinzuversetzen und ihr – in Verbindung mit universalistischen Werten – eine prinzipielle Legitimität zuzubilligen. Im Einzelnen können dazu die folgenden Verfahren gerechnet werden:

Das *Konflikttraining* ist eine Form der Intervention, die darauf gerichtet ist, kommunikative Fähigkeiten bei jeweils einer Konfliktpartei zu schulen und dadurch die Grundlage für die Austragung von Konflikten unter Vermeidung unbeabsichtigter Eskalationen zu schaffen. Zu Elementen dieses Verfahrens gehören Pro-und-Contra-Diskussionen, das Training der Perspektivenübernahme vor einem Publikum sowie die Aneignung und Erweiterung von Kenntnissen über eskalationsfördernde Faktoren und ihre möglichen Konsequenzen und verschiedene Alternativen des Konflikthandelns. Damit soll die Bereitschaft gefördert werden, die eigenen Interessen zu klären, sich mit anderen Interessen und Wertstandpunkten auseinanderzusetzen, deren Berechtigung anzuerkennen und nach gemeinsamen Lösungen zu suchen. Ein Einsatz von Konflikttrainingsmethoden erscheint vor allem in nichtinstitutionalisierten innergesellschaftlichen Konflikten möglich, die bisher nur mittlere Konfliktintensität aufweisen, aber zu eskalieren drohen (z.B. bei Stadt- und Raumplanungskonflikten, Ökologiekonflikten und Konflikten zwischen Bewohnern von Einwandererunterkünften und Anwohnern). Allerdings setzt dieses Verfahren bei den Beteiligten bestimmte Verbalisierungskompetenzen voraus und zudem kann damit die Bewältigung von Konflikten nicht selbst erfolgen, sondern nur vorbereitet werden.

Bei der *Verhandlung* wird das Konfliktmanagement von den Beteiligten ohne Hinzuziehung einer dritten Partei unternommen. Anwendung findet dieses Verfahren überall dort, wo es gemeinsame Interessensbereiche zwischen den jeweiligen Konfliktparteien gibt und bestimmte Einigungszwänge oder -vorteile bestehen. Für den Erfolg von Verhandlungen ist wichtig, dass alle Konfliktparteien am Verhandlungstisch vertreten sind, die jeweiligen Parteien sich wenigstens minimale Legitimität zugestehen und die Absicht haben, ehrlich und fair zu verhandeln und eine für alle akzeptable Lösung zu erzielen.

---

26  Diese Verfahren können auch als ,zivilgesellschaftlich' in dem Sinne bezeichnet und verstanden werden, dass sie auf die ,Zivilisierung' von Konflikten und die Förderung von aktivem Bürgersinn gerichtet sind: „Das bedeutet zum einen, dass Konflikte gewaltfrei ausgetragen werden. Zum zweiten soll es durch die Erfahrung gewaltfreier Konfliktlösung zur Anerkennung der Rechte des Gegners und zur Bindung an einen gemeinsamen politischen Raum kommen (...)." (Thaa 2000: 15 f.).

Konfliktregulierung und Konfliktlösungen werden zwar durch die im Rahmen des Konflikttrainings und der Verhandlung erfolgende Perspektivenübernahme erleichtert, allerdings wird der Gegensatz der Kontrahenten damit allein nicht überwunden. Hierfür sind übergeordnete, auf den Abbau des Freund-Feind-Denkens gerichtete Gesichtspunkte erforderlich, die wiederum durch eine regulative, ‚unparteiische' Öffentlichkeit in das Verfahren der Konfliktregulierung eingebracht werden können. Es geht dann darum, „Konflikte weniger als Wettstreit *zwischen* Akteuren, sondern vielmehr als gemeinsames Problem *von* Akteuren zu sehen, das es durch gemeinsame Überlegungen zu bewältigen gilt" (R. Eckert 1996: 210).[27]

In diesem Sinne bietet das Verfahren des *Problem-Solving-Workshops* einen Rahmen, in dem sich Konfliktparteien treffen und unter Anleitung eines Konsultationsteams Techniken entwickeln, die sie in die Lage versetzen, ihre Konflikte möglichst friedlich zu regeln und Grundlagen für spätere Konfliktlösungen zu schaffen.

Das Konzept der *Konfliktberatung* beruht auf der Annahme, dass konstruktive Konfliktbearbeitung am erfolgreichsten von einem fähigen Mittler, dem die Parteien vertrauen, eingeleitet werden kann. Angestrebt wir nicht ein Konfliktmanagement durch konkrete Vereinbarungen, sondern eine Problemlösung durch verbesserte Kommunikation und wissenschaftlich fundierte Beziehungsanalyse.

*Vermittlung* oder *„Mediation'* ist demgegenüber ein Verfahren, „(...) das mit der Verhandlung die Freiwilligkeit der Teilnahme und den Verbindlichkeitsgrad seiner Ergebnisse gemeinsam hat, jedoch einer dritten Partei eine aktive und möglicherweise entscheidende Rolle zubilligt. (...) Vermittlung kann als zielgerichtete problemlösende Intervention definiert werden, in der die Teilnehmer mit Hilfe eines neutralen Dritten systematisch Konfliktanlässe isolieren, Optionen entwickeln, Alternativen erwägen und ein Abkommen zu erreichen suchen, in dem alle Bedürfnisse und Interessen erfasst sind" (R. Eckert 1996: 212 f.).[28]

Für die Regulierung von sozialen Konflikten in der Einwanderungsgesellschaft haben die verschiedenen nichtstaatlichen, kommunikativen Konfliktregulierungsverfahren eine erhebliche Bedeutung. Sollen diese Verfahren eine stärkere Verbreitung finden, so sind hierfür die Qualifizierung von Experten, die Ausweitung von konfliktlösendem und konfliktbearbeitendem Handlungswissen und eine Erhöhung der Sensibilität für die Bedingungen und Methoden friedlichen Zusammenlebens erforderlich. Insgesamt sollte sich damit die Erkenntnis durchsetzen, „dass friedliche Konfliktregulierung (...) eine Kunst ist, die gelernt und gelehrt werden kann." (R. Eckert 1996: 214)

---

27 Einen Beitrag kann dazu die Umwandlung eines Konfliktes in ein ‚Dilemma' leisten: „Diese Methode knüpft an die Erfahrung an, dass sich unverträgliche Präferenzen und Strategien nicht nur als Konflikt zwischen verschiedenen Menschen oder Gruppen, sondern auch als Dilemma innerhalb einer Person oder Gruppe manifestieren können. Dieser Charakter des Dilemmas kann deutlich gemacht werden, indem allgemeine und prinzipiell akzeptierte Ideale, wie gleiche Freiheits- oder Teilhaberechte, auch auf die jeweils gegnerische Gruppe angewendet und ferner die konkreten Positionen der eigenen und der gegnerischen Gruppe mit den allgemeinen Prinzipien verglichen werden" (Eckert 1996: 210).

28 Vgl. auch Vögele 1999; Besemer 1999.

Neben diesen ‚Chancen' weisen diese Verfahren einer kommunikativen Konfliktbearbeitung allerdings auch Schwierigkeiten und Grenzen auf. Ob in einem Konflikt ein Kompromiss gefunden werden kann, hängt vielfach von der Definition der Beteiligten ab, worum es eigentlich geht. Immer dann, wenn die Güter, um die gestritten wird, unteilbar erscheinen, ist eine Kompromisslinie nur schwer denkbar und Ansprüche schließen sich wechselseitig aus. Obwohl dies in vielen Fällen tatsächlich so ist, muss es nicht in jedem Fall so sein:

> „Ob ethnische Zugehörigkeit als ausschließende Kategorisierung aufgefasst wird oder nicht, ob man also Türke und Deutscher, Baske und Spanier, Serbe und Bosnier zugleich sein kann, hängt durchaus von der Form ab, in der über diese gestritten wird. Kommunikation kann also verhindern,
> • dass Alles-oder-Nichts-Spiele dort vermutet werden, wo es um graduelle Vorteile geht,
> • dass Nullsummenspiele unterstellt werden, wo beide Partner gewinnen könnten,
> • und dass der Mangel an Kooperation und Vertrauen beide Kontrahenten verlieren lässt.
> Diese Korrekturen der Wahrnehmung können dann Voraussetzung für eine zwangsfreie Einigung sein." (R. Eckert 1996: 215)

Einsatz und Erfolg kommunikativer Techniken zur Konfliktbearbeitung hängen zugleich von verschiedenen Voraussetzungen ab, die ihrerseits nicht ohne weiteres vorhanden sind oder hergestellt werden können. Zu diesen gehören insbesondere eine tendenziell gleiche Machtsituation zwischen den Konfliktparteien und deren gemeinsames Interesse an einer Konfliktlösung. Zudem können Konflikte nicht in allen Fällen gleichsam kommunikativ aufgelöst werden. Dies ist insbesondere dann nicht möglich, wenn einander ausschließende Ansprüche und Unverträglichkeiten existieren. In diesen Fällen muss nach Eckert eine Lösung in der Sache selbst gefunden werden: „Kommunikative Konfliktlösungsverfahren können diese Aufgabe erleichtern, aber nicht ersetzen. Die Logik eines Konflikts ist zwar *auch*, aber eben nicht *nur* eine Frage seiner Wahrnehmung." (R. Eckert 1996: 216).


## 4. Abschließende Bemerkung

Multikulturelle Einwanderungsgesellschaften gehen in der Regel mit vielfältigen sozialen Konflikten einher. Sollen diese wirksam reguliert werden, sollten verschiedene Vorkehrungen und Maßnahmen staatlich-politischen und zivilgesellschaftlichen Charakters akzeptiert, ausgebaut und eingesetzt werden. Dabei sollten vor allem die Diskrepanzen, die zwischen der Idee und der Realität der Demokratie bestehen, mit Hilfe von demokratischen Verfahren vermindert werden. Auch wenn es keine Garantie für die Wirksamkeit und den Erfolg so orientierter Politiken gibt, ist es auf diesem Wege aller Voraussicht nach am ehesten möglich, eine Integration *von* Konflikten als auch eine Integration der Gesellschaft *durch* Konflikte zu erreichen.[29]

---

29  H. Dubiel 1992; G. Göhler 1992.

# Literatur

Albers, Hartmut (1994): Minderheiten in der Rechtsprechung – Beispiel Schule. In: Barwig et.al. (1994): 195-209

Alberts, Hans W. (1992): Die schwierige Toleranz. In: Neue Zeitschrift für Verwaltungsrecht 12/1992. 1164-1166

Alexy, Hans (1994): Minderheitenschutz und Grundgesetz – Zur Rechtsstellung von Zuwanderern. In: Barwig et.al. (1994): 181-194

Anhut, Reimund/Heitmeyer, Wilhelm (2000): Desintegration, Konflikt und Ethnisierung. Eine Problemanalyse und theoretische Rahmenkonzeption. In: Heitmeyer/Anhut (2000): 17-75

Avineri, Shlomo (1996): Konfliktlösung in der Demokratie. Von altem Versagen und neuen Chancen. In: Weidenfeld (1996): 179-196

Bade, Klaus J. (Hrsg.) (1996): Migration – Ethnizität – Konflikt: Systemfragen und Fallstudien. Osnabrück: Universitätsverlag Rasch

Balla, Bálint (1989): Konflikttheorie. In: Endruweit/Trommsdorff (1989): 349-355

Barwig, Klaus et.al. (Hrsg.) (1994): Vom Ausländer zum Bürger. Problemanzeigen im Ausländer-, Asyl- und Staatsangehörigkeitsrecht. Festschrift für Fritz Franz und Gert Müller. Baden-Baden: Nomos Verlagsgesellschaft

Beauftragte der Bundesregierung für die Belange der Ausländer (1997): Streitpunkt Gebetsaufruf. Zu rechtlichen Aspekten im Zusammenhang mit dem lautsprecherunterstützten Ruf des Muezzins. Bonn: Beauftragte der Bundesregierung für die Belange der Ausländer

Benda, Ernst/Maihofer, Werner/Vogel, Hans-J. (1994): Handbuch des Verfassungsrechts der Bundesrepublik Deutschland, 2. Aufl. Berlin/New York: Walter de Gruyter

Besemer, Christoph (1999): Mediation. Vermittlung in Konflikten, 6. Aufl. Königsfeld: Stiftung Gewaltfreies Leben; Werkstatt für Gewaltfreie Aktion, Baden

Bielefeldt, Heiner (1998): Philosophie der Menschenrechte. Grundlagen eines weltweiten Freiheitsethos. Darmstadt: Wissenschaftliche Buchgesellschaft

Bielefeldt, Heiner/Heitmeyer, Wilhelm (2000): Konflikte um religiöse Symbole: Moscheebau und Muezzinruf in deutschen Städten. In: Journal für Konflikt- und Gewaltforschung 2/00. 250-265

Bobbio, Noberto/Matteucci, Nicola/Pasquino, Gianfranco (Hrsg.) (1983): Dizionario di politica, 2. erweiterte Auflage. Turin: UTET (Unione Tipografico-Editrice Torinese)

Bobbio, Norberto (1988): Die Zukunft der Demokratie. Berlin: Rotbuch Verlag

Bobbio, Norberto (1995): Democrazia. In: Orsi (1995): 3-17

Bobbio, Norbert (1997): Vom Alter – De senectute. Berlin: Verlag Klaus Wagenbach

Bobbio, Norbert (1998): Das Zeitalter der Menschenrechte. Ist Toleranz durchsetzbar? Berlin: Verlag Klaus Wagenbach

Boudon, Raymond/Bourricaud, Francois (1992): Soziologische Stichworte. Opladen: Westdeutscher Verlag

Brocker, Manfred/Nau, Heino Heinrich (Hrsg.) (1997): Ethnozentrismus. Möglichkeiten und Grenzen des interkulturellen Dialogs. Darmstadt: Wissenschaftliche Buchgesellschaft

Bryde, Brun-Otto (Hrsg.) (1994): Das Recht und die Fremden. Baden-Baden: Nomos Verlagsgesellschaft

Buser, Denise (1998): Dimensionen einer kulturellen Grundrechtssicht. In: Zeitschrift für Schweizerisches Recht 1/98. 1-36

Claußen, Bernhard (1995): Mikro- und Mesopolitik: Subjektive Faktoren, interpersonale Beziehungen und Vermittlungsmodi im politischen Geschehen. In: Mohr (1995): 327-411

Cotesta, Vittorio (1999): Sociologia dei conflitti etnici. Razzismo, immigrazione e società multiculturale. Rom-Bari: Editori Laterza

Däubler-Gmelin, Herta et.al. (Hrsg.) (1994): Gegenrede. Aufklärung – Kritik – Öffentlichkeit. Festschrift für Ernst Gottfried Mahrenholz. Baden-Baden: Nomos Verlagsgesellschaft

Debus, Anne (1999): Der Kopftuchstreit in Baden-Württemberg – Gedanken zu Neutralität, Toleranz und Glaubwürdigkeit. In: Kritische Justiz 2/99. 430-448

Denninger, Erhard et.al. (Hrsg.) (1990): Kritik und Vertrauen. Festschrift für Peter Schneider. Frankfurt/ Main: Verlag Anton Hain

Denninger, Erhard (1994): „Streitbare Demokratie" und Schutz der Verfassung. In: Benda/Maihofer/Vogel (1994): 675-716

Dubiel, Helmut (1992): Konsens oder Konflikt? Die normative Integration des demokratischen Staates. In: Kohler-Koch (1992): 130-137

Eckert, Roland (1996): Die Fähigkeit zur friedlichen Konfliktregulierung. Ein Qualitätsmerkmal der Demokratie. In: Weidenfeld (1996): 197-217

Elias, Norbert (1992): Zivilisation. In: Schäfers (Hrsg.) (1992)

Endruweit, Günter/Trommsdorff, Gisela (Hrsg.) (1989): Wörterbuch der Soziologie, Bd. 2. Stuttgart: Ferdinand Enke Verlag

Etzioni, Amitai (1996): Der moralische Dialog. Ein kommunitaristischer Blick auf die Demokratie. In: Weidenfeld (1996): 218-229

Fischer, Martina (Hrsg.) (1998): Fluchtpunkt Europa. Migration und Multikultur. Frankfurt/M.: Suhrkamp Verlag

Fraenkel, Ernst (1991): Deutschland und die westlichen Demokratien. Erweiterte Ausgabe, Hrsg. von Alexander von Brünneck. Frankfurt/M. (Erstauflage 1964): Suhrkamp Verlag

Freyberg, Thomas von (1996): Ethnische Diskriminierung im Betrieb unter dem Druck des Arbeitsmarktes. In: Heitmeyer/Dollase (1996): 313-329

Friedrich-Ebert-Stiftung (Hrsg.) (1997): Identitätsstabilisierend oder konfliktfördernd? Ethnische Orientierungen in Jugendgruppen. Bonn: Friedrich-Ebert-Stiftung

Friedrich-Ebert-Stiftung (Hrsg.) (1998): Ethnische Konflikte und Integrationsprozesse in Einwanderungsgesellschaften. Bonn: Friedrich-Ebert-Stiftung

Fuchs-Heinritz, Werner et.al. (Hrsg.) (1994): Lexikon zur Soziologie, 3. Aufl. Opladen: Westdeutscher Verlag

Füssel, Hans-Peter (1994): Kulturkonflikte im Schulrecht. In: Bryde (1994): 67-81

Giddens, Anthony (1997): Jenseits von Links und Rechts. Die Zukunft radikaler Demokratie. Frankfurt/Main: Suhrkamp Verlag

Gogolin, Ingrid/Krüger-Potratz, Marianne/Meyer, Meinert A. (Hrsg.) (1998): Pluralität und Bildung. Opladen: Leske + Budrich

Gogolin, Ingrid/Nauck, Bernhard (Hrsg.) (2000): Migration, gesellschaftliche Differenzierung und Bildung. Resultate des Forschungsschwerpunktprogramms FABER. Opladen: Leske + Budrich

Göhler, Gerhard (1992): Konflikt und Integration. Korreferat zu Helmut Dubiel. In: Kohler-Koch (1992): 138-146

Görlitz, Axel (Hrsg.) (1973): Handlexikon zur Politikwissenschaft, Bd. 1. München: Rowohlt Taschenbuch Verlag

Guggenberger, Bernd (1989): Demokratietheorie. In: Nohlen (1989): 130-140

Habermas, Jürgen (1993): Anerkennungskämpfe im demokratischen Rechtsstaat. In: Taylor (1993): 147-196

Habermas, Jürgen (1996a): Die Einbeziehung des Anderen. Studien zur politischen Theorie. Frankfurt/Main: Suhrkamp Verlag

Habermas, Jürgen (1996b): Inklusion – Einbeziehen oder Einschließen? Zum Verhältnis von Nation, Rechtsstaat und Demokratie. In: Habermas (1996a): 154-184

Häberle, Peter (1997): Europäische Rechtskultur. Versuch einer Annäherung in zwölf Schritten. Baden-Baden: Suhrkamp Verlag

Hahn, Alois/Riegel, Klaus-Georg (1973): Konsens und Konflikt. In: Görlitz (1973): 192-197

Heitmeyer, Wilhelm/Anhut, Reimund (Hrsg.)(2000): Bedrohte Stadtgesellschaft. Soziale Desintegrationsprozesse und ethnisch-kulturelle Konfliktkonstellationen. Weinheim und München: Juventa-Verlag

Heitmeyer, Wilhelm/Dollase, Rainer (Hrsg.) (1996): Die bedrängte Toleranz. Ethnisch-kulturelle Konflikte, religiöse Differenzen und die Gefahren politisierter Gewalt. Frankfurt/M.: Suhrkamp Verlag

Heitmeyer, Wilhelm/Dollase, Rainer/Backes, Otto (Hrsg.) (1998): Die Krise der Städte. Analysen zu den Folgen desintegrativer Stadtentwicklung für das ethnisch-kulturelle Zusammenleben. Frankfurt/M.: Suhrkamp Verlag

Heitmeyer, Wilhelm/Müller, Joachim/Schröder, Helmut (1997): Verlockender Fundamentalismus. Türkische Jugendliche in Deutschland. Frankfurt/M.: Suhrkamp Verlag

Hellermann, Johannes (1996): Der Grundrechtsschutz der Religionsfreiheit ethnisch-kultureller Minderheiten. Zwischen Gewährleistung religiös-kultureller Besonderheit und Bewahrung der allgemeinen Rechtsordnung. In: Heitmeyer/Dollase (1996): 382-400

Hermann, Conny (Hrsg.) (2000): Das Recht auf Weiblichkeit. Hoffnung im Kampf gegen die Genitalverstümmelung. Bonn: Verlag J. H. W. Dietz Nachf.

Hesse, Konrad (1995): Grundzüge des Verfassungsrechts der Bundesrepublik Deutschland, 20. Auflage Heidelberg: C. F. Müller Verlag

Hillmann, Karl-Heinz (1994): Wörterbuch zur Soziologie, 4. Aufl. Stuttgart: Alfred Kröner Verlag

Hoffmann, Lutz (1992): Die unvollendete Republik. Zwischen Einwanderungsland und deutschem Nationalstaat, 2.Aufl. Köln: PapyRossa Verlag

Hoffmann-Nowotny, Hans-Joachim (2000): Migration, soziale Ungleichheit und ethnische Konflikte. In: Gogolin/Nauck (2000): 157-178

Hufen, Friedhelm (1994): Die kulturintegrative Kraft der Verfassung. In: Däubler-Gmelin et.al. (1994): 115-131

Interkultureller Rat in Deutschland e.V. (Hrsg.) (1997): Religionen für ein Europa ohne Rassismus. Frankfurt/M.: Verlag Otto Lembeck

IZA. Zeitschrift für Migration und Soziale Arbeit (3-4/2000): Themenschwerpunkt: „Konflikte in der Einwanderungsgesellschaft" (mit Beiträgen unter anderem von Ömer Alan/Ulrich Steuten, Georg Albers, Georg Auernheimer, Tarek Badawia, Christian Büttner, Christoph Butterwege, Kurt Faller, Frank Gesemann/Andreas Kapphan, Burkhard Hergesell, Harald Rüßler, Axel Schulte u. Kay Wendel)

Kersting, Wolfgang (1998): Politische Philosophie. In: Pieper (1998): 304-325

Kirbach, Roland (1997a): Trugbild Toleranz. Seit der Muezzin lauter rufen soll, ist es mit der Ruhe vorbei. In: DIE ZEIT, Nr. 4 vom 17.1.1997. 14

Kirbach, Roland (1997b): Solingen war die Zäsur. Im Ruhrgebiet werden Türken und Deutsche sich immer fremder. Beide schüren Feindseligkeiten. In: DIE ZEIT, Nr. 21 vom 16.5.1997. 14

Klafki, Wolfgang (1998): Schlüsselprobleme der modernen Welt und die Aufgaben der Schule – Grundlinien einer neuen Allgemeinbildungskonzeption in internationaler/interkultureller Perspektive. In: Gogolin/Krüger-Potratz/Meyer (1998): 235-249

Kluge, Hans-Georg (1992): Vorbehaltlose Grundrechte am Beispiel des Schächtens. In: Zeitschrift für Rechtspolitik 4. 141-146

Kohler-Koch, Beate (Hrsg.) (1992): Staat und Demokratie in Europa. 18. Wissenschaftlicher Kongress der Deutschen Vereinigung für Politische Wissenschaft. Opladen: Leske + Budrich

Kühnert, Hanno (1992): Lernen auf beiden Seiten. In: DIE ZEIT Nr. 48 vom 20.11.1992. 89

Kuhl, Thomas/Unruh, Peter (1991): Tierschutz und Religionsfreiheit am Beispiel des Schächtens. In: Die Öffentliche Verwaltung 3. 94-102

Kultusministerkonferenz (Sekretariat der Ständigen Konferenz der Kultusminister der Länder in der Bundesrepublik Deutschland) (1996): Empfehlung „Interkulturelle Bildung und Erziehung in der Schule". Beschluss der Kultusministerkonferenz vom 25.10.1996. o.O.

Maunz, Theodor/Zippelius, Reinhold (1998): Deutsches Staatsrecht. 30. Auflage. München: Verlag C. H. Beck

Mohr, Arno (Hrsg.) (1995): Grundzüge der Politikwissenschaft. München/Wien: R. Oldenbourg Verlag

Muckel, Stefan (2001): Islamischer Religionsunterricht und Islamkunde an öffentlichen Schulen in Deutschland. In: Juristen Zeitung 2/2001. 58-64

Nohlen, Dieter (Hrsg.) (1989): Pipers Wörterbuch zur Politik, Bd.1: Politikwissenschaft. Theorien – Methoden – Begriffe. Hrsg. von Dieter Nohlen und Rainer-Olaf Schultze, 3. Aufl. München/Zürich: Verlag C. H. Beck

Orsi, Angelo d' (Hrsg.): Alla ricerca della politica. Voci per un dizionario. Turin: Bollati Boringhieri

Paula, Andreas (Hrsg.) (1994): Mehrsprachigkeit in Europa. Modelle für den Umgang mit Sprachen und Kulturen. Klagenfurt/Celovec: Drava Verlag

Pasquino, Gianfranco (1983): Conflitto. In: Bobbio/Matteucci/Pasquino (1983): 217-220

Pieper, Annemarie (Hrsg.) (1998): Philosophische Disziplinen. Ein Handbuch. Leipzig: Reclam Verlag

Rädler, Peter (1996): Religionsfreiheit und staatliche Neutralität an französischen Schulen. Zur neueren Rechtsprechung des Conseil d'Etat. In: Zeitschrift für ausländisches öffentliches Recht und Völkerrecht 1-2. 343-388

Richter, Ingo (1994): Verfassungsfragen multikultureller Gesellschaften. In: Däubler-Gmelin et.al. (1994): 637-655

Robbers, Gerhard (1994): Ausländer im Verfassungsrecht. In: Benda/Maihofer/Vogel (1994): 391-424

Schäfers, Bernhard (Hrsg.) (1992): Grundbegriffe der Soziologie. 3. Aufl. Opladen: Leske + Budrich

Schindler, Dietrich (1990): Über die Notwendigkeit gemeinsamer Grundüberzeugungen in der Demokratie und die Versuche, sie rechtlich zu verankern. In: Denninger et.al. (1990): 487-500

Schmals, Klaus M. (Hrsg.) (2000): Migration und Stadt. Entwicklungen, Defizite, Potentiale. Opladen: Leske + Budrich

Schnüll, Petra/TERRE DES FEMMES (Hrsg.)(1999): Weibliche Genitalverstümmelung. Eine fundamentale Menschenrechtsverletzung. Göttingen: TERRE DES FEMMES

Schulte, Axel (1998a): Multikulturelle Einwanderungsgesellschaften in Westeuropa: Soziale Konflikte und Integrationspolitiken. Expertise im Auftrag der Friedrich-Ebert-Stiftung (Hrsg.) Bonn: Friedrich-Ebert-Stiftung

Schulte, Axel (1998b): Multikulturelle Einwanderungsgesellschaften: Soziale Konflikte und Integrationspolitiken. In: Friedrich-Ebert-Stiftung (1998): 11-36

Schulte, Axel (2000a): Zwischen Diskriminierung und Demokratisierung. Aufsätze zu Politiken der Migration, Integration und Multikulturalität in Westeuropa. Frankfurt/M.: IKO-Verlag

Schulte, Axel (2000b): Soziale Konflikte und politische Konfliktregulierung in der multikulturellen Einwanderungsgesellschaft. In: IZA. Zeitschrift für Migration und soziale Arbeit 3-4/00. 14-23

Schulte, Axel (2000c): Zwischen Anspruch und Wirklichkeit der Demokratie: Lebensverhältnisse von Migranten und staatliche Integrationspolitiken in der Bundesrepublik Deutschland. In: Schmals (2000): 33-84

Seidel-Pielen, Eberhard (1996): Die netten Jungs vom Kiez. Wenn Jugendliche gewalttätig werden: Über den schwierigen Umgang mit interkulturellen Konflikten. In: DIE ZEIT Nr. 17 vom 19.4.1996. 83

Spies, Axel (1993): Verschleierte Schülerinnen in Frankreich und Deutschland. In: Neue Zeitschrift für Verwaltungsrecht, 7. 637-640

Thaa, Winfried (2000): „Zivilgesellschaft". Von der Vergesellschaftung der Politik zur Privatisierung der Gesellschaft. In: WIDERSPRÜCHE. Zeitschrift für sozialistische Politik im Bildungs-, Gesundheits- und Sozialbereich Heft 76, 2/00. 9-18

Taylor, Charles (1993): Multikulturalismus und die Politik der Anerkennung. Mit Kommentaren von A. Gutmann (Hrsg.) et.al. Frankfurt/M.: S. Fischer Verlag

Vögele, Wolfgang (Hrsg.) (1999): Mediation – vermitteln – verhandeln – schlichten. Rechtspolitische Chancen kooperativer, vorgerichtlicher Konfliktbearbeitung, 2. Aufl. Rehburg-Loccum (Loccumer Protokolle 2/1998): Evangelische Akademie Loccum

Weidenfeld, Werner (Hrsg.) (1996): Demokratie am Wendepunkt. Die demokratische Frage als Projekt des 21. Jahrhunderts. Berlin: Siedler Verlag

# Sozialstruktur und Migration —
# Die soziale Lage der Arbeitsmigranten in Deutschland

*Thomas Meyer*

## 1. Einleitung

Wie in vielen anderen westeuropäischen Ländern auch hat in der Bundesrepublik
Deutschland die Zahl der Zuwanderer in den letzten Jahrzehnten stark zugenommen.
Die Gesellschaft befindet sich auf dem Weg in eine Multi-Minoritäten-Gesellschaft[1]
— ein Trend, der sich nach allen Prognosen auch in Zukunft fortsetzen wird. In den
vergangenen Jahren waren es besonders zwei Zuwanderergruppen, die das öffentliche Interesse bestimmten: Einerseits die Gruppe der Flüchtlinge und Asylbewerber,
deren Zahl 1998 ca. 1,2 Millionen Menschen umfasste und andererseits die Gruppe
der Spätaussiedler, deren Zuwanderung Ende der 80er Jahre zur Massenbewegung
anschwoll.[2]

Der nachfolgende Beitrag setzt einen anderen Akzent: Im Mittelpunkt soll die
Lage der Arbeitsmigranten aus den klassischen Anwerbeländern (Türkei, ehemaliges Jugoslawien, Italien, Griechenland, Spanien, Portugal) stehen. Das Segment der
ehemaligen ‚Gastarbeiter‘ und ihrer Familienangehörigen ist die größte und wichtigste Gruppe in der Einwanderungsgeschichte der Bundesrepublik, die maßgeblich
zur wirtschaftlichen Prosperität unserer Gesellschaft beigetragen hat und beiträgt.
Gegenwärtig stellen die Ausländer rund 8% aller Beschäftigten. 6,1 der 7,3 Millionen Ausländer, die 1999 in Deutschland lebten, waren den Arbeitsmigranten und
ihren Familien zuzurechnen. Das größte Kontingent umfassen 1998 die Türken (2,1
Mio.), die Angehörigen des ehemaligen Jugoslawien (719.000), die Italiener
(600.000), die Griechen (363.000) und die Polen (280.000). Obwohl sich die ausländischen Arbeitnehmer in ihrer Soziallage erheblich nach dem jeweiligen Herkunftsland unterscheiden und eine sehr facettenreiche Gruppe mit unterschiedlichen

---

1    Zur Schwierigkeit, das dynamische multi-ethnische Segment der Sozialstruktur sprachlich angemessen zu benennen, siehe die Ausführungen R. Geißlers (2000: 29f.). Dieser verwendet den Begriff ‚ethnische Minderheiten‘, um hervorzuheben, dass es um Bevölkerungsgruppen geht, die sich
in der Minderheit befinden und innerhalb einer ethnischen Schichtungsordnung benachteiligt, un-
terdrückt, diskriminiert und stigmatisiert sind. Diese Definition zielt also nicht nur auf ein quantita-
tives Zahlen-, sondern auch auf ein ‚qualitatives Ungleichheitsverhältnis‘ ab (Heckmann 1999:
335).

2    Die den Spätaussiedlern rechtlich zuerkannte deutsche Volkszugehörigkeit und die ihnen eigene
Vorstellung einer deutschen Abstammung ändert nichts an dem Sachverhalt, dass deren Migration
als eine ‚Wanderung zwischen zwei verschiedenen Kulturen‘ (Münz/Seifert/Ulrich 2000: 148) anzusehen ist. Dies gilt zumal für die Aussiedler der 90er Jahre, die in vielen Fällen nur geringe
Kenntnisse der deutschen Sprache mitbringen und bei denen die russische Sprache oftmals die Fa-
miliensprache ist. Es gibt gute Gründe dafür, sie als eine integrale Teilgruppe des polyethnischen
Strukturgefüges unserer Gesellschaft zu begreifen.

69

Lebensbedingungen sind, muss auf Differenzierungen dieser Art hier — ganz abgesehen von der lückenhaften Datenlage — weitgehend verzichtet werden.

Bevor ich der sozialen Lage der Arbeitsmigranten genauer nachgehe, empfiehlt es sich, einige begriffsklärende Anmerkungen vorauszuschicken.

Obgleich *Sozialstruktur* zu den etablierten und vielgebrauchten Schlüsselkonzepten der Soziologie gehört, gibt es eine den unterschiedlichen Theorietraditionen entsprechende Vielfalt der Bestimmungsversuche (R. Geißler 1996: 19ff.). Ganz allgemein gesprochen, meint *Sozialstruktur* die relativ dauerhaften und prägenden Grundlagen und Wirkungszusammenhänge sozialer Beziehungen und sozialer Gebilde in einer Gesellschaft. Die Antworten auf die Frage, welche Elemente und Bereiche als die wichtigsten der Sozialstrukturanalyse anzusehen sind, sind umstritten und reichen von sozialstatistischen Verteilungsmerkmalen wie Einkommen, Bildung, Beruf, Alter und Geschlecht über Rollengefüge, Verwandtschafts-, Siedlungs- und Wertstrukturen bis hin zu Lebensformen und Lebensstilen. Von jeher gilt ein besonderes Erkenntnisinteresse der Frage der sozialen Ungleichheit, ihrer Struktur und Entwicklung. Ohne Sozialstruktur- und Ungleichheitsanalyse gleich in eins setzen zu wollen, werde auch ich mich nachfolgend einer Vorgehensweise anschließen, die den sozial-ökonomischen Ungleichheitsaspekten eine besondere Aufmerksamkeit zukommen lässt.[3]

Der Begriff *Migration oder Wanderung* bezieht sich auf jede auf Dauer angelegte bzw. dauerhaft werdende räumliche Bewegung zur Veränderung des Lebensmittelpunktes von Individuen oder Gruppen über eine bedeutsame Entfernung hinweg. *Internationale Migration*, und nur um diese soll es nachfolgend gehen, bedeutet die Verlagerung des Lebenszentrums über die Grenzen eines Nationalstaates hinaus. Sie schließt Formen der Flucht- und Arbeitsmigration ein. Wobei letztere sich auf Einwanderer bezieht, die vor allem aus wirtschaftlichen Motiven ihr Herkunftsland verlassen und im Einwanderungsland eine neue Existenz zu gründen suchen.

## 2.  Aspekte der bundesdeutschen Zuwanderungsgeschichte

Während sich 1961 erst 690.000 Ausländer in der Bundesrepublik aufhielten, ist ihre Zahl 1988 auf 4,5 Millionen und bis 1999 auf 7,3 Millionen gestiegen. Ungefähr 14% der hiesigen Bevölkerung haben ihren Geburtsort außerhalb Deutschlands. Mit der sog. ‚Anwerbe'- oder ‚Gastarbeiterperiode' — Anwerbeabkommen wurden durch die Bundesanstalt für Arbeit im Auftrag der Bundesregierung zuerst mit

---

3   Zu den fragwürdigen Folgen des ‚kulturalistischen' Perspektivenschwenks in der Soziologie zählt m.E., dass die strukturell erzeugten sozialen Ungleichheiten unterbelichtet bleiben und damit die eigentlichen Kernprobleme der ethnischen Minderheiten nur eine relativ geringe Aufmerksamkeit erfahren. Ich schließe mich P. Han (2000: 299) an, für den das Zusammenleben unterschiedlicher ethnischer Gruppen wesentlich von ihrer formalen und faktischen Gleichstellung in allen sozialstrukturellen Bereichen der Gesellschaft abhängt und weniger von der Betonung des jeweiligen Eigenwerts der ethnischen Kulturen.

Italien (1955), Spanien und Griechenland (1960) und dann der Türkei (1961) geschlossen — beginnt Mitte der 50er Jahre in der Bundesrepublik die eigentliche Geschichte der Arbeitsmigration. Anfangs ging es der aufblühenden Wirtschaft Westdeutschlands weniger darum, den Mangel an Arbeitskräften zu beheben — die Arbeitslosenquote lag 1955 bei 7% —, als darum, auf das abnehmende Interesse der einheimischen Arbeitskräfte an bestimmten Beschäftigungsbereichen zu reagieren und Engpässe zu beheben. Mit der Absperrung der deutsch-deutschen Grenze und dem damit verbundenen Ende des Zustroms von Flüchtlingen aus der DDR war es schließlich doch vorrangig der Wunsch nach Arbeitskräften, der die Bundesrepublik veranlasste, weitere Anwerbungsabkommen mit Marokko (1963), Portugal (1964), Tunesien (1965) und Jugoslawien (1968) abzuschließen.

Die Zahl der Arbeitsmigranten, die Ende der 50er Jahre bei 72.000 lag, erlebte in der Folgezeit einen raschen Anstieg und erreichte 1973 mit 2,6 Millionen (4 Mio. Ausländer insgesamt) ihren Höhepunkt.[4] Ihr Anteil an der Gesamtzahl aller Arbeitnehmer stieg von 1,3% (1960) auf 11,9% (Sechster Familienbericht 2000, 36). Insgesamt kamen zwischen 1955 und 1973 14 Millionen Ausländer in die Bundesrepublik, während ihr im gleichen Zeitraum 11 Millionen den Rücken zukehrten (Geißler 2000: 31).[5]

Die Erkenntnis, dass die Bundesrepublik auf dem Weg in eine Einwanderungsgesellschaft war, vermochte sich diesen Fakten zum Trotz — für einige Kreise der Politik gilt dies bis heute — nicht durchzusetzen.[6] Dies lag nicht zuletzt daran, dass die zuständigen deutschen Stellen, die Öffentlichkeit, die Entsendeländer und zumal die betroffenen Arbeitsmigranten selbst lange einem Rotationskonzept anhingen, nach dem der Arbeitsaufenthalt nur als ein vorübergehender Aufenthalt zur Überbrückung des Arbeitskräftemangels während der Hochkonjunktur angesehen wurde. Als ‚Konjunkturpuffer' sollten die angeworbenen Arbeitnehmer nach einigen Jahren in ihre Heimatländer zurückkehren[7] und, je nach Bedarf, durch neue ‚Gastarbeiter'

---

4    Auch die DDR importierte zur Verringerung ihres chronischen Arbeitskräftemangels auf der Grundlage des Rotationsprinzips seit den 60er Jahren Vertragsarbeiter aus befreundeten sozialistischen Staaten. Deren Zahl lag aber nie über 200.000, so dass die Entwicklung für diesen Teil Deutschlands hier vernachlässigt werden kann (Münz/Seifert/Ulrich 1999: 47). Gleiches gilt nach dem Ende der DDR für die neuen Länder. Mitte der 90er Jahre hatten 97% aller legal anwesenden Ausländer ihren Wohnsitz in Westdeutschland (Seifert 2001: 57).

5    Nicht nur in der Bundesrepublik Deutschland, sondern auch in anderen traditionellen europäischen Aufnahmeländern von Migranten wie Frankreich, Belgien, Niederlande, Schweden, Schweiz und Luxemburg bewirkte die Öffnung der Arbeitsmärkte einen rasanten Zuwachs an Immigranten. Ihre Gesamtzahl stieg zwischen 1950 und 1982 von 3,1 auf 11,2 Millionen (Han 2000: 66).

6    Bedenkt man den Zustrom von den etwa 1,2 Millionen „ausländischen Wanderarbeitern" aus den russischen „Kongresspolen" und aus Italien am Vorabend des Ersten Weltkriegs, welches Deutschland neben den USA zum aufnahmestärksten „Arbeitseinfuhrland" der westlichen Welt machte, lässt sich eine erheblich frühere Datierung der Geburtsstunde der deutschen Einwanderungsgesellschaft begründen (Bade 2000). Unbestreitbar ist, dass nach 1945 kein anderes Land in Europa so viele Zuwanderer aufgenommen hat. Allein die Zahl der Heimatvertriebenen betrug zwischen 1944 und 1950 knapp 8 Millionen. Hinzu kommen noch die rund 3,1 Millionen Flüchtlinge und Übersiedler aus der DDR, die Westdeutschland bis zum Mauerbau 1961 aufnahm.

7    In der Wirtschaftskrise 1966/67 war dies in der Tat der Fall. Viele Ausländer „exportierten" ihre Arbeitslosigkeit durch Rückwanderung, so dass deren Beschäftigungsquote in den stark konjunkturabhängigen Branchen Deutschlands zurückging.

ersetzt werden. Ungeachtet dieses Rückkehrmodells lässt sich jedoch seit den späten 60er Jahren eine allmähliche Zunahme von längerfristigen und dauerhaften Aufenthalten der Migranten in ihrer Aufnahmegesellschaft beobachten, u.a. auch deshalb, weil die Industrie sich dagegen sträubte, ständig neue Arbeitskräfte anzulernen.

Der 1973 infolge der Wirtschaftsrezession durch die Bundesregierung veranlasste Anwerbestopp stellt eine weitere wichtige Zäsur in der bundesdeutschen Migrationsgeschichte dar und lässt sich schlagwortartig als *Wechsel von der Arbeits- zur Familienmigration* beschreiben. Im Zuge der Energie- und Wirtschaftskrise wurden im Laufe der 70er Jahre ca. 1 Million Arbeitsplätze von ausländischen Arbeitnehmern abgebaut. 1985 sank die Zahl erwerbstätiger Ausländer unter die Zwei-Millionen-Grenze, welches im Vergleich zu 1973 eine Einbuße um ca. 40% bedeutete. Durch Familienzusammenführungen, Familiengründungen und hohe Geburtenzahlen wuchs die ausländische Wohnbevölkerung dennoch stark an und stabilisierte sich in den 80er Jahren auf einem Niveau von rund 4,5 Millionen.[8] Die bis heute gültige Tendenz heißt von nun an: Während die Anteile derjenigen Ausländer abnehmen, die einen sozialversicherungspflichtigen Arbeitsplatz haben, nehmen die Anteile der ausländischen Bevölkerung an der Wohnbevölkerung ständig zu (Sechster Familienbericht 2000, 205). Wesentlich ist, dass mit der Zunahme langfristiger Bleibeabsichten und Daueraufenthalte das, was Mitte der 50er Jahre als amtlich organisierte Arbeitswanderung auf Zeit begonnen hatte, nunmehr in eine ,echte Einwanderungssituation' mündete (Sechster Familienbericht 2000: 37). So waren 1997 von den knapp 7,3 Millionen Ausländern bereits etwa zwei Drittel aller Türken und Griechen, 71% der Italiener und 82% der Spanier seit mindestens 10 Jahren hier ansässig. Insgesamt lebten 1997 mehr als 40 Prozent aller Ausländer länger als 15 Jahre in Deutschland (BMWi 2000: 8). Den Umfragedaten des Sozio-ökonomischen Panels aus dem Jahr 1995 zufolge wollte ca. jeder zweite Zuwanderer aus den ehemaligen Anwerbeländern auf Dauer hier bleiben (R. Geißler 2000: 32). Die Repräsentativerhebung von Mehrländer/Ascheberg/Ueltzhöffer (1996: 44ff.) zeigt[9], dass gerade bei den jüngeren, 15-24jährigen Ausländern der Anteil derjenigen, die dauerhaft ihr Leben hierzulande planen, zwischen 1985 und 1995 um ca. 16 Prozentpunkte, auf mehr als 70% gewachsen ist. Auf Seiten der türkischen Migranten hat sich dieser Wunsch allein zwischen 1993 und 1997 von 43% auf 56% erhöht (W. Seifert 2001: 60).

Obwohl 1998 mehr als 500.000 Ausländer ihre Rente in Deutschland (BMWi 2000: 8) beziehen, ist allerdings der hohe Rückkehrwunsch bei älteren Migranten

---

8    Der Anteil verheirateter Ausländer, deren Ehepartner nicht in der Bundesrepublik lebte, sank binnen zwanzig Jahren von mehr als 80% Anfang der 60er Jahre auf unter 20% Anfang der 80er Jahre (Münz/Seifert/Ulrich 1999: 77).

9    Diese Untersuchung, die das Sozialwissenschaftliche Institut für Gegenwartsfragen Mannheim (SIGMA) im Zusammenarbeit mit dem Forschungsinstitut der Friedrich-Ebert-Stiftung und der MAR-PLAN- Forschungsgesellschaft durchführte, ist hervorzuheben, da sie Erhebungen aus den Jahren 1980 und 1985 fortführt, die es erlauben, Veränderungen der Lebensverhältnisse und Lebensweisen der ausländischen Arbeitnehmer im beobachteten Zeitraum festzustellen.

auffallend; vielen von ihnen scheint es wichtig zu sein, dass die Rückkehr zumindest als Option offenbleibt, auch wenn ihr Verbleib im Aufnahmeland zunehmend wahrscheinlicher wird.[10] Auf Seiten der so genannten ‚jungen Alten' lässt sich ein Pendeln als präferierter Migrationsstatus beobachten (Sechster Familienbericht 2000: 202, 118).[11]

Die vorerst letzte Etappe der deutschen Migrationsgeschichte nimmt in den 80er Jahren ihren Anfang. Nach der Öffnung der Westgrenzen des ehemaligen Ostblocks lässt die geographische Lage die Bundesrepublik eine zentrale Rolle als Drehscheibe im transnationalen Wanderungsgeschehen übernehmen. Vor allem die deutsche Vereinigung und der Zerfall Jugoslawiens lösten in den 90er Jahren eine Zuwanderungswelle aus, die nicht nur die Struktur der Migration erheblich veränderte, sondern Deutschland auch zu einem der wichtigsten Einwanderungsländer der Welt macht. Zwischen 1988 und 1993 kamen 7,3 Millionen Personen nach Deutschland; da nur 3,6 Millionen Personen im gleichen Zeitraum das Land verließen, ergab sich gegenüber dem Ausland ein positiver Wanderungssaldo von 3,7 Millionen Personen (R. Münz/W. Seifert/R. Ulrich 1999: 149).

Unter dem Blickwinkel der Arbeitsmigration ist es von Bedeutung, dass neue Zuwanderer aus Osteuropa, besonders Polen und Tschechen — das Lohngefälle zwischen diesen Ländern und Deutschland gehört zu den steilsten in Europa — häufig auf der Basis von Werkverträgen als Saisonarbeiter in Erscheinung treten.

Wesentlicher für diese Etappe der Migration ist jedoch der Zustrom an Spätaussiedlern und Asylsuchenden. Die Zahl letzterer erreichte 1992 mit 438.000 Antragstellern ihren Gipfel.[12] Aus Osteuropa wanderten zwischen 1988 und 1993 1,65 Millionen Aussiedler zu.

Weiterhin kehrt aber der größte Teil der Migranten zu einem späteren Zeitpunkt in ihre Heimat zurück, so dass Deutschland für viele nur ein temporärer Aufenthaltsort ist. Insgesamt bleiben jedoch zwischen hundert- und zweihunderttausend der Zuwanderer jedes Jahr hier, so dass sich die deutsche ‚Durchzugsgesellschaft' mehr und mehr in eine ‚Bleibegesellschaft' verwandelt (K. Natorp 2001).

---

10  Allgemein auffallend ist, dass auch diejenigen, die nicht für immer hier bleiben wollen, nur selten genauere Rückkehrabsichten haben (Seifert 2001: 60).

11  Bemerkenswert ist auch noch der Befund, dass sich zwar viele Ausländer für einen dauerhaften Aufenthalt in Deutschland entschieden haben, aber dennoch nur selten als Deutsche fühlen: 1995 hatten lediglich 11% das Gefühl, Deutsche zu sein (Seifert 2000: 78). Vor allem dem konservativ-defensiven, am ius sanguinis — deutsch ist, wer von Deutschen abstammt — orientierten und erst in jüngerer Zeit reformierten Staatsbürgerrecht ist in erster Linie die relativ niedrige Zahl der Einbürgerungen (1,5% der ausländischen Bevölkerung) geschuldet.

12  Obschon Deutschland zu den bevorzugten Zielen der nach Westeuropa strebenden Menschen gehört, liegt die Zahl der Asylsuchenden pro Kopf in den Gipfeljahren in einigen Ländern noch höher. In Schweden kamen z.B. 1992 auf 1000 Bewohner 10 Anträge auf Asyl, in Deutschland lediglich 5. Aber auch die Werte Österreichs übertreffen diejenigen Deutschlands (Geißler 2000: 32).

# 3. Struktur- und Lagemerkmale der ausländischen Bevölkerung

Das Verhalten und das Bewusstsein der Arbeitsmigranten sowie ihre Beziehungen zur Aufnahmegesellschaft werden maßgeblich von ihrer Positionierung in der Sozial- und Ungleichheitsstruktur bestimmt. Aus der Vielzahl strukturierender Aspekte will ich nachfolgend neben einigen Hinweisen zu den Wohnbedingungen und den demographischen und sozialräumlichen Besonderheiten vor allem die Qualifikation und die berufliche Stellung der Arbeitsmigranten genauer betrachten, da ihnen für die Konstituierung sozialer Ungleichheit eine besondere Bedeutung zufällt.

## 3.1. Wohnbedingungen, räumliche und demographische Merkmale

In den neuen Ländern lebten 1998 nur 320 000 Ausländer. Die restlichen 7 Millionen konzentrieren sich auf die alten Bundesländer, und auch dort wiederum auf bestimmte Regionen. Als Folge der Anwerbepolitik verteilen sich über 40% aller Migranten allein auf die vier Flächenstaaten Baden-Württemberg, Bayern, Hessen und Nordrhein-Westfalen. Die industriellen Agglomerationsräume weisen dabei einen mehr als doppelt so hohen und die Kernstädte einen fast dreimal so hohen Migrantenanteil auf als die ländlichen Gebiete. Mitte der 90er Jahre nehmen Frankfurt/M. (30%), Stuttgart (24%) und München (24%) die Höchstwerte unter den deutschen Großstädten ein (Bericht der Beauftragten 2000: 9).[13]

Betrachtet man die Art der Wohnungen, in denen die ausländischen Arbeitnehmer und ihre Familienangehörigen aus den Anwerbeländern leben, sind klare Verbesserungen zu erkennen (U. Mehrländer/C. Ascheberg/J. Ueltzhöffer 1996). Zwar lebte 1995 mit 90% der weitaus größte Teil der Ausländer weiterhin in Mietwohnungen. Die Zahl derjenigen, die in Gemeinschaftsunterkünften wohnt, ist rückläufig und liegt nur noch bei 3,3% (1980: 10%, 1962: ca. 65%); zugleich hat sich — dem gestiegenen Bleibewillen der ausländischen Arbeitnehmer entsprechend — der Anteil der Besitzer von Eigentumswohnungen und Eigenheimen erhöht; dieser bewegt sich aber mit 7% weiterhin auf einem recht niedrigen Niveau. Auch wenn sich für Familien ausländischer Herkunft die Wohnraumversorgung insgesamt verbessert hat, darf man dennoch nicht die Konzentration vieler Zuwanderer auf Wohnquartiere meist in städtischen Ballungsräumen übersehen, die eine relativ schlechte Qualität und ein niedriges Prestige besitzen (Sechster Familienbericht 2000: 152ff.).

Auch die *Geschlechts-, Alters- und Haushaltsstruktur* der Arbeitsmigranten weist einige Besonderheiten auf. Wanderten in den 60er Jahren noch überwiegend alleinstehende Männer[14] im Alter zwischen 20 und 30 Jahren ein, steigen mit dem

---

13    Dementsprechend ist dort auch der durchschnittliche Anteil an Schülern aus Familien ausländischer Herkunft sehr hoch. In Frankfurt liegt er bei 35-40% (Sechster Familienbericht 2000: 180).

14    Der Anteil der Frauen an den ausländischen Arbeitskräften betrug 1965 immerhin 23% und 1968 30%. Die Erwerbsbereitschaft war und ist bei ausländischen Frauen, inklusive denjenigen, die im Rahmen der Familienzusammenführung nachzogen, ausgesprochen hoch, und ihre Erwerbsquote lag lange Zeit höher als bei den einheimischen Frauen. Die ökonomische Krise und angespannte

verstärkt einsetzenden Familiennachzug seit Anfang der 70er Jahre die Frauen- und Kinderanteile. Gleichwohl ist auch heute noch — umgekehrt zur Relation der einheimischen Bevölkerung — ein Männerüberschuss festzustellen (1997: 55,3% zu 44,7%). Unter demographischen Gesichtspunkten ist von Bedeutung, dass die stärkere Zuwanderung jüngerer Erwachsener einen die Altersstruktur der Bundesrepublik ,verjüngenden' Effekt hat, der dem Prozess der sog. ,demographischen Alterung' entgegenwirkt.[15] Dazu trägt vor allem die höhere Kinderzahl, das heißt insbesondere der höhere Anteil der Drei- und Mehrkinderfamilien und der niedrigere Anteil der Einkindfamilien bei den Zuwanderern, bei. 1975 lag die durchschnittliche Geburtenzahl ausländischer Frauen bei 2,4;[16] auch wenn diese Kennziffer mit 1,8 Kindern pro Frau mittlerweile rückläufig ist, liegt die Quote immer noch erheblich über derjenigen deutscher Frauen (1,2) (Deutscher Bundestag 1998: 754ff.). Seit Anfang der 70er Jahre entstammen rund 10% bis 15% aller in Deutschland geborenen Kinder Ausländerfamilien.

Der höheren Kinderzahl und dem hohen Stellenwert der Verwandtschaft entsprechend leben in ausländischen Haushalten mehr als doppelt so oft fünf und mehr Personen als in Haushalten der deutschen Bevölkerung. Allerdings ist der Anteil ausländischer Großhaushalte zwischen 1985 und 1995 von 27% auf 17% gesunken (U. Mehrländer/C. Ascheberg/J. Ueltzhöffer 1996: 247).

## 3.2. Bildungsstruktur

Wesentlich für die beruflichen Chancen und Gradmesser der ökonomischen und sozialen Integration ist die Bildungsstruktur der Migranten und ihrer Kinder. Erwerbstätige aus den klassischen Herkunftsländern unterscheiden sich in punkto Bildung deutlich von ihren Kollegen deutscher Herkunft[17]. Entsprechend den Vorgaben aus der Anwerbezeit, die primär auf Arbeitsplätze in der Schwerindustrie, der industriellen Massenfertigung und dem Bergbau zielten, waren auf Seiten der „Gastarbeiter" in der Regel keine höheren Qualifikationen vonnöten. 1980 verfügten 20% der männlichen Erwerbstätigen aus der Türkei und jeweils 15% aus Jugoslawien und Italien über keinen Bildungsabschluss (5% der deutschen Erwerbstätigen).

---

Lage auf dem Arbeitsmarkt lässt die Erwerbsquote in den 90er Jahren jedoch zurückgehen (Treibel 1999: 122).

15 Mit dem langfristigen Verbleib in Deutschland wird in absehbarer Zukunft der Anteil der älteren ausländischen Staatsangehörigen mit ihren ganz spezifischen Problemlagen — Stichwort: ,Rückzug in die Ethnizität' — erheblich steigen. Noch ist die Quote der über 60jährigen mit ca. 6% (1996) freilich recht gering. Das heißt aber auch: Bislang brachten die Arbeitsmigranten der Renten- und Krankenversicherung viele Beitragszahler und nur wenige Leistungsempfänger. In dem Maße, in dem sich die Alterszusammensetzung aber verschiebt und eine größere Anzahl der Migranten ein höheres Alter erreicht, lässt das spezifische Gefährdungsprofil der Migrantengruppen ihr Hilfe- und Pflegebedürftigkeitsrisiko deutlich steigen.

16 Die zum Teil erheblichen Unterschiede zwischen den einzelnen Zuwanderergruppen, so haben 41% aller türkischen Eltern drei und mehr Kinder (Mehrländer/Ascheberg/Ueltzhöffer 1996: 247), können hier nicht vertieft werden.

17 Vgl. zum folgenden: Bender et. al. (2000): 63ff.

In den letzten Jahren hat sich die Lage insgesamt zwar leicht verbessert, von einer Angleichung an die Bildungsstruktur deutscher Beschäftigter kann aber nicht die Rede sein. Auch 1999 verfügten 71% der türkischen Staatsangehörigen — die Ausländergruppe, die sich weiterhin in der ungünstigsten Situation befindet[18] — über keinen Bildungsabschluss oder lediglich über das Äquivalent eines Haupt- oder Realschulabschlusses ohne Berufsausbildung (Deutschland: 24%). Insgesamt hat sich aber 1999 der Anteil der männlichen Beschäftigten mit Haupt- oder Realschulabschluss und mit Berufsausbildung erhöht (Spanien: 40%, Jugoslawien: 40%, Italien: 32%, Türken: 27%, Griechen: 25%). Ein Abitur besitzen 1997 ca.7 % der Ausländer im erwerbsfähigen Alter.[19] Während die Bildungsbeteiligung und Bildungsabschlüsse der Söhne und Töchter der Zuwanderer, der sog. zweiten, überwiegend in Deutschland geborenen Generation, von den 80er bis zu Beginn der 90er Jahre eine positive Entwicklung zeigen, ist in den letzten Jahren nur noch eine mehr oder weniger stagnierende Tendenz zu registrieren[20] (Bericht der Beauftragten 2000: 66ff.).

Verließen 1983 noch ein gutes Drittel der ausländischen Schulabgänger das deutsche Bildungssystem ohne Hauptschulabschluss, so hat sich dieser Anteil bis 1997 auf 19,4% verringert (Deutsche 1997: 7,7%). Zugleich stieg der Anteil der Abiturienten zwischen 1985 und 1997 von 5,6% auf 9% (Deutsche 1997: 25,5%). Bemerkenswert ist noch dreierlei. Erstens: Junge Mädchen aller Herkunftsländer verfügen — wie ihre einheimischen Altergenossinnen auch — häufiger über höhere Bildungsabschlüsse als junge Männer. Zweitens: Kinder ausländischer Nationalität sind häufiger als ihre deutschen Mitschüler in Gesamtschulen (6,8% zu 5,9%) und Sonderschulen (6,2% zu 3,8%) zu finden. Drittens: Kinder und Jugendliche türkischer Herkunft zählen zu denjenigen, die am ungünstigsten im Bildungssystem platziert sind.

Halten wir fest: Ausländischen Jugendlichen ist es in den letzten Jahren zwar gelungen, ihre Defizite zu vermindern, und sie erwerben im Durchschnitt einen höheren Bildungsabschluss als ihre Eltern; dennoch bleiben beträchtliche Unterschiede zu gleichaltrigen Kindern deutscher Herkunft. Auch bei gleicher Bildung finden sie seltener einen Arbeitsplatz mit höheren Qualifikationsanforderungen als gleichaltrige Deutsche (W. Seifert 2000: 81) und dies vor allem nur in solchen Bereichen, die von deutschen Jugendlichen als wenig attraktiv erachtet werden. In

---

18 Die über 2 Millionen Zuwanderer aus der Türkei erleben vor allem als Muslime nicht nur einen intensiven Kulturkonflikt, sondern sind als ‚äußerlich auffällige' Minderheit vielen Stigmatisierungen ausgesetzt (Geißler 2000: 34). Heute leben rund 10 Millionen Muslime in Westeuropa, davon knapp vier Millionen in Frankreich und 2,5 Millionen in Deutschland. Der hiesige Islam stellt keine homogene Einheit dar, sondern ist national, ethnisch und ideologisch zersplittert. Zur deutschen Islam-Diaspora gehören inzwischen mehr als eine Million nichttürkischer Muslime.

19 Während sich für die Beschäftigten aus den Mittelmeerländern ein zwar durchaus verbesserter, insgesamt aber immer noch bescheidener Bildungsstand verzeichnen lässt, ist für die Arbeitsmigranten aus anderen EU-Ländern sowie der Schweiz und Norwegen ein sehr hohes und in den letzten Jahren noch gestiegenes Bildungs- und Ausbildungsniveau hervorzuheben.

20 Während einerseits die Bildungsbeteiligungsquoten ausländischer Schüler an Realschulen und Gymnasien zwischen 1994 und 1997 leicht gefallen sind, lässt sich andererseits für die Absolventenquoten in diesen Schulformen ein leichter Anstieg verzeichnen (Bericht der Beauftragten 2000: 67f.).

Anbetracht des Sachverhalts, dass Ausländerkinder viel häufiger aus sozial benachteiligten Familien- und Herkunftsmilieus stammen, ist es kaum gewagt zu prognostizieren, dass es auch zukünftig für sie schwierig sein wird, den Bildungsrückstand, der zu deutschen Jugendlichen besteht, aufzuholen.

Erheblich größer noch als im allgemeinbildenden Schulsystem sind die Hindernisse und Probleme für junge Ausländer in der *Berufsausbildung*. Während sie Ende der 80er und Anfang der 90er Jahre zunehmend an der betrieblichen Ausbildung partizipierten, ist ihre Beteiligung an der betrieblichen Ausbildung seit Mitte der 90er Jahre wieder rückläufig. Die Ausbildungsquote der Jugendlichen ausländischer Herkunft, die 1986 noch bei 25% lag, stieg bis 1994 rasch auf 44%, fiel dann aber bis 1997 auf 37%, den Stand zu Beginn der 90er Jahre zurück. Fast jeder zweite 20-25jährige Ausländer (Deutsche: 12%) bleibt ohne Berufsabschluss (Bericht der Beauftragten 2000: 75).

Das Berufsspektrum, in dem die jungen Erwachsenen ausländischer Herkunft, die einen Ausbildungsplatz erhalten, tätig sind, ist nach wie vor recht begrenzt; sie konzentrieren sich auf Berufe und Wirtschaftsbereiche, die als weniger attraktiv gelten und zumeist mäßige Übernahmechancen nach Abschluss der Ausbildung verheißen, relative geringe Verdienst- und Aufstiegschancen haben und durch vergleichsweise schlechte Arbeitsbedingungen charakterisiert sind. So finden die Männer häufig im Handwerk, in denen die sprachlichen Anforderungen nicht so hoch sind — etwa als Installateur, Maler und Lackierer oder als Kraftfahrzeugmechaniker — einen Ausbildungsplatz; die Frauen, deren Übergang in den Beruf sich besonders schwierig gestaltet und deren Tätigkeitsspektrum noch begrenzter als bei den einheimischen Geschlechtsgenossinnen ist, sind typischerweise im kaufmännischen und gesundheitlichen Bereich — etwa als Verkäuferin, Arzt- oder als Zahnarzthelferin — untergekommen. Weiterhin werden Frauen in der Regel geringer entlohnt als ihre männlichen Kollegen, ein Aufstieg ist für sie seltener möglich und sie sind häufiger von Arbeitslosigkeit betroffen[21].

Warum haben junge Ausländer mit solch großen Zugangsschwierigkeiten in das berufliche Bildungs- und Beschäftigungssystem zu kämpfen? Welche Erklärungen sind anzuführen (I. Gogolin 2001: 76ff.)? An erster Stelle sind hier natürlich die niedrigeren Schulabschlüsse und die häufig defizitären Sprachkenntnisse zu nennen; aber auch institutionelle Diskriminierungseffekte in der Schule sind zu erwähnen. Lehrer begegnen ausländischen Kindern häufig mit einem „heimlichen Lehrplan", der an ethnische Kriterien gebundene Negativannahmen beinhaltet (Sechster Familienbericht 2000: 172). Zu erwähnen ist auch das unzureichende Wissen vieler Migrantenfamilien über das duale Ausbildungssystem und das mangelnde Bewusstsein vom Wert einer soliden Berufsausbildung. Schlussendlich stoßen ausländische Jugendliche bekanntlich auf Vorbehalte in deutschen Betrieben sowie formale Einstellungshindernisse im öffentlichen Dienst. Geht man den mangelnden Berufschancen weiter auf den Grund, ist vor allem noch ein Aspekt zu erwähnen. Die meisten

---

21  Bericht der Beauftragten 2000: 75; Hillmann 2000: 118.

Arbeitsmigranten gehören sowohl in ihren Herkunftsländern als auch in Deutschland zu den unteren Schichten. Es liegt auf der Hand, dass es vor allem der aus der schichtspezifischen Sozialisationsforschung hinlänglich geläufige und auch für deutsche Kinder nachweisbare Zusammenhang zwischen sozialer Herkunft und Bildungsstruktur der Eltern und Schulabschlüssen der Kinder ist, der hier zu Buche schlägt. Zumal bei Familien mit mehreren Kindern müssen die geringen materiellen und zeitlichen Ressourcen verteilt werden. Eltern mit geringen Deutschkenntnissen fällt es schwer, Pflichten, die die Schule an sie delegiert — Stichwort: Hausaufgabenbetreuung — zu übernehmen oder ergänzende Fördermaßnahmen adäquat zu nutzen (Sechster Familienbericht 2000: 171). Bekannt ist auch, dass sich Sozialisationsbedingungen in segregierten Stadtteilen niedriger Wohnqualität mit geringeren Bildungschancen verbinden. Kurz und bündig: Es ist weniger das Merkmal der ethnischen Zugehörigkeit als das der sozialen Lage, durch welches die Bildungschancen der Ausländerkinder beeinträchtigt werden.[22]

## 3.3. Berufliche Stellung

Die Stellung auf dem Arbeitsmarkt ist eine entscheidende Zuteilungsinstanz von Ressourcen, Risiken und Lebenschancen, von der die Stellung im Ungleichheitsgefüge der Gesellschaft maßgeblich abhängt.

Die Anwerbephase der 60er Jahre zeichnete, wie erwähnt, eine hohe Nachfrage nach ungelernten und angelernten Arbeitskräften aus. Zu den für die Sozialstruktur bedeutsamen Folgen dieses Sachverhalts gehört es, dass die Einnahme der unteren und untersten Positionen durch Ausländer gleichsam im Gegenzug den Aufstieg zahlreicher einheimischer Arbeiter möglich machte. Im Zeitraum von 1961 bis 1971 sind vor allem auf dem Gebiet der unqualifizierten Arbeit 1,5 Millionen inländische Arbeiter durch ausländische Arbeiter ersetzt worden (F. Heckmann 1992: 81). Als Ergebnis dieses Unterschichtungsvorganges — den es in den klassischen Einwanderungsländern USA und Kanada in dieser Form im übrigen nicht gibt — sind zwei ungleichheitsstabilisierende Prozesse zu beobachten: Einerseits lassen sich auf Seiten der inländischen Arbeitnehmer reale Aufstiegseffekte, andererseits aber auch Aufstiegsillusionen erkennen. So können sich Positionsinhaber ohne Veränderung ihrer Positionen als relativ aufwärtsmobil ansehen, denn durch das „Auftauchen einer neuen Gruppe unter ihnen sind sie scheinbar aufgestiegen, die bisher untersten Schichten der Arbeiterschaft wie des kleinen Mittelstandes haben eine Schicht" —

---

22   Hinzu kommt der für die Identitätsbildung und damit auch für die Berufsorientierung prekäre Sachverhalt, dass den Mitgliedern der zweiten Generation auf der einen Seite die Herkunftskultur ihrer Eltern zumeist relativ fremd ist, auf der anderen Seite werden sie zumeist nicht als volle Mitglieder der deutschen Aufnahmegesellschaft akzeptiert. Grundsätzlich fällt auf, dass bei der zweiten Generation — wenn man einmal von ihrer stark auf Deutschland gerichteten Lebens- und Aufenthaltsorientierung absieht — wenige Anzeichen für ein Voranschreiten der sozialen Integration zu erkennen sind (ausführlicher Seifert 2001: 59ff.).

wie F. Heckmann (1992: 94) treffend schreibt — „auf die sie nun ihrerseits herabschauen können."

Seit den 80er Jahren hat sich die wirtschaftliche und berufliche Lage der Arbeitsmigranten insgesamt verbessert[23]. Ausschlaggebend war vor allem der generelle Wandel zur Dienstleistungsgesellschaft, der nicht nur neue und höhere Qualifikationen erforderlich machte, sondern auch eine beachtliche intergenerationale Mobilität bei der ausländischen Bevölkerung förderte (siehe auch W. Seifert 2000: 67f.).

Während die Migranten in den 60er und 70er Jahren vor allem im produzierenden Gewerbe beschäftigt waren, ist die Zahl der in diesem Sektor Beschäftigten seit fast 20 Jahren kontinuierlich rückläufig. Anfang der 90er Jahre sind erstmals weniger als die Hälfte der Arbeitsmigranten im produzierenden Gewerbe tätig (1997: 41%) (R. Münz/W. Seifert/R. Ulrich 1999: 93). Im gleichen Zeitraum vermindert sich der Anteil der ungelernten Arbeiter von 10% auf 2% und der der angelernten Arbeiter von 33% auf 25%.

Waren die Arbeitsmigranten der ersten Generation kaum über den unteren Bereich der Berufshierarchie hinausgekommen, sind 1995 im Zuge der fortschreitenden Tertiärisierung der Sozialstruktur immerhin 26% der ausländischen Erwerbstätigen in mittleren und höheren und 16% in einfachen Angestelltenpositionen beschäftigt.[24] Speziell für die zweite Generation hat der Bereich der sozialen Dienste an Bedeutung gewonnen. Die Migranten haben den Verlust ihrer traditionellen Arbeitsplätze in der industriellen Massenfertigung und Schwerindustrie insgesamt aber nur teilweise durch Beschäftigungsmöglichkeiten im Dienstleistungsbereich kompensieren können (S. Bender et. al. 2000: 80). Vor allem in Bank- und Versicherungsberufen sind sie — wenn man von einfachen Service-Diensten absieht — kaum vertreten. Fast zwei Drittel aller ausländischen Beschäftigten bleiben in Arbeiterberufen tätig (1970: 85%) (ebenda: 55), wenn auch ihr Anteil an Facharbeitern, Vorarbeitern und Meistern (16%) gestiegen ist (Statistisches Bundesamt 2000: 571). In einem Satz: Die zweite Generation nimmt auf dem Arbeitsmarkt eine Stellung zwischen der Generation der Eltern und der entsprechenden deutschen Altersgruppe ein (W. Seifert 2000: 68).

Die seit den 80er Jahren zunehmende Zahl der selbständig Tätigen ist ein weiterer Indikator dafür, dass die sozialstrukturelle Differenzierung der in den Anfangsjahren noch sehr homogenen Migrantenbevölkerung voranschreitet. Machte der Anteil der Selbständigen an allen erwerbstätigen Ausländern 1970 noch weniger als 2% aus, so erreichte er bis 1998 knapp 9% und nähert sich damit der Rate der Einheimischen (10%). Es ist jedoch unklar, ob die Herausbildung dieses „ethnischen

---

23  Für Ostmittel- und - Osteuropäer gilt mehr oder weniger das Umgekehrte. Wies diese Beschäftigungsgruppe 1980 noch ein recht günstiges Beschäftigungsprofil aus, so hat sich zum Ausgang der 90er Jahre die Sachlage geändert. Sie arbeiten sowohl im Vergleich zu den Beschäftigten aus den klassischen Anwerbeländern als auch zu den Spätaussiedlern häufiger als un- oder angelernte Arbeiter und seltener als Angestellte (Bender 2000: 70f.).

24  Die starke Zunahme der Angestellten ist insbesondere auf die Einstufung der ausländischen Frauen zurückzuführen. Bei allen Nationalitätengruppen liegen ihre Anteile sowohl bei den ausführenden (unteren) Angestellten als auch bei den qualifizierten (mittleren) Angestellten sehr viel höher als bei den ausländischen Männern (Mehrländer/Ascheberg/Ueltzhöffer 1996: 72).

Kleinbürgertums" (Heckmann) Ausdruck einer fortschreitenden beruflichen und sozialen Integration ist oder eine erzwungene Beschäftigungsform für diejenigen Ausländer darstellt, die auf dem Arbeitsmarkt keine Beschäftigung finden (V. Özcan/ W. Seifert 2000: 289). Auffallend ist jedenfalls dreierlei. Erstens: Die Selbständigen sind durchschnittlich eindeutig besser qualifiziert als abhängige Beschäftigte und verfügen über eine günstigere Einkommensstruktur. Zweitens: Besonders die Selbständigen aus den Anwerbeländern konzentrieren sich in hohem Maße in den durch niedrige Kapital- und Qualifikationsanforderungen gekennzeichneten „Nischenökonomien" des Gaststättengewerbes (29%) und des Handels (33%). Drittens: Das Bild der ausländischen Selbständigen wird überwiegend von kleinen, häufig von mithelfenden Familienangehörigen unterstützten Betriebseinheiten bestimmt. Dennoch: Auch wenn nur knapp 10% aller Selbständigen mehr als fünf Arbeitnehmer beschäftigen, ist ihre Rolle als „neue" Arbeitgebergruppe, die Arbeits- und Ausbildungsplätze schaffen, nicht zu unterschätzen (V. Özcan/W. Seifert 2000: 295ff.). Allein die 55.000 türkischen Selbständigen in Deutschland erwirtschafteten 1999 einen Jahresumsatz von rund 50 Milliarden Mark und boten rund 300.000 Personen eine Beschäftigung.

## 4. Fazit

Obwohl die geschilderten Verbesserungen der sozialstrukturellen Lage der Arbeitsmigranten und ihrer Familien keinesfalls gering zu schätzen sind, ist das aus der Anwerbung bekannte Bild, das die ausländischen Beschäftigten am unteren Ende der Status- und Berufshierarchie platziert, auch in den 90er Jahren noch gut zu erkennen (W. Seifert 2000: 68). Die ständischen Strukturen und die Verberuflichung des deutschen Beschäftigungssystems eröffnen immer noch wenig Möglichkeiten für die Ausländer, höherrangige Berufspositionen zu übernehmen. Die Mehrheit der seit längerem in Deutschland lebenden Migranten sind auch heute in schlecht bezahlten und krisenanfälligen Arbeitsplätzen mit geringen Qualifikationsanforderungen und Wechselschichtrhythmen konzentriert und üben deutlich häufiger als deutsche Beschäftigte körperlich schwere, anstrengende, unfallgefährdete und durch Staub, Hitze und Chemikalien belastete Arbeiten aus (W. Seifert 2000: 69), für die nicht genügend einheimische Arbeitskräfte zur Verfügung stehen. Kurzum: Sie schließen Lücken, die durch einheimische Arbeitskräfte nicht zu beseitigen sind. Anders gesagt: Die Unterschichtungsprozesse, die bereits die Zuwanderungen in der Vergangenheit ganz wesentlich auszeichneten, bestimmen auch die Gegenwart.[25] Für diese Sichtweise spricht es, dass seit den frühen 90er Jahren die Arbeitslosigkeit zu einem der Hauptprobleme gerade für die Ausländer geworden ist. Während es diese in den 60er Jahren bei den Ausländern praktisch nicht gab, ist die Arbeitslosenquote seit

---

25   Zur anhaltenden Unterschichtung der Wohnbevölkerung tragen aber insbesondere noch die jüngeren Zuwanderungswellen durch Ausländergruppen mit geringer aufenthaltsrechtlicher Absicherung (insbesondere Asylbewerber und Saisonarbeiter) bei (Sechster Familienbericht 2000: 15).

dem Ende der 70er Jahre höher als bei den Inländern. 1994 wurden in Deutschland erstmals über 400.000 und 1998 über 500.000 arbeitslose Ausländer registriert. Vor allem dem Zusammenhang zwischen Arbeitslosigkeit und ungenügender schulischer Vorbildung und fehlender Berufsausbildung ist es geschuldet, dass die Quoten von ausländischen und deutschen Erwerbspersonen auseinandergehen. Zwischen 1990 und 1998 vervierfacht sich die Arbeitslosenquote der Ausländer und liegt mit über 20% fast doppelt so hoch wie bei den Einheimischen. Als ‚Randbelegschaft' mit vorwiegend einfachen Qualifikations- und Tätigkeitsprofilen sind die ausländischen Arbeitnehmer besonders vom Arbeitsplatzabbau im produzierenden Gewerbe betroffen.[26] Auch für einen beträchtliche Teil der zweiten und dritten Generation ist zu erwarten, dass sie ohne Berufsbildung wenn nicht arbeitslos, so doch dauerhaft im unteren Beschäftigungsbereich bleibt — ein prekärer Befund, der die bei der dritten Generation seit einiger Zeit zu beobachtenden Tendenzen ethnischer Rückbesinnung noch weiter verstärken könnte.

Die hohe Arbeitslosigkeit ist auch eine der Hauptursachen dafür, dass relativ viele Migranten zumindest vorübergehend an oder unter die Armutsgrenze gedrückt werden und dass besonders Familien mit Kindern zu den typischen Empfängerhaushalten von Sozialhilfeleistungen zählen. 1995 musste mehr als jeder vierte ausländische Haushalt aus den Hauptanwerbeländern mit weniger als 50% des durchschnittlich gewichteten pro-Kopf-Einkommens auskommen (R. Geißler 2000: 34).

Den Besonderheiten ihrer Lebenslage entspricht es weiterhin, dass viele Einwanderer nach Jahrzehnten harter Arbeit mit erheblichen Gesundheitsproblemen zu kämpfen haben. Die Arbeitsunfälle, Berufskrankheiten und Arbeitsunfähigkeitsraten liegen bei ihnen durchgehend höher als bei den einheimischen Vergleichsgruppen[27].

Versucht man ein Fazit zu ziehen, muss das Urteil ambivalent ausfallen: Auf der einen Seite ist in den letzten Jahrzehnten die Sozialstruktur heterogener und differenzierter geworden, so dass es sich verbietet, hinsichtlich der Arbeitsmigranten und ihrer Familien pauschal von einer „Randschicht" zu reden. Auf der anderen Seite macht zumal der vergleichende Blick auf die deutschen Erwerbstätigen für das Gros der Zuwanderer eine durch zahlreiche Benachteiligungen gekennzeichnete Soziallage deutlich, die am unteren Ende der gesellschaftlichen Status- und Ungleichheitshierarchie anzusiedeln ist.

## Literatur

Albrecht, Günter et. al. (Hrsg.)(1999): Handbuch soziale Probleme. Opladen: Westdeutscher Verlag
Bade, Klaus J. (2000): Einwanderung und die Angst davor. In: Frankfurter Allgemeine Zeitung (FAZ) vom 16.11.2000
Bade, Klaus J./Münz, Rainer (Hrsg.) (2000): Migrationsreport 2000. Fakten-Analysen-Perspektiven. Frankfurt/M.; New York: Campus

---

26  Dass die Randbelegschaft als sekundäres Arbeitskräftesegment die Kernbelegschaft als primäres Arbeitskräftesegment gegen Beschäftigungsrisiken abpuffert, ist die zentrale Aussage so genannter Segmentationstheorien.

27  Gesundheit und Migration 1999; Sechster Familienbericht 2000: 207.

Bundesministerium für Wirtschaft und Technologie (BMWi) (2000): Kollegen, Unternehmer, Freunde. Berlin

Bender, Stefan et.al. (2000): Migration und Arbeitsmarkt. In: Bade/Münz (Hrsg.) (2000): 59-84

Bericht der Beauftragten der Bundesregierung für Ausländerfragen über die Lage der Ausländer in der BRD (2000). Deutscher Bundestag, Drucksache 14/2674. Berlin

Deutscher Bundestag (1998): Zweiter Zwischenbericht der Enquete-Kommission „Demographischer Wandel" - Herausforderungen unserer älter werdenden Gesellschaft an den einzelnen und die Politik. Bonn: Universitäts-Buchdruckerei

Geißler, Rainer (1996): Die Sozialstruktur Deutschlands. Zur gesellschaftlichen Entwicklung mit einer Zwischenbilanz zur Vereinigung, 2. Aufl. Opladen: Westdeutscher Verlag

Geißler, Rainer (2000): Sozialer Wandel in Deutschland, hg. von der Bundeszentrale für politische Bildung. Informationen zur politischen Bildung, Heft 269

Gesundheit und Migration (1999): Handlungsbedarf und Handlungsempfehlungen. Dokumentation eines Expertenworkshops in Bonn im Juli 1999, hg. von der Beauftragten der Bundesregierung für Ausländerfragen. Bonn

Gogolin, Ingrid (2000): Bildung und ausländische Familien. In: Sachverständigenkommission 6. Familienbericht (Hrsg.): Familien ausländischer Herkunft in Deutschland: Empirische Beiträge zur Familienentwicklung und Akkulturation. Materialien zum 6. Familienbericht, Band 2. Opladen: Leske + Budrich: 61-106

Han, Petrus (2000): Soziologie der Migration. Erklärungsmodelle. Fakten, Politische Konsequenzen, Perspektiven. Stuttgart: Lucius + Lucius (UTB)

Heckmann, Friedrich (1992): Ethnische Minderheiten. Volk und Nation. Soziologie interethnischer Beziehungen. Stuttgart: Klett

Heckmann, Friedrich (1999): Ethnische Minderheiten. In: Albrecht et. al. (Hrsg.): 337-353

Hillmann, Felicitas (2000): Integration von Frauen aus Familien ausländischer Herkunft in informelle und formelle Arbeitsverhältnisse. In: Sachverständigenkommission 6. Familienbericht (Hrsg.): Familien ausländischer Herkunft in Deutschland: Empirische Beiträge zur Familienentwicklung und Akkulturation. Materialien zum 6. Familienbericht, Band 1. Opladen: Leske + Budrich: 87-121

Lederer, Harald W./Roland Rau/Stefan Rühl (1999): Migrationsbericht 1999. Zu- und Abwanderung nach und aus Deutschland, hg. von der Beauftragten der Bundesregierung für Ausländerfragen. Bonn

Mehrländer, Ursula/Carsten Ascheberg/Jörg Ültzhöffer (1996): Situation der ausländischen Arbeitnehmer und ihrer Familienangehörigen in der Bundesrepublik Deutschland. Berlin/Bonn/Mannheim

Münz, Rainer/Wolfgang Seifert/Ralf Ulrich (1999): Zuwanderung nach Deutschland. Strukturen, Wirkungen, Perspektiven. Frankfurt/New York: Campus

Natorp, Klaus (2001): Von der Durchzugs- zur Bleibegesellschaft. In: Frankfurter Allgemeine Zeitung v. 30.1.2001

Özcan, Veysel/Wolfgang Seifert (2000): Selbständigkeit von Immigranten in Deutschland — Ausgrenzung oder Weg der Integration. In: Soziale Welt. 51. 2000. 289-302

Schäfers, Bernhard/Zapf, Wolfgang (Hrsg.) (2001): Handwörterbuch zur Gesellschaft Deutschlands, 2. bearbeitete Auflage. Opladen: Leske + Budrich

Sachverständigenkommission Sechster Familienbericht (2000): Familien ausländischer Herkunft in Deutschland. Leistungen. Belastungen. Herausforderungen, hg. vom Bundesministerium für Familie, Senioren, Frauen und Jugend. Berlin: MuK

Seifert, Wolfgang (2000): Intergenerationale Bildungs- und Erwerbsmobilität. In: Sachverständigenkommission 6. Familienbericht (Hrsg.): Familien ausländischer Herkunft in Deutschland: Empirische Beiträge zur Familienentwicklung und Akkulturation. Materialien zum 6. Familienbericht, Band 1. Opladen: Leske + Budrich: 49-86

Seifert, Wolfgang (2001): Ausländische Bevölkerung. In: Schäfers/Zapf (Hrsg.) (2001): 53-63

Statistisches Bundesamt (Hrsg.) (2000): Datenreport 1999. Zahlen und Fakten über die Bundesrepublik Deutschland. Bonn: Bundeszentrale für politische Bildung

Treibel, Annette (1999): Migration in modernen Gesellschaften. Soziale Folgen von Einwanderung, Gastarbeit und Flucht, 2. Auflage. Weinheim/München: Juventa

# Einwandererintegration im Spiegel der U.S. Amerikanischen Forschung[1]

*Hermann Kurthen*

## 1. Ursprünge und Entwicklung

Obwohl die Vereinigten Staaten über zweihundert Jahre mit Masseneinwanderung und den damit zusammenhängenden Fragen der Integration (incorporation) Erfahrung haben, begann eine systematische sozialwissenschaftliche Beschäftigung mit Migrationsproblemen und ihre theoretisch-empirische Durchdringung erst vor weniger als 100 Jahren mit Robert Park's einflussreichem Assimilationskonzept, das — obschon von den herrschenden Vorurteilen seiner Zeit geprägt — bis in die 70er Jahre des 20. Jahrhunderts großen Einfluss auf die Forschung hatte. Gründe für diese relativ lange Periode theoretischer Stagnation sind u.a. der spürbare Rückgang der amerikanischen Einwanderungszahlen als Ergebnis restriktiver Einwanderungspolitik und die Folgen der Weltwirtschaftskrise 1929. Auch nach dem Ende des 2. Weltkriegs hielt die Phase relativ niedriger Einwanderung bis in die 60er Jahre an. Der überwiegend europäische Charakter der Einwanderung, darunter viele antikommunistische Flüchtlinge und Personen mit bürgerlichem Hintergrund, gaben keinen Anlass, am gängigen Assimilationskonzept zu zweifeln.

Erst das Hervortreten neuer Wanderungstypen,[2] die seit den 70er Jahren immer stärker anschwellende Einwanderung und Veränderung der demographischen, ethnischen und beruflichen Zusammensetzung der Migranten[3] bzw. die Erweiterung rechtlichen Schutzes und staatlicher Intervention[4] weckte erneut Interesse an einem intensiven Studium von Integrationsfragen.[5] Auch in anderen Ländern begannen Forscher sich für die amerikanischen Erklärungsansätze und Erfahrungen parallel zur Entwicklung von Migration als globalem Phänomen zu interessieren.

In den letzten Jahrzehnten des 20. Jahrhunderts hat das verstärkte Interesse der amerikanischen Politik und Öffentlichkeit zu einer unerhörten Ausweitung der Integrationsforschung geführt, die sich von der Sprach-, Siedlungs- und Raumpolitik bis hin zu Fragen nach der Veränderung ethnischer Beziehungen, Chancengleichheit und Multikulturalismus erstreckt. Die Zahl der Lehrstühle, Forscher und Studien, von

---

1    Der Autor ist dankbar für nützliche Anregungen durch Andreas Treichler, Daniel Levy und Jürgen Fijalkowski.
2    Guarnizo 1994; Boyd/Grieco 1998; Glick Schiller 1999.
3    Borjas 1990.
4    Schmitter-Heisler 1991; Soysal 1994.
5    Miles 1989; Rumbaut 1997.

theoretischen Innovationen, qualitativen und quantitativen Messmethoden, von mathematischen Modellen[6] und aussagekräftigen Datenquellen[7] hat explosionsartig zugenommen. Allerdings war diese Expansion der Integrationsforschung auch begleitet von einer Ausweitung der Spezialisierung und Arbeitsteilung mit einer Tendenz zur Fragmentierung, der Herausbildung einer eifersüchtig bewachten akademischen Nischenkultur und einer wachsenden Unübersichtlichkeit von Theorie und Forschung.

## 2. Ursachen, Typen, Bedingungen und begriffliche Abgrenzung der Integrationsforschung

Nicht nur die Komplexität des Gegenstandes und die eklektische Ausweitung der Forschung, sondern auch die schillernde Vielzahl der verwendeten Begriffe, Definitionen und Erklärungen erschweren eine Beschreibung des gegenwärtigen Standes der amerikanischen Forschung. Hinzu kommt, dass sich in der Integrationsforschung, wie auch in anderen Bereichen der Sozialwissenschaft,[8] ursächliche Zusammenhänge und Wechselwirkungen zwischen abhängigen und unabhängigen Variablen, zwischen dem Handeln bzw. den Einstellungen von Akteuren (Individuen, Gruppen, Institutionen) und den „strukturellen" Zwängen auf der Mikro- und Makroebene nicht ohne weiteres verallgemeinern oder auf andere Zeitumstände[9] übertragen lassen.

Ungeachtet dieses Vorbehalts, kann man aber festhalten, dass sich die Integrationsforschung — im Unterschied zu Fragen nach den Entstehungsbedingungen von grenzüberschreitenden Wanderungen bzw. zu Fragen nach dem Wanderungsgeschehen selbst und den Faktoren, die darauf insbesondere an den Grenzen einwirken — damit beschäftigt, was nach erfolgtem Wechsel des Lebensmittelpunkts passiert und zu Integration führt oder auch nicht. Zweck ist die wissenschaftliche Erkenntnis der Bedingungen, die zur Gefährdung des friedlichen Zusammenlebens und -wachsens führen können, ebenso, wie die Umstände, die zur Verhütung solcher Gefährdungen beitragen. Außerdem stellt sich die Integrationsforschung die Frage, wie lange und in welchen Bereichen Unterschiede und Ungleichheiten zwischen Ansässigen und Einwanderern fortbestehen, sich vertiefen oder gegebenenfalls auflösen.[10] W.W. Isajiw (1997) unterscheidet dabei eine „strukturelle", das heißt, soziale, wirtschaftliche und politische, von einer kulturellen bzw. identifikatorischen Integrationsdimension. Von besonderem Interesse sind das Handeln die kognitiven Einstellungen der

---

6   Multivariat-kausal, hierarchisch-linear, multinomial-logistisch, Mehrebenen-, Pfad- und Netzwerkanalysen, ethnographisch-narrative wie explorative Mikrosimulations- bzw. Survivordesigns usw.

7   U.S. Current Population Survey, National Longitudinal Sample of Youth, Panel Study of Income Dynamics, Public Use Microdata Samples.

8   Dogan 2000; Quah/Sales 2000.

9   Portes/Rumbaut 1996; Hirschman 1999.

10   Portes 1981/1995; Portes/Rumbaut 1996; Raijman/Tienda 1999.

Migranten, einschließlich ihrer kathektischen Kenntnisse und normativen Orientierungen.[11] Ursächlich von Bedeutung für den Grad und die Geschwindigkeit der Eingliederung vom Standpunkt der Migranten sind ihr Human- und Sozialkapital, ebenso wie die ihnen zur Verfügung stehenden finanziellen, kulturellen, institutionellen und motivationalen Ressourcen. Hinzu kommen wanderungsbiographische Merkmale[12] und erfahrene askriptive Gruppenzuschreibungen nach Herkunft, Religionszugehörigkeit, Geschlecht, Alter usw.

Im Hinblick auf das Einwanderungsland sind die rechtlichen, wirtschaftlichen, sozialen, kulturellen und organisatorisch-politischen Integrationsbedingungen wesentlich (Alternativen, Chancen und Risiken). Wichtig ist auch die Offenheit der Ansässigen gegenüber Einwanderung und einzelnen Migrantengruppen vor dem Hintergrund geschichtlicher Erfahrungen mit Wanderungen, nationalstaatlichen Traditionen und landesspezifischer Lebensweisen.[13]

Ungeachtet dieser Vielzahl von Einflussfaktoren kann man mit ziemlich großer Sicherheit behaupten, dass Wanderungen in der Regel in der Anfangsphase mit Ungleichheit und Benachteiligung verbunden sind, selbst wenn das Humankapital (Sprachfertigkeit, Ausbildung, Zeugnisse) und das mitgebrachte Geldvermögen von Wanderern dem der Ansässigen vergleichbar ist oder es gar übersteigt. Einwanderer sind bis zur Einbürgerung nicht nur im Nachteil hinsichtlich ihres Rechtsstatus (z.B. ausgeschlossen vom Zugang zu bestimmten Berufen oder sozialen Leistungen), sondern müssen auch Nachteile bei der Beschäftigungsaufnahme, Entlohnung oder Karriere in Kauf nehmen. Hinzu kommt anfangs das Fehlen intimer Kenntnis ungeschriebener Gebräuche und der Mangel an Beziehungsnetzwerken mit Eingesessenen.[14]

Integrationsunterschiede zwischen Personen, Gruppen und Generationen sind messbar an einer Vielzahl von Indikatoren: beispielsweise dem Ausbildungserfolg, dem Einkommen, der beruflichen Mobilität, der regionalen Verteilung, dem Grad der Selbstorganisation und Interessenvertretung, der Armutsbetroffenheit, der gesundheitlichen Verfassung, dem Heiratsverhalten, den Einstellungen zum Aufnahmeland usw.[15] Allerdings müssen Indikatoren immer in ihrem besonderen gesellschaftlichen Zusammenhang interpretiert werden. Beispielsweise können ethnische Enklavenbildung und die Pflege kultureller Identität unter verschiedenen Bedingungen entweder integrationshemmend und konfliktauslösend oder integrationsfördernd sein.[16] Identische berufliche Fähigkeiten (Abschlüsse, Zahl der Ausbildungsjahre) haben eine unterschiedliche Aussagekraft je nach der im Aufnahmeland eingeschätzten Bewertung ihrer Qualität, Gebrauchswerts und Ähnlichkeit.[17]

---

11    Esser/Friedrichs 1990.
12    Wanderungserfahrung, Zeitpunkt und Umstand der Einwanderung, usw.; siehe Massey 1985.
13    Portes 1995; Schmitter-Heisler 1998; Alba/Nee 1999; Padilla 1999.
14    Piore 1979; Alba 1998; Powers/Seltzer 1998.
15    Cox 1985; Schmitter-Heisler 1998.
16    Breton 1964; Horowitz 1985; Portes/Bach 1985; Massey/Denton 1993, Alba/Nee 1999; Hirschmann 1999.
17    Borjas 1990; Chiswick 1994.

Neuere Studien zur Integration in fortgeschrittenen, westlich-orientierten Einwanderungsländern wie den Vereinigten Staaten, bestätigen in der Mehrzahl einen generellen Trend zu einer pluralistischen Integration. Während Marktbeziehungen im Bereich der Arbeitswelt und des Konsums eher universalistischen Tendenzen einer Gleichbehandlung und Gleichberechtigung Vorschub leisten, erlaubt die Ausweitung rechtsstaatsorientierten Individualismus eine wachsende Pluralisierung privater Lebensentwürfe und ermöglicht vielfach nonkonforme Ausdrucks- und Identifikationsmöglichkeiten neben oder gar im Gegensatz zur Mehrheitskultur. Assimilation und Akkulturation — wie ursprünglich im Konzept der Chicagoer Schule angenommen — sind demzufolge nicht mehr alleinige Voraussetzung wirtschaftlicher, sozialer oder politischer Integration. Dieser neue Pluralismus fördert mehr und mehr heterogene Formen der Eingliederung von Zuwanderern innerhalb multikultureller Milieus, ohne dass von den Wanderern substanzielle ethnokulturelle Anpassungsleistungen abgefordert werden. Folglich kann Integration nicht mehr als einseitiger bzw. geradlinig-unumkehrbarer und zweckhaft-geplanter Prozess angesehen werden, sondern ist eher charakterisierbar als ein vielschichtiger, oft widersprüchlicher und zufälliger Prozess von Inklusion und Exklusion, d.h. von Assimilation und Anpassung, als auch Prozessen der Ab- und Ausgrenzung.

Verallgemeinernd lassen sich drei Hauptszenarien unterscheiden: das Aufgehen der Einwanderer in einer pluralen Mehrheitsgesellschaft (Assimilierung/Akkulturation/Amalgamation); Beibehaltung von Unterschieden im Rahmen eines symbiotischen „status quo" zwischen Ansässigen und Zugewanderten; oder die Herausbildung neuer Minderheitskulturen, die oft mit einer Separation, Segregation oder Marginalisierung von Wanderern verknüpft sind. Die jeweilige Verlaufsform der Integration ist abhängig von einer Vielzahl von Einflussfaktoren (siehe oben), von denen der Rechtsstatus (Gleichstellung, Gleichbehandlung) und der Zugang zu Ressourcen (Sozialstaat, Wahlrecht, Ausbildung, Beschäftigung, Wohnen, Gesundheit) großes Gewicht haben, weil sie weitgehend Klassenlage, Mobilität, soziale Sicherheit, den Status, das Prestige und die Identifikation der Einwanderer und ihrer Familienangehörigen bestimmen.[18]

## 3. Klassifizierung der wichtigsten Integrationstheorien

Wie bereits erwähnt, begann in den Vereinigten Staaten früher als in anderen Ländern eine thematische Spezialisierung und professionelle Ausrichtung der Migrationsforschung. Die Wahrnehmung des Integrations"problems" wurde anfangs stark beeinflusst von der sogenannten „Chicagoer Schule" (R.E. Park; E.W. Burgess; W.I. Thomas) und ihren direkten (R. Taft 1953/1957; D. Gordon 1964) oder indirekten Nachfolgern (L. Warner/L. Srole 1945; S.N. Eisenstadt 1954). Das in den 20er Jahren des letzten Jahrhunderts formulierte zyklische Assimilierungskonzept erwartete von den damals als „schwer integrierbar" eingeschätzten ost- und südeuropäischen

---

18    Isajiw 1997; Schmitter-Heisler 1998.

Einwanderern als Bringschuld deren einseitige kulturelle und soziale Anpassung an das aufnehmende „Gastland".[19] Die Übernahme „amerikanischer" Grundsätze, Wertvorstellungen und Traditionen, d.h. von Marktindividualismus, Chancengleichheit, Eigenverantwortung und liberalen Freiheitsrechten sollte dabei helfen, die ethnokulturelle, religiöse, nationale und politische Identität der Einwanderer aufzulösen und sie in „konforme Amerikaner" zu verwandeln, die die englische Sprache beherrschten, die Überlegenheit der amerikanischen Lebensweise und ihrer demokratisch-rechtsstaatlichen Institutionen anerkannten und bereit waren, sich unhinterfragt in die vorherrschende Gesellschaft (Arbeitswelt, Erziehungswesen, Familie, Religion, Gemeinschaften usw.) einzugliedern. Dieser Prozess der „Einschmelzung" sollte spätestens in der dritten Einwanderergeneration abgeschlossen sein.[20]

Unter dem Einfluss der seit den 60er Jahren sich entwickelnden neuen sozialen und kulturelle Bewegungen, den Debatten über Minderheitenrechte, Multikulturalismus und Gleichstellung, und vor dem Hintergrund verstärkter Rückbesinnung auf ethnokulturelle Herkunft und Traditionen, wurde die normative Berechtigung und praktische Tragfähigkeit des oben angeführten konformistisch-funktionalistischen Assimilationsmodells zunehmend in Frage gestellt und verlor an Glaubwürdigkeit, obgleich die individuenzentrierte und marktorientierte Ausrichtung von Integrationsmaßnahmen und die generelle Annahme einer Überlegenheit des amerikanischen Integrationsmodells nicht grundsätzlich verworfen wurde.[21]

Kritisiert wurde aber der ideologische und ethnozentristische Reduktionismus und die einseitig mechanistisch ahistorischen Vereinfachungen des Assimilationsmodells,[22] das etwa die Praxis jahrhundertelanger rassistischer Ausgrenzung von Generationen von Schwarzamerikanern ignorierte;[23] ebenso wie es die krassen Integrationsunterschiede zwischen Einwanderungsgruppen, z.B. zwischen europäischen, asiatischen und lateinamerikanischen Migranten außer Acht ließ.[24] Außerdem fehlten der Chicagoer Schule Erklärungen für die sich herausbildenden neuen Formen ethnischer Eigenorganisation, Enklavenwirtschaft und ethnischer Rückbesinnung.[25] Folglich entstanden neue Erklärungsansätze,[26] von denen die wichtigsten kurz dargestellt werden sollen.[27]

---

19    Portes/Borocz 1989; Zolberg 1997; Powers/Seltzer 1998.
20    Portes/Bach 1985.
21    Rumbaut/Ima 1988; Suarez-Orozco/Suarez-O. 1995; Landale/Oropesa 1995; Kao/Tienda 1995; Zhou 1999; Massey 1999.
22    Portes/Borocz 1989.
23    Portes 1995.
24    Chapa 1990; Bean 1994; Hatton/Williamson 1998.
25    Breton 1964; Portes/Bach 1985; Portes/Manning 1986; Rumbaut 1994; Foner 1997.
26    Zhou 1999.
27    Siehe dazu auch die Übersicht von Hirschman 1999.

## 3.1. Neoassimilationismus

Zu dieser Gruppe zählen Forscher, die zwar mit der Kritik am ethnozentrischen Charakter und dem spekulativen Gradualismus der „klassischen" Assimilationstheorie vertraut sind, aber deren paradigmatischen Kern retten wollen.[28] Die Neoassimilationisten unterstellen wie R. Park et. al. die grundsätzliche Fähigkeit und den Willen von U.S. Einwanderern, sich an die vorherrschenden Bedingungen und Lebensweisen in den Vereinigten Staaten anzupassen. Auch gehen sie von einer ungebrochenen Aufnahmebereitschaft der amerikanischen Gesellschaft aus. Weil nun Einwanderer mit steigender Dauer ihres Aufenthalts immer häufiger und intensiver den prägenden Einflüssen und Anforderungen des Aufnahmelandes ausgesetzt sind, passen sie sich in aktiver wie passiver Weise, spontan ebenso wie gewollt, ihrer neuen Umgebung an. Je mehr sich die Migranten und ihre Nachfahren zeitlich und räumlich von ihren Ursprüngen entfernen, desto mehr eignen sie sich — unter der Bedingung freien Zugangs zu Märkten, Institutionen, kulturellen Symbolen, politischer Partizipation — amerikanisches Sozial- und Humankapital an und gleichen sich in der Generationenabfolge der Mehrheitsgesellschaft an. Dies drückt sich am deutlichsten im Verhalten und den Einstellungen der Wanderer aus, ebenso wie in ihrer sozial-räumlichen Mobilität und persönlichen Identifikation.[29]

Obwohl Integration in diesem Konzept als Abnahme sozialer, wirtschaftlicher und ethnokultureller Unterschiede verstanden wird, verläuft dies nicht notwendigerweise und immer einseitig auf Kosten der Einwanderer (etwa in Form eines Verlustes der Herkunftssprache), sondern hat oft symbiotische Züge und führt zur Übernahme fremdkultureller Einflüsse in die Aufnahmegesellschaft.[30] Die Geschwindigkeit und der Grad der Einwandererassimilation hängt dabei davon ab, über welche und wieviel wirtschaftliche, soziale und kulturelle Ressourcen Einwanderer nach ihrer Ankunft verfügen,[31] ebenso wie von den Umständen der Einwanderung, der Kontaktintensität mit den Eingesessenen und dem Ausmaß der Folgemigration.[32]

Zu den profiliertesten Vertretern des Neoassimilationismus zählen R.D. Alba/ V. Nee (1999). Auf Grundlage umfangreicher empirischer Studien unterstreichen sie die gestiegene Bedeutung des Human- und Sozialkapitals, den Einfluss des Wohn- und Arbeitsumfeldes und die Rolle transnationaler Netzwerke und binnenethnischer Bindungen. Obwohl sie grundsätzlich optimistisch sind und davon ausgehen, dass die überwiegende Mehrheit der heutigen Einwanderer und ihrer Nachkommen sich langfristig erfolgreich in die amerikanische Mittelklasse integrieren werden (beispielsweise durch Einheirat und berufliche Mobilität in Verbindung mit wachsender Toleranz, ethnischem Pluralismus und der Auflösung bzw. Verschiebung von Rassenunterschieden), sind sie doch pessimistisch hinsichtlich der Integrationschancen

---

28    DeWind/Kasinitz 1997; Alba/Nee 1999.
29    Zhou 1999; Alba/Nee 1999.
30    Ein oft verwendetes Beispiel ist die Diversifizierung der Esskultur.
31    Becker 1963; Goffman 1963; Hirschman/Falcon 1985; Perlmann 1988; Rumbaut 1996; Waldinger/ Bozorgmehr 1996.
32    Alba/Nee 1997; Perlmann/Waldinger 1997/1999.

von weniger qualifizierten Einwanderern, vor allem aufgrund der gegenwärtigen Umstände der Masseneinwanderung und einem veränderten Arbeitskräftebedarf im Gefolge der Restrukturierung der Wirtschaft in eine „hourglass economy" mit einem sinkenden Bedarf an Unqualifizierten und einem wachsenden Bedarf an Hochqualifizierten.[33]

## 3.2. Multikulturalismus

Der Multikulturalismus entstand als Reaktion auf fortdauernde Armut, Rassenunruhen und Deklassierung von Minderheiten, aus Enttäuschung mit dem unverwirklichten „melting pot" Ideal, und parallel zum Wiederaufleben ethnischer sozialer Bewegungen in den 60er Jahren.[34] Multikulturalisten weisen die Existenz einer unveränderlichen, homogenen und den Minderheiten überlegenen Mehrheitskultur als „imaginär" zurück. Auch das Gleichsetzen „erfolgreicher" Integration mit der vollständigen Aufgabe der Herkunftskultur wird als Kulturimperialismus gebrandmarkt. Stattdessen wird gefordert, Minderheitenkulturen als gleichberechtigt zu behandeln und Pluralismus zu praktizieren.

Aus der Sicht der Multikulturalisten verlangen die Pflege transnationaler und blutsverwandtschaftlicher Bindungen, die Kultivierung ethnokultureller Solidarität, sprachlicher Traditionen und der Ausbau wirtschaftlicher Nischen oder Enklaven Respekt und Tolerierung, da es sich entweder um Entscheidungen freier Bürger handelt oder eine Reaktion ist auf erfahrene Ausgrenzung von der dominanten angelsächsischen Mehrheitskultur, wie im Fall oppositioneller ethnischer Jugendkulturen.[35] Multikulturalisten sehen nicht Pluralität als das zentrale Problem der Integration an, sondern vielmehr die Benachteiligung und Diskriminierung von Minderheiten und ihre Unterordnung unter eine aufgezwungene Hegemonialkultur.

Umstritten bleibt in der gegenwärtigen Diskussion, wie Multikulturalisten der Gefahr einer Aufspaltung der Gesellschaft in konkurrierende ethnische Subkulturen oder dem Rückzug von Minderheiten in ethnische Marginalisierungsnischen begegnen wollen. Wie wirkt sich Multikulturalismus langfristig auf die „strukturelle" Integration aus, etwa in der Arbeitswelt, im Erziehungswesen, im Wohnumfeld und bei der Sozialen Sicherung? Kann sie dazu beitragen, ethnische Unterschichtungsprozesse zu verhindern? Wie kann die Freiheit kulturellen Ausdrucks und ethnischer Selbstbestimmung mit universalistischen Werten und meritokratischen Verfahren verknüpft werden? Sollte „strukturelle" Integration ausgerichtet an universalistischen Werten und Verfahren nicht gerade deswegen mehr Gewicht bekommen, weil gestiegene Wahlmöglichkeiten, mehr Toleranz und größere Offenheit eine rigide Akkulturation an die Mehrheitskultur nicht mehr erforderlich machen?[36]

---

33    Siehe ähnliche Einschätzungen bei Karoly 1993; Murphy et.al. 1993; Raijman/Tienda 1999; Perlmann/Waldinger 1999.
34    Glazer/Moynihan 1970; Handlin 1973; Gans 1992.
35    Portes/Bach 1985; Portes/Bach 1985; Portes/Zhou 1993; Karpathakis 1999.
36    Siehe Alba 1990; Waters 1990/1994; Hatton/Williamson 1998; Raijman/Tienda 1999.

## 3.3. Strukturalisten

Vertreter von strukturalistischen Ansätzen betonen im Unterschied zu den Multikulturalisten weniger die kulturelle Dimension, als die Bedeutung „struktureller" Integration und dazugehöriger Rahmenbedingungen, beispielsweise von Chancengleichheit, Partizipation und Wahlfreiheit.[37] Strukturalisten betrachten moderne Gesellschaften als Systeme dauerhafter sozialer Ungleichheit. Mittels askriptiver oder an Leistung orientierter Verteilungsmethoden werden einzelnen Personen und Gruppen unterschiedliche Zugänge zu Macht, Status, Reichtum, Prestige und anderen Ressourcen zugewiesen,[38] woraus dauerhafte Unterschiede in Positionen und Lebenschancen resultieren. Mit anderen Worten, Klassenlage und verfügbare materielle und andere Mittel nehmen entscheidenden Einfluss auf Mobilitäts- und Integrationschancen von Migranten. Aufgrund unterschiedlicher Ausgangspositionen bilden sich daher unter ethnischen Gruppen bald nach ihrer Ankunft neue Unterschiede heraus, wobei in der Regel ethnokulturelle Ressourcen zur Erreichung besserer struktureller Positionen innerhalb ethnischer Gruppen als auch zur stufenweisen Erringung struktureller Gleichheit mit den Ansässigen[39] eingesetzt werden.

Über die Bedeutung einzelner Integrationsfaktoren gibt es unter Strukturalisten wenig Einigkeit. Einige Erklärungsversuche betrachten die räumliche Zusammenballung oder demographische Verteilung ebenso wie spezifische Arbeitsmarktnachfragen (in Beschäftigungszweigen, Berufen, Regionen, Städten usw.) als kausale Ursachen bzw. wichtige Indikatoren ungleicher Integrationsprozesse.[40] Andere Forscher unterstreichen die Rolle von Netzwerken,[41] von ethnischer Selbstorganisation und Ressourcenverteilung[42] oder von Prozessen, die zur Formierung von Unterklassen bzw. „Armutskulturen" führen.[43] Beispielsweise untersuchen sie, wie eine unheilige Allianz schlechter Arbeits- und Fortkommenschancen in Verbindung mit institutionalisiertem Rassismus Einwandererminderheiten in ausweglose städtische Ghettos mit hohen Kriminalitätsraten und schlechten Ausbildungsmöglichkeiten abdrängen.[44]

## 3.4. Human- und Sozialkapitaltheorien

Human- und Sozialkapitaltheorien können als Sonderfall struktureller Ansätze betrachtet werden, weil sie sich — von den Wirtschaftswissenschaften beeinflusst — besonders für die Rolle vermarktungsfähiger individueller Anlagen und Kenntnisse

---

37  Alba/Nee 1999.
38  Blau/Duncan 1967; Barth/Noel 1972.
39  Massey 1999; Hirschman 1999.
40  Piore/Sabel 1984; Massey 1985; Harrison/Bluestone 1988; Waldinger 1989; Sassen 1989/1991/
    1994; Lee/Edmonston 1994; Farley 1996; Scott 1996; Portes/Rumbaut 1996; Portes 1999.
41  Massey 1987.
42  Breton 1964.
43  Wilson 1987; Friedrichs 1993.
44  Massey/Denton 1993; Wacquant 1996.

bzw. sozialer Beziehungen und ihren Einfluss auf den beruflichen Aufstieg, das Einkommen und den sozialen Status von Einwanderern[45] interessieren. Da immer mehr und größere Datenquellen sowie verfeinerte methodische Instrumente bzw. Modelle zur Verfügung stehen, hat sich die Anzahl empirischer Studien in diesem Bereich in den letzten Jahren besonders auffällig vermehrt; beispielsweise in Studien zum Arbeitsmarktverhalten, zum beruflichem Fortkommen und zur Einkommensmobilität von Einwanderern.[46] Allerdings sind die Ergebnisse vieler dieser ökonometrischen Untersuchungen widersprüchlich und lassen theoretisch-begriffliche Fragen unbeantwortet, etwa nach der Messbarkeit von Integrationsfortschritt, der Vergleichsbasis von Ansässigen und Einwanderern und den Kausalitätsbeziehungen zwischen einzelnen Variablen bzw. Variablengruppen.[47] Hinzu kommt, dass der vorherrschende „methodologische Individualismus" und die unterschwellige Annahme „rationalen" Akteurshandelns den indirekten (und daher schwer messbaren) Einfluss von Ungleichheitsstrukturen, Unterschieden in Ressourcenverfügung, von rechtlichen Hindernissen, Benachteiligungen und Vorurteilen (etwa bei Entlohnung, Einstellung, Beförderung und Entlassung) nur unzureichend zur Kenntnis nimmt.[48] Wie sonst wäre erklärbar, dass eine gleiche Ausbildung oder berufliche Erfahrung in identischen Berufen zu einer ganz unterschiedlichen Entlohnung führen kann je nach Hautfarbe, Geschlecht und ethnischer Gruppenzugehörigkeit?[49]

## 3.5. Arbeitsmarktsegmentation

Theorien und Konzepte zur Arbeitsmarktsegmentation können ebenfalls als eine Sonderform des Strukturalismus begriffen werden. Diese Ansätze beschäftigen sich jedoch stärker als Human- und Sozialkapitaltheorien mit überindividuellen Einflussfaktoren, insbesondere der Bedeutung von Arbeitsmarktsegmenten[50] für die Sortierung von Arbeitsmarktgruppen in vorgegebene, relativ inflexible, Beschäftigungsrollen, die Einkommen, Mobilität, Sicherheit und Belastungen bestimmen.[51] Mit anderen Worten: Einkommens- und Beschäftigungschancen hängen in erster Linie nicht vom Human- und Sozialkapital ab, sondern vom Einwandererstatus, ethnischnationaler Herkunft, Hautfarbe, Geschlecht und anderen askriptiven Merkmalen.[52]
Vertreter der Arbeitsmarktsegmentation argumentieren, dass gering qualifizierte Einwanderer aufgrund nachteiliger Merkmale und schwacher Verhandlungspositionen hauptsächlich in „sekundären" Berufszweigen und Branchen Beschäftigungschancen finden, das heißt in Bereichen, die von besser qualifizierten, männlichen und weißen

---

45    Powers/Seltzer 1998; Raijman/Tienda 1999; Portes 2000.
46    Chiswick 1978/1979; Massey 1981; Hirschman 1983; Tienda 1983; Borjas/Tienda 1985; Borjas 1985/1987/1990/1994/1995; LaLonde/Topel 1991; Duleep/ Regets 1992; Hatton/Williamson 1998.
47    Tienda/Stier 1996; Waldinger/Bozorgmehr 1996; Trejo 1997; Raijman/Tienda 1999; Alba/Nee 1999.
48    Portes/Bach 1985; Kurthen 1993; Faist 1995; Raijman/Tienda 1999.
49    Faist 1995; Vernez 1996.
50    Piore 1979.
51    Powers/Seltzer 1998.
52    Gordon 1972; Edwards/Reich/Gordon 1975.

Einheimischen wegen schlechter Arbeitsbedingungen, geringer Löhne, Arbeitsplatz-unsicherheit, geringen Aufstiegschancen usw. gemieden werden.[53] Nach A. Portes/ A. Stepick (1985) treffen diese Merkmale auch auf die Enklavenwirtschaft und den grauen Arbeitsmarkt zu.[54] Besonders stark ist der Bedarf für Arbeitskräfte „zweiter Klasse" in den neuen urbanen Globalisierungszentren.[55]

Segmentationsansätze betrachten die Sektorenaufteilung des Arbeitsmarktes in und außerhalb der Betriebe als andauerndes Phänomen kapitalistischer Produktions-weise. Da Einwanderer im „sekundären" Bereich mit anderen Unqualifizierten, Min-derheiten und Frauen konkurrieren, werden die Löhne gedrückt und Forderungen nach einer Verbesserung der Arbeitsbedingungen untergraben. Ein Kreislauf von Marginalisierung in Armutsverhältnisse, Arbeitslosigkeit, Kriminalität und Sozial-hilfeempfang setzt ein und führt zur Herausbildung einer dauerhaft ausgegrenzten Unterklasse,[56] die ständig durch Neueinwanderer bzw. illegal Eingeschleuste ergänzt wird.[57]

Kritiker hinterfragen dagegen die Dauerhaftigkeit von Arbeitsmarksegmenten[58] und die Gründe (Diskriminierung, Zwänge), die angeblich zu niedrigen Löhnen füh-ren und den beruflichen Aufstieg der Einwanderer blockieren.[59] Neuerdings wurde das Konzept des „umfassenden Arbeitsmarkts" entwickelt, um berufliche Über-gangs- und Mischformen besser erfassen zu können und der empirischen Porösität der Arbeitsmärkte besser Rechnung zu tragen.[60]

## 3.6. Segmentierte Assimilation

Das Konzept der segmentierten Assimilation konzentriert sich auf die Beschreibung und Erklärung unterschiedlicher Verlaufsformen von Integration. Es verknüpft Hu-man- und Sozialkapitaltheorien mit ihrer individuenzentrierten Betrachtungsweise und charakteristischen Betonung der Bedeutung von Ausbildung, Qualifikation, Sprachkenntnissen, Netzwerken usw. mit einer Analyse gesellschaftlicher Aufnah-mebedingungen, beispielsweise im Erziehungswesen, auf dem Arbeitsmarkt und im Wohnumfeld, um daraus Schlussfolgerungen für generationenübergreifende Ein- und Ausgrenzungschancen bzw. -risiken spezifischer Migrantengruppen zu ziehen.[61] Integration wird als ein widersprüchlicher, ungleichzeitiger und segmentierter Pro-zess begriffen, der auf verschiedenen Ebenen (Gruppe, Familie/Haushalt, Person) verläuft und nicht zwangsläufig in eine Anpassung an die Mehrheitskultur mündet.

---

53  Tienda 1983; Portes/Bach 1985; Tienda/Lii 1987; Raijman/Tienda 1999.
54  Siehe auch Raijman/Tienda 1999.
55  Sassen 1988/1991; Powers/Seltzer 1998.
56  Castles/Kossack 1985.
57  Piore 1979.
58  Cain 1976; Hodson/Kaufman 1982; Massey 1998.
59  Kaufman/Hodson/Fligstein 1981; Hodson/Kaufman 1982; Parcel and Mueller 1983.
60  Nee/Sanders/Sernau 1994.
61  Chapa 1990; Chavez 1991; Portes/Zhou 1993; Bean 1994; Portes 1995a; Portes 1995b; Zhou 1997; Rumbaut 1997; Portes 1999; Zhou 1999.

Der Integrationserfolg hängt vielmehr vom Zusammenwirken einwandererspezifischer Faktoren in Wechselwirkung mit vorgegebenen Bedingungen der Aufnahmegesellschaft ab: zum Beispiel von Klassenlage/Vermögen, Ausbildung, Sprachkenntnis, Herkunft, Alter, Hautfarbe, Aufenthaltsdauer, Netzwerken/sozialen Beziehungen, Wohnumfeld und Einstellungen einerseits und andererseits den Chancen beruflichen Aufstiegs, rassistischer Ausgrenzung, räumlicher Vermischung, ethnischer Selbsthilfe, Interessenvertretung und dem Grad sozialer Durchlässigkeit der Aufnahmegesellschaft. Wenn etwa Kinder von Neuzuwanderern im Wohnbereich und der Schule mit ausgegrenzten ansässigen Minderheiten in dauerhaftem Kontakt stehen, kommt es oft zu einem Wertkonflikt zwischen Aufstiegserwartungen der Migranten und „underclass-Orientierungen" der Einheimischen, der entweder zur Übernahme „negativer" Einstellungen und damit tendenziell zu ethnischer Segregation führt — dies ist oft der Fall bei Mexikanern bzw. Haitianern — oder zur Herausbildung bzw. Verstärkung ethnischen Selbstbewusstseins, Gruppensolidarität, unternehmerischer Phantasie und „positiven" Integrationsorientierungen — etwa bei Kubanern und Vietnamesen.[62]

In ähnlicher Weise betont H.J. Gans (1992;1997;1999) im Unterschied zu R.D. Alba et.al. besonders die Diskontinuität von Assimilation, die seiner Ansicht nach auch in eine Stagnation oder gar Rückentwicklung von Integration münden kann. Außerdem verweist er auf den Stellenwert der — von der Chicagoer Schule vernachlässigten — (un)freiwilligen Beweggründe und den rationalen Integrationsentscheidungen der Akteure selbst.[63] H.J. Gans untersucht die Wechselwirkung zwischen freiem Wahlhandeln und reaktiv-ambivalentem Verhalten von Jugendlichen der 2. Einwanderergeneration als Antwort auf die Herausforderungen von Familie und Herkunftskultur einerseits und den Zwängen bzw. Verlockungen der Umgebungskultur (Altersgenossen, Medien, Schule) andererseits. Die Übernahme von Normen und Verhaltensweisen von Eingesessenensubkulturen verzögert seiner Ansicht nach häufig die erfolgreiche Integration von Kindern benachteiligter Einwanderergruppen, das heißt, von gering Ausgebildeten, Dunkelhäutigen und Mittellosen, die zumeist in urbanen Ghettos leben und arbeiten. Gans unterscheidet drei Anpassungsformen: Marginalisierung, erfolgreiche Assimilation oder ungleichmäßige Integration.

Die 2. Einwanderergeneration hat dabei drei alternative Wege sozialer Mobilität: über das Erziehungs- und Ausbildungssystem, die Nachahmung elterlicher Anpassungsstrategien oder den wirtschaftlich-sozialen Aufstieg über ethnische Nischenwirtschaften bzw. Netzwerke.

Anhänger der Segmentierten Assimilationstheorie sind sich uneinig über die Auswirkung veränderter gesellschaftlicher Rahmenbedingungen in den USA auf die Integration der rapide angestiegenen Zahl nichteuropäischer und nichtweißer Einwanderer und ihrer Nachkommen. Zu den Risikofaktoren zählen sie die wachsende soziale Ungleichheit, Armut und Ausgrenzung unqualifizierter Arbeitskräfte, die

---

62    Portes/Zhou 1993; Portes 1995a.
63    Massey 1999.

Herausbildung segregierter innerstädtischer Armutszonen und anomischer bzw. oppositioneller Subkulturen/Nischen mit geringer Aufstiegsmobilität bzw. starker Ausstiegsdynamik.[64] Die meisten dieser Wissenschaftler prognostizieren eine Vertiefung sozialer und kultureller Trennungslinien entlang der Hautfarbe (race) und verschärfte Generationskonflikte innerhalb von Einwandererfamilien.

Gemessen am Grad ethnischer Gemeinschaftsbildung, Solidarität und Identifikation wie auch der Ausbildungs-, Einkommens-, Beschäftigungslage sowie räumlicher Mobilität werden — wie schon bei H.J. Gans ausgeführt — drei grundsätzliche Integrationswege der 2. Einwanderergeneration unterschieden:

- eine „traditionelle" geradlinige Aufstiegsmobilität und Akkulturation in die amerikanische Mittelklasse, typisch für Kinder von Unternehmern, Selbständigen und besser ausgebildeten Einwanderern;
- eine abwärtsgerichtete Mobilität und Akkulturation in dauerhafte Armut und Marginalität urbaner Minderheiten (underclass), typisch für Kinder unqualifizierter und dunkelhäutiger Migranten in verarmten innerstädtischen Ghettos; und
- ein kulturelles Abkapseln im Schutz ethnischer Nischensolidarität bei gleichzeitig zügiger Assimilation ins Bildungs- und Beschäftigungssystem.[65]

## 3.7. Andere Ansätze

Enklavenwirtschaft und Middleman Minority Theorien, oft erwähnt im Zusammenhang mit der Einwandererintegration, entstanden um 1970 im Gefolge der wirtschaftlichen Erholung U.S. Amerikanischer innerstädtischer Großstadtviertel als Resultat der Ansiedlung von Einwandererminoritäten[66] und der Herausbildung eines erfolgreichen Unternehmertums unter Einwanderern aus Korea, Japan, China, Kuba, Indien und Pakistan.[67] Diese Entwicklungen widersprachen klassischen Assimilationserwartungen, die ethnisch-kulturelle Segregation, demographische Konzentration und Ghettobildung als Gegenteil erfolgreicher Integration interpretierten und einen unvermeidlichen wirtschaftlichen Niedergang und verbreitete Marginalisierungsprozesse vorhersagten. Zwar akzeptieren die beiden hier diskutierten Ansätze die verbreitete Annahme, wonach ethnische Nischenbildung und Enklavenwirtschaft häufig als Reaktion auf gesellschaftliche Ausschließungstendenzen zu verstehen sind, doch betonen sie gleichzeitig die langfristig positive Integrationsfunktion ethnischen Gemeinschaftshandelns für die Aufnahmegesellschaft ebenso wie für die Einwanderer und ihre Nachkommen.[68]

---

64  Willis 1977/81; Ogbu 1978; Piore 1979; Morawska 1985; Portes/Zhou 1993; Lee/Edmonston 1994; Perlman/Waldinger 1999.
65  Portes/Zhou 1993; Fernandez-Kelly/Schauffler 1994; Massey 1995; Portes/Rumbaut 1996; Rumbaut 1994/1997/1999; Portes 1999.
66  Massey 1985.
67  Raijman/Tienda 1999.
68  Bonacich 1973; Bonacich/Modell 1980; Light/Bonacich 1988; Waldinger 1993; Light/Karageorgis 1994; Portes 1999.

Enklavenwirtschaft und Middlemantheorien haben eine Reihe wichtiger Studien angeregt, die Einzelaspekte ethnischer Solidarität untersuchen, etwa die Rolle von Minderheiten mit wirtschaftlicher Mittlerfunktion (Juden, Japaner, Chinesen),[69] die Bedeutung räumlicher Konzentration,[70] die Funktion der Selbstrekrutierung für die Herausbildung ethnischen Unternehmertums,[71] von Mechanismen peripherer Aufstiegsmobilität[72] und von Prozessen, die zur Entwicklung von Sozialkapital führen.[73] A. Portes Enklaventheorie ragt heraus, weil er vorbildhaft die Wechselwirkung von individuellen Humankapitalfaktoren mit räumlich-demographischen Umweltbedingungen (urbaner Konzentration, anhaltendem Zuzug von Migranten, ethnischer Selbsthilfe und Solidarität) herausarbeitet, um die Entstehung „vertikal" wie „horizontal" integrierter ethnischer Enklaven zu erklären.[74]

Kritisiert wurde an diesen Theorien, ähnlich wie im Fall der Segmentationsansätze, die unterstellte Zentralität ethnischer Ökonomien für die Einwandererintegration ebenso wie die Dauerhaftigkeit bzw. empirische Operationalisierbarkeit dieser Phänomene.[75] Das Konzept der „mixed economy" stellt einen Versuch dar, diese Schwächen zu überwinden, indem es die Bedingungen und Gründe für den schrittweisen Übergang von der ethnischen zur „mainstream economy" darlegt.[76]

Weitere, aus Platzgründen nicht vertiefte integrationsrelevante Ansätze, sind

- die sich noch im Entwicklungsstadium befindlichen Transnationalismustheorien. Sie untersuchen den wachsenden Einfluss neuartiger transnationaler und globaler Migrationsnetzwerke auf langfristige wirtschaftliche Integration, politische Identifikation und kulturelle Assimilation von Einwanderern.[77]
- Diskriminierungs- und Vorurteilstheorien, die sich spezifisch mit den Ursachen und Folgen xenophober, ethnozentristischer und rassistischer Einstellungen und Verhaltensweisen von Ansässigen und Einwanderern befassen.[78]
- Psychosoziale Theorien des „Marginal Man" thematisieren die räumlichen, kulturellen und ethnischen Konflikte von Wanderern — wie bei R.E. Park und später E.V. Stonequist 1937 entwickelt — in Anlehnung an G. Simmel und A. Schütz. Sie wurden frühzeitig als unzureichend und nicht den amerikanischen Bedingungen entsprechend kritisiert[79] und werden seitdem in der amerikanischen Migrationsforschung zu Unrecht weitgehend vernachlässigt.
- Interaktionstheorien, die auf G.H. Mead, H. Blumer, E. Goffman zurückgehen, betonen die Ressourcenfunktion sozialer Beziehungen von Wanderern und ihren Einfluss für die Übertragung von Normen bzw. Wertvorstellungen und die

---

69    Bonacich 1973.
70    Wilson/Martin 1982; Portes/Bach 1985.
71    Bailey/Waldinger 1991.
72    Portes/Bach 1985; Waldinger 1986; Waldinger/Aldrich/Ward 1990; Portes/Zhou 1992; Zhou 1992.
73    Wilson/Portes 1980; Portes/Zhou 1992.
74    Wilson/Portes 1980; Portes/Bach 1985.
75    Sanders/Nee 1987; Alba 1998; Raijman/Tienda 1999.
76    Nee/Sanders/Sernau 1994; Sanders/Nee 1996.
77    Massey 1987; Basch/Glick Schiller/Blanc-Szanton 1994; Portes 1996; Glick Schiller 1999; Portes/Guarnizo/Landolt 1999; Pries 2001.
78    Adorno 1950; Allport 1954; Simpson/Yinger 1985.
79    Goldberg 1941; Hughes 1941; Green 1947; Golovensky 1951/52; Antonovsky 1956.

Herausbildung konformer oder abweichender Einstellungen im Aufnahmeland. Die damit verwandten Identitätstheorien untersuchen kognitive, soziale, materielle, emotionale und personale Prozesse der Persönlichkeitsbildung, interpersonale Gründe fortbestehender sozialer Distanz usw.[80]

- Sozialisationstheorien untersuchen im primären (Familie, Verwandtschaft) und sekundären Bereich (Nachbarschaft, Schule, Kleingruppen, Religion usw.) den Einfluss intensiver und dauerhafter sozialer Kontakte zwischen Ansässigen und Einwanderern auf das Integrationsverhalten und die Einstellungen zwischen Einheimischen und Zuwanderern.[81] Hinzu kommen eine Vielzahl von Erklärungen, die sich mit den linguistischen, gesundheitlichen, psychischen und weiteren Folgen von Einwanderung befassen.
- Feministische Ansätze unterstreichen die Bedeutung von Geschlechtsunterschieden in allen Bereichen des Lebens und Handelns.[82]
- Citizenshiptheorien arbeiten die integrationsrelevante Rolle der Gewährung und Garantie legaler, sozialer und politischer Bürgerrechte heraus.[83]

### 3.8. Zusammenfassung und Bewertung gegenwärtiger Integrationsansätze

Die meisten der dargestellten Erklärungsansätze sind interdisziplinär angesiedelt zwischen Soziologie, Wirtschafts- und Politikwissenschaft mit Anleihen insbesondere aus Demographie, Raumforschung und Siedlungsgeographie, den Rechtswissenschaften, der Psychologie und Anthropologie. Viele haben Wurzeln in den theoretischen Traditionen des (Neo)-Marxismus, der Konflikttheorie, des Funktionalismus, der neoklassischen Ökonomie, der Netzwerktheorie, dem „Rational Choice"-Ansatz sowie feministischen und kulturanthropologischen Studien. Methodologisch kann man deduktive von mehr induktiven Erklärungen unterscheiden, in denen Integrationsprozesse entweder beschreibend und klassifizierend oder kausal-erklärend bzw. prognostisch abgehandelt werden.

Das Nebeneinander einer Vielzahl von Erklärungsvarianten auf Mikro- und Makroebene, obgleich auf den ersten Blick verwirrend und chaotisch, ist legitimer Ausdruck unterschiedlicher Perspektiven, analytisch-methodologischer Herangehensweisen und empirischer Fundierung. Die existierende wissenschaftliche Pluralität der U.S. Amerikanischen Integrationsforschung spiegelt die Komplexität des Integrationsphänomens, die Vielzahl von Interessen und Motiven der Akteure ebenso wie handlungsleitender Einflussfaktoren wie Machtstrukturen, gesellschaftliche Institutionen, soziale Zwänge oder räumlich-zeitliche Rahmenbedingungen wider.

Beobachter haben auf den zyklischen Charakter der amerikanischen Forschung verwiesen, die am Anfang des 20. Jahrhunderts eher spekulativ, abstrakt und induktiv war, dann aber nach 1970 von einer Welle empirischer Spezialstudien abgelöst

---

80  Shibutani/Kwan 1965.
81  Bar-Yosef 1968, siehe Han 2000.
82  Powers/Seltzer 1998.
83  Marshall 1964; Soysal 1994; Castles 1995.

wurde, die jedoch zumeist keinen gemeinsamen Nenner hatten und theoretisch relativ unbedarft waren. Erst ab ca. 1990 wurde der Nachholbedarf an mehr theoretisch fundierten Studien und Monographien erkannt und die Überbrückung disziplinärer Grenzen mit dem Ziel einer besseren Gesamtschau in Angriff genommen.[84]

Tatsächlich thematisieren Vertreter des Neoassimilationismus, Strukturalismus und des Segmentierten Assimilationismus intensiver das Beziehungsgeflecht zwischen individuellem Handeln und gesellschaftlichen Einflussfaktoren, als das noch bei den Ansätzen der Fall war, die in den 70er Jahren entwickelt wurden (Multikulturalismus, Segmentation, Human- und Sozialkapital, Enklaven- und Middlemantheorien).

Individualistisch orientierte Ansätze, die sich auf die Mikroebene konzentrieren (Human- und Sozialkapital, Netzwerk-, Vorurteils- und Diskriminierungsansätze), neigen dazu, die Effekte „externer" struktureller Zwänge und Institutionen auf das Handeln der Akteure zu unterschätzen. Multikulturalisten unterbewerten den Einfluss von Machtinteressen, (in)formellen Hierarchien und „strukturellen" Ungleichheiten beispielsweise im Erziehungswesen, den Medien und in sozialen Beziehungen für die Entstehung und Aufrechterhaltung ethnokultureller Praxis bzw. Hegemonie.[85] Außerdem arbeiten sie in der Regel unzulänglich heraus, unter welchen Bedingungen Multikulturalismus in sein Gegenteil umschlagen und zu einer ethnischen Falle werden kann. Segmentation, Enklaven- und Middlemantheorien können als Sonderformen strukturalistischer Theorien (mit Anleihen von Human- bzw. Sozialkapitalansätzen) beschrieben werden und teilen deren Stärken und Schwächen. Strukturalisten nehmen sozialökonomische Zwänge, Risiken, Alternativen und Möglichkeiten des Beschäftigungssystems wesentlich ernster, obwohl sie gleichzeitig dazu neigen, individuelle Entscheidungen und kulturelle wie politische Prozesse sowie rechtliche Rahmenbedingungen (etwa die Rolle von Gleichstellungs- oder Antidiskriminierungpolitiken) auszublenden. Neoassimilationisten andererseits betonen die Integrationsverträglichkeit der Pflege ethnischer Traditionen und Vergemeinschaftung im Gefolge der Öffnung der Mehrheitskultur. Vertreter der Segmentierten Assimilation untersuchen detailliert die ambivalenten Auswirkungen gegenwärtiger Integrationsbedingungen in den Vereinigten Staaten unter Berücksichtigung der besonderen Merkmalseigenschaften bzw. Integrationsentscheidungen der Migranten.

Unter den letztgenannten Theorien besteht allgemeiner Konsens, selbst wenn die verwendeten theoretischen Etikette und Terminologien variieren und die individuellen bzw. gruppen- und gesellschaftlichen Einflussfaktoren unterschiedlich gewichtet werden, dass Integration kein eindimensionaler und abgeschlossener, sondern ein vielschichtiger und widersprüchlicher Prozess ist. Es ist ein Vorgang, der für Einwanderergruppen und -generationen räumlich wie zeitlich sehr unterschiedlich verlaufen kann. Trotzdem sind die letztgenannten Erklärungen insgesamt optimistisch hinsichtlich der langfristigen Integrationschancen der Mehrheit der Einwanderer. Die neue Vielfalt von Integrationswegen und -formen wird hierbei nicht im

---

84    Siehe als Beispiel Hirschman 1999.
85    Archdeacon 1983.

Widerspruch gesehen zu den allgemeinen Grundsätzen der U.S. Amerikanischen Gesellschaft („American creed") und ihrer zukünftigen Wohlfahrt und Identität. Obwohl wissenschaftlicher „Fortschritt" nicht unabhängig vom Gegenstand möglich ist und Befunde nicht ohne weiteres übertragbar sind, und obwohl die Erwartung unvergänglicher Einsichten bzw. unveränderlicher Erklärungen illusorisch ist, lassen sich m. E. doch Lehren aus dem Studium der U.S. Amerikanischen Integrationsforschung ziehen:

- Der Kern der Integrationsforschung besteht in einer Erfassung, Beschreibung und Interpretation der Wechselbeziehungen zwischen dem Handeln und den Einstellungen von Akteuren auf der Mikro- und Mesoebene im Verhältnis zu den strukturellen Bedingungen auf der Makroebene in räumlich-zeitlicher Perspektive.

- Parallel zur Vertiefung vergleichender und internationaler Integrationsstudien besteht ein Bedarf an aussagekräftigen Indikatoren, Variablen und qualitativen bzw. quantitativen Methoden, die für den inner- wie zwischengesellschaftlichen Vergleich von Nutzen sind.[86]

- Theoretische Einsichten und empirische Ergebnisse sollten so transparent formuliert werden, dass sie auch praktische Anwendung finden können, beispielsweise zur Bewertung der Effekte bzw. Kosten und Nutzen von Integrationsmaßnahmen für das Aufnahmeland sowie für Einwanderer.

- Weil Einzelfallstudien bzw. regional oder gruppenspezifische Untersuchungen nicht ohne weiteres verallgemeinerbar sind, sollten derartige Studien systematisch um entsprechende Vergleichsgruppen erweitert werden.[87]

- Die Entwicklung besserer Messinstrumente und repräsentativer Längsschnittdatensätze auf Personen- und Haushaltsebene ist Voraussetzung für qualitativ hochwertige national und international vergleichende Untersuchungen.[88]

- Bei der Bildung von Kategorien und Variablen — beispielsweise nach Herkunft, Identität, Soziallage — muss die Integrationsforschung größte Sensibilität an den Tag legen, um falsche Verallgemeinerungen zu vermeiden und um Merkmalsveränderungen im Zeitverlauf besser wahrzunehmen.


## 4. Ausblick

Können die beschriebenen U.S. Amerikanischen Erklärungen, Methoden und Erfahrungen auf Deutschland und andere europäischen Länder übertragen werden? Diese Frage kann nur durch eine Probe aufs Exempel und — im Rahmen sozialwissenschaftlicher Forschung — durch empirische Prüfung eindeutig beantwortet werden. Eine zustimmende Antwort scheint weniger problematisch hinsichtlich methodischer Verfahren, Messmethoden, Indikatoren, mathematischer Modelle und der

---

86  Hollinger 1995; MacKerron/Hamilton 1998; Portes 1999; Zhou 1999.
87  Raijman/Tienda 1999.
88  Tienda/Liang 1994; Smith/Edmonston 1997; Raijman/Tienda 1999.

verwendeten Datensätze in der Integrationsforschung. Gleichwohl muss im Einzelfall kritisch hinterfragt werden, ob nicht auch methodische Werkzeuge eine theoretische Voreingenommenheit reflektieren und ob sie ihren erkenntnisleitenden bzw. aufklärenden Zweck erfüllen.

Hinsichtlich der Übertragbarkeit theoretischer Modelle bzw. Erklärungen und empirischer Befunde sind Zweifel angebracht. Zwar kann nicht übersehen werden, dass in den letzten Jahrzehnten die wirtschaftlichen und gesellschaftliche Bedingungen, Lebensumstände, politischen Kulturen und rechtsstaatlichen Rahmenbedingungen sich in Nordamerika und Westeuropa angenähert haben. Auch kann unterstellt werden, dass fortbestehende Globalisierungstendenzen und Masseneinwanderung weiterhin ähnliche Problemlagen und Herausforderungen diesseits und jenseits des Atlantiks erzeugen werden.

Andererseits gibt es gute Gründe für die Annahme, dass unterschiedliche historisch-gesellschaftliche Bedingungen auch andersartige Integrationsfolgen nach sich ziehen. Beispielsweise widerspiegelt die von der U.S. Amerikanischen Forschung andersartige Analyse der integrationspolitischen ebenso wie der individuellen Auswirkungen wohlfahrtsstaatlicher Absicherung und die Vernachlässigung des Ausländerwahlrechts den amerikanischen „Exceptionalism" und die besonderen Erfahrungen und Bedingungen des größten und ältesten modernen Einwanderungslandes der Welt.[89] Ähnliches trifft auf die besondere Hervorhebung ethnokultureller Integrationsbedingungen zu, den stark akzentuierten Markt- und Selbsthilfeindividualismus,[90] die Unterstreichung des Ethnopluralismus (American multiculturalism), die Rolle der Hautfarbe (race) ebenso wie die ausgeprägte räumliche Segregation und damit verbundene Verbreitung ethnischer Nischenbildung bzw. Eigenökonomie. Diese und andere Gründe könnten erklären, weshalb die Migrationsforschung in den Vereinigten Staaten und Deutschland bzw. Westeuropa in den letzten Jahrzehnten so unterschiedliche Wege eingeschlagen und zu so unterschiedlichen Ergebnissen geführt hat.[91]

Ein Urteil über den gegenwärtigen Stand der Integrationsforschung in den USA muss die unzweifelhaften Fortschritte in der Entwicklung nuancierter theoretischer Positionen und differenzierter methodologischer Verfahren seit den Anfängen der Chicagoer Schule berücksichtigen. Die Vielzahl und Heterogenität angebotener Erklärungen, Methoden und Ergebnisse ist nicht unbedingt von Nachteil. Sie erlaubt vielmehr anhand empirisch überprüfbarer Thesen Vergleiche zu ziehen. Eine wechselseitige Befruchtung verschiedener Integrationsperspektiven wie auch eine disziplin- bzw. grenzüberschreitende internationale Zusammenarbeit könnten den theoretisch-methodischen Reifeprozess der Forschung vorteilhaft beeinflussen. Und eine

---

89  Brubaker 1989; Hammar 1990; Hoskin 1991; Hollifield 1992; Schmitter-Heisler 1992/1998; Lipset 1996; Kurthen 1998.

90  Lipset 1989; Bamber and Lansbury 1993; Williams 1993; Reitz and Breton 1994; Rex 1994; American Academy of Arts and Sciences 1996; Tress 1998.

91  Siehe stellvertretend auch für andere Hoffmann-Nowotny 1973; Esser 1980; Heckmann 1981/1992; Gaitanides 1983; Kurthen 1991; Seifert 1995; Fijalkowski/Gillmeister 1997; Han 2000.

theoretische Sammlung und Rückschau kann helfen, Innovationen zu bewerten mit dem Ziel, eine Fragmentierung des Wissens aufzuhalten und das Abgleiten in einen theorieblinden Empirismus oder spekulativen Modellplatonismus zu verhindern.

## Literatur

Adorno, Theodor W. et.al. (1950): The Authoritarian Personality. New York: Harper & Row

Alba, Richard D. (1998): Assimilation, Exclusion, or Neither? Models of the Incorporation of Immigrant Groups in the United States. In: Schuck et. al. (1998): 1-31

Alba, Richard D./Nee, Victor: Rethinking Assimilation Theory for a New Era of Immigration. In: International Migration Review 31(4). 1997. 826-874

Alba, Richard D./Handl, Johann/Mueller, Walter (1998): Ethnic Inequalities in the German School System. In: Schuck et. al. (1998): 115-154

Alba, Richard D./Nee, Victor (1999): Rethinking Assimilation Theory for a New Era of Immigration. In: Hirschman et. al. (1999): 137-160

Allport, Gordon W. (1954): The Nature of Prejudice. Cambridge, MA: Cambridge University Press

American Academy of Arts and Sciences (1996): German and American Migration and Refugee Policies. Cambridge, MA: Published by the American Academy of Arts and Sciences in association with the German-American Academic Council Foundation-GAAC

Antonovsky, Aaron: Toward a refinement of the „marginal man" concept. In: Social Forces 57. 1956. 57-62

Archdeacon, Thomas J. (1983): Becoming American: An Ethnic History. New York: Free Press

Bader, Veit (Hrsg.) (1997). Citizenship and Exclusion. Amsterdam: Universiteit van Amsterdam

Bailey, T./Waldinger, R.: Primary, secondary and enclave labor markets: a training systems approach. In: ASR 56. 1991. 432-45

Bamber, Greg J./Lansbury, Russell D. (Hrsg.) (1993): International and Comparative Industrial Relations (second edition). New York: Routledge

Barth, Ernest A./Noel, D. L: Conceptual Framework for the Analysis of Race Relations: An Evaluation. In: Social Forces 50. 1972. 333-48

Bean, Frank D./Chapa, Jorge/Berg, Ruth H./Sowards, Kathryn A. (1994): Educational and Sociodemographic Incorporation among Hispanic Immigrants in the U.S. In: Passel et. al. (1994): 73-100

Bar-Yosef, Rivska Weiss: Desocialization and Resocialization: the Adjustment Process of Immigrants. In: IMR 2. 1968. 27-45

Basch, Linda/Glick Schiller, Nina/Szanton Blanc, Cristina (1994): Nations unbound: transnational projects, postcolonial predicaments, and deterritorialized nation-states. New York: Gordon-Breach

Becker, Howard S. (1963): Outsiders: Studies in the Sociology of Deviance. New York: Free Press

Blau, Peter/Duncan Otis D. (1967): The American Occupational Structure. New York: Wiley

Bonacich, Edna/Modell, John (1980): The Economic Basis of Ethnic Solidarity. Berkeley: University of California Press

Bonacich, Edna: A Theory of Middleman Minorities. In: ASR 38. 1973. 583-94

Borjas, George J. (1990): Friends of Strangers: The Impact of Immigrants on the U.S. Economy. New York: Basic Books

Borjas, George J./Tienda, Marta (Hrsg.) (1985): Hispanics in the U.S. Economy. Orlando, FL: Acad. Press

Borjas, George J.: Assimilation, Changes in Cohort Quality, and the Earnings of Immigrants. In: Journal of Labor Economics 3(4). 1985. 463-489

Borjas, George J.: Nine Immigration Myths. Know the Flow. In: National Review 47. 1995. 44-50

Borjas, George J.: Self-selection and the Earnings of Immigrants. In: American Economic Review 77. 1987. 532-53

Borjas, George J.: The Economics of Immigration. In: Journal of Economic Literature December 1994. 667-717

Boyd, Monica/Grieco, Elizabeth: Triumphant Transitions: Socioeconomic Achievements of the Second Generation in Canada. In: IMR 32(4). 1998. 853-876

Breton, Raymond: Institutional Completeness of Ethnic Communities and the Personal Relations of Immigrants. In: American Journal of Sociology 70. 1964. 193-205

Brubaker, William Rogers (Hrsg.) (1989): Immigration and the Politics of Citizenship in Europe and North America. Lanham, MD: University Press of America

Cain, Glenn: The Challenge of Segmented Labor Market Theories to Orthodox Theory. In: Journal of Economic Literature 14. 1976. 1215-57.

Castles, Stephen/Kossack, Godula (1985): Immigrant Workers and Class Structue in Western Europe, 2nd edition. London: Oxford University Press

Chapa, Jorge: The Myth of Hispanic Progress: Trends in the Educational and Economic Attainment of Mexican-Americans. In: Journal of Hispanic Policy 4. 1990. 3-8

Chiswick, Barry (1994): The Performance of Immigrants in the U.S. Labor Market. In: Giersch (1994): 95-114

Chiswick, Barry R: The Effects of Americanization on the Earnings of Foreign-born Men. In: Journal of Political Economy 86(5). 1978. 897-921

Cox, D.: Welfare Services for Migrants: Can They Be Better Planned?. In: IM 23 (1). 1985. 73-95

Danziger, Sheldon H./Sandefur, Gary D./Weinberg, Daniel H. (Hrsg.) (1994): Confronting Poverty: Prescriptions for Change. New York: Russell Sage Foundation

Danziger, Sheldon/Gottschalk, Peter (Hrsg.) (1993): Uneven Tides: Rising Inequality in America. New York: Russell Sage Foundation

DeWind, Josh/Kasinitz, Philip: Everything Old is New Again? Processes and Theories of Immigrant Incorporation? IMR 31(4). 1997. 1096-1111

Dogan, Mattei (2000): The Moving Frontier of the Social Sciences. In: Quah et. al. (2000): 35-49

Duleep, Harriet O./ Regets, Mark C.: The Decline in Immigrant Entry Earnings: Less Transferable Skills or Lower Ability?. In: The Quarterly Review of Economics and Finance 37. 1997. 189-208

Edwards, Richard/Reich, Michael/Gordon, David M. (1975): Labor Market Segmentation. Lexington, MA: Hearth

Eisenstadt, Shmuel N. (1954): The Absorption of Immigrants. A Comparative Study. London: Routledge & Kegan Paul Ltd

Esser, Hartmut (1980): Aspekte der Wanderungssoziologie. Darmstadt

Esser, Hartmut/Friedrichs, Jürgen (Hrsg.) (1990): Generation und Identität. Opladen: Westdeutscher Verlag

Faist, Thomas (1995): Social Citizenship for Whom? Young Turks in Germany and Mexican Americans in the United States. Aldershot: Avebury

Farley, Reynolds (1996): The New American Realiy: Who We Are, How We Got Here, Where We Are Going. New York: Russell Sage Foundation

Fernandez-Kelly, M. Patricia/Schauffler, Richard: Divided fates: immigrant children in a restructured U.S. economy. In: IMR 28(4). 1994. 662-89

Fijalkowski, Juergen/Gillmeister, Helmut (1997): Ausländervereine. Ein Forschungsbericht. Berlin: Hitit Verlag

Foner, Nancy (1977): The Jamaicans: Cultural and Social Change Among Migrants in Britain. In: Watson (1977): 120-50

Gaitanides, S. (1983): Sozialstruktur und Ausländerproblem. München: Verlag Deutsches Jugendinstitut

Gans, Herbert J. (1999): Toward a Reconciliation of 'Assimilation' and 'Pluralism': The Interplay of Acculturation and Ethnic Retention. In: Hirschman et. al. (1999): 161-171

Gans, Herbert J.: Toward a Reconciliation of Assimilation. In: and Pluralism: The Interplay of Acculturation and Ethnic Retention. In: IMR 31(4). 1997. 875-893

Gans, Herbert J.: Second-Generation Decline. Scenarios for the Economic and Ethnic Futures of the Post-1966 American Immigrants. In: Ethnic and Racial Studies 15(2). 1992. 173-92

Giersch, Herbert (Hrsg.) (1994): Economic Aspects of International Migration. Berlin: Springer Verlag

Glazer, Nathan/Moynihan/Daniel Patrick (1970): Beyond the Melting Pot: The Negroes, Puerto Ricans, Jews, Italians, and Irish of New York City. Cambridge, MA: MIT Press

Glick Schiller, Nina (1999): Transmigrants and Nation-States: Something Old and Something New in the U.S. Immigrant Experience. In: Hirschman et. al. (1999): 94-119

Goffman, Erving (1963): Stigma: Notes on the Management of Spoiled Identity. Englewood Cliffs, NJ: Prentice-Hall

Goldberg, Milton M.: A qualification of the marginal man theory. In: ASR 1941. 52-58

Golovensky, David I: The marginal man concept: an analysis and critique. In: Social Forces 1951/52. 333-339

Gordon, David (1972): Theories of Poverty and Unemployment. Lexington, MA: Heath

Gordon, Milton M./Massadureth-Auhush, N. (1964): Assimilation in American Life: The Role of Race, Religion and National Origins. Oxford: University Press

Green, Arnold W.: A re-examination of the marginal man concept. In: Social Forces 1947. 167-171

Guarnizo, Luis Eduardo: Los Dominicanyorks: The Making of a Binational Society. In: Annuals of the Academy of Political and Social Sciences 533. 1994. 70-86

Gungwu, Wang (Hrsg.) (1997). Global History and Migrations. Boulder, CO: Westview

Hammar, Tomas (1990): Aliens, Denizens and Citizens in a World of International Migration. Research in Ethnic Relations Series. Aldershot: Avebury

Han, Petrus (2000): Soziologie der Migration. Stuttgart: Lucius & Lucius

Handlin, Oscar (1973): The Uprooted: the Epic Story of the Great Migrations that made the American People. 2$^{nd}$ ed. Boston: Little, Brown.

Harrison, B./Bluestone B. (1988): The Great U-Turn: Corporate Restructuring and the Polarizing of America. New York: Basic Books

Hatton, Timothy J./Williamson, Jeffrey G. (1998): The Age of Mass Migration: Causes and Economic Impact. New York and Oxford: Oxford University Press

Heckmann, Friedrich (1981): Die Bundesrepublik: Ein Einwanderungsland? Stuttgart: Klett Cotta Verlag

Heckmann, Friedrich (1992): Ethnische Minderheiten, Volk und Nation Stuttgart: Enke Verlag

Hirschman, Charles/Dewind, Josh/Kasinitz, Philip (Hrsg.) (1999): The Handbook of International Migration: the American Experience. New York: Russell Sage Foundation

Hirschman, Charles/Falcon, Luis: The Educational Attainment of Religio-Ethnic Groups in the United States. In: Research in the Sociology of Education and Socialization 5. 1985. 83-120

Hirschman, Charles: The Melting Pot Reconsidered. In: Annual Review of Sociology 9. 1983. 397-423

Hodson, Randy/Kaufman, Robert: Economic Dualism: A Critical Review. In: ASR 47. 1982. 727-739

Hoffmann-Nowotny, H. J. (1973): Soziologie des Fremdarbeiterproblems. Stuttgart: Enke Verlag

Hollifield, James F. (1992): Immigrants, Markets, and States: The Political Economy of Postwar Europe. Cambridge: Harvard UP

Hollinger, David A. (1995): Postethnic America: Beyond Multiculturalism. New York: Basic Books

Horowitz, Donald L. (1985): Ethnic Groups in Conflict. Berkeley: Univ. of California Press

Hoskin, Marilyn (1991): New Immigrants and Democratic Society: Minority Integration in Western Democracies. New York: Praeger

Hughes, Everett C: Social Change and Status Protest: An Essay on the Marginal Man. In: Phylon 10(1). 1949. 57-65

Isajiw, Wsevolod W. (Hrsg.) (1997): Multiculturalism in North America and Europe. Comparative Perspectives on Interethnic Relations and Social Incorporation. Toronto: Canadian Scholar's Press and the Robert F. Harney Professorship and Program in Ethnic, Immigration and Pluralism Studies, University of Toronto

Kao, Grace/Tienda, Marta: Optimism and Achievement: The Educational Performance of Immigrant Youth. In: Social Science Quarterly 76 (1). 1995. 1-19

Karoly, Lynn A. (1993): The Trend in Inequality among Familices, Individuals, and Workers in the United States: A Twenty-five-year Perspective. In: Danziger et. al. (1993): chapter 2

Karpathakis, Anna: Home Society Politics and Immigrant Political Incorporation: The Case of Greek Immigrants in New York City . In: IMR 33(1). 1999. 55-78

Kaufman, Robert L. /Hodson, Randy/Fligstein, Neal: Defrocking Dualism: A New Approach to Defining Industrial Sectors. In: Social Science Research 10(1). 1981. 1-31

Korzeniewicz, Roberto P./Smith, William C. Smith (Hrsg.) (1996): Latin America in the World Economy. Westport, Connecticut: Greenwood

Kritz, Mary M. (Hrsg.) (1983): U.S. Immigration and Refugee Policy: Global and Domestic Issues. Lexington, MA: Heath

Kritz, Mary/Keely, Charles B. /Tomasi, Silvano M (1981): Global Trends in Migration. Staten Island, NY: Center for Migration Studies

Kurthen, Hermann (1991): Some Remarks on Ethnic Stratification in West Germany and West Berlin. In: Ostow et.al. (1991): 77-94

Kurthen, Hermann (1993): Corporate Human Resource Policies Dealing with a Multicultural Workforce — West-Berlin and Toronto in Comparison. In: Rudolph et.al. (1993): 113-139

Kurthen, Hermann/Fijalkowski, Jürgen/Wagner Gert G (Hrsg.) (1998): Immigration, Citizenship, and the Welfare State in Germany and the United States, Part B, Vol. 14. Greenwich, CT: JAI Press

LaLonde, Robert J./Topel, Robert H. (1990): The Assimilation of Immigrants in the U.S. Labor Market. In: Working Paper 3573. Cambridge, MA: National Bureau of Economic Research

Landale, Nancy S./Oropesa R. S. (1995): Immigrant Children and the Children of Immigrants: Inter- and Intra-Group Differences in the United States. In: Research Paper 95-02. Population Research Group, Michigan State University

Lee, Sharon M./Edmonston, Barry (1994): The Socioeconomic Status and Integration of Asian Immigrants. In: Passel et.al. (1994): 100-38

Light, Ivan/Bonacich, Edna (1988): Immigrant Entrepreneurs: Koreans in Los Angeles, 1965-1982. Berkeley: University of California Press

Light, Ivan/Karageorgis, Stavros (1994): The Ethnic Economy. In: Smelser et.al. (1994): 646-71

Lipset, Seymour Martin (1989): Continental Divide: The Values and Institutions of the US and Canada. Toronto: C.D. Howe Institute

Lipset, Seymour Martin (1996): American Exceptionalism: A Double-edged Sword. New York: Norton

Lowery, Christine (Hrsg.) (1999): Perspectives-Introduction to Social Work. Bellevue: Coursewise Publisher

MacKerron, Heike/Hamilton, Kimberly: Setting Research Guidelines for Transnational Comparison and Cooperation on Immigration and Integration. In: IMR 32(1). 1998. 223-26

Marshall, T. H (1964): Citizenship and Social Class. In: Marshall (1964): 65-123

Marshall, T. H. (1964): Class, Citizenship, and Social Development. New York: Doubleday/London: Pluto Press

Massey, Douglas S. (1987): Return to Aztlan: The Social Processes of International Migration from Western Mexico. Berkeley: University of California Press

Massey, Douglas S. (1995): The New Immigration and Ethnicity in the United States. In: Population and Development Review 21(3)

Massey, Douglas S. (1999): Why Does Immigration Occur? A Theoretical Synthesis. In: Hirschman et. al. (1999): 34-52

Massey, Douglas S./Denton, Nancy A. (1993): American Apartheid: Segregation and the Making of the Underclass. Cambridge, Mass: Harvard University Press

Massey, Douglas S./Denton, Nancy A.: Trends in Residential Segregation of Black, Hispanics, and Asians: 1970-1980. In: ASR 52. 1987. 802-25

Massey, Douglas S.: Dimensions of the New Immigration to the United States and the Prospects for Assimilation. In: Annual Review of Sociology 7. 1981. 57-85

Massey, Douglas S.: Ethnic Residential Segregation: A Theoretical Synthesis and Empirical Review. In: Sociology and Social Research 69. 1985. 315-50

Massey, Douglas S.: Understanding Mexican Migration to the United States. In: American Journal of Sociology 92. 1987. 1372-1403

Massey, Douglas. S. et. al (1998): Worlds in Motion: Understanding International Migration at the End of the Millenium. Clarendon Press: Oxford

Miles, Robert (1989): Racism. London: Routledge, 1989

Morawska, Ewa T. (1985): For Bread with Butter: The Life-Worlds of East Central Europeans in Johnstown, Pennsylvania, 1890-1940. New York: Cambridge University Press

Murphy, Kevin M./Welch, Finis. (1993): Industrial Change and the Rising Importance of Skill. In: Danziger et. al. (1993): 101-32

Nee, Victor/Sanders, Jimy/Sernau, Scott: Job Transitions in an Immigrant Metropolis: Ethnic Boundaries and the Mixed Economy. In: ASR 59. 1994. 849-72

Neidert, Lisa J./Farley, Reynolds: Assimilation in the United States: An Analysis of Ethnic and Generational Differences in Status and Achievement. In: ASR 50(6). 1985. 840-50

Ogbu, John U. (1978): Minority Education and Caste: The American System in Cross-cultural Perspective. New York: Academic Press

Olzak, Susan/Nagel, Joane (Hrsg.) (1986): Competitive Ethnic Relations. Orlando, FL: Academic Press

Oropesa, R. S./Landale, Nancy: Immigrant Legacies: Ethnicity, Genderation, and Childrens' Familial and Economic Lives. In: Social Science Quarterly 78(2). 1997. 399-416

Ostow, Robin/Fijalkowski, Jürgen /Bodeman, Y. Michael/Merkens, Hans (Hrsg.) (1991): Ethnicity, Structured Inequality, and the State in Canada and the Federal Republic of Germany. Frankfurt/M.: Peter Lang

Padilla, Yolanda C. (1999): Immigrant Policy: Issues for social work practice. In: Lowery (1999): 152-59

Parcel, Toby L./Mueller, Charles W. (1983): Ascription and labor markets. Race and Sex differences in earnings. New York: Academic Press

Passel, Jeffrey S./Edmonston, Barry (1994): Immigration and Ethnicity. The Integration of America's Newest Arrivals. Washington, DC: Urban Institute Press

103

Pedraza, Siliva/Rumbaut, Ruben G. (Hrsg.) (1996): Origins and Destinies: Immigration, Race, and Ethnicity in Contemporary America. Belmont, CA: Wadsworth

Perlmann, Joel (1988): Ethnic Differences: Schooling and Social Structure among the Irish, Italians, Jews, and Blacks in an American City, 1988-1935. New York: Cambridge University Press

Perlmann, Joel/Waldinger, Roger (1999): Immigrants, Past and Present: A Reconsideration. In: Hirschman et. al. (1999): 223-38

Perlmann, Joel/Waldinger, Roger: Second Generation Decline? Children of Immigrants, Past and Present – A Reconsideration. IMR 31(4). 1997. 893-922

Piore, Michael J. (1979): Birds of passage. Cambridge: Cambridge University Press

Piore, Michael J. and Charles F. Sabel (1984): The Second Industrial Divide. New York: Basic Books

Portes, Alejandro (1981): Modes of Structural Incorporation and Present Theories of Labor Immigration. In: Kritz et. al. (1981): 279-297

Portes, Alejandro (1995a): Economic Sociology and the Sociology of Immigration: A Conceptual Overview. In: Portes (1995a): 1-41

Portes, Alejandro (1995b): Children of Immigrants: Segmented Assimilation and its Determinants. In: Portes (1995b): 248-79

Portes, Alejandro (1996): Transnational Communities: their Emergence and Significance in the Contemporary World-System. In: Korzeniewicz/Smith (1996): 151-168

Portes, Alejandro (1999): Immigration Theory for a New Century: Some Problems and Opportunities. In: Hirschman et. al. (1999): 21-33

Portes, Alejandro (Hrsg.) (1995a). The Economic Sociology of Immigration: Essays on Networks, Ethnicity, and Entrepreneurship. New York: Russell Sage Foundation

Portes, Alejandro (1996): Transnational Communities: Their Emergence and Significance in the Contemporary World-System. In: Korzeniewicz/Smith (1996):

Portes, Alejandro/Bach, Robert L. (1985): Latin Journey: Cuban and Mexican Immigrants in the United States. Berkeley and L.A.: University of CA Press

Portes, Alejandro/Borocz, Joszef: Contemporary Immigration: Theoretical Perspectives on its Determinants and Modes of Incorporation. In: IMR 23(3). 1989. 606-630

Portes, Alejandro/Guarnizo, Luis E./Landolt, Patricia: The study of transnationalism: pitfalls and promise of an emergent research field. In: Ethnic and Racial Studies 22(2). 1999. 217-37

Portes, Alejandro/Castells, Manuel/Benton, Lauren A. (Hrsg.) (1989): The Informal Economy: Studies in Advanced and Less-Developed Countries. Baltimore: Johns Hopkins University Press

Portes, Alejandro/Manning, Robert D. (1986): The Immigrant Enclave: Theory and Empirical Examples. In: Olzak et.al. (1986): 47-68

Portes, Alejandro/Rumbaut, Ruben G. (1996): Immigrant America: A Portrait, 2nd edition. Berkeley: University of California Press

Portes, Alejandro/Stepick, Alex: Unwelcome Immigrants: The Labor Market Experiences of 1980 (Mariel) Cuban and Haitian Refugees in South Florida. In: ASR 50 (4). 1985. 493-514

Portes, Alejandro/Walton, Jon (1981): Labor, Class, and the International System. New York: Academic Press

Portes, Alejandro/Zhou, Min: Gaining the upper hand: economic mobility among immigrants and domestic minorities. In: Ethnic and Racial Studies 15 (4). 1992. 491-522

Portes, Alejandro/Zhou, Min: The New Second Generation: Segmented Assimilation and its Variants. In: The Annals of the American Academy of Political and Social Science 530. 1993. 74-96

Powers, M./Seltzer, W.: Occupational Status and Mobility among Undocumented Immigrants by Gender. In: IMR 32(1). 1998. 21-55

Pries, Ludger (Hrsg.) (2001): New Transnational Social Spaces. International Migration and Transnational Companies in the 21st Century. London: Routledge

Quah, Stella R./Sales, Arnaud (Hrsg.) (2000): The International Handbook of Sociology. Thousand Oaks, CA: Sage Publications

Quah, Stella R./Sales, Arnaud (2000): Of Consensus-Tensions and Sociology at the Dawn of the 21st Century. In: Quah et. al. (2000): 3-31

Raijman, Rebecca/Tienda, Marta (1999): Immigrants' Socioeconomic Progress Post-1965: Forging Mobility or Survival?. In: Hirschman et. al. (1999): 239-256

Reitz, Jeffrey/Breton, Raymond (Hrsg.) (1994): The Illusion of Difference: Realities of Ethnicity in Canada and the United States. Toronto: C.D. Howe Institute.

Rex, John/Drury, Beatrice (Hrsg.) (1994): Ethnic Mobilization in a Multi-Cultural Europe. Aldershot: Avebury

Rudolph, Hedwig/Morokvasic, Mirjana (Hrsg.) (1993): Bridging States and Markets: International Migration in the Early 1990's. Social Science Research Center/Wissenschaftszentrum Berlin: Edition Sigma

Rumbaut, Ruben G. (1996): Origins and Destinies: Immigration, Race, and Ethnicity in Contemporary America. In: Pedraza et. al. (1996): 21-42

Rumbaut, Ruben G. (1999): Assimilation and its Discontents: Ironies and Paradoxes. In: Hirschman et. al. (1999): 172-195

Rumbaut, Ruben G./Ima, Kenji (1988): The Adaptation of Southeast Asian Refugee Youth: A Comparative Study. Washington: Office of Refugee Resettlement

Rumbaut, Ruben G: Assimilation and Its Discontents: Between Rhetoric and Reality. IMR 31(4). 1997. 923-960

Rumbaut, Ruben G.: Origins and Destinies: Immigration to the United States Since World War II. In: Sociological Forum 9 (4). 1994. 583-621

Sanders, Jimy/Nee, Victor: Immigrants Self-Employment: The Family as Social Capital and the Value of Human Capital. In: ASR 61. 1996. 231-49

Sassen, Saskia (1991): The Global City: New York, London, Tokyo. Princeton, NJ: Princeton University Press

Sassen, Saskia (1988): The Mobility of Labor and Capital: A Study in International Investment and Labor Flows. New York: Cambridge University Press

Sassen, Saskia (1989): New York City's Informal Economy. In: Portes et. al. (1989): 60-77

Sassen, Saskia (1994): Cities in a World Economy. Thousand Oaks, CA: Pine Forge Press

Schmitter Heisler, Barbara (1998): Contexts of Immigrant Incorporation: Locating Dimensions of Opportunities and Constraints in the United States and Germany. In: Kurthen et.al. (1989): 91-106

Schmitter Heisler, Barbara: A Comparative Perspective on the Underclass: Questions of Urban Poverty, Race and Citizenship. In: Theory and Society 20. 1991. 455-83

Schmitter Heisler, Barbara: The Future of Immigrant Incorporation: Which Models? Which Concepts?. In: IMR 26(2). 1992. 623-645

Schuck, Peter/Münz, Rainer (Hrsg.) (1998): Paths to Inclusion. The Integration of Migrants in the United States and Germany. Providence, RI and Oxford: Berghahn Press

Scott A.J. (1996): Ethnic and Gender Divisions of Labor in the Manufacturing Economy. In: Waldinger et.al. (1996): 215-246

Seifert, Wolfgang (1995): Die Mobilität der Migranten. Berlin: Ed. Sigma

Shibutani, Tamotsu/Kwan, Kian (1965): Ethnic Stratification. New York: Macmillan

Simpson, George E./Yinger, J. Melton (1985): Racial and Cultural Minorities: an Analysis of Prejudice and Discrimination. 5th ed. New York: Plenum Press

Smelser, Neil/Swedborg, Richard (Hrsg.) (1994): Handbook of Economic Sociology. Princeton, NJ: Princeton University Press

Smith, James P./Edmonston, Barry (Hrsg.) (1997): The New Americans: Economic, Demographic, and Fiscal Effects of Immigration. Panel on the Demographic and Economic Impacts of Immigration. Washington DC: National Research Council

Stonequist, Everett V (1937): The Marginal Man. A Study in Personality and Culture Conflict. New York: Russel & Russel

Soysal, Yasemin (1994): Limits of Citizenship: Migrants and Postnational Membership in Europe. Chicago: Univ. of Chicago Press

Suarez-Orozco, Carola/Suarez-Orozco, Marcelo M. (1995): Transformations: Migration, Family Life, and Achievement Motivation among Latin Adolescents. Stanford, CA: Stanford University Press

Taft, Ronald: A Psychological Model for the Study of Social Assimilation. In: Human Relations 10. 1955. 141-156

Taft, Ronald: The Shared Frame of Reference Concept applied to the Assimilation of Immigrants. In: Human Relations 6. 1953. 45-55

Tienda, M./Lii, D.T.: Minority Concentration and Earning Inequality: Blacks, Hispanics, and Asious Compared. In: American Journal of Sociology 93, 1988. 141-165

Tienda, Marta (1983): Socioeconomic and Labor-Force Characteristics of U.S. Immigrants: Issues and Approaches. In: Kritz (1983): 211-31

Tienda, Marta/Liang, Zai (1994): Poverty and Immigration in Policy Perspective. In: Danziger et.al. (1994): 331-64

Tienda, Marta/Stier, Haya (1996): The Wages of Race: Color and Employment Opportunity in Chicago's Inner City. In: Pedraza et. al. (1996): 417-31

Trejo, Steven: Why do Mexican Americans earn low Wages? In: Journal of Political Economy 105(6). 1997. 1235

Tress, Madeleine: Welfare state type, labour markets and refugees: a comparison of Jews from the former Soviet Union in the United States and the Federal Republic of Germany. In: Ethnic and Racial Studies 21 (1). 1998. 116-137

Wacquant, Lois J.D.: The Rise of Advanced Marginality: Notes on its Nature and Implications. In: Acta Sociologica 39(2). 1996. 121-40

Waldinger, Roger/Aldrich, Howard (1990): Trends in Ethnic Businesses in the United States. In: Waldinger et.al. (1990): 49-78

Waldinger, Roger/Aldrich, Howard/Ward, Robin (Hrsg.) (1990): Ethnic Entrepreneurs: Immigrant Business in Industrial Societies. Newbury Park, CA: Sage

Waldinger, Roger/Bozorgmehr, Mehdi (1996): The Making of a Multicultural Metropolis. In: Waldinger et.al. (1996):

Waldinger, Roger/Bozorgmehr, Mehdi (Hrsg.) (1996): Ethnic Los Angeles. New York: Russell Sage Foundation Waldinger, Roger: Changing Ladders and Musical Chairs: Ethnicity and Opportunities in Postindustrial New York. In: Politics and Society 15. 1986. 369-410

Waldinger, Roger: Immigration and Urban Change. In: Annual Review of Sociology 15. 1989. 211-32

Waldinger, Roger: The Ethnic Enclave Debate Revisited. In: International Journal of Urban and Regional Research 17. 1993. 444-52

Warner, Lloyd/Srole, Leo (1945): The Social Systems of American Ethnic Groups. New Haven, CT: Yale University Press

Waters, Mary C. (1990): Ethnic Options: Coosing Identities in America. Berkeley: University of California Press

Waters, Mary C.: Ethnic and Racial Identities of Second-Generation Black Immigrants in New York City. IMR 28 (4). 1994. 795-820

Watson, James L. (Hrsg.) (1977): Between Two Cultures: Migrants and Minorities in Britain. Oxford: Basil Blackwell

Williams, Brackette: A Class Act: Anthropology and the Race to Nation across Ethnic Terrain. In: Annual Review of Anthropology 18. 1989. 401-44

Willis, Paul (1981): Learning to labor: How Working-class Kids get Working-class Jobs. New York: Columbia University Press

Wilson, Kenneth/Allen, Martin W.: Ethnic Enclaves: A Comparison of the Cuban and Black Economies of Miami. In: American Journal of Sociology 88(1). 1982. 135-60

Wilson, Kenneth/Portes, Alejandro: Immigrant Enclaves: An Analysis of the Labor Market Experiences of Cubans in Miami. In: American Jornal of Sociology 86(2). 1980. 296-319

Wilson, William Julius (1987): The Truly Disadvantaged: The Inner City, the Underclass, and Public Policy. Chicago: University of Chicago Press

Zhou, Min (1992): Chinatown: The Socioeconomic Potential of an Urban Enclave. Philadelphia, PA: Temple University Press

Zhou, Min (1999): Segmented Assimilation: Issues, Controversies, and Recent Research on the New Second Generation. In: Hirschman et. al. (1999): 196-211

Zhou, Min: Segmented assimilation: issues, controversies, and recent research on the new second generation. IMR 31(4). 1997. 975-1008

Zolberg, Aristide (1997): Global Movements, Global Walls: Responses to Migration, 1885-1925. In: Gungwu (1997): 197-307

Zolberg, Aristide (1997): Modes of Incorporation: Towards a Comparative Framework. In: Bader (1997): 139-150

# 3. Arbeitsmarkt, Beschäftigung und soziale Sicherung

# Einwanderung und Europäisierung. Postnationale Arbeitsmärkte ohne wohlfahrtspolitische Verfassung?

*Andreas Treichler*

## 1. Einleitung

Wenn in den vergangenen Jahrzehnten in der politischen wie auch gesellschafts-wissenschaftlichen Diskussion von Arbeitsmarkt und -politik die Rede war, dann war – zumeist implizit und überhaupt – der nationale Arbeitsmarkt gemeint. Erst die ein-gängige Diskussion um die vielzitierte ‚Globalisierung' und ‚Europäisierung' der letzten Jahre verlieh der Tatsache wieder schärfere Konturen, dass der Arbeitmarkt der fortgeschrittenen kapitalistisch-marktwirtschaftlichen Staatsgesellschaften des vergangenen 20. Jahrhunderts, historisch betrachtet keineswegs selbstverständlich, überwiegend ein national konstituierter und konturierter war.

Die soziale und ökonomische Bedeutung des Arbeitsmarktes, welcher ohne staatlich-politische und ethnisch-kulturelle Grenzziehung zunächst als ‚Weltarbeits-markt' zu denken wäre, resultiert aus der Tatsache, dass nicht nur in Westeuropa der Arbeitsmarkt als der zentrale Ort bezeichnet werden kann, der über die Zuweisung von Einkommens-, Beschäftigungs- und Lebenschancen der überwiegenden Anzahl der Erwerbspersonen entscheidet. Damit ist der Arbeitsmarkt, so die *Prämisse*, zent-rale Drehscheibe insbesondere ökonomisch und politisch begründeter sozialer Un-gleichheit.

Die Existenz internationaler sozialer Ungleichheit bedingt einen grundlegenden Interessenkonflikt zwischen einheimischen Arbeitnehmern und ausländischen Ar-beitsmigranten: Während inländische Arbeitskräfte an einer möglichst aussichtsrei-chen Position am nationalen Arbeitsmarkt und einem relativ hohen Einkommens- und Lebensstandard interessiert sind, welche am ehesten die prinzipielle Abgeschlos-senheit des Arbeitsmarktes als Strategie der Minimierung der Konkurrenzbeziehun-gen nach außen nahe legt, haben Arbeitskräfte aus weniger entwickelten National-staaten ein aktuelles Interesse, durch Arbeitsaufnahme in entwickelteren Nationalge-sellschaften bzw. Staatengemeinschaften ihre Einkommens- und Lebensstandards zu verbessern (K. Dohse 1983: 17). Hierzu erschien es in der Vergangenheit insbeson-dere von Seiten der nationalen Arbeiter- und Gewerkschaftsbewegung zweckmäßig, das internationale Arbeitskräfteangebot prinzipiell weitgehend ‚auszugrenzen', zu-mindest aber politisch restriktiv zu regulieren, um ein ‚Überangebot' an Arbeitskräf-ten im jeweiligen nationalen Rahmen zu verhindern bzw. das inländische Arbeits-kräfteangebot relativ knapp zu halten.

Die Begrenzung des Arbeitskräfteangebotes und der Arbeitsmarktkonkurrenzen zwischen den Arbeitskraftanbietern war (und ist) zentraler Ausgangspunkt wie auch Grundlage wohlfahrtsstaatlicher und -politischer Regulation nationaler Arbeitsmärkte. Arbeitsmarktbezogene Solidaritäten und Solidarleistungen waren dementsprechend nicht nur wesentlich national konstituiert, sondern sollten auch auf den politischen und sozialen Raum der ,Nation' beschränkt bleiben. Politisches Ziel war – der Beschwörung internationaler Arbeitersolidarität zum Trotz – die Nivellierung klassen- und schichtspezifischer Ungleichheit im intranationalen Rahmen unter Ausgrenzung der ,internationalen sozialen Frage'.

Die nationale Begrenzung des politisch-staatlich regulierten Arbeitsmarktes als strukturelle Ein- wie auch Ausgrenzung des Arbeitskräfteangebotes kann sozialwissenschaftlich-analytisch und politisch-moralisch verschieden gewichtet werden: Zum einen als historisch-kollektiver Lernprozess im Sinne einer Zivilisierung von Arbeitsmarktbeziehungen wie auch als politisch-moralische Übereinkunft, dass der ,Arbeitsmarkt' als Markt für menschliche Arbeitskraft nicht so strukturiert sein soll wie beispielsweise Gütermärkte, weil sonst die ,Würde des Menschen' nicht angemessen Berücksichtigung findet. Zum anderen wurde der historisch bedeutsame und prinzipielle Umstand nationaler Beschränkungen beim Arbeitsmarktzugang und/oder Zugang von Solidarleistungen in Form von Rechtsansprüchen, finanziell-materiellen Leistungen und Zuwendungen sowie sozialer Anerkennung und Hilfeleistung verschiedentlich als ,institutioneller Rassismus' und ,Wohlstandschauvinismus' etikettiert.[1] Aus liberaler und menschenrechtlicher Sicht[2] ist zudem die Einschränkung der Freizügigkeit als Individualrecht zugunsten des auf die jeweilige ,Nation' kollektiv etablierten, mehr oder weniger ausgebauten, Wohlfahrtssystems als nicht erwünscht kritisiert worden.

Die Problematik der In- und Exklusion wohlfahrtsstaatlichen Handelns gegenüber Migranten im Allgemeinen[3] und speziellen Migrantengruppen im Besonderen sowie der Gerechtigkeit nationaler Solidarsysteme gegenüber der internationalen sozialen Frage sollen hier nicht weiter verfolgt werden, gleichwohl sie der weiteren Erörterung bedürfen. Allerdings ist eine Erweiterung bzw. Akzentverschiebung der Diskussion um das Verhältnis von nationalem Wohlfahrtsstaat und grenzüberschreitender Migration angebracht. Denn, so die hier vertretene *zentrale These*: Viele ehemals national konstituierte Arbeitsmärkte sind – zumindest in Westeuropa wie beispielsweise der bundesdeutsche – in der traditionellen, einer ethnisch relativ homogenen Nationalerwerbsbevölkerung vorenthaltenen Form, zunehmend weniger existent. Auf diese aber bezieht sich ein nicht geringer Teil oben kurz benannter Kritik.

Das Aufzeigen der Entwicklung zum postnationalen Arbeitsmarkt und der damit verbundenen ,Wohlfahrtsproblematik' ist Aufgabe der weiteren Ausführungen. Da wohlfahrtsstaatliche und -politische Institutionen und Ordnungsprinzipien einem verstärkten Leistungs- und Legitimationsdruck gerade mit der ,Globalisierung' und

---

1 Vgl. stellvertretend auch für andere Butterwegge/Jäger (Hrsg.) 1993.
2 Vgl. z.B. Komitee für Grundrechte u. Demokratie (Hrsg.) 2001: Ein Deutschland für Einwanderer.
3 Vgl. in theoretischer Perspektive Bommes/Halfmann (Hrsg.) 1998; Bommes 1999.

,Europäisierung' ausgesetzt sind, stellen sich in diesem Zusammenhang mindestens zwei Fragen, welche am Beispiel der Bundesrepublik Deutschland näher zu erörtern sind: Welche Entwicklungen und Dynamiken sind mit der wohlfahrtsstaatlichen und -politischen Regulation nationaler Arbeitsmärkte in Bezug auf transnationale Migrationen und Einwanderung in den vergangenen fünfzig Jahren verbunden gewesen? In welcher Art und Weise hat sich das politisch-ideelle Leitbild des wohlfahrtsstaatlich und -politisch regulierten nationalen Arbeitsmarktes vor dem Hintergrund von ,Globalisierung' und ,Europäisierung' geändert?

## 2. Dynamiken und Potentiale transnationaler Arbeitsmigrationen

Nationale Arbeitsmärkte waren zumindest in Westeuropa, aber auch darüber hinaus, in den vergangenen hundert Jahren maßgeblich dadurch bestimmt, dass das Arbeitskräfteangebot weitestgehend national bestimmt wurde bzw. bestimmt werden konnte. Darüber hinausgehende Bedarfe wurden im nationalen Interesse dann – vorzugsweise temporär – unter Ausübung staatlicher Territorialkontrolle ,importiert', wie unter bestimmten Bedingungen zuweilen auch wieder ,exportiert'.[4] Zwar existieren zu Beginn des 21. Jahrhunderts weiterhin nationale Arbeitsmarktregularien politisch-rechtlicher Art. Auch ist der Faktor ,Arbeit' im Unterschied zu Kapital und Dienstleistungen nach wie vor der am wenigsten mobilste, wenngleich nach Personengruppen differenziert werden muss. Dennoch haben im Unterschied zum vergangenen Jahrhundert ökonomische, technische, politische und soziale Entwicklungen neue Fakten und Dynamiken geschaffen, welche dem Arbeitskräftepotential jenseits des einzelnen Nationalstaates eine größere Bedeutung zukommen lässt. Dies bezieht sich nicht nur auf die Größenordnungen des Arbeitskräfteangebotes und der Mobilisierungsmöglichkeiten für den Faktor Arbeit, sondern dies gilt auch in Hinblick auf die tendenzielle Rücknahme politisch-rechtlicher Regulationen des Arbeitskräfteangebotes und der Arbeitskräftenachfrage für Migranten aus den EU-Mitgliedsstaaten innerhalb der Staatengemeinschaft. Mit anderen Worten: Nicht nur das nationale, sondern auch das darüber hinaus gehende, weltweite *Arbeitskräfteangebot* wird zunehmend für Arbeitsmärkte in Europa relevant, ohne dass bislang allerdings ein real existierender „Weltarbeitsmarkt" unterstellt werden kann. Ein vermeintlicher ,Weltarbeitsmarkt' ist als eigenständige Institution bislang Ideologie oder Utopie, aber auch der traditionelle nationale Arbeitsmarkt ist antiquiert.

Weltweit ist die Bevölkerung in absoluten Zahlen in den vergangenen Jahrzehnten geschichtlich in einer nicht bekannten Weise schnell gewachsen.[5] Dementsprechend wuchs und wächst auch das Potential an Erwerbspersonen, jedoch weltweit nach Regionen unterschiedlich. International vergleichend betrachtet nimmt das Erwerbspersonenpotential am stärksten in den ärmeren Regionen außerhalb Europas

---

4    Vgl. die Längsschnittanalyse von Dohse 1983 (zuerst 1981) vom ,Kaiserreich' bis zur Bundesrepublik Deutschland Ende der 1970er Jahre.
5    Vgl. Deutsche Gesellschaft für die Vereinten Nationen e.V. (Hrsg.) 1994: 42.

zu, während es in Europa unterproportional wächst oder in einzelnen europäischen Ländern stagniert bzw. in Deutschland sogar rückläufig ist.

Tabelle 1: Das weltweite Arbeitskräftepotential nach Einkommensgruppen der Länder und nach Regionen[6]

| Arbeitnehmer in Millionen und Prozent | | | | | |
|---|---|---|---|---|---|
| Einkommensgruppe oder Region | 1965 | | 1995 | | 2025 | |
| Welt | 1.329 | 100% | 2.476 | 100% | 3.656 | 100% |
| Einkommensgruppe | | | | | | |
| Länder mit hohem Einkommen | 272 | 21% | 382 | 15% | 395 | 11% |
| Länder mit mittlerem Einkommen | 363 | 27% | 658 | 27% | 1.020 | 28% |
| Länder mit niedrigem Einkommen | 694 | 52% | 1.436 | 58% | 2.241 | 61% |
| Region | | | | | | |
| Afrika südlich der Sahara | 102 | 8% | 214 | 9% | 537 | 15% |
| Ostasien und Pazifik | 448 | 34% | 964 | 39% | 1.201 | 33% |
| Südasien | 228 | 17% | 440 | 18% | 779 | 21% |
| Europa und Zentralasien | 180 | 14% | 239 | 10% | 281 | 8% |
| Naher Osten und Nordafrika | 29 | 2% | 80 | 3% | 204 | 6% |
| Lateinamerika | 73 | 5% | 166 | 6% | 270 | 7% |
| OECD-Länder mit hohem Einkommen | 269 | 20% | 373 | 15% | 384 | 10% |

Da transnationale Arbeitsmigrationen von ,ärmeren' Ländern in entwickeltere, reichere Gesellschaften/Wirtschaftssegmente stattfinden, werden Migranten zweckrational-ökonomische Kalküle unterstellt. Mikroökonomische Theorieansätze verstehen dementsprechend den Wanderungsentscheid als individuellen bzw. familiaren Such- und Optimierungsprozess. Nach der Prämisse dieser Ansätze wägen Menschen Vor- und Nachteile des Wanderns beziehungsweise Verharrens unter dem Gesichtspunkt

---

6    Quelle: Weltbank 1995: 11, nach Daten der ILO. Die Angaben für das Jahr 2005 sind Schätzungen. Anmerkung: Als Arbeitnehmer werden Personen im Alter von fünfzehn bis vierundsechzig Jahren erfasst. Länder mit niedrigem Einkommen sind jene, deren Bruttosozialprodukt (BSP) pro Kopf im Jahr 1993 695 Dollar oder weniger betrug. Länder mit mittlerem Einkommen sind jene, deren BSP pro Kopf im Jahr 1993 mehr als 695 Dollar, aber weniger als 8.626 Dollar betrug. Als Länder mit hohem Einkommen werden jene kategorisiert, deren BSP pro Kopf im besagten Jahr 8.626 Dollar oder mehr betrug.

ab, ihren persönlichen Nutzen, gleich welcher Art, zu maximieren. Modelle der mikroökonomischen Entscheidungsfindung, die variantenreich und entwicklungsfreudig sind, dienen häufig auch als Axiom für die makroökonomische Erklärung transnationaler Migrationen im Rahmen von ‚Push-Pull-Modellen'. Entscheidende Faktoren, die das makroökonomische Wanderungsverhalten erklären sollen, sind die Größe, Entwicklung, Struktur (Alter, Geschlecht) und räumliche Verteilung (Dichte) der Bevölkerung, das absolute Wohlstandsgefälle zu den Zielländern, das relative Wohlstandsgefälle in der Herkunftsgesellschaft sowie die politischen, sozialen und ökologischen Rahmenbedingungen (Th. Straubhaar 1995: 243 ff.). Diesen Modellen kam in der Vergangenheit bei der Erklärung von Ursachen, Umfang und Prognosen historischer, aktueller und zukünftiger Migrationsbewegungen nicht nur in den Gesellschaftswissenschaften eine erhebliche Bedeutung zu. Auch bei politisch-praktischen Entscheidungen und administrativen Maßnahmen wurde vorzugsweise auf diese Modelle Bezug genommen. Diese ‚Push-Pull-Modelle' standen jedoch in den 1990er Jahren vermehrt in der Kritik, welche theoretisch-konzeptionell wie empirisch mindestens vier bedeutsame Einwände einschließt:

- Nicht alle Migranten handeln ausschließlich zweckrational. Vor allem politische und ethnisch-religiöse Flüchtlinge handeln in nicht unbedeutender Weise wertrational. ‚Entscheidungen' zur Emigration sind bei Zwangsverschleppten, Flüchtlingen und Vertriebenen nur eingeschränkt in einem rational-choice-Muster angemessen zu thematisieren. Diese Personengruppen müssen ‚Entscheidungen', soweit sie entscheiden können, unter Gewalt oder Zwang treffen, also nicht selten alternativlos und unfreiwillig.

- Es sind in Bezug auf Arbeitsmigrationen nicht die „most disadvantaged people", die von ärmeren in reichere Gesellschaften abwandern (St. Castles/M.J. Miller 1993: 20). Nicht die ärmsten Bevölkerungsgruppen emigrieren, denn internationale Mobilität, sofern ihr nicht absolute Gewalt zugrunde liegt, setzt bestimmte Bedingungen voraus: Ein Mindestmaß an Bildung, Informationen, sozialer Kompetenz, eine geringe Risikoaversion und nicht zuletzt Geld. Damit verbunden ist bereits eine Vorauswahl von transnationalen Migranten, zunächst unabhängig von den Rekrutierungskriterien potentieller Zuwanderungsländer.

- Es sind nicht die Hauptherkunftsländer von Migranten, die zu den absolut ärmsten Ländern gehören, sondern es sind Staaten, die sich in gesellschaftlich-ökonomischer Entwicklung befinden. Mittelfristig fördert eine solche „erfolgreiche" Entwicklung Ab- und Auswanderung sogar mehr, als dass sie diese bremst (M.S. Teitelbaum 1993: 162 f.).[7] Damit ist ein Dilemma nationaler Entwicklungspolitik benannt, welche internationale Entwicklungs- und Wohlstandsgefälle bekämpfen bzw. nivellieren will, zugleich sich davon aber auch nicht selten eine ‚Zuwanderungsbremse' erhofft.

---

7  Sassen (1988; 1991) hat am Beispiel der USA aufgezeigt, dass die Aufnahmeländer in der Regel aktiv an Prozessen beteiligt sind, die zur Entstehung internationaler Migrationen führen. So sind es gerade die bestehenden bzw. sich intensivierenden wirtschaftlichen, politischen, soziokulturellen, militärischen Beziehungen zwischen Emigrations- und Zuwanderungsländern, die ‚Migrationsbrücken' darstellen und internationale Migrationen vermitteln. Vgl. Sassen 1991: 223 f.

- Einmal ausgelöste Migrationsbewegungen können im weiteren Verlauf eine Eigendynamik entwickeln, die sich relativ losgelöst von ihren regionalen Ursachen und Bedingungszusammenhängen weiterentwickelt. ‚Kettenmigrationen' sind eine mögliche Verlaufsform transnationaler Migrationen, die sich insbesondere sozial-kommunikativ zwischen den bereits Emigrierten und an Emigration interessierten Menschen vermitteln. Konstellationen intermediärer Strukturen sozialer Netzwerke und Kollektiven spielen hierbei eine wesentliche Rolle bei Migrationsentscheidungen (Th. Faist 1996: 13). In diesem Zusammenhang können so genannte ‚ethnische Kolonien' ein nicht unerhebliches Eigenleben als Migrationszentren entwickeln, unter Umständen auch relativ unabhängig von politisch-staatlichen Zuwanderungsvorgaben.

Die Kritik an der ökonomisch verkürzten Sichtweise und ihrer Deutungsmuster, die damit einhergehende Erweiterung der Push-Pull-Modelle um nichtökonomische Variablen wie auch die Berücksichtigung von kritisch-globalen Ansätzen des Weltwirtschaftssystems und der Zentrum-Peripherie-Terminologie dependenztheoretischer Entwürfe haben zu einem ‚pragmatischen Systemansatz' geführt (H. Waldrauch 1995: 30 f.). Obwohl es sich bei diesem ‚Systemansatz' nicht um eine konsistente, empirisch überprüfbare Migrationstheorie handelt, besitzt der Ansatz eine charakteristische Prämisse, die grundlegend für eine Vielzahl neuerer Arbeiten in der Migrationsforschung geworden ist.[8] Demgemäß finden transnationale Arbeitsmigrationen nicht zwischen beliebigen Ländern statt, sondern es bestehen zwischen den Herkunfts- und Aufnahmeländern von Migranten wirtschaftliche, politische, kulturelle und soziale Beziehungsverhältnisse. Entsprechend bilden Herkunfts- und Zuwanderungsländer im Rahmen internationaler sozialer Ungleichheiten eigene Migrationssysteme, -regime oder -räume aus.[9]

Dass die vielsagende ‚Europäisierung' und ‚Globalisierung' in ökonomischer, politischer, rechtlicher und sozialer Hinsicht den gesellschaftlichen Austausch und die Kooperationen intensiviert und somit transnationale Migrationen fördern und verstetigen lässt, scheint naheliegend. Zudem sind in den vergangenen Jahrzehnten eine Vielzahl traditioneller ‚Migrationsbarrieren' durch die entwickeltere ökonomisch-technische Effizienz entfallen. Hierzu zählen die Ausweitung und Verbreitung internationaler Kommunikations- und Informationssysteme sowie die verstärkte Marktintegration von Staatsgesellschaften, die drastisch fallende Kosten für Informationsgewinnung und Transport bedeuten. Auch auf sozio-kultureller Ebene fördert die Modernisierung von Gesellschaften Tendenzen der Individualisierung. Abweichungen der persönlichen Lebenslage vom persönlichen Anspruchsniveau werden nicht mehr als Schicksal, sondern als individuell lösbares Problem – zum Beispiel durch Arbeitsmigration – erkannt.[10]

---

8    Vgl. stellvertretend auch für andere Boutang/Papademetriou 1994; Kritz/Zlotnik 1992; Pries 1996; Sassen 1991; Treichler 1998; Waldrauch 1995; Zollberg 1989; 1991.
9    Zu Differenzierungen und Weiterentwicklungen der neueren sozialwissenschaftlichen Migrationstheorie im internationalen Kontext vgl. Parnreiter 2000; Pries 2001: 33-53.
10   Vgl. Körner 1994: 61.

### 3. Zwischen Schließung und Entgrenzung – Kontinuitäten und Zäsuren der politischen Regulation transnationaler Arbeitsmigration am Beispiel des bundesdeutschen Arbeitsmarktes[11]

Ist das Recht auf Ab- und Auswanderung ein positiv formuliertes Menschenrecht, so ist die Einreise in Nationalstaaten bzw. Staatengemeinschaften grundsätzlich nicht voraussetzungsfrei. Diese formulieren kollektiv verbindlich Bedingungen, unter denen Menschen Einreise und Aufenthalt gewährt oder verweigert wird. Dies gilt auch für die Arbeitsaufnahme auf dem bundesdeutschen bzw. EU-Arbeitsmarkt. War und ist die Ausgestaltung sowie operationale Handhabung des Aufenthalts- und Arbeitserlaubnisrechts bedeutsam für die Bestimmung und Festlegung der Freiheitsgrade auch des Arbeitsmarktes, so sind für die wohlfahrtspolitische Regulation desselben insbesondere drei Institutionen und Ordnungsprinzipien von grundlegender Bedeutung (gewesen):

- Der *Sozial- bzw. Wohlfahrtsstaat*,[12] der Schutz gegen Marktkräfte bieten sowie eine soziale Mindestsicherung für die einheimische Bevölkerung auch dann gewährleisten soll, wenn eine solche nicht über ein Arbeitseinkommen zu erzielen war und ist. Entsprechend der arbeitsmarktzentrierten Ausrichtung des Sozial- bzw. Wohlfahrtsstaates sind darüber hinausgehende Sozialleistungen an die Stellung gebunden, welche die betreffende Person beruflich auf dem Arbeitsmarkt vorher für sich realisieren konnte.
- Das bereits in der Weimarer Republik durch die Arbeiter- und Gewerkschaftsbewegung politisch-rechtlich implementierte *Inländerprimat* sah die bevorrechtigte Besetzung „freier" Arbeitsplätze durch inländische Erwerbspersonen vor und schränkte damit die Rekrutierungsreichweite von Betrieben und Unternehmen ein, die per Saldo kostengünstigsten Arbeitskräfte zu rekrutieren.
- Der *Flächentarifvertrag*, der kollektiv die Entlohnungs- und Arbeitsbedingungen der Beschäftigten der meisten Wirtschaftsbranchen und Gewerbe im nationalen Rahmen verbindlich regelte und somit zur Vereinheitlichung von Einkommens-, Sozial- und Sicherheitsstandards für gleiche Berufe oder ähnliche betriebliche Tätigkeiten beitrug.

Wie haben sich der nationale Arbeitsmarkt einerseits, andererseits diese arbeitsmarktbezogenen Institutionen und Ordnungsprinzipien in der zweiten Hälfte des 20. Jahrhunderts vor dem Hintergrund transnationaler Migration und Einwanderung entwickelt?

---

11  Die folgenden Ausführungen konzentrieren sich weitestgehend auf Arbeitsmigranten und ihre Familien. Zur besonderen Problematik von Flüchtlingen aus dem Arbeitsmarkt vergleiche auch den Beitrag von P. Kühne in diesem Band.

12  Der ‚Wohlfahrtsstaat' meint mehr als lediglich den ‚klassischen' Sozialstaat, welcher historisch an der Kompensation von Risiken der industriellen Gesellschaft orientiert war. Als typische Aufgabenfelder des Wohlfahrtsstaates nennt Esping-Andersen den Schutz vor Marktkräften und Einkommensausfällen, Sozialprogramme auf der Basis sozialer Rechte unter Differenzierung der Lebenslagen sowie aktive Arbeitsmarktpolitik. Vgl. Esping-Andersen 1990: 20 ff.

## 3.1. Die „klassische Gastarbeiterära" 1955-1973

Die Geschichte der „klassischen" bundesdeutschen Gastarbeiterbeschäftigung begann im Jahre 1955 mit dem Abschluss des ersten zwischenstaatlichen Abkommens über den Einsatz ausländischer Arbeitskräfte für den bundesdeutschen Arbeitsmarkt zwischen der Bundesregierung und der Regierung Italiens.[13] Zu diesem Zeitpunkt wurde die offizielle Arbeitslosigkeit in der BRD mit 1,22 Millionen Menschen oder 7,1% beziffert.[14] Doch das Wirtschaftswachstum war bedeutsam und die Konjunkturaussichten viel versprechend. Zu Beginn der 1960er Jahre wurde die Vollbeschäftigung auf dem bundesdeutschen Arbeitsmarkt erreicht. Da zudem mit der Schließung der Grenzen zwischen der Bundesrepublik Deutschland und der damaligen DDR der Zustrom von Übersiedlern ausblieb, wurden weitere internationale Verträge zur Rekrutierung ausländischer Arbeitskräfte für den bundesdeutschen Arbeitsmarkt geschlossen: Im Jahre 1960 Verträge mit Spanien[15] und Griechenland,[16] im Jahre 1961 mit der türkischen Regierung.[17] Bis Ende der 60er Jahre kamen weitere bilaterale Abkommen mit Portugal, Marokko, Tunesien und ab 1968 mit Jugoslawien hinzu. Nur die Arbeitskräfterekrutierungen aus Marokko und Tunesien blieben für den bundesdeutschen Arbeitsmarkt relativ unbedeutend.

Obwohl auch seitens der Regierungen der Mittelmeerstaaten mehr oder weniger ausgeprägte Interessen bestanden, ihren nationalen Arbeitskräftebevölkerungen den Zugang zum bundesdeutschen Arbeitsmarkt zu ermöglichen, war die oben genannte Gastarbeiterzuwanderung primär Folge einer nachfrageinduzierten bundesdeutschen Anwerbepolitik. Die staatlich vermittelte Arbeitskräfterekrutierung diente (a) ursprünglich der Befriedung der von Arbeitgebern aus der Land- und Forstwirtschaft geäußerten Arbeitskräftenachfrage, (b) der Ausnutzung von konjunktur- und wachstumspolitischen Spielräumen und lief (c) bis zu gewissem Grade auf eine staatlich intendierte Dämpfung gewerkschaftlicher Lohnpolitik in der BRD hinaus.

Die Rekrutierung von Arbeitskräften auf den internationalen Arbeitsmärkten stellte hierbei einen Sonderfall staatlicher Arbeitsmarkt- und Beschäftigungspolitik dar, wie auch die nationalökonomische Funktionszuschreibung gegenüber dieser Arbeitnehmergruppe eine besondere sein sollte. Ausländische Arbeiter stellten nicht nur politisch-normativ, sondern – zumindest bis 1973 – auch faktisch einen „Hebel" für den konjunkturellen Aufschwung und einen „Puffer" für die Rezession dar. Die Voraussetzung für diese bot ein bundesdeutsches Aufenthalts- und Arbeitserlaubnisrecht, welches in den ersten Nachkriegsjahrzehnten ohne wesentliche Einschränkungen nicht nur von der bevorrechtigten Besetzung von Arbeitsplätzen durch Erwerbspersonen deutscher Nationalität ausging, sondern diese auch gesellschaftlich legitimiert sah.

---

13  Bundesanzeiger Nr. 11 vom 17. Januar 1956. Änderungen dieser Vereinbarung in der Fassung vom 1. März 1957 siehe: Bundesarbeitsblatt, 13. Jg., Nr. 3 vom 10.02.1962: 71-77.
14  Nach Daten des Statistischen Bundesamtes.
15  Bundesanzeiger Nr. 219 vom 14. November 1961.
16  Bundesanzeiger Nr. 25 vom 4. Februar 1961.
17  Bundesarbeitsblatt Nr. 3, 10. Februar 1962: 69.

Dieses System der Ausländerbeschäftigung fand in den 1960er Jahren eine breite Akzeptanz unter den kollektiven Arbeitsmarktakteuren. Es basierte auf Annahmen stetigen wirtschaftlichen Wachstums mit entsprechendem Arbeitskräftebedarf einerseits und einem nationalstaatlich regulier- und kontrollierbaren Arbeitsmarkt andererseits. Ausländische Arbeitskräfte wurden allgemein wie speziell von den Gewerkschaften in ihrer wachstums- und konjunkturpolitischen Funktion als zusätzlich beschäftigte, dauerhaft jedoch nicht dazugehörige Arbeitskräfte respektiert.

## 3.2. Anwerbestopp und Konsolidierung der Ausländerbeschäftigung 1973-1982

Mit dem kurzen Konjunktureinbruch 1966/67, vor allem aber mit der zweiten wirtschaftlichen Rezession, der sogenannten ‚Ölpreiskrise', endete der bundesdeutsche ‚Traum immerwährender wirtschaftlicher Prosperität' (B. Lutz). Im Jahr 1973 stieg die offizielle Arbeitslosigkeit auf 273 Tausend oder 1,2% der Erwerbspersonen an.[18] Die Verhängung des staatlichen Anwerbestopps gegenüber Drittstaatsangehörigen vom 23. November 1973 durch die sozialdemokratisch-liberale Regierung, der von den bundesdeutschen Gewerkschaften mitinitiiert worden war, konnte aber aus der aktuellen Arbeitsmarktlage kaum erklärt werden.

Bedeutsamer war, dass Anfang der 1970er Jahre das bundesdeutsche System der Rekrutierung von Arbeitskräften aus dem Ausland, und hier speziell aus der Türkei, in eine Regulierungskrise zu geraten begann. Zu diesem Zeitpunkt waren bereits auf multilateral-staatlicher Ebene Voraussetzungen geschaffen, welche de jure den Arbeitsmarktzugang von ausländischen Arbeitnehmern aus EG-Staaten neu regeln sollten. Über die Arbeitnehmerfreizügigkeit im Rahmen des Europäischen Gemeinschaftsrechts bestanden zumindest der Möglichkeit nach veränderte politisch-ökonomische Regulationsmodi der Gewährleistung eines relativ ungehinderten Zugangs zum bundesdeutschen Arbeitsmarkt für Arbeitnehmer – hier zunächst italienischer Nationalität.

Dass sich der Anwerbestopp vor allem gegen eine weitere Zuwanderung aus der Türkei richtete, hatte mindestens zwei Gründe: Entgegen der Intention des bundesdeutschen Staates, aus der Türkei Arbeitnehmer in dem Umfang zu rekrutieren, wie es der Arbeitsmarkt erforderte, verselbständigte sich die Emigrationsdynamik in der Türkei.[19] Die Anwerbung türkischer Arbeitskräfte schuf in der Türkei selbst zu Beginn der 1970er Jahre ein Migrationspotential für den bundesdeutschen Arbeitsmarkt, welches nicht nur den Arbeitskräftebedarf unter den Bedingungen eines tarif- und sozialpolitischen Status Quo in der BRD überschritt, sondern auch die Selektions- und Steuerungsfunktionen des staatlichen Rekrutierungssystems insgesamt in Frage zu stellen geeignet war. Zudem bedingten ethnisch-kulturelle Distanzierungen

---

18   Vgl. Sachverständigenrat (Hrsg.) 1996: 347; tabellarischer Anhang.
19   So befanden sich in den Jahren 1970/1 jeweils ca. 1 Million türkische Bewerber unter 35 Jahren auf den Wartelisten der türkischen Arbeitsverwaltung. Daten aus dem türkischen Arbeitsministerium nach Abadan-Unat 1986: 328.

und Vorbehalte seitens der einheimischen Bevölkerung insbesondere gegenüber türkischen Nationalitätenangehörigen im städtischen Wohnumfeld ein Schwinden der politisch-sozialen Legitimationsgrundlagen staatlicher Ausländerbeschäftigung.

Zwar verhinderte der Anwerbestopp bedingt das Anwachsen der Arbeitsmigration aus der Türkei. Für Erwerbspersonen türkischer Nationalität wurde der Zugang zum bundesdeutschen Arbeitsmarkt erschwert; gleichzeitig nahm der Umfang der Wohnbevölkerung türkischer Herkunft zu. Es gehörte zu den politisch nicht intendierten Handlungsfolgen des Anwerbestopps, dass nunmehr der Einwanderungsprozess der türkischen Migrantenbevölkerung insbesondere über die Familienzusammenführung beschleunigt wurde.

### 3.3. Ausländerverdrängung vom bundesdeutschen Arbeitsmarkt – Durchsetzung der Einwanderung wider den Restriktionen staatlicher Politik

Zehn Jahre nach Verhängung des Anwerbestopps für Drittstaatsangehörige waren die wirtschaftlichen Wachstumsraten in der Bundesrepublik Deutschland deutlich geringer als noch Jahrzehnte zuvor. Zugleich verstetigte sich die Arbeitslosigkeit und weitete sich als wirtschaftliches, politisches und soziales Problem aus. Im Jahre 1983 wurden mehr als 3 Millionen Menschen offiziell von der Bundesanstalt für Arbeit als arbeitslos registriert.

Mit der Regierungsübernahme durch die konservativ-liberalen Parteien im Jahre 1983 zerfiel die seit Ende der 1950er Jahre bestehende korporatistisch verfasste Migrations- und Ausländerpolitik zwischen den kollektiven politischen Akteuren Staat, den organisierten Interessen des Kapital bzw. der Arbeitgeber sowie der Gewerkschaften. Eine Rückkehrförderungs- und Ausländerverdrängungspolitik im Sinne einer arbeitsmarktökonomischen ‚Push-Pull-Logik', wie sie von der Bundesregierung und der Bundesvereinigung Deutscher Arbeitgeberverbände (BDA) in der ersten Hälfte der 1980er Jahre politisch forciert wurde, lehnten die Gewerkschaften inzwischen aus integrationspolitischen Gründen ab. Auch in Fragen der Zusammenführung türkischer Familienangehöriger vertraten die Gewerkschaften – gemessen an der restriktiven Politik der Bundesregierung wie auch gegenüber den eigenen politischen Positionen der Vorjahre – eine zunehmend liberalere Haltung.

Trotz politisch-staatlicher Widrigkeiten setzte sich der Einwanderungsprozess insbesondere von türkischen Nationalitätsangehörigen weiter durch; die Bundesrepublik Deutschland wurde zunehmend ihr Lebensmittelpunkt. Damit verbunden waren erhebliche arbeitsmarkt- und sozialpolitische Konsequenzen. Denn anders als in den 1960er und 70er Jahren wanderten arbeitslos gewordene ausländische Arbeiterinnen und Arbeiter bei Erwerbslosigkeit nicht mehr ohne weiteres ins Herkunftsland zurück. Mit anderen Worten: der politisch intendierte ‚Reexport der Sozialen Frage' blieb aus. Zumindest bis Mitte der 1980er Jahre aber entlastete die ‚Ausländerbeschäftigung' nicht nur die bundesdeutschen Wohlfahrtssysteme erheblich, sondern finanzierten diese nicht unbedeutend mit, ohne dass dieser Bevölkerungsgruppe in angemessener Weise Leistungen zuteil wurden.

118

Mit zunehmender Aufenthaltsdauer der türkischen Wohnbevölkerung bildete sich ein privilegierterer aufenthalts- und arbeitserlaubnisrechtlicher Status dieser Gruppe aus. Ihrem verfestigten Aufenthaltsstatus entsprechend bedurften und bedürfen Personen nichtdeutscher Nationalität, die in der BRD geboren sind und eine unbefristete Aufenthaltsberechtigung besitzen, sowie Personen ausländischer Nationalität, denen eine Aufenthaltsberechtigung erteilt wurde, keine Arbeitserlaubnis. Hierunter fiel inzwischen der weitaus größte Teil der Arbeitsimmigranten türkischer Nationalität und deren Familien. Damit war von der arbeitserlaubnisrechtlichen Seite eine politisch-ökonomische Funktionszuweisung der türkischen Einwandererbevölkerung als konjunkturelle ‚Puffer' bereits Ende der 1980er Jahre kaum mehr möglich. Staatlich-politische Steuerungsmöglichkeiten hinsichtlich dieser Arbeitnehmer ausländischer Nationalität waren somit nur gegenüber Personen aus Drittstaaten ohne privilegierten Aufenthaltsstatus zu realisieren.

## 3.4. Umbruchprozesse in Mittelosteuropa und intensivierte Ost-West-Migration

Eine neue europäische Dimension trat mit dem Kollaps der so genannten ‚realexistierenden sozialistischen Staaten' Mittelosteuropas, darunter auch die ehemalige DDR, gegen Ende der 1980er Jahre ein. Die Erosion und Überwindung planwirtschaftlich-autoritärer Staatssysteme führte in Mittelosteuropa zu liberal-demokratisch orientierten Verfassungen wie auch einer Stärkung von Grund- und Bürgerrechten. Die gesellschaftliche Transformation forcierte die Durchsetzung marktorientierter Verkehrsformen für Kapital, Waren, Dienstleistungen und Arbeitskräfte. Grenzüberschreitende Mobilität nach Westeuropa und dem inzwischen vereinigten Deutschland wird – anders als in den Jahrzehnten zuvor – nicht nur politisch geduldet: die Realisierung einer möglichst weitgehenden Arbeitnehmerfreizügigkeit, zum Beispiel für polnische Arbeitskräfte auf dem bundesdeutschen bzw. EU-Arbeitsmarkt wurde und ist nun Ziel staatlicher Politik, welche die Mobilitäts- und Erwerbsinteressen weiter Teile der polnischen Bevölkerung repräsentieren.[20]

Zu Beginn der 1990er Jahre wurde ein neues ‚Gastarbeitssystem' etabliert und der von 1973 erlassene Anwerbestopp durch die Anwerbestopp-Ausnahmeverordnung[21] nicht unbedeutend relativiert. Diese ermöglichte unter anderen den Abschluss bilateraler Vereinbarungen der Bundesregierung mit Regierungen Mittelosteuropäischer Staaten über den zeitlich befristeten Einsatz von Erwerbspersonen nach den Werkvertrags-, Saison- und Gastarbeitnehmerabkommen.[22] Nach der Anwerbestopp-Ausnahmeverordnung sowie den bilateralen Abkommen war der Einsatz ausländischer Arbeitskräfte vor allem in der Land- u. Forstwirtschaft, dem Baugewerbe, dem

---

20  Vgl. Fijalkowski 1993: 107; Treichler 1998: 69-75.
21  Anwerbestopp-Ausnahmeverordnung vom 21. Dezember 1990; BGBl. I : 30012.
22  Vgl. auch die Ausführungen von M. Husmann in diesem Band. Zur Entstehungsgeschichte und rechtspolitischen Bedeutung der Werkvertragsarbeitnehmerabkommen siehe auch Reim/Sandbrink 1996.

Hotel- und Gaststättengewerbe sowie ferner für das Gesundheitswesen geplant. Diese Abkommen stellten von staatlicher Seite den Versuch dar, aktuelle wie potentielle Migrationen aus MOE politisch-rechtlich unter Wahrung der staatlichen Bevölkerungs- und Territorialkontrolle zu regulieren. Zudem artikulierten intranational Unternehmens- und Arbeitgeberverbände Interesse an billigen und flexibel arbeitenden Arbeitskräften, die trotz Massenarbeitslosigkeit von faktisch 6 bis 7 Millionen Erwerbspersonen[23] in der Bundesrepublik vor dem Hintergrund eines zwar unter Finanzierungs- und Legitimationsdruck stehenden, zugleich aber noch leistungsfähigen wohlfahrtstaatlichen Systems dem Arbeitsmarkt nur eingeschränkt zur Verfügung standen. Gleichzeitig war mit der Etablierung eines ‚neuen Gastarbeitssystems' der Versuch verbunden, die bei der ‚klassischen Arbeitsmigration' aus dem Mittelmeerraum verlorene politisch-ökonomische Steuerung im Sinne der ‚Push-Pull-Logik' – zumindest partiell – zu reetablieren.

### 3.4.1. Das Baugewerbe als internationalisiertes Arbeitsmarktsegment

Inwieweit dies gelungen ist, mag im Rahmen einer brachenspezifischen Fallstudie für das Baugewerbe näher beleuchtet werden. In diesem Zusammenhang interessiert mindestens zweierlei: Zum einen die arbeitsmarktbezogenen Regulationsmöglichkeiten und -grenzen sowie die Effizienz der MOE-Abkommen, hier vor allem die Beschäftigung von ausländischen Werkvertragsarbeitnehmern (WVAN). Zum anderen war das Baugewerbe – zumindest in den 1990er Jahren – neben der internationalen Schiff-Fahrt und dem Bereich der sexuellen Dienstleistungen eines der am stärksten internationalisierten Arbeitsmarktsegmente in Deutschland. Insofern eignet(e) sich das Baugewerbe exemplarisch für eine Untersuchung, wie unter den Bedingungen sich entgrenzender Arbeits- und Dienstleistermärkte die tariflichen Arbeits-, Einkommens- und Sozialstandards verändern. Dass die Migrantenbeschäftigung im Baugewerbe in den vergangenen Jahren verstärkt im öffentlichen Blickfeld stand, war zunächst Folge öffentlichkeitswirksamer Aktionen insbesondere der Industriegewerkschaft(en). Damit ist angedeutet, dass Beschäftigungsprobleme nicht nur auf diese Branche beschränkt waren, hier jedoch politisch artikuliert wurden.

---

23  Als von ‚verdeckter Arbeitslosigkeit' Betroffene wurden und werden diejenigen Personen bezeichnet, die von der Bundesanstalt für Arbeit (BA) subventioniert werden bzw. sich in entsprechenden Maßnahmen befinden. Hierzu zählen Formen der Kurzarbeit, die Teilnahme an Arbeitsbeschaffungsmaßnahmen, Leistungsempfänger nach § 105 Arbeitsförderungsgesetz (AFG), Teilnehmer/innen an Fortbildungs- und Umschulungsmaßnahmen, Teilnehmer/innen an Deutschkursen, Empfänger/innen von Vorruhestands- und Altersübergangsgeldern. Im Jahre 1995 waren dies 1,64 Mio. Menschen. Vgl. Sachverständigenrat (Hrsg.) 1996/7: 8. Hinzu kommen Personen der so genannten ‚stillen Reserve'. Diese wurde 1995 nach Angaben der BA auf ca. 2 Mio. Menschen geschätzt. Zu ihr zählen insbesondere Frauen, die sich unter besseren wirtschaftlichen Bedingungen für eine Erwerbsarbeit entscheiden würden sowie ein Teil der 3 bis 4 Mio. Menschen, welche seit 1990 ganz oder teilweise laufende Hilfen zum Lebensunterhalt oder Hilfen in besonderen Lebenslagen erhalten haben bzw. von diesen abhängig waren. Vgl. Statistisches Bundesamt 1996: 468. Seit spätestens Mitte der 1990er Jahre entspricht die offiziell registrierte Arbeitslosenquote einschließlich der verdeckten Arbeitslosigkeit und der ‚stillen Reserve' zusammen gerechnet mindestens 15-18 %.

Mit welchen Entwicklungen war und ist dieses Arbeitsmarkt- und Dienstleistersegment also konfrontiert? Zusammenfassend kann in den 1990er Jahren für das (bundesdeutsche) Baugewerbe von einem Brüchigwerden kollektiver Regelungen sozialer Sicherheit, sozialer sowie tariflicher Schutz- und Teilhaberechte zugunsten einer stärkeren Ökonomisierung und Individualisierung der Arbeitsbeziehungen ausgegangen werden.[24] Die Überprüfung beziehungsweise die Veröffentlichung der Arbeits-, Entlohnungs- und Sozialbedingungen von ausländischen Beschäftigten am Bau durch verschiedene Institutionen zeichneten eine Arbeits- und Lebenssituation, die vergleichbar ist mit der frühproletarischen Lage von Arbeitern zu Beginn des 19. Jahrhunderts. Hieran änderten Modifikationen bei der Kontingenthöhe der WVAN-Abkommen, eine verstärkte Überprüfung der Baustellen durch Mitarbeiter der Bundesanstalt für Arbeit und Landesarbeitsämter nichts Grundlegendes.

Ähnliches gilt auch für das am 01.3.1996 formal in Kraft getretene befristete Arbeitnehmerentsendegesetz (AentG). Die Verabschiedung dieses Gesetzes war zwar einerseits ein sozialpolitischer Erfolg. Andererseits erfüllte es in den vergangenen Jahren nicht annähernd die Erwartungen, da die rechtsverbindliche Setzung von Mindestlöhnen in der betrieblichen Praxis nur allzu häufig keine Entsprechung fand. Grundsätzlich ist zu fragen, wie ein solches Gesetz Mindestlöhne in der zweiten Hälfte der 1990er Jahre gesetzlich zu garantieren in der Lage sein soll, wenn diese zu Beginn der 1990er Jahre im Baugewerbe bei Geltung des Tarifrechts nicht selten unterboten wurden. Sowohl WVAN aus Osteuropa wie auch Arbeitskräfte, die im Rahmen der Arbeitnehmer- und Dienstleisterfreizügigkeit innerhalb der EU wie beispielsweise aus Portugal rekrutiert werden konnten, waren für Bauunternehmer in Deutschland nur insoweit interessant, wie sie gegenüber einheimischen Arbeiterinnen und Arbeitern mit oder ohne deutschem Pass billiger, flexibler und/oder auch leistungsfähiger waren – und sind.

### 3.4.2. Illegale Zuwanderung und Beschäftigung

Zudem nahm mit der Intensivierung der Ost-West-Migration auch die illegale Beschäftigung von ausländischen Staatsangehörigen deutlich zu.[25] Diese konzentrierte sich auf die Branchen und Tätigkeiten des Agrarsektors, des Baugewerbes,[26] der Schiff-Fahrt, des Hotel- und Gaststättengewerbes sowie der Metallindustrie und hier speziell des Rohrleitungs- und Anlagenbaus. Die illegale Beschäftigung kann, muss aber nicht zwangsläufig in Zusammenhang mit der illegalen Einreise oder dem Aufenthalt im Zuwanderungsland stehen. Der illegale Status kann bereits nach einer nichtdokumentierten Einreise durch Übertritt einer ‚grünen Grenze' oder nach der

---

24  Vgl. hierzu ausführlich Treichler 1998: 207-241.
25  Dies gilt allerdings auch für deutsche Staatsangehörige. Zur sozialen und sozialpolitischen Problematik von irregulärem Aufenthalt und illegaler Beschäftigung von Drittstaatsangehörigen siehe stellvertretend für andere Alt/Fodor 2001; Bade (Hrsg.) 2001; Eichenhofer (Hrsg.) 1999; Lederer/Nickel 1997; Treichler 1998: 46-49, 1998a; Vogel 1996, 1996a.
26  Vgl. z.B. IG Bauen-Agrar-Umwelt Bezirksverband Niederrhein (Hrsg.) 1995; Cyrus/Helias 1993.

Einreise von Migranten mit gefälschten Papieren, die zu einem nichterlaubten Aufenthaltsstatus in Deutschland führen, eintreten. Der illegale Status von Arbeitnehmern im Rahmen eines Beschäftigungsverhältnisses tritt ein, wenn die betreffende Person ohne Aufenthaltserlaubnis einer Erwerbstätigkeit nachgeht oder nach Ablauf der Aufenthaltsbefristung im Zuwanderungsland verbleibt und weiterhin eine Erwerbstätigkeit ausübt.

Die illegale Beschäftigung ausländischer Arbeitnehmer ist wohlfahrtsstaatlich wie -politisch in mehrfacher Hinsicht ein nicht geringes, gesellschaftliches wie auch individuelles Problem der Betroffenen:

- Die illegale Beschäftigung ausländischer Erwerbspersonen findet vor dem Hintergrund internationaler sozialer Ungleichheit auf national bzw. staatengemeinschaftlich regulierten Arbeitsmärkten statt. Vollkommen deregulierte Arbeitsmärkte kennen keine illegale Beschäftigung, aber auch keine sozialen Schutzrechte gegen Marktkräfte;
- Illegale Beschäftigung untergräbt strukturell reguläre, das heißt bislang in der Bundesrepublik Deutschland und anderen westeuropäischen Staaten auch tarifgebundene Arbeitsplätze oder hindert sie am Entstehen. Nur in Ausnahmefällen führt eine illegale Beschäftigung zu einem sozial- und tarifrechtlich abgesicherten Beschäftigungsverhältnis;
- Illegal beschäftigte Arbeitnehmer besitzen im Unterschied zu regulär Beschäftigten grundsätzlich einen geringeren Schutz vor sozialen Risiken (Krankheit, Alter, Arbeitslosigkeit) und eine rechtlich schwächere Verhandlungsposition. Die meisten dieser irregulären Beschäftigungsverhältnisse sind, nicht selten in mehrerer Hinsicht, prekär.

Nicht nur die Tatsache der illegalen Beschäftigung ist so gesehen problematisch, sondern auch der Versuch ihrer Quantifizierbarkeit. Schwierigkeiten, Umfang und Relevanz illegaler Beschäftigung – hier ausländischer Arbeitnehmer – benennen zu können, ergibt sich aus dem Tatbestand der Illegalität und seiner Strafandrohung selbst. Illegale Beschäftigung muss nicht nur öffentlich als solche erkennbar sein, sondern auch dementsprechend registriert werden. Zum Gesamtumfang der illegalen Beschäftigung gab und gibt es dementsprechend lediglich Schätzwerte.[27] Werden ordnungs- und strafrechtlich verfolgte Fälle als Kriterium genommen, so ist zumindest für den Zeitraum von 1988-1995 ein wachsender Umfang von illegaler Beschäftigung festzustellen.[28] Diese Tendenz war zum einen real, zum anderen aber auch ein Resultat der seit Beginn der 1990er Jahre verstärkten Kontrollen von Betrieben insbesondere im Baugewerbe, in der Land- und Forstwirtschaft sowie im Hotel- und Gaststättengewerbe durch Mitarbeiter der BA und der Landesarbeitsämter.

---

27    Da es hierfür keine seriöse mathematisch-statistische Berechnungsgrundlage gibt, werden hierzu von der Bundesanstalt für Arbeit (BA) und dem IAB keine Zahlen veröffentlicht.

28    Vgl. Siebenter und Achter Bericht der Bundesregierung über Erfahrungen bei der Anwendung des Arbeitnehmerüberlassungsgesetzes (AÜG) sowie über Auswirkungen des Gesetzes zur Bekämpfung der illegalen Beschäftigung – BillBG.

Wohlfahrtspolitisch ist die Auseinandersetzung mit illegaler Einreise, irregulärem Aufenthalt und irregulärer Beschäftigung eine Herausforderung, weil illegal Beschäftigte beides sind: Opfer und Täter. Bislang wurde diese Beschäftigungsform öffentlich-politisch entweder ignoriert oder kriminalisiert. Ist auch der Schutz inländischer Tarif- und Sozialstandards legitim, so ist zu fragen, ob eine Gesellschaft gerade mit wohlfahrtpolitischem Anspruch es sich erlauben kann, eine nicht unbeträchtliche Anzahl von Menschen ohne Aufenthalts- und/oder Arbeitserlaubnis in einem doch rechtlich und sozial unterprivilegierten Status zu belassen. Die Probleme, die sich aus der Illegalität für die Betroffenen und ihre Familien ergeben, sind vielfältig und nicht immer selbst verschuldet: ‚Illegale' haben große Probleme, im Bedarfsfall medizinische ambulante und stationäre Behandlung zu erhalten; im Rahmen von illegaler Beschäftigung sind besonders sie Formen der ausbeuterischen Ausländerbeschäftigung[29] ausgesetzt. Zudem ist der mögliche Schulbesuch bei schulpflichtigen Kindern von ‚Illegalen' kaum möglich, um nicht ‚entdeckt', ausgewiesen oder abgeschoben zu werden – um nur einige Probleme zu benennen.

Das Phänomen der illegalen Beschäftigung ausländischer Arbeitnehmer ist für die Bundesrepublik so neu nicht. Bereits zu Beginn der 1970er Jahre startete der Deutsche Gewerkschaftsbund einen politischen Vorstoß zur Legalisierung von geschätzten 30.000 illegal beschäftigten ausländischen Arbeitnehmern in Westdeutschland,[30] welcher aber versandete. Mehr als zwanzig Jahre später schätzte die stellvertretende DGB-Vorsitzende, U. Engelen-Kefer, allein die Anzahl der illegalen Leiharbeiter auf ca. 1 Mio.[31] In anderen europäischen Ländern wie in Frankreich findet seit Ende der 1990er verstärkt eine Diskussion um die Chancen und Bedingungen einer Amnestie von ‚Menschen ohne Papiere' statt. In Griechenland sind im Jahre 2001 politische Maßnahmen ergriffen worden, um illegal Eingewanderte zu legalisieren.[32] Eine solche Diskussion ist auch für Deutschland überfällig.[33]

## 3.5. *Zwischen Ausgrenzung und Entgrenzung: Entsicherung sozialer Risiken und die ökonomischen Imperative postnationaler Arbeitsmärkte*

Die ‚große Innovation der Erwerbsgesellschaft', die Verknüpfung von ‚Arbeit' und ‚sozialer Sicherung', war historisch-politisch ein Kompromiss zwischen Markterfordernissen einerseits sowie einem Minimum von Schutzmaßnahmen, Sicherheit und gesellschaftlicher Anerkennung für Arbeitnehmer andererseits (R. Castel), der jedoch spätestens in den 1990er Jahren brüchig geworden ist.

---

29    § 227a Abs. 1 AFG, Ausbeuterische Beschäftigung von nichtdeutschen Arbeitnehmern ohne Arbeitserlaubnis; sowie § 22a Abs. 2 AFG, Umfangreiche oder beharrliche Beschäftigung nichtdeutscher Arbeitnehmer ohne erforderliche Arbeitserlaubnis.
30    DGB-Nachrichtendienst Nr. 223/70 vom 3. August 1970; Düsseldorf.
31    Vgl. Bundespressestelle des DGB, Nachrichtendienst, Nr. 219 vom 28.07.1992, Düsseldorf.
32    Vgl. Frankfurter Rundschau (FR) vom 09.05.2001.
33    So hat sich das Amt für Multikulturelle Angelegenheiten der Stadt Frankfurt/M., in der nach Schätzungen des Amtes mehr als 10.000 Menschen ohne die hierfür erforderlichen Papiere leben, im Sommer 2001 bereits für eine Amnestie ‚Illegaler' ausgesprochen. Vgl. FR vom 18.07.2001.

Das – historisch weitgehend von Männern realisierte – so genannte *Normalarbeits-verhältnis* befindet sich in einem Prozess der Erosion. Entsprechend haben Beschäftigungsformen mit atypischem Charakter zugenommen, das heißt Arbeitsverhältnisse, welche nicht auf Dauer, Kontinuität und Vollzeitbeschäftigung ausgerichtet sind.[34] Atypische Beschäftigungsverhältnisse sind nicht automatisch prekär, auch wenn es hier fließende Übergänge gibt. Deutlich wird dies bei den ‚working poor', den Erwerbspersonen also, die trotz Erwerbsarbeit Armut und anderen sozialen Risiken ausgesetzt sind.[35] Da sich die Systeme sozialer Sicherung an dem Idealtypus des (zunehmend weniger existenten) ‚Normalarbeitsverhältnis' orientieren, führt dies nicht selten zu Defiziten sozialer Sicherung bei atypischen Beschäftigungsverhältnissen.[36] Dies gilt erst recht bei prekären Arbeitsverhältnissen, welche ebenfalls in den 1990er Jahren insbesondere im Rahmen der Migrantenbeschäftigung zugenommen haben.[37] Damit erfuhren und erfahren tendenziell mehr Menschen nicht nur in Westeuropa in ihrer Arbeitsbiographie eine Lockerung oder (temporäre) Auflösung der Verknüpfung von ‚Arbeit' und ‚sozialer Sicherung', welche über viele Jahrzehnte der zweiten Hälfte des 20. Jahrhunderts für (männliche) Beschäftigte in so genannten Normalarbeitsverhältnissen selbstverständlich erschienen.

Die zu Beginn des neuen Jahrhunderts fortbestehende *Massenarbeitslosigkeit* auf hohem Niveau indiziert ein ‚Überangebot an Arbeitskräften' (C. Offe) insbesondere auf dem Arbeitsmarkt für gering(er) qualifizierte Erwerbspersonen. Die intranationale Arbeitsmarktausgrenzung von mehreren Millionen Erwerbspersonen als ‚wirtschaftlich Überflüssige' (H. Gans), die volkswirtschaftlich eine Verschwendung sowie gesellschaftlich eine Missachtung menschlicher Arbeitspotentiale bzw. der Menschen als Ganzes darstellt, setzt nicht nur bestehende Arbeitsbeziehungen hinsichtlich ihrer sozialen Sicherungsstandards unter ‚Druck', sondern auch wohlfahrtsstaatliche Institutionen – insbesondere die Systeme der Armutsvermeidung und -bekämpfung. Ist die erfolgreiche Behauptung auf dem konkurrenzbetonten Arbeitsmarkt scheinbar eine Eigenleistung, so wird unter den Bedingungen von Individualisierung und Entsolidarisierung das Scheitern oder der Nichterfolg auch und gerade angesichts der Massenarbeitslosigkeit häufig dem/der Einzelnen angelastet: in Form von unterstellter Arbeitsunwilligkeit als eine Art der Denunziation und/oder dem angeblichen Missbrauch von sozialstaatlichen Leistungen in Form der Kriminalisierung. Den Erwerbslosen droht dann, anders noch als in den 1970er und 1980er Jahren, nicht der wohltätige, sondern wie bereits seit den 1990er Jahren in den USA deutlich hervortritt, der ‚strafende Staat'.[38]

---

34  Hier insbesondere Teilzeitarbeit, geringfügige Beschäftigung, Leiharbeit, befristete Beschäftigung, Schwarzarbeit und illegale Beschäftigung.
35  Ihr Anteil an den Erwerbspersonen hat nach dem Armutsbericht (2000) der Hans-Böckler-Stiftung, des DGB und des Paritätischen Wohlfahrtsverbandes einen größeren Umfang in Deutschland, als dies vielfach unterstellt wird. Vgl. Hanesch et.al. 2000: 30.
36  Vgl. Keller/Seifert 1993: 538.
37  Vgl. Treichler 1998a.
38  Vgl. Wacquant 1997.

Hierbei geht es nicht nur um eine mögliche staatliche Begrenzung des finanziellen Umfanges von Lohnersatzleistungen und anderen Transfereinkommmen, sondern auch um die Grundlagen wohlfahrtspolitischen Handelns. Die jedoch werden durch die *Erosion sozialer Solidaritäten* jenseits der Primärgruppenbeziehungen bei gleichzeitiger Durchsetzung von zweckrational-ökonomischen, individuellen und kollektiven Handlungsmustern tendenziell untergraben. Zwar können wohlfahrtsstaatliche Institutionen den Transfer von Solidarleistungen organisieren. Sie sind aber grundlegend und letztlich abhängig von der Solidaritätsbereitschaft in der Bevölkerung selbst. Die politisch-ideelle Verbreitung *neoliberaler Deutungsmuster* auch in der Sozialdemokratie, Teilen der Gewerkschaften und den früher so genannten ‚neuen sozialen Bewegungen' hat dementsprechend dazu geführt, dass in den vergangenen Jahren zunehmend weniger etablierte kollektive Akteure eine Politik der Nivellierung sozialer Ungleichheit betrieben, im Gegenteil: Eine stärkere Differenzierung von Einkommens-, Beschäftigungs- und Lebenschancen wird nicht selten propagiert oder vor dem Hintergrund bereits real auseinanderdriftender Lebenslagen hingenommen. Die Folge sind dann Formen (intra)gesellschaftlicher ‚Spaltungsprozesse' in westlichen Gesellschaften, welche mit sozialwissenschaftlichen Begriffen wie ‚sozialer Ausgrenzung' und ‚underclass' beschrieben werden können.[39]

### 3.5.1. Erwerbslosigkeit und Armut von Einwandererfamilien

Die Polarisierung intranationaler sozialer Ungleichheit wird in größeren Städten und Metropolen besonders sichtbar. Dort, wo Armut und Reichtum, Zugehörigkeit und Ausschluss nahe beieinander liegen,[40] sind die Hauptsiedlungsgebiete der Einwanderungsbevölkerung in Deutschland. Die unzureichenden Integrationsbemühungen gerade auch gegenüber der Einwanderungsbevölkerung haben mit dazu beigetragen, dass sich in der Bundesrepublik eine ‚*ethclass*'[41] herauszubilden beginnt. Sozialstrukturell bedeutet dies bezüglich der Zu- und Einwanderergruppen sowie ihrer Familien: das Zusammenfallen ökonomisch-sozialer Benachteiligung und Minderausstattung an ökonomischem und/oder Humankapital, die sich deutlich in Form von überproportional verbreiteter Arbeitslosigkeit, Armut sowie nicht selten eingeschränkten Konfliktfähig- und Partizipationsmöglichkeiten äußert, mit (bestimmten) ethnisch-kulturellen Zugehörigkeiten und nationalen Herkünften. Darüber hinaus bestehen neben Gemeinsamkeiten der Wanderungserfahrung, die Arbeitsmigranten aus dem Ausland, Frauen und Kinder im Familiennachzug, Aussiedler/innen, politisch anerkannte Flüchtlinge und andere teilen, seit den 1990er Jahren verstärkt Tendenzen einer Heterogenisierung und Pluralisierung der Einwanderbevölkerung. Das heißt,

---

39   Vgl. stellvertretend auch für andere Kronauer 1997.
40   Vgl. Häußermann 1997.
41   Das Konzept der ‚ethclass' wurde bereits in den 1970er Jahren von M. Gorden im Rahmen der US-Amerikanischen Ungleichheitsforschung eingeführt. Zu analytischen Potentialen des Konzeptes sowie der Übertragbarkeit auf die Einwandererbevölkerung in der Bundesrepublik Deutschland vgl. Heckmann 1983: 385.

auch unter der Einwanderungsbevölkerung sind die gruppenspezifischen Chancen und Risiken der Realisierung von Beschäftigung, Einkommen und sozialer Sicherheit vielfältiger und ungleicher geworden, vor allem auf dem Arbeitsmarkt.

Allgemein betrachtet, sind Erwerbspersonen der Einwandererbevölkerung mit ausländischer Nationalität überdurchschnittlich häufig erwerbslos. Die offizielle Statistik aber spiegelt dies nur bedingt wider. Hierfür sprechen mindestens drei Gründe: Erstens meldet sich ein nicht geringer Anteil der betroffenen Einwanderer und Familienangehörigen aus Unkenntnis des Verwaltungs- und Sozialleistungssystems in Deutschland nicht arbeitslos, oder verzichtet auf eine Registrierung, oder kann/will diese im Falle eines illegalen Aufenthaltes nicht in Anspruch nehmen. Zweitens sind Einwanderer und ihre Familien, die sich haben einbürgern lassen, formalrechtlich Deutsche und werden statistisch als Deutsche geführt. Spezifische Probleme auf dem Arbeitsmarkt, die sich Ihnen als Einwanderer nach wie vor stellen, z.B. wegen der Hautfarbe, sind damit kaum beseitigt. Ähnliches gilt drittens für Spätaussiedler und ihre Familien als deutsche Staatsangehörige mit migrationspezifischen, sprachlich-kulturell bedingten Arbeitsmarktproblemen.

Die allgemein höhere Arbeitslosenquote von Arbeitnehmern ausländischer Nationalität resultiert aus der ökonomischen und politisch-staatlichen Positionierung von Arbeitsmigranten nichtdeutscher Nationalität in den Bereichen der Wirtschaft, welche in besonderer Weise strukturellen Wandlungen, konjunkturellen Unsicherheiten und arbeitsplatzgefährdenden Einflüssen ausgesetzt sind. Darüber hinaus verstärken Faktoren wie relativ niedrige Qualifikation, eine für den Arbeitsmarkt ungünstige Altersstruktur, gesundheitliche Beeinträchtigungen u.a. ebenfalls das ohnehin relativ hohe Risiko der Arbeitslosigkeit. Dennoch sind nationalitätenspezifische Unterschiede auszumachen. Nationalitätenspezifische Vergleiche seit 1979 zeig(t)en beispielsweise, dass spanische Staatsangehörige unterproportional, Menschen türkischer Nationalität hingegen weit überproportional als erwerbslos registriert wurden.[42] In der zweiten Hälfte der 1990er Jahre lag dementsprechend die Arbeitslosenquote bei türkischen Staatsangehörigen bei 25% und mehr.

---

42    Vgl. Bender/Karr 1993.

Tabelle 2: Offizielle Arbeitslosigkeit deutscher und ausländischer Staatsangehöriger in der Bundesrepublik Deutschland; 1970-2000[43]

| Jahr | Arbeitslose insgesamt (Tsd.) | Arbeitslosenquote insgesamt (%) | Arbeitslose Ausländer (Tsd.) | Arbeitslosenquote Ausländer (%) |
|---|---|---|---|---|
| 1970 | 149 | 0,7 | 5 | 0,3 |
| 1971 | 185 | 0,8 | 12 | 0,6 |
| 1972 | 246 | 1,1 | 17 | 0,7 |
| 1973 | 273 | 1,2 | 20 | 0,8 |
| 1974 | 582 | 2,6 | 69 | 2,9 |
| 1975 | 1.074 | 4,7 | 152 | 6,8 |
| 1976 | 1.060 | 4,6 | 106 | 5,1 |
| 1977 | 1.030 | 4,5 | 98 | 4,9 |
| 1978 | 993 | 4,3 | 104 | 5,3 |
| 1979 | 876 | 3,9 | 94 | 4,7 |
| 1980 | 889 | 3,8 | 107 | 5,0 |
| 1981 | 1.272 | 5,5 | 169 | 8,2 |
| 1982 | 1.833 | 7,5 | 246 | 11,9 |
| 1983 | 2.258 | 9,1 | 292 | 14,7 |
| 1984 | 2.266 | 9,1 | 270 | 14,0 |
| 1985 | 2.304 | 9,3 | 253 | 13,9 |
| 1986 | 2.228 | 9,0 | 248 | 13,7 |
| 1987 | 2.229 | 8,9 | 262 | 14,3 |
| 1988 | 2.242 | 8,7 | 270 | 14,4 |
| 1989 | 2.038 | 7,9 | 233 | 12,2 |
| 1990 | 1.883 | 7,2 | 203 | 10,9 |
| 1991* | 2.602 | 7,3 | 222 | **10,7 |
| 1992 | 2.979 | 8,5 | 270 | **12,2 |
| 1993 | 3.419 | 9,8 | 359 | **15,1 |
| 1994 | 3.698 | 10,6 | 421 | **16,2 |
| 1995 | 3.612 | 10,4 | 436 | **16,8 |
| 1996 | 3.965 | 11,5 | 496 | **18,9 |
| 1997 | 4.384 | 12,7 | 548 | **20,4 |
| 1998 | 4.279 | 12,3 | 535 | 20,3 |
| 1999 | 4.099 | 11,7 | 510 | 19,2 |
| 2000 | 3.889 | 10,7 | 470 | 17,3 |

[43] Quelle: Nach (gerundeten) Daten der Bundesanstalt für Arbeit *Ab 1991 Zahlen für die vereinigte Bundesrepublik Deutschland. **Arbeitslosenquote Ausländer 1991-1997 nur Westdeutschland.

War Erwerbslosigkeit von Zu- und Einwanderern ausländischer und deutscher Nationalität in den 1970er Jahren ein relativ unbedeutendes Phänomen, so galt dies auch für den Bezug von staatlichen Sozialhilfeleistungen. Dies ändert sich spätestens zu Beginn der 1980er Jahre deutlich. Neben dem familiären Wandel ist eine länger andauernde Arbeitslosigkeit häufigste Ursache für den Sozialhilfebezug von Einwandererfamilien. Diese sind von Armut, in Relation zur Einwanderungs-, nicht zur Herkunftsgesellschaft, überproportional betroffen. Dies betrifft insbesondere Flüchtlinge, welche nach dem Asylbewerberleistungsgesetz von 1993 im Unterschied zu Sozialhilfeempfängern reduzierte Leistungen erhalten.

Allerdings ist der offiziell registrierte Anteil der sich in Armutslagen befindlichen Einwanderer und ihrer Familien immer noch zu gering veranschlagt; und zwar aus ähnlichen Gründen, wie sie bereits für die Registrierung der Arbeitslosen ausländischer Nationalität angeführt worden sind. Im Unterschied zum, in Abständen immer wiederkehrenden, politisch-öffentlichen ‚Missbrauchsdiskurs' bei sozialstaatlichen Lohnersatzleistungen, welcher nur eine Minderheit betrifft,[44] ist zu betonen, dass es eine ‚verdeckte Armut' in Deutschland jenseits der offiziellen Sozialberichterstattung in erheblichem Ausmaß gibt. Als ‚verdeckt' oder ‚verschämt' arm können jene Personen definiert werden, die zwar Anspruch auf laufende Hilfe zum Lebensunterhalt haben, diesen Anspruch aber nicht geltend machen. Nach empirischen Ergebnissen lebten im Jahr 1991 3,7 Prozent oder annährend 3 Millionen Personen der Gesamtbevölkerung Deutschlands in verdeckter Armut, das heißt mit einem Einkommen unterhalb des sozio-kulturellen Existenzminimums.[45]

## 3.5.2. Arbeitsmarktentgrenzung ohne soziale Sicherheit?

Armut ist spätestens seit den 1980er Jahren nicht nur in der Bundesrepublik Deutschland, sondern in nahezu allen Mitgliedsstaaten der EG bzw. der Europäischen Union ein tendenziell zunehmendes Problem.[46] Es ist aber nicht ausschließlich die sich – nach einzelnen Ländern und ihren Wohlfahrtspolitiken zu differenzierende – wachsende soziale Ungleichheit im nationalen Rahmen, welche die (nationalen) Wohlfahrtssysteme unter Finanzierungs- und Legitimationsdruck geraten lässt. Der Prozess der Globalisierung und Europäisierung konfrontiert insbesondere die nord- und westeuropäischen Staaten mit ihren entwickelteren Systemen sozialer Sicherung im Zuge der intensivierten Integration sowie der geplanten Osterweiterung der Europäischen Union mit dem, was vorher weitgehend ausgegrenzt, sprich ‚draußen vor war' und damit zur Funktions- und Leistungsfähigkeit von nationaler Wohlfahrt in Deutschland wesentlich mit beitrug: das Faktum der internationalen sozialen Ungleichheit.

---

44  Vgl. Kaufmann 1997: 185.
45  Vgl. ISL (Hrsg.) 1998: 8.
46  Vgl. Huster 1996; Hanesch et.al. 2000: 454-572; Bundesregierung/Bundesministerium für Arbeit u. Sozialordnung (Hrsg.) 2001.

Tabelle 3: Armut und staatliche Transferleistungen – Empfänger/innen laufender Hilfe zum Lebensunterhalt deutscher und ausländischer Nationalität außerhalb von Einrichtungen in der Bundesrepublik Deutschland 1980-1998[47]

| Jahr | Empfänger/innen insgesamt | Empfänger/innen in Prozent | Empfänger/innen Ausländer insgesamt | Empfänger/innen Ausländer in Prozent | Empfänger/innen von Leistungen nach dem Asylbewerberleistungsgesetz[48] |
|---|---|---|---|---|---|
| 1980 | 851.152 | 100 | 70.523 | 8,3 | |
| 1981 | 846.821 | 100 | 87.123 | 10,3 | |
| 1982 | 1.025.317 | 100 | 108.805 | 10,6 | |
| 1983 | 1.140.877 | 100 | 118.006 | 10,3 | |
| 1984 | 1.217.468 | 100 | 125.926 | 10,3 | |
| 1985 | 1.397.783 | 100 | 183.850 | 13,2 | |
| 1986 | 1.468.186 | 100 | 239.209 | 16,3 | |
| 1987 | 1.552.210 | 100 | 277.681 | 17,9 | |
| 1988 | 1.619.229 | 100 | 348.035 | 21,5 | |
| 1989 | 1.737.273 | 100 | 413.734 | 23,8 | |
| 1990 | 1.772.481 | 100 | 483.342 | 27,3 | |
| 1991 | 2.036.087 | 100 | 566.992 | 27,8 | |
| 1992 | 2.338.902 | 100 | 758.194 | 32,4 | |
| 1993 | 2.450.371 | 100 | 745.116 | 30,4 | |
| 1994* | 2.257.800 | 100 | 445.200 | 19,7 | 421.483 |
| 1995 | 2.515.693 | 100 | 520.199 | 20,7 | 454.318 |
| 1996 | 2.688.805 | 100 | 636.344 | 23,7 | 452.539 |
| 1997 | 2.893.178 | 100 | 664.736 | 23,0 | 441.764 |
| 1998 | 2.879.322 | 100 | 664.580 | 23,1 | 393.816 |

47    Quelle: Statistisches Bundesamt, Fachserie 13, Sozialleistungen Reihe 2, Sozialhilfe. Bis 1990 früheres Bundesgebiet. *Im November 1993 ist das Asylbewerberleistungsgesetz (AsylbLG) in Kraft getreten. Die Sicherstellung des Lebensunterhalts von Asylbewerbern und abgelehnten Bewerbern, die rechtlich zur Ausreise verpflichtet werden, sowie von geduldeten Ausländern richtet sich seitdem nicht mehr nach dem Bundessozialhilfegesetz (BSHG). Angaben über die Leistungen an diesen Personenkreis werden daher nicht mehr in der Sozialhilfestatistik, sondern erstmals für das Berichtsjahr 1994 in der neuen Asylbewerberleistungsstatistik erfasst. Insofern ergeben sich für das Berichtsjahr 1994 in der Sozialhilfestatistik rückläufige Empfängerzahlen.
48    Quelle: Statistisches Bundesamt. Nach Daten der Asylbewerberleistungsstatistik. Für das Jahr 1994 wurde eine Hochrechnung vorgenommen. 1995 ohne Bremerhaven.

Es ist sowohl sozialwissenschaftlich wie politisch häufig festgestellt worden, dass der sozialen und sozialpolitischen Problematik im Europäisierungsprozess gegenüber ökonomischen und außenpolitischen Fragen bislang eine nur geringe Bedeutung zukam. Dies ist unter wohlfahrtspolitischen Gesichtspunkten deshalb problematisch, weil mit Prozessen transnationaler Migration und/oder der Europäisierung nicht nur Chancen, sondern auch bedeutende Herausforderungen verbunden sind. Dies bezieht sich zum einen auf die Schwächung von national verfassten Wohlfahrtsinstitutionen wie auch auf neue Problemlagen in Folge von Globalisierung und Europäisierung, die aber auf EU-Ebene sozial- bzw. wohlfahrtspolitisch – im Gegensatz zur nationalen Ebene – kein entsprechendes Äquivalent ausgebildet haben. Zwar sind mit der Europäischen Integration die Freizügigkeitsrechte und Mobilitätschancen, welche keinesfalls gering zu schätzen sind, erweitert worden. Diese stellen allerdings unter sozial- und wohlfahrtspolitischen Gesichtspunkten weniger eine Lösung ‚sozialer Probleme' dar, als vielmehr Gestaltungsaufgaben für wohlfahrtspolitisches Handeln, zumal die Durchsetzung erweiterter Arbeitnehmerfreizügigkeitsrechte nicht nur kompatibel, sondern konstitutiv für eine weitere (Arbeits-)Marktentgrenzung ist.

- Das nationale Inländerprimat auf dem Arbeitsmarkt hat sich im Zuge der Europäischen Integration für Bürger von EU-Mitgliedsstaaten zu einem EG- bzw. *EU-Inländerprimat* gewandelt. Damit verbunden ist die räumliche Entgrenzung des ehemals nationalen Arbeitsmarktes zugunsten eines größeren EG bzw. EU-weiten Arbeitsmarktes. Potentielle, sozialräumlich erweiterte Arbeitsmarktkonkurrenzen sind vor dem Hintergrund unterschiedlicher (nationaler) Beschäftigungs-, Einkommens- und Sozialstandards nicht auszuschließen bzw. beabsichtigt. Nach dem Willen der überwiegenden Mehrheit der Vertreter von EU-Staaten sollen im Rahmen der geplanten Osterweiterung diese allerdings durch Übergangsfristen für Arbeitnehmer aus MOE-Staaten ‚entschärft' werden.

- Mit der geplanten Erweiterung der Europäischen Union um die MOE-Staaten relativiert sich für die westeuropäischen Staaten das Problem des illegalen Aufenthaltes sowie der illegalen Beschäftigung insbesondere durch mittelosteuropäische Arbeitnehmer zunächst nur bedingt, wenn Übergangsfristen die legale Arbeitsaufnahme von Bürgern der MOE-Staaten weitgehend ausschließen. Aber selbst bei Auslaufen dieser Übergangsfristen ist das Problem des illegalen Aufenthaltes bzw. der illegalen Beschäftigung von Drittstaatsangehörigen in der erweiterten EU nicht gelöst, ebenso wie die ihr zugrundeliegende Problematik internationaler sozialer Ungleichheit. Die illegale Beschäftigung von Drittstaatsangehörigen könnte sich dann verstärkt an die Peripherie der künftigen EU verlagern.

- Das nationale Tarifvertragssystem hat in den westeuropäischen Staaten seit den 1980er Jahren – nach Branchen unterschiedlich – an ordnungs- und sozialpolitischer Funktions- und Leistungsfähigkeit verloren. Dies gilt vor allem für Flächentarifverträge im Baugewerbe,[49] im Hotel- und Gaststättengewerbe sowie der Landwirtschaft. Dort sind erhebliche Anteile von Migranten beschäftigt. In

---

49   Vgl. Treichler 1998: 202-241.

anderen Branchen und Arbeitsbereichen, für die Ähnliches gilt wie etwa im Bereich sexueller und anderer (haushaltsnaher) Dienstleistungen, existieren entweder keine oder im Falle der internationalen Schiff-Fahrt schon seit längerem nicht mehr funktionsfähige Tarifverträge. Wenn also Flächentarifverträge für einzelne Branchen, Gewerbezweige und Tätigkeitsbereiche bestehen und darüber hinaus noch ein relativ hohes Maß an Verbindlichkeit herstellen können, dann sind diese – trotz der Europäisierung und Internationalisierung der Arbeitsmärkte – weitgehend national verfasst. Erste Ansätze einer grenzüberschreitenden Tarifpolitik bilden sich, zumeist mit Pilotcharakter, zwar im Bau- und Metallgewerbe vor allem in Grenzregionen heraus. Ihre ordnungs- und sozialpolitische Bedeutung ist allerdings für den EU-Arbeitsmarkt, verglichen mit dem nationalen Rahmen, bislang gering.

• Dass die notwendige Harmonisierung nationaler Tarifvereinbarungen, hier insbesondere wohlfahrtsstaatlicher Systeme im Zuge des Integrationsprozesses der Europäischen Union zu einer Absenkung der Sozialstandards insbesondere in west- und nordeuropäischen EU-Staaten führen kann, ist zwar nicht zwangsläufig, aber auch nicht unwahrscheinlich. Der Aufbau wohlfahrtsstaatlicher und – politischer Strukturen ist in den mittelosteuropäischen Ländern bestenfalls langfristig denkbar. Andererseits sind die meisten dieser Länder weiterhin mit gravierenden gesellschaftlich-strukturellen Transformationsproblemen beschäftigt. Ihre tariflichen und staatlichen Sozialsysteme bewegen sich bezüglich der Leistungs- und Funktionsfähigkeit im Vergleich zu den meisten west- und nordeuropäischen Mitgliedsstaaten allgemein auf einem relativ niedrigen Niveau. Wohlfahrtspolitisch ist dabei bedeutsam, dass dort eine einflussreiche Arbeiter- und Gewerkschaftsbewegung, wie sie zur Durchsetzung des Sozial- und Wohlfahrtsstaates sowie tariflich und sozial abgesicherter Erwerbsarbeitsplätze erforderlich war, bislang nicht existiert. Dies gilt für die Politikebene der Europäischen Union überhaupt.

Wird an der Notwendigkeit einer wohlfahrtspolitischen Regulation postnationaler Arbeitsmärkte festgehalten, dann kann eine (idealtypische) Politik ‚geschlossener Grenzen' den Regulierungserfordernissen postnationaler Arbeitsmärkte ebenso wenig gerecht werden wie eine Politik der ‚offenen Grenzen' unter den Bedingungen von Europäisierung und Globalisierung, da dies zur Zerstörung (nicht überall) existierender nationaler Wohlfahrtssysteme führen würde, ohne dass etwas Gleichwertiges verfügbar wäre. Vor dem Hintergrund der Transnationalisierung und Schwächung des Nationalstaates scheint eine dritte Politikoption sich anzubieten, nationale Wohlfahrtssysteme schrittweise auf die EU-Ebene zu übertragen.[50] Dies ist aber an bestimmte Voraussetzungen und Bedingungen gebunden. Zu fragen wäre: Ist diese Entwicklung von allen Bevölkerungen postnationaler Gesellschaften der Europäischen Union – bei Kenntnis der Kosten – erwünscht? Welchen Transfervoraussetzungen, Kompatibilitäts- und Stabilitätsbedingungen unterliegen einzelne nationale

---

50    Vgl. Fijalkowski/Kurthen/Wagner (Hrsg.) 1998: 171 f. (Part B).

Wohlfahrtssysteme auf europäischer Ebene? Auf welchem sozial- und wohlfahrtspolitischen Standard ist eine gemeinsame EU-Wohlfahrtspolitik politisch legitimierbar wie finanzierbar?

Die Europäische Union hat mit ihren Ansätzen einer sich konstituierenden Sozialpolitik versucht, bereits existierende nationale Wohlfahrtssysteme zu ergänzen, zunächst weniger zu ersetzen. Der sozialrechtlichen Flankierung der Arbeitnehmer- und Personenfreizügigkeit sowie den damit verbundenen Fragen der sozialen Sicherung von Wanderarbeitnehmer/innen kam hierbei in den vergangenen Jahrzehnten besondere Bedeutung zu.[51] Damit wurde auf europäischer Ebene die mangelhafte soziale Absicherung von Wanderarbeitnehmer/innen politisch anerkannt. Auch wenn die Systeme sozialer Sicherheit nach wie vor eine Domäne der Mitgliedsstaaten sind,[52] so ist die Weiterentwicklung sozialer Rechte und die Ausweitung sozialer Sicherheit für Wanderarbeitnehmer/innen und ihre Familien gerade unter den Bedingungen der Globalisierung und Europäisierung notwendig. Dies gilt weiter für Ansätze einer Antidiskriminierungs- und Gleichstellungspolitik für ethnisch-kulturelle und rassische Minderheiten innerhalb der Europäischen Union, welche nicht nur, aber auch arbeitsmarktbezogene Relevanz besitzen.[53] Diese Maßnahmen auf EU-Ebene werden jedoch als Elemente einer EU-Sozialpolitik daran zu messen sein, ob sie primär der Durchsetzung von Marktbeziehungen dienen (sollen) oder grundrechtliche Standards auf EU-Ebene zu institutionalisieren und weiter zu entwickeln in der Lage sind. Insgesamt aber ist die sich konstituierende europäische Sozialpolitik, trotz einiger entwicklungswürdiger Ansätze und Initiativen, bislang weder von ihrem finanziellen Umfang noch von ihrer marktbezogenen Ausrichtung geeignet, nationale, arbeitsmarktbezogene Sozialpolitik zu ersetzen oder gar eine wohlfahrtspolitische Verfassung der Europäischen Union und ihrer Arbeitsmärkte zu begründen. Dementsprechend bleiben wohlfahrtspolitische Leerstellen einer ‚neuen sozialen Frage' auf sich europäisierenden Arbeitsmärkten, für die noch Antworten gesucht werden.

## 4. Resümee

Der vorliegende Beitrag hat zu zeigen versucht, dass zum einen der bereits erreichte Stand der Transnationalisierung der Arbeitsmärkte in Folge von Europäisierung und Einwanderung ausgeprägter ist, als dies in Teilen der gesellschaftswissenschaftlichen Literatur dokumentiert wird.[54] Zum anderen ist die Problematik der wohlfahrtspolitischen Verfassung postnationaler Arbeitsmärkte unter den Bedingungen von Globalisierung und Europäisierung kritisch erörtert worden. Hier konnte für die 2. Hälfte des 20. Jahrhunderts eine nach Branchen und Arbeitstätigkeiten zu differenzierende

---

51 Hierzu ausführlich B. Schulte in diesem Band.
52 Vgl. Eichenhofer 1997: 23; Treichler 2001: 25 f.
53 Vgl. den Beitrag von Kürşat-Ahlers in diesem Band.
54 Vgl. Walwei 1999.

Ökonomisierung und Individualisierung der Arbeitsbeziehungen wie auch eine allgemeine Polarisierung intranationaler sozialer Ungleichheit identifiziert werden. Diese Entwicklungen sind nicht direkte Folge von Einwanderung; sie werden aber hierdurch verstärkt. Da die Einwanderungsbevölkerung in Deutschland zur untersten Schicht der Sozialstruktur gehört, ist insbesonders sie auf ein leistungs- und funktionsfähiges Wohlfahrtssystem und die ihr zugrundeliegende Solidarität angewiesen. Ihre Integration in die deutsche Einwanderungsgesellschaft ist in den vergangenen Jahren nur bedingt erfolgt; sie ist somit zu einem nicht unerheblichen Teil noch politisch-soziale Gestaltungsaufgabe. Allerdings sind die Integration und gesellschaftliche Teilhabe der Einwandererbevölkerung – sofern sie denn politisch ernsthaft gewollt ist – nicht umsonst zu haben. Daran wird auch eine mögliche aktive Einwanderungspolitik, wie sie zu Beginn des neuen Jahrhunderts in Deutschland unter den Prämissen der Globalisierung der Märkte und des demographischen Wandels diskutiert wird, wenig ändern. Selbst dann nicht, wenn ausschließlich hochqualifizierte Erwerbspersonen kommen würden,[55] was aber unter den gegenwärtigen Bedingungen internationaler sozialer Ungleichheit weder zu erwarten, noch vor dem Hintergrund einer dringenden Nivellierung eben dieser unter Berücksichtigung eines nicht auszuschließenden ‚brain drain' für weniger entwickelte Gesellschaften uneingeschränkt wünschenswert wäre.

## Literatur

Abadan-Unat, N. (1986): Turkish Migration to Europe and the Middle East: Its Impact on the Social Structure and Social Legislation. In: Michalak/Salacuse (Hrsg.) 1986: 326 ff.

Alt, J./Fodor, R. (2001): Rechtlos? Menschen ohne Papiere. Karlsruhe: Loeper Literaturverlag

Bender, St./Karr, W. (1993): Arbeitslosigkeit von ausländischen Arbeitnehmern. Ein Versuch, nationalitätenspezifische Arbeitslosenquoten zu erklären. In: Mitteilungen aus der Arbeitsmarkt- und Berufsforschung. 26. Jahrgang. Heft 2/93: 192-206

Böhme, G./Chakraborty, R./Weiler, F. (Hrsg.) (1994): Migration und Ausländerfeindlichkeit. Darmstadt

Boutang, Y.M./Papademetriou, D. (1994): Typology, Evolution and Performance of main Migration Systems. In: OECD (Hrsg.) (1994): 19-35

Bade, K. (Hrsg.) (2001): Integration und Illegalität in Deutschland. Rat für Migration. Osnabrück: IMIS

Blanke, B. (Hrsg.) (2001): Zuwanderung und Asyl in der Konkurrenzgesellschaft. Opladen: Westdeutscher Verlag

Bommes, M. (1999): Migration und nationaler Wohlfahrtsstaat. Ein differenzierungstheoretischer Entwurf. Habilitationsschrift. Opladen: Westdeutscher Verlag

Bommes, M./Halfmann, J. (Hrsg.) (1998): Migration in nationalen Wohlfahrtsstaaten. Osnabrück: Universitätsverlag Rasch

Bundesregierung; Bundesministerium für Arbeit und Sozialordnung (1992): Siebenter Bericht der Bundesregierung über Erfahrungen bei der Anwendung des Arbeitnehmerüberlassungsgesetzes – AÜG – sowie über Auswirkungen des Gesetzes zur Bekämpfung der illegalen Beschäftigung – BillBG, Deutscher Bundestag, Drucksache 12/3180 vom 21.08.1992. Bonn

Bundesregierung; Bundesministerium für Arbeit und Sozialordnung (1996): Achter Bericht der Bundesregierung über Erfahrungen bei der Anwendung des Arbeitnehmerüberlassungsgesetzes – AÜG – sowie über Auswirkungen des Gesetzes zur Bekämpfung der illegalen Beschäftigung – BillBG, Deutscher Bundestag, Drucksache 13/5498 vom 06.09.1996. Bonn

---

55    Vgl. Unabhängige Kommission Zuwanderung der Bundesregierung 2000.

Bundesregierung; Bundesministerium für Arbeit und Sozialordnung (Hrsg.) (2001): Lebenslagen in Deutschland. Erster Armuts- und Reichtumsbericht. Drucksache 328/01 vom 10.05.01. Bonn

Butterwegge, Ch./Jäger, S. (Hrsg.) (1993): Rassismus in Europa. Köln: Bund-Verlag

Butterwegge, Ch. (1998): Standortnationalismus – Bindeglied zwischen Liberalkonservatismus und Rechtsextremismus. In: IZA Zeitschrift für Migration und soziale Arbeit 3-4/1998.104-107

Castles, St./Miller, M.J. (1993): The Age of Migration. International Population Movements in the Modern World. Houndmills u.a.

Cyrus, N./Helias, E. (1993): 'Es ist möglich, die Baukosten zu senken'. Zur Problematik der Werkvertragsvereinbarungen mit osteuropäischen Staaten seit 1991. BIVS Research Paper. Berlin: E. Sigma

Deutsche Gesellschaft für die Vereinten Nationen (Hrsg.) (1994): Bericht über die menschliche Entwicklung. Bonn

Döring, D. (Hrsg.) (1999): Sozialstaat in der Globalisierung. Frankfurt/M.

Dohse, K. (1985 zuerst 1981): Ausländische Arbeiter und bürgerlicher Staat. Genese und Funktion von staatlicher Ausländerpolitik und Ausländerrecht. Vom Kaiserreich bis zur Bundesrepublik Deutschland. Berlin: Express Edition

Eichenhofer, E. (Hrsg.) (1997): Social Security of Migrants in the European Union of Tomorrow. Osnabrück: Universitätsverlag Rasch

Eichenhofer, E. (Hrsg) (1999): Migration und Illegalität. Osnabrück: Universitätsverlag Rasch

Esping-Andersen, G.(1990): The Three Worlds of Welfare Capitalism. Cambridge: Polity Press

Europäische Kommission/Eurostat (2000): Beschreibung der sozialen Lage in Europa 2000. Luxemburg

Faist, Th./Hillmann, F./Zühlke-Robinet, K. (Hrsg.) (1996): Neue Migrationsprozesse: politisch-institutionelle Regulierung und Wechselbeziehungen zum Arbeitsmarkt, SAMPF, ZeS-Arbeitspapier Nr. 6/96; Zentrum für Sozialpolitik der Universität Bremen. Bremen

Faist, Th. (1996): Soziologische Theorien internationaler Migration: Das vernachlässigte Meso-Bindeglied. In: Faist et.al. (1996): 12-19

Faist, Th. (1997): Migration und der Transfer sozialen Kapitals oder: Warum gibt es relativ wenige internationale Migranten?: In Pries (Hrsg.) (1997): 63-83

Fijalkowski, J. (1993): Migration in Gesamteuropa – Sechs Thesen zu Nationalismus und Ausländerpolitik. In: Blanke (Hrsg.) (1993): 97-111

Fijalkowski, J./Kurthen, H./Wagner, G. (Hrsg.) (1998): Immigration, Citizenship, and the Welfare State in Germany and the United States. Part A and B, Stamford: Jai Press

Franz, H.-W. et.al. (Hrsg.) (1986): Neue alte Ungleichheiten: Berichte zur sozialen Lage der Bundesrepublik. Opladen: Westdeutscher Verlag

Häußermann, H. (1997): Armut in den Großstädten – eine neue städtische Unterklasse? In: Leviathan. 25. Jahrgang. Heft 1/97: 12-27

Hanesch, W./Krause, P./Bäcker, G. (2000): Armut und Ungleichheit in Deutschland. Der neue Armutsbericht der Hans-Böckler-Stiftung, des DGB und des paritätischen Wohlfahrtsverbandes. Reinbek bei Hamburg: Rowolt

Heckmann, F. (1983): Einwanderung und die Struktur sozialer Ungleichheit. In: Kreckel (Hrsg.) (1983): 369-386

Husa, K./Parnreiter, Ch./Stacher, I. (Hrsg.) (2000): Internationale Migration. Die globale Herausforderung des 21. Jahrhunderts? HSK 17. Frankfurt/M.: Brandes und Apsel; Wien: Südwind

Huster, E.-U. (1996): Armut in Europa. Opladen: Leske und Budrich

Industriegewerkschaft Bauen-Agrar-Umwelt Bezirksverband Niederrhein (1995): Schwarzbuch II. Illegale Beschäftigung im Baugewerbe am Niederrhein. Wesel

Institut für Sozialberichterstattung und Lebenslagenforschung (ISL) (1998): Verdeckte Armut in Deutschland. Forschungsbericht im Auftrag der Friedrich-Ebert-Stiftung, bearbeitet von U. Neumann und M. Hertz. Frankfurt/M.

Keller, B./Seifert, H. (1993): Regulierung atypischer Beschäftigungsverhältnisse. In: WSI-Mitteilungen 9/1993. 538-545

Kaufmann, F.-X. (1997): Herausforderungen des Sozialstaates. Frankfurt/M.

Kommission Zuwanderung (Hrsg.) (2001): Zuwanderung gestalten – Integration fördern. Bericht der Unabhängigen Kommission „Zuwanderung" unter Vorsitz von Rita Süssmuth. Berlin

Körner, H. (1994): Reichtum und Armut – einige theoretische Aspekte. In: Böhme/Chakraborty/Weiler (1994): 59-62

Kreckel, R. (Hrsg.) (1983): Soziale Ungleichheiten. Sonderband 2 der Zeitschrift Soziale Welt

Kreckel, R. (1992): Politische Soziologie sozialer Ungleichheit. Frankfurt a.M./New York: Campus

Kritz, M.M./Zlotnik, H. (1992): Global Interactions: Migration Systems, Processes, and Policies. In: Kritz/Lim/Zlotnik (1992): 1-16

Kritz, M.M./Lim, L.L./Zlotnik, H. (Hrsg.) (1992): International Migration Systems. Oxford

Kronauer, M. (1997): ‚Soziale Ausgrenzung' und ‚Underclass': Über Formen der gesellschaftlichen Spaltung. In: Leviathan. 25. Jahrgang. Heft 1/97: 28-49

Kühne, P./Schäfer, H. (1986): Soziale Ungleichheit von Ausländern – Zur Lage auf dem Arbeitsmarkt und in den Betrieben. In: Franz (Hrsg.) (1986): 229-248

Kühne, P./Öztürk, N./West, K.-W. (Hrsg.) 1994: Gewerkschaften und Einwanderung. Eine kritische Zwischenbilanz. Köln: Bund-Verlag

Lederer, H. W./Nickel, A. (1997): Illegale Ausländerbeschäftigung in der Bundesrepublik Deutschland, hrsg. vom Forschungsinstitut der Friedrich-Ebert-Stiftung. Bonn

Luciani, G. (Hrsg.): Migration Policies in Europe and the United States. Dordrecht, Bosten, London

Michalak, L./Salacuse, J. (Hrsg.) 1986: Social Legislation in the contemporay Middle East. Institute of International Studies. Berkley California

OECD (Hrsg.) (1993): The Changing Cource of International Migration. Jean-Pierre Garson. International Migration: Facts, Figures, Policies. Paris

OECD (Hrsg.) (1994): Migration and Development. New Partnership for Cooperation. Paris

Parnreiter, Ch. (2000): Theorien und Forschungsansätze zu Migration. In: Husa/Parnreiter/Stacher (Hrsg.) (2000): 25-52

Pries, L. (1996): Internationale Arbeitsmigration und das Entstehen Transnationaler Sozialer Räume: Konzeptionelle Überlegungen für ein empirisches Forschungsprojekt. In: Faist et.al. (1996): 20-29

Pries, L. (Hrsg.) (1997): Transnationale Migration, Soziale Welt – Sonderband 12. Baden-Baden: Nomos

Pries, L. (2001): Internationale Migration. Bielefed: transcript Verlag

Reim, U./Sandbrink, St. (1996): Die Werkvertragsabkommen als Entsenderegelung für Arbeitnehmer aus den Staaten Mittel- und Osteuropas. ZeS-Arbeitspapier Nr. 12/96, Zentrum für Sozialpolitik der Universität Bremen. Bremen

Sachverständigenrat zur Begutachtung der wirtschaftlichen Entwicklung (1996): Jahresgutachten 1996/7. Stuttgart

Sassen, S. (1988): The Mobility of Labor and Capital: A Study in international Investment and Labor Flow. Cambridge

Sassen, S. (1991): The Global City. New York, London, Tokyo

Sassen, S. (1991a): Die Mobilität von Kapital und Arbeit: USA und Japan. In: Prokla. Nr. 83. 222-248

Schmähl, W. (1995): Migration und soziale Sicherung – Über die Notwendigkeit einer differenzierten Betrachtung: das Beispiel der gesetzlichen Kranken- und Rentenversicherung. ZeS-Arbeitspapier Nr. 5/95, Zentrum für Sozialpolitik der Universität Bremen. Bremen

Straubhaar, Th. (1995): Neuere Entwicklungen in der Migrationstheorie. In: WiST, Heft 5/95.243-248

Teitelbaum, M.S. (1993): Effects of Economic Development on Emigration Pressures in Sending Countries. In: OECD (Hrsg.)(1993): 161-164

Treichler, A.. (1994): Gewerkschaften, die politische Strategie der Nation und ihre Bedeutung für die Integration von Einwanderern. In: Kühne/Öztürk/West (Hrsg.) 1994: 76-92

Treichler, A. (1997): Die neue Qualität in der Beschäftigung transnationaler Migranten. Kontinuität oder Wandel der Arbeitsmarktpolitik in der Bundesrepublik Deutschland in den 90er Jahren? In: IZA Zeitschrift für Migration und soziale Arbeit, Frankfurt a.M., Heft 1/1997.16-23

Treichler, A. (1998): Arbeitsmigration und Gewerkschaften. Das Problem der sozialen Ungleichheit im internationalen Maßstab und die Rolle der Gewerkschaften bei der Regulation transnationaler Migrationen, dargestellt am Beispiel Deutschlands und der Arbeitsmigrationen aus der Türkei und Polen. Münster: Lit-Verlag

Treichler, A. (1998a): Ausländer in prekären Beschäftigungsverhältnissen. In: Ausländerbeschäftigung und Massenarbeitslosigkeit – ein unlösbarer Konflikt? Epd-Dokumentation. Heft 4-5/98, Frankfurt/ Main: Evangelischer Pressedienst. 61- 68

Treichler, A. (2001): Transnationale Migration als Herausforderung einer europäischen Politik des Sozialen. In: IZA. Zeitschrift für Migration und soziale Arbeit. Schwerpunktheft ‚Transnationale Räume und Globalisierung'. 1/2001: 20-27

Vogel, D. (1996): Fiskalische Effekte der Zuwanderung im sozialen Sicherungssystem. Eine theoretische Analyse verschiedener Migrations-, Familien- und Einkommensverläufe. ZeS-Arbeitspapier Nr. 1/ 96, Zentrum für Sozialpolitik der Universität Bremen. Bremen

135

Vogel, D. (1996a): Illegale Zuwanderung und soziales Sicherungssystem – eine Analyse ökonomischer und sozialpolitischer Aspekte. ZeS-Arbeitspapier Nr. 2/96, Zentrum für Sozialpolitik der Universität Bremen. Bremen

Wacquant, L.J.D. (1997): Vom wohltätigen Staat zum strafenden Staat: Über den politischen Umgang mit dem Elend in Amerika. In: Leviathan. 25. Jahrgang. Heft 1/97: 50-66

Waldrauch, H. (1995): Theorien zu Migration und Migrationspolitik. In: Journal für Sozialforschung. 35. Jahrgang. Heft 1/95. 27-49

Walwei, U. (1999): Die Europäisierung der nationalen Arbeitsmärkte. In: Döring (Hrsg.) (1999): 168-191

Weltbank (Hrsg.) (1995): Weltentwicklungsbericht 1995. Arbeitnehmer im weltweiten Integrationsprozess. Bonn

Zollberg, A. (1991): Die Zukunft der internationalen Migrationsbewegungen. In: Prokla. 21. Jahrgang. 1991. Nr. 2. 89-221

Zollberg, A. (1993): Are the Industrial Countries under Siege. In: Luciani (Hrsg.): 53-81

# Rechtliche Bedingungen für den Zugang zum Arbeitsmarkt der EU-Mitgliedstaaten für Drittstaatsangehörige

*Manfred Husmann*

Bei der Darstellung der Zugangbedingungen ist rechtlich zwischen zwei Ebenen zu unterscheiden, nämlich der europäischen und der nationalen; die letztere wird an Hand des deutschen Rechts vorgestellt. Vorab sind klarstellende Definitionen und beide Ebenen berührende Problemstellungen anzusprechen.

## 1. Definitionen

Schon die Terminologie ist bezüglich der europäischen Gemeinschaften verwirrend. Die Bezeichnung Europäische Union (EU) hat umgangssprachlich teilweise diejenige der Europäischen Gemeinschaft (EG) ersetzt. Dennoch bleiben EU und EG juristisch unterschiedliche Begriffe. Die EU spiegelt eine neue politische Entwicklung im europäischen Gebilde wider. Sie gründet sich auf drei Pfeilern bzw. Säulen: die 1. Säule bilden die drei supranationalen Gemeinschaften (EG, EGKS[1] und Euratom[2]), die die – klassischen – Bereiche Wirtschafts- und Währungspolitik umfassen; die 2. Säule betrifft die gemeinsame Außen- und Sicherheitspolitik (GASP) und die 3. Säule justiz- und innenpolitische Fragen. Die Abkürzung EG wird sowohl für die Europäische Gemeinschaft selbst, also für die frühere Europäische Wirtschaftsgemeinschaft (EWG),[3] als auch für die drei europäischen Gemeinschaften (EG, EGKS und Euratom) gebraucht. Nachfolgend bezeichnet der Begriff der EG nur die Wirtschafts- und Währungsgemeinschaft. Die EU besitzt keine juristische Persönlichkeit. Internationale Abkommen können nur von der EG, der EGKS oder der Euratom geschlossen werden. Folglich ist es nicht korrekt, in Texten juristischer Art von Abkommen mit der EU zu sprechen. Da im Folgenden auf europäischer Ebene das Primär- und Sekundärrecht der EG und nicht der beiden anderen Gemeinschaften behandelt wird, ist in diesem rechtlichen Kontext vorrangig der Begriff EG und

---

1 Europäische Gemeinschaft für Kohle und Stahl (Gründungsvertrag vom 18.4.1951: BGBl. II 1952, 447).

2 Europäische Atomgemeinschaft (Gründungsvertrag vom 25.3.1957: BGBl. II 1957, 1014).

3 Ursprüngliche Bezeichnung: Vertrag zur Gründung der Europäischen Wirtschaftsgemeinschaft vom 25.3.1957 (BGBl. II 1957, 766), weiterentwickelt durch die Einheitliche Europäische Akte (EEA) vom 17./28.2.1986 (BGBl II 1986, 1104), umbenannt gemäß Art. G des Vertrages über die Europäische Union (EU-Vertrag) vom 7.2.1992 (BGBl. II 1992, 1253) in Vertrag zur Gründung der Europäischen Gemeinschaft (EG-Vertrag in der Maastrichter Fassung) und weiterentwickelt, nochmals weiterentwickelt durch den Vertrag von Amsterdam vom 2.10.1997 zur Änderung des Vertrags über die Europäische Union, der Verträge zur Gründung der Europäischen Gemeinschaften sowie einiger damit zusammenhängender Rechtsakte (BGBl. II 1998, 386).

nicht EU zu verwenden; insoweit kann man auch von den Arbeitsmärkten der EG anstelle der EU sprechen.

Der EG-Vertrag, der in der Fassung und neuen Nummerierung durch den Vertrag von Amsterdam zitiert wird, verwendet nicht den Begriff des Drittstaatsangehörigen. Er spricht von Drittländern (Art. 62 Nr. 2 lit. b Ziff. i) oder von Staatsangehörigen dritter Länder (Art. 61 lit. b, Art. 62 Nr. 1 und 3), erläutert aber auch diese Begriffe nicht. Aus der Gegenüberstellung von Drittländern und Mitgliedstaaten (Art. 63 Nr. lit. a) ergibt sich jedoch, dass als *Drittstaatsangehörige* Personen bezeichnet werden können, die nicht Staatsangehörige eines Mitgliedstaats sind. Der Begriff lehnt sich damit an die in Art. 1 des Schengener Durchführungsabkommens (SDÜ)[4] für *Drittausländer* gegebene Definition an. Teilweise wird in diesem Zusammenhang auch von *Drittstaat(l)ern* gesprochen. Alle drei Begriffe haben inhaltlich die gleiche Bedeutung. Im Folgenden wird der Begriff des Drittstaatsangehörigen gebraucht. Wird von *Ausländern* gesprochen, sind sowohl Drittstaatsangehörige als auch Staatsangehörige aus – anderen – Mitgliedstaaten (Unionsbürger) gemeint.

## 2.  Allgemeine Aspekte der Beschäftigung von Ausländern

Während Unionsbürger aufgrund des ihnen eingeräumten Freizügigkeitsrechts das uneingeschränkte Recht genießen, sich in einem Mitgliedstaat aufhalten und dort eine Beschäftigung ausüben zu können (vgl. hierzu Ziff. 3), bleibt Drittstaatsangehörigen diese Rechtsposition grundsätzlich verwehrt. Sie halten sich nur dann legal in einem Mitgliedstaat auf und arbeiten dort legal, wenn ihnen nach dessen nationalem Recht eine Aufenthalts- und Arbeitsgenehmigung erteilt worden ist. Die jeweilige Genehmigung gilt nicht in anderen Mitgliedstaaten.

Legal leben in den Mitgliedstaaten der Gemeinschaft zur Zeit etwa 13 Millionen Drittstaatsangehörige. Der Zahl nach könnte man von einem „16. Mitgliedstaat" sprechen. Darüber hinaus wandern nach Schätzungen der International Organisation for Migration jährlich zwischen 300.000 und 500.000 Menschen „heimlich" in das Gebiet der EU ein. Angesichts fehlender Zugangsmöglichkeiten in die Illegalität gedrängt, üben sie häufig illegale Beschäftigungen aus, wobei sie in manchen Mitgliedstaaten als besonders billige Arbeitskräfte stillschweigend geduldet werden.[5]

Von den 7,8 Millionen Ausländern, die legal in der EG beschäftigt sind, sind fast 62 % Drittstaatsangehörige; hierbei sind in den einzelnen Mitgliedstaaten erhebliche Unterschiede festzustellen, wie aus Tabelle 1 ersichtlich wird:

---

4   Übereinkommen zur Durchführung des Übereinkommens von Schengen vom 14.6.1985 zwischen den Staaten der Benlux-Wirtschaftsunion, der Bundesrepublik Deutschland und der Französischen Republik betreffend den schrittweisen Abbau der Kontrollen an den gemeinsamen Grenzen vom 19.6.1990 (BGBl. II 1993, 1013).
5   Märker 2001: 5 f.

Tabelle 1: Ausländische Erwerbspersonen in der EU (prozentuale Anteile an allen Erwerbspersonen in 1996)[6]

| Länder | Ausländische Erwerbspersonen aus EU-Staaten | Ausländische Erwerbspersonen aus Nicht-EU-Staaten | Insgesamt |
|---|---|---|---|
| Belgien | 6,1 | 2,1 | 8,2 |
| Dänemark | 0,9 | 1,4 | 2,3 |
| Deutschland | 3,1 | 5,8 | 8,9 |
| Finnland | 0,1 | 0,7 | 0,8 |
| Frankreich | 2,4 | 3,9 | 6,3 |
| Griechenland | 0,2 | 1,6 | 1,8 |
| Irland | 2,8 | 0,7 | 3,6 |
| Italien | 0,1 | 0,4 | 0,4 |
| Luxemburg | 36,1 | 3,8 | 40,0 |
| Niederlande | 1,8 | 2,0 | 3,8 |
| Österreich | 1,3 | 8,5 | 9,8 |
| Portugal | 0,2 | 0,9 | 1,1 |
| Schweden | 2,1 | 2,4 | 4,4 |
| Spanien | 0,3 | 0,5 | 0,8 |
| Vereinigtes Königreich | 1,6 | 2,0 | 3,5 |
| EU insgesamt | 1,8 | 2,9 | 4,7 |

In Deutschland lebten im Jahre 1997 rund 7,36 Millionen Ausländer. Dies entspricht einem Bevölkerungsanteil von 9 %. Die Ausländer bilden keine homogene Gruppe, wie Tabelle 2 verdeutlicht:

Tabelle 2: Die in Deutschland lebenden Ausländer, aufgeteilt nach Herkunftsländern (Ende 1997)[7]

| Herkunftsländer | Anzahl |
|---|---|
| Aus 14 EU-Ländern | 1.850.000 |
| Aus 31 sonstigen europäischen Staaten | 4.154.660 |
| Aus 53 afrikanischen Staaten | 305.600 |
| Aus 35 amerikanischen Staaten | 194.300 |
| Aus 45 asiatischen Staaten | 781.000 |
| Aus 14 australischen und ozeanischen Staaten | 9.600 |
| staatenlos, ungeklärt und ohne Angabe | 70.500 |
| Insgesamt | 7.365.660 |

6    Quelle: Eurostat, nach Berechnungen des Instituts für Arbeitsmarkt- und Berufsforschung, zitiert nach Walwei 1999: 36; rechnerische Ungenauigkeiten beruhen auf Runden von Zahlen.
7    Vgl. Informationen für die Beratungs- und Vermittlungsdienste der Bundesanstalt für Arbeit, Ausgabe 4/99. 194.

Von den 7,36 Millionen Ausländern sind 3,75 Millionen – potentielle – Erwerbspersonen; 1997 waren hiervon 2,8 Millionen erwerbstätig (Erwerbsquote 49,4%; entspricht in etwa der deutschen Quote von 49,1%). Sozialversicherungspflichtig waren gut 2 Millionen beschäftigt (32,3% Unionsbürger und 67,7% Drittstaatsangehörige).[8]

## 3. Inländerprimat und EU-Inländerprimat

Charakteristisch für das deutsche Arbeitserlaubnisrecht ist ein Arbeitsverbot für Ausländer unter Genehmigungsvorbehalt (§ 284 Abs. 1 Satz 1 SGB III[9]). Maßgebendes Regelungs- bzw. Steuerungsinstrument ist das *Inländerprimat*. Danach wird grundsätzlich deutschen Arbeitnehmern der Vorrang bei der Arbeitsvermittlung eingeräumt; Ausländer dürfen eine Beschäftigung nur aufnehmen, soweit dadurch keine nachteiligen Auswirkungen auf den Arbeitsmarkt zu befürchten sind, das heißt, nach Lage und Entwicklung des Arbeitsmarktes offene Stellen nicht mit deutschen Arbeitskräften besetzt werden können (§ 285 Abs. 1 SGB III).

Den bevorrechtigten deutschen Arbeitnehmern werden bestimmte Gruppen ausländischer Arbeitnehmer gleichgestellt (§ 284 Abs. 1 Satz 2 SGB III). Das Inländerprimat wird bezüglich der Ausländer relativiert, die einen bestimmten Aufenthaltstitel haben (unbefristete Aufenthaltserlaubnis oder Aufenthaltsberechtigung) oder durch zwischenstaatliche Vereinbarungen oder durch Rechtsverordnung begünstigt werden. Sie haben insoweit Zugang zum deutschen Arbeitsmarkt. Das gleiche gilt für Unionsbürger. Mit Blick auf ihren Status ist es gerechtfertigt den Begriff des Inländerprimats durch den des *EU-Inländerprimats* zu ersetzen.

Das Recht der Arbeitnehmer auf Freizügigkeit (Art. 39 EG-Vertrag) verbietet jede Diskriminierung aus Gründen der Staatsangehörigkeit in Bezug auf Beschäftigung, Entlohnung und sonstige Arbeitsbedingungen (Art. 39 Abs. 2 EG-Vertrag). Das Verbot entfaltet seine Wirkung für drei im Arbeitsleben markante Phasen, nämlich den Zeitraum, der die freie Einreise und den freien Zugang zum Arbeitsmarkt betrifft (1. Phase: Art. 39 Abs. 3 Buchst. a und b EG-Vertrag); die Zeit der Beschäftigungsausübung (2. Phase: Art. 39 Abs. 3 Buchst. c EG-Vertrag) und die Zeit nach Beendigung der Beschäftigung durch Zuerkennung eines Verbleiberechts (3. Phase: Art. 39 Abs. 3 Buchst. d EG-Vertrag). Das Freizügigkeitsrecht ist bezüglich der ersten beiden Phasen in der Verordnung (EWG) Nr. 1612/68[10] weiter konkretisiert worden.

---

8   Vgl. Informationen für die Beratungs- und Vermittlungsdienste der Bundesanstalt für Arbeit, Ausgabe 4/99. 199 f.
9   Sozialgesetzbuch (SGB) Drittes Buch (III) – Arbeitsförderung – vom 27.3.1997 (BGBl. I 594), mit nachfolgenden Änderungen.
10  Verordnung (EWG) Nr. 1612/68 über die Freizügigkeit der Arbeitnehmer innerhalb der Gemeinschaft vom 15.10.1968 (ABl EG Nr. L 257/2 v. 19.10.1968) in der Fassung der VO vom 27.7.1992 (ABl EG Nr. L 245 v. 26.8.1992).

Aus dem Wesen des EG-Rechts als supranationales Recht folgt, dass widerspre-
chendes nationales Recht zwar nicht nichtig ist, jedoch im Konfliktfall das europäische Recht Anwendungsvorrang genießt. Im Bereich der Arbeitsmigration bedeutet
dies, dass – gleichgültig wie das nationale Recht ausgestaltet ist – der Arbeitnehmer
aus einem anderen EG-Staat immer das gleiche Recht auf Zugang zu und auf Ausübung einer Beschäftigung wie ein Inländer hat. Demzufolge besteht nicht ein „nationales", sondern ein EU-Inländerprimat.

Das EU-Inländerprimat können Drittstaatsangehörige nicht in Anspruch nehmen. Art. 39 Abs. 2 und 3 lit. a und b EG-Vertrag gewährleistet Freizügigkeit nur
Arbeitnehmern, die Staatsangehörige eines Mitgliedstaats sind. Nur sie können und
dürfen sich im Hoheitsgebiet der Mitgliedstaaten frei bewegen, um sich dort um tatsächlich angebotene Stellen zu bewerben. Dies folgt aus der Verknüpfung der Begriffe „Staatsangehörigkeit" und „Arbeitnehmer der Mitgliedstaaten" in Abs. 2.

Soll Drittstaatsangehörigen der Zugang zu EG-Arbeitsmärkten eröffnet werden,
bedarf es weiterer ausdrücklicher Regelungen, und zwar entweder auf europäischer
Ebene mit Verbindlichkeit für das nationale Recht oder auf nationaler Ebene. Beide
Ebenen werden nachfolgend skizziert.

## 4. Regelungen für Drittstaatsangehörige auf europäischer Ebene

Das Primär- und Sekundärrecht der EG (hier der EG-Vertrag und die Verordnung
[EWG] Nr. 1612/68) harmonisieren und koordinieren nicht das nationale Ausländer-
und Arbeitserlaubnisrecht der Mitgliedstaaten. Die Übernahme des so genannten
Schengen-Besitzsstandes/-Acquis durch das Schengen-Protokoll zum Amsterdamer
Vertrag in das Gemeinschaftsrecht ist für die Arbeitsmigration ohne große Bedeutung. Seine Rechtsetzungsbefugnis in den zum 1.5.1999 in Kraft getretenen Art. 61
ff. EG-Vertrag über Visa, Asyl und Einwanderung hat der Rat bislang noch nicht
ausgeübt (Stand: 27.3.2001). Besondere Beschäftigungsrechte und damit zwangsläufig verbundene Zuwanderungsrechte räumt das europäische Recht Drittstaatsangehörigen unmittelbar nur aus abgeleitetem Recht oder Assoziierungsabkommen oder
mittelbar über Freiheitsrechte des Arbeitgebers ein.

### 4.1. Rechtspositionen aus abgeleitetem Recht

Rechte auf Zugang zum Arbeitsmarkt eines Mitgliedstaats und damit auch auf Einreise wird Drittstaatsangehörigen als Familienangehörigen eines Arbeitnehmers
eingeräumt, der als Staatsangehöriger eines Mitgliedstaats Freizügigkeit genießt. Die
Freizügigkeit ist nach der Präambel (3. Erwägung) der Verordnung (EWG) Nr.
1612/68 ein *Grundrecht* der Arbeitnehmer und *ihrer Familien*. In Umsetzung dieses
Grundrechts räumen deren Art. 10 bis 12 den Familienangehörigen eines Wanderarbeitnehmers besondere Rechtspositionen ein. Unabhängig von ihrer Staatsangehörigkeit können sie über ihn (abgeleitet) subjektive Rechte auf Einreise, Aufenthalt

sowie Zugang zu und Ausübung einer Beschäftigung geltend machen (Art. 11 und 12 Abs. 1).[11]

## 4.2. Rechtspositionen von Drittstaatsangehörigen aus Assoziierungsabkommen

Auf der Basis des Art. 308 (ex Art. 238) EG-Vertrag hat die EG mit verschiedenen Ländern Assoziierungsabkommen geschlossen. Sie vermitteln in Bezug auf Arbeitnehmer sehr unterschiedliche Rechtspositionen.

Das *Abkommen über den Europäischen Wirtschaftsraum (EWR-Abkommen)* vom 2.5.1992[12] (in Kraft ab 1.1.1994) hat die Zusammenarbeit zwischen der EG und den EFTA-Staaten auf eine neue Grundlage gestellt. Der acquis communautaire (das geltende Gemeinschaftsrecht) ist in das EWR-Abkommen „hineinkopiert" worden. EWR-Staatsangehörige genießen die gleichen Rechte wie EG-Staatsangehörige. Ehegatte und Kinder eines EWR-Staatsangehörigen sind in gleicher Weise wie die eines EG-Staatsangehörigen geschützt, auch wenn sie Angehörige eines Drittstaats sind. Nachdem die EFTA-Staaten Finnland, Österreich und Schweden seit dem 1.1.1995 selbst Mitglied der EG sind, werden durch das EWR-Abkommen zusätzlich die Staatsangehörigen von Island, Norwegen und Liechtenstein begünstigt. Die Freizügigkeitsregelungen des EG-Vertrages gelten damit in 18 europäischen Staaten.

Das *Abkommen zur Gründung einer Assoziation zwischen der EWG und der Türkei* vom 12.9.1963[13] in Verbindung mit dem Zusatzprotokoll vom 23.11.1970[14] begünstigt nicht türkische Arbeitnehmer, die erstmals zur Arbeitsaufnahme in einen EG-Mitgliedstaat einreisen wollen. Art. 12 des Assoziierungsabkommens sieht zwar in Verbindung mit Art. 36 Abs. 1 des Zusatzprotokolls vor, dass sich die Vertragsparteien von den – früheren – Art. 48, 49 und 50 EG-(damals EWG-)Vertrag (jetzt Art. 39, 40, 41) leiten lassen, um untereinander schrittweise während einer abgestuften Übergangsphase die Beschränkungen in der Freizügigkeit der Arbeitnehmer aufzuheben. Damit diese Regelungen unmittelbare Wirkung entfalten können, bedarf es der entsprechenden Umsetzung durch Entscheidungen des Assoziationsrats.[15] Diese sind in Art. 6 des Beschlusses Nr. 1/80 des Assoziationsrats EWG-Türkei vom 19.9.1980 getroffen worden. Die Norm berührt nicht die Frage des erstmaligen Zugangs zum EG-Arbeitsmarkt. Vielmehr muss der türkische Arbeitnehmer schon in den betreffenden nationalen Arbeitsmarkt integriert sein, also eine legale Beschäftigung ausgeübt haben, damit die Norm eine Verfestigung seiner Rechtsposition bewirken kann.[16] Sie schränkt nicht die Befugnis eines Mitgliedstaats ein, sowohl die

---

11  Vgl. auch EuGH, Urteil vom 7.5.1986, Slg. 1986, 1573, 1590 ff.< Rz. 20, 25, 26> (Rs. Gül).
12  BGBl. II 1993, 267.
13  BGBl. II 1964, 510.
14  BGBl. II 1972, 387.
15  EuGH, Urteil vom 30.9.1987, Slg. 1987, 3719, 3752 ff. Rz. 14, 19 bis 25 (Rs. Demirel); vgl. auch Art. 36 Abs. 2 des Zusatzprotokolls.
16  BSG, Urteil vom 10.9.1998, SozR 3-4100 § 19 Nr. 4.

Einreise eines türkischen Arbeitnehmers als auch die Voraussetzungen für die erstmalige Aufnahme einer Beschäftigung eigenständig zu regeln.[17]

Die EG und ihre Mitgliedstaaten haben *Kooperationsabkommen mit den Maghreb-Staaten* geschlossen, und zwar mit Tunesien am 25.4.1976, Marokko am 26.4.1976 und Algerien am 27.4.1976[18] (alle drei in Kraft ab 1.11.1978). Die Abkommen mit Tunesien und Marokko sind durch die Assoziierungsabkommen vom 17.7.1995 und 26.2.1996[19] – den so genannten *"Europa-Mittelmeer-Abkommen"* – ersetzt worden (beide in Kraft ab 1.6.2000).

Die Kooperationsabkommen regeln nicht den Zugang tunesischer, marokkanischer und algerischer Arbeitnehmer zum EG-Arbeitsmarkt. Sie schreiben lediglich den Grundsatz der Inländergleichbehandlung in Bezug auf Arbeits- und Entlohnungsbedingungen fest, wobei es gleichgültig ist, aus welchen Gründen die Arbeitnehmer eingereist sind (zum Zwecke der Arbeitsuche und/oder Beschäftigungsaufnahme, als Flüchtlinge oder Tourist); denn die Abkommen knüpfen allein an den Status als Arbeitnehmer des regulären Arbeitsmarktes an.[20] Sie berühren damit nur den Inhalt eines schon bestehenden – legalen – Arbeitsverhältnisses. Über die Zugangsmöglichkeiten zu einer solchen Beschäftigung werden keine Aussagen getroffen. Die neuen mit Tunesien und Marokko am 17.7.1995 und 26.2.1996 Europa-Mittelmeer-Abkommen haben nach ihrem Inkrafttreten insoweit keine Rechtsänderung bewirkt.

Die *Europa-Abkommen* zur Gründung einer Assoziation mit insgesamt 10 mittelosteuropäischen Staaten (sogenannte MOE-Staaten), nämlich Ungarn und Polen jeweils vom 16.12.1991[21] (beide in Kraft ab 1.2.1994), Rumänien vom 1.2.1993,[22] Bulgarien vom 8.3.1993,[23] Slowakei und der Tschechischen Republik jeweils vom 4.10.1993[24] (alle vier Abkommen in Kraft ab 1.2.1995), den drei baltischen Staaten Estland, Lettland und Litauen jeweils vom 12.6.1995[25] (alle drei in Kraft ab 1.2.1998) und Slowenien vom 10.6.1996[26] (in Kraft ab 1.2.1999) sind nach Inhalt und Struktur im wesentlichen vergleichbar gestaltet. Arbeitnehmern wird eine Inländergleichbehandlung nur in Bezug auf Arbeitsbedingungen, Entlohnung oder Entlassung garantiert. Es fehlt jegliche Aussage über einen Zugang zum EG-Arbeitsmarkt. Demzufolge wird keine umfassende Freizügigkeit gewährt.[27] Für die Angehörigen, nämlich die Ehegatten und Kinder, eines Arbeitnehmers aus einem MOE-Staat enthalten die Europa-Abkommen durchaus Verbesserungen, die teilweise mit Art. 11

---

17    Ebenso Sieveking 1998: 206.
18    BGBl. II 1978, 511, 601, 690.
19    BGBl. II 1997, 343 und 1998, 1811.
20    A.A. 14. Senat des BSG, (Vorlage) Beschluss vom 15.1998, B 14 KG 7 /97, der keine Zweifel hat, dass die Abkommen nur die Personen begünstigen, die als Wanderarbeitnehmer, nicht aber Flüchtlinge nach Deutschland gekommen sind.
21    BGBl. II 1993, 1317 und 1473.
22    BGBl. II 1994, 2958.
23    BGBl. II 1994, 2754.
24    BGBl. II 1994, 3127 und 3321.
25    BGBl. II 1996, 1667,1880 und 2187.
26    BGBl. II 1997, 1856.
27    Guild 1998: 344 ff.; Husmann 1998a: 120 ff.

Verordnung (EWG) Nr. 1612/68 vergleichbar sind. Jedoch handelt es sich immer nur um abgeleitete Rechte; denn eine der sechs Voraussetzungen ist, dass der Arbeitnehmer, der diese Rechtsposition vermittelt, in einem legalen Beschäftigungverhältnis in dem betreffenden Mitgliedstaat steht. Da dieser keinen freien Zugang zum EG-Arbeitsmarkt hat, werden auch seinen Angehörigen nur entsprechend begrenzte Zugangsmöglichkeiten eröffnet.

Am 21.6.1999 haben die EG und ihre Mitgliedstaaten ein *Abkommen über die schrittweise Einführung des freien Personenverkehrs mit der Schweiz* geschlossen.[28] Das Abkommen führt den acquis communautaire schrittweise so ein, dass nach Ablauf der Übergangsfrist völlige Freizügigkeit gelten wird. In der Schweiz erfolgt die Anwendung des acquis im Bereich des freien Personenverkehrs für EU-Bürger fünf Jahre nach Inkrafttreten des Abkommens, während Schweizer Bürger in den EG-Staaten bereits nach zwei Jahren Freizügigkeit genießen. Mit dem Inkrafttreten ist nach Abschluss der Ratifizierungsverfahren voraussichtlich Mitte 2001 zu rechnen.[29]

### 4.3. Mittelbarer Zugang zu den EG-Arbeitsmärkten über Rechte des Arbeitgebers

Zugang zum Arbeitsmarkt eines EG-Mitgliedstaats können Arbeitnehmer aus Drittstaaten unter bestimmten Voraussetzungen auch mittelbar über Rechte ihrer Arbeitgeber erhalten. Hierbei ist weniger die Niederlassungsfreiheit als die Dienstleitungsfreiheit von Bedeutung.

Die *Niederlassungsfreiheit*, also das Recht der Unternehmer auf Freizügigkeit, beinhaltet im Wesentlichen das Gebot der Inländergleichbehandlung;[30] EG-Unternehmer können immer nur Gleichbehandlung mit inländischen Unternehmern verlangen. Diese dürfen Drittstaatsangehörige auch nur dann beschäftigen, wenn sie im Besitz einer Aufenthalts- und Arbeitsgenehmigung sind. Dies gilt demzufolge auch für niedergelassene EG-Unternehmen. Geringfügige Abweichungen ergeben sich aus einigen Assoziierungsabkommen, nicht aber dem EG-Vertrag, dem EWR-Abkommen und dem Freizügigkeitsabkommen mit der Schweiz. So erlauben die Europa-Abkommen grundsätzlich den Einsatz von ausländischem Personal, sofern es sich um Schlüsselpositionen handelt.[31] Die weiteren Assoziierungsabkommen sprechen zwar die Niederlassungsfreiheit an, sind aber zu unbestimmt, um unmittelbare Rechte der Unternehmer zu begründen.[32]

Weitergehende Beschäftigungsmöglichkeiten können sich aus der *Dienstleistungsfreiheit* ergeben. Grenzüberschreitende Dienstleistungen erfordern Aktivitäten, die von natürlichen Personen erbracht werden, also – soweit nicht vom Unternehmer selbst – von seinen Arbeitnehmern. Diese können sich dabei nicht auf ein eigenes Freizügigkeitsrecht berufen. Bei einem grenzüberschreitenden Einsatz nimmt der

---

28    Text abgedruckt im Internet unter: www.europa.admin.ch/d/int/ab/abd personnes.pdf.
29    Vgl. zu den Einzelheiten: Kahil-Wolff/Mosters 2001: 5 ff.
30    Erhard in: Lenz 1994: Art. 52 Rz. 4 mit Hinweisen auf die Rechtsprechung des EuGH.
31    Vgl. hierzu Husmann 1998a: 127 f.; ders. 1998b: 372 f.
32    Zu den Einzelheiten: Husmann 1999: 598.

Arbeitnehmer keine ihm eingeräumten Freiheiten in Anspruch; er sucht keinen Arbeitsplatz in einem anderen Land, sondern gehört weiterhin dem Arbeitsmarkt des Heimatstaats an. Durch die Erfüllung seiner arbeitsvertraglichen Pflichten ermöglicht er allein seinem Arbeitgeber die Ausübung der Dienstleistungsfreiheit.[33]

Anders als die Niederlassungsfreiheit erlaubt die Dienstleistungsfreiheit dem Unternehmer, beim grenzüberschreitenden Einsatz auch Drittstaatsangehörige zu beschäftigen. Die Art. 49 und 50 EG-Vertrag hindern einen Mitgliedstaat daran, es einem Erbringer von Dienstleistungen, der in einem anderen Mitgliedstaat ansässig ist, zu verbieten, mit seinem gesamten Personal, einschließlich seiner Arbeitnehmer aus Drittländern, in das Gebiet des erstgenannten Staats einzureisen oder die Einreise des betroffenen Personals von einschränkenden Bedingungen abhängig zu machen.[34] Arbeitsrechtliche „Auflagen", die sich aus der EG-Entsende-Richtlinie und dem deutschen Arbeitnehmer-Entsendegesetz ergeben, können hier nur angedeutet werden.[35]

Für Unternehmen aus den drei EFTA-Staaten Island, Norwegen und Liechtenstein gelten die gleichen Regelungen wie für EG-Dienstleistungserbringer; denn Art. 36 EWR-Abkommen entspricht substantiell dem Art. 49 EG-Vertrag.[36] Das Gleiche gilt für das voraussichtlich Mitte 2001 in Kraft tretende Freizügigkeitsabkommen mit der Schweiz. Die in den Kooperations- bzw. Europa-Mittelmeer-Abkommen mit den Maghreb-Staaten, im Assoziierungsabkommen mit der Türkei sowie in den Europa-Abkommen getroffenen Regelungen zur Dienstleistungsfreiheit sind zu unbestimmt, um Rechte der Dienstleistungserbringer zu begründen. Insoweit bedarf es der Umsetzungen durch den jeweiligen Assoziationsrat.[37]

## 5. Regelungen für Drittstaatsangehörige auf nationaler Ebene

Seit dem 1.1.1991, dem Inkrafttreten des AuslG vom 9.7.1990,[38] korrespondieren die Regelungen des Arbeitserlaubnisrechts (zunächst noch geregelt im Arbeitsförderungsgesetz [AFG]) mit denen des Ausländerrechts. Sowohl § 10 AuslG als auch § 19 Abs. 3 Satz 1 AFG haben den ausländerpolitischen Grundsatz festgeschrieben, Zuwanderungen weiterer Ausländer aus Nicht-EG-Staaten zu begrenzen.[39] Sie haben den seit 1973 praktizierten Anwerbestopp legalisiert. Mit Inkrafttreten des SGB III ab 1.1.1998 ist jene grundsätzliche Weichenstellung nicht verändert worden. Allerdings ist nicht zu verkennen, dass die Bundesanstalt für Arbeit auch weiterhin Anwerbungen im Ausland durchgeführt hat und durchführt. Rechtsgrundlagen waren

---

33 Eichenhofer 1996: 60 f.
34 EuGH, Urteil vom 27.3.1990, Slg. 1990, I-1417, 1443 Rz. 12 (Rs. Rush Portuguesa); Urteil vom 9.8.1994, Slg. 1994, I-3803, 3824 f. Rz. 15 ff. (Rs. Vander Elst).
35 Vgl. hierzu Husmann 1999: 598 ff.
36 Sakslin 1998: 408.
37 Husmann 1999: 600.
38 BGBl. I 1354.
39 BT-Drucksache 11/6321, Begründung Allgem. Teil S. 45 und Bes. Teil – hierzu § 10, S. 57 f.

bzw. sind die §§ 18 AFG und 302 f. SGB III. Dies betrifft nicht nur Saisonarbeiter; der Mangel an hochqualifizierten Arbeitskräften eröffnet im Übrigen ein weiteres Feld (vgl. Ziff. 5.1).

Terminologisch erfolgte eine weitere Anpassung an das AuslG; in Anlehnung an die Aufenthaltsgenehmigung (§ 3 Abs. 1, § 5 AuslG) wird nunmehr der Oberbegriff der Arbeitsgenehmigung verwandt (§ 284 Abs. 1 Satz 1 SGB III), die als Arbeitserlaubnis (früher allgemeine Arbeitserlaubnis) und Arbeitsberechtigung (früher besondere Arbeitserlaubnis) erteilt wird (§§ 284 Abs. 4, 285, 286 SGB III in Verbindung mit §§ 1 und 2 der Verordnung über die Arbeitsgenehmigung für ausländische Arbeitnehmer [ArGV] vom 17.9.1998).[40]

Beim Zugang zum Arbeitsmarkt ist zwischen den Drittstaatsangehörigen zu differenzieren, die sich bereits legal im Inland aufhalten (§ 285 Abs. 1, 2, 4 und 5 SGB III) und denen, die erstmals zur Arbeitsaufnahme einreisen wollen. Im Folgenden kann nur die letztgenannte Gruppe behandelt werden, um die vom Verfasser zu beachtenden quantitativen Vorgaben einzuhalten. Drittstaatsangehörigen, die zum Zwecke der erstmaligen Arbeitsaufnahme zuwandern, darf keine Arbeitserlaubnis erteilt werden, es sei denn, durch Rechtsverordnung ist etwas anderes bestimmt (§ 285 Abs. 3 SGB III). Die Ausnahmen für bestimmte Personen- bzw. Berufsgruppen sind in der Verordnung über die Ausnahmeregelungen für die Erteilung einer Arbeitserlaubnis an neu einreisende ausländische Arbeitnehmer (Anwerbestopp-Ausnahmeverordnung, ASAV) vom 17.9.1998[41] aufgeführt. Entgegen der irritierenden Bezeichnung, regelt diese Rechtsverordnung nicht die Anwerbung, sondern enthält Ausnahmen vom Beschäftigungsverbot für besondere Berufsgruppen, die dann natürlich auch Gegenstand einer Anwerbung nach den §§ 302 f. SGB III sein können und insoweit ebenfalls zur Durchbrechung des Anwerbestopps beitragen.

Das korrespondierende Ausländerrecht differenziert danach, ob eine Beschäftigung bis oder länger als drei Monate ausgeübt werden soll (§ 10 AuslG). Im letzteren Fall muss vor der Einreise grundsätzlich ein Sichtvermerk (Visum) erteilt werden (§ 3 Abs. 3 AuslG); dazu ist von der deutschen Auslandsvertretung eine vorherige Zustimmung der im Inland zuständigen Ausländerbehörde einzuholen (§ 11 Abs. 1 Nr. 1 und 2 der Verordnung zur Durchführung des AuslG [DVAuslG] in der Fassung der 9. Änderungsverordnung[42]). Sofort nach Einreise sind Aufenthaltsgenehmigung, und zwar wegen der Zweckgebundenheit in erster Linie in Form einer Aufenthaltsbewilligung, und Arbeitserlaubnis zu beantragen.

Soll eine bis zu drei Monate befristete Beschäftigung aufgenommen werden, ist arbeitserlaubnisrechtlich in erster Linie § 4 Abs. 1 ASAV einschlägig. Ob eine Aufenthaltsgenehmigung zu erteilen ist, bestimmt sich in diesen Fällen nach den allgemeinen Regelungen der § 7 Abs. 1, 15 und 28 AuslG.[43] Besonderheiten gelten für Angehörige bestimmter Staaten, die in einer Liste im Anhang I zu § 1 Abs. 1 DVAuslG (so genannte Positiv-Liste) aufgeführt sind. Sie benötigen unter bestimmten

---

40    BGBl. I 2899.
41    BGBl. I 2893.
42    Vom 21.5.1999 (BGBl. I 1038).
43    Renner 1999: § 10 Rz. 5 und 10.

Bedingungen keine Aufenthaltsgenehmigung und damit kein Visum. Voraussetzung ist, dass der Aufenthalt auf drei Monate befristet ist und die Einreise sowie der Aufenthalt nicht zum Zweck der Arbeitsaufnahme erfolgen (§ 1 Abs. 1 Nr. 1 und 3 DVAuslG). Die Regelung schließt nicht aus, dass der Drittstaatsangehörige – auch – mit dem Willen einreist, sich eine Arbeit suchen zu wollen; nicht die Arbeitssuche, sondern nur die Arbeitsaufnahme hat negative Folgen.[44] Erst nach erfolgreicher Arbeitssuche findet das „normale" Recht wieder Anwendung. Der Drittstaatsangehörige muss umgehend in seinen Heimatstaat zurückkehren und dort ein Visum für den Zweck der Arbeitsaufnahme beantragen.

### 5.1. Besonderheiten für bestimmte Personengruppen

Die Ausnahmereglungen für bestimmte Personen- bzw. Berufsgruppen können hier nicht im Einzelnen dargestellt werden. Wegen der besonderen Bedeutung sollen nur fünf Gruppen angesprochen werden:

Nach dem Anwerbestopp von 1973 erfolgte – von der Gruppe der Asylbewerber sowie Kriegs- und Bürgerkriegsflüchtlingen abgesehen – die Zuwanderung nach Deutschland in erster Linie im Rahmen der *Familienzusammenführung*. Durch die 1. Verordnung zur Änderung der ArGV vom 8.12.2000[45] wurden die Voraussetzungen für eine Arbeitsaufnahme erleichtert. Der erstmalige Zugang der Familienangehörigen von Drittstaatsangehörigen mit befristeter Aufenthaltserlaubnis oder -bewilligung wurde auf ein Jahr Wartezeit verkürzt. Die Wartezeit gilt nicht für Ehegatten und Kinder eines Drittstaatsangehörigen mit unbefristeter Aufenthaltserlaubnis oder -berechtigung (§ 3 ArGV).

Besonderheiten gelten für *Saisonarbeiter*. Hierbei handelt es sich um Arbeitnehmer, die ihren Wohnsitz in einem Drittland haben, jedoch im Rahmen einer jahreszeitabhängigen Tätigkeit im Hoheitsgebiet eines Mitgliedstaats auf der Grundlage eines Vertrages für einen genau festgelegten Zeitraum und für eine genau festgelegte Beschäftigung eingestellt sind. Diese Gruppe wird offensichtlich in § 4 Abs. 1 A-SAV angesprochen; die Beschäftigungsdauer wird dort auf höchstens drei Monate begrenzt.

Allgemeine Rechtsgrundlage für den Arbeitsmarktzugang von *Grenzgängern* ist § 6 Abs. 1 ASAV. Danach sind Grenzgänger Arbeitnehmer, die entweder täglich in ihren Heimatstaat zurückkehren oder längstens zwei Tage in der Woche in der Grenzzone beschäftigt sind. Grenzgängerfragen werden, soweit es sich um den Zugang zum Arbeitsmarkt handelt, aus deutscher Sicht nur im Verhältnis zu zwei EG-assoziierten Drittstaaten relevant, nämlich zu Polen und zur Tschechischen Republik. § 19 DVAuslG, befreit die Grenzgänger aus Polen und der Tschechischen Republik von der Visumspflicht und dem Erfordernis der Aufenthaltsgenehmigung. Diesen Staatsangehörigen kann eine so genannte Grenzgängerkarte (§ 14 Abs. 1 Nr.

---

44    Husmann 1998b: 362, 367 f.; Renner 1995: 19.
45    BGBl. I 1684.

2 DVAuslG) ausgestellt werden, wenn sie in den in der Anlage IV zur Verordnung festgelegten Grenzzonen eine unselbständige Erwerbstätigkeit ausüben.

Zur Deckung eines aktuellen, „vorübergehenden" Bedarfs hat die Verordnung über die Arbeitsgenehmigung für *hoch qualifizierte ausländische Fachkräfte der Informations- und Kommunikationstechnologie* (IT-ArGV) vom 28.7.2000[46] die Möglichkeit eröffnet, entsprechenden Arbeitnehmern eine Arbeitserlaubnis gemäß § 285 Abs. 1 SGB III zu erteilen ( § 1 IT-ArGV)). Die Zahl der Erlaubnisse ist für die erstmalige Arbeitsaufnahme auf 10.000 festgelegt und kann bei Bedarf auf 20.000 erhöht werden (§ 5 IT-ArGV). Fachkräfte ohne Hochschul- oder Fachhochschulabschluss weisen ihre Qualifikation durch eine Vereinbarung über ein Jahresgehalt von mindestens 100.000 DM nach (§ 2 IT-ArGV). Die Verordnung gilt befristet für die Zeit vom 1.8.2000 bis 31.7.2008 (§ 9 IT-ArGV). Mit einer Ausdehnung solcher Regelungen auf weitere Branchen ist zu rechnen.

Die 1. Verordnung der ArGV vom 8.12.2000 hat den völligen Ausschluss vom Arbeitsmarkt für nach dem 15.5.1997 eingereiste *Asylbewerber*, geduldete Drittstaatsangehörige und solche mit Aufenthaltsbefugnis (vom Bund und Bundesländern aufgenommene *Kriegs- und Bürgerkriegsflüchtlinge*) aufgehoben. Ihnen kann ab 15.12.2000 (Zeitpunkt des Inkrafttretens) nach einjähriger Wartezeit eine Arbeitserlaubnis erteilt werden, sofern keine bevorrechtigten deutschen Arbeitsuchenden und ihnen gleichgestellte Ausländer zur Verfügung stehen (§ 3 ArGV).

## 5.2. Bilaterale Vereinbarungen

Die Bundesregierung hat mit verschiedenen Drittstaaten Vereinbarungen über den Einsatz von Arbeitnehmern im Bundesgebiet getroffen.

Ende der 80er/Anfang der 90er Jahre hat die Bundesregierung mit mehreren Staaten Vereinbarungen über die Entsendung von *Werkvertragsarbeitnehmern* geschlossen, und zwar vorwiegend mit den EG-assoziierten MOE-Staaten (mit Ausnahme von Estland und Litauen) sowie der Türkei. Die Vereinbarungen ermöglichen es Unternehmen aus den genannten Ländern, mit deutschen Unternehmen Werkverträge zu schließen – oft als Subunternehmer – und ihre Arbeiter nach Deutschland zu schicken, wo sie Verpflichtungen ihrer Arbeitgeber aus den Werkverträgen erfüllen. Mit den Staaten werden jährliche Kontingente festgelegt. Die Kontingente betragen z.B. ab 1.10.1998 insgesamt 52.340 Arbeitskräfte (einschließlich der nichtassoziierten Länder, die jedoch nur eine sehr untergeordnete Rolle spielen). Überwiegend werden Werkvertragsarbeitnehmer in der Bauwirtschaft eingesetzt. Wegen der Missbräuche (Überschreiten der Kontingente, verschleierte Arbeitnehmerüberlassung, „Schwarzarbeit", Unterbezahlung) waren die Vereinbarungen jedenfalls zeitweise in Deutschland politisch umstritten. Auch die Forderung der Europäischen

---

46  BGBl. I 1146.

Kommission, sonstige EG-Unternehmen den deutschen gleichzustellen, hat die Akzeptanz nicht gefördert.[47]

Weitere bilaterale Vereinbarungen bestehen für *Gastarbeitnehmer*. Diese Kategorie umfasst Facharbeiter, die in einem anderen Staat eine Beschäftigung aufnehmen, um ihre beruflichen und sprachlichen Kenntnisse zu verbessern. Die Bundesregierung hat mit allen assoziierten MOE-Staaten derartige Vereinbarungen geschlossen, nicht dagegen mit der Türkei. Die Arbeitnehmer dürfen bei Aufnahme nicht jünger als 18 und nicht älter als 40 Jahre sein. Vergütung und sonstige Arbeitsbedingungen richten sich nach denen des Gastlandes. Rechtsgrundlage für die Erteilung der Aufenthaltsbewilligung und der Arbeitserlaubnis sind in der Bundesrepublik § 2 Abs. 3 Nr. 1 AVV und § 2 Abs. 3 Nr. 1 ASAV. Das Gegenseitigkeitsprinzip ist verbürgt. Die jährlichen Kontingente sind gering.[48]

## 6. Zusammenfassung

Das europäische und nationale Recht stellen so hohe Hürden für einen Zugang von Drittstaatsangehörigen zu den EG-Arbeitsmärkten auf, dass diesen der Zugang weitgehend verweigert wird, sofern sie nicht aufgrund von Sonderregelungen – im Interesse der Wirtschaft – privilegiert werden. In Anbetracht hoher Arbeitslosigkeit ist in absehbarer Zeit eine generelle Änderung nicht zu erwarten. Lediglich in Branchen mit aktuellem Fachkräftebedarf ist mit einer weiteren bzw. erleichterten Zuwanderung zu rechnen. Wesentliche Änderungen dürften sich erst mit der EU-Erweiterung ergeben; denn dann kann Arbeitnehmern aus den neuen Mitgliedstaaten auf längere Zeit das Recht auf – volle – Freizügigkeit nicht vorenthalten werden.

## Literatur

Eichenhofer, Eberhard (1996): Arbeitsbedingungen bei der Entsendung von Arbeitnehmern. Zeitschrift für Internationales und Ausländisches Arbeits- und Sozialrecht 1996 Heft 1. 55-82

Guild, Elspeth (1998): The Europe Agreements: Natural Persons and Social Security. In: Jorens/Schulte (1998): 334-359

Husmann, Manfred (1998a): Europa-Abkommen – dargestellt am Abkommen mit Polen. In: Zeitschrift für Sozialreform 1998. Heft 2. 100-148

Husmann, Manfred (1998b). The Right to Freedom of Movement for Workers by Virtue of the Europe Agreements. In: Jorens/Schulte (1998): 360-386

Husmann, Manfred (1999): Der erstmalige Zugang zum deutschen Arbeitsmarkt für Drittstaatsangehörige aus EG-assoziierten Ländern. In: Die Sozialgerichtsbarkeit 1999. Heft 12. 593-603

Jorens/Schulte (1998): European Social Security Law and Third Country Nationals. Bruxelles: Verlag die keure

Kahil-Wolff, Bettina/Mosters, Robert (2001): Das Abkommen über die Freizügigkeit EG - Schweiz. Europäische Zeitschrift für Wirtschaftsrecht 2001. Heft 1. 5-10

Lenz, Carl Otto (Hrsg.) (1994): EG-Vertrag. Komm. 1. Aufl. Köln: Verlag Bundesanzeiger

---

47    Zu den Einzelheiten: Husmann 1999: 600 ff.
48    Zu den Einzelheiten: Husmann 1999: 602.

Märker, Alfredo (2001): Zuwanderungspolitik in der Europäischen Union. In: Das Parlament. Beilage 8/ 2001. 3-10

Renner, Günter (1995): Aufenthaltsrechtliche Grundlagen für Arbeitserlaubnis und Sozialleistungen. In: Zeitschrift für Ausländerrecht und Ausländerpolitik 1995. Heft 1. 13-22

Renner, Günter (1999): Ausländerrecht. Komm. 7. Aufl. München: C.H. Beck'sche Verlagsbuchhandlung

Sakslin, Maija(1998): The Agreement on the European Area. In: Jorens/Schulte (1998): 399-417

Sieveking, Klaus (1998): Der arbeits- und sozialrechtliche Status von Drittstaatsangehörigen in der Rechtsprechung des Europäischen Gerichtshofs. In: Zeitschrift für Ausländerrecht und Ausländerpolitik 1998. Heft 5. 201-209

Walwei, Ulrich (1999): Das Beschäftigungsproblem – Nationale und europäische Antworten. In: Arbeit und Sozialpolitik. Heft 5-6. 32-43

# Asylsuchende auf dem deutschen Arbeitsmarkt[1]

*Peter Kühne*

## 1. Zweifache Zuwanderung – geteilte Akzeptanz

Seit Ende der 80er Jahre ist eine deutliche Zweiteilung des Anteils nicht-deutscher Zuwanderer in die Bundesrepublik zu verzeichnen. Neben die angeworbenen Arbeitsmigranten, deren Familien und Nachkommen, traten Fluchtmigranten, die aus Gründen politischer Verfolgung, anderer gravierender Menschenrechtsverletzungen und/oder bürgerkriegsartiger Zustände in ihren Herkunftsländern hier Asyl oder wenigstens vorübergehenden Schutz suchen.

1993, auf dem Höhepunkt derart fluchtbedingter Zuwanderung, lebten rund 1,93 Mio. Menschen aus diesem Personenkreis in der Bundesrepublik Deutschland. Das entsprach etwa einem Fünftel der hier sich aufhaltenden Immigrantinnen und Immigranten nicht-deutscher Staatsangehörigkeit. Am 30.06.2000, nach der Rückführung des größeren Teils der Flüchtlinge aus dem ehemaligen Jugoslawien, nach Auswanderung, Ausweisung oder Abschiebung Zehntausender aus anderen Herkunftsländern und nach drastischer Reduzierung der Zahlen neu hinzukommender Flüchtlinge[2] betrug ihre Zahl noch ca. 1,1 Mio.

Dieser Zweiteilung entspricht ein zweigeteilter öffentlicher Diskurs: Arbeitsmigrantinnen und -migranten gelten als langjährig und legitim Anwesende, denen nun ein erleichterter und modernisierter Zugang zur deutschen Staatsbürgerschaft eröffnet wird. Fluchtmigranten gelten demgegenüber als zunächst einmal unerwünscht: Nicht ihre dauerhafte Anwesenheit, soziale Integration und Einbürgerung, sondern ihre Zurückweisung bzw. Rückführung stehen im Mittelpunkt exekutiver wie legislativer Anstrengungen und solcher Diskurse, mit denen ihnen die Legitimation für ihr Hiersein abgesprochen wird.[3]

Der gewichtigste und folgenreichste Akt einer Delegitimierung Asylsuchender erlangte als „Asylkompromiss" zwischen Bundesregierung und SPD-Opposition am 01.07.1993 Rechtskraft: Die weitgehende Aushebelung des in der Verfassung festgelegten Grundrechts auf Asyl. An die Stelle des alten Artikels 16 Abs. 2 Satz 2 des Grundgesetzes trat der neue Artikel 16a. Der Verfassungsrang, der diesem Akt staatlicher Ausgrenzung zugesprochen wurde und das dazu eingeholte Einverständnis einer Mehrheit sozialdemokratischer Bundestagsabgeordneter, unterstrich die ihm

---

1 Die folgenden Ausführungen stützen sich auf eine am Zentrum für Weiterbildung der Universität Dortmund gemeinsam mit H. Rüßler durchgeführte dreijährige (1997–1999) „Enquête zur Lage der Flüchtlinge." Vgl. auch Kühne; Rüßler 2000.
2 Die Zahl jährlicher Asylanträge sank 1998 erstmals unter die 100.000-Marge. Im Jahr 2000 wurden noch ca. 78.000 Asylanträge gezählt.
3 Kühne; Rüßler 2000: 33-40 und 45-50.

zugeschriebene staatspolitische Bedeutung. Er garantierte zugleich die faktische Unumstößlichkeit nunmehr geltender Regelungen. Dies gilt insbesondere für die Festlegung eines Cordons sogenannter sicherer Drittstaaten, von denen die Bundesrepublik Deutschland lückenlos umgeben sei und für die Definition sogenannter sicherer Herkunftsstaaten.

Mit einer Quote von 2,9% erreichte die Anerkennung Asylsuchender gemäß GG in den Monaten Januar bis September 2000 ihren vorläufigen Tiefpunkt. Von der Möglichkeit, „kleines Asyl" gemäß § 51,1 AuslG oder andere Formen des Abschiebungsschutzes zu gewähren und damit den Schutzbestimmungen der Genfer Flüchtlingskonvention oder der Europäischen Menschenrechtskonvention zu entsprechen, wurde in 6,9% der Fälle Gebrauch gemacht. Zwar darf angenommen werden, dass sich diese Prozentsätze durch Anrufung der Verwaltungsgerichte nicht unbeträchtlich erhöhen. Auch darf unterstellt werden, dass die tatsächliche Schutzquote erheblich höher ausfällt als die veröffentlichte Anerkennungsquote, weil lokale Ausländerbehörden auch rechtskräftig abgelehnten Asylbewerbern aus humanitären und anderen Gründen kurz bemessene Duldungen (Kettenduldungen) erteilen. Dennoch muss von einer enormen Dunkelziffer solcher behördlichen wie gerichtlichen Entscheidungen ausgegangen werden, bei denen berechtigten Schutzbedürfnissen Asylsuchender nicht stattgegeben wurde.

Dem externen Ausgrenzungsmechanismus wurden *interne* der Anerkennungs- und Integrationsverweigerung hinzugefügt. Denn bereits 1994 ließ sich absehen, dass trotz geschlossener und technisch wie personell aufgerüsteter Grenzen, immer noch Zehntausende pro Jahr das Territorium der Bundesrepublik erreichen und sich als Asylbewerberinnen und Asylbewerber zu erkennen geben. Soweit diese Menschen nicht umgehend ausgewiesen bzw. abgeschoben werden, leben sie zwar auf dem Territorium der Bundesrepublik, doch wird ihnen das Transitorische, Uneigentliche, Unerwünschte ihres Aufenthalts stets vor Augen geführt: Räumlich segregiert in zum Teil lagerähnlichen Großunterkünften wird ihnen nur ein kurzfristiger Aufenthalt „gestattet". Sie werden fern gehalten von Erwerbsarbeit und jeglichen Integrationsangeboten wie z.B. Sprachförderung und berufsbezogener Qualifizierung. Ihre Mobilität ist auf den Bezirk der für sie zuständigen Ausländerbehörde beschränkt. Der gleichzeitig gewährte Unterhalt ist weit unter das Niveau eingeführter Sozialhilfe gedrückt. Hierzu wurde in Gestalt des Asylbewerberleistungsgesetzes ein eigenes fluchtmigrantenspezifisches Leistungsrecht geschaffen.[4]

Zwar sind für die Minderheit der Asylberechtigten gem. GG bescheidene Integrationsangebote vorgesehen. Der Zugang zum Arbeitsmarkt unterliegt für sie keiner arbeitsgenehmigungsrechtlichen Beschränkung. Aber es handelt sich nur um eine Minderheit, die insoweit den seit langem in der Bundesrepublik lebenden Arbeitsmigranten und deren hier aufgewachsenen bzw. geborenen Nachkommen gleichgestellt ist.

---

4   Kühne; Rüßler 2000: 89-95.

Die Mehrheit der Fluchtmigranten, darunter Familien mit Kindern, die zwar (noch) nicht anerkannt sind, aber auch nicht einfach zurückgewiesen oder zur Ausreise verpflichtet bzw. abgeschoben werden können, ist von jeder integrationspolitischen Bemühung ausgeschlossen. Es handelt sich um die Großgruppe der Asylbewerber im Verfahren, sodann abgelehnter, aber im Lande verbleibender Asylsuchender (Defacto-Flüchtlinge) und verbliebener Bürgerkriegsflüchtlinge aus Bosnien-Herzegowina. Sie alle eint, dass sie mehrheitlich über keine Aufenthaltsgenehmigung nach dem Ausländergesetz verfügen, nicht einmal über deren niedrigste Kategorie, die (befristete) Aufenthaltsbefugnis. Ihr „Status" ist der derjenige einer bloßen Duldung, also des vorübergehenden Verzichts auf zwangsweisen Vollzug der verfügten Ausreise. Gerade sie konstituieren aber den größeren und relevanteren Teil jener Einwanderungsbewegung, die für die 90er Jahre als vorherrschend und typisch angesehen werden muss.

## 2.  Integration in den Arbeitsmarkt?

Grundlegender Indikator für den Prozess sozialer Integration in einer von ökonomischen Austauschbeziehungen geprägten Aufnahmegesellschaft ist immer noch das Recht und die tatsächliche Möglichkeit, eine Erwerbstätigkeit aufzunehmen. Dieser Indikator ist *ökonomisch* erwünscht, weil nur über ihn eine unabhängige Einkommenssicherung erzielt, also die stigmatisierende Abhängigkeit von staatlicher Alimentierung überwunden werden kann. Er ist aber auch *psychologisch* grundlegend: im Sinne einer Bestätigung des Selbstwertgefühls und des Gefühls der Zugehörigkeit zur Aufnahmegesellschaft. Und er hat eine *sozial-integrative* Funktion: als Einstieg in das Rollengefüge und Statussystem der Aufnahmegesellschaft und die damit gegebenen Möglichkeiten verstetigter und gleichzeitig „normalisierter" Interaktionen und Kommunikationen.

Ganz nebenbei würden die kommunalen Sozialhaushalte entlastet, die Systeme sozialer Sicherung gestützt und, aufgrund vermehrter Nachfrage nach Gütern und Dienstleistungen, neue Erwerbsmöglichkeiten sowohl für Einheimische als auch für Einwanderer geschaffen. Dies, wie der demographische Hinweis auf das relativ niedrige Durchschnittsalter von Fluchtmigranten, wäre geeignet, Akzeptanz auch auf Seiten der ansässigen Mehrheitsbevölkerung zu verbreitern und Raum zu geben für Prozesse wechselseitiger Annäherung.

Integration in den hiesigen Arbeitsmarkt wird sich allerdings nicht umstandslos realisieren lassen. Sie stößt auf strukturelle und rechtliche Barrieren, die die Aufnahme einer Erwerbstätigkeit zunächst erheblich erschweren. Sie stößt aber auch auf Wahrnehmungsdefizite und eine noch unterentwickelte Bereitschaft seitens zahlreicher Arbeitsmarktakteure, sich der Gruppe der Fluchtmigranten gezielt anzunehmen:

*   Zunächst: Die hochwertigen Arbeitsplätze des primären Sektors werden – green card hin, green card her – in der Regel dem sozialen Besitzstand der Einheimischen zugerechnet. Im sekundären Sektor, und hier insbesondere bei den niedrigwertigen Jedermanns-Arbeitsplätzen haben Fluchtmigranten durchaus

Zugang. In manchen extrem belasteten und/oder niedrig entlohnten Berufsfeldern sind sie sogar regelrecht nachgefragt und bilden insoweit eine, am unteren Rand des sekundären Sektors angesiedelte „ethclass". Gerade dieser Sektor unterliegt allerdings einem erheblichen Erosionsprozess. Ob in diesem Zusammenhang ein Beschäftigungswachstum im Bereich einfacher Dienstleistungen den Verlust niedrigwertiger Industriearbeitsplätze langfristig kompensieren kann, ist Gegenstand öffentlichen – fachlichen wie politischen – Streites.[5]

- Wichtiger Indikator für die Schrumpfung des sekundären Sektors ist eine in der Bundesrepublik Deutschland zu verzeichnende, bisher nicht gekannte Höhe registrierter Arbeitslosigkeit und Langzeitarbeitslosigkeit und, innerhalb eines derartigen Gesamtszenarios, die überproportional hohe Arbeitslosigkeit gering Qualifizierter, häufig deckungsgleich mit Einwanderern nicht-deutscher Staatsangehörigkeit. Nur gut 20% dieser Arbeitslosen verfügen über eine anerkannte berufliche Ausbildung.[6]

Alle von uns herangezogenen Statistiken und sozialwissenschaftlichen Untersuchungen stimmen allerdings insoweit überein, dass es – sektorenübergreifend – einen Teil-Arbeitsmarkt auch für Fluchtmigranten gibt.

*Bundesweites* statistisches Signal ist hier die Steigerung der Beschäftigung ausländischer Arbeitnehmer im Bereich „anderweitig nicht genannter" Dienstleistungen, also vor allem in Berufsfeldern des Gaststätten- und Beherbergungsgewerbes und der Gebäudereinigung, eine Steigerung, die noch in den Jahren des konjunkturellen Abschwungs und außerordentlich hoher registrierter Arbeitslosigkeit 1993-1996 verzeichnet werden konnte.[7]

---

5    So fand der von W. Streeck und R. Heinze vorgetragene Vorschlag, im Bereich kleiner Unternehmen und Unternehmensneugründungen einen sog. Kombilohn einzuführen, heftigen Widerspruch aus dem Gewerkschaftslager. Kern des Kombi-Lohnkonzeptes ist die Einführung eines Freibetrages für Sozialabgaben bei Niedriglöhnen, und dies in Branchen mit vergleichsweise hoher Personalintensität und niedriger Arbeitsproduktivität. Die Lohnkosten der Arbeitgeber würden sinken, die Nettoeinnahmen der Beschäftigten steigen, der negative statistische Zusammenhang zwischen der Höhe der Sozialabgaben einerseits und niedrigem Beschäftigungsniveau andererseits wäre aufgebrochen, ein Beschäftigungsboom insbesondere im Dienstleistungsbereich angestoßen. Er könnte die so genannte Stille Reserve der Arbeitsuchenden und hier auch zahlreiche Flüchtlinge miterfassen, die, noch dazu, in der Regel über eine hohe Arbeitsmotivation verfügen. Zu klären bleibt allerdings, wie unerwünschte Mitnahmeeffekte vermieden werden können, sollen tarifgebundene Arbeitsplätze tatsächlich ausgeweitet und nicht verdrängt werden. Auch müsste eine Gettoisierung der so Beschäftigten als „Klasse der Dienstboten" verhindert werden. Hier könnte die Öffnung berufsbezogener Qualifizierungs- und Aufstiegsprogramme auch für die Zielgruppe der Flüchtlinge hilfreich sein. Vergleiche zum hierzu geführten Diskurs: Frankfurter Rundschau, 17.04., 10.05. und 18.05.1999; Der Spiegel 19/1999: 30 ff. und dort insbesondere den Beitrag von Streeck/Heinze; Die Zeit, 29.04.1999; Simonis 1999. Zum Diskurs in und mit den Gewerkschaften vgl. Einblick – Gewerkschaftlicher Info-Service, 10/99: 7 und 15/99: 7; sodann: Die Mitbestimmung 8/99: 12-14.
6    Beauftragte der Bundesregierung für Ausländerfragen Oktober 2000: 18 und 52.
7    Beauftragte der Bundesregierung für Ausländerfragen Juni 1999: 46.

*Im regionalen Kontext* ließen sich weitere Facetten eines Teilarbeitsmarktes für Fluchtmigranten ermitteln. Teils im Saarland,[8] teils in Niedersachsen[9] fanden sich „Mangelberufe" zunächst im Bereich der schon genannten Dienstleistungen, zusätzlich aber auch in Gesundheits- und Pflegeberufen. Sie fanden sich des Weiteren in produktionsnahen Dienstleistungen, wie zum Beispiel in den Berufen des Kraftfahrers, Lageristen, Gabelstaplerführers und C-Schweißers, sodann im Garten- und Landschaftsbau, den Gärtnereien, in verschiedenen Ernährungsberufen, im Baugewerbe und sogar in der Metallindustrie. Eine in Hessen getätigte Umfrage[10] bestätigt dies und zeigt noch weitere, breit gestreute, Berufsfelder, in denen Flüchtlinge – jedenfalls Anfang der 90er Jahre – beschäftigt werden konnten.

Untersuchungen stimmen des Weiteren darin überein, dass Asylsuchende zu erheblichen Anteilen ein hohes oder jedenfalls beträchtliches Qualifikationsniveau aufweisen. Dies gilt in herausgehobener Weise für Flüchtlinge aus dem Iran, dem Irak und Afghanistan, in unterschiedlichem Ausmaße aber auch für die Mehrzahl der anderen zufluchtsuchenden communities.[11]

Eingebrachte Qualifikationen und Berufserfahrung in Leitungspositionen finden allerdings nicht die ihnen zustehende Beachtung. Es fehlt an passgenauen Anschlussqualifikationen für die hiesigen Gegebenheiten. In der Mehrzahl können Fluchtmigranten deshalb nicht in ihren erlernten bzw. bisher ausgeübten Berufen tätig werden. Es sind vor allem die akademisch und künstlerisch Ausgebildeten, die unter diesem Tatbestand leiden.

Dennoch steigen sie – häufig genug – „irgendwo" in das System der Erwerbsarbeit ein. Den damit verbundenen Statusverlust verknüpfen sie mit der Hoffnung, über einen beruflichen Neuanfang gesellschaftliche Anerkennung finden und einen (begrenzten) Wiederaufstieg realisieren zu können. Das vergleichsweise niedrige Durchschnittsalter jedenfalls der Asylsuchenden begünstigt diese Sichtweise. Sprachlernen, berufsvorbereitende Beratung und Bildung sowie berufliche Aus- und Weiterbildung führen überall da, wo sie einbezogen sind, zu guten Erfolgsquoten. Dies gilt für die zu vergebenden Zertifikate ebenso wie für die Vermittlungsergebnisse auf dem Arbeitsmarkt.

Bei befragten Unternehmern findet sich eine, nur auf den ersten Blick überraschende, große Bereitschaft, Asylsuchende und Bürgerkriegsflüchtlinge zu beschäftigen. Dies scheint nicht nur in Niedriglohnbereichen (Beispiel: Gastronomie) der Fall zu sein. Es scheint sich auch nicht nur auf eine den Flüchtlingen zugeschriebene hohe Belastungsfähigkeit und Flexibilität bei Arbeitseinsatz und Zeitregime zu beziehen. Gefragt sind fachliche Qualifikationen, eine hohe Arbeitsmotivation und Verlässlichkeit in den eingegangenen Arbeitsbeziehungen. Exakt dies finden Unternehmen bei den von ihnen beschäftigten Flüchtlingen. Nur so erklären sich die landesweiten Proteste mittelständischer Unternehmer gegen die Rückführung von ihnen

---

8    Bruhn-Wessel et.al.1993.
9    Müller 1995 und 1998 und Projekt INTEGRA 2000.
10   Blahusch 1992.
11   Vgl. z.B. Seifert 1996a und b; Velling 1995; Frick/Wagner 1996; Goldschmidt et.al. 1997.

eingestellter Bosnier und Kosovaren. Unterstützt von Kommunalparlamenten und Bürgermeistern (z.B. in Konstanz, Singen, Esslingen, Arnsberg i.W. und Hamm i.W.) konnten sie die Innenminister zunächst einiger Bundesländer und dann die Konferenz der Innenminister zum Einlenken bewegen.[12]

## 3. Rechtliche Barrieren

Auch wenn angenommen werden muss, dass die Gesamtheit Arbeit suchender Fluchtmigranten kurzfristig nicht vom Arbeitsmarkt der Bundesrepublik absorbiert werden kann: Ohne die Schranke des geltenden Arbeitsgenehmigungsrechts wären sehr viel mehr regulär beschäftigt und sehr viel weniger teils in schattenwirtschaftlichen Tätigkeiten, teils in Abhängigkeit von staatlichen Transferleistungen.

Die Schranke des Arbeitsgenehmigungsrechts gem. SGB III, bei Immigranten aus den Anwerbestaaten schon fast „vergessen", wurde für die Mehrzahl der Flüchtlinge zur unüberwindlichen Hürde. Flüchtlinge mit prekärem Status gelten gegenüber deutschen und nicht-deutschen Inländern als „nachrangig" beim Zugang zum Arbeits- bzw. Ausbildungsmarkt. Die Arbeitsämter sind deshalb gehalten, in jedem Einzelfall zu prüfen, ob für den gewünschten Arbeitsplatz nicht ein als „bevorrechtigt" geltender Inländer in Frage kommt.[13] Auf Weisung des Bundesarbeitsministers (sog. Blüm-Erlass von 1993) unterlag selbst die Weiterbeschäftigung bei demselben Unternehmen bis gegen Ende 2000 einer strengen arbeitserlaubnisrechtlichen Überprüfung. Dies wurde von allen Beteiligten, auch den befragten Unternehmen, als Schikane wahrgenommen. Sie wollen sich auf den verordneten bürokratischen Zusatzaufwand nicht einlassen. Die sehr kurz bemessenen ausländerrechtlichen Aufenthaltsfristen z.B. für De-facto-Flüchtlinge bewirken ein Übriges. Viele Unternehmen sind deshalb abgeschreckt: Sie verzichten von vornherein auf die Beschäftigung von Flüchtlingen.

Einige Landesarbeitsämter, darunter das Landesarbeitsamt NRW, taten ein Übriges, indem sie das eingeführte Verfahren der Arbeitsmarkt-Vorrang-Prüfung weiter verschärften. Unter (fragwürdiger) Berufung auf § 285 Abs. 1 Satz 1 SGB III führten sie zum 01.01.1999 so genannte Negativlisten solcher Berufe und Branchen ein, bei denen ein deutlicher Bewerberüberhang gegenüber offenen Stellen ermittelt werden konnte. Hier sei von vornherein zu unterstellen, dass eine ausreichende Zahl bevorrechtigter Arbeitsuchender zur Verfügung stehe. Ein einzelfallbezogenes Prüfverfahren für Asylbewerber und geduldete Flüchtlinge erübrige sich somit. Als skandalös musste eine zweite, ebenfalls bis gegen Ende 2000 geltende, Weisung des Bundesarbeitsministers an die Bundesanstalt für Arbeit (sog. Blüm- oder Clever-Erlass von 1997) bewertet werden, wonach diejenigen Fluchtmigranten, die nach

---

12  Vgl. Beschlussniederschrift über die 165. Sitzung der Ständigen Konferenz der Innenminister und Senatoren der Länder am 23./24. November 2000 in Bonn, TOP 8.
13  SGB III §§ 284-286 und ArGV.

dem 15.05.1997 in die Bundesrepublik eingereist sind, grundsätzlich und ohne jede Prüfung vom Arbeits- und Ausbildungsmarkt auszuschließen seien.

Keine Arbeitserlaubnis, das heißt auch: Keine aktive Vermittlung durch das Arbeitsamt, kein Sprachkurs, keine berufsvorbereitende bzw. berufsqualifizierende Maßnahme der Bundesanstalt für Arbeit. Sieht man einmal von der Minderheit der Kontingentflüchtlinge und der Asylberechtigten gemäß Grundgesetz ab: Die Arbeitsverwaltung verabschiedete sich – teils aufgrund politischer Vorgaben, teils aus eigener Initiative – weitgehend vom Potential zugewanderter Flüchtlinge. Analoges gilt für diejenigen Institutionen und Träger, die die Mittel zur Bundesausbildungsförderung, des Garantiefonds und des Sprachverbandes Deutsch verwalten bzw. ausgeben. Selbst die gemäß § 51,1 AuslG anerkannten Flüchtlinge mit Konventionsstatus bleiben von Integrationsleistungen ausgeschlossen, ein Umstand, der ebenfalls längst als Skandal wahrgenommen wird. Lediglich ihr Zugang zum BAföG konnte zwischenzeitlich mit Hilfe höchstrichterliche Rechtsprechung erstritten werden.

## 4. Ergebnisse einer Dortmund-Studie

Auch in Dortmund wird nur denjenigen ein formelles Integrationsangebot unterbreitet, die der Gruppe der Asylberechtigten gemäß GG angehören. Sie haben die Möglichkeit, den Vollzeit-Intensivsprachkurs des Arbeitsamtes wahrzunehmen und, gegebenenfalls, die eine oder andere Maßnahme der beruflichen Aus- und Weiterbildung. Ihnen sind des Weiteren Leistungen der Bundesausbildungsförderung und des Garantiefonds eröffnet.

Die Großgruppe noch nicht anerkannter Fluchtmigranten, häufig verstrickt in ein nicht endendes, geradezu labyrinthisches Asylverfahren, oft sozialräumlich isoliert in städtischen Übergangsheimen und ohne zureichende Sprachkenntnisse, bleibt weitgehend sich selbst überlassen. Einige von ihnen besuchen Sprachkurse der Volkshochschule und der Wohlfahrtsverbände, soweit diese nicht den Arbeitsmigranten vorbehalten sind. Die hier, teilweise, erhobenen Gebühren übersteigen allerdings immer wieder das gewährte, äußerst knappe finanzielle Budget.

Sollte es auch für sie einmal „ernst werden", dass nämlich ein Arbeitgeber Interesse zeigt und mit einem Arbeitsplatz „winkt": Dann greift in der Mehrzahl der Fälle der Inländervorrang des Arbeitsgenehmigungsrechts. Dabei gibt es deutliche Anzeichen, dass der regionale Arbeitsmarkt – auch unter den spezifischen schwierigen Bedingungen einer Stadt und Region im Strukturwandel – durchaus in der Lage wäre, mehr Fluchtmigranten als bisher aufzunehmen.

Zwar gilt in Dortmund wie anderswo: Ein primärer Sektor hoch qualifizierter und zukunftsfähiger Jobs scheint ihnen – auch den Anerkannten und Bleibeberechtigten – weithin verschlossen zu sein. Auch diejenigen Berufsfelder des sekundären Sektors, die traditionsgemäß das Gros der Erwerbsmöglichkeiten im Arbeitsamtsbezirk Dortmund bereithalten: Die Grundstoffindustrien (Kohle und Stahl), das verarbeitende Gewerbe (insbesondere die Metall verarbeitende Industrie) und der Einzelhandel, sind für Fluchtmigranten bisher nicht geöffnet.

Zugänglich sind allerdings diejenigen – zum Teil noch expandierenden – einfachen Dienstleistungen, die traditionsgemäß niedrig entlohnt werden und deshalb für Einheimische als nicht attraktiv gelten. Hier lassen sich Tätigkeitsfelder identifizieren, in denen Fluchtmigranten nicht nur akzeptiert, sondern stark nachgefragt sind. Es handelt sich um das Gebäudereinigerhandwerk, die Systemgastronomie, das Taxigewerbe, die ambulante wie stationäre Alten- und Krankenpflege und verschiedene kommunale Dienstleistungen im Rahmen des öffentlich subventionierten zweiten Arbeitsmarktes. Im Bereich der Gebäudereinigung und des Taxigewerbes finden sich Anteile auch geringfügiger Beschäftigungsverhältnisse. In der Systemgastronomie herrschen Teilzeitarbeitsverhältnisse vor. Öffentlich subventionierte Beschäftigungen sind in der Regel auf ein Jahr befristet. In sämtlichen genannten Tätigkeitsbereichen wird jedoch nach Tarif entlohnt.

In zumindest einem Bereich, der Systemgastronomie, waren Fragen der Eingruppierung, allgemeiner Beschäftigungsbedingungen und der Arbeitnehmerbeteiligung in Form von Betriebsräten Gegenstand heftiger unternehmensinterner Auseinandersetzungen, an denen sich auch Flüchtlinge beteiligten. Hier zeigen sich im Übrigen erste Anzeichen einer auch gewerkschaftlichen Organisationsbereitschaft und gewerkschaftlichen Engagements sogar von Seiten der besonders gefährdeten De-facto-Flüchtlinge.

Schließlich mehren sich die Anzeichen, dass insbesondere akademisch vorgebildete und anerkannte Flüchtlinge, die weder in ihrem erlernten Beruf, noch in den genannten Feldern einfacher Dienstleistungen tätig werden können oder wollen, den Weg in die (Teil-)Selbständigkeit suchen und tatsächlich beschreiten, als z.B. Kioskbetreiber, Imbissgastronomen, Taxiunternehmer, Übersetzer, Spediteure und (ambulante) Einzelhändler.

Auch in Dortmund werden Asylsuchende von solchen Angeboten der Weiterbildungsträger erfasst, die sich an Zielgruppen aus dem Kreis nicht-deutscher Zuwanderer richten. Es handelt sich um Angebote sprachlichen Lernens, sodann fachsprachlicher und fachlicher Berufsvorbereitung, die mit Praxisphasen in Betrieben und Einrichtungen verknüpft sind. Hier fanden gelegentlich auch diejenigen Zugang, die als Konventions- oder De-facto-Flüchtlinge wenigstens über eine Aufenthaltsbefugnis verfügen. Einige Fluchtmigranten wurden auch in solchen Sprachkursen „mit durchgezogen" (Mitarbeiter eines Weiterbildungsträgers), die seitens der Förderinstanz „Sprachverband Deutsch" den Arbeitsmigranten vorbehalten sind. Anderen wurden Pfade in neu erschlossene bzw. eigens für sie entwickelte Berufsfelder gebahnt. Es war bzw. ist das Verdienst in Dortmund tätiger Weiterbildungsträger, hier unkonventionell und eigeninitiativ vorangegangen zu sein. Diese Weiterbildungsträger waren zum einen in der Lage, neu entstandene gesellschaftliche Bedarfe zu ermitteln. Sie knüpften andererseits an die spezifischen sprachlichen bzw. soziokulturellen Kompetenzen der Fluchtmigranten bestimmter Sprachräume und Herkunftsländer an.

Erwähnt seien in diesem Zusammenhang die Zusatzausbildung zur Umweltfachkraft für Medizingerätetechnik, die Ausbildung zum Osteuropa-Kaufmann, die Ausbildung zum/zur Alten- bzw. Krankenpfleger/in im sowohl ambulanten wie stationären Bereich, der Ausbildungsgang zum/zur Restaurantfachmann bzw. -frau, die Ausbildung zum sozialen Betreuer in Behindertenwerkstätten und verschiedene Angebote einer qualifizierten Einführung in den Bereich der Datenverarbeitungstechnologien. Es waren und sind nicht zuletzt die ESF-kofinanzierten Träger und Projekte, die derart ebenso qualifizierte wie innovative Ansätze ermöglichten.

## 5. Reformkonzepte überfällig

Grundlegend für eine Veränderung bisheriger staatlicher Handlungsweisen wäre, dass zur Kenntnis genommen wird: Die Anwesenheit einer großen Mehrheit der Flüchtlinge hat nicht nur transitorischen Charakter, sondern ist – angesichts anhaltender äußerst bedrohlicher Zustände in zahlreichen Herkunftsländern – auf Dauer angelegt. Auch abgelehnte Asylbewerber, die gleichwohl ihren Herkunftsstaaten nicht einfach ausgeliefert und deshalb in der Bundesrepublik Deutschland „geduldet" werden, sind letztlich Einwanderer. Sie werden es um so offenkundiger, je häufiger ihre Duldung erneuert werden muss, weil humanitäre und rechtsstaatliche Gesichtspunkte einer Ausweisung oder gar zwangsförmigen Rückführung entgegenstehen. Noch so humanitär gemeinte „Duldungen" schlagen aber dann in Inhumanität um, wenn sie über Jahre hin anhalten und dafür herhalten müssen, den Betroffenen eine dauerhafte Aufenthalts- und Lebensperspektive zu verweigern. Wie schon im Bereich der *Arbeits*migration bedarf deshalb auch im Bereich der *Flucht*migration die inzwischen eingetretene gesellschaftliche Wirklichkeit einer nachholenden politischen wie rechtsförmigen Anerkennung. Das aber heißt: Fluchtmigranten sind von einer bestimmten Aufenthaltsdauer an als Teil dieser Gesellschaft anzusehen und den Arbeitsmigranten aus den ehemaligen Anwerbestaaten rechtlich gleichzustellen. Auch für sie würde damit ein gefestigter Aufenthaltsstatus zur Regel und ein – jedenfalls von Verbotsnormen – ungehinderter Zugang zum Arbeits- und Ausbildungsmarkt. Selbstverständlich hätten sie teil an jenen Maßnahmen, Sofortprogrammen und Projekten, die der sozialen Integration von Zuwanderern nicht-deutscher Staatsangehörigkeit gewidmet sind. Umgekehrt wäre ihnen – endlich – die Möglichkeit gegeben, sich umfassend gesellschaftlich einzubringen: Als zumeist jüngere Menschen mit häufig hohem Vorbildungsniveau, mit einer außergewöhnlichen Motivation zu Erwerbstätigkeit und den dazu erforderlichen vorbereitenden wie auch weiterbildenden Lernprozessen sowie zu politisch-gesellschaftlicher Beteiligung zunächst in ihrer community, dann aber auch in der Aufnahmegesellschaft.

Dringend erforderlicher erster Schritt in die richtige Richtung wäre eine generöse Altfallregelung für nicht anerkannte Asylsuchende. Altfallregelungen lassen sich, wenn überhaupt, nur in großen Zeitabständen realisieren. Die bisherigen Beispiele der Bundesrepublik Deutschland sind darüber hinaus alles andere als generös: nur ein winziger Teil der Betroffenen konnte von ihnen Gebrauch machen. Besser wäre es deshalb, es gar nicht erst zu „Altfällen" kommen zu lassen, sondern vorbeugend und kontinuierlich Übergänge von einem Aufenthaltsprovisorium zu einem Bleiberecht gem. AuslG zu schaffen. Faktisch würde dies bedeuten: Die Erteilung von Aufenthaltsgenehmigungen statt „Kettenduldungen". Als gerade noch tragbar erscheint in diesem Zusammenhang eine Drei-Jahres-Zäsur. Spätestens nach drei Jahren des Aufenthalts unter Bedingungen bloßer Gestattung und/oder Duldung sollte „Normalisierung" einsetzen, und zwar unabhängig vom bis dahin erreichten Verfahrensstand. Tragende Elemente einer derartigen „Normalisierung" wären die Aufenthaltsgenehmigung, Arbeitsberechtigung, kostenlose Sprachkursangebote, Beteiligung an staatlicher/kommunaler Ausbildungs- und Beschäftigungsförderung, Bezug einer Mietwohnung, und – bis zur Aufnahme einer Erwerbstätigkeit – Hilfe zum Lebensunterhalt entsprechend den Standards des Bundessozialhilfegesetzes. Die Drei-Jahres-Zäsur sollte sodann unabhängig vom Stand des jeweiligen Verfahrens gelten. Dies erscheint aus rechtspolitischen Gründen als dringend geboten. Beschleunigungen der Rechtsschutzverfahren würden weiterreichende Standardisierungen und Stereotypisierungen der verwaltungsgerichtlichen Urteilsfindung zur Folge haben und damit – letztlich – den betroffenen Menschen schaden.

Mit dieser Regelung wären Asylbewerber und De-facto-Flüchtlinge noch immer von denjenigen formellen Integrationsleistungen ausgeschlossen, die für anerkannte Flüchtlinge vorgesehen sind, samt den dazu gewährten Unterhaltszahlungen der Arbeitsverwaltung. Ihr Status wäre jedoch für berechenbare Zeiträume gesichert. Dies böte ihnen selbst, wie auch allen anderen beteiligten Akteuren (Vermieter von Wohnungen, ausbildungs- und beschäftigungswilligen Unternehmen u.a.), die notwendige Planungssicherheit.

Auch könnten sie stärker als bisher in Angebote sprachlichen und berufsbezogenen Lernens einbezogen werden. Erste wichtige Schritte in die richtige Richtung wären hier

- die konsequente Suche und Auflistung von Mangelberufen im regionalen Kontext („Positivlisten") und die Entwicklung von Qualifizierungsangeboten, die auf diese Berufe zugeschnitten sind,
- die Öffnung aller von der Bundesregierung geförderten Sprachlernangebote,
- die gleichrangige Berücksichtigung dieser Zielgruppe im Rahmen EU-kofinanzierter Qualifizierungs- und Beschäftigungsinitiativen,
- die konsequente Einbeziehung jugendlicher Asylbewerber und De-facto-Flüchtlinge in das System beruflicher Erstausbildung und, notfalls, in die Sofortprogramme von Bund und Ländern zur Behebung der Jugendarbeitslosigkeit,
- die Einbeziehung von Asylbewerbern und De-facto-Flüchtlingen in die kommunale Beschäftigungsförderung.

## 6. Aktueller Ausblick und Fazit

Auch wenn Fragen des Arbeitsmarktzugangs für Flüchtlinge in der Koalitionsvereinbarung der rot-grünen-Bundesregierung keine Berücksichtigung fanden: Von Anfang an wurde die Erwartung bzw. Forderung an den neuen Bundesarbeitsminister herangetragen, Flüchtlingen mit prekärem Aufenthaltstitel den Zugang zum Arbeitsmarkt zu erleichtern. Der Zurücknahme der beiden Weisungen des Bundesarbeitsministers von 1993 und 1997 solle dabei Priorität zukommen. Die FDP-Bundestagsfraktion beantragte darüber hinaus die Aufhebung jeglicher Arbeitsgenehmigungspflicht: Zugleich mit ihrem Aufenthaltstitel sollten alle Zuwanderer Zugang zum Arbeits- und Ausbildungsmarkt erhalten.[14]

Bewegung auf Seiten des Bundesarbeitsministers zeigte sich erst nach zwei Regierungsjahren, gegen Ende 2000: Der Arbeitsmarktzugang für Asylbewerber und geduldete Flüchtlinge wurde durch eine Rechtsverordnung, gültig ab 15.12.2000, neu reguliert. Des Weiteren war zu erfahren, dass eine interministerielle Arbeitsgruppe aus Innen-, Arbeits-, Familien- und Finanzministerium sowie der Beauftragten für Aussiedler- und Ausländerfragen über eine Neuordnung der Sprachförderung beraten. Schließlich wurden Asylbewerber und geduldete Flüchtlinge in der geplanten EU-kofinanzierten Gemeinschaftsinitiative EQUAL zur ausdrücklich genannten Zielgruppe. Dazu im Einzelnen:

(1) Kern der neuen Rechtsverordnung ist die Aufhebung des sog. Blüm- bzw. Clever-Erlasses von 1997. Asylbewerbern und geduldeten Flüchtlingen wird nach 12 Monaten des Aufenthalts hier der (nachrangige) Zugang zum Arbeitsmarkt eröffnet. Zugleich soll die Bestimmung des Blüm-Erlasses von 1993 fallen, wonach die Fortsetzung einer Beschäftigung bei demselben Arbeitgeber einer nochmaligen Vorrangprüfung bedarf. Die bisher geltende Arbeitsgenehmigungsverordnung (ArGV) wird entsprechend geändert.

An die Arbeitsämter geht zugleich die Weisung, bei Traumatisierten gleich welcher geographischen Herkunft wie bereits bei traumatisierten Bosnierinnen und Bosniern zu verfahren: Ihnen sei die Arbeitserlaubnis ohne Arbeitsmarktprüfung zu erteilen. Damit wurde einem Teil der an den Bundesarbeitsminister herangetragenen Erwartungen und Forderungen Rechnung getragen. Eine nüchterne Analyse zeigt allerdings auch die verbliebenen Defizite:

- Die vormalige Wartezeit von 3 Monaten wird auf ein Jahr verlängert.
- Der Erlass von 1993 wird nur in dem einen genannten Punkt aufgehoben. Die Verpflichtung der Arbeitsverwaltungen auf ein verschärftes Prüfverfahren bleibt somit unangetastet.
- Es findet sich keinerlei Hinweis zur Interpretation von § 285 Abs. 1 Satz 1 Nr. 1 SGB III, also jener Gesetzespassage, aus der einzelne Landesarbeitsämter, darunter das Landesarbeitsamt NRW, die Berechtigung zu sogenannten „globalen" Prüfverfahren in Form von Negativlisten herleiten.

---

14    Drucksache 14/1335.

- Es fehlt jeder Hinweis auf denkbare Ausnahmeregelungen für Kinder und Jugendliche im Ausbildungsalter.
- Das Prinzip einer noch dazu als unbefristet geltenden Nachrangigkeit wird durch die neue Rechtsverordnung bekräftigt. Asylbewerber und erst recht geduldete Flüchtlinge, die sich z.T. über Jahre, ja, wie wir wissen, über ein Jahrzehnt und länger in der Bundesrepublik aufhalten, haben somit keine Chance, der Nachrangigkeit beim Zugang zum Arbeitsmarkt zu entrinnen, – es sei denn, die eine oder andere örtliche Ausländerbehörde erteilte ihnen irgendwann einmal eine Aufenthaltsgenehmigung.
- Die Öffnung des Arbeitsmarktzugangs für Traumatisierte unterliegt der Generalmaxime, dass sie „als Ausnahmevorschrift eng auszulegen" sei, – so die hierzu erlassene „Dienstanweisung Härte" der Bundesanstalt für Arbeit.

(2) Was die Neuordnung der Sprachförderung für Zuwanderer angeht, sollen bisher zersplitterte Zuständigkeiten und Förderkassen zusammengefasst und auf diese Weise Synergieeffekte bewirkt werden. Statusgruppen, die bisher nicht gefördert wurden, wie z.B. nicht-deutsche Familienangehörige von Spätaussiedlern, seien zukünftig mit zu berücksichtigen. Auch solle im Sprachkurs mehr als nur die deutsche Sprache vermittelt werden, nämlich grundlegende Orientierungen für ein Leben in Staat und Gesellschaft der Bundesrepublik.

Allerdings: Zusätzliche Finanzmittel zu den bisherigen insgesamt etwa 300 Mio. DM würden nicht zur Verfügung gestellt. Sodann: Der Spracherwerb solle nur noch in den ersten 3 Jahren des Aufenthalts hier gefördert werden. Alphabetisierungskurse sollen aus der Förderung herausfallen. Die Förderung der die Kurse begleitenden Kinderbetreuung wird in Frage gestellt.

Was die Asylsuchenden angeht, sollen lediglich die nach § 51,1 AuslG anerkannten Flüchtlinge mit Konventionsstatus einbezogen, Asylbewerber und bloß geduldete Flüchtlinge weiterhin ausgegrenzt bleiben. Die Ausländerbeauftragte des Bundes, so heißt es, ringe noch um die Einbeziehung wenigstens derjenigen, die als schutzbedürftig gem. § 53 AuslG anerkannt sind.[15]

(3) Was die europäische Ebene angeht, so ist dem soeben vorgelegten Entwurf eines Programms zur Gemeinschaftsinitiative EQUAL 2000 bis 2006 zu entnehmen, dass Konventionsflüchtlinge gem. § 51,1 AuslG in diese Initiative voll einzubeziehen seien.[16] Auch Asylbewerberinnen und -bewerber sowie geduldete Flüchtlinge sollen in den Aktionsradius von EQUAL einbezogen werden,[17] – allerdings mit einer Reihe von Einschränkungen, die, so steht zu befürchten, Brüsseler Intentionen im nationalen Kontext der Bundesrepublik Deutschland weitgehend neutralisieren.

---

15 Frankfurter Rundschau, 19.09.2000; Die Tageszeitung, 30.10.2000; Das Parlament, 15.12.2000. Zur genauen Beschreibung bisheriger Gegebenheiten vgl. Kühne; Rüßler 2000: 341-367 und 399-435.
16 Bundesrepublik Deutschland – Gemeinschaftsinitiative EQUAL 2000: 74.
17 ebenda.

So unterliegt die Einbeziehung der beiden genannten Statusgruppen *erstens* der prioritären Perspektive einer Integration in den Arbeitsmarkt nicht der Bundesrepublik, sondern ihres Herkunftslandes. Daraus wird alles Weitere abgeleitet, nämlich *zweitens*: Die Förderungspraxis werde sich zwar einerseits an den konkreten Bedürfnissen der Asylbewerber orientieren, andererseits aber auch an den nach deutscher Rechtslage konkret vorhandenen Aufenthaltstiteln. Begrenzungen der Aufenthaltsdauer hätten deshalb auch die jeweils zu verfolgenden Förderungsziele zu bestimmen. *Drittens*: Für Personen im Erwachsenenalter kämen deshalb allenfalls vorberufliche individuelle Hilfsmaßnahmen in Betracht. Konkret werden in diesem Zusammenhang Deutsch- bzw. Englischkurse genannt, sodann: modulare berufsorientierte Qualifizierungen, die eine Anpassung der Qualifizierungsdauer an die individuelle Aufenthaltsdauer ermöglichen. Was die Kinder und Jugendlichen im Ausbildungsalter angeht, so müsse man sich darauf beschränken, die Hinführung zu einem Schulabschluss zu fördern.[18]

Fazit: Auch wenn die Bundesregierung endlich – gegen Ende des Jahres 2000 – in der Frage des Arbeitsmarktzugangs und der berufsbezogenen Qualifizierung von Flüchtlingen Bewegung gezeigt hat, – die Bewegung reicht keineswegs so weit, dass der Mehrzahl Betroffener eine reale Integrationschance zugebilligt würde. Nur ein struktureller Lösungsansatz, der den Zustand des aufenthalts- und arbeitsgenehmigungsrechtlichen Provisoriums für Asylbewerber und geduldete Flüchtlinge deutlich befristet und dann in ein Bleiberecht mit Arbeitsberechtigung überführt, würde den inzwischen entstandenen Problemstau bewältigen.

Es bleibt die Frage: Wird eine rot-grüne Regierungskonstellation auf Bundesebene die Kraft aufbringen, eine derartige arbeitsmarktpolitische Option in politische Praxis zu überführen?

## Literatur

Beauftragte der Bundesregierung für Ausländerfragen (1999): Daten und Fakten zur Ausländersituation. Bonn

Beauftragte der Bundesregierung für Ausländerfragen (2000): Daten und Fakten zur Ausländersituation. Bonn

Blahusch, Friedrich (1992): Flüchtlinge auf dem deutschen Arbeitsmarkt. Frankfurt/M.: Haag u. Herchen

Bruhn-Wessel, Thomas/Schönmeier, Hermann Wolfgang/Zirbes-Horr, Andrea (1993): Berufsfördernde Maßnahmen zur Integration von Flüchtlingen im Saarland. Saarbrücken/Fort Lauderdale: Breitenbach Publishers

Bundesrepublik Deutschland – Gemeinschaftsinitiative EQUAL (2000): Entwurf eines Programms 2000-2006

Faist, Thomas; et.al. (1997): Neue Migrationsprozesse. Politisch–institutionelle Regulierung und Wechselbeziehungen am Arbeitsmarkt. SAMF, Dokumentation eines Workshops. Zentrum für Sozialpolitik, Universität Bremen: Arbeitspapier Nr. 6

Frick, Joachim/Wagner, Gert (1996): Zur sozioökonomischen Lage von Zuwanderern in West-Deutschland, Deutscher Bundestag. 13. Wahlperiode, Enquête-Kommission „Demographischer Wandel", Kommissionsdrucksache 022

---

18    a.a.O.: 164-167.

Goldschmidt, Armin M.F./Nixdorf, Bernd/Schönmeier, Hermann Wolfgang/Schneider, Ursula (1997): Soziale Lage verschiedener Zuwanderergruppen in Deutschland unter besonderer Berücksichtigung von Flüchtlingen. Integrationsmöglichkeiten und –perspektiven. Erstellt für die Enquête-Kommission „Demographischer Wandel" des Deutschen Bundestages, Saarbrücken, Universität des Saarlandes, Zentrum Europa und Dritte Welt

Kühne, Peter/Rüßler, Harald (2000): Die Lebensverhältnisse der Flüchtlinge in Deutschland. Frankfurt/ M.-New York: Campus

Müller, Angelika I. (1995): Berufliche Qualifizierung von MigrantInnen und Flüchtlingen. In: Nationale Koordinierungsstelle HORIZON-Bundesrepublik Deutschland im Europabüro für Projektbegleitung (efp). Berichte und Analysen deutscher Projekte, Bonn: 275-304

Müller, Angelika I.(1998): Beschäftigung von Flüchtlingen. Erfahrungen aus dem Employment - Horizon -Projekt „Berufliche Qualifizierung von Flüchtlingen und MigrantInnen in Niedersachsen im Rahmen der Gemeinschaftsinitiative Employment - Horizon. In: Asyl in Niedersachsen, Nr. 10/98. 2-5

Projekt INTEGRA 2000 (2000): Berufliche Integration von Flüchtlingen und MigrantInnen in Niedersachsen. Fakten, Ergebnisse, Perspektiven. Carl von Ossietzky Universität Oldenburg. Zentrum für wissenschaftliche Weiterbildung

Seifert, Wolfgang (1996a): „Alte" und „Neue" Zuwanderungsgruppen auf dem Arbeitsmarkt 1990 – 95. In: Faist, et.al. (1997): 54-66.

Seifert, Wolfgang (1996b): Neue Zuwanderungsgruppen auf dem westdeutschen Arbeitsmarkt. In: Soziale Welt, Heft 2 1996. 180-201

Streeck, Wolfgang/Heinze, Rolf: An Arbeit fehlt es nicht. In: Der Spiegel 9/1999. 38-45

Velling, Johannes (1995): Immigration und Arbeitsmarkt, Baden-Baden: Nomos

Simonis, Heide (1999): Wenn alle Instrumente nicht greifen, muss man neue entwickeln. In: Frankfurter Rundschau (Dokumentation), 29.06.1999: 19

# Sozialrechtliche Stellung und soziale Sicherung von Drittstaatsangehörigen in der Europäischen Union

*Bernd Schulte*

## 1. Die Ausgangslage

Die Zahl der Ausländer in Deutschland belief sich Anfang 1998 auf insgesamt 7,37 Mio.; dies entsprach rund 9% der Wohnbevölkerung.[1] Der Anteil der EU-Ausländer an der Gesamtzahl der Ausländer lag – und liegt auch heute noch – bei weniger als ¼ (1.749.000 Personen zuzüglich der Staatsangehörigen aus EU-Mitgliedstaaten, die in der unten aufgeführten Aufstellung nicht genannt und unter der Kategorie „Sonstige" erfasst sind). Dies unterstreicht die Bedeutung, die der ausländer-, arbeits- und sozialrechtlichen Absicherung der Ausländer aus Drittstaaten zukommt. Auch in der Europäischen Gemeinschaft insgesamt ist im Übrigen die Zahl der Migranten aus Drittstaaten mehr als doppelt so hoch wie die Zahl der Migranten, welche Staatsangehörige eines Mitgliedstaates sind.

## 2. Das Recht auf Freizügigkeit

Die Bedeutung der Freizügigkeit in der Europäischen Union erhellt sich daraus, dass in der *Gemeinschaftscharta der sozialen Grundrechte der Arbeitnehmer* aus dem Jahre 1989 (Kommission der EG 1990) die *Freizügigkeit* an der Spitze der als „soziale Grundrechte" formulierten sozialpolitischen Tätigkeitsschwerpunkte der Europäischen Gemeinschaft steht und vor Beschäftigung und Arbeitsentgelt, Verbesserung der Lebens- und Arbeitsbedingungen, sozialem Schutz, Koalitionsfreiheit und Tarifverhandlungen, Berufsausbildung, Gleichbehandlung von Männern und Frauen, Unterrichtung, Anhörung und Mitwirkung der Arbeitnehmer, Gesundheitsschutz und Sicherheit in der Arbeitsumwelt, Kinder- und Jugendschutz, älteren Menschen und Behinderten rangiert.[2] Dieser Katalog vom Ende der 1980er Jahre vermittelt zugleich einen Eindruck über die sozialpolitischen Tätigkeitsschwerpunkte der Europäischen Gemeinschaft. Diese hervorgehobene Platzierung der Freizügigkeit unterstreicht die Bedeutung, die

---

1  Davon entfielen im Einzelnen auf Türken 2.107.000, Jugoslawen (aus Serbien und Montenegro) 721.000, Italiener 608.000, Griechen 363.000, Polen 283.000, Bosnier 281.000, Kroaten 207.000, Österreicher 185.000, Portugiesen 132.000, Spanier 132.000, Iraner 114.000, Niederländer 113.000, Briten 112.000, US-Amerikaner 110.000, Franzosen 104.000, Vietnamesen 88.000, Marokkaner 84.000, Afghanen 66.000, Sri Lanka 60.000, Libanesen 56.000, Sonstige 1.440.000.

2  Heute eröffnet hingegen die Charta der Grundrechte der Europäischen Union vom Dezember 2000 wie das Grundgesetz in Art. 1 GG mit der „Menschenwürde" als oberstem Wert.

ihr als einer der Personenfreiheiten des Gemeinsamen Marktes und zugleich als individualrechtlicher Ausprägung der *Mobilität des 'Faktors Arbeit'* seit jeher in der Europäischen Wirtschaftsgemeinschaft und heute in der EG zukommt.

Nach Maßgabe des *Vertrags zur Gründung der Europäischen Gemeinschaft* in der Fassung des Vertrags *über die Europäische Union* hat seit „Maastricht" jeder *Unionsbürger* das Recht, sich im Hoheitsgebiet der Mitgliedstaaten – allerdings lediglich *„vorbehaltlich der in diesem Vertrag und in den Durchführungsvorschriften vorgesehenen Beschränkungen und Bedingungen"* frei zu bewegen und aufzuhalten (Art. 17 Abs. 1 EG); somit steht die Freizügigkeit als allgemeines „Unionsbürgerrecht" gleichsam unter dem Vorbehalt der sonstigen primär- und sekundärrechtlichen Regelungen des EG-Vertrages. Dies bedeutet aber, dass es rechtlich nach wie vor keine umfassende Personenfreizügigkeit für alle Unionsbürger gibt, sondern dass die Freizügigkeit für Arbeitnehmer, selbständig Erwerbstätige, Empfänger und Erbringer von Dienstleistungen sowie schließlich auch für sonstige Staatsangehörige eines Mitgliedstaats der Europäischen Union – Studenten, Rentner, sonstige Nichterwerbstätige (z.B. Hausfrauen, „Playboys") unterschiedlich geregelt ist.

Im Frühjahr 1997 hat eine von der Europäischen Kommission eingesetzte *Arbeitsgruppe zu Fragen der Freizügigkeit* ihren Bericht (Europäische Kommission 1997) vorgelegt, der als einen grundlegenden Aspekt der Freizügigkeit auch den *sozialen* und *familiären Status* derjenigen Personen behandelt, die innerhalb der Union zu und abwandern. Im Anschluss an die Feststellung, dass im Bereich der sozialen Sicherheit der Personen, die innerhalb der Gemeinschaft zu- und abwandern, bereits viel erreicht sei, so dass die Personen, die sich zum Zwecke der Ausübung einer Erwerbstätigkeit in einen anderen Mitgliedstaat begeben, bereits ein angemessenes Ausmaß an sozialer Sicherheit genießen – im Wesentlichen dank des guten Funktionierens der Koordinierung der einzelstaatlichen Systeme der sozialen Sicherheit auf der Grundlage der Verordnungen (EWG) Nr. 1408/71 und Nr. 574/72 – werden eine Reihe von Lücken des geltenden Gemeinschaftsrechts sowie ein gewisses Zurückbleiben dieser gemeinschaftsrechtlichen Koordinierung hinter der Entwicklung der Systeme der sozialen Sicherheit der Mitgliedstaaten aufgezeigt: Dies gilt zum einen für den *familiären Status*, zu dem gehört, dass Unionsbürger, die sich in einem anderen Mitgliedstaat niederlassen, das Recht haben, ihre Familienangehörigen mitzunehmen, und dass Bedingungen geschaffen werden, welche der *Eingliederung dieser Familien im Aufnahmestaat dienlich sind.* Geregelt werden diese Fragestellungen vor allem in der Verordnung (EWG) Nr. *1612/68* und in den Richtlinien (EWG) Nr. *68/360* für Arbeitnehmer sowie *73/348* für Selbständige, *90/565* für Rentner, *90/564* für nicht erwerbstätige Personen, die über ausreichende Existenzmittel und eine Versicherung für Krankheit und Mutterschaft verfügen und *90/566* für Studenten (unter entsprechenden Bedingungen).

Gemäß Art. 10 Abs. 1 VO 1612/68 dürfen bei dem Arbeitnehmer, der die Staatsangehörigkeit eines Mitgliedstaats besitzt und im Hoheitsgebiet eines anderen Mitgliedstaats beschäftigt ist, folgende Personen ungeachtet ihrer Staatsangehörigkeit Wohnung nehmen: a) sein Ehegatte sowie die Verwandten in absteigender Linie, die noch nicht 21 Jahre alt sind oder denen Unterhalt gewährt wird; b) seine

Verwandten und die Verwandten seines Ehegatten in aufsteigender Linie, denen er Unterhalt gewährt. Eine entsprechende Bestimmung findet sich auch in den vorstehend genannten Richtlinien.

Im Hinblick auf die aus Art. 7 Abs. 2 RVO (EWG) Nr. 1612/68 sich ergebende Gleichstellung von Wanderarbeitnehmern mit inländischen Arbeitnehmern in Bezug auf *soziale und steuerliche Vergünstigungen* wird darauf hingewiesen, dass entgegen der eindeutigen Rechtslage die praktische Gleichstellung in vielen Fällen noch zu wünschen übrig lasse: So wird beispielsweise gelegentlich die Gewährung sozialer Vergünstigungen von der Vorlage einer gültigen Aufenthaltserlaubnis abhängig gemacht und werden bestimmte Vergünstigungen, welche unter die Verordnung fallen und im Hinblick auf die deshalb Gleichbehandlung geboten ist, inländischen Staatsangehörigen vorbehalten.

In *persönlicher Hinsicht* beschränkt sich der Anwendungsbereich der Verordnung (EWG) Nr. 1408/71 im Übrigen auf alle *Arbeitnehmer* und *Selbständige*, für welche die Rechtsvorschriften eines Mitgliedstaats gelten (oder galten), *soweit sie Staatsangehörige eines Mitgliedstaats sind*, sowie für *deren Familienangehörige* oder *Hinterbliebene* (unabhängig von deren Staatsangehörigkeit). Die Verordnung gilt ferner für Staatenlose oder Flüchtlinge, die im Gebiet eines Mitgliedstaats wohnen.

## 3.  Die Rechtsstellung Drittstaatsangehöriger

*Nicht erfasst* werden hingegen Unionsbürger, die weder selbst erwerbstätig noch Familienangehörige eines Erwerbstätigen sind, sowie *Staatsangehörige aus Drittstaaten*, auch soweit sie sich rechtmäßig in einem Mitgliedstaat aufhalten (es sei denn, dass sie Familienangehörige eines Arbeitnehmers sind, der seinerseits die Staatsangehörigkeit eines Mitgliedstaats besitzt). Da Angehörige aus Nicht-Mitgliedstaaten der Europäischen Union bzw. des Europäischen Wirtschaftsraums nicht die Staatsangehörigkeit eines Mitgliedstaats besitzen und mithin auch keine Unionsbürger sind, kommen sie nur unter bestimmten Voraussetzungen – etwa als Familienangehörige eines Unionsbürgers, der in einem anderen Mitgliedstaat wohnhaft ist – in den Genuss der Rechte, die mit dem Recht auf Freizügigkeit verbunden sind.

*Staatsangehörige aus Drittstaaten*, die sich rechtmäßig in einem Mitgliedstaat aufhalten, haben mithin keine Rechte, die sich aus dem Gemeinschaftsrecht ergeben, wenn sie sich auf dem Gebiet der Europäischen Union aufhalten. Weder die Verordnung (EWG) Nr. 1612/68 über die Freizügigkeit der Arbeitnehmer noch die Verordnungen (EWG) Nr. 1408/71 und 574/72 über die Anwendung der Systeme der sozialen Sicherheit auf Arbeitnehmer und Selbständige sowie deren Familienangehörige, die innerhalb der Gemeinschaft zu- und abwandern, gelten mithin für diesen Personenkreis, es sei denn, es handele sich um Familienangehörige eines Unionsbürgers für den diese Verordnungen gelten, oder es handele sich bei ihnen um anerkannte Flüchtlinge oder Staatenlose. Für den letztgenannten Personenkreis heißt es in Art. 2

VO 1408/71, dass diese Verordnung auch für sie gilt, sofern sie im Gebiet eines Mitgliedstaats wohnen. Insofern ist also eine Gleichstellung von Flüchtlingen und Staatenlosen mit Arbeitnehmern und Selbständigen aus Mitgliedstaaten der Union erfolgt. Ähnliche Regelungen für Flüchtlinge und Staatenlose gelten im Hinblick auf die Anerkennung von Diplomen. Beide Regelungen spiegeln das Bemühen der Mitgliedstaaten wider, die Lage von Flüchtlingen und Staatenlosen, die sich auf ihrem Staatsgebiet aufhalten, zu verbessern. Allerdings ist eine völlige Gleichstellung in sämtlichen Anwendungsbereichen des Gemeinschaftsrechts auch für diesen Personenkreis noch nicht gewährleistet.

Einen besonderen Status im Hinblick auf die Freizügigkeit und die damit verbundenen Rechte genießen unter bestimmten Voraussetzungen solche Staatsangehörige aus Drittländern, die vom *Abkommensrecht* erfasst werden. Eine Besserstellung von Drittstaatsangehörigen gegenüber dem einleitend angesprochenen „Normalfall" kann sich also aus den zahlreichen Assoziierungs- und Kooperationsabkommen ergeben, die von der Europäischen Gemeinschaft und den Mitgliedstaaten mit – mittlerweile über 90 – Ländern abgeschlossen worden sind. Diese Abkommen weichen inhaltlich sehr stark voneinander ab, wobei freilich gewisse Kategorien unterschieden werden können.

So gibt es einen vergleichsweise gefestigten Status für Personen, die unter das *Assoziationsabkommen* EWG-Türkei oder unter die *Kooperationsabkommen* zwischen der Europäischen Wirtschaftsgemeinschaft und den Maghreb-Staaten fallen, sowie zwischen den Europa-Abkommen („Beitritts-Assoziierung") mit den mittel- und osteuropäischen Staaten. Die im Rahmen der Assoziierungsabkommen errichteten *Assoziationsräte* können durch Beschlüsse eine Konkretisierung bzw. Ausweitung der sozialen Rechte der den Assoziierungsabkommen unterliegenden Personen bewirken. Entsprechendes ist im Rahmen des Assoziierungsabkommens zwischen der EWG und der Türkei geschehen. Auch für die Beitrittsassoziierung mit den mittel- und osteuropäischen Ländern liegt bereits der Entwurf eines Assoziationsratsbeschlusses vor, der auf die partielle Anwendung der Verordnung (EWG) Nr. 1408/71 zwischen Europäischer Gemeinschaft und dem jeweiligen Assoziierungsstaat gerichtet ist.

Ende 1997 hat die Europäische Kommission den Vorschlag für eine Verordnung (EG) des Rates zur Änderung der Verordnung (EWG) Nr. 1408/71 in Bezug auf dessen Ausdehnung auf Staatsangehörige von Drittländern vorgelegt. Der Vorschlag zielt darauf ab, die gemeinschaftsrechtliche Koordinierung auf in einem Mitgliedstaat gesicherte – und insonderheit versicherte – Arbeitnehmer und Selbständige aus Drittmitgliedstaaten auszudehnen.

Die Europäische Kommission lässt sich dabei von der Überlegung leiten, dass bereits seit langem eine Verbesserung der Rechtsstellung der rechtmäßig in der Gemeinschaft lebenden Staatsangehörigen von Drittländern auf der Tagesordnung steht.

Dieses Ziel war bereits enthalten im „Weissbuch" zur Europäischen Sozialpolitik[3] von 1994 und lag auch dem von der Kommission am 30. Juli 1997 (KOM [97] 387 v. 30. Juli 1997) verabschiedeten *Entwurf eines Übereinkommens zur Regelung der Zulassung von Staatsangehörigen aus Drittländern in das Hoheitsgebiet der Mitgliedstaaten* zugrunde.

Im Bestreben, die Gleichbehandlung der rechtmäßig niedergelassenen Staatsangehörigen von Drittstaaten zu fördern, schlägt die Kommission die Einführung eines Mechanismus vor, der es gestatten soll, seit langem ansässige Drittstaatsangehörige als dauerhaft niedergelassene Personen anzuerkennen. Nach den Vorstellungen der Kommission sollten diese Personen sowohl in dem Mitgliedstaat, in dem sie als dauerhaft niedergelassen anerkannt sind, als auch in den anderen Mitgliedstaaten wie Bürger der Union besondere Rechte genießen. Diese Festschreibung des Grundsatzes der Gleichbehandlung von Staatsangehörigen von Drittstaaten sowohl im innerstaatlichem Recht als auch im Gemeinschaftsrecht wird zugleich als Teil einer Gesamtstrategie zur Bekämpfung von Rassismus und Fremdenfeindlichkeit angesehen.

Die vorgeschlagene Regelung zielt auf eine rein *interne Koordinierung* ab, das heißt, sie bezieht sich ausschließlich auf die Systeme der sozialen Sicherheit der Mitgliedstaaten; die Systeme der sozialen Sicherheit dritter Staaten, das heißt der Staaten, die nicht Mitglieder der Gemeinschaft und des Europäischen Wirtschaftsraums sind, bleiben mithin außer Betracht. Die Systeme der sozialen Sicherheit der Mitgliedstaaten sollen also auch künftig nicht „extern" mit Drittstaaten koordiniert werden. Dies bedeutet, dass nach den Rechtsvorschriften eines Drittstaats zurückgelegte Versicherungszeiten bei der gemeinschaftsinternen Koordinierung nicht berücksichtigt werden, Wohnzeiten in einem Drittstaat nicht Wohnzeiten in einem Mitgliedstaat gleichgestellt werden, und die vorgeschlagene Neuregelung auch keinen „Export" von Leistungen in einen Nicht-EU- bzw. EWR-Staat vorsieht.

Bisher wird die Mehrzahl der rund 13 Mio. Drittstaatsangehörigen, die in den Mitgliedstaaten der Europäischen Union leben, wie oben (1.) bereits betont, von der *Koordinierung der Systeme der sozialen Sicherheit der Mitgliedstaaten* durch die Verordnungen (EWG) Nr. 1408/71 und 574/72 nicht erfasst; vielmehr ist die Rechtsstellung im Hinblick auf die „interne Koordinierung" gegenwärtig von der jeweiligen Staatsangehörigkeit und von dem Recht des jeweiligen Mitgliedstaats abhängig, dessen Rechtsordnung für sie gilt. Dementsprechend lassen sich im Hinblick auf den persönlichen Anwendungsbereich der EG-rechtlichen Koordinierung folgende *Fallgruppen* unterscheiden.[4]

• Von der Verordnung (EWG) Nr. 1408/71 *bereits erfasste Staatsangehörige von Drittstaaten*, das heißt, in einem Mitgliedstaat lebende Flüchtlinge;

• als *Familienangehörige* eines Gemeinschaftsstaatsangehörigen *durch die Verordnung (EWG) Nr. 1408/71* insoweit *teilweise erfasste Staatsangehörige von Drittstaaten*, als ihnen aufgrund ihres familiären Status Ansprüche zustehen;

---

3   KOM (97) 561 endg. vom 12.11.1997.
4   Jorens/Schulte 1998, Schumacher 1997.

- Drittstaatler, die von *Abkommen zwischen der Gemeinschaft und Drittstaaten* erfasst werden, welche Vorschriften im Bereich der sozialen Sicherheit erhalten (so das Assoziationsabkommen zwischen der Europäischen Wirtschaftsgemeinschaft und der Türkei mit dem Assoziationsrats-Beschluss 3/80 vom 19. September 1980 und die Kooperationsabkommen der Europäischen Wirtschaftsgemeinschaft mit Marokko, Tunesien und Algerien);
- von *zweiseitigen Abkommen zwischen* zwei oder mehr *Mitgliedstaaten* erfasste Staatsangehörige aus Drittstaaten (wobei diese Abkommen in der Regel nicht alle Zweige der sozialen Sicherheit erfassen und damit eine weniger vollständige Sicherung bieten als die Verordnung (EWG) Nr. 1408/71);
- die vom *Europäischen Interimsabkommen des Europarates* vom 11. Dezember 1953 oder von *anderen mehrseitigen Übereinkommen* erfassten Staatsangehörigen von Drittsstaaten;
- Drittstaatsangehörige, die von *bilateralen Abkommen zwischen einem Mitgliedstaat und einem Drittstaat* erfasst sind (wobei diese Abkommen eine „externe" Koordinierung vorsehen);
- „normale" Staatsangehörige aus Drittstaaten, die zu keiner der vorstehend genannten Kategorien gehören und deshalb bei der „Wanderung" innerhalb der Gemeinschaft keinerlei Privilegierung genießen.

*Drittstaatsangehörige*, das heißt, Personen, die nicht Staatsangehörige eines Mitgliedstaats der Europäischen Union sind, fallen nach dem Gesagten grundsätzlich nicht in den persönlichen Anwendungsbereich der Verordnungen (EWG) Nr. 1408/71 und Nr. 574/72, es sei denn, sie würden ausnahmsweise als Flüchtlinge oder Staatenlose, die in einem Mitgliedsstaat leben, oder als Hinterbliebene von EU-Staatsangehörigen gemäß Art. 2 VO (EWG) Nr. 1408/71 erfasst.

Die Nichteinbeziehung in die gemeinschaftsrechtliche Koordinierung hat zur Folge, dass Wanderarbeitnehmer aus Drittstaaten, die in zwei oder mehreren Mitgliedstaaten arbeiten und wohnen, häufig sozialrechtliche Nachteile hinzunehmen haben, die nicht nur Folge der Verlegung des Beschäftigungs- und Wohnortes sein können, sondern auch daraus herrühren, dass das nationale Sozialrecht der Mitgliedstaaten gegebenenfalls Differenzierungen anhand der Staatsangehörigkeit vornimmt und dass deshalb gegebenenfalls Leistungen Bürgern aus Drittstaaten vorenthalten werden, obwohl sie in gleichem Umfang wie Einheimische Steuern, Sozialversicherungsbeiträge und sonstige Abgaben entrichten. Die *Drittstaatler* werden von der Freizügigkeit und dem koordinierenden Europäischen Sozialrecht nicht erfasst und unterliegen stattdessen den Regeln des jeweiligen nationalen Rechts und den dieses jeweils ergänzenden Vorschriften des Internationalen Sozialrechts, namentlich der zwei- und mehrseitigen Sozialversicherungsabkommen bzw. Abkommen über die soziale Sicherheit.

Eine Analyse der – insgesamt recht unterschiedlichen – Situation in den einzelnen Mitgliedstaaten von Mitte der 90er Jahre (von Maydell/Schulte 1995) zeigt, dass das *Ausländerrecht* häufig von entscheidender Bedeutung ist für die Frage, ob ein Ausländer Sozialleistungen in Anspruch nehmen kann. Unterscheidet man etwa

*Ausländer mit Aufenthaltserlaubnis, geduldete Ausländer und illegale Ausländer*, so führt jedenfalls der Tatbestand der Illegalität in der Regel zum faktischen Ausschluss von der Inanspruchnahme von Sozialleistungen, sei es, weil das Sozialrecht selbst an den Rechtsstatus des Ausländers anknüpft und die Zubilligung von Ansprüchen davon abhängig macht, dass sich der Ausländer rechtmäßig im jeweiligen Staat aufhält, sei es, dass die Inanspruchnahme von Sozialleistungen ausländerrechtlich zur Ausweisung bzw. zur Abschiebung führt.

Im Übrigen hebt das nationale Sozialleistungsrecht in einzelnen Fällen selbst auf den *rechtlichen Status des Antragstellers* auf Sozialleistungen ab. Augenfälligstes Beispiel dafür ist hierzulande das *Asylbewerberleistungsgesetz*, welches die Personen, die in seinen persönlichen Anwendungsbereich fallen, von der Geltung des Sozialhilferechts – welches seinerseits im Übrigen in § 120 BSHG auch zwischen Inländern und Ausländern differenziert – ausnimmt und sie ungünstigeren Regelungen unterwirft.

In der Regel beziehen die Sozialleistungssysteme – und das gilt auch für das deutsche – Ausländer in den personellen Anwendungsbereich ein, sofern sie die für die Anwendung des Systems notwendigen Voraussetzungen – Beschäftigung, Wohnsitz, Steuerpflicht u.a. – erfüllen. Die Staatsangehörigkeit spielt in der Regel keine Rolle. Dies gilt insbesondere für die Sozialversicherungssysteme – hierzulande die Gesetzliche Krankenversicherung, die Soziale Pflegeversicherung, die Gesetzliche Rentenversicherung, die Gesetzliche Unfallversicherung und die Arbeitslosenversicherung, die demgemäß nicht zwischen In- und Ausländern unterscheiden, sondern alle Personen einbeziehen, die im Inland eine abhängige oder – partiell auch – selbständige Tätigkeit ausüben, sofern diese Tätigkeiten ein Sozialversicherungsverhältnis begründen.[5]

Allerdings gibt es im materiellen Sozialversicherungsrecht in Einzelfragen durchaus Abweichungen vom Grundsatz der territorialen Anknüpfung an den Ort der Beschäftigung oder der Ausübung der selbständigen Tätigkeit. So ist beispielsweise das Recht zur freiwilligen Versicherung bei Auslandaufenthalt Ausländern gemäß § 7 Abs. 1 S. 2 SGB VI nicht in gleichem Maße gegeben wie Inländern. Auch für die Leistungsgewährung ist die Staatsangehörigkeit in der Regel keine Voraussetzung, vielmehr wird regelmäßig auf die vorherige Ausübung einer Beschäftigung oder das Bestehen eines Wohnsitzes oder Aufenthaltsortes im Inland abgestellt. Soweit das materielle Recht gleichwohl Unterschiede zwischen In- und Ausländern vornimmt, etwa im Zusammenhang mit dem „Export" von Rentenleistungen, stellt sich die Frage, inwiefern eine derartige Differenzierung mit dem Gleichheitssatz – Art. 3 Abs. 1 GG – vereinbar ist. Das Bundesverfassungsgericht (BVerfGE 51, 1 ff.) hat hier in der Vergangenheit – nicht bedenkenfrei – die Zulässigkeit einer Differenzierung bejaht.

---

5    Ausnahmen bestehen für so genannte exterritoriale Personen – insbesondere das Personal in Botschaften und Konsulaten – sowie für in Zusammenhang mit der Ausübung einer vorübergehenden Tätigkeit im Ausland so genannte entsandte Personen.

Im Übrigen lässt sich pauschal festhalten, dass steuerfinanzierte Leistungssysteme in sehr viel größerem Umfang als beitragsfinanzierte Leistungssysteme nach der Staatsangehörigkeit differenzieren; am augenfälligsten ist dabei die unterschiedliche Behandlung von In- und Ausländern im Bereich der bedarfsorientierten Mindestsicherung (Sozialhilfe). Auch aus dem *internationalen Recht* lässt sich noch kein allgemeines Prinzip des Inhalts ableiten, das(s) dem einzelnen Staat eine Differenzierung nach Staatsangehörigkeit schlechthin untersagt (wäre). Allerdings ist festzustellen, dass das Kriterium der Staatsangehörigkeit als Voraussetzung für Leistungsansprüche an Bedeutung verliert und mehr und mehr der Grundsatz anerkannt wird, dass der moderne Sozialstaat für die soziale Sicherheit auf seinem Staatsgebiet gegenüber jedermann verantwortlich ist.

Aus einer EU-weiten Übersicht ergibt sich insgesamt, dass die unmittelbar an die Staatsangehörigkeit anknüpfenden Leistungseinschränkungen im Sozialleistungsbereich – sieht man von den Sozialhilfeleistungen und anderen steuerfinanzierten Leistungen ab – vergleichsweise gering sind. Allerdings bestehen für Ausländer, die nicht dem EG-Recht unterfallen, faktische Benachteiligungen, die sich insbesondere aus Wartezeitvoraussetzungen bei Leistungen ergeben, die an eine Beschäftigung oder an einen Aufenthalt von bestimmter Dauer anknüpfen, weil sie typischerweise häufiger als eigene Staatsangehörige des jeweiligen Mitgliedstaats – die in der Regel immer in ein und demselben Land gearbeitet und gewohnt haben, oder als Unionsbürger, die zum großen Teil aufgrund der gemeinschaftsrechtlichen Koordinierungsregeln Einheimischen gleichgestellt werden – häufig nicht die erforderlichen Beschäftigungs-, Versicherungs- und Wohnzeiten erfüllen, weil sie sich während ihres Erwerbslebens in zwei oder mehreren Staaten aufgehalten haben.

Hier vermögen allerdings *zwischenstaatliche Abkommen* eine gewisse Abhilfe dadurch zu schaffen, dass sie die Berücksichtigung in einem Abkommensstaat zurückgelegter Zeiten in dem anderen Abkommensstaat vorsehen. Soweit derartige Abkommen aber keine so genannte Multilateralisierung kennen, kommt es vor, dass in Drittstaaten zurückgelegte Zeiten wiederum in beiden Abkommensstaaten außer Betracht bleiben.

Die vorstehend aufgezeigte Vielfalt verschiedener Schutzniveaus führt zu einer Unsicherheit über den jeweiligen Rechtsstatus von Drittstaatsangehörigen, der nicht nur diese Personengruppe benachteiligt, sondern auch die damit befassten Verwaltungen der Mitgliedstaaten vor Probleme stellt und Verwaltungskosten verursacht. Darüber hinaus stellt sich seit der Entscheidung des *Europäischen Gerichtshofs* (Informationsbrief Ausländerrecht 1997, S. 1 ff.) *für Menschenrechte* in der *Rechtssache Gaygusuz* vom 16. September 1996 die Frage, ob nicht bereits die von der Europäischen Union in Art. 11 Abs. 2 EUV eingegangene Verpflichtung zur Achtung der Grundrechte, wie sie insbesondere in der *Europäischen Konvention zum Schutz der Menschenrechte* enthalten sind, die Gleichbehandlung von Staatsangehörigen von Drittländern mit Unionsbürgern vorschreibt, da der Gerichtshof in der vorstehend genannten Entscheidung für Recht erkannt hat, dass das Verbot der Diskriminierung aufgrund der Staatsangehörigkeit auch für Ansprüche auf Leistungen der sozialen Sicherheit gilt (van den Bogaert 1997).

## 4. Die Soziale Sicherheit der Wanderarbeitnehmer

Das *Recht auf Freizügigkeit* wird innerhalb der Europäischen Gemeinschaft seit jeher für Arbeitnehmer in Art. 39 EG und für Selbständige in Gestalt der *Niederlassungsfreiheit* in Art. 43 EG gewährleistet.

Für den Bereich der *sozialen Sicherheit*, das heißt, für das Sozialversicherungs-, Arbeitsförderungs- und Recht der Familienleistungen nach der Systematik des deutschen Sozialrechts, enthielten ursprünglich die Verordnungen (EWG) Nr. 3/58 und 4/58 über die soziale Sicherheit der Wanderarbeitnehmer und enthalten heute die Verordnungen (EWG) Nr. 1408/71 und Nr. 574/72, welche die Anwendung der Systeme der sozialen Sicherheit auf Arbeitnehmer und Selbständige, sowie deren Familienangehörige, die innerhalb der Familie zu- und abwandern, zum Gegenstand haben, eine Regelung, die Nachteile im Bereich der sozialen Sicherheit als Folge der Binnenwanderung von einem Mitgliedstaat in einen anderen zum Zwecke der Ausübung einer Erwerbstätigkeit verhindern soll. Diese Verordnungen gehen der Verordnung (EWG) Nr. 1612/68 über die Freizügigkeit der Arbeitnehmer, die in Art. 7 Abs. 2 die Gleichbehandlung in Bezug auf soziale und steuerliche Vergünstigungen vorsieht, als lex specialis voraus (D. Gouloussis 1995).

Die Verordnungen (EWG) Nr. 1408/71 und Nr. 574/72 setzen die Vorschrift des Art. 42 EG um, die dem Umstand Rechnung trägt, dass die Freizügigkeit behindert würde, müsste ein Arbeitnehmer befürchten, bei der „Wanderung" von einem Mitgliedstaat in einen anderen zum Zwecke der Arbeitsaufnahme aufgrund daraus resultierender Zugehörigkeit zu verschiedenen Systemen der sozialen Sicherheit bestimmte Leistungen nicht zu erhalten oder bereits erworbene Leistungsansprüche einzubüßen. Aus diesem Grunde ist ein System geschaffen worden, welches zum Zwecke der Ausübung einer Erwerbstätigkeit in Mitgliedstaaten der Gemeinschaft aus- und einwandernden Arbeitnehmern im jeweiligen EG-Beschäftigungsstaat zum einen die Zusammenrechnung aller nach den verschiedenen innerstaatlichen Rechtsvorschriften zu berücksichtigenden Zeiten für den Erwerb und die Aufrechterhaltung des Leistungsanspruchs sowie für die Berechnung der Leistungen sichert und welches die Zahlung von Leistungen auch an Personen vorsieht, die nicht im Beschäftigungsstaat, sondern in anderen Mitgliedstaaten – z.B. in ihrem Heimatstaat – wohnen.

Während die Europäische Gemeinschaft von Anfang an davon abgesehen hat, die Systeme der sozialen Sicherheit der Mitgliedstaaten im Sinne einer sozialen Harmonisierung zu vereinheitlichen oder auch nur einander anzunähern, das heißt, *keine soziale Harmonisierung* angestrebt hat, hat sie es sich von Anbeginn an angelegen sein lassen, das *Internationale Sozialrecht* der Mitgliedstaaten, das heißt, dasjenige nationale Recht, welches den internationalen Geltungsbereich und die internationalen Wirkungen des jeweiligen nationalen Sozialrechts regelt, zu vereinheitlichen, um sicherzustellen, dass grundsätzlich jeweils nur eine Rechtsordnung auf diejenigen Personen Anwendung findet, die von der Freizügigkeit Gebrauch machen, und um insbesondere sowohl Normenhäufung (mit der Folge doppelter Sicherung und ggf. auch doppelter Beitragszahlung) als Normenmangel (mit der Folge von Lücken in der sozialen Sicherung) zu vermeiden. Auch die Zusammenrechnung von Versicherungszeiten für den Erwerb von Rentenansprüchen und Zahlung der in dem Beschäftigungsstaat erworbenen Renten nach Rückkehr des Wanderarbeitnehmers in sein Heimatland und gegebenenfalls in jeden anderen Mitgliedstaat werden durch das Gemeinschaftsrecht gewährleistet.

Diese Vorschriften über die soziale Sicherheit der *Arbeitnehmer* und ihre Familienangehörigen, die zunächst allein auf die Ermächtigungsgrundlage des nur für Arbeitnehmer geltenden Art. 42 EG gestützt worden sind, gelten nach der auf die so genannte „Vertragsabrundungskompetenz" des Art. 308 EG gestützten Ausdehnung des persönlichen Geltungsbereichs der Verordnungen auch für *Selbständige* und deren *Familienangehörige*, die innerhalb der Gemeinschaft zu- und abwandern, soweit sie *Staatsangehörige eines Mitgliedstaats sind oder als Staatenlose oder Flüchtlinge im Gebiet eines Mitgliedstaats wohnen, sowie für deren Familienangehörige und Hinterbliebene.*

Durch zahlreiche sonstige Änderungsverordnungen sowie durch die sehr umfangreiche dazu ergangene Rechtsprechung des Gerichtshofs der Europäischen Gemeinschaften, ist das koordinierende Europäische Sozialrecht durch mittlerweile über 500 Entscheidungen allein des Europäischen Gerichtshofs fortentwickelt worden.

Eine Reihe von Grundsätzen prägen das Regelwerk der Verordnungen (EWG) Nr. 1408/71 und Nr. 574/72 und damit die gemeinschaftsrechtliche Koordinierung.[6]

(a) Dazu gehört, wie vorstehend bereits angemerkt, gemäß Art. 42 Buchst. a) EG der so genannte *Grundsatz der Zusammenrechnung* aller in Mitgliedstaaten nach den verschiedenen innerstaatlichen Rechtsvorschriften zu berücksichtigenden Zeiten für den Erwerb und die Aufrechterhaltung von Ansprüchen gegen den Leistungsträger eines Mitgliedstaats und die Berechnung der Leistungen. Eine Zusammenrechnung mitgliedstaatlicher Zeiten mit Zeiten eines Nichtmitgliedstaats – so genannte „Multilateralisierung" – ist demgegenüber grundsätzlich nicht möglich.

(b) Das bereits erwähnte und auch in Art. 42 Buchst. b) EG niedergelegte *Gebot des Leistungsexports* „entterritorialisiert" die Erfüllung nach nationalem Recht bestehende Leistungsansprüche, so dass diese auch dann weiterbestehen und erfüllt werden müssen, wenn ein Anspruchsberechtigter in einem anderen Mitgliedstaat, z.B. in seinem Heimatstaat wohnt. Die Verlegung des Wohnsitzes innerhalb der Gemeinschaft führt also auch dann nicht zu einem Verlust von Leistungsansprüchen, wenn das nationale Recht des Beschäftigungsstaates den Leistungsanspruch an die Innehabung eines Wohnsitzes im Inland knüpft. Für bestimmte Geldleistungen, z.B. Renten sind mithin so genannte Wohnortklauseln, welche die Gewährung von Leistungen an den Wohnsitz im Inland knüpfen, abgeschafft worden (Art. 10 VO 1408/71).

(c) Personen, für welche die Gemeinschaftsverordnungen über die soziale Sicherheit gelten, werden Inländern gleichgestellt – so genannter *Grundsatz der Inländergleichbehandlung* – (Art. 3 VO 1408/71), und zwar auch insoweit, als auch ihren Familienangehörigen Leistungen in demselben Umfang wie den Angehörigen einheimischer Leistungsberechtigter gewährt werden müssen. Die gemeinschaftsrechtliche

---

6   Schulte 1997; ders. 1989-2000; Stahlberg 1997.

Regelung ist allerdings insoweit unvollständig, als sie keineswegs alle für die soziale Sicherheit relevanten Tatbestände „entterritorialisiert", sondern einzelne Tatbestände ausnimmt. So ist beispielsweise im Falle der Arbeitslosigkeit angesichts des Fehlens eines gemeinschaftlichen Arbeitsmarktes die Verfügbarkeit auf dem jeweiligen Arbeitsmarkt des Beschäftigungslandes in der Regel Voraussetzung für einen Anspruch auf Leistungen bei Arbeitslosigkeit. Die Rechtsprechung des Europäischen Gerichtshofs zur so genannten *mittelbaren Diskriminierung* hat hier allerdings insofern zu einem gewissen Ausgleich geführt, als die Anknüpfung an Tatbestände, von denen Staatsangehörige aus anderen Mitgliedstaaten typischerweise stärker betroffen werden als Einheimische, gegebenenfalls als Verstoß gegen das vorstehend angesprochene Verbot der Diskriminierung wegen der Staatsangehörigkeit gemäß Art. 12 und 39 Abs. 2 EG angesehen wird.

(d) Der Europäische Gerichtshof hat aus dem EG-Vertrag überdies eine Art „*Günstigkeitsprinzip*" des Inhalts abgeleitet, dass das Gemeinschaftsrecht möglichst vorteilhafte Voraussetzungen für die Wahrnehmung der Freizügigkeit innerhalb der Gemeinschaft schaffen soll durch Beseitigung dieser entgegenstehender Hindernisse und Hemmnisse, und zwar gegebenenfalls auch um den Preis einer Besserstellung von Wanderarbeitnehmern gegenüber einheimischen Arbeitnehmern. Das bedeutet konkret, dass die Verordnung (EWG) Nr. 1408/71 nach Maßgabe des nach der dazu ergangenen Leitentscheidung des Europäischen Gerichtshofs[7] so bezeichneten „Petroni-Prinzips" der Anwendung nationaler Rechtsvorschriften insbesondere dann nicht entgegensteht, wenn diese bessere Leistungen vorsehen, als sie unter Berücksichtigung des Gemeinschaftsrechts gewährt würden; denn das Ziel des Art. 42 EG, die Freizügigkeit innerhalb der Gemeinschaft zu fördern, würde nach Auffassung des Europäischen Gerichtshofs verfehlt, wenn Arbeitnehmer bei Wahrnehmung ihres Rechts auf Freizügigkeit Vergünstigungen der sozialen Sicherheit einbüßten, die ihnen bereits nach dem nationalen Recht eines Mitgliedstaats ohne Rücksicht auf die gemeinschaftlichen Regelungen zustehen.

(e) In Ansehung ihres *persönlichen Anwendungsbereichs* erfasst die Verordnung (EWG) Nr. 1408/71 Arbeitnehmer und Selbständige, für welche die Rechtsvorschriften eines oder mehrerer Mitgliedstaaten gelten oder galten und welche Staatsangehörige eines Mitgliedstaates sind (oder als Staatenlose oder als Flüchtlinge in einem Mitgliedstaat wohnen, sowie unabhängig von ihrer Staatsangehörigkeit deren Familienangehörige und Hinterbliebene (die mithin auch *Drittstaatsangehörige* sein können). Maßgeblich ist also in der Regel der Besitz der Staatsangehörigkeit eines Mitgliedstats; bei Staatenlosen oder anerkannten Flüchtlingen kommt es auf den Wohnsitz in einem Mitgliedstaat an (Art. 2 VO 1408/71).

(f) *Sachlich* gilt die Verordnung für alle Rechtsvorschriften über Zweige der sozialen Sicherheit, die Leistungen bei Krankheit (einschließlich Leistungen bei Pflegebedürftigkeit)[8] und Mutterschaft, Invalidität, Alter, Arbeitsunfall und Berufskrankheit, Arbeitslosigkeit, Tod (in Hinblick auf Leistungen an Hinterbliebene und Sterbegeld)

---

7    EuGH, RS 24/75 (Petroni), Slg. 1975, 1149.
8    EuGH, RS C-160/96 (Molenaar), Slg. 1998, I-385.

sowie Familienleistungen betreffen, und zwar unterschiedslos für allgemeine und besondere, beitragsbezogene und beitragsfreie Systeme sowie auch für solche Systeme, deren Durchführung Arbeitgebern obliegt. Nicht anwendbar ist die Verordnung auf die Sozialhilfe, auf Leistungssysteme für Opfer des Krieges und seiner Folgen sowie auf Sondersysteme für Beamte und diesen gleichgestellte Personen (Art. 4 VO 1408/71), obgleich diese Personen selbst grundsätzlich in den persönlichen Anwendungsbereich der Verordnung fallen.

(g) Personen, für welche die Verordnung gilt, sollen für ein- und denselben Zeitraum prinzipiell immer nur den Rechtsvorschriften eines Mitgliedstaates unterliegen – so genannter *Grundsatz der Einheit des anwendbaren Rechts*. Vorbehaltlich einer anderweitigen besonderen Regelung findet auf *Arbeitnehmer* das *Recht des Beschäftigungsstaates* Anwendung, und zwar auch dann, wenn der Beschäftigte im Gebiet eines anderen Mitgliedstaats wohnt oder sein Arbeitgeber dort seinen Wohnsitz hat; *Selbständige* unterliegen dem *Recht des Staates, in dem sie ihre selbständige Tätigkeit ausüben*. Es gilt mithin die lex loci laboris (Art. 13 Abs. 2 1408/71).

(h) *Entsandte Arbeitnehmer* unterliegen weiterhin dem Recht des Staates, in dem der Arbeitgeber seinen Sitz hat.

(i) *Konkurrenzprobleme zwischen supranationalem und sonstigem internationalen Sozialrecht* werden in der Regel in der Weise gelöst, dass die Bestimmungen des Titels II der Verordnung (EWG) Nr. 1408/71 über die Bestimmung der anzuwendenden Rechtsvorschriften im Grundsatz in dem Umfang an die Stelle der zwischen den Mitgliedstaaten bestehenden Sozialversicherungsabkommen treten, in dem sie den in den Abkommen geregelten Tatbestand gleichfalls behandeln und vorrangige Geltung beanspruchen (Art. 6-8 VO 1408/71); allerdings lassen es Art. 39 Abs. 2 EG und Art. 42 EG als Vorschriften des primären Gemeinschaftsrechts nach Auffassung des Europäischen Gerichtshofs nicht zu, dass Arbeitnehmer in der Vergangenheit entstandene Vergünstigungen deshalb verlieren, weil Abkommen zwischen Mitgliedstaaten aufgrund des Inkrafttretens der Verordnung (EWG) Nr. 1408/71 unanwendbar geworden sind.[9]

(j) Die Verordnung (EWG) Nr. 1408/71 enthält ferner eine Anzahl von *Sonderregelungen für einzelne Leistungsarten:* So werden nach den Vorschriften über *Leistungen bei Krankheit* (Art. 18-36 VO 1408/71) Sachleistungen – z.B. ambulante oder stationäre medizinische Behandlung – vom Träger des Wohn- oder Aufenthaltsortes gewährt, Geldleistungen hingegen unmittelbar vom zuständigen Träger des Beschäftigungsstaates bzw. des Staates der selbständigen Tätigkeit.

(k) *Invalidität* wird in den nationalen Gesetzgebungen der EU-Mitgliedstaaten entweder als verlängerte Krankheit behandelt (so z.B. in Frankreich) oder nach den Grundsätzen, die für die Leistungen bei Alter gelten (so in Deutschland). Dementsprechend wird gemeinschaftsrechtlich – in den Art. 37 ff. VO 1408/71 – danach unterschieden, ob für den Anspruchsteller (A) ausschließlich Rechtsvorschriften gegolten haben, nach denen die Leistungshöhe von der Dauer der Versicherungszeit unabhängig

---

9    EuGH, RS C-227/89 (Petroni), Slg. 1991, I-323.

ist (wie dies auch beim Krankengeld der Fall ist), (B) oder ob (wie nach dem deutschem Recht der gesetzlichen Rentenversicherung) bei der Festsetzung der Leistungshöhe auf die Dauer von Versicherungs- oder Wohnzeiten abgestellt wird.

(l) Der Regelung über die *Rentenberechnung* liegt die grundsätzliche Unterscheidung zugrunde zwischen (A) den Fällen, in denen der Rentenanspruch allein nach innerstaatlichem Recht bereits erfüllt ist (= nationale Rente) und (B) solchen, in denen der Rentenanspruch nur bei Rückgriff auf in anderen Mitgliedstaaten zurückgelegte Zeiten, und dann unter Anwendung von Gemeinschaftsrecht auf der Grundlage der Gemeinschaftsverordnungen über die soziale Sicherheit besteht (= Verordnungsrente).

(m) Die Regelungsprinzipien, welche den Vorschriften über *Leistungen bei Arbeitsunfällen und Berufskrankheiten* (Art. 52 ff. VO 1408/71) zugrunde liegen, weisen starke Parallelen zu denjenigen über die Leistungen bei Krankheit und Mutterschaft auf: Sachleistungen erhält der Berechtigte vom Träger des Wohnorts zu Lasten des Trägers des Versicherungsstaates, Geldleistungen von dessen zuständigem Träger unmittelbar. Hat ein Versicherter, der sich eine Berufskrankheit zugezogen hat, in zwei oder mehr Mitgliedstaaten eine Tätigkeit ausgeübt, die geeignet war, eine solche Krankheit hervorzurufen, so werden Leistungen ausschließlich nach den Rechtsvorschriften des letzten Beschäftigungsstaats gewährt, um Doppel- oder Mehrfachentschädigungen zu vermeiden.

(n) Anspruch auf *Leistungen bei Arbeitslosigkeit* (Art. 67 ff. VO 1408/71) hat ein vollarbeitsloser Arbeitnehmer grundsätzlich nur in seinem bisherigen Beschäftigungsstaat. Dort hängt sein Anspruch davon ab, dass er der Arbeitsverwaltung zur Verfügung steht. Allerdings ist im Blick auf die künftige Schaffung eines echten europäischen Arbeitsmarktes sowie in Hinblick auf die Verbesserung der Aussicht auf einen neuen Arbeitsplatz dieses Erfordernis dahingehend gelockert worden, dass ein Vollarbeitsloser, der die Voraussetzungen für einen Leistungsanspruch nach den Rechtsvorschriften eines Mitgliedstaates erfüllt, sich unter bestimmten Voraussetzungen vorübergehend – bis zu drei Monaten – zur Arbeitssuche in ein anderes Land der Gemeinschaft begeben darf (Art. 69 VO 1408/71). Gleichwohl ist die Freizügigkeit der Arbeitnehmer bei Arbeitslosigkeit nach wie vor beschränkt, da der Leistungsbezug grundsätzlich an das Territorium des früheren Beschäftigungsstaates gebunden ist. Aus diesem Grunde stehen Überlegungen, die dahin gehen, die Frist zu verlängern, binnen derer ohne Verlust des Anspruchs auf Leistungen bei Arbeitslosigkeit die Suche einer Beschäftigung in anderen Mitgliedstaaten als demjenigen der letzten Beschäftigung zulässig ist, durchaus im Einklang mit dem gemeinschaftsrechtlichen Freizügigkeitskonzept.

(o) Weiterhin im Einzelnen geregelt (und hier aus Raumgründen nur kurz erwähnt), sind das *Sterbegeld* (Art. 64 ff. VO 1408/71), sowie ein sehr vernachlässigter, komplexer und deshalb weitgehend als „terra incognita" anzusehender Bereich, nämlich das Kapitel *Familienleistungen* (Art. 72-76 VO (EWG) Nr. 1408/71) und dasjenige der *Leistungen für unterhaltsberechtigte Kinder von Rentnern und für Waisen* (Art. 77-80 VO 1408/71).

## 5. Die Fortentwicklung der gemeinschaftsrechtlichen Koordinierung

Das *Aktionsprogramm zur Anwendung der Gemeinschaftscharta der sozialen Grundrechte der Arbeitnehmer,* welches zur Umsetzung der in der Gemeinschaftscharta definierten Rechte seinerzeit zeitgleich verabschiedet worden war, enthielt für den Bereich der Freizügigkeit unter anderem bereits den Vorschlag für eine Verordnung zur Ausdehnung der *Verordnung (EWG) Nr. 1408/71 zur Anwendung der Systeme der sozialen Sicherheit auf Arbeitnehmer, deren Familienangehörige, die innerhalb der Gemeinschaft zu- und abwandern,* und der *Verordnung (EWG) Nr. 574/72* als deren Durchführungsverordnung auf sämtliche Versicherten. Die für Arbeitnehmer und Selbständige bereits vollzogene gemeinschaftliche Koordinierung der Systeme der sozialen Sicherheit sollte damit auf andere, bisher nicht einbezogene Gruppen, namentlich auch auf in Sondersystemen gesicherte Beschäftigte des öffentlichen Dienstes, Studenten und sonstige nichterwerbstätige Personen ausgedehnt werden, damit letztendlich alle Unionsbürger erfasst werden. Nur bei ausreichendem sozialen Schutz bei Aufenthalt in anderen Mitgliedstaaten ist nämlich auch für diese Gruppen das Recht auf Freizügigkeit effektiv gewährleistet.

Die von der Kommission vorgeschlagene Erstreckung des persönlichen Geltungsbereichs der Verordnung 1408/71 auch für Staatsangehörige von Drittstaaten hätte Auswirkungen auf die

* Zusammenrechnung von Versicherungs-, Erwerbstätigkeits- und Wohnzeiten *innerhalb der Gemeinschaft;*
* den „Export" von Leistungen bei Alter, Invalidität oder für Hinterbliebene *innerhalb der Gemeinschaft;*
* die Berücksichtigung der *innerhalb der Gemeinschaft* wohnenden Familienangehörigen bei der Berechnung von Familienleistungen oder Leistungen bei Arbeitslosigkeit;
* die Gewährung von Leistungen der sozialen Sicherheit an Erwerbstätige, die in einem Mitgliedstaat wohnen, aber in einem anderen arbeiten.

Auf der Rechtsgrundlage der Art. 42 und 308 EG schlägt die Europäische Kommission vor, in Art. 2 VO 1408/71 jeden Hinweis auf die Staatsangehörigkeit zu streichen und die Vorschrift dahingehend zu ändern, dass die Verordnung künftig auf alle Arbeitnehmer und Selbständige und ihre Familienangehörigen erstreckt wird.[10] Insbesondere im Hinblick auf die vorstehend erwähnten Richtlinien über das Aufenthaltsrecht von Rentnern, Studenten und sonstiger Personen, die über ausreichende Existenzmittel und eine Absicherung bei Krankheit verfügen, bleibt die Regelung der Verordnung (EWG) Nr. 1408/71 in ihrer heutigen Gestalt nicht nur im Hinblick auf Drittstaatsangehörige, sondern auch in Bezug auf bestimmte Gruppen von Unionsbürgern hinter der Regelung über die Freizügigkeit zurück. Die Nichteinbeziehung

---

10  Dementsprechend würden die de lege lata in der Vorschrift genannten Hinweise auf besondere Personen, die keine Gemeinschaftsangehörigen sind, für welche die Verordnung aber gleichwohl gilt – Staatenlose, Flüchtlinge, Hinterbliebene von Staatsangehörigen aus Drittstaaten – entfallen.

Drittstaatsangehöriger schafft Lücken in der sozialen Sicherheit, da die betreffenden Personen bei Aufenthalt in einem anderen Mitgliedstaat als ihrem Beschäftigungsstaat trotz Einbeziehung in dessen System der sozialen Sicherheit nicht der gemeinschaftsrechtlichen Koordinierung unterliegen und gegebenenfalls keinen Versicherungsschutz genießen (mit der Folge, dass entweder sie persönlich oder gegebenenfalls das System der Mindestsicherung, z.B. aber auch die Sozialhilfe des Aufenthaltsstaates gegebenenfalls als „Ausfallsbürge" eintreten muss).

Aus den vorstehend wiedergegebenen Zahlen ergibt sich, dass nur der geringere Teil der Ausländer in Deutschland aus den Mitgliedstaaten der Europäischen Union und des Europäischen Wirtschaftsraums kommt, hingegen die Mehrzahl aus Staaten stammt, die gemeinhin als Drittstaaten bezeichnet werden. Die Situation ist in den anderen EU-Mitgliedstaaten ähnlich; allerdings ist hier der Ausländeranteil insgesamt in der Regel geringer.

Für die *Staatsangehörigen der EU-Staaten* wird die durch Art. 39 EG gewährleistete Freizügigkeit der Arbeitnehmer durch ein dieses flankierendes System der Koordinierung der Systeme der sozialen Sicherheit gleichsam in den Bereich der sozialen Sicherheit hinein verlängert. Allerdings kommen sowohl in den Genuss der Freizügigkeit als auch der sie flankierenden Regelungen im Bereich der sozialen Sicherheit im Grundsatz lediglich Staatsangehörige aus Mitgliedstaaten der Europäischen Union bzw. – seit 1.1.1994 – des Europäischen Wirtschaftsraums.

## 6. Sonstige soziale Rechte

Zur Verwirklichung des Gemeinsamen Marktes gewährt der EG-Vertrag die Freiheiten des Waren-, Personen-, Dienstleistungs-, Kapital- und Zahlungsverkehrs. Neben dem freien Niederlassungsrecht für Selbständige ist die Freizügigkeit der Arbeitnehmer (wie auch natürlich die der Arbeitnehmer*innen*) Bestandteil der Freiheit des Personenverkehrs. *Freizügigkeit der Arbeitnehmer* bedeutet, dass Arbeitnehmer aus Mitgliedstaaten der Europäischen Union – und seit 1994 auch aus den nicht zur Union gehörenden Mitgliedstaaten des Europäischen Wirtschaftsraums, das heißt, aus Island, Liechtenstein und Norwegen – ungeachtet ihrer Staatsangehörigkeit der freie Zugang zur Beschäftigung in einem anderen Mitgliedstaat gewährleistet wird. Artikel 39 Abs. 2 EG, der die Abschaffung jeder auf der Staatsangehörigkeit beruhenden unterschiedlichen Behandlung der Arbeitnehmer der Mitgliedstaaten in Bezug auf Beschäftigung, Entlohnung und sonstige Arbeitsbedingungen vorschreibt, konkretisiert das allgemeine Diskriminierungsverbot wegen der Staatsangehörigkeit des Art. 12 EG, wonach „unbeschadet besonderer Bestimmungen des Vertrages" jede *Diskriminierung aus Gründen der Staatsangehörigkeit* untersagt ist, und verbietet im Bereich der Freizügigkeit als einer Grundfreiheit des Gemeinsamen Marktes auch jede ungerechtfertigte *Einschränkung* dieses Freiheitsrecht.[11]

---

11    EuGH, RS C-415/93 (Bosman), Slg. 1995, I-4921 ff., 5040.

Für die arbeits- und sozialrechtliche Stellung der Wanderarbeitnehmer aus EU- bzw. EWR-Staaten von besonderer Bedeutung ist die bereits (*oben 1.*) erwähnte *Verordnung (EWG) Nr. 1612/68 über die Freizügigkeit der Arbeitnehmer* (so genannte „Freizügigkeitsverordnung"). Sie konkretisiert und ergänzt den in Art. 48 Abs. 2 EGV verankerten Grundsatz der Gleichbehandlung, der sich expressis verbis lediglich auf die Beschäftigungsbedingungen und den Berufszugang bezieht, in einzelnen Bestimmungen im Hinblick auf Beschäftigungs- und Arbeitsbedingungen (Art. 7 Abs. 1), die Inanspruchnahme von Bildungseinrichtungen (Art. 7 Abs. 3), die gewerkschaftliche Betätigung (Art. 8), den Zugang zu Wohnungen (Art. 9) sowie die Teilnahme von Wanderarbeitnehmerkindern an der allgemeinen und beruflichen Bildung (Art. 12).

Besonders große praktische Bedeutung hat die Bestimmung des Art. 7 VO 1612/68. Danach darf ein Arbeitnehmer, der Staatsangehöriger eines Mitgliedstaats ist, aufgrund seiner Staatsangehörigkeit im Hoheitsgebiet der anderen Mitgliedstaaten hinsichtlich der Beschäftigungs- und Arbeitsbedingungen, insbesondere im Hinblick auf Entlohnung, Kündigung und, falls er arbeitslos geworden ist, im Hinblick auf seine berufliche Wiedereingliederung oder Wiedereinstellung nicht anders behandelt werden als die inländischen Arbeitnehmer. Gemäß Absatz 2 dieser Bestimmung genießt er in seinem Beschäftigungsstaat auch die *„gleichen sozialen und steuerlichen Vergünstigungen wie die inländischen Arbeitnehmer"*; dies gilt auch für solche Vergünstigungen, die nicht dem Wanderarbeitnehmer selbst, sondern seinen Familienangehörigen zugute kommen.

Diese Gleichbehandlungsvorschrift in Bezug auf „soziale Vergünstigungen" ist insbesondere von Bedeutung für solche Sozialleistungen, die nicht zur sozialen Sicherheit im Sinne des Europäischen Gemeinschaftsrechts gehören, wie – aus der Judikatur des Europäischen Gerichtshofs – z.B. Hilfen für Behinderte, Wohn- und Familiendarlehen, Zugang zu Sozialwohnungen, Fahrplanermäßigungen bei öffentlichen Verkehrsmitteln, Leistungen der Ausbildungsförderung, Wohngeld und Sozialhilfe. Da der Begriff „soziale Vergünstigungen" in der Verordnung selbst – im Gegensatz etwa zu demjenigen der „sozialen Sicherheit" in Art. 4 Abs. 1 VO 1408/71 – nicht definiert ist, kommt der Rechtsprechung des Europäischen Gerichtshofs und seinem Case Law für die Auslegung hier entscheidende Bedeutung zu.

Ein Anspruch auf Gleichbehandlung in Bezug auf soziale Vergünstigungen besteht nach der jüngeren Judikatur des Gerichtshofs – Urteil in der *Rechtssache Meints* (RS C-57/96, Slg. 1997) nicht nur, solange der Wanderarbeitnehmer und seine Familienangehörigen sich im Beschäftigungsstaat aufhalten, sondern gegebenenfalls gibt es auch einen beschränkten „Leistungsexport" – etwa zugunsten von Grenzgängern, die in einem anderen Staat als ihrem Beschäftigungsstaat wohnen – bei Anwendung des Art. 7 Abs. 2 VO 1612/68.

## 7. Die Bedeutung des Vertrags von Amsterdam

Der *Vertrag von Amsterdam* hat insofern auch für die soziale Sicherheit der Wanderarbeitnehmer eine Neuerung gebracht, als zwar die Bereiche soziale Sicherheit und sozialer Schutz der Arbeitnehmer wie bisher wegen ihrer Finanzwirksamkeit und ihrer politischen Bedeutung dem Einstimmigkeitsprinzip im Rat unterliegen, zugleich jedoch künftig (das heißt, nach Inkrafttreten des Vertrages, womit wegen der langwierigen Ratifzierungsverfahren und der Notwendigkeit von Referenden in einzelnen Mitgliedstaaten Mitte 1999 zu rechnen ist) unter das Mitentscheidungsverfahren (statt wie bisher das Anhörungsverfahren) fallen und insofern auch in diesem Bereich die Stellung des Europäischen Parlaments gestärkt worden ist.

Art. 42 EG enthält neben der *Einstimmigkeitserfordernis* für Änderungen – an dessen Ersetzung durch den Grundsatz der qualifizierten Mehrheit man künftig wohl nicht vorbeikommen wird – einen entsprechenden Hinweis auf das Beschlussverfahren des Rates „gemäß Art. 251". Damit hat sich der Europäische Rat überdies konkludent auch für eine Beibehaltung der Freizügigkeitsbezogenheit der sozialen Sicherheit ausgesprochen. In der Vergangenheit ist verschiedentlich für eine Abkehr von diesem Prinzip plädiert worden, weil die soziale Sicherheit nicht nur Arbeitnehmer oder Selbständige und ihre Familienangehörigen, sondern alle versicherten Bürger Europas angeht.

Vor diesem Hintergrund könnte ein eigenes Kapitel „Soziale Sicherheit der Europäischen Bürger" im EG-Vertrag neue Perspektiven nicht zuletzt auch für die Auslegung der Verordnungen schaffen. Gegenwärtig fehlt es generell der in den Artikeln 17 ff. EG niedergelegten Unionsbürgerschaft noch an Substanz, ist sie doch auf das Recht auf Freizügigkeit – vorbehaltlich seiner sekundärrechtlichen gruppenspezifischen Ausdifferenzierung – auf die Gewährleistung der Teilnahme an den Wahlen zum Europäischen Parlament und an den Kommunalwahlen, des Petitionsrechts zum Europäischen Parlament, auf die Inanspruchnahme des Bürgerbeauftragen sowie auf diplomatischen und konsularischen Schutz beschränkt und eröffnet bislang insbesondere keine Perspektive auf Teilhabe an wirtschaftlichen und sozialen Rechten.

Allerdings fehlte es dann an einer Rechtsgrundlage für die Einbeziehung der Drittstaatler in die Koordinierung. Dieses – weiterreichende – Ziel würde erreicht, plazierte man die Kompetenzvorschrift für die soziale Sicherheit weiterhin bei den Personenfreiheiten – aus Anlass einer Revision des EG-Vertrages möglicherweise als eigener Titel an deren Ende.

Es ist anzunehmen, dass im Zusammenhang mit der Erledigung der in „Amsterdam" liegengebliebenen „Hausaufgaben" der Europäischen Union, das heißt, der Anpassung der institutionellen Strukturen und Verfahren an die Erfordernisse einer erweiterten Union auch die Ergänzung der „Gemeinschaftsverfassung" um derartige Rechte weiter diskutiert werden wird; bis zu ihrer Verankerung auf Gemeinschaftsebene dürfte allerdings noch ein weiter Weg zurückzulegen sein.

Die vor diesem Hintergrund sich vollziehende Erweiterung der Europäischen Union um Zypern und mittel- u. osteuropäische Länder wird dann unter anderem dazu führen, dass ein Teil der heutigen Drittstaatsangehörigen den Unionsbürgerstatus erwerben wird. Damit wird rein zahlenmäßig das Problem der Drittstaatler entschärft und eine politische Lösung erleichtert.

## 8. Der Vertrag von Nizza

Der Vertrag von Nizza, der erst nach Abschluss der Ratifizierungsverfahren in den Mitgliedstaaten voraussichtlich Mitte dieses Jahres in Kraft treten wird, hat für die sozialrechtliche Stellung der Drittstaatsangehörigen keine Fortschritte gebracht, zumal es nicht gelungen ist, das Einstimmigkeitserfordernis des Art. 42 EG aufzuheben oder doch zumindest einzuschränken. Hier besteht Handlungsbedarf auf dem nächsten „Gipfel", der sich mit der Fortentwicklung der Union in institutioneller und rechtlicher Hinsicht wird befassen müssen.

## Literatur

Barwig, K. et.al. (Hrsg.) (1997): Sozialer Schutz von Ausländern in Deutschland. Baden-Baden: Nomos

Dauses, K. (Hrsg.) (1993): Handbuch des EG-Wirtschaftsrechts. München

Commission of the European Communities/Departamento de Relaçöes Internacionais Convençöes de Segurança Social and Centro Regional de Segurança (Hrsg.) (1995): Social Security in Europe. Equality between Nationals and Non-Nationals. Lisbon

Deutscher Sozialrechtsverband e.V. (Hrsg.) (1993): Europäisches Sozialrecht. Wiesbaden

Dreprat, M. (1993): Familienleistungen. In: Kommission der EG (Hrsg.): Die soziale Sicherheit der Personen, die innerhalb der Gemeinschaft zu- und abwandern. In: Soziales Europa 3/93. Luxemburg. 1993: 46 ff.

Eichenhofer, E. (1997): Die sozialrechtliche Stellung von Ausländern aus Nicht-EWR sowie Nicht-Abkommensstaaten. In: Barwig et.al. (Hrsg.) (1997): 63-80

Eichenhofer, E. (Hrsg.) (1997a): Social Security of Migrants in the European Union of Tomorrow. Osnabrück

Europäische Kommission (Hrsg.) (1996): Für ein Europa der Bürgerrechte und der sozialen Rechte. Bericht des Ausschusses der Weisen unter Vorsitz von Maria de Lourdes Pintasilgo. Brüssel

Europäischer Gerichtshof für Menschenrechte: Urteil vom 16.9.1996 – Nr. 39/1995/545/631 (Gaygusuz/Österreich). In: Informationsbrief Ausländerrecht (InfAuslR) 1997. 1 ff.

Ewert, H. (1987): Der Beitrag des Gerichtshofs der Europäischen Gemeinschaften zur Entwicklung eines Europäischen Sozialrechts, dargestellt am Beispiel der Verordnung (EWG) Nr. 1408/71. München

Fuchs, M. (Hrsg.) (1994ff): Nomos Kommentar zum Europäischen Sozialrecht. Baden-Baden: Nomos

Gouloussis, D. (1995): Equality of Treatment and the Relationship between Regulations 1612/68 and 1408/71. In: Commission of the European Communities et.al. (1995): 75 ff.

Hailbronner, K. (Hrsg.) (1998): 30 Jahre Freizügigkeit in Europa. Heidelberg

Hailbronner, K. (1993): D. Freizügigkeit. D. I. Grundregeln. In: Dauses (Hrsg.) (1993)

Jorens, Y./Schulte, B. (Hrsg.) (1998): European Social Security Law and Third-Country Nationals. Brüssel: die keure

Kaupper, H. 1991: Familienleistungen. In: Schulte/Zacher (Hrsg.) (1991): 133 ff.

Kaupper, H. (1993): Statements. In: Deutscher Sozialrechtsverband (Hrsg.) (1993): 133 ff.

Klang, K. (1986): Soziale Sicherheit und Freizügigkeit im EWG-Vertrag. Baden-Baden

Kokott, J. (1996): Der Grundrechtsschutz im europäischen Gemeinschaftsrecht. In: Archiv des öffentlichen Rechts (AöR) 121. 1996. 599 ff.

Kommission der EG (Hrsg.): Die Gemeinschaftscharta der sozialen Grundrechte der Arbeitnehmer. In: Soziales Europa 1/90. Brüssel/Luxemburg 1990

Kreijci, H. et.al. (Hrsg.) (1998): Rechtsdogmatik und Rechtspolitik im Arbeits- und Sozialrecht. Festschrift Theodor Tomandl zum 65. Geburtstag. Wien

Lippert, R. (1995): Soziale Vergünstigungen und Arbeitnehmerfreizügigkeit in Europa. Aachen

Marhold, F. (1998): Soziale Sicherungssysteme und Drittstaatsangehörige – Alternativen und Handlungs-spielräume. In: Kreijci et.al. (Hrsg.) (1998): 521 ff.

Ohler, R. (1991): Die Rechtsprechung des EuGH zur Koordinierung der Familienleistungen der Wanderar-beitnehmer nach Europäischem Gemeinschaftsrecht – Folgeprobleme und Friktionen. Münster

Pieters, D.(1995): Enquiry into the Legal Foundations of a Possible Extension of Community Provisions on Social Security to Third Country Nationals Legally Residing and/or Working in the European Union. In: Commission of the EC et.al. (Hrsg.) (1995): 189 ff.

Pompe, P. (1986): Leistungen der sozialen Sicherheit bei Alter und Invalidität für Wanderarbeitnehmer nach Europäischem Gemeinschaftsrecht unter besonderer Berücksichtigung der Rechtsprechung des Euro-päischen Gerichtshofs und des Bundessozialgerichts. Köln

Raschke, U. (1996): Europäisches Unfallversicherungsrecht. In: Schulin (Hrsg.) (1995): §§ 72-74

Schuler, R.(1994): Erläuterungen des „Rentenkapitels" (Art. 44-51 VO 1408/71). In: Fuchs (Hrsg.) (1994)

Schulin, B. (Hrsg.)(1996): Handbuch der gesetzlichen Unfallversicherung. München

Schulte, B. (Hrsg.) (1997): Soziale Sicherheit in der EG. Verordnungen (EWG) Nr. 1408/71 und 574/72 so-wie andere Bestimmungen. München

Schulte, B./Barwig, K. (Hrsg.) (1998): Freizügigkeit und soziale Sicherheit – Die Durchführung der Verord-nung (EWG) Nr. 1408/71 in Deutschland. Baden-Baden

Schulte, B. (1989 ff): Das Sozialrecht in der Rechtsprechung des Europäischen Gerichtshofs. In: Wannagat/ Gitter (Hrsg.): Jahrbuch des Sozialrechts der Gegenwart, Bd. 1 (1979) - 10 (1988), 12 (1990), 14 (1992), 16 (1994), 18 (1996), 20 (1998) und 22 (2000) (Bde 1-3 zusammen mit H. Zacher)

Schulte, B.(1998): Treatment of Third Country Nationals in European Community Law – the Status quo. In: Jorens/Schulte (Hrsg.) (1998): 155-186

Schulte, B./Zacher, H.F. (Hrsg.) (1991): Wechselwirkungen zwischen dem Europäischen Sozialrecht und dem Sozialrecht der Bundesrepublik Deutschland. Berlin: Duncker & Humblot

Schumacher, Ch.(1997): Die soziale Sicherheit von Drittstaatsangehörigen in der Europäischen Union unter besonderer Berücksichtigung der Abkommen des Europarates und der Assoziierungs-/Kooperations-und Europaabkommen. In: Barwig et.al. (Hrsg.) (1997): 135 ff.

Stahlberg, J. (1997): Europäisches Sozialrecht. Bonn

Van den Bogaert, S. (Hrsg.) (1997): Social Security, Non Discrimination and Property. Antwerpen

von Maydell, B. (1995): General Report. In: von Maydell/Schulte (Hrsg.) (1995): 325 ff.

von Maydell, B./Schulte, B. (Hrsg.) (1995): Treatment of Third-Country Nationals in the EU and EEA Member States in Terms of Social Security Law (mit Landesberichten für Österreich (*Franz Mar-hold*), Belgien (*Yves Jorens), Dänemark (Jon Andersen*), Finnland (*Mauno Lindroos*), Frankreich (*Isabelle Daugareilh/Francis Kessler*), Deutschland (*Bernd Schulte*), Großbritannien *(Simon Ro-berts)*, Griechenland (*Dimitrios Briolas*), Island (*Hrafnhildor Stefánsdótter*), Irland (*Gerry Man-gen)*, Italien (*Mario Grandi*), Luxemburg (*André Thill)*, Niederlande (*Frits Noordam)*, Norwegen (*Aksel Hatland*), Portugal (*Sara Cardigos)*, Spanien (*Fidel Ferreras Alonso*), Schweden (*H. Rahm)* sowie ein Generalbericht (*Bernd von Maydell)*. Leuven

Wanka, R. (1991): Arbeitsförderung – Soziale Sicherung für Arbeitslose. In: Schulte/Zacher (Hrsg.) (1991): 111 ff.

Willms, B. (1990): Soziale Sicherung durch Europäische Integration. Auswirkungen des Gemeinschaftsrechts auf Ansprüche gegen deutsche Sozialleistungsträger. Baden-Baden

# 4. Soziale Arbeit, organisierte Hilfen und interkulturelle Kompetenzen

# Abschied vom Paternalismus. Anforderungen an die Migrationssozialarbeit in der Einwanderungsgesellschaft

*Albert Scherr*

Bezogen auf die Bundesrepublik kann nach wie vor weder von einer eigenständigen und systematisch gestalteten Einwanderungspolitik, noch von einer nach einheitlichen Prinzipien gestalteten Migrationssozialarbeit gesprochen werden. Vielmehr erfolgen migrationspolitisch relevante Entscheidungen in den Politikfeldern Arbeitsmarktpolitik, Sozialpolitik, Bildungspolitik, Rechts- und Kriminalpolitik in der Regel reaktiv und ohne systematische Rahmung durch eine eigenständige politische Programmatik, die auf die Gestaltung von Einwanderungsprozessen und ihren Auswirkungen ausgerichtet ist. Dies ist eine Folge der immer noch anhaltenden Verweigerung, die Tatsache politisch offensiv anzuerkennen,[1] dass die Bundesrepublik zu einer Einwanderungsgesellschaft geworden ist (M. Bommes/A. Scherr 1999). Migrationen finden – anders als interessierte Dramatisierungen immer wieder behaupten – regelmäßig und vielfach in gänzlich unspektakulärer Weise statt, und die gesellschaftlichen Organisationen und Akteure haben sich auf diese eingerichtet.

Entsprechend haben sich auch die unterschiedlichen Formen der Sozialen Arbeit mit Arbeitsmigranten und ihren Familienangehörigen, mit sog. Spätaussiedlern sowie mit legalen und illegalisierten Flüchtlingen in Reaktion auf die zu erheblichen Teilen ungeplanten und ungewollten Einwanderungsprozesse sowie ihre unerwarteten Folgeeffekte entwickelt. Ausgangspunkt der zunächst „Ausländerpädagogik" genannten Migrationssozialarbeit war die seit dem Anwerbestopp Mitte der 1970er Jahre sich verstärkende Einwanderung von Familienangehörigen der „Gastarbeiter" aus den ehemaligen Anwerbeländern. Gegen Ende der 1980er Jahre kommt zunächst die Anforderung hinzu, der ansteigenden Zahl von Flüchtlingen gerecht zu werden, und seitdem gewinnt auch die Einwanderung von Spätaussiedlern an Bedeutung. Hinzu kommen legale und illegale Wanderungen von Saison- und Werkvertragsarbeitnehmern sowie Formen der illegalen Einwanderung. Es handelt sich hierbei hinsichtlich ihrer Ursachen und Gründe, ihrer politischen und rechtlichen Rahmungen sowie der sozialen Merkmale der Migranten um deutlich unterschiedliche Migrationsbewegungen (F. Blahusch 1992). Im Zusammenhang mit den Globalisierungstendenzen der Ökonomie und der medialen Kommunikation sowie der Europäisierung der Politik führen diese dazu, dass Wohlfahrtsstaat und Soziale Arbeit nicht mehr angemessen in einem nationalstaatlich geschlossenen Rahmen als exklusive

---

1    Die inzwischen in Gang gekommene Auseinandersetzung um ein Einwanderungsgesetz war bei der Abfassung dieses Textes noch nicht abzusehen. Eine Folge dieser Debatte ist es, dass inzwischen zumindest rhetorisch anerkannt wird, dass die Bundesrepublik eine Einwanderungsgesellschaft ist.

Leistungen für eine sprachlich und kulturell vermeintlich homogene Bevölkerung, die sich aus deutschen Staatsbürgern zusammensetzt, gedacht werden können. Denn der umfassende, über die Sicherung staatsbürgerlicher Loyalität hinausgehende gesellschaftssanitäre und präventive Auftrag des Wohlfahrtstaates und der Sozialen Arbeit lässt eine prinzipielle Beschränkung auf Leistungen für Staatsbürger nicht zu.[2] Darüber hinaus erwerben Einwanderer mit zunehmender Dauer ihres Aufenthaltes Rechtsansprüche auf wohlfahrtsstaatliche Leistungen, über die auch dann nicht beliebig verfügt werden kann, wenn eine Verfestigung des Aufenthaltes politisch unerwünscht ist.

## 1. Soziale Arbeit und die Widersprüche der politischen Regulation von Migrationen

Seit den 1970er Jahren ist in der Bundesrepublik ganz generell eine enorme quantitative und qualitative Expansion der Sozialen Arbeit zu beobachten. Wirtschaftliches Wachstum und steigender materieller Wohlstand haben offenkundig nicht dazu geführt, dass sich die Nachfrage nach sozialen Hilfen verringert hat. Vielmehr gewinnt die Soziale Arbeit erweiterte Zuständigkeit für vielfältige alte und neue Problemlagen von Individuen, Familien und sozialen Gruppen in der so genannten „Risikogesellschaft".[3] Auch für die Soziale Arbeit mit Migranten gilt: Sie war und ist in der Lage, sich gesellschaftlich als angemessene und erforderliche Reaktion auf zahlreiche gesellschaftsstrukturell bedingte Problemlagen darzustellen, indem sie vielfältige und spezialisierte Angebote für diejenigen Einwanderergruppen entwickelt hat, die wohlfahrtsstaatliche Leistungen einfordern bzw. denen diese zugewiesen werden.[4]

Dabei zeigt sich, dass die Soziale Arbeit mit Migranten nicht nur umfassend abhängig ist von rechtlichen Vorgaben und staatlichen Mittelzuweisungen, sondern auch in ihrem Selbstverständnis eng an die Vorgaben der „unerklärten Einwanderungsgesellschaft" Bundesrepublik und die Konstruktionsprinzipien des deutschen Sozialstaates gebunden war und ist (siehe unten). Es sind in geradezu paradoxer Weise auch die staatlich-politischen mit verursachten Benachteiligungen und Probleme von Einwanderern und Eingewanderten, die Leistungen der Sozialen Arbeit für Migranten erforderlich werden lassen, die dann ihrerseits rechtlich und finanziell durch wohlfahrtsstaatliche Programme ermöglicht werden. So führen etwa arbeitsmarktpolitisch beabsichtigte Benachteiligungen, die vor allem Ausländer aus Nicht-EU-Staaten sowie in besonderer Weise Flüchtlinge betreffen, dazu, dass diese mit gesteigerter Wahrscheinlichkeit von Sozialhilfeleistungen abhängig und in der Folge zu Klienten Sozialer Arbeit werden. Der absichtsvolle politische Verzicht auf eine

---

2    Ewald 1993; Halfmann/Bommes 1998; Stichweh 2000.
3    Bommes/Scherr 2000a, 20ff. und 114ff.; Scherr 1999.
4    Apitzsch 1995; Puskeppeleit/Thränhardt 1990.

umfassende und angemessene Sprachförderung trägt zum Scheitern schulischer und beruflicher Karrieren bei und erzeugt damit Nachfrage nach Maßnahmen der Jugendberufshilfe sowie der aufsuchenden Sozialarbeit mit auffälligen Jugendcliquen, usw.

Die Entwicklung der Migrationssozialarbeit in der Bundesrepublik profitiert so betrachtet von einer Politik der Diskriminierung sowie der unterlassenen Integrationsmaßnahmen, die Formen der Hilfsbedürftigkeit von Migranten mit verursacht.[5] Ihre radikalste Zuspitzung erfährt diese Paradoxie im Feld der Sozialbetreuung von Asylsuchenden und Abschiebehäftlingen. Hier bearbeitet die Soziale Arbeit als Bestandteil des nationalen Wohlfahrtsstaates psychosoziale Folgen einer Politik der Einwanderungsbegrenzung, die die asylrechtlichen Vorgaben der Menschenrechtskonvention und der Genfer Flüchtlingskonvention in sehr fragwürdiger Weise interpretiert.[6]

Ein naives, sozialwissenschaftlich unaufgeklärtes Selbstverständnis als Hilfe für Hilfsbedürftige wird diesem Arbeitsfeld der Sozialen Arbeit folglich in keiner Weise gerecht. Erforderlich ist vielmehr gesellschaftstheoretisch informierte und reflektierte Theorie und Praxis. Die Entwicklung der Sozialen Arbeit mit Migranten basierte jedoch nicht auf einer systematischen theoretisch-konzeptionellen Grundlage, sondern war und ist wesentlich bestimmt durch rechtliche Vorgaben, sozialstaatliche Ressourcenzuweisungen, Eigeninteressen der Organisationen Sozialer Arbeit, insbesondere der Wohlfahrtsverbände, und die kreative Anwendung konzeptioneller Grundsätze und Methoden, die in anderen Arbeitsfeldern entwickelt wurden. Folglich handelt es sich um ein in sich vielfältiges und heterogenes Arbeitsfeld, in dem sich diejenigen Schwierigkeiten reproduzieren, die für die Soziale Arbeit insgesamt charakteristisch sind: Auch die Soziale Arbeit mit Migranten reicht an die strukturellen Ursachen der Problemlagen, die als mangelnde Ressourcenausstattung, Leiden, Scheitern oder unangepasstes Verhalten ihrer Adressaten sichtbar werden, nicht heran. Auch die Soziale Arbeit mit Migranten kommt regelmäßig zu spät in Gang, nämlich dann, wenn sich psychosoziale Symptome bereits verfestigt haben, und sie wird gelegentlich durch Qualifikationsdefizite des Personals und die schlechte finanzielle Ausstattung ihrer Einrichtungen beeinträchtigt.

Aber auch im Feld der Migrationssozialarbeit gilt: Ihre Leistungen sind unter den gegebenen politischen, rechtlichen und ökonomischen Rahmenbedingungen vielfach ein relevanter Beitrag zur Verbesserung der Lebenssituation der Adressaten, sei es in der Form der Sozial- und Rechtsberatung für Flüchtlinge, von aktivierender Gemeinwesenarbeit in Wohngebieten mit hohem Migrantenanteil oder als Hausaufgabenhilfe für ausländische Schüler. Die Stärke Sozialer Arbeit liegt auch im Fall der Migrationssozialarbeit darin, dass sie als flexibles Angebot personenbezogener Hilfen potentiell in der Lage ist, spezifische und konkrete Unterstützungsleistungen bezogen auf vielfältige alltägliche Probleme der Lebensführung anzubieten, die zwar

---

5    Bommes/Scherr 1999; Hügel 1999.
6    Heinhold 1999; Mesovic 1999.

in der Regel wenig spektakulär und immer nur die zweitbeste Lösung im Verhältnis zu den eigentlich wünschenswerten, aber faktisch nicht durchsetzbaren Maßnahmen sind, die darauf zielen, die problemgenerierenden Faktoren zu beeinflussen. Würde die Einbürgerung von Arbeitsmigranten erleichtert, ihre ökonomische und rechtliche Benachteiligung überwunden, die schulische Förderung von Kindern aus Einwandererfamilien verbessert, die berufliche Integration ausländischer Jugendlicher erleichtert und das Ausmaß der rechtlichen Diskriminierung von Flüchtlingen reduziert, dann würde ein relevanter Teil der Sozialen Arbeit mit Migranten allmählich überflüssig. Aber dies wird auf absehbare Zeit nicht der Fall sein.

## 2. Elendsdiskurs und Paternalismus

Vor diesem Hintergrund ist es wenig erstaunlich, dass die theoretischen Grundlagen, die konzeptionellen Orientierungen und Organisationsformen der Sozialen Arbeit mit Migranten in Deutschland wiederkehrend Gegenstand von Kontroversen waren und sind. Die seit Beginn der 80er Jahre in vielfältigen Varianten vorgetragene Kritik der Ausländerpädagogik und –sozialarbeit sowie der interkulturellen Pädagogik[7] richtet sich im Kern gegen eine solche Theorie und Praxis Sozialer Arbeit, die

- von homogenisierenden Annahmen über „die Migranten" ausgeht, womit in unzulässiger Weise von Unterschieden innerhalb von und zwischen Migrantengruppen abgesehen wird;
- Migranten soziale, kulturelle und psychische Sondermerkmale zuschreibt, die sie als Angehörige einer ethnischen Gruppen vermeintlich umfassend prägen, womit Migranten – im Unterschied zu Einheimischen, die als „individualisiert" gelten – implizit die Fähigkeit bestritten wird, sich von „ihrer" Kultur zu distanzieren und einen individuierten Lebensentwurf zu entwickeln;
- zugeschriebene ethnisch-kulturelle Sondermerkmale als Problemindikatoren bzw. Defizite interpretiert, also einen generalisierenden Problem- und Defizitverdacht etabliert, und damit die komplexen Entstehungszusammenhänge sozialer und psychischer Problemlagen im Fall von Migranten grob vereinfacht;
- Migranten auf dieser Grundlage in falscher Verallgemeinerung ganz generell als betreuungs- und unterstützungsbedürftige Adressaten von sozialstaatlichen, sozialarbeiterischen und pädagogischen Hilfen in den Blick nimmt.

Eine Wahrnehmung von Migranten als „problembelastete Defizitwesen" begründet und rechtfertigt ein paternalistisches Hilfeverständnis, gemäß dem Migranten als defizitäre, unmündige und hilfsbedürftige Wesen auf professionelle Betreuungs- und Unterstützungsleistungen angewiesen sind, um den Anforderungen der Lebensführung in einer modernen Gesellschaft gerecht werden zu können (R. Bauer 1999). Im

---

7 Vgl. etwa Griese 1984; Hamburger 1994/1997; Kiesel 1996; Krüger-Potratz 1999; Radtke 1991; Scherr 1999.

Gegensatz dazu setzen von den Stärken der Adressaten ausgehende Strategien des Empowerment (N. Herriger 1997) ein Wissen über Kenntnisse, Kompetenzen, Erfahrungen usw. voraus, das eine defizit- und problemorientierte Betrachtung gerade nicht zur Verfügung stellt. Umgekehrt gilt, dass ein paternalistisches Hilfeverständnis mit der Erwartung einhergeht, dass die Adressaten jeweiliger Hilfe schon deshalb unmündig sind, weil sie sich in einer Situation der Hilfsbedürftigkeit befinden. Folglich werden Problem- und Defizitbeschreibung bereitwillig rezipiert (F. Hamburger 1997).

Grundlage eines solchen Hilfeverständnisses ist erstens eine in Deutschland nach wie vor hoch einflussreiche Tradition der Personalisierung und Individualisierung gesellschaftsstrukturell bedingter sozialer Probleme und Konflikte in der Sozialen Arbeit (R. Münchmeier 1997). Zweitens eine inzwischen zu den selbstverständlichen Gewissheiten des Common Sense zu rechnende und auch in der Fachöffentlichkeit immer wieder sich reproduzierende Wahrnehmung von Migranten als Angehörige einer „anderen Kultur". Diese verbindet sich drittens mit einem Verständnis von Migration als prinzipiell überfordernde Belastungserfahrung.

Diese Elemente führen insgesamt dazu, dass die vorherrschende Wahrnehmung von Migranten in der Politik, der Migrationsforschung und der Sozialen Arbeit insgesamt als ein „Elendsdiskurs" (F. Hamburger 1997: 8) charakterisiert werden muss. Das heißt: Die Aufmerksamkeit richtet sich selektiv auf die Probleme, die Migranten tatsächlich oder vermeintlich haben und die sie tatsächlich oder vermeintlich machen (Schwierigkeiten des Spracherwerbs und der sozialen Integration; Arbeitslosigkeit, Sozialhilfeabhängigkeit; psychosoziale Störungen und Kriminalität). Systematisch ausgeblendet werden die Normalität erfolgreicher Formen der Migrationsbewältigung sowie die Stärken, Fähigkeiten und Leistungen von Migranten. In der Folge bleiben Ansatzpunkte einer Strategie des Empowerment ebenso unsichtbar, wie Möglichkeiten einer wohlfahrtsstaatlichen und sozialarbeiterischen Unterstützung der Selbstorganisationsformen und Selbsthilfepotentiale von Migranten vernachlässigt werden. „Eine ganze Generation von Pädagogen und Sozialarbeitern", so fasst F. Hamburger seine Beobachtungen zusammen, „teilt mit der öffentlichen Meinung ein Weltbild, in dem die belasteten und hilflosen Migranten einen festen Platz einnehmen" (F. Hamburger 1997: 9). Und es ist evident, dass eine solche Sichtweise immer wieder Legitimationen für das Festhalten an einem paternalistischen Hilfeverständnis bereitstellt.

Knapp skizziert ist damit eine theoretisch und empirisch gut begründete Kritik,[8] vor deren Hintergrund die Forderung nach einer Umorientierung der Sozialen Arbeit mit Migranten fachwissenschaftlich unabweisbar ist. Im Weiteren sollen zwei meines Erachtens zentrale Ansatzpunkte für eine solche Umorientierung skizziert werden.

---

8 Vgl. empirische Studien jenseits des Elendsdiskurses etwa Apitzsch 1995; Dannenbeck et.al. 1999; Sauer 2000; Weidacher 2000.

## 3. Für eine theoretisch fundierte Pragmatik des Helfens

Soziale Arbeit ergänzt als organisierte und verberuflichte Hilfe in modernen Wohlfahrtsstaaten die administrativ erbrachten Leistungen der sozialen Sicherungssysteme um solche personenbezogenen Dienstleistungen, die darauf ausgerichtet sind, Individuen, Familien und soziale Gruppen durch Erziehung, Beratung, Quasi-Therapie und stellvertretendes Handeln zu befähigen, sich an den Bedingungen der Lebensführung in der modernen Gesellschaft auszurichten. Individuen, Familien und soziale Gruppen werden also dann zu einem Fall für die Soziale Arbeit, wenn sie an den Teilnahmebedingungen der gesellschaftlichen Funktionssysteme und ihrer Organisationen scheitern und wenn davon ausgegangen wird, dass solches Scheitern ursächlich in Zusammenhang mit psychosozialen Defiziten und Problemlagen steht bzw. solche nach sich zieht. So führt etwa Arbeitslosigkeit keineswegs unmittelbar dazu, dass man zum Adressaten Sozialer Arbeit wird. Dies ist vielmehr nur dann der Fall, wenn Arbeitslosen solche psychosozialen Problemlagen, deren Bearbeitung mit den Methoden sozialer Arbeit bzw. der Therapie möglich ist, als Ursache oder Folge ihrer Arbeitslosigkeit erfolgreich zugeschrieben oder aber von ihnen selbst erfolgreich reklamiert werden. Soziale Arbeit – auch dies lässt sich am Fall der Arbeitslosigkeit exemplarisch verdeutlichen – hilft also in der Regel nicht unmittelbar, sie verschafft etwa Arbeitslosen keine regulären Arbeitsplätze, sondern ist darauf ausgerichtet, ihre Adressaten zu befähigen, sich erfolgreich an den gesellschaftlichen Anforderungen auszurichten. Soziale Arbeit reagiert so betrachtet auf die spezifischen Existenzrisiken in der modernen, funktional differenzierten Gesellschaft mit marktwirtschaftlich-kapitalistischer Ökonomie durch solche Hilfen, die darauf zielen, die Lebensführung und die psychischen Bewältigungsformen in einer Weise zu beeinflussen, die die Chancen ihrer Adressaten verbessern, Zugang zu den Leistungen der Funktionssysteme und ihrer Organisationen zu finden.

Theorie und Praxis der Sozialen Arbeit sind also darauf ausgerichtet, Individuen, Familien und soziale Gruppen umfassend und unspezifisch auf psychische und soziale Merkmale hin zu beobachten, die potentielle Ursachen des Scheiterns an den Anforderungen einer eigenverantwortlichen Lebensführung in der modernen Gesellschaft sind. Dabei können prinzipiell alle Aspekte der Lebensführung und der psychischen Verfassung zum Objekt sozialarbeiterischer/-pädagogischer Aufmerksamkeit werden, für die in irgendeiner Weise angenommen wird, dass sie für die komplexen und prekären Leistungen der Selbstdisziplinierung relevant sind, die Individuen in der modernen Gesellschaft abverlangt sind. Für die Soziale Arbeit ist also eine bestimmte Beobachtungsperspektive konstitutiv: Sie richtet ihre Aufmerksamkeit auf solche Aspekte der Ausstattung mit ökonomischen, kulturellen und sozialen Ressourcen, der Lebensführung und der psychischen Verfassung, von denen auf der Grundlage des verfügbaren Wissens der Sozial- und Humanwissenschaften angenommen wird, dass diese potentiell oder aktuell dazu beitragen, dass Individuen, Familien und soziale Gruppen in eine Situation der Hilfsbedürftigkeit geraten bzw. darin gehindert sind, von Hilfeleistungen unabhängig zu werden. Soziale Arbeit ist –

gemessen an ihren gesetzlichen Vorgaben und ihrem Selbstverständnis als ‚Hilfe zur Selbsthilfe' – dann erfolgreich, wenn es ihr gelingt, solche Unterstützungsleistungen bereit zu stellen, die Zugang zu den Leistungen der gesellschaftlichen Teilsysteme verschaffen, also insbesondere zu betrieblicher Erwerbsarbeit, familialer Erziehung und Fürsorge, professioneller Krankenbehandlung, rechtlicher Konfliktregulierung usw., bzw. wenn sie dazu beiträgt, Ausschluss aus diesen Teilsystemen zu verhindern oder aber gegebenenfalls zu kompensieren (M. Bommes/A. Scherr 2000a-b).

*Fasst man die Leistungen Sozialer Arbeit in dieser Weise als Exklusionsvermeidung, Inklusionsermöglichung und Exklusionsverwaltung, dann begründet dies ein pragmatisches Verständnis ihres Hilfeauftrags auch im Feld der Migrationssozialarbeit.* Denn Soziale Arbeit ist so betrachtet keine umfassende und allzuständige Hilfe, die in säkularisierter Weise den Seelsorgeauftrag der christlichen Religion fortführt und die in irgendeiner Weise mit allen Formen und Folgen des Leidens, Scheiterns und Misslingens im menschlichen Leben befasst ist, sondern spezifisch auf die Teilnahmebedingungen und Ausschlussmechanismen der gesellschaftlichen Teilsysteme und Organisationen bezogene Hilfe. Sie ist damit aufgefordert, sich theoretisch und empirisch mit den entsprechenden Anforderungsstrukturen zu befassen und solche Leistungen zu entwickeln und zu erbringen, die Individuen, Familien und soziale Gruppen mit dazu befähigen, diesen gerecht zu werden. Diese Begrenzung erlaubt es zugleich, sich von einem paternalistischen Verständnis als eine solche Erziehung und Fürsorge zu distanzieren, die sich aufgefordert sieht, stellvertretende Verantwortlichkeit für die gesamte Lebensführung ihrer jeweiligen Klienten zu übernehmen.

Nimmt man vor diesem Hintergrund den Bereich der Sozialen Arbeit mit Migranten in den Blick, dann wird deutlich, dass eine als pragmatische Hilfe konzipierte Soziale Arbeit keineswegs veranlasst, aufgefordert und berechtigt ist, Migranten als solche zu einer hilfsbedürftigen Klientengruppe zu erklären. Denn vermeintliche oder tatsächliche spezifische Merkmale von Migrantengruppen und darin begründete Unterschiede zwischen Ansässigen und Einwanderern sind auch dann, wenn sie die politische Leitidee der kulturell homogenen Nation irritieren, für die Soziale Arbeit zunächst irrelevant. Für eine sich als pragmatische Hilfe verstehende Soziale Arbeit sind Aspekte des religiösen Bekenntnisses, der Ernährungsgewohnheiten, der familialen Erziehungsstile oder der Ordnung der Geschlechterverhältnisse in dem von F.-O. Radtke (1991: 90ff.) entwickelten Verständnis prinzipiell „gleich-gültig". Sie sind im Fall von Migranten und Einheimischen gleichermaßen nur dann von Interesse und Bedeutung, wenn sich Zusammenhänge mit dem Scheitern an den Bedingungen der Lebensführung in der modernen Gesellschaft nicht nur vermuten, sondern auf der Grundlage seriöser wissenschaftlicher Forschung nachweisen lassen.

Diesbezüglich ist der Sozialen Arbeit nun kritisch-rationale Skepsis anzuraten. Denn nicht nur im Rückblick auf den Beitrag der Wissenschaften zur Rechtfertigung des einleitend erwähnten Elenddiskurses über die vermeintlichen Schwierigkeiten des „Lebens zwischen den Kulturen", sondern auch am Fall der aktuellen Debatte um die so genannte Ausländerkriminalität zeigt sich, dass auch die Wissenschaften immer wieder der Gefahr erliegen, Forschung in den Bahnen etablierter Vorurteile zu betreiben, statt diese in Frage zu stellen (Freudenberg Stiftung 2000).

Dass Theorie und Praxis der Sozialen Arbeit höchst anfällig sind für populäre Vorurteile, in denen das Bild des überfordert-hilfsbedürftigen Migranten und seine Kehrseite, das Bild des „aggressiv-kriminellen Ausländers" tradiert wird, hat einen einfachen Grund: Forschung und Praxis der Sozialen Arbeit sind keineswegs mit einem repräsentativen statistischen Querschnitt der Migranten konfrontiert, sondern mit denjenigen Teilgruppen von Migranten, die infolge struktureller politischer, rechtlicher und ökonomischer Ungleichheiten, struktureller Diskriminierung sowie von sozialer Ausgrenzung in eine Situation der Hilfsbedürftigkeit geraten und/oder durch abweichendes Verhalten auffällig werden. Von sozialen Ungleichheiten, Diskriminierung und Ausgrenzung sind aber, worauf bereits die Daten der amtlichen Statistik hinweisen,[9] bestimmte Teilgruppen der Einwanderer und der eingewanderten Ausländer in besonderer Weise betroffen. In der Folge werden in den Kontexten der Sozialen Arbeit direkte und indirekte Folgen von Diskriminierung und Ausgrenzung als vermeintlich typische Eigenschaften von Migranten sichtbar, und diese höchst selektive Wahrnehmung wird durch eine problemzentrierte Migrationsforschung und einen entsprechenden medialen Diskurs gestützt.

Demgegenüber ist die Soziale Arbeit *Erstens* aufgefordert zu lernen, den Prozess der Umdeutung von Ungleichheits-, Diskriminierungs- und Ausgrenzungsfolgen in Eigenschaften von Migranten zu durchschauen. *Zweitens* gilt es Wahrnehmungsfähigkeit für die produktiven Bewältigungsformen zu entwickeln, die Migranten im Migrationprozess hervorbringen. Hamburger (1997: 9ff.) schlägt dazu ein Modell vor, das die „Entwicklungsanreize" akzentuiert, die Migration als Erfahrung kultureller Differenzen beinhaltet und sich für „komparative Kompetenz" interessiert, die in der Auseinandersetzung mit Differenzerfahrungen der Möglichkeit nach entsteht. *Drittens* gilt es präzise zu bestimmen, welche spezifischen Hilfeleistungen dazu geeignet sind, die Fähigkeit zu einer eigenverantwortlichen und selbstbestimmten Lebensführung von solchen Migranten zu stärken, die sich in einer Situation der Hilfsbedürftigkeit befinden.

Damit soll nicht bestritten sein, dass potentiell jede, zumindest aber jede erzwungene Migration – sofern diese als Wanderung in eine weitgehend unterschiedliche Aufnahmegesellschaft erfolgt und insbesondere dann, wenn sie mit sozialem Abstieg einhergeht – der Möglichkeit nach „einen Bruch mit der eigenen Geschichte und eine zum Teil bewusste Aufgabe der bisherigen Lebensweise" (Han 2000: 24) einschließt. Insofern stellt der Migrationsprozess selbst eine biographische Lernprovokation dar, bezogen auf die (sozial-)pädagogische Unterstützungsleistungen im Sinne spezifischer Lernangebote, die sich an der Situation und den Interessen der Migranten orientieren, erforderlich sein können. Eine auf Förderung der Teilhabe der Einwanderer an der „nationalen Kultur" in dem von M. Brumlik (1999: 17ff.) qualifizierten Sinn dieses Terminus gerichtete Einwanderungspolitik steht zudem

---

9   Siehe Statistisches Bundesamt 1999: 103ff., 213f. und 569ff.

vor der Aufgabe, ausreichend ausgestattete Angebote des Spracherwerbs sowie der rechtlichen und politischen Bildung zu fördern. Es kennzeichnet die tradierte ausgrenzende Hilfekultur der Bundesrepublik (R. Bauer 1999), dass Arbeitsmigranten und Flüchtlingen elementare Formen von Integrationshilfen nach wie vor nicht ausreichend und angemessen zur Verfügung gestellt werden. Hintergrund dessen ist die Weigerung, die Tatsache anzuerkennen, dass die Bundesrepublik de facto zu einer Einwanderungsgesellschaft geworden ist.

Vor diesem Hintergrund sind die Aufgaben einer pragmatischen Migrationssozialarbeit, zusammenfassend formuliert, zu bestimmen in Auseinandersetzung mit der Frage, welche Unterstützungsleistungen dazu beitragen können, dass spezifische Benachteiligungen überwunden werden, die die volle und gleichberechtigte gesellschaftliche Teilhabe von jeweiligen Migrantengruppen erschweren bzw. verhindern. Diesbezüglich ist evident, dass die Möglichkeiten einer solchen Migrationssozialarbeit limitiert sind durch politische, ökonomische und rechtliche Vorgaben. Nach wie vor gilt, dass „Aufenthaltssicherheit, partizipative Rechte und das Angebot der Einbürgerung, Achtung kultureller Traditionen" (J. Puspekeppeleit/D. Thränhardt 1990: 209) hierfür unverzichtbare, gesellschaftlich herzustellende Rahmenbedingungen sind. Zugleich steht eine pragmatische Migrationssozialarbeit vor der Aufgabe einer Selbstbegrenzung in Hinblick auf die überschießende Thematisierung kultureller Differenzen. Auf den letztgenannten Aspekt ist abschließend noch etwas genauer einzugehen.

## 4.  Von der interkulturellen Verständigung zur Kritik von Fremdheitskonstruktionen

Einwanderung und Einwanderer werden im politischen und pädagogischen Diskurs immer wieder unter dem Gesichtspunkt der kulturellen Unterschiede zum Thema. Dies geschieht vor dem Hintergrund der Erfahrung, dass sich das Modell des kulturell homogen Nationalstaates zunehmend als realitätsunangemessen erweist. Moderne Gesellschaften waren und sind zu keinem Zeitpunkt ihrer Entwicklung kulturell homogene Gebilde. Staatlich-politische Bemühungen um ihre interne Homogenisierung sind hoch problematisch.[10] Moderne Gesellschaften provozieren und ermöglichen die Herausbildung vielfältiger Teil- und Subkulturen sowie sozialmoralischer Milieus, in denen soziale Gruppen das Rohmaterial ihrer spezifischen gemeinsamen Erfahrungen in sinnstiftende Deutungen, Rituale, Handlungs- und Kommunikationsstile, alltagsästhetische Ausdrucksformen und Lebensentwürfe transformieren (J. Clarke et.al. 1979). Dies geschieht in kreativer Auseinandersetzung mit zugänglichen kulturellen Traditionen und massenmedial transportierten Angeboten, die angeeignet und kontextbezogen umgewandelt werden, und der Normalfall sind folglich „hybride, ‚unreine'" kulturelle Formen (S. Hall/C. Höller 1999: 105ff.).

---

10    Baumann 1991; Gellner 1995.

Im Zuge des Prozesses alltagskultureller Pluralisierung und Liberalisierung, der sich seit den 1960er Jahren unter Bedingungen entwickelten Massenkonsums und massenmedialer Kommunikation vollzieht, hat sich in der Bundesrepublik ein weitgehend gelassener Umgang mit entsprechender teilkultureller Vielfalt eingespielt, der den Provokationswert auch subkultureller Stile und Symbole erheblich reduziert hat, und folglich massive Tabuverletzungen erforderlich werden lässt, um noch Erschrecken und Aufmerksamkeit hervorzurufen. Gesellschaftsstrukturell ermöglicht wird diese Entwicklung dadurch, dass moderne Gesellschaften auf eine umfassende Regulierung der privaten Lebensführung verzichten können, indem sie Individuen darauf verweisen, sich an den Vorgaben des Rechts und den Teilnahmebedingungen der Funktionssysteme zu orientieren (W.-D. Bukow/R. Llaryora 1988), die Gestaltung ihrer Lebensführung ansonsten aber zur Privatsache erklären.

Die selbstethnisierenden alltagskulturellen und religiösen Praktiken, die einige Migrantengruppen in der Aufnahmegesellschaft entwickeln – und die gerade nicht als ein geradliniges Festhalten an der Tradition verstanden werden können, sondern die einen durch die Lebensbedingungen in der Aufnahmegesellschaft motivierten spezifischen Umgang mit Traditionen darstellen (A. Scherr 2000) – sind so betrachtet nur eine Ausprägung kultureller Differenzen in der modernen Gesellschaft unter anderen. Sie stellen in aller Regel, wie die oben erwähnte Kritik des Elendsdiskurses nachgewiesen hat (K.N. Ha 2000: 20ff.), auch keine eigenständige Ursache von Problemen der Lebensführung in der Aufnahmegesellschaft dar, sondern eine Form der produktiven Auseinandersetzung mit dieser, die nicht zuletzt auch durch die Konfrontation mit ethnisierenden Zuschreibungen kultureller Identitäten veranlasst wird (M. Bommes/A. Scherr 1991).

Es ist insofern keineswegs erforderlich, prinzipiell und gegen empirische Evidenzen zu bestreiten, dass einige Einwanderergruppen sich als Angehörige ethnischer bzw. kultureller Minderheiten definieren und präsentieren, die sich von der Mehrheitsbevölkerung unterscheiden, um die Bedeutung ethnisch-kultureller Differenzen für die Soziale Arbeit gegenüber einem Diskurs zu relativieren, der den Umgang mit interkulturellen Unterschieden als eine zentrale Problematik der so genannten „multikulturellen Gesellschaft" darstellt (F.-O. Radtke 1991). Kulturelle Differenzierungen gehören zur Normalität moderner Gesellschaften, und weder Migranten noch anderen, z.B. religiösen Teilgruppen kann abverlangt werden, diese zu überwinden, um als vollwertige und „normale" Gesellschaftsmitglieder akzeptiert zu werden. Auch sind Migranten nicht Gefangene ihrer Herkunftskultur, sondern in der Regel bereit und in der Lage, sich an den ökonomischen, sprachlichen, politischen und rechtlichen Bedingungen der Aufnahmegesellschaft zu orientieren, wenn sie daran nicht gehindert sowie bei entsprechenden Bemühungen angemessen unterstützt werden (P. Han 2000, 222ff.). Eine darüber hinausgehende Anpassung an dominante alltagskulturelle Muster und Modelle der Aufnahmegesellschaft kann ihnen nicht begründet abverlangt werden.

Es ist nicht generell zu bestreiten, dass sozioökonomische und soziokulturelle Verortungen von Migrantengruppen in der Herkunftsgesellschaft als Bezugspunkte des Selbstverständnisses in der Aufnahmegesellschaft beansprucht werden *können*. In Interpretationen der gemeinsamen Herkunft und Geschichte und im Rückgriff auf Traditionen begründete Festlegungen von Lebensstilen und Lebenszielen können Integrationsbemühungen erleichtern oder erschweren. Zudem sind die auch im Fall von Einheimischen beschreibbaren Prozesse der Reproduktion und Tradierung von sozialen Lagen, sozialmoralischen Milieus, Lebensstilen, Berufsorientierungen und Bildungsaspirationen bedeutsam (A. Scherr 1995). Die Soziale Arbeit ist darauf bezogen aufgefordert, genaue Beobachtungen ihrer Adressaten vorzunehmen und darauf jeweils fallangemessen im Interesse der Öffnung biographischer Optionen zu reagieren.

Auch für die Migrationssozialarbeit stellt sich zugleich die Aufgabe, zur Überwindung eines Gesellschafts- und Kulturverständnisses sowie eines korrespondierenden Menschenbildes beizutragen, das letztlich von Misstrauen gegenüber individueller Selbstbestimmungsfähigkeit und darin begründeten Überzeugungen von der Unverzichtbarkeit der herrschaftlichen Durchsetzung einer guten Ordnung der Lebensführung geprägt ist. Unter Bedingungen der (Post-)Moderne ist dagegen an der Forderung festzuhalten (Z. Baumann 1999), dass das Recht zur Wahl der eigenen Identität und Zugehörigkeit als ein elementares Menschenrecht anzuerkennen ist.

## Literatur

Apitzsch, Ursula (1995): Interkulturelle Arbeit: Migranten, Einwanderungsgesellschaft, interkulturelle Pädagogik. In: Krüger/Rauschenbach 1995: 251-268

Bauer, Rudolph (1999): Hilfekulturen und Organisationsansätze in Europa. In: Woge e.V. (1999): 498-506

Baumann, Zygmunt (1992): Moderne und Ambivalenz. Hamburg: Hamburger Edition

Baumann, Zygmunt (1999): Unbehagen in der Postmoderne. Hamburg: Hamburger Edition

Bielfeld, Uli (Hrsg.) (1991): Das Eigene und das Fremde. Hamburg: Junius

Blahusch, Friedrich (1992): Zuwanderer und Fremde in Deutschland. Freiburg im Brsg.: Lambertus

Bommes, Michael/Halfmann, Jost (1998) (Hrsg.): Migration in nationalen Wohlfahrtsstaaten. Osnabrück: IMIS-Schriften

Bommes, Michael/Scherr, Albert (1991): Der Gebrauchswert von Selbst- und Fremdethnisierung in Strukturen sozialer Ungleichheit. In: Prokla. Zeitschrift für kritische Sozialwissenschaft. H. 83. 291-315

Bommes, Michael/Scherr, Albert (1999): Einwanderungspolitik. In: Woge e.V. (1999): 146-155

Bommes, Michael/Scherr, Albert (2000a): Soziologie der Sozialen Arbeit. Weinheim und München: Juventa

Bommes, Michael/Scherr, Albert (2000b): Soziale Arbeit als organisierte Kommunikation von Hilfsbedürftigkeit. In: Merten (2000): 67-86

Brumlik, Micha (1999): Selbstachtung und nationale Kultur. In: Kiesel et.al.. (Hrsg.) (1999): 17-36

Bukow, Wolf-Dietrich/Llaryora, Roberto (1988): Mitbürger aus der Fremde. Opladen: Westdeutscher Verlag

Clarke, John et.al. (1981): Jugendkultur als Widerstand. Frankfurt: Syndikat

Dannebeck, Clemens/Eßer, Felicitas/Lösch, Hans (1999): Herkunft erzählt. Befunde über Zugehörigkeiten Jugendlicher. Münster/New York: Waxmann

Elias, Norbert/Scotson, J.L. (1993): Etablierte und Außenseiter. Frankfurt: Suhrkamp

Ewald, Francois (1993): Der Vorsorgestaat. Frankfurt: Suhrkamp

Engelmann, Jan (Hrsg.) (1999): Die kleinen Unterschiede. Frankfurt: Campus

Freudenberg Stiftung (Hrsg.) (2000): Junge Türken als Täter und Opfer von Gewalt. Weinheim: Freudenberg Stiftung

Friedrich Ebert Stiftung (Hrsg.) (1999): Ghettos oder ethnische Kolonien? Bonn: Friedrich Ebert Stiftung

Gellner, Ernest (1995): Nationalismus und Moderne. Berlin: Rotbuch Verlag

Griese, Hartmut (Hrsg.) (1984): Der gläserne Fremde. Bilanz und Kritik der Gastarbeiterforschung und der Ausländerpädagogik. Opladen: Leske und Budrich

Ha, Kien Nghi (1999): Ethnizität und Migration. Münster: Westfälisches Dampfboot

Halfmann, Jost/Bommes, Michael (1998): Staatsbürgerschaft, Inklusionsvermittlung und Migration. In: Bommes/Halfmann (Hrsg.) (1998): 81-104

Hall, Stuart/Höller, Christian (1999): Ein Gefüge von Einschränkungen. In: Engelmann (Hrsg.) (1999): 99-122

Hamburger, Franz (1994): Pädagogik in der Einwanderungsgesellschaft. Frankfurt/M.

Hamburger, Franz (1997): Kulturelle Produktivität durch komparative Kompetenz. Mainz: Institut für sozialpädagogische Forschung

Han, Petrus (2000): Soziologie der Migration. Stuttgart: Lucius & Lucius

Harney, Klaus/Krüger, Heinz-Hermann (Hrsg.) (1997): Einführung in die Geschichte und Arbeitsfelder der Erziehungswissenschaft. Opladen: Leske und Budrich

Heckmann, Friedrich (1998): Ethnische Kolonien: Schonraum für Integration oder Verstärker der Abgrenzung? In: Friedrich Ebert Stiftung (Hrsg.) (1999): 29-42

Heinhold, Hubert (1999): Abschiebung. In: Woge e.V. (1999): 305-312

Herriger, Norbert (1997): Empowerment in der Sozialen Arbeit. Stuttgart/Berlin/Köln: Kohlhammer

Hügel, Volker Maria (1999): Asyl- und Flüchtlingspolitik in der Bundesrepublik Deutschland. In: Woge e.V. (1999): 155-171

Kiesel, Doron (1996): Das Dilemma der Differenz. Frankfurt/M.: Cooperative Verlag

Kiesel, Doron/Messerschmidt, Astrid/Scherr, Albert (Hrsg.) (1999): Die Erfindung der Fremdheit. Frankfurt/M.: Haag + Heerchen

Krüger, Heinz-Hermann/Rauschenbach, Thomas (Hrsg.) (1995): Einführung in die Arbeitsfelder der Erziehungswissenschaft. Opladen: Leske und Budrich

Krüger-Potratz, Marianne (1999): Stichwort: Erziehungswissenschaft und kulturelle Differenz. In: Zeitschrift für Erziehungswissenschaft. 2. Jg. H.2. 149-166

Merten, Roland (Hrsg.) (2000): Systemtheorie und Soziale Arbeit. Opladen: Leske und Budrich

Mesovic, Bernd (1999): Flughafenverfahren. In: Woge e.V. (Hrsg.) (1999): 289-294

Münchmeier, Richard (1997): Geschichte der Sozialen Arbeit. In: Harney/Krüger (1997): 271-310

Puskeppeleit, Jürgen/Thränhardt, Dietrich (1990): Vom betreuten Ausländer zum gleichberechtigten Mitbürger. Freiburg im Brsg.: Lambertus

Radtke, Frank-Olaf (1991): Lob der Gleich-Gültigkeit. In: Bielefeld (Hrsg.) (1991): 79-96

Sauer, Martina (2000): Kulturell-religiöse Einstellungen und sozioökonomische Lage junger türkischer Migranten in der Bundesrepublik. In: Freudenberg Stiftung (2000): 27-46

Scherr, Albert (1995): Soziale Identitäten Jugendlicher. Opladen: Leske und Budrich

Scherr, Albert (1999): Die Konstruktion von Fremdheit in sozialen Prozessen. In: Kiesel et.al. (1999): 49-66

Scherr, Albert (2000): Ethnisierung als Ressource und Praxis. In: Prokla. Zeitschrift für kritische Sozialwissenschaft. 30. Jg. 399-414

Statistisches Bundesamt (Hrsg.) (1999): Datenreport 1999. Bonn: Bundeszentrale für politische Bildung

Stichweh, Rudolf (2000): Die Weltgesellschaft. Frankfurt: Suhrkamp

Weidacher, Alois (Hrsg.) (2000): In Deutschland zu Hause. Opladen: Leske und Budrich

Woge e.V./Institut für Soziale Arbeit (Hrsg.) (1999): Handbuch der Sozialen Arbeit mit Kinderflüchtlingen. Münster: Votum

198

# Interkulturelle Kompetenz als Schlüsselqualifikation in einer ethnisch pluralen Gesellschaft

*Elisabeth Rohr*

## 1. Einleitung

Globalisierung und weltweite Flucht- und Wanderungsbewegungen haben die Lebensbedingungen und die wirtschaftlichen wie politischen Verhältnisse Deutschlands am Ende des 20. und am Beginn des 21. Jahrhunderts nachhaltig verändert.[1] In allen Lebensbereichen machen sich die Einflüsse der Internationalisierung von Arbeitsbeziehungen und die Folgen von Flucht- und Wanderungsbewegungen bemerkbar: Sei es in der Schule, in der Sozialarbeit, im Gesundheitswesen, in der Wirtschaft oder in der Politik, überall sind interkulturelle Kontakte wichtiger Bestandteil des Arbeitsalltags. Doch nur wenige Berufstätige sind auf diese Situation vorbereitet, geschweige denn entsprechend ausgebildet. Den unausweichlichen Zwängen zur interkulturellen Zusammenarbeit steht, wie A. Thomas (1996: 16) in seiner „Psychologie interkulturellen Handelns" hervorhebt, „keine adäquate interkulturelle Handlungskompetenz zur Bewältigung der daraus sich ergebenden Anforderung gegenüber (...)".

Dies gilt insbesondere für wohlfahrtsstaatliche und bildungspolitische Arbeitsfelder. Denn weit langsamer als die Wirtschaft, die schon seit Jahren eine interkulturell orientierte Personalentwicklung betreibt, haben soziale Dienstleistungsunternehmen und Bildungseinrichtungen erst vor wenigen Jahren begonnen, auf diese interkulturelle Herausforderung zu reagieren. Zwar existieren schon seit Anfang der 70er Jahre Förderprogramme zur Integration von Migrantenkindern, ebenso wie Fachdienste zur Beratung von Migranten und Flüchtlingen, doch eine interkulturelle Schulung des Personals in wohlfahrtsstaatlichen Einrichtungen hat nur vereinzelt stattgefunden (W. Hinz-Rommel 1994). Mittlerweile aber hat ein Umdenken begonnen: In Kombination mit organisatorischen Umstrukturierungsprozessen und der Öffnung der sozialen Regeldienste für Migranten wurden neue interkulturelle Anforderungsprofile für Mitarbeiter entwickelt, um mit dem sozialen Wandel Schritt zu halten und die Mitarbeiter auf eine zunehmend interkulturell geprägte Arbeitsrealität vorzubereiten (W. Hinz-Rommel 1994). Heute ist die Notwendigkeit einer interkulturell orientierten Personalentwicklung in sozialen Dienstleistungsunternehmen, in größeren Wirtschaftsunternehmen, im Bildungsbereich, in der Politik und der internationalen Entwicklungszusammenarbeit unbestritten.[2] Umstritten

---

1    Beck 1986; Baumann 1992; Sennett 1998.
2    Mole 1993; Hinz-Rommel 1994; Götz 1999.

ist jedoch die Frage, wie eine effizientere Kooperation von Menschen unterschiedlicher kultureller Herkunft in den verschiedensten Arbeitsfeldern zu erreichen ist.

## 2. Interkulturelle Kompetenz und interkulturelle Trainings

Interkulturelle Kompetenz hieß das „neue" Zauberwort, das seit den 90er Jahren durch wohlfahrtsstaatliche Einrichtungen und Unternehmen in Deutschland geisterte und Problemlösungen für konfliktanfällige, interkulturelle Arbeitsbeziehungen versprach.

Mit dem Begriff „interkulturelle Kompetenz" schien zunächst eine überzeugende Antwort auf eine Problemdefinition gefunden, die aus der Einsicht resultierte: „Interkulturelle Inkompetenz schadet der Bilanz" (Frankfurter Rundschau vom 1.2.2001). Es war eine Antwort, die die wesentlichen Anforderungen eines globalisierten Arbeitsmarktes präzise auf den Punkt brachte und zugleich neue Perspektiven und Handlungsstrategien eröffnete, die es nun konzeptionell umzusetzen galt. Ergebnis dieser konzeptionellen Überlegungen war die Entwicklung von interkulturellen Trainings, die die wachsende Nachfrage nach interkulturell geschultem Personal befriedigen und Teilnehmer in die Lage versetzen sollten, in interkulturellen Arbeitszusammenhängen kompetent zu handeln.

Mittlerweile haben sich eine Reihe von interkulturellen Trainings in Unternehmen und auf dem Bildungsmarkt etabliert, alle angetreten mit dem Ziel, interkulturelle Kompetenz zu vermitteln.[3] Dies geschieht mit sehr unterschiedlichen Methoden und mit zum Teil sehr zweifelhaften Erfolgen (J. Bolten 1999: 74). Denn nicht nur fehlt es an einer theoretisch fundierten Konzeptionalisierung von Methoden zur Aneignung und Vermittlung von interkultureller Kompetenz.[4] Sondern darüber hinaus basieren so gut wie alle gegenwärtig existierenden Trainingskonzepte auf Vorlagen, die in den sechziger und siebziger Jahren im Kontext der US-amerikanischen Multikulturalismus-Debatte entstanden sind und dann relativ unreflektiert auf europäische Verhältnisse übertragen wurden (J. Bolten 1999). Seither hat sich das Repertoire interkultureller Trainings unablässig reproduziert, ohne dass größere Modifikationen vorgenommen worden wären. Hier und da wird eine neue Komponente hinzugefügt, aber ansonsten sind inhaltlich mehr Ähnlichkeiten als Unterschiede feststellbar. Dies gilt gleichermaßen für konzeptionelle Überlegungen in wohlfahrtsstaatlichen Einrichtungen wie im Unternehmensbereich.[5] Unbeschadet aller Detailbestimmungen, hat sich dabei eine übergreifende Differenzierung in affektive, kognitive und verhaltensbezogene Dimensionen interkultureller Kompetenz durchgesetzt.[6] Folgende Komponenten werden dabei als zentral erachtet:

---

3    Trompenaars 1993; Bergemann/Sourisseaux 1996; Götz 1999.
4    Hinz-Rommel 1994; Bolten 1999.
5    Hinz-Rommel 1994; Thomas 1996.
6    Bolten 1999:67; Beneke 1994: 65.

| Affektive Dimension | Kognitive Dimension | Verhaltensbez. Dimension |
|---|---|---|
| • Ambiguitäts-<br>toleranz<br><br>• Frustrationstoleranz<br><br>• Fähigkeit zur<br>Stressbewältigung<br>und Komplexitäts-<br>reduktion<br><br>• Selbstvertrauen<br><br>• Flexibilität<br><br>• Empathie, Rollen-<br>distanz<br><br>• Vorurteilsfreiheit,<br>Offenheit, Toleranz<br><br>• Geringer Ethno-<br>zentrismus<br><br>• Akzeptanz/Respekt<br>gegenüber anderen<br>Kulturen<br><br>• Interkulturelle<br>Lernbereitschaft | • Verständnis des Kulturphä-<br>nomens in Bezug auf Wahr-<br>nehmung, Denken, Einstel-<br>lungen sowie Verhaltens- und<br>Handlungsweisen<br><br>• Verständnis fremdkultureller<br>Handlungszusammenhänge<br><br>• Verständnis eigenkultureller<br>Handlungszusammenhänge<br><br>• Verständnis der Kulturunter-<br>schiede der Interaktions-<br>partner<br><br>• Verständnis der Besonderhei-<br>ten interkultureller Kommu-<br>nikationsprozesse<br><br>• Metakommunikations-<br>fähigkeit | • Kommunikationswille<br>und -bereitschaft im Sin-<br>ne der initiierenden Pra-<br>xis der Teilmerkmale der<br>affektiven Dimension<br><br>• Kommunikations-<br>fähigkeit<br><br>• Soziale Kompetenz (Be-<br>ziehungen und Vertrauen<br>zu fremdkulturellen In-<br>teraktionspartnern auf-<br>bauen können) |

*Tabelle aus: J. Bolten 1999*

Interessant bei diesem von J. Bolten (1999) vorgelegten Konzept ist allerdings, dass hier, im Gegensatz zu älteren Konzeptionen, vor allem zwei Aspekte eine grundlegend andere Perspektivierung erfuhren: und zwar handelt es sich zum einen um eine andere Gewichtung fremdkulturellen Wissens innerhalb der kognitiven Dimension. Ging es bislang eher um Informationen und Kenntnisse über die fremde Kultur, die ausschließlich in ihrer Objekthaftigkeit Interesse weckte, so wurde diese Perspektive nun abgelöst durch eine Fokussierung auf eigen-, fremd- und interkulturelle Prozesse. Das heißt, die eigenen kulturellen Prägungen sollten stärker bewusst gemacht und der Fokus nicht auf das Erkennen kultureller Differenzen fixiert, sondern auf einen interkulturellen Interaktions- und Kommunikationsprozess gerichtet werden. Zum anderen wurde die affektive durch die verhaltensorientierte

Dimension erweitert und damit der Tatsache Rechnung getragen, dass, wie Bolten schreibt, „die der affektiven Dimension zugeordneten Eigenschaften und Einstellungen auch adäquat in Verhalten und Handlungen umgesetzt werden müssen, um interkulturell erfolgreich agieren zu können" (J. Bolten 1999: 68).

Interkulturelle Trainings haben damit eine ihrer ethnologischen – und zugleich auch wohlfahrtsstaatlichen – auf das fremde Objekt zentrierten (Helfers-) Perspektiven verlassen und eine tendenziell interkulturelle Perspektive ins Auge gefasst, die das interaktive und kommunikative Zusammenspiel von verschiedenen Kulturangehörigen in den Mittelpunkt der Trainings rückt.

Trotz dieser Sensibilisierung für interkulturelle Prozesse und trotz einer inhaltlichen Ausdifferenzierung der einzelnen Komponenten bleibt festzuhalten, dass diese Trainingsmaßnahmen nicht in der Lage sind „der Komplexität des Lernziels ‚interkulturelle Kompetenz' gerecht zu werden" (J. Bolten 1999: 74). Denn letztendlich entfalten sie nur eine begrenzte Wirkung, da zwar oberflächliche Verhaltensänderungen, jedoch keine tiefgreifenden Persönlichkeitsveränderungen erzeugt werden (B.D. Ruben 1989). Das ist von zeitlich eingeschränkten Trainingsmaßnahmen auch nicht anders zu erwarten. Dies belegt auch eine Studie von Stahl, die verdeutlicht, dass „die in der internationalen Praxis am häufigsten eingesetzten Bewältigungsmaßnahmen offenkundig keineswegs auch die erfolgreichsten (sind)" (G. Stahl 1998: 208). Insbesondere in Konfliktsituationen scheinen die in interkulturellen Trainings angeeigneten Kompetenzen wenig zu nützen, da zum einen auf altvertraute, aber interkulturell dysfunktionale Konfliktlösungsmuster zurückgegriffen und zum anderen in den Trainings selbst zu wenig an Konfliktregelungskompetenz vermittelt wird. Gestützt wird diese Vermutung auch durch einen weiteren Befund der Studie, der aufzeigt, dass Partnerprobleme überproportional häufig als besonders intensiv erfahren werden und diese Intensität der Partnerprobleme nicht etwa im Laufe eines längerfristigen Auslandaufenthaltes schwindet, sondern – im Gegenteil – die Virulenz der Probleme noch zunimmt.[7] Interkulturelle Trainings alleine bieten also keine Lösung auf Dauer, schließlich sind sie kein Instrument, das ein subjektives und auf die Situation zugeschnittenes Konfliktmanagement erlaubt.

Ein größeres Maß an Effektivität könnten die in interkulturellen Trainings eingeübten Kompetenzen jedoch in Kombination mit berufsbegleitend geplanten interkulturellen Coachings, Supervision und Mediation entfalten, wobei zwar an Fähigkeiten und Kenntnissen aus den Trainings angeknüpft, zugleich aber die subjektiven Erfahrungen reflektiert werden könnten.[8] Es handelt sich also um ein „on-the-job-training", wobei jedoch weniger die Wissensaneignung im Vordergrund steht, als vielmehr eine am Erleben orientierte, rekonstruktive und „arbeitsbezogene Selbstreflexion" (U. Clement/U. Clement 1999: 158). Relativiert würde dadurch auch eine in vielen Trainings unreflektiert eingeübte Standardisierung des Verhaltens im fremdkulturellen Kontext, die zwar vermeintliche Verhaltenssicherheit

---

7   Stahl 1998: 158; Bolten 1999: 64.
8   Rohr 1997; Clement/Clement 1999.

bietet, subjektiv jedoch eher hinderlich, denn hilfreich ist. Schließlich kommt es auf subjektive Wahrnehmung und Reaktionsalternativen an und nicht auf standardisiertes Verhalten im Rahmen eines durchschnittlichen und unspezifischen Kultur-Bias. Doch wie die „Euro-Knigges" und „Euro-Manager" verdeutlichen,[9] sind gerade diese Standardisierungen außerordentlich beliebt.

Demgegenüber haben es interkulturelle Coachings, Supervision und Mediation schwerer sich zu etablieren, da sie in wohlfahrtsstaatlichen Institutionen und in Unternehmen als Instrumente der Qualitätssicherung nach wie vor um Anerkennung ringen und der Ruch einer Therapeutisierung von Arbeitsverhältnissen, Widerstände und Abwehr hervorruft. Doch Nachhaltigkeit und Effizienz werden sich im Kontext interkultureller Arbeitszusammenhänge weder in wohlfahrtsstaatlichen Einrichtungen noch in Unternehmen ohne langfristig und kontinuierlich angebotene Coachings, Supervision und Mediation erreichen lassen. Schließlich tangieren diese reflexiven Verfahren auch Tiefenschichten der Persönlichkeit, die in kurzen Trainingskursen allenfalls oberflächlich ins Spiel kommen und keiner systematischen Bearbeitung zugänglich sind.[10] Dies aber vermag z.B. eine ethnopsychoanalytisch fundierte Mediation, Supervision oder ein entsprechendes Coaching zweifelsohne zu leisten. Gerade deshalb sind sie ja wirkungsvoller. Über interkulturelle Coachings, Supervision und Mediation hinaus ist jedoch auch die Wissenschaft gefordert. Denn auch die unzureichende theoretische Fundierung von interkultureller Kompetenz dürfte zur Effizienzminderung der Trainings beitragen.

In einer von den Bedürfnissen der Praxis dominierten wissenschaftlichen Debatte fällt auf, dass bis heute sowohl im deutschsprachigen wie im anglo-amerikanischen Raum eine eindeutige und verbindliche Definition des Begriffes „interkulturelle Kompetenz" fehlt (B. Aschenbrenner-Wellmann 2001). Allerdings sind die definitorischen Unterschiede auch längst nicht so gravierend, wie es zunächst den Anschein hat. So kommt W. Hinz-Rommel (1994: 56) zur Auffassung, dass unter interkultureller Kompetenz Einstellungen, Fertigkeiten und Fähigkeiten zu verstehen sind, angemessen und erfolgreich in einer fremdkulturellen Umgebung oder mit Angehörigen anderer Kulturen zu kommunizieren. Ähnlich beschreibt auch A. Thomas (1996: 115) interkulturelles Handeln als Fähigkeit, in kulturellen Überschneidungssituationen erwünschte und erwartete Handlungsziele zu erreichen. Und G. Eder (1996: 413) geht davon aus, dass soziale Handlungskompetenz im interkulturellen Kontext heißt, kulturspezifische, verbale und nonverbale Kommunikationssignale wahrzunehmen, sie ihrer kulturellen Bedeutung angemessen interpretieren und beantworten zu können und dadurch effektive Interaktionsresultate zu erzielen.

Obwohl Hinz-Rommel, Thomas und Eder jeweils unterschiedliche Zielgruppen (soziale Dienstleister, Manager, Studierende) im Auge hatten und sie verschiedene theoretische Zugänge wählten, haben sie relativ übereinstimmend interkulturelle Kompetenz als ein Instrumentarium charakterisiert, das dazu verhilft, sich

---

9 Mole 1993; Götz 1999.
10 Ruben 1989; Stahl 1998.

angemessen in einer fremdkulturellen Situation zu verhalten und erfolgreiche Kommunikations- und Interaktionsresultate zu erzielen. Es geht also immer um angemessene Verhaltensweisen, die zum Erfolg führen.

Bei diesen Definitionen fällt nun zweierlei auf: sowohl die Vagheit und Dehnbarkeit der Zuschreibungen, wie auch ein tendenziell ethnozentrischer Unterton. Denn was ist unter einer angemessenen und erfolgreichen Kommunikation zu verstehen und an welchen objektiven und subjektiven Kriterien bemisst sich der kommunikative Erfolg? Und aus welcher kulturellen Perspektive wird hier argumentiert? Schreiben diese Definitionen nicht zwangsläufig jenen Ethnozentrismus fest, den der Begriff von seinem inhaltlichen Anspruch her angetreten ist zu überwinden? Schließlich definiert jede Kultur das, was erfolgreich und angemessen ist, anders. Was z.B. für den deutschen Manager ein erfolgreicher Geschäftsabschluss ist, mag für den Geschäftspartner aus dem asiatischen Raum mit einem bitteren Gesichtsverlust verbunden sein (A. Thomas 1996: 126). Was heißt dann Erfolg? Und wenn eine Frau aus dem Kosovo in einer Beratungsstelle für Migranten und Flüchtlinge erzählt „ich habe dem Teufel ins Gesicht gesehen" und daraufhin der Verdacht auf eine Psychose diagnostiziert und eine entsprechende psychiatrische Versorgung empfohlen wird, statt die Aussage als eine kulturspezifische Metapher für Angst und Bedrohung zu verstehen, dann fragt sich, was unter diesen Umständen als angemessen zu gelten habe (V. Veneto Scheib 1996: 20)? Diese Fragen aber bleiben in den zuvor erwähnten Definitionen unbeantwortet und bei einer Konkretisierung verstärkt sich noch der ethnozentrische Zweifel. Von daher sind diese Definitionen nur bedingt brauchbar.

## 3.  Theoretische Defizite und Praxisorientierung

Diese definitorische Unschärfe des Begriffs „interkulturelle Kompetenz" verweist auf theoretische Defizite in der Auseinandersetzung mit einem komplexen Thema wie Interkulturalität, einem Begriff, der in der wissenschaftlichen Fachwelt nach wie vor als nicht etabliert gilt.[11] Zwar gibt es durchaus anerkannte Forschungen aus dem Bereich der Psychologie, der Ethnopsychoanalyse, der Anthropologie, der Philosophie, der Soziologie und der Pädagogik zu interkulturellen Fragestellungen mit interessanten Ergebnissen, doch differieren diese von ihrem theoretischen und methodischen Ansatz her so stark, dass sie den jeweils kleinen akademischen Fachwelten zur Rezeption überlassen bleiben und über die engen Grenzen der fachlichen Nischen kaum hinausdringen.[12] Wenn überhaupt, dann werden sie nur eklektizistisch wahrgenommen. Ein darüber hinaus reichender, interdisziplinärer Theoriediskurs zum Thema „Interkulturalität" existiert jedenfalls nicht. Dem entspricht sicherlich auch, dass bis heute wissenschaftliche Diskurse zur „interkulturellen

---

11    Hinz-Rommel 1994; Bolten 1999.
12    Siehe Devereux 1976; Erdheim 1983; Todorov 1985; Prengel 1995; Thomas 1996; Waldenfels 1997; Kapalka 1998b.

Pädagogik" oder zur „interkulturellen Kommunikation" noch nicht zu eigenständigen Disziplingründungen geführt haben.

Es lässt sich mithin feststellen, dass die wissenschaftliche Auseinandersetzung mit interkultureller Kompetenz ihrer Implementierung in der Praxis weit hinterherhinkt. Eine überwiegend praxisorientierte und auf spezifische Zielgruppen ausgerichtete Literatur verfolgt jedoch – das ist naheliegend – ganz andere, als wissenschaftliche Erkenntnisinteressen. So verwundert es nicht zu erfahren, dass in der entsprechenden Literatur explizit oder implizit die Vorstellung vertreten wird, interkulturelle Kompetenz diene vor allem dazu – salopp ausgedrückt – das Geschäft nicht zu verderben.[13] Von daher steht im Mittelpunkt immer das Bemühen, Fehler und Konflikte in der interkulturellen Kommunikation und Interaktion zu vermeiden, um das Gespräch mit dem Geschäftspartner, die politische Verhandlung, das Entwicklungsprojekt oder auch die Beratung und Therapie von Migranten im Rahmen wohlfahrtsstaatlicher Dienste nicht zu gefährden. Wie J. Bolten (1999: 66) zu Recht kritisiert, drängt sich bei dieser Festlegung der Eindruck eines relativ ausgeprägten Vermeidungsdenkens auf, wobei interkulturelle Kompetenz primär dazu dient, Krisensituationen zu vermeiden, statt zur Entwicklung von Synergiepotentialen beizutragen.

Erklärlich wird diese überwiegend praxis- und erfolgsorientierte Ausrichtung von interkultureller Kompetenz jedoch auch auf dem Hintergrund einer historischen Entwicklung, die das Interesse an interkultureller Kompetenz überhaupt erst entstehen ließ, als eine immer stärker expandierende US-amerikanische Wirtschaft an kulturelle Grenzen stieß und es vermehrt zu Projektfehlschlägen, ergebnislos abgebrochenen Verhandlungen und einer verfrühten Rückkehr frustrierter Mitarbeiter aus dem Ausland kam (W. Hinz-Rommel 1996: 10). Hier galt es, rasch Abhilfe zu schaffen, während für theoretische Überlegungen zum Kulturverstehen keine Zeit blieb und tendenziell auch kein Interesse vorhanden war. Diese Haltung überwiegt auch heute noch, denn in einem zusammenwachsenden Europa wollen Politiker zwar wissen, welche Verhaltensweisen am Verhandlungstisch erfolgversprechend sind, doch reicht das Interesse nur selten über rein zweckrationale Anliegen hinaus (Capital 9/92). Ähnliches gilt für Mitarbeiter in kommunalen Verwaltungen, in wohlfahrtsstaatlichen Einrichtungen und in Krankenhäusern, wobei die interkulturelle Öffnung auf der Trägerebene selten gewollt und auf der Mitarbeiterebene nur selten akzeptiert wird (W. Hinz-Rommel 1994:88). So bleibt es bei einem rein zweckrationalen Interesse an einer besseren Verständigung mit Migranten und kulturell Fremden und dies äußert sich in der Alltagspraxis als Wunsch nach konkreten Handlungsorientierungen und -anweisungen. Diesem Wunsch wird in einem großen Segment des Bildungsmarktes und in der Personalentwicklung auch entsprochen – ohne tiefgreifende theoretische Fundierung.[14] Diese theoretische Fundierung zu erarbeiten ist schließlich auch nicht die vorsätzliche Aufgabe von Fortbildungsinstitutionen.

---

13  Hinz-Rommel 1994: 57; Bolten 1999: 61.
14  Capital 9/92; Veneto Scheib 1996.

Doch die verschiedenen wissenschaftlichen Disziplinen tun sich schwer mit einem Thema wie Interkulturalität, das von seinem inhaltlichen Anspruch her zwangsläufig einen interdisziplinären Zugang erfordert und das sich nur unter Verzicht auf Komplexität einer einzigen theoretischen Fachrichtung zuordnen lässt. Dabei wäre schon viel gewonnenen, wenn es gelänge, die verschiedenen Stränge einer in Ansätzen stecken gebliebenen Diskussion aufzugreifen, weiterzudenken und schließlich interdisziplinär fruchtbar zu machen.

## 4. Ein ethnopsychoanalytisches Verständnis von interkultureller Kompetenz

Während in den USA die anthropologisch orientierten cross-cultural studies und später die Kommunikationstheorien den Diskurs über Interkulturalität weitgehend bestimmten, waren es in Deutschland vornehmlich die im Umfeld der Pädagogik entstandenen interkulturellen Lerntheorien und mittlerweile auch die der Kognitionspsychologie zuzuordnende Richtung der interkulturellen Psychologie, die die Debatte prägten.[15] Interdisziplinär waren diese Ansätze jedoch in aller Regel nicht und zudem fixiert auf die Verständigung mit einem als ethnisch fremd und oftmals defizitär stilisierten Objekt. Auch wenn mittlerweile die Erkenntnis gereift ist, dass Interkulturalität ein dialogischer und nicht monologischer Vorgang ist und interkulturelle Kompetenz damit ein auf Reziprozität aufbauender Prozess, so bedeutet das noch nicht, dass dies theoretisch reflektiert und formulierbar geworden wäre. Auch die traditionellen Kulturwissenschaften (Volkskunde, Völkerkunde) verfügen nur über unzureichende Instrumentarien ("teilnehmende Beobachtung") um den interkulturellen Interaktions- und Kommunikationsvorgang zwischen Subjekt und Objekt begrifflich zu fassen. Stattdessen werden Gegensätze konstruiert: „Ihr Deutschen – Wir Japaner" (T. Oguro 1984). Doch darum geht es nicht. Denn Interkulturalität bedeutet eine Transformation der involvierten, kulturellen Anteile der Akteure und zwar durch den Prozess der Interaktion und Kommunikation. Ziel ist die Produktion und Kreation einer interkulturellen Verständigung, wobei etwas Neues entsteht: eine Polyphonie, „ein vielstimmiger Gesang bei selbständiger Stimmführung". Diese Polyphonie ist nicht auf einen bloß kommunikativen Vorgang reduzierbar, sondern auch ein interaktiver Prozess, der auf bewussten wie unbewussten Reaktionen aufbaut, alle Sinne, sowie strukturelle Dimensionen des institutionellen und gesellschaftlichen Umfeldes miteinschließt (W. Hinz-Rommel 1994).

Eine der wenigen Wissenschaften, die sich schon längere Zeit intensiv mit Dimensionen von Interkulturalität befasst haben, ist die Ethnopsychoanalyse, die sich von ihrem Selbstverständnis her als eine genuin interdisziplinäre Wissenschaft, als eine Verbindung von Ethnologie, Psychoanalyse und Sozialwissenschaft begreift. Und im Rahmen ethnopsychoanalytischer Forschungen sind bereits einige interessante Arbeiten zum Thema Interkulturalität entstanden.[16] Diese Arbeiten zeichnen

---

15    Hall 1959; Ruben 1989; Hinz-Rommel 1994; Prengel 1995; Thomas 1996; Eder 1996; Kalpaka 1998.
16    Devereux 1976; Parin et.al. 1963/1971; Nadig 1986; Erdheim 1981; Bosse 1979; Rohr 1993.

sich dadurch aus, dass sie sich aus einer interdisziplinären, ethnologischen, psychoanalytischen und sozialwissenschaftlichen Perspektive mit Fragen von fremdkulturellem Verstehen und dem wissenschaftlichen Ertrag dieses Verständigungsprozesses beschäftigen. Zugleich haben sie Praxiserfahrungen aus der Feldforschung theoretisch wie methodologisch zum zentralen Untersuchungsgegenstand deklariert und ein wissenschaftlich fundiertes Instrumentarium zur Analyse und Reflexion dieser Erfahrungen entwickelt.[17] Das heißt, die Ethnopsychoanalyse hat bereits wissenschaftliche Vorarbeiten zum Thema 'Interkulturalität' geleistet, die geeignet sind, den Prozess der Verständigung mit fremdkulturellen Anderen zu entschlüsseln, zu gestalten und theoretisch begreiflich zu machen.

Sie hat allerdings noch einen weiteren Vorzug, der sie anderen Wissenschaftstraditionen gegenüber privilegiert, wenn es um Zugänge zu anderen Kulturen und um die interkulturelle Verständigung geht. Die Ethnopsychoanalyse steht in einer Wissenschaftstradition, die auch die subjektiven und die unbewussten, die vom gesellschaftlichen Konsens ausgeschlossenen und verpönten Dimensionen von Interaktion und Kommunikation zu berücksichtigen, zu reflektieren und zu analysieren weiß, da sie sich der Wissenschaft vom Unbewussten verpflichtet fühlt. Von daher verspricht dieser Ansatz eine relativ umfassende, und in den bisherigen Auseinandersetzungen um interkulturelle Kompetenz eher vernachlässigte Perspektive von Subjektivität und Unbewusstem einzubringen, die eine befruchtende Wirkung auf die Weiterentwicklung der bisherigen theoretischen Anstrengungen haben könnte.

In Abgrenzung zu den bisher vorliegenden Definitionen von interkultureller Kompetenz, die nicht nur offen lassen, was unter einer erfolgreichen Kommunikation zu verstehen ist, sondern darüber hinaus auch im Wesentlichen kompensatorischen Charakter haben und defizit- statt ressourcenorientiert sind, ist ein Verständnis von Kompetenz sinnvoller, das weder wertet, noch ethnozentrische Zweifel nährt und stattdessen neue Horizonte erschließt.

Zunächst ist davon auszugehen, dass Kommunikation untrennbar mit jeder Interaktion verbunden ist. „Man kann nicht nicht kommunizieren" (P. Watzlawik 1985). Kommunikation und Interaktion mögen subjektiv als störend, als frustrierend oder als beglückend empfunden werden, auch manches Mal gar nicht in Worte zu fassen sein und sich unserem Bewusstsein entziehen, aber eines ist sicher: Kommunikation ist immer vorhanden, auch dann, wenn wir sie bewusst nicht wahrnehmen (A. Lorenzer 1970). Eine negative oder positive Kommunikation kann es in diesem Sinne gar nicht geben. Deshalb können die in der Literatur häufig erwähnten und aus linguistisch orientierten Kommunikationstheorien übernommenen Begrifflichkeiten wie positive/negative Kommunikation oder Fehlerkommunikation lediglich zur Beschreibung einer kommunikativen Erfahrung herangezogen werden, dienen jedoch nicht ihrer Enträtselung (R. Schneller 1989). Darauf aber kommt es an!

---

17  Nadig 1986; Bosse 1994; Rohr 1999.

Sinnvoller kann demgegenüber eine Vorstellung von Interaktion und Kommunikation sein, die davon ausgeht, dass beides grundsätzlich aus einer Vielzahl von verbalen und nonverbalen Irritationen besteht, über die in einer gemeinsamen Auseinandersetzung eine Verständigung gesucht wird, wobei diese Verständigung immer nur Teil eines umfassenden kommunikativen Prozesses sein kann, der letztendlich immer unabgeschlossen und unvollständig bleibt (N. Luhmann 1987: 217). Irritationen – so die Behauptung – lösen überhaupt erst den Impuls und den Wunsch nach einer Auseinandersetzung und nach Vertiefung und Weiterführung der Kommunikation aus. Sie erzeugen Neugier, vielleicht auch Befremden und verführen deshalb zu Fragen und dem Wunsch, das Rätselhafte, das sich hinter dem Nichtverstehen verbirgt, zu entschlüsseln.

Im Unterschied zu einer eher illusionären und schließlich auch ethnozentrischen Vorstellung von Interaktion und Kommunikation, die von einem eher harmonisch verlaufenden Kommunikationsprozess ausgeht, ist jede Interaktion und Kommunikation als ein mehr oder minder komplizierter Vermittlungsakt zu begreifen, der immer potentiell konflikthaft und deshalb störanfällig ist. Und zwar auch dann, wenn sich Interaktion und Kommunikation zwischen kultur- und geschlechtshomogenen und vertrauten Personen abspielen. Denn die Anstrengung zur Vermittlung ist hier keineswegs leichter oder gar überflüssig, vielmehr oftmals noch schwieriger, weil tiefere Schichten von Affekten berührt und sachliche mit emotionalen Inhalten stärker vermischt werden (G. Devereux 1976). Interkulturelle Kommunikation ist, so betrachtet, nur ein Spezialfall einer besonderen, und deshalb konfliktanfälligeren, Interaktions- und Kommunikationsform, die sich nicht nur auf verbale Ausdrucksformen, sondern auf das Ensemble aller Sinneseindrücke und Strukturhintergründe bezieht.

Auf diesem Hintergrund lässt sich interkulturelle Kompetenz als Fähigkeit verstehen, in einem fremdkulturellen Kontext, das heißt, unter erschwerten interaktiven und kommunikativen Bedingungen, mit Irritationen professionell, produktiv und kreativ umzugehen. Interkulturelle Kompetenz dient aber ausdrücklich nicht dazu, Irritationen und eventuell damit verbundene Konflikte oder Störungen der Interaktion und Kommunikation möglichst schnell aus dem Wege zu räumen oder zu ignorieren. Vielmehr würde interkulturelle Kompetenz bedeuten, wie G. Devereux (1976: 13) dies formulierte, Irritationen als Königsweg zum Verstehen zu begreifen. Interkulturelle Kompetenz wäre dann ein effektives und in interkulturellen Arbeitsbeziehungen unerlässliches Mittel, um einen Verständigungsprozess über Irritationen in Gang zu setzen, dadurch beziehungsstiftend zu wirken und Kommunikationsabbrüche und Kränkungen zu verhindern. Interkulturelle Kompetenz beinhaltet damit auch Konfliktregelungsfähigkeiten, die dazu verhelfen, selbst in Krisensituationen eigene kulturelle Prägungen und Differenzen zum befremdenden Anderen zu erkennen und dieses situativ gewonnene Erkennen in einer selbstreflexiven Wendung zur fortlaufenden Verständigung mit dem fremden Anderen zu nutzen.

## 5. Regression und Übertragung in der interkulturellen Verständigung

Dieses Verständnis von interkultureller Kompetenz hat theoretische wie praktische Konsequenzen. Es erfordert neben vielen anderen Grundlagen sozialer Kompetenz wie Empathie und Frustrationstoleranz, besondere psychische Fähigkeiten, wie Regressionstoleranz und die Fähigkeit eigen- und fremdkulturelle Projektionen und Übertragungen in der interkulturellen Begegnung zu erkennen und diese Erkenntnis für den Dialog nutzbar zu machen. Denn in der interkulturellen Begegnung kommt es jenseits aller konkreten Handlungsanweisungen primär darauf an, das in einer fremdkulturellen Situation überwiegende Nichtverstehen zu ertragen, ohne in Panik zu geraten, ohne sich um Kopf und Kragen zu reden, ohne die Sprache zu verlieren oder in Angst und Schrecken zu erstarren und dadurch die noch labile Kommunikation dem Risiko eines Zusammenbruchs auszusetzen.[18] In der Praxis hieße dies, das eigene Nichtverstehen zu thematisieren und durch die Thematisierung der eigenen Ohnmacht Kommunikations- und Interaktionskompetenz zu zeigen. Die fremdkulturellen Gesprächspartner würden sich auf diese Art und Weise eingeladen fühlen, den ihnen Fremden auf seinem Weg zum Verstehen zu begleiten. Hierarchien und Dominanzverhältnisse könnten in diesem Prozess zumindest partiell überwunden oder relativiert werden. Somit könnte diese geteilte Erfahrung die noch zerbrechliche Kommunikation und Interaktion stärken und zugleich Ressource für die Handhabung zukünftiger Irritationen sein.

Theoretisch hieße dies, Regressionserfahrungen souverän zu bewältigen. Ein scheinbarer Widerspruch, der sich jedoch bei näherer Betrachtung auflöst. Regression,[19] ein aus der psychoanalytischen Theorie übernommener und in der Therapie relevanter Begriff, umschreibt so genannte Ich-Funktionen, wie Realitätswahrnehmung und -prüfung und Orientierungsvermögen, die beim Weinen, beim Verlieben, in Angstzuständen, aber auch im Urlaub partiell außer Kraft gesetzt werden, jedoch als Ich-Leistung (im Dienste des Ich) bei Künstlern zur kreativen Produktion genutzt werden (E. Rohr 1993: 141). Regressive Zustände bedeuten, dass nicht die ansonsten vorherrschende Vernunft und Kognition unsere Wahrnehmung steuert, sondern unbewusste, oft aus der Kindheit resultierende Wünsche und Phantasien. Im Zustand der Regression kommt es mithin zu Wahrnehmungsverzerrungen, die sich Künstler zunutze machen, wenn sie die Grenzen der Realität in ihren Bildern durchbrechen. Übertragen auf die interkulturelle Begegnung bedeutet dies, dass erst eine Regression im Dienste des Ich Kreativität und Produktivität in den interkulturellen Dialog bringt. Das ist eine Sichtweise der Dinge, die einem ergebnis- und profitorientierten und von überwiegend sachlicher Vernunft getriebenen

---

18  Diese Notwendigkeit, Hilflosigkeit zu ertragen, wird in Ansätzen auch von Hinz-Rommel (1994: 70) anerkannt, jedoch vermag er dies nur mit theoretisch wenig präzisierten Begriffen wie „Kommunikationsmissverständnisse ertragen" und auf kommunikative „Gewissheiten verzichten können" zu beschreiben.

19  „Regression ist ein in der Psychoanalyse (...) häufig verwendeter Begriff. Er wird meistens als eine Rückkehr zu früheren Entwicklungsformen des Denkens, der Objektbeziehungen und der Strukturierung des Verhaltens verstanden" (Laplanche/Pontalis 1996: 436).

Manager eher die Schweißperlen auf die Stirn als ein Gefühl der Zufriedenheit bringen dürfte. Doch im Rahmen einer ethnopsychoanalytische Einsichten nicht verschmähenden Fortbildung, wie sie U. Clement/U.Clement (1999) in ihrem Konzept des interkulturellen Coachings vorstellen, fällt es nicht schwer, diese Erkenntnisse entsprechend zu operationalisieren und einen nicht nur instrumentellen, sondern vor allem produktiven und kreativen Umgang mit Regression zu vermitteln. Es geht darum Lust und Neugier auf Irritationen zu wecken und dieses Abenteuer professionell zu gestalten und zu begleiten.

Von nicht minder wichtiger Bedeutung sind jedoch auch Fähigkeiten, mit unbewussten Übertragungen/Gegenübertragungen professionell, produktiv und kreativ umzugehen. Übertragung/Gegenübertragung sind wiederum aus der Psychoanalyse übernommene Begrifflichkeiten, die Prozesse beschreiben, in denen es um unbewusste, oft aus der Kindheit übernommene Bilder, oder auch um kulturelle Stereotypisierungen geht, die auf das Gegenüber gerichtet und in einer gegebenen Situation virulent und damit kommunikations- und interaktionsrelevant werden.[20] Mit Übertragungen sind jedoch nicht jene kulturellen Klischees gemeint, die in Witzen auftauchen: Also die Vorstellung, Deutsche äßen mit Vorliebe Sauerkraut und seien kühl und abweisend, Amerikaner ernährten sich vorwiegend von Hamburgern und seien oberflächlich, Italiener lieben theatralische Inszenierungen ihrer selbst, Latinos sind alle Machos etc. Gemeint sind mit Übertragungen vielmehr unbewusste Bilder über den jeweils fremdkulturellen Anderen. M. Nadig (1986) hat dies sehr eindringlich in ihrer ethnopsychoanalytischen Studie über „Die verborgene Kultur der Frau" beschrieben. Hier waren es Bilder (Übertragungen) einer Spionin, einer Missionarin, einer Kapitalistin und einer Steuereintreiberin, mit der sie unbewusst konfrontiert wurde und auf die sie ebenso unbewusst mit eigenen Bildern (Gegenübertragungen) über die mexikanischen Dorfbewohner reagierte. Mal geriet sie in fast unerträgliche Spannungen, weil sie in den Dorfbewohnern nur noch die armen Opfer eines ungerechten kapitalistischen Wirtschaftssystems erkennen konnte, mal fühlte sie sich getrieben, gegen ihr besseres Wissen, Medikamente zu kaufen und sogar Geld zu verschenken, um die Not, die ihr alltäglich begegnete und unerträglich schien, zu lindern. Nur aufgrund einer Reflexion ihrer eigenen, oft unerklärlichen Reaktionen, erkannte sie die auf sie gerichteten Übertragungen und konnte diese dann durch eine vorsichtige Thematisierung der irritierenden Bilder auflösen (M. Nadig 1986: 44).

Diese Fähigkeit zur selbstreflexiven Introspektion und ihrer kommunikativen Wendung kann trainiert und erworben werden. Jedoch wird dies kaum in einem zeitlich begrenzten Rahmen interkultureller Trainings, sondern nur in einem fortlaufenden und ein gewisses Maß an Intimität wahrenden Setting, wie es Coaching und Supervision, teilweise auch Mediation bieten, gelingen.

---

20  Übertragung bezeichnet in der Psychoanalyse den Vorgang, „wodurch die unbewussten Wünsche an bestimmten Objekten (...) aktualisiert werden" (Laplanche/Pontalis 1996: 550). Gegenübertragungen sind Reaktionen auf Übertragungen. Diese Begrifflichkeiten sind zentral in der psychoanalytischen Therapie, sie bezeichnen jedoch Dimensionen von Interaktion und Kommunikation, die alltäglich sind und jede Beziehung prägen.

Theoretisch lässt sich die Notwendigkeit, in interkulturellen Begegnungen Regressions- und Übertragungstoleranz einzuüben und diese Vorgänge einer systematischen Reflexion zugänglich zu machen, vor allem dadurch begründen, dass eine Konfrontation mit dem Fremden, immer eine Konfrontation mit den unbewussten Teilen der eigenen Kultur bedeutet.[21] Anders formuliert: Ohne Selbsterkenntnis keine Fremderkenntnis. Dabei geht es jedoch nicht nur darum, die eigenen kulturellen Prägungen zu erkennen. Sondern wichtiger und sicherlich auch schwieriger ist es, die eigenen kulturellen Tabus zu erkennen und damit in einer interkulturellen Situation produktiv und kreativ umzugehen. Gerade dieser Aspekt der unbewussten, kulturellen Tabus wird jedoch durchgängig in der Literatur zur interkulturellen Kompetenz ignoriert. Besonders die in der Begegnung mit Fremden virulenten, kulturellen Tabus bieten jedoch häufig Anlass für Scham- und Ohnmachtserfahrungen. Beschämung und Ohnmacht aber setzen interkulturelle Kompetenz außer Kraft, sie blockieren produktive und kreative Ressourcen und verhindern damit die Entstehung eines interkulturellen Dialogs.

## 6. Fazit

Die dauerhafte Anwesenheit von ethnischen Minderheiten und die Internationalisierung von Arbeitsbeziehungen als Folge von Globalisierung und weltweiten Flucht- und Wanderungsbewegungen hat in den nationalen wohlfahrtsstaatlichen Einrichtungen und in größeren Unternehmen zu einem Paradigmenwechsel von Konzeptionen interkultureller Fortbildungs- und Personalentwicklungsmaßnahmen geführt. Stand bislang die Forderung nach mehr Wissen über Kultur, Religion und Mentalität von Einwanderern und Menschen anderer Kulturkreise im Vordergrund von interkulturellen Fortbildungsveranstaltungen, so rückt mittlerweile die Dimension von Interkulturalität stärker in den Mittelpunkt, eine Dimension, die das Wissen um eigene kulturelle Prägungen und Tabus miteinschließt. Damit wird die ethnologische Objekt- und die wohlfahrtsstaatliche Helferperspektive partiell verlassen und der Berater oder Manager wird selbst zum Gegenstand der Reflexion, zum Objekt der Erkenntnissuche. Diese Wendung mag die in Unternehmen wie in wohlfahrtsstaatlichen Einrichtungen vorfindlichen Widerstände gegenüber interkulturellen Trainings erklären.

Allerdings haben auch die Erfahrungen des in interkulturellen Trainings geschulten Personals größerer Unternehmen verdeutlicht, dass interkulturelle Kompetenz, eine der zentralen Schlüsselqualifikationen einer ethnisch-pluralen Gesellschaft, weder leicht, noch schnell zu erlernen oder anzueignen ist. Diese Schwierigkeit der Aneignung erleichtert nicht gerade die Auseinandersetzung mit dieser Thematik. So erfordert die Komplexität des Themas eine Form der Vermittlung, die spezifische Inhalte wie auch einen spezifischen Rahmen berücksichtigt und gewährleistet. Für die Praxis bedeutet dies, dass die Konzeption interkultureller

---

21  Devereux 1976; Rohr 1993.

Trainings nicht auf die Wahrnehmung und die Vermittlung unbewusster Dimensionen der Thematik verzichten kann und dass interkulturelle Trainings einer systematischen, kontinuierlichen und langfristigen Nachsorge in Form von Coachings und Supervision bedürfen, um dem Kriterium von Nachhaltigkeit und Effizienz gerecht zu werden. Dabei darf sich Effizienz allerdings nicht in den Kategorien einer positiven Bilanz erschöpfen, sondern muss sich als ein Zugewinn an Einsichten in kulturell bewusste und unbewusste Zusammenhänge im Subjekt niederschlagen. Darüber hinaus bedarf es einer Berücksichtung von Dimensionen der Konfliktregelungskompetenz (Mediation) in den Trainings, um dadurch die Fähigkeit, mit interkulturell erzeugten Irritationen produktiv und kreativ umzugehen, zu verbessern.

Aus diesen Überlegungen folgt, dass die „ethnozentrisch" abgeschotteten Fachgrenzen der einzelnen Wissenschaftsdisziplinen zu überwinden sind und der Diskurs über interkulturelle Kompetenz in eine breitere interdisziplinäre Debatte einzubinden ist, um so einen neuen Zugang zur Interkulturalität zu finden. Gerade die in verschiedenen Fachdisziplinen geführte Debatte zur Interkulturalität zeigt doch, dass die starren Fachgrenzen durch Globalisierung und die Internationalisierung der Wissenschaft unaufhaltsam bröckeln und zu einer „interkulturellen" Verständigung herausfordern. Dazu ist es notwendig über den eigenen Schatten zu springen und vorhandene Forschungsansätze und nicht zuletzt auch fremdkulturelle Diskurse jenseits des eigenen fachlichen Horizontes zur Kenntnis zu nehmen und im Kontext des eigenen Denkansatzes fruchtbar zu machen. Dann würden sich Chancen und Risiken wie auch Grenzen und Perspektiven von interkultureller Kompetenz als zentrale Qualifikation einer ethnisch pluralen Wissensgesellschaft theoretisch deutlicher erkennen und praktisch besser nutzbar machen lassen.

## Literatur

Apitzsch, Ursula (1999): Migration und Traditionsbildung. Opladen/Wiesbaden: Westdeutscher Verlag
Aschenbrenner-Wellmann, Beate (2001): Interkulturelle Kompetenz in Verwaltung und Wirtschaft am Beispiel München (unveröffentl. Dissertation)
Barmeyer, Christoph/Bolten, Jürgen (Hrsg.) (1998): Interkulturelle Personalorganisation. Berlin/Sternenfels: Verlag Wiss. und Praxis
Baumann, Zygmunt (1992): Moderne und Ambivalenz. Das Ende der Eindeutigkeit. Hamburg: Junius-Verlag
Beck, Ulrich (1986): Risikogesellschaft. Auf dem Weg in eine andere Moderne. Frankfurt/M.: Suhrkamp.
Beneke, Jürgen (Hrsg.) (1994): Die Sprache des Kunden. Fremdsprachenlernen für Wirtschaft und Beruf. Beiträge aus dem ERFA-Kreis. Bonn: Dümmler
Bergemann, Niels/Sourisseaux, Andreas (Hrsg.)(1992): Interkulturelles Management. Heidelberg: Physica
Bolten, Jürgen (1998): Integrierte interkulturelle Trainings als Möglichkeit der Effizienzsteigerung und Kostensenkung in der internationalen Personalentwicklung. In: Barmeyer et.al. (1998): 157-178
Bolten, Jürgen (1999): Interkultureller Trainingsbedarf aus der Perspektive der Problemerfahrungen entsandter Führungskräfte. In: Götz (1999): 61-80
Bosse, Hans (1979): Diebe, Lügner, Faulenzer. Frankfurt/M.: Syndikat
Bosse, Hans (1994): Der fremde Mann. Jugend, Männlichkeit, Macht. Eine Ethnoanalyse. Frankfurt/M.: Fischer
Capital. Das deutsche Wirtschaftsmagazin 9/1992: Interkulturelles Management. 241-248
Clement, Ute/Clement, Ulrich (1999): Interkulturelles Coaching. In: Götz (1999): 157-168

Dembowski, Hans (2001): Wenn der Vorgesetzte die Untergebenen nicht oft genug lobt. In: Frankfurter Rundschau vom 1.2.2001

Eder, Gudrun (1996): „Soziale Handlungskompetenz" als Bedingung und Wirkung interkultureller Begegnungen. In: Thomas (Hrsg.) (1996): 411-422

Erdheim, Mario (1983): Die gesellschaftliche Produktion von Unbewusstheit. Eine Einführung in den ethnopsychoanalytischen Prozess. Frankfurt/M.: Suhrkamp

Götz, Klaus (Hrsg.) (1999): Interkulturelles Lernen/Interkulturelles Training. München/Mering: Rainer Hampp Verlag

Götz, Klaus/Löwe, Monika/Schuh, Sebastian/Szautner, Martina (Hrsg.) (1999): Cultural Change. München/ Mering: Rainer Hampp Verlag

Hall, Edward T. (1959): The Silent Language. New York: Garden City

Hinz-Rommel, Wolfgang (1994): Interkulturelle Kompetenz. Ein neues Anforderungsprofil für die soziale Arbeit. Münster/New York: Waxmann

Hohmann, Manfred (Hrsg.)(1976): Unterricht mit ausländischen Kindern. Düsseldorf: Schwann

Jansen, Mechtild M./Prokop, Ulrike (Hrsg.) (1993): Fremdenangst und Fremdenfeindlichkeit. Frankfurt/M.: Stroemfeld/Nexus

Kapalka, Annita (1998): Interkulturelle Kompetenz. Kompetentes (sozial-) pädagogisches Handeln in der Einwanderungsgesellschaft. In: IZA. Zeitschrift für Migration und soziale Arbeit.77-79

Laplanche, J./Pontalis, J.-B. (1996): Das Vokabular der Psychoanalyse. Frankfurt/M.: Suhrkamp.

Lorenzer, Alfred (1970): Sprachzerstörung und Rekonstruktion. Frankfurt/M.: Suhrkamp

Luhmann, Niklas (1987): Soziale Systeme. Grundriss einer allgemeinen Theorie. Frankfurt/M.: Suhrkamp

Mole, John (1993): Euro-Knigge für Manager. Frankfurt/M.-New York: Campus

Nadig, Maya (1986): Die verborgene Kultur der Frau. Ethnopsychoanalytische Gespräche mit Bäuerinnen in Mexiko. Frankfurt/M.: Fischer

Nestvogel, Renate (Hrsg.)(1991): Interkulturelles Lernen oder verdeckte Dominanz. Frankfurt/M.: IKO

Oguro, Tatsuo (1984): Ihr Deutschen – Wir Japaner. Ein Vergleich von Mentalität und Denkweise. Düsseldorf: Econ

Parin, Paul/Morgenthaler, Fritz/Parin-Mathéy, Goldy (1963): Die Weißen denken zuviel. Psychoanalytische Untersuchungen bei den Dogon in Westafrika. Frankfurt/M.: Fischer

Parin, Paul/Morgenthaler, Fritz/Parin-Mathéy, Goldy (1971): Fürchte Deinen Nächsten wie Dich selbst. Frankfurt/M.: Suhrkamp.

Prengel, Annedore (1995): Pädagogik der Vielfalt. Verschiedenheit und Gleichberechtigung. Interkulturelle, Feministische und Integrative Pädagogik. Opladen: Westdeutscher Verlag

Rohr, Elisabeth (1993): Faszination und Angst. In: Jansen/Prokop (1993): 133-162

Rohr, Elisabeth (1997): Die Herausforderung des Fremden – Überlegungen zur Supervision interkultureller Arbeitszusammenhänge. In: Treber et.al. (1997): 256-269

Rohr, Elisabeth (1999): Die fundamentalistische Entzauberung der Welt – Das ethnopsychoanalytische Fallbeispiel eines indianischen Mormonen in Ecuador. In: Apitzsch (1999): 273-298

Ruben, Brent D. (1989): The Study of Cross-Cultural Competence: Traditions and Contemporary Issues. In: International Journal of Intercultural Relations. Vol. 13. 229-240

Schneller, R. (1989): Intercultural and Intrapersonal Processes and Factors of Misunderstanding: Implications for Multicultural Training. In: International Journal of Intercultural Relations. Vol. 13. 465-484

Sennett, Richard (1998): Der flexible Mensch. Die Kultur des neuen Kapitalismus. Berlin: Berlin Verlag

Stahl, Günther (1998): Internationaler Einsatz von Führungskräften. München/Wien: Oldenbourg

Thomas, Alexander (Hrsg.) (1996): Psychologie interkulturellen Handelns. Göttingen: Hofgrefe

Todorov, Tzvetan (1985): Die Eroberung Amerikas. Das Problem des Anderen. Frankfurt/M.: Suhrkamp

Treber, Monika/Burggraf, Wolfgang/Neider, Nicole (Hrsg.) (1997): Dialog lernen. Konzepte und Reflexionen aus der Praxis von Nord-Süd-Begegnungen. Frankfurt/M.: IKO-Verlag

Trompenaars, F. (1993): Handbuch Globales Managen. Wie man kulturelle Unterschiede im Geschäftsleben versteht. Düsseldorf/Wien/New York/Moskau: Econ

Veneto Scheib, Valentina (1996): Bedeutung der Mitarbeiter und Mitarbeiterinnen mit Migrationserfahrung. In: Interkulturelle Kompetenz in der sozialen Arbeit. Tagung am 29.2.1996 in Mainz, Tagungsband, 1996: 19-22

Waldenfels, Bernhard (1997): Topographie des Fremden. Studien zur Phänomenologie des Fremden 1. Frankfurt/M.: Suhrkamp

Watzlawik, Paul/Veavin, Janet H./Jackson, Don D. (1969/1990): Menschliche Kommunikation. Formen, Störungen, Paradoxien. Bern/Stuttgart/Wien: Verlag Hans Huber

# Interkulturelle Bildung im Elementarbereich

*Otto Filtzinger*

## 1. Wohlfahrt und interkulturelle Bildung im Elementarbereich

Vor der Erörterung der wohlfahrtsstaatlichen Aufgabe der interkulturellen Bildung sollen einleitend bildungspolitische, institutionelle und internationale Zusammenhänge angesprochen werden, in denen die Begriffe Erziehung und Bildung im Elementarbereich eine kontextbezogene Deutung erfahren.

### 1.1. Betreuung, Erziehung und Bildung

Aus der außerhäuslichen Aufbewahrung und Versorgung von Kindern hat sich in den einzelnen europäischen Ländern ein sehr differenziertes System von Einrichtungen für 0-6-Jährige entwickelt, die sich in unterschiedlicher Akzentuierung der Betreuung, Erziehung und Bildung[1] von Kindern widmen. Das Kinder- und Jugendhilfegesetz (KJHG § 22.2) schreibt den deutschen Kindertageseinrichtungen[2] ebenfalls diese drei Aufgaben zu und begründet einen Rechtsanspruch auf einen Kindergartenplatz ab dem dritten Lebensjahr. Dadurch musste das Platzangebot in den Bundesländern mit niedriger Versorgungsquote zum Teil drastisch erhöht werden. Das Betreuungsangebot musste also stark erweitert werden. Ohnehin liegt der Schwerpunkt der pädagogischen Praxis in deutschen Kindertageseinrichtungen heute eher bei der Erziehung und Betreuung. Nicht von ungefähr tragen die Kernberufe der dort tätigen Fachkräfte die Bezeichnungen „Erzieher/Erzieherin", „Kinderpflegerin", „Erziehungshelferin" und „Sozialassistentin".

Ende der sechziger Jahre gab es eine breite bildungspolitische Diskussion über die Gleichheit der Bildungschancen und die Ausschöpfung der Bildungsreserven, die ihr Augenmerk insbesondere auf die frühe Kindheit richtete (E. Jordan/ D. Sengeling 1994: 82). Der Deutsche Bildungsrat hat 1970 dem „Elementarbereich"

---

1   Zur europäischen Geschichte der auf Betreuung beziehungsweise Erziehung und Bildung ausgerichteten vorschulischen Einrichtungen für Kinder vgl. Schleicher 1993: 218-230. Zum Begriff Erziehung und Bildung ist zu beachten, dass in den meisten europäischen Sprachen nicht explizit zwischen Erziehung und Bildung unterschieden wird, da der Begriff education, éducation, educaciòn, educazione mehr besagt als der deutsche Begriff Erziehung, der gegenüber dem Begriff der Bildung abgegrenzt wird. Allerdings deckt sich der aus der deutschen geistesgeschichtlichen Tradition stammende Begriff der Bildung nicht mit dem, der im Zusammenhang mit der Zielsetzung vorschulischer Erziehung und Bildung gebraucht wird.

2   Unter der Bezeichnung „Kindertageseinrichtungen" werden wie im KJHG die verschiedenen Organisationsformen der öffentlichen Kindererziehung im Elementarbereich verstanden.

(Kindertageseinrichtungen für 3-6-Jährige) einen eigenständigen, familienergänzenden Bildungsauftrag zugesprochen. Diese Bildungsoffensive hat aber eher zu einer Gegenbewegung seitens der Kindergartenpraxis zugunsten spielerischer Aktivitäten und kindgemäßer Lernformen geführt bzw. zu einer kontroversen Auseinandersetzung darüber, was Bildung im Elementar- bzw. im Schulbereich bedeuten könne. Kaum gelungen ist die Herstellung einer pädagogisch-didaktischen Kontinuität zwischen den vorschulischen und schulischen Bildungsagenturen, ein Umstand, der vor allem Migrantenkindern, aber auch einheimischen Kindern, häufig zu schaffen macht.

In der Europäischen Union (EU) sind derzeit Bemühungen um die Qualitätssicherung in der Kinderbetreuung erkennbar.[3] In diesem Zusammenhang wird auch zunehmend nach der „Bildungsqualität" gefragt, weil Bildung in der Gesellschaft mehr und mehr eine Schlüsselrolle einnimmt. Obwohl in letzter Zeit auch auf Grund der Veränderungen der traditionellen Familien- und Beschäftigungsstrukturen die Nachfrage nach Betreuung gestiegen ist, rückt die Bildung wieder stärker in den Blickpunkt. Die Einrichtungen sind sowohl von Migranteneltern herausgefordert, welche die Vorbereitung ihrer Kinder auf die Schule erwarten, als auch von deutschen Eltern, die häufiger nach den Bildungszielen des Kindergartens fragen. Es ist ein offener Prozess, wie die von ökonomischen und politischen Rahmenbedingungen abhängigen gesellschaftlichen Funktionen der Betreuung, Erziehung und Bildung miteinander verknüpft werden können. Welcher Stellenwert den einzelnen Funktionen dabei zukommt, hängt auch davon ab, wie der Elementarbereich institutionell-politisch verortet ist.[4]

In fast allen deutschen Bundesländern liegt die administrative Zuordnung bei den für Soziales zuständigen Ministerien. Hinsichtlich der gesetzlichen Grundlagen und der institutionellen Struktur gehört der Elementarbereich in Deutschland zur Kinder- und Jugendhilfe, was sich auch auf sein pädagogisches und didaktisches Profil ausgewirkt hat. Das zeigt sich nicht zuletzt darin, dass die Ausbildung der Fachkräfte immer noch fast ausschließlich unterhalb der Hochschulebene angesiedelt ist. Außer in Deutschland und Österreich werden in allen anderen EU-Ländern zumindest die mit der Gesamt- oder Gruppenleitung betrauten Fachkräfte auf Hochschulebene ausgebildet. Das bedeutet, dass in Deutschland den Bildungs- oder Lehrberufen für die Schule ein höherer Stellenwert eingeräumt wird, als den Pflege- und

---

3  Fthenakis/Textor 1998 und Oberhuemer 2001.
4  In den EU-Staaten ist die institutionelle Einbindung der Kindertageseinrichtungen für 0-6jährige unterschiedlich. In Dänemark, Deutschland, Finnland und Österreich sind sie für 0-6/7-Jährige ausschließlich dem Wohlfahrtssystem zugeordnet. In den Ländern Schweden und Spanien gehören die Einrichtungen für 0-6/7-Jährige ausschließlich zum Bildungssystem. In Belgien, Frankreich, Italien, Luxemburg und in den Niederlanden gibt es getrennte Administrationssysteme; die Einrichtungen für jüngere Kinder von 0 bis zu maximal 4 Jahren sind dem Wohlfahrtssystem zugeordnet, die Einrichtungen für Kinder von frühestens 2,5 bis spätestens 6 Jahren gehören zum Bildungssystem. In den Ländern Griechenland, Großbritannien, Irland und Portugal gibt es parallele bzw. überlappende Administrationssysteme; für einige Altersgruppen gibt es sowohl Einrichtungen, die dem Wohlfahrtssektor, als auch solche, die dem Bildungssektor zugeordnet sind (Oberhuemer/Ulich/Soltendieck 2000: 66-68).

Erziehungsberufen für den Elementarbereich. Die Abstufung von Ausbildung, Bezahlung und damit Status der Fachkräfte für den Elementar- gegenüber dem Schulbereich macht deutlich, dass die Kindertageseinrichtungen letztlich doch stärker als Betreuungs- denn als Bildungseinrichtungen angesehen werden. Hochschulabsolventen gelten in Deutschland häufig für Tätigkeiten im Elementarbereich als überqualifiziert.

## 1.2. Interkulturelle Erziehung und Bildung

Interkulturelle Erziehung und Bildung[5] kann allgemein verstanden werden als die pädagogische Antwort auf die multinational, multiethnisch, multilingual, multireligiös, zusammenfassend als multikulturell beschreibbare konkrete Verfasstheit der Gesellschaft.[6] „Kindheit in Deutschland bedeutet das Aufwachsen in einer de facto multikulturellen Gesellschaft" (Bundesministerium für Familie, Senioren, Frauen und Jugend [BM FSFJ]1998: 100). Für Kinder im Vorschulalter gehört die Multikultur zu ihrer Lebenswelt. Sie verbringen einen großen Teil ihres Alltags in Kindertagesstätten, welche die multikulturelle gesellschaftliche Realität abbilden (O. Filtzinger 1998a: 10). Deutsche Kinder und Migranten-, Flüchtlings- und Aussiedlerkinder nehmen die Vielfalt von Ethnien und Kulturen, an anderer Sprache, anderer Gestik, anderer Kleidung, anderen Essgewohnheiten, anderen Verhaltensweisen wahr (BM FSFJ 1998: 98).

Die Zeiten, in denen Bildungseinrichtungen von einer relativ hohen nationalkulturellen Homogenität geprägt waren, sind vorbei. Dennoch wird die Multikulturalität im allgemeinen Bewusstsein noch nicht als Normalität registriert. Es herrscht noch eher ein nationalstaatlich und nationalkulturell orientiertes Gesellschaftsbild vor.[7] Die unzureichende Auseinandersetzung mit der multikulturellen Realität führt dazu, dass Einheimische und Zugewanderte zu wenig auf das Leben in einer neuen politischen, sozialen und kulturellen Konstellation vorbereitet werden. Die Zuwanderer stehen zudem unter einem starken Anpassungsdruck an die gesellschaftlichen Wunschvorstellungen der einheimischen Mehrheit (O. Filtzinger 1998b: 10).

Damit bekommt Erziehung und Bildung auch die Funktion, Handlungskompetenz für das Leben in der multikulturellen Gesellschaft zu vermitteln. Interkulturelle Kompetenz[8] wird zu einer wichtigen Qualifikation heutiger Allgemeinbildung. Die gesellschaftlichen Veränderungen sind jedoch nicht nur migrationsbedingt.

---

5  Zur Unterscheidung der Begriffe Bildung und Erziehung siehe Anm.1. Zur Unterscheidung von interkultureller Erziehung und Bildung siehe Nieke 1995: 34 und Auernheimer 1996: 2-3.

6  Für die Entwicklung einer Erziehung und Bildung als wichtigem Bestandteil auch im Elementarbereich, war die lang anhaltende Negierung der multikulturellen Wirklichkeit durch Politik und ihre Vernachlässigung durch die Wissenschaft hinderlich (Boos-Nünning 1999: 30).

7  Zum Thema multikulturelle Gesellschaft bzw. Nationalstaat vgl. Bukow 1993: 161-163.

8  In Filtzinger 1999b: 12-14 wird die Schlüsselqualifikation interkulturelle Kompetenz als Zusammenfassung verschiedener Kompetenzfaktoren (insbesondere Kommunikationsfähigkeit, Empathie, Offenheit, Flexibilität, Konflikttoleranz, Fähigkeit zu Selbstreflexion, Kreativität) näher beschrieben.

Europäisierung und Globalisierung haben den kulturellen Horizont der Bildungseinrichtungen ebenfalls erweitert und sie vor neue Herausforderungen gestellt. Der Vorbereitung auf das Leben in einem demokratischen Europa der Bürger und in einer durch Information und Kommunikation revolutionierten Welt wird noch zu wenig Rechnung getragen, obwohl sie bereits nachhaltig den Alltag von Kindern beeinflussen.[9]

## 2. Von der Ausländerpädagogik zur interkulturellen Bildung

In den fünfziger Jahren standen zunächst die Kindergärten und Grundschulen vor der Herausforderung, dass sie in Folge der Arbeitsmigration für eine kontinuierlich wachsende Zahl von Kindern anderer Sprache, Nationalität, Volkszugehörigkeit und Religion zuständig waren, ohne dass die Fachkräfte auf diese Situation in ihrer Ausbildung vorbereitet wurden. Sie konnten nicht warten, bis dieses neue Phänomen wissenschaftlich analysiert war; bis Ansätze interkultureller Pädagogik entwickelt waren oder bis methodisch-praktische Hilfen zur Verfügung standen. Sie mussten sich sofort auf Verständigungsschwierigkeiten, auf ungewohnte Verhaltensweisen und neue Probleme einstellen.

Ausgehend von den durch Migration und Multikulturalität geprägten Bildungseinrichtungen wurden verschiedene pädagogische Ansätze entwickelt. Sie unterscheiden sich hinsichtlich der Zielgruppen, Zielsetzungen, Ausgangslagen und Grundprinzipien. Im Folgenden werden die drei am häufigsten in der Literatur und in Praxiskonzepten vorfindbaren Ansätze in typologisierter Kurzform dargestellt.[10]

In den siebziger Jahren hatte sich die *Ausländerpädagogik* zum Ziel gesetzt, die so genannte zweite Generation, also Ausländerkinder[11] und –jugendliche, in Bildungseinrichtungen zu integrieren — als Voraussetzung einer späteren gesellschaftlichen Integration. Integration wurde eher assimilativ verstanden, das heißt als weitgehende Anpassung der Ausländerkinder an die Erziehungs- und Bildungsstandards der Aufnahmegesellschaft. Man bemühte sich eher fürsorgerisch um Ausländerkinder, die oft gleichgesetzt wurden mit Problemkindern, deren Defizite durch Sonderprogramme und Fördermaßnahmen kompensiert werden sollten. Ziel war, die

---

9  Zu den grundsätzlichen Zielvorgaben europäischer Bildungspolitik gehören die Förderung und Wahrung der Menschenrechte, die Entwicklung einer europäischen Identität, das Bewusstsein der globalen Verantwortung Europas (Bos 1994: 357).

10  Sowohl was die inhaltliche Darstellung als auch ihre Periodisierung angeht, lassen sich diese Konzepte nicht trennscharf auseinanderhalten. Es ist jedoch klar, dass sie entsprechend der historisch-gesellschaftlichen Kontexte, in denen sie entstanden sind, verschiedene Schwerpunkte setzen. Zusammenfassungen verschiedener Ansätze bei Auernheimer 1996: 5-18 sowie bei Niekrawitz 1991).

11  In der Literatur und in Verlautbarungen wird auch heute noch häufig der Terminus „Ausländerkinder" oder „Kinder ohne deutschen Pass" verwendet, obwohl es vom Problemzusammenhang angemessener wäre, von „Migrantenkindern" zu reden. Diese Bezeichnung umfasst alle aus Familien mit Migrationshintergrund stammenden Kinder, also auch „Aussiedlerkinder" sowie in Deutschland geborene Kinder aus Migrantenfamilien mit ausländischem oder deutschem Pass sowie Kinder, bei denen ein Elternteil Migrant oder Migrantin ist.

Ausländerkinder in Startpositionen zu bringen, die ihnen gleiche Chancen wie einheimischen Kindern eröffnen. Diese kompensatorische Perspektive hatte nur die Ausländerkinder im Blick. Dadurch wurden die Defizitoptik verstärkt und die Ausländerkinder stigmatisiert. Ihre Schwierigkeiten wurden kaum in der mangelnden Flexibilität der Bildungseinrichtungen gesucht, als vielmehr in den individuellen Problemen der Ausländerkinder. So wurden strukturelle Probleme individualisiert.[12]

In den achtziger Jahren entwickelte sich, nicht zuletzt aus der Kritik an der Ausländerpädagogik, der Ansatz der *Interkulturellen Pädagogik*.[13] Da immer mehr Menschen aus verschiedenen Ländern einwanderten, entwickelte sich Deutschland zunehmend zu einer multikulturellen Gesellschaft. Migranten und Einheimische gleichermaßen waren mit dieser neuen sozialen Situation konfrontiert. Die Pädagogik hatte auf diese Entwicklung zu reagieren. Anders als die frühe Ausländerpädagogik wurde unter Integration jetzt weniger Anpassung verstanden als vielmehr interkultureller Austausch, der in einem partnerschaftlichen Miteinander bei den Fähigkeiten der ausländischen und einheimischen Kinder ansetzt und sie auf diese Weise nicht in zwei Gruppen aufspaltet, sondern zu Gemeinschaftsfähigkeit erziehen will. Einfühlung in das Anderssein soll kulturelle Verschiedenheit weniger als Fremdheit, denn als Bereicherung erleben lassen. Toleranz soll nicht auflösbare Differenzen überbrücken. Die interkulturelle Pädagogik hat mit dem neuen Paradigma Kultur auch die Bildung stärker in den Blickpunkt gerückt.

Zu Beginn der neunziger Jahre nahm die Zuwanderung weiter zu. Die Angst vor Überfremdung, die Konkurrenz um Arbeitsplätze, die stereotypisierte Art und Weise der öffentlichen Darstellung von Multikultur, die populistische Instrumentalisierung der Migrationsprobleme durch Politiker und der erstarkte Rechtsextremismus begünstigten fremdenfeindliche Stimmungen und Gewalttaten. Als Antwort auf diese Situation wurden Ansätze *antirassistischer Arbeit* aufgegriffen. Diese versteht sich stärker politisch als pädagogisch. Sie wirft der interkulturellen Pädagogik Anpassung der Migrantenkinder an die Aufnahmegesellschaft vor und kritisiert, dass diese institutionelle und politische Probleme auf kulturelle Differenzen reduziere.

---

12  Die Tatsache, dass man heute kaum noch von Ausländerpädagogik spricht, sollte nicht darüber hinwegtäuschen, dass in vielen Bildungseinrichtungen und somit auch in denen des Elementarbereichs, vor allem was die Einschätzung der Identitäts- und Sprachentwicklung der Migrantenkinder betrifft, eine Defizitoptik keine Seltenheit ist. Das heißt, es werden aus der Selbstsicherheit über die Stimmigkeit des eigenen Kompetenzprofils einseitig bei den vermeintlichen Problemkindern Mängel festgestellt. Eigene Defizite und strukturelle Mängel der Bildungseinrichtung werden dadurch kaschiert. Kompensatorisches Lernen tritt in den Vordergrund anstelle eines Lernens, das an vorhandenen Fähigkeiten anknüpft und diese erweitert. Damit bleiben wichtige Bildungsressourcen ungenutzt. Wichtige biographische, kulturelle und kommunikative Erfahrungen liegen dadurch häufig brach und werden nicht dazu genutzt, in multikulturellen Lebenssituationen interkulturelles Lernen in direkter Interaktion anzustoßen und zu fördern (Filtzinger 1998b: 10-11).

13  In den Einwanderungsländern wie Australien, Kanada und den USA setzte die Diskussion um interkulturelle Erziehung meist in den siebziger Jahren ein. Sowohl dort als auch in Großbritannien und Frankreich wurde interkulturelle Pädagogik aber stärker von der Schule her als vom Kindergartenbereich aus entwickelt. Weder das amerikanische noch das französische und englische Verständnis von interkultureller Pädagogik ist deckungsgleich mit dem des deutschen Sprachraums. Bei diesen Ländern spielt die spezielle Immigrationsstruktur sowie die Kolonialgeschichte eine Rolle, die auch zu anderen pädagogischen Interventionskonzepten als in Deutschland führten.

Sie richtet sich gegen diskriminierende und benachteiligende Strukturen im Aufnahmeland. Pädagogisch geht es ihr weniger um die Erziehung zur Toleranz bei den einheimischen Kindern, sondern um die Entwicklung der Selbstachtung bei den Migrantenkindern (O. Filtzinger 1999a, 33-35).

Sowohl in der Literatur als auch in der Praxis ist bei Ansätzen, welche die Multikulturalität im Blick haben, mittlerweile meistens von interkultureller Pädagogik oder interkultureller Erziehung oder von interkulturellem Lernen die Rede. Deshalb wird auch im vorliegenden Beitrag dieser Begriff verwendet. Es wird aber davon ausgegangen, dass in diesen Ansatz Elemente anderer Konzeptionen integriert werden können.[14] Es besteht natürlich nach wie vor Bedarf an gezielten Fördermaßnahmen, aber weniger unter dem ausländerpädagogischen Aspekt der Behebung individueller Defizite als unter dem Aspekt des Abbaus von Benachteiligung, struktureller Diskriminierung und Ausgrenzung. Damit wurden auch wichtige Anliegen der so genannten interkulturellen Öffnung der Institutionen aufgegriffen.[15] Es ist müßig, darüber zu streiten, ob angesichts von sich ausbreitendem Rechtsextremismus, Nationalismus und Rassismus auch im Elementarbereich schon antirassistische Arbeit geleistet werden müsse. In jedem Fall ist es wichtig, dass sich interkulturelles Lernen und interkulturelle Bildung auch als präventive Arbeit verstehen, die sich mit Vorurteilsbildung im frühen Kindesalter auseinandersetzt,[16] Methoden fairen Streitens einübt sowie Konfliktstrategien entwickelt, um für die Auseinandersetzung mit Nationalismus und Rassismus gewappnet zu sein.

Durch die immer vielfältiger werdende Migrationsstruktur, bedingt durch die vermehrte Zuwanderung aus „fernen" Kulturen, hat sich die Multikulturalität vervielfacht. Dadurch sind noch mehr direkte Begegnungsmöglichkeiten zwischen verschiedenen Kulturen entstanden. Interkulturelle Erziehung und Bildung können sich aber nicht darauf beschränken, Kontakt und Interaktion zwischen der autochthonen Mehrheit und den allochthonen Migrantenkulturen herzustellen, sondern sollten auch Begegnungsmöglichkeiten zwischen den allochthonen Kulturen untereinander fördern. Man muss sich aber auch darüber im Klaren sein, dass nicht nur mehr Begegnungsmöglichkeiten entstanden sind, sondern auch mehr Reibungsflächen. Dieses Konfliktpotential ist nicht nur oder auch nicht primär kulturell und ethnisch bedingt, sondern hat auch mit dem verschiedenen Rechts- und Aufenthaltsstatus der Migranten zu tun. Bei interkultureller Erziehung und Bildung kann es heute weder um eine simple Anpassung der Migrantenminderheit an die einheimische Mehrheit gehen, noch um eine tolerierte Kopräsenz verschiedener Gruppen, sondern um eine interaktive Integration zwischen verschiedenen ethnischen und

---

14    Es gibt auch Versuche, interkulturelle Pädagogik und interkulturelles Lernen mit anderen pädagogischen Teildisziplinen zu verknüpfen. So versucht z.B. der Ansatz einer Pädagogik der Vielfalt (Prengel 1993), ausgehend von Verschiedenheit und Gleichberechtigung, interkulturelle, feministische und integrative Ansätze miteinander zu verbinden.

15    Zur interkulturellen Öffnung siehe Barwig/Hinz-Rommel 1995 und Wagner 1999: 55-67.

16    Mit dem von Louise Daman-Sparks in Pasadena/Kalifornien entwickelten Anti-Bias-Approach, mit dem auch Anke van Keulen in der Fortbildung von ErzieherInnen in den Niederlanden arbeitet, befasst sich auch das Berliner Projekt „Kinderwelten".

kulturellen Gruppen. Fundamentalistische Tendenzen bei einzelnen Migrantengruppen sollten nicht interessengeleitet dramatisiert, aber auch nicht verharmlost werden. Rechtsradikalismus und Rassismus gibt es auch bei Gruppen der Einwanderer. Die Einbeziehung solcher Überlegungen in die präventive und situationsorientierte Arbeit mit Kindern und Eltern wird immer wichtiger für Konzeption und Praxis interkultureller Erziehung und Bildung im Elementarbereich.

Die gesellschaftlichen Veränderungsprozesse der fortschreitenden Europäisierung und Internationalisierung/Globalisierung eröffnen neue Perspektiven für die interkulturelle Erziehung und Bildung. Es ist viel von einer Europaerziehung im Sinne einer staatsbürgerlichen Bildung für die EU-Bürger die Rede, wobei gleichzeitig davor gewarnt wird, dass die Überwindung einer monokulturellen Orientierung der Pädagogik gegen eine eurozentrische eingetauscht wird. Zunehmend wird auch die kulturelle und pädagogische Dimension der Globalisierung thematisiert. Vor allem die Friedenspädagogik und die Dritte-Welt-Pädagogik beschäftigen sich seit langem mit einer kosmopolitischen Öffnung von Erziehung und Bildung.[17]

### 3. Kindertageseinrichtungen — interkulturelle Spielwiesen oder anerkannte Orte interkultureller Bildung?

Der Ansatz der „Interkulturellen Erziehung" ist nicht am Katheder, sondern zunächst aus der Praxis des Kindergartens, aus der täglichen Konfrontation mit neuen aus der Multikulturalität entstandenen sozialen Situationen, entwickelt worden (Filtzinger 1999a: 33). Nicht zuletzt aufbauend auf diesen Erfahrungen — natürlich auch auf den Fehlern, die dabei gemacht wurden — hat die wissenschaftliche Pädagogik das Material geschöpft, das zu einer Theoriebildung beigetragen hat, die zuweilen mit einer überheblichen Praxiskritik verbunden war. Umgekehrt haben PraktikerInnen manchmal überempfindlich auf die Kritik „zu spät gekommener Theorie" reagiert.

Kindertageseinrichtungen in Deutschland können nicht durch staatliche Vorgaben zur Umsetzung einer bestimmten pädagogischen Konzeption verpflichtet werden. Die Bestimmung der pädagogischen Konzeption obliegt den kommunalen und freien Trägern von Kindertageseinrichtungen, die aber in der Regel den einzelnen Einrichtungen keine inhaltlich detaillierten Vorgaben für das Konzept und die methodisch-didaktische Arbeit machen, sondern diesen einen großen Spielraum lassen. Praktisch wird wohl kaum eine Kindertagesstätte darauf festgelegt, interkulturelle Erziehung und Bildung in die pädagogische Zielsetzung ihrer Arbeit aufzunehmen. So kommt es, dass trotz der bestehenden und zunehmenden Multikulturalität der Einrichtungen interkulturelle Erziehung und Bildung nicht fester Bestandteil des Erziehungskonzeptes jeder Einrichtung ist. Die Wichtigkeit interkultureller Bildung wird längst nicht von allen Trägern/Einrichtungen gesehen. Zwar nimmt das Bewusstsein oder das schlechte Gewissen zu, dass man da „etwas machen müsse", aber

---

17  Auernheimer 1995: 15-17 und Niekrawitz 1991.

viele interkulturellen Bemühungen bleiben in folkloristisch-kulinarischen Aktivitäten stecken, die gelegentlich ein paar bunte Farbtupfer in den pädagogischen Kindergartenalltag bringen.

„Den Kindergärten" werden, was die interkulturelle Arbeit angeht, rasch Versäumnisse nachgesagt. Die halbherzigen Reaktionen auf migrationsgesellschaftliche Bedingungen im Kindergarten erklären sich aber vor allem aus der Tatsache, dass die Ausbildung an den meisten Fachschulen darauf nur spärlich vorbereitet und dass die Angebote der Fortbildung oft sehr unzureichend auf die interkulturelle Bildung eingehen bzw. die von der Ausbildung herrührenden Lücken mit ihren Angeboten nicht schließen können. Die Vernachlässigung interkultureller Bildung in den Kindertageseinrichtungen resultieren unter anderem auch aus der Tatsache, dass internationale Übereinkommen, europäische Konventionen und nationale Rahmenrichtlinien und Empfehlungen, die sich ausdrücklich oder implizit auf die Wohlfahrt von Migranten- und Flüchtlingskindern beziehen, auf der örtlichen Ebene kaum bekannt sind oder zu wenig ernst genommen werden. Von manchen verbrieften Kinderrechten, die der Achtung und dem Wohl von Migrantenkindern dienen, bleiben, soweit sie nicht völlig oder teilweise außer Acht gelassen werden, nicht selten gerade noch aus Wohlwollen und Toleranz gemachte Zugeständnisse erkennbar.

In dem „Übereinkommen der United Nations — Vereinte Nationen (UN) über die Rechte des Kindes"[18] verpflichten sich die Vertragsstaaten, dass sie alle darin festgelegten Rechte achten und „sie jedem ihrer Hoheitsgewalt unterstehenden Kind ohne jede Diskriminierung unabhängig von der Rasse, der Hautfarbe, dem Geschlecht, der Religion, der politischen und sonstigen Anschauung, der nationalen, ethnischen oder sozialen Herkunft (...)" gewährleisten (Art. 2.1). Das Übereinkommen verlangt auch, „das Recht des Kindes auf Bildung" anzuerkennen und „um die Verwirklichung dieses Rechtes auf der Grundlage der Chancengleichheit (...) zu erreichen", auch die verschiedenen Formen weiterführender Schulen „allgemeinbildender und berufsbildender Art (...) allen Kindern verfügbar und zugänglich [zu] machen" (Art. 28.1). Für Migrantenkinder gibt es aber nach wie vor Zugangsbarrieren zu den weiterführenden Schulen.

Im Art. 29.1 sind wichtige Elemente einer interkulturellen Bildung aller Kinder formuliert: „Die Bildung des Kindes [muss] darauf gerichtet sein, (...) dem Kind Achtung vor den Menschenrechten und Grundfreiheiten und den in der Charta der UN verankerten Grundsätzen zu vermitteln, dem Kind Achtung vor (...) seiner kulturellen Identität, seiner Sprache und seinen kulturellen Werten, den nationalen Werten des Landes, in dem es lebt, und gegebenenfalls des Landes aus dem es stammt, sowie vor anderen Kulturen als der eigenen zu vermitteln, das Kind auf ein verantwortungsbewusstes Leben in einer freien Gesellschaft im Geist der Verständigung, des Friedens, der Toleranz, der Gleichberechtigung der Geschlechter und der Freundschaft zwischen den Völkern und ethnischen, nationalen und religiösen Gruppen (...) vorzubereiten." Art. 30 fordert, einem Kind, das in Staaten lebt, „in

---

18    Ein vollständiger Abdruck des „Übereinkommens über die Rechte des Kindes" vom 20.November 1989 findet sich in BM FSFJ 2000b: 78-89. Über 190 Staaten haben diesen Vertrag ratifiziert.

denen es ethnische, religiöse oder sprachliche Minderheiten (...) gibt", nicht das Recht vorzuenthalten, „in Gemeinschaft mit anderen Angehörigen seiner Gruppe seine eigene Kultur zu pflegen, sich zu seiner eigenen Religion zu bekennen und sie auszuüben oder seine eigene Sprache zu verwenden". Die EU hat auf ihrem Gipfel in Nizza von 2000 eine Charta verabschiedet, die ausdrücklich die Rechte der Kinder mit aufgenommen hat.

Die Empfehlung des Rates der Europäischen Gemeinschaft (EG) von 1992 weist darauf hin, dass angemessenere Angebote zur Kinderbetreuung die Freizügigkeit der Arbeitnehmer auf dem europäischen Arbeitsmarkt erleichtern können und dass der Zugang für Kinder mit besonderen Bedürfnissen, wie z.B. sprachlicher Art, gewährleistet sein soll.[19] Was das Recht auf die Muttersprache angeht, hatte der Rat der EG schon 1977 eine Richtlinie erlassen, um dieses Recht der Kinder von Wanderarbeitnehmern sicher zu stellen und mit einer entsprechenden Förderung zu unterstützen. In den Grundschulen wurde Förderunterricht für die Muttersprachen eingerichtet, der allerdings mit vielen organisatorischen Mängeln behaftet war. Häufig wurde der muttersprachliche Unterricht mit der Erleichterung der Wiedereingliederung ins Herkunftsland begründet und war auf ‚Gastarbeiterkinder' beschränkt (G. Auernheimer 1996: 20). Die Sprachenpolitik der EU zielt auf die Dreisprachigkeit ihrer Bürger, wobei das Recht auf den Gebrauch der Muttersprache und der Schutz von Minoritätssprachen besonders betont wird. Die Forderung und Förderung von Mehrsprachigkeit bezog sich jedoch immer auf Schulen, insbesondere auf weiterführende Schulen und Hochschulen. Dem Elementarbereich als Lernfeld früher Mehrsprachigkeit hat man sich erst in den letzten Jahren mit größerer Aufmerksamkeit zugewandt.

Das *deutsche* KJHG befasst sich nicht explizit mit der sozialen und kulturellen Situation von Migrantenkindern im Elementarbereich. Es greift auch nicht die besondere Lage und die Bedürfnisse von Migranteneltern hinsichtlich der Betreuung ihrer Kinder (z.B. erweiterte Öffnungszeiten, Ganztagsplätze) auf. Allerdings formuliert es implizit einige pädagogische Zielsetzungen und Regelungen, die Migrantenkindern und –familien zugute kommen. Die im KJHG postulierte Forderung, dass der Kindergarten die Funktion der Bildung ernst nimmt, trifft sich mit der von vielen Migranteneltern erwarteten Vorbereitung ihrer Kinder auf die Schule. Diese Forderung stößt bei vielen Kindergärten auf wenig Gegenliebe. Freilich soll hier nicht einer „Verschulung" des Kindergartens oder einer oft übertriebenen Erwartungseinstellung der Grundschulen, was die Einschulungsanforderungen der Kinder angeht, das Wort geredet werden. Es ist aber nicht zu verkennen, dass sich in vielen Kindergärten in den vergangenen Jahrzehnten nicht selten eine, sich in der Ablehnung von „Vorschulmappen" kristallisierende Abneigung gegen alles, was schulischem Lernen ähneln könnte, verbreitet hat. Hier müsste ein offenerer, insitutionsunabhängiger Diskurs über die Förderung kognitiven und kindgemäßen Lernens und über institutionsübergreifende Kontinuität der Erziehungs- und Lernsituation von Kindern einsetzen.

---

19   Text abgedruckt in Oberhuemer/Ulich 1997: 312-314.

In den meisten anderen EU-Staaten bestehen weniger Berührungsängste zwischen Kindertagesstätten und Schulen als in Deutschland. Das mag auch an der meist stärkeren administrativen und ressortmäßigen Verzahnung von Sozial- und Bildungsbereich sowie an dem nicht bestehenden oder geringeren Statusunterschieden der in Kindertagesstätten und Grundschulen tätigen Fachkräfte liegen. Viele Erwartungen von Migrantenfamilien laufen deshalb häufig Vorstellungen der Fachkräfte im Kindergarten zuwider. Die Migranteneltern sind sich dabei der Tatsache bewusst, dass die Bildungskarrieren ihrer Kinder weitaus weniger erfolgreich verlaufen als die deutscher Kinder. Dies zeigt sich schon beim Übergang vom Kindergarten zur Schule, wo Migrantenkinder — in den letzten Jahren wieder zunehmend — als noch nicht schulreif oder sonderschulbedürftig eingestuft werden. Diese Diskrepanz wird bildungspolitisch einfach hingenommen oder ursächlich auf den niedrigen Bildungsstand oder das mangelnde Interesse oder die geringe Motivation der Migranteneltern zurückgeführt, statt die Ursachen für diese Bildungsschere genauer zu analysieren und sie mit geeigneten institutionellen und pädagogisch-didaktischen Maßnahmen zu schließen. Andererseits werden kaum sprachpädagogisch und didaktisch durchdachte Lernsituationen im Kindergarten geschaffen, um die Ressource Zwei- und Mehrsprachigkeit bei Migrantenkindern zu erschließen (A. Kracht 2000) und für die einsprachigen deutschen Kinder nutzbar zu machen. Damit könnte eine wichtige Schlüsselqualifikation für die europäische und globalisierte Informations- und Wissensgesellschaft früh gefördert werden. Bei den Migrantenkindern wird somit eine bildungsmäßige Chancengerechtigkeit missachtet und eine individuell differenzierte Lernmöglichkeit leichtfertig verspielt durch eine alles überlagernde Forderung eines sich monolingual gerierenden Schul- und Gesellschaftssystems, dass Migrantenkinder vor allem möglichst früh Deutsch zu lernen hätten und dass deutsche Kinder in ihrer Muttersprachentwicklung nicht behindert werden sollten. Damit soll keineswegs bestritten werden, dass die sehr gute Kenntnis der Verkehrssprache Deutsch die wichtigste Sprosse auf der Leiter zur Schul- und Berufskarriere darstellt. Wenn dem so ist, sind aber viele Sprachförderungsbemühungen im Elementarbereich viel zu spärlich und dilettantisch, da auch die personellen und finanziellen Ressourcen fehlen.

Das KJHG begründet einen Rechtsanspruch auf einen Kindergartenplatz ab drei Jahren für alle in Deutschland ansässigen Kinder. Damit wurde eine — sich auf die Migrantenfamilien sehr positiv auswirkende — sozialpolitische Vorgabe gemacht, die nun rechtlich eine frühe Aufnahme von Migrantenkindern in einen Kindergarten garantiert und damit eine gute Basis für ihre soziale und bildungsmäßige Integration bietet. In diesem Zusammenhang soll allerdings darauf hingewiesen werden, dass zwar „Kinder mit ausländischem Pass grundsätzlich deutschen Kindern rechtlich gleichgestellt" (U. Boos-Nünning 1999: 30) sind, dass es allerdings eine im aufenthaltsrechtlichen Status der Kinder oder ihrer Eltern begründete Ausnahme gibt, die diskriminierend ist, auch wenn die meisten öffentlichen und freien Träger von dieser ausgrenzenden Bestimmung keinen Gebrauch machen.[20]

Die in den 80er und zu Beginn der 90er Jahre bestehende eklatante Unterversorgung ausländischer Kinder mit Kindergartenplätzen hat sich nach dem Inkrafttreten des Rechtsanspruchs merklich verbessert, in einigen Bundesländern oder Kommunen sogar normalisiert, so dass die Versorgungsquote ausländischer und deutscher Kinder im Jahre 2001 gleich oder annähernd gleich ist — ein gelungenes Beispiel sozialer, kultureller und bildungsfördernder Integration auf institutioneller Ebene. Trotzdem gibt es regional noch immer eine Unterversorgung ausländischer Kinder. Hier wirkt sich u.a. auch die Tatsache aus, dass der Rechtsanspruch zwar allgemein gilt, dass er die Jugendämter aber nicht dazu verpflichtet, wohnungsnahe Plätze vorhalten zu müssen. Dadurch sind Kindertagesstätten mit freien Plätzen manchmal schlecht erreichbar. Oft sind Migranteneltern auch nicht über ihren Rechtsanspruch informiert, bzw. sie wissen nicht, wie sie ihn gegebenenfalls durchsetzen können. Manche Träger bzw. einzelne Einrichtungen sind auch dazu übergegangen, für sich eine Art Quote festzulegen, indem sie nur einen bestimmten Prozentsatz oder eine bestimmte Anzahl von Migrantenkindern aufnehmen. Diese Maßnahme stellt eine unzulässige Ausgrenzung von Migrantenkindern dar.

Migrantenkinder sind nach wie vor einer Rückstellung vom Schulbesuch, von einer Empfehlung für die Vorbereitungseinrichtungen auf die Grundschule oder für die Sonderschule besonders betroffen. Es gibt noch weitere Barrieren, die insbesondere Migrantenkindern den Zugang zum Kindergarten erschweren, wie zum Beispiel unflexible Öffnungszeiten, zu wenig Ganztagsplätze, keine Rücksichtnahme auf religiös begründete Essensvorschriften von Muslimen, keine oder zu wenig Beschäftigung von MigrantInnen als Fachkräfte im Kindergarten, insbesondere von muslimischen MigrantInnen in konfessionell-christlich ausgerichteten Kindergärten auch bei hohen Quoten von muslimischen Kindern.

Die Beschäftigung von anderskulturellen Fachkräften in multikulturellen Kindertageseinrichtungen ist wichtig für die Migrantenkinder, weil sie für diese Kinder kulturelle Identifikations- und Repräsentanzpersonen mit advokatorischer Funktion darstellen. Außerdem können sie als sprachliche und kulturelle Vermittler zwischen einheimischen Fachkräften und den Migranteneltern fungieren. Für die deutschen Kinder ist die tägliche Begegnung mit Fachkräften, die selbst MigrantInnen sind, eine wichtige Erfahrung, weil sie tagtäglich nicht nur einheimische, sondern auch

---

20  Nach § 6 Abs. 2 KJHG können Ausländer Leistungen nur beanspruchen, wenn sie rechtmäßig oder aufgrund ausländerrechtlicher Duldung ihren gewöhnlichen Aufenthalt im Inland haben. Der Rechtsanspruch auf einen Kindergartenplatz gilt nur, wenn der Aufenthalt im Inland nicht nur ein vorübergehender ist. Der Aufenthalt in der Erstaufnahmeeinrichtung aber gilt als vorübergehend. „Der Besuch des Kindergartens (...)" — so heißt es in der Antwort der Bundesregierung auf eine kleine Anfrage zum Thema ‚Kindergartenplätze für Asylbewerber' vom 22.10.1996 (Drucksache 13/5876) — „gehört nicht zu den Schutzmaßnahmen zur Abwehr einer Gefährdung für das Kinderwohl und setzt hinsichtlich seiner pädagogischen Eignung eine gewisse zeitliche Kontinuität der Anspruchnahme voraus". Der Rechtsanspruch auf einen Kindergartenplatz gilt demnach nicht für alle in Deutschland lebenden Kinder, sondern ist abhängig von dem aufenthaltsrechtlichen Status der Kinder und ihrer Eltern (Boos-Nünning 1999: 31).

anderssprachige und aus anderen Kulturen stammende pädagogische Bezugspersonen erleben. Daraus können wichtige Anstöße für interkulturelles Lernen entstehen. In multikulturellen Teams besteht für die Fachkräfte untereinander die Möglichkeit, sich im persönlichen Kontakt mit anderen kulturellen und pädagogischen Vorstellungen und Praktiken auseinander zu setzen und Teamarbeit als einen interkulturellen Lern- und Bildungsprozess in direkter Interaktion zu erfahren.

ErzieherInnen und Migranteneltern fordern immer öfter, dass in den Einrichtungen auch anderskulturelle Fachkräfte eingestellt werden. Demgegenüber wenden die Anstellungsträger häufig ein, dass sie keine ausgebildeten MigrantInnen fänden. Das stimmt natürlich in vielen Fällen und ist die Folge der Tatsache, dass Migrantenkinder und -jugendliche im Schulsystem benachteiligt werden und nicht die Schulabschlüsse oder die Leistungsbewertung erreichen, die als Zulassungsvoraussetzung für sozialpädagogische Berufe verlangt werden. Es kommt leider auch noch vor, dass muslimische MitarbeiterInnen nicht eingestellt werden, weil sie ein Kopftuch tragen. Pädagogisch qualifizierte MigrantInnen werden manchmal von der Berufsberatung in andere Berufe (zum Beispiel Pflegeberufe), in denen größerer Arbeitskräftemangel herrscht, geschleust. Die Anerkennung bzw. Teilanerkennung von pädagogischen Studien- und Prüfungsleistungen, die in Nicht-EU-Ländern erbracht wurden, wird oft kleinlich und bürokratisch gehandhabt. Für die professionelle interkulturelle Erziehung und Bildung erforderliche und bei MigrantInnen vorhandene Qualifikationen wie Migrationserfahrung, Erfahrungen mit Rassismus, Diskriminierung und Ausgrenzung, interkulturelle Erfahrung, Zwei- oder Mehrsprachigkeit werden weder bei der Zulassung zur Ausbildung noch in der Ausbildung selbst angemessen berücksichtigt, weil sie formal nicht verlangt werden. Dennoch gehören sie zum heutigen Qualifikationsprofil professioneller interkultureller Bildung.

## 4. Interkulturalität im Elementarbereich — Stiefkind der Forschung

In der Bundesrepublik Deutschland sind wissenschaftliche Untersuchungen für den Vorschulbereich, vor allem was die vorschulischen Einrichtungen für Kinder und die darin geleistete Arbeit in den Bereichen Betreuung, Erziehung und Bildung angeht, insgesamt Mangelware. Der 10. Kinder- und Jugendbericht nennt eine ganze Reihe von Untersuchungen zum Kindesalter, bei denen Kinder mit ausländischer oder anderskultureller Herkunft nicht berücksichtigt werden (BM FSFJ 1998).

Es wurde bislang kaum untersucht, wie Kinder aus Migrantenfamilien in der heterogenen und pluralen Gesellschaft leben und wir wissen recht wenig, wie Kleinkinder für sie Fremdes wahrnehmen und wie sie sich damit auseinandersetzen (BM FSFJ 1998: 100-102).

„Ohne Bezug zur Realität (...) wird sowohl in der politischen Diskussion als auch in der Wissenschaft Kindheit in Deutschland verstanden als das Aufwachsen eines nicht gewanderten, einsprachigen Kindes in einer sprachlich, kulturell und religiös homogenen Gesellschaft. Kinder- und Familienuntersuchungen beziehen weder die Familien mit Migrationshintergrund noch die sich aus der Migration ergebenden gesellschaftlichen Veränderungen für die Einheimischen mit ein (Ausnahme der zehnte Kinder- und Jugendbericht). Daneben wird auf Spezialkongressen, in besonderen Untersuchungen die Lage der ausländischen Kinder aus Flüchtlings- oder Aussiedlerfamilien thematisiert, so als ob es sich nicht um ein wesentliches Element von Kindheit in Deutschland handele. Dieser Hintergrund führt auch dazu, dass die Frage der Kinder mit Migrationshintergrund im Kindertagesstättenbereich weder in der Literatur noch in den Planungen der Kommunen oder Träger hinreichende Berücksichtigung findet" (U. Boos-Nünning 1999: 30).

In den letzten Jahren verbesserte sich diese Lage, auch wenn der Forschungsbereich „Kindertageseinrichtungen" zumindest in Deutschland noch wenig entwickelt ist.

Von 1997-2000 wurde vom Deutschen Jugendinstitut München (DJI) ein Projekt „Multikulturelles Kinderleben" durchgeführt. Aufschlussreich für die interkulturelle Erziehung ist der Versuch, den multikulturellen Alltag aus der Sichtweise der Kinder zu dokumentieren. Es wurden 1.200 Kinder ohne deutschen Pass im Alter zwischen fünf und elf Jahren befragt. Unter interkulturellem Aspekt ist es allerdings schade, dass nicht auch deutsche Kinder befragt wurden, wie sie den multikulturellen Kontext aus ihrer Sicht wahrnehmen.[21]

In den letzten Jahren untersuchten Studien auch die Armut von Kindern und Jugendlichen. Einige Studien geben u.a. auch Aufschluss über die Bildungsbenachteiligung von Migrantenkindern. Der Sozialbericht 2000 der Arbeiterwohlfahrt e.V. (AWO) hat die Armut und die Zukunftschancen von Kindern und Jugendlichen untersucht. Dabei wird deutlich, wie sehr und in welchen Bereichen schon die Migrantenkinder im Vorschulalter von Armut, Benachteiligung und Deprivierung betroffen sind (AWO Bundesverband 2000).[22] Auch der 10. Kinder- und Jugendbericht der Bundesregierung hatte schon darauf hingewiesen, dass ein „erheblicher Marginalisierungsdruck", fehlende oder spärliche Teilhabe an Modernisierungsprozessen und interkultureller Praxis „insbesondere bei Kindern, die an sozialen Brennpunkten, in Lagern oder in ethnischen Ghettos leben, Kinder aus Sozialhilfe- und Arbeitslosenhaushalten und aus Zuwandererfamilien (...), zu (...) Verlustbilanzen führen" (BM FSFJ 1998: 101ff). Der Zusammenhang von Kinderarmut und Marginalisierung und mangelnder Bildungsbeteiligung liegt auf der Hand. Der 6. Familienbericht beschreibt Bildung als wichtigen Weg zur Integration in die Aufnahmegesellschaft, als Voraussetzung für ein positives Selbstkonzept der Migrantenkinder und als Ermöglichung der Entwicklung von Kompetenz im Umgang mit der eigenen kulturellen Differenz und die der anderen Mitglieder der Gesellschaft (BM FSFJ 2000a: 169).

Die in vielen Kindertageseinrichtungen durchgeführte interkulturelle Arbeit könnte für die Ausbildung und Praxis wirksamer gemacht werden, wenn es dazu mehr kritische Evaluation und wissenschaftliche Begleitung gäbe. Datenmaterial aus der Praxis gibt es bereits und im Zuge eines zunehmenden Qualitätsmanagements in

---

21  Eine ausführliche Projektdokumentation liegt vor (1/1999 Beschreibung der Untersuchungsregionen; 2/1999 Tagungsdokumentation zur Mehrsprachigkeit; 3/2000 Flüchtlingskinder, 4/2000 Wie Kinder den multikulturellen Alltag erleben). Eine zusammenfassende Darstellung gibt Zehnbauer 2001.

22  Weiterführende Informationen liefert die Vorstudie zum AWO-Sozialbericht 2000 von B. Hock et. al. 2000.

den Kindertageseinrichtungen liegen auch Evaluationen vor, die wissenschaftlich analysiert und interpretiert werden könnten.[23] Umgekehrt aber besteht auch das Problem der Rezeption von Forschungsergebnissen und von frühpädagogischen Praxiskonzepten in der Erziehungs- und Bildungsarbeit, wie es sich z.B. am Bildungsziel früher Zwei- und Mehrsprachigkeit zeigt. Auch daran wird deutlich, dass in Deutschland der Elementarbereich ein hochschulferner Sektor ist.

## 5. Interkulturelle Bildung im Elementarbereich als bildungspolitische Herausforderung und sozialpädagogische Gestaltungsaufgabe

Wie sehr Kindertageseinrichtungen von den Eltern angenommen sind, zeigt die hohe Besuchsquote, obwohl keine Besuchspflicht besteht. Wahrscheinlich liegt der Grund dafür vor allem in dem gewachsenen Betreuungsbedarf, der durch die veränderten Familien- und Beschäftigungsstrukturen entstanden ist. Zu einem geringeren Teil ist er auf ein gewachsenes Bewusstsein zurück zu führen, dass Bildung eine wichtige Aufgabe der Kindertageseinrichtungen sein könnte. Der Elementarbereich hat Mühe, wegen des Fehlens entsprechender Rahmenbedingungen (vor allem Aus- und Fortbildung des Fachpersonals; Begleitforschung und Teamberatung), diesen Anspruch in die pädagogisch-didaktische Praxis umzusetzen. Dieser Umstand und die Tatsache, dass interkulturelle Bildung bildungspolitisch noch keineswegs als integrativer Bestandteil der in der Schule zu vermittelnden Allgemeinbildung angesehen wird, erklärt, dass es im Elementarbereich vorwiegend bei ausländerpädagogischen Maßnahmen, bei sporadischen interkulturellen Aktivitäten und bei Forderungen nach mehr Sprachförderung der ausländischen Kinder in Deutsch geblieben ist. Ansätze interkultureller Bildung, die versuchen, deutschen und ausländischen Kindern ihren von Multikulturalität geprägten Alltag zu deuten und ihnen interkulturelle Handlungskompetenz für ihre von Migration, Europäisierung und Globalisierung geprägte Zukunft zu vermitteln, haben noch keinen breiten Eingang in den Elementarbereich gefunden. Die Bildungspolitik müsste sich mehr mit dieser Herausforderung auseinandersetzen, zumal es sich auch um eine Forderung handelt, die aus den Kinderrechten abgeleitet werden kann und nicht ein Kürprogramm für die Kindergartenpädagogik darstellt. Die Rechte auf Erziehung, Bildung und auf kulturelle Identität, auf Muttersprache und Chancengerechtigkeit, auf Schutz vor Diskriminierung und Ausgrenzung (O. Filtzinger 1999a: 37-38)[24] müssen stärker bekannt und

---

23　Das Staatsinstitut für Frühpädagogik (IFP) hat mit praxisnahen Untersuchungen und Begleitforschung schon wertvolle Hilfestellungen und Anregungen für die Praxis gegeben. Vgl. das auf grundlegenden Studien basierende Handbuch für Psychologen, Pädagogen und Linguisten von W.E. Fthenakis et al. 1985 zur bilingualen-bikulturellen Entwicklung des Kindes und der Modellversuch „Zweisprachigkeit im Kindergarten" (IFP 1985) oder der Praxisleitfaden zu: „Interkulturelle Arbeit und Sprachförderung in Kindertageseinrichtungen" (Ulich et al. 2000). Das SPI von Nordrhein-Westfalen sowie die Regionalen Arbeitsstellen zur Förderung von Kindern und Jugendlichen aus Zuwandererfamilien (RAA) haben in den letzten Jahren ebenfalls das Thema interkultureller Erziehung im Elementarbereich verstärkt aufgegriffen.

24　Vergleiche dazu die Ausführungen zur Kinderrechtskonvention in Kapitel 3 dieses Beitrags.

bewusst gemacht werden und in den Kindertageseinrichtungen — auch mit Hilfe der Fachberatung und Heimaufsicht — besser beachtet werden als bisher. Die begrüßenswerte Möglichkeit der Einbürgerung von Migrantenkinder von Geburt an darf nicht dazu führen, dass zukünftig Migrantenkinder mit deutschem Pass nicht unter noch größeren Anpassungsdruck geraten und dass integrationsfördernde Maßnahmen auf der Strecke bleiben, obwohl noch ungleiche Bildungschancen und Benachteiligungen vorhanden sind. Zudem muss sozialpolitisch gesehen die Kinderarmut, von der insbesondere Migrantenkinder betroffen sind, abgebaut werden, weil dies eine wichtige Voraussetzung der sozialen sowie der kulturellen und beruflichen Integration ist.

Die Entwicklung und praktische Umsetzung von interkulturellen Bildungs-, Erziehungs-, und Lernkonzepten setzt voraus, dass aus anderen Kulturen stammendes Fachpersonal in den Kindertagesstätten eingestellt wird und multikulturelle Teams gebildet werden. Freilich gilt dies genau so für die Ausbildungsstätten, an denen fast nur Dozenten und Dozentinnen tätig sind, die der regional oder national geprägten Einheimischenkultur angehören (O. Filtzinger 2000: 119-120). Monokulturelle Dozenten- und Praxisteams als Alleinzuständige für interkulturelle Bildung und interkulturelles Lernen sind ein Widerspruch in sich. Bildungspolitiker, Ausbildungsstätten und Anstellungsträger haben bisher wenig getan, um über Fördermaßnahmen und durch interkulturelle Öffnung ihrer Einrichtungen den Zustand zu verändern, dass zu wenig ausgebildete anderskulturelle Fachkräfte zur Verfügung stehen. Interkulturelle Erziehung und Bildung verlangt auch dringend nach der Einbeziehung der Eltern (partizipative Elternarbeit) in die interkulturelle Bildungsarbeit der Kindertageseinrichtungen.

Interkulturelle Bildung sollte als durchgängiges Erziehungs- und Lernprinzip verstanden werden, das im Rahmen des pädagogischen Gesamtkonzeptes[25] Lebens- und Lernsituationen aller Kinder kontinuierlich zu interkulturellem Lernen nutzt. Sie kann dafür die aus verschiedener Erziehung und Sozialisation sowie aus verschiedenen Biographien herrührenden Kulturdifferenzen, die oft nur als Probleme angesehen werden als Ressourcen nutzen, um in produktiver und kreativer Interaktion eine neue Alltagskultur zu entwickeln, ohne die eigene kulturelle Identität aufgeben zu müssen. Interkulturelle Bildung sollte wohlfahrtsstaatlich, politisch, kulturell und pädagogisch so weiterentwickelt werden, dass sie zu einem wichtigen Element zukunftsorientierter Allgemeinbildung mit europäischer und kosmopolitischer Dimension wird.

---

25  Zum Beispiel lässt sich die interkulturelle Erziehung und Bildung sehr gut mit dem situationsorientierten Ansatz, nach dem viele Kindertagesstätten arbeiten, verbinden. Anregungen dazu siehe Filtzinger 1998: 5-18.

# Literatur

Auernheimer, Georg (1996): Einführung in die interkulturelle Erziehung. Darmstadt: Primus Verlag

Arbeiterwohlfahrt Bundesverband e.V. (Hrsg.) (2000): AWO-Sozialbericht. Gute Kindheit – Schlechte Kindheit. Armut und Zukunftschancen von Kindern und Jugendlichen. Bonn: AWO Bundesververband Verlag

Barwig, Klaus/Hinz-Rommel, Wolfgang (Hrsg) (1995): Interkulturelle Öffnung sozialer Dienste. Freiburg i. Br.: Lambertus Verlag

Bundesministerium für Familie, Senioren, Frauen und Jugend (BM FSFJ) (Hrsg.) (1998): Zehnter Kinder- u. Jugendbericht. Bericht über die Lebenssituation von Kindern und die Leistungen der Kinderhilfen in Deutschland. Bonn: Eigenverlag BM FSFJ

Bundesministerium für Familie, Senioren, Frauen und Jugend (BM FSFJ) (Hrsg.) (2000a): Familien ausländischer Herkunft in Deutschland. Leistungen, Belastungen, Herausforderungen. Sechster Familienbericht. Berlin: Eigenverlag BM FSFJ

Bundesministerium für Familie, Senioren, Frauen und Jugend (BM FSFJ) (Hrsg.) (2000b): Die Rechte der Kinder von logo einfach erklärt. Stuttgart: PV Projekt Verlag

Bos, Wilfried (1994): Politikberatung. Eine Aufgabe der Vergleichenden Erziehungswissenschaft bei der Integration Europas In: K. Schleicher/W. Bos 1994: 354-361

Boos-Nünning, Ursula/Henscheid, Renate (1999): Kindertagesstätten in der multikulturellen Gesellschaft. Gegenwärtige Situation und Perspektiven für die Zukunft. In: S. Ebert/H. Metzner 1999: 29-41

Bukow, Wolf-Dietrich (1993): Leben in der multikulturellen Gesellschaft. Opladen: Westdeutscher Verlag

Colberg-Schrader, Hedi/Oberhuemer, Pamela (Hrsg.) (2000): Qualifizieren für Europa. Praxiskulturen, Ausbildungskonzepte, Initiativen. Hohengehren: Schneider Verlag

Deutsches Jugendinstitut München (Hrsg.) (2000): Wie Kinder den multikulturellen Alltag erleben. Ergebnisse einer Kinderbefragung. München: Eigenverlag DJI

Ebert, Sigrid/Metzner, Helga (Hrsg.) (1999): Erziehung im interkulturellen Handlungsfeld. Dokumentation einer Fachtagung des Pestalozzi-Fröbelhauses. Berlin: Eigenverlag Pestalozzi-Fröbel-Haus

Filtzinger, Otto (1998a): Interkulturelle Erziehung und situationsorientierter Ansatz. In: Regionale Arbeitsstellen zur Förderung von Kindern und Jugendlichen aus Zuwandererfamilien Nordrhein-Westfalen (RAA) 1998: 5-18

Filtzinger, Otto (1998b): Interkulturelles Lernen und interkulturelle Kompetenz in sozialpädagogischen Berufen. In: E. Johann et al. 1998: 9-21

Filtzinger, Otto (1999a): Im Kindergarten fing es an. Leitgedanken zur interkulturellen Elementarerziehung. In: Landesbeauftragte für Ausländerfragen bei der Staatskanzlei Rheinland-Pfalz 1999: 33-39

Filtzinger, Otto (1999b): Davon haben wir in der Ausbildung nichts mitgekriegt. Interkulturelles Lernen als Herausforderung an die ErzieherInnenausbildung. In: Landesbeauftragte für Ausländerfragen bei der Staatskanzlei Rheinland-Pfalz 1999: 41-52

Filtzinger, Otto (2000): Interkulturelles Lernen als Herausforderung an die ErzieherInnenausbildung. In: Colberg-Schrader/Oberhuemer (2000): 117-126

Fthenakis, Wassilios E./Sonner, Adelheid/Thrul, Rosemarie/Walbiner, Waltraud (1985): Bilingual-bikulturelle Entwicklung des Kindes. Ein Handbuch für Psychologen, Pädagogen und Linguisten. München: Max Hueber Verlag

Fthenakis, Wassilios E./Textor, Martin R. (Hrsg.) (1998): Qualität von Kinderbetreuung. Konzepte, Forschungsergebnisse, internationaler Vergleich. Weinheim und Basel: Beltz Verlag

Hock, Beate/Holz, Gerda,/Wüstendörfer, Werner (2000): Frühe Folgen — langfristige Konsequenzen? Armut und Benachteiligung im Vorschulalter Bd. 4. Frankfurt: Institut für Sozialarbeit und Sozialpädagogik e.V. Frankfurt Pontifex 2/2000

Johann, E./Michely, Hildegard/Springer, Monika (1998): Interkulturelle Pädagogik. Methodenhandbuch für sozialpädagogische Berufe. Berlin: Cornelsen

Jordan, Erwin/Sengling, Dieter (1994): Jugendhilfe. Einführung in Geschichte und Handlungsfelder, Organisationsformen und gesellschaftliche Problemlagen. Weinheim und München: Juventa Verlag

Kracht, Annette (2000): Migration und kindliche Zweisprachigkeit. Interdiziplinarität und Professionalität sprachpädagogischer und sprachbehindertenpädagogischer Praxis. Münster: Waxmann Verlag

Landesbeauftragte für Ausländerfragen bei der Staatskanzlei Rheinland-Pfalz (Hrsg.) (1999): Interkulturelle Anstöße. 10 Jahre Projekt Institut für Interkulturelle Pädagogik im Elementarbereich e.V. Mainz: Eigenverlag Land Rheinland-Pfalz

Nieke, Wolfgang (1995): Interkulturelle Erziehung und Bildung. Wertorientierungen im Alltag. Opladen: Leske und Budrich

Niekrawitz, Clemens (1991): Interkulturelle Pädagogik im Überblick. Von der Sonderpädagogik für Ausländer zur interkulturellen Pädagogik für alle. Ideengeschichtliche Entwicklung und aktueller Stand. Frankfurt: Verlag für Interkulturelle Kommunikation.

Oberhuemer, Pamela (2001): Zur Qualitätsdiskussion in Europa. Ziele-Projekte-Trends. In: KiTa aktuell HRS 3/2001: 56-59

Oberhuemer, Pamela/Ulich, Michaela (1997): Kinderbetreuung in Europa. Tageseinrichtungen und pädagogisches Personal. Weinheim und Basel: Beltz Verlag

Oberhuemer, Pamela/Ulich, Michaela/Soltendieck, Monika (1999): Die deutsche ErzieherInnenausbildung im europäischen Vergleich. Ergebnisse einer Studie in den 15 EU-Ländern. In: R. Thiersch et.al.: 1999: 64-76. München: Juventa

Prengel, A. (1993): Pädagogik der Vielfalt. Verschiedenheit und Gleichberechtigung in Interkultureller, Feministischer und Integrativer Pädagogik. Opladen: Leske und Budrich

Regionale Arbeitsstellen zur Förderung von Kindern und Jugendlichen aus Zuwandererfamilien Nordrhein-Westfalen (RAA) (Hrsg.) (1998): Die Zukunft gestalten. Dokumentation zweier Workshops. Essen Eigenverlag RAA

Rauschenbach, Thomas/Beher, Karin/Knauer, Detlef (1996): Die Erzieherin. Ausbildung und Arbeitsmarkt. Weinheim und München: Juventa Verlag

Schleicher. Klaus (Hrsg) (1993): Zukunft der Bildung in Europa. Nationale Vielfalt und Europäische Einheit. Darmstadt: Wissenschaftliche Buchgesellschaft

Schleicher, Klaus/Bos, Wilfried (Hrsg) (1994): Realisierung der Bildung in Europa. Europäisches Bewusstsein trotz kultureller Identität? Darmstadt: Wissenschaftliche Buchgesellschaft

Staatsinstitut für Frühpädagogik München (IFP) (1985): Zweisprachigkeit im Kindergarten. Ergebnisse eines Modellversuchs. Gemeinsame Förderung ausländischer und deutscher Kinder im Kindergarten. Donauwörth: Verlag Ludwig Auer

Thiersch, Renate/Höltershinken, Dieter/Neumann, Karl (1999): Die Ausbildung der Erzieherinnen. Entwicklungstendenzen und Reformansätze. Weinheim und München: Juventa

Ulich, Michaela/Oberhuemer, Pamela/Soltendieck, Monika (2000): Interkulturelle Arbeit und Sprachförderung in Kindertageseinrichtungen. München: Bayrisches Staatsministerium für Arbeit und Sozialordnung, Familie, Frauen und Gesundheit

Wagner, Petra (1999): Interkulturelle Öffnung von Kindergärten. In: S. Ebert/H. Metzner 1999: 55-67

Zehnbauer, Anne (2001): Kinder sehen es anders: Ergebnisse einer Befragung zu Multikulturellem Alltag. In: KiTa aktuell NRW Nr. 3/2001. 52-65

231

# Unbegleitete minderjährige Flüchtlinge und Sozialarbeit

*Karin Weiss und Oggi Enderlein*

Innerhalb der Flüchtlinge und Asylsuchenden, die nach Deutschland einreisen, bilden unbegleitete minderjährige Flüchtlinge eine besondere Gruppe. Sie haben alleine, ohne Begleitung eines Familienangehörigen, in Folge von Krieg, Bürgerkrieg, Vertreibung, politischer Verfolgung oder anderer existenzbedrohender Umstände ihre Heimat verlassen. Aktuelle Schätzungen gehen von ca. 5.000-10.000 unbegleiteten minderjährigen Flüchtlingen in der Bundesrepublik Deutschland aus, eine sicherlich sehr kleine, aber aufgrund ihres Lebensalters, ihrer isolierten Situation und der Belastungen, die sie in ihrer Heimat und während ihrer Flucht in Kauf nehmen mussten, eine besonders schutzbedürftige Gruppe. Ihr Status und ihre Lebenssituation unterscheiden sich deutlich von denen jugendlicher Flüchtlinge, die in Begleitung ihrer Familien in Deutschland leben.[1] Diese Kinder und Jugendlichen halten sich meist mit dem Status von Asylbewerbern, Bürgerkriegs- oder De-Facto-Flüchtlingen in Deutschland auf, das heißt, sie verfügen in der Regel nur über eine Duldung bzw. zeitlich befristetes Aufenthaltsrecht und sind damit ständig von Abschiebung bedroht. Sie sind meist auf Leistungen der Sozialhilfe oder auf Leistungen nach dem Asylbewerberleistungsgesetz angewiesen, ihre Bildungs- und Ausbildungsmöglichkeiten sind eng begrenzt, ein Anspruch auf Integrationsleistungen besteht nicht.[2]

Die ersten Kinderflüchtlinge kamen Ende der 70er/Anfang der 80er Jahre in die Bundesrepublik Deutschland, zunächst in relativ homogenen Gruppen als Kontingentflüchtlinge, so z.B. ca. 1.500 Kinder und Jugendliche aus Südostasien oder Anfang der 80er Jahre eine größere Gruppe aus Eritrea.[3] Seitdem hat der Zustrom der Kinderflüchtlinge zunächst kontinuierlich zugenommen. Die Öffnung der Landwege im Zuge des Zusammenbruchs der kommunistischen Staaten in Osteuropa führte zu einer weiteren verstärkten Einreise, die dann jedoch durch die so genannte Drittstaatenregelung und später durch die Einführung der Visumspflicht auch für Kinder und Jugendliche zunehmend schwieriger wurde.

Im Gegensatz zu erwachsenen Asylbewerbern werden die geflüchteten Kinder und Jugendlichen nicht zentral über das gesamte Bundesgebiet verteilt, sondern im Rahmen der Jugendhilfe in dem Bundesland betreut, in dem sie den Behörden zur Kenntnis kommen. Das führt dazu, dass die einzelnen Bundesländer ganz unterschiedliche Zahlen von unbegleiteten Flüchtlingskindern zu betreuen haben. So kommt es, dass unbegleitete jugendliche Flüchtlinge vorrangig in den Städten und gerade in den Städten, die als Hauptpunkte der Einreisewege dienen, untergebracht

---

1    Vgl. hierzu Angenendt 2000.
2    Zu einer ausführlicheren Diskussion des Rechtsstatus der Kinderflüchtlinge siehe auch Huber 1999.
3    Vgl. auch Jockenhövel-Schiecke 1998.

sind, wie z.B. Berlin und Hamburg, dann folgen die Bundesländer mit den großen internationalen Flughäfen, wie Hessen und Bayern. So betreut Berlin ca. 2.500 Kinderflüchtlinge, Hamburg zählte im März 1998 1.750 Kinderflüchtlinge. Brandenburg als kleiner Flächenstaat betreut nur relativ wenige, jährlich werden ca. 40-50 Kinder und Jugendliche aufgenommen, in anderen Bundesländern wiederum wie Saarland oder Schleswig-Holstein sind es so wenige, dass keine entsprechende Statistik geführt wird.[4] Mit den sehr unterschiedlichen Aufnahmezahlen in den verschiedenen Bundesländern ist aber auch die Betreuung jugendlicher Flüchtlinge bzw. die Notwendigkeit, fachliche Standards zu setzen, für die einzelnen Bundesländer unterschiedlich.

Eine bundesweite zentrale Statistik, die auch längerfristige Entwicklungen umfasst, liegt nicht vor, da die Unterbringung Sache der jeweiligen Landesjugendämter ist und keine bundeseinheitlichen Konzepte zur Betreuung oder auch nur zur Erfassung angewandt werden. Bewegungen und Veränderungen über den Zustrom und Verbleib unbegleiteter jugendlicher Flüchtlinge können von daher nur geschätzt werden. Man kann aber davon ausgehen, dass sich die Gesamtzahl der Jugendlichen, die allein nach Deutschland einreisen, mit der Verschärfung der Asyl- und Einreisebestimmungen der letzten Jahre zwar verringert hat, aber dennoch weiterhin kontinuierlich eine Einwanderung alleingeflohener Kinder und Jugendlicher erfolgt und auch weiterhin erfolgen wird. Denn wenn auch die Gesetzesänderungen eine Verschärfung der Einreisebedingungen vorsehen, so bleiben weltweit die Bedingungen, die zu der Flucht führen, unverändert und damit ebenfalls die Motivation, in Deutschland Schutz zu suchen.

Die jungen Flüchtlinge kommen aus immer mehr Ländern nach Deutschland. Waren mit Beginn der 80er Jahre noch große Gruppen aus gleichen Herkunftsländern zu verzeichnen, wie z.B. Vietnam, dann Eritrea und Äthiopien, so werden mit der weltweiten Verschärfung der Lebensbedingungen aufgrund von Kriegen und Bürgerkriegen, aber auch Natur- und Umweltkatastrophen, immer mehr Länder zum Ausgangspunkt von Fluchtbewegungen. Waren es nach den Unruhen im Libanon verstärkt libanesische Flüchtlinge, so kamen später größere Gruppen aus Bangladesh dazu. Ab Mitte der 80er Jahre wurden auch Afghanistan, Sri Lanka, der Iran sowie die Türkei (Kurdistan) zu vorrangigen Fluchtgebieten, Mitte der 90er sind es vorwiegend Westafrika, die Balkanländer, Vietnam oder auch Äthiopien. Die politischen Weltereignisse zeigen ihr Abbild in den Herkunftsländern der jungen Flüchtlinge.

Wie sehr insgesamt die Zahl der Herkunftsländer immer mehr zunimmt, lässt sich gut an den Zahlen des Jugendamtes Frankfurt verdeutlichen: werden für 1986 überwiegend sechs verschiedene Herkunftsländer genannt, sind es zehn Jahre später in Hessen bereits 23 verschiedene Nationalitäten. Diese Entwicklung betrifft nicht nur die alten Bundesländer. Auch in den neuen Bundesländern werden nach der Vereinigung junge Flüchtlinge aufgenommen. Auch wenn insgesamt die Zahlen

---

4    Hierzu ausführlicher siehe auch z.B. Dietz/Holzapfel 1998; Weiss/Enderlein 1999; Rooß/Schröder 1999, Kallert 1999 oder auch Angenendt 2000.

nicht sehr hoch sind, zeigt sich auch hier die zunehmende multiethnische Herkunft der jungen Flüchtlinge: allein Sachsen-Anhalt betreut 1996 bereits junge Flüchtlinge aus insgesamt 21 verschiedenen Nationen.[5]

Ende der 70er Jahre wurden die ersten Flüchtlingskinder überwiegend in deutschen Pflegefamilien untergebracht. Allerdings waren die Erfahrungen damit nicht sehr positiv, da die kulturellen Differenzen zu stark waren und sich die Pflegefamilien mit den besonderen Anforderungen überfordert fühlten. Die Alternative zu Pflegefamilien waren dann spezielle Wohngruppen, in denen man versuchte, Flüchtlingskinder gruppenweise unterzubringen, um die kulturellen Bindungen an das Heimatland aufrecht zu erhalten und einen „sanften" Eintritt in die deutsche Kultur zu ermöglichen. Diese Wohngruppen waren jedoch überwiegend an bestehende Einrichtungen mit deutschen Kindern und Jugendlichen angegliedert. Dennoch entwickelte sich hier eine eher mono-ethnisch orientierte Form der Unterbringung, die die gemeinsame Herkunft der Flüchtlingskinder betonte und in einer multiethnischen Betreuung eine Überforderung sowohl der Kinder als auch der betreuenden Pädagogen sah. 1985 kam es im Zuge der immer größeren Zahlen von Flüchtlingskindern aus immer mehr unterschiedlichen Ländern zur Eröffnung der ersten Sammeleinrichtung ausschließlich für Flüchtlingskinder in Berlin.[6] Inzwischen verfügen alle Bundesländer, die größere Gruppen von Flüchtlingskindern aufnehmen, über Erstaufnahmeeinrichtungen, in der zunächst alle jugendlichen Flüchtlinge untergebracht werden, um nach einer Eingewöhnungszeit, die vor allem aber auch zur behördlichen Abklärung der Lage dient, die Jugendlichen dann in andere – spezielle oder allgemeine – Einrichtungen zu überstellen. Gegen Ende der 80er Jahre haben sich drei Typen von Einrichtungen herausgebildet:[7] die mono-ethnische Unterbringung, die Jugendliche aus maximal zwei oder drei verschiedenen Herkunftsländern aufnimmt, eine multi-ethnische Unterbringung, die Kinderflüchtlinge aus den verschiedensten Nationalitäten, aber ausschließlich Flüchtlingskinder und -jugendliche aufnimmt, und eine integrative Unterbringungsform, in der ausländische und deutsche Jugendliche gemeinsam betreut werden.

Während es in den Bundesländern mit den größeren Aufnahmezahlen inzwischen ausdifferenzierte Angebote mit guten pädagogischen Standards gibt, die oft monoethnische Unterbringungsformen favorisieren,[8] werden in Bundesländern, die nur wenige Flüchtlingskinder betreuen, kaum differenzierte Angebote aufgebaut, sondern je nach der spezifischen Situation bestehende Einrichtungen genutzt (so z.B. in Mecklenburg-Vorpommern) oder einzelne spezifische Einrichtungen geschaffen, wie z.B. in Brandenburg, wo die wenigen Kinder und Jugendlichen zentral in einer multiethnischen Einrichtung betreut werden. Die unterschiedliche Verteilung der jungen Flüchtlinge führt so auch zu unterschiedlichen Ansätzen und Standards in der Betreuung. Gerade die Auseinandersetzung um mono- versus multiethnische Formen der

---

5    Weiss/Enderlein 1999.
6    Siehe auch Weiss/Enderlein 1999.
7    Vgl. auch Jockenhövel-Schiecke 1998, Weiss/Enderlein 1999.
8    Siehe auch Jordan 1998 oder Dahlgaard 1998.

Betreuung und deren Folgen hinsichtlich des Erhalts der Muttersprache, der Bindung an das Herkunftsland und der Integrationschancen haben lange die fachliche Diskussion innerhalb der Träger von Einrichtungen für unbegleitete Flüchtlinge bestimmt, ein bundesweiter Konsens hierzu ist nicht absehbar.[9] Allerdings rücken angesichts des Anstiegs in der Zahl der Herkunftsländer multi-ethnische Betreuungsformen immer stärker in den Vordergrund. Dabei führt die unsichere Perspektive der jungen Flüchtlinge zwischen Bleiberecht und Rückführung zu einer nicht zu lösenden widersprüchlichen Problemstellung für die Jugendhilfe zwischen dem Ziel der Integration und dem Ziel des Erhalts der Rückkehrfähigkeit, die sich wiederum auch auf die Diskussion um die Betreuung zwischen mono- und multi-ethnischen Formen auswirkt.

Wie in allen Bereichen der Sozialarbeit mit Zuwanderern in Deutschland[10] werden auch die Jugendhilfeangebote für unbegleitete minderjährige Flüchtlinge vorwiegend von den großen Wohlfahrtsverbänden bzw. Freien Trägern abgedeckt. Dazu kommen eine Reihe von privaten Anbietern von Pensionen und Wohnheimen, in denen die Jugendlichen ohne jede weitere pädagogische Betreuung lediglich grundversorgt werden. So werden in Hamburg beispielsweise nur 5 % der jugendlichen Flüchtlinge tatsächlich im Rahmen von Jugendhilfeinrichtungen versorgt. Dazu kommt, dass als Folge des seit 1993 gültigen Finanzierungsverfahrens (Kostenerstattung durch überörtliche Finanzierungsträger) häufig selbst Einrichtungen im Rahmen der Jugendhilfe mit – gegenüber Einrichtungen für deutsche bzw. fest hier ansässige Kinder und Jugendliche – verminderten Kostensätzen arbeiten müssen, was sich direkt auf die pädagogische Arbeit in diesen Einrichtungen auswirkt.[11] Dies führt zu sehr unterschiedlichen Ansätzen und fachlichen Standards, die die gesamte Spannbreite von lediglich begrenzter Versorgung bis intensiver pädagogischer Betreuung abdecken. Eine bundesweite Verortung und Vernetzung ist unter diesen Bedingungen kaum möglich. Selbst ein bundeseinheitliches Clearingverfahren fehlt, das verbindliche fachliche Maßstäbe setzt. Auch Ausstattung sowie Betreuungsschlüssel der Einrichtungen ist bundesweit sehr unterschiedlich, so dass letztendlich die pädagogische Qualität der Betreuung des einzelnen jugendlichen Flüchtlings weniger vom individuellen Bedarf denn eher vom Zufall des Einreise-Bundeslandes abhängig ist.

Nach der UN-Konvention über die Rechte des Kindes, von der BRD am 5.4.1992 ratifiziert, verpflichten sich die Unterzeichnerstaaten, *jedes* Kind innerhalb seiner Grenzen umfassend vor Hunger, Armut, Gewalt, Diskriminierung oder Ausbeutung zu schützen. Auch das Haager Minderjährigen Schutzabkommen stellt diese Gruppe von Kindern und Jugendlichen unter einen besonderen Schutz, ebenso schließt das bundesdeutsche Kinder- und Jugendhilfegesetz (KJHG) ausdrücklich alle Kinder und Jugendliche ein, die einen rechtmäßigen Aufenthalt in Deutschland haben. Der Betreuung im Rahmen des KJHG stehen jedoch das Ausländer- bzw.

---

9    Siehe hierzu auch Weiss u.a., in Vorbereitung.
10   Zum Vergleich unterschiedlicher nationaler Hilfesysteme für Zuwanderer siehe auch Bauer 1999.
11   Vgl. auch Angenendt 2000.

Asylgesetz entgegen. Im Folgenden sollen die wichtigsten sich hieraus ergebenden Problempunkte kurz genannt werden.[12] Die so genannte sichere Drittstaatenregelung gilt partiell auch für unbegleitete Kinder und Jugendliche; Einreisende, die nicht direkt aus dem Fluchtland, sondern über einen so genannten „sicheren" Drittstaat einreisen – was ja häufig gar nicht vermieden werden kann –, können abgeschoben werden, weil durch den Zwischenaufenthalt in einem sicheren Land der Asylgrund nicht mehr vorläge. Das so genannte Flughafenverfahren (Asyl-Schnellverfahren) verhindert eine genauere Prüfung des Asylanspruches des Einzelnen, auch hiervon sind Kinder und Jugendliche betroffen. Besonders schwerwiegend in den Folgen für unbegleitete minderjährige Flüchtlinge ist die angenommene Handlungsfähigkeit von Kindern im Asylverfahren, sobald sie das sechzehnte Lebensjahr erreicht haben (Asylmündigkeit). Dabei geht die Ausländerbehörde davon aus, dass Kinder und Jugendliche aus anderen Kulturkreisen bereits mit 16 als voll handlungsfähig anzusehen wären, und so dann eine besondere pädagogische Betreuung oder Unterbringung in der Jugendhilfe nicht notwendig wäre. Nur in Sonderfällen, wenn ein besonderer pädagogischer Bedarf nachgewiesen werden kann, kommt dann das KJHG überhaupt zur Geltung. Alle einreisenden asylsuchenden Jugendlichen über 16 Jahren werden demnach in das Asyl-Normalverfahren aufgenommen, genießen also keinen besonderen Schutz oder Vertretung mehr aufgrund ihres Alters, und werden zentral in Einrichtungen für Erwachsene ohne jede pädagogische Betreuung untergebracht. In diesem Zusammenhang ist die Altersbestimmung von herausragender Bedeutung,[13] die heute, nach schwierigen Auseinandersetzungen um die Zuverlässigkeit und Zulässigkeit von teilweise erzwungenen medizinischen Verfahren, in der Regel per Inaugenscheinnahme durchgeführt wird, indem ein Mitarbeiter des Jugendamtes, allein aufgrund seiner Erfahrung, das Alter des Jugendlichen während einer kurzen Begegnung einschätzt. Die potentielle Willkürlichkeit dieses Verfahrens, dessen Ergebnis den weiteren Aufenthalt des Jugendlichen in Deutschland massiv beeinflusst, liegt auf der Hand.

Flüchtlinge unter 16 Jahren, die ohne Begleitung Erwachsener einreisen, werden nach einem Erstaufnahmeverfahren zur Feststellung des erzieherischen Bedarfes vom örtlichen Jugendamt nach § 42 SGB VIII in Obhut genommen und in der Regel einem Amtsvormund unterstellt, der dann häufig für sein Mündel den notwendigen Asylantrag stellt. Amtsvormundschaften werden allerdings problematisch, wenn ein Vormund, wie z.B. in Berlin, für 200-300 Mündel zuständig ist, eine individuelle Hilfestellung oder auch Prüfung, ob die Stellung eines Asylantrages für den einzelnen Jugendlichen angemessen oder eine andere Form der Klärung der Aufenthaltsfrage gesucht werden muss, also gar nicht mehr möglich ist.

Da das Schulrecht in Deutschland Sache der Bundesländer ist, sind die Regelungen hinsichtlich eines Schulbesuches von unbegleiteten Flüchtlingen je nach Bundesland unterschiedlich. Die Variationen reichen von einer vollständigen Schulpflicht (z. B. Berlin) bis zu lediglich einem eingeschränkten Schulrecht (z.B. Bayern). Darüber

---

12    Zu einer ausführlicheren Diskussion siehe Brenner 1999; Knösel 2000; Angenendt 2000.
13    Vgl. auch Enderlein/Rieker/Weiss 1997.

hinaus ist aufgrund der besonderen Schwierigkeiten minderjähriger Flüchtlinge (z.B. geringes Bildungsniveau aus dem Herkunftsland, mangelnde Sprachkenntnisse oder längerfristiges Aussetzen des Schulbesuchs aufgrund der Fluchtereignisse) eine Beschulung im Rahmen der Regelklassen oft nicht möglich, so dass in einigen Bundesländern Vorbereitungskurse bzw. Förderklassen angeboten werden. Eine bundeseinheitliche Regelung mit klaren fachlichen Vorgaben existiert jedoch nicht. Besondere Schwierigkeiten bestehen auch hinsichtlich einer Berufsausbildung, die durch den Rechtsstatus der jungen Flüchtlinge sowie durch die Regelungen zum Schutz des deutschen Arbeitsmarktes fast unmöglich wird.

Unbegleitete jugendliche Flüchtlinge erhalten nur eine eingeschränkte Gesundheitsversorgung, die lediglich akute Erkrankungen und Verletzungen abdeckt. Gerade bei diesen Kindern und Jugendlichen liegen jedoch aufgrund ihrer Fluchterfahrungen und Traumatisierungen im Heimatland häufig psychosomatische Erkrankungen vor, die sich erst nach längerer Zeit in manifesten Krankheitsbildern äußern. Eine präventive psychosoziale Betreuung wäre daher grundlegend notwendig, wird jedoch nur in den wenigsten Bundesländern angeboten. Auch hier zeigt sich wieder die Abhängigkeit der Betreuung vom Ort der Aufnahme; psychosoziale Beratungszentren sind nur in den städtischen Ballungsgebieten anzutreffen, und lediglich in Berlin und Düsseldorf existieren Behandlungszentren für Folteropfer, in denen – neben anderen – auch minderjährige Flüchtlinge betreut werden. Die Kapazitäten der Zentren sind jedoch bei weitem nicht ausreichend.

**Entwicklungslinien**

Die Situation unbegleiteter minderjähriger Flüchtlinge in Deutschland ist in den letzten Jahren von gegensätzlichen Entwicklungen geprägt: Einerseits haben sich die Chancen, in Deutschland Schutz zu finden, durch die Verschärfungen des Asylrechts und anderer Ausführungsbestimmungen deutlich verschlechtert. Andererseits führt die öffentliche Diskussion um die Einwanderung zu einer langsamen Aufweichung der starren Positionen. Einerseits bezieht das 1990 in Kraft getretene Kinder- und Jugendhilfegesetz zum ersten Mal ausländische Kinder und Jugendliche, und unter ihnen auch unbegleitete minderjährige Flüchtlinge, ausdrücklich in den Leistungsbereich des KJHG mit ein. Fachöffentliche Diskussionen haben darüber hinaus, zumindest in den Bundesländern mit größeren Aufnahmezahlen, zu einer qualifizierteren Jugendhilfe für unbegleitete jugendliche Flüchtlinge geführt, die versucht, sich mit dem elementaren Widerspruch in den Zielen der Arbeit zwischen Integration und Rückführung auseinanderzusetzen. Andererseits wächst die Gefahr, dass administrative Einschränkungen, wie die Schwächen der derzeitigen Kostenregelung und die bundesweiten Einsparungen für Leistungen der Jugendhilfe generell, sowie inhaltliche Einschränkungen – wie z.B. neue Diskussionen in der Jugendhilfe, die monoethnische Betreuungsformen favorisieren[14] – zu Segregationstendenzen und einem

---

14    Siehe auch Scherr 1994; Weiss et.al., in Vorbereitung.

Zwei-Klassen-System auch und gerade in der Jugendsozialarbeit führen. Auf segregative Tendenzen des deutschen Hilfesystems für Zuwanderer allein schon aufgrund seiner Organisationsstruktur und der Dominanz der Wohlfahrtsverbände und Freien Träger hat bereits R. Bauer (1999) hingewiesen. Die in Deutschland vorhandene Sonderstellung der Betreuungsverbände führt zu einem paternalistisch-exklusiven Hilfesystem, dass zu einer weiteren Klientelisierung und Ausgrenzung beiträgt. Über ähnliche Etikettierungstendenzen gerade auch in der Betreuung unbegleiteter minderjähriger Flüchtlinge berichtet z.B. auch die Arbeitsgemeinschaft für Jugendhilfe. Grundsätzlich wird sich Sozialarbeit in der Zukunft verstärkt mit der Frage auseinandersetzen müssen, wie Integration aussehen soll, wie eine multikulturelle Gesellschaft aufgebaut sein sollte, und welche Rolle kulturelle Autonomie von Minderheiten oder im Gegenteil deren Assimilation in eine Mehrheitsgesellschaft dabei spielen.

Die hier genannten Probleme von Sozialarbeit beziehen sich nicht nur auf unbegleitete jugendliche Flüchtlinge, sondern betreffen in den verschiedensten Varianten jede Sozialarbeit mit Kindern und Jugendlichen mit Migrationshintergründen. Daneben stehen jedoch auch spezifische Problembereiche von Kinderflüchtlingen, die eine qualifizierte Jugendhilfearbeit erschweren. So führen die asyl- und ausländerrechtlichen Regelungen zu sehr unterschiedlichen Zahlen von Kinderflüchtlingen in den verschiedenen Bundesländern und zum Teil zu erheblichen Ermessensspielräumen der Behörden, die eine bundesweite Regelung und die Durchsetzung einheitlicher bundesweiter fachlicher Standards unmöglich machen. Die Entwicklung eines verbindlichen Clearingverfahrens ist zwingend einzufordern ebenso wie Standards für eine altersgerechte und den Fluchterfahrungen und Traumatisierungen angemessene Aufnahme und Versorgung auch über die Erstaufnahme hinaus.

Die Hoheit der Bundesländer hinsichtlich der Bildung der jungen Flüchtlinge führt ebenfalls zu eklatanten Unterschieden in den individuellen Bildungschancen, die eine Gleichbehandlung der jungen Kinder und Jugendlichen ausschließen. Das fehlende längerfristige Aufenthaltsrecht für die jungen Flüchtlinge macht darüber hinaus jede Entwicklung von Perspektiven zunichte. Die Verschlechterung der Lage von Flüchtlingen in Deutschland generell (Einschränkung der Asylmöglichkeiten, Absenkung der Standards für Versorgung und Unterbringung, gezielte Schlechterstellung einzelner Flüchtlingsgruppen) beeinflusst auch die Lage von allein geflohenen Kindern und Jugendlichen, die von den immer restriktiveren Regelungen besonders betroffen sind. S. Angenendt (2000) weist in diesem Zusammenhang auch auf die generell geringe Wertschätzung des Kindeswohls im deutschen Asyl- und Ausländerrecht hin. Bis heute haben die Kinderrechtskonvention und das Wohl ausländischer Kinder und Jugendlicher in den Allgemeinen Verwaltungsvorschriften zum Ausländergesetz noch nicht einmal Erwähnung gefunden. Bis heute erkennt die Bundesregierung die internationale Kinderrechtskonvention nur bei Übereinstimmung mit nationalem innerstaatlichen Recht an; Rechte von ausländischen Kindern und Jugendlichen werden im deutschen Asyl- und Ausländergesetz nur unzureichend berücksichtigt. Besonders die derzeitigen Regelungen hinsichtlich

- der Zurückweisung von unbegleiteten Minderjährigen unter 16 bereits bei der Einreise,
- der Flughafenregelung, die auch unter 16-Jährige betrifft,
- der Anwendung des normalen Asylverfahrens bzw. die angenommene Handlungsfähigkeit aller jungen Flüchtlinge über 16 Jahren sowie
- des entsprechenden Altersfeststellungsverfahrens und
- der Unterbringung dieser Jugendlichen in regulären Erstaufnahmeeinrichtungen für Erwachsene

sind für unbegleitete jugendliche Flüchtlinge besonders problematisch und erschweren jede fachlich qualifizierte Jugendhilfearbeit. Daneben ist aus humanitären Gründen eine Altfallregelung für Minderjährige einzufordern, die bereits seit längerer Zeit in Deutschland leben, ebenso sollte eine Rückführung Minderjähriger nicht ohne vorherige Sicherstellung der Aufnahme im Herkunftsland und einer angemessenen Betreuung durchgeführt werden.

Ohne eine adäquate Regelung in diesen Problembereichen kann eine fachlich qualifizierte Sozialarbeit für unbegleitete jugendliche Flüchtlinge kaum geleistet werden. Will die Bundesrepublik Deutschland ihrer Verpflichtung zum Schutz der Rechte von Kindern, die sie mit Unterzeichnung der UN Kinderrechtskonvention übernommen hat, tatsächlich nachkommen und ihren eigenen Anspruch ernst nehmen, muss zwingend an diesen Problempunkten angesetzt werden. Ohne eine Veränderung in diesen Bereichen als Grundlage für jede pädagogische Arbeit werden alle offiziellen Erklärungen zum Schutz von Kindern auch weiterhin nur sehr eingeschränkt Gültigkeit haben.

## Literatur

Angenendt, Steffen (2000): Kinder auf der Flucht. Minderjährige Flüchtlinge in Deutschland. Opladen: Leske + Budrich

Arbeitsgemeinschaft für Jugendhilfe (Hrsg.) (2000): Interkulturelle Jugendhilfe in Deutschland. Bonn: Arbeitsgemeinschaft für Jugendhilfe

Bauer, Rudolph (1999): Hilfekulturen und Organisationsansätze in Europa. In: Woge e.V. und Institut für Soziale Arbeit (Hrsg.) (1999): 498-507

Brenner, Gerd (1999): Integration ausländischer Jugendlicher. In: Deutsche Jugend 3/99. 116-123

Colla/Gabriel/Müller-Teusler/Winkler (Hrsg) (1999): Handbuch Heimerziehung und Pflegekinderwesen in Europa, Neuwied: Luchterhand

Dahlgaard, Sven: Unbegleitete minderjährige Flüchtlinge in Hamburg. In: Weiss/Rieker (Hrsg.) (1998): 35-44

Dietz, Barbara/Holzapfel, Renate (1998): Kinder aus Familien mit Migrationshintergrund. Materialien zum 10. Kinder- und Jugendbericht Band 2. DJI. München: DJI-Verlag

Enderlein, Oggi/Rieker, Peter/Weiss, Karin (1997): Wie alt bist du? Die verhängnisvolle Frage in der Arbeit mit unbegleiteten jugendlichen Flüchtlingen. In: Jugendhilfe 3/97. 141-150.

Gemende, Marion/Schröer, Wolfgang/Sting, Stephan (Hrsg) (1999): Zwischen den Kulturen. Pädagogische und sozialpädagogische Zugänge zur Interkulturalität. Weinheim und München: Juventa

Heun, Hans-Dieter/Kallert, Heide/Bacherl, Clemens (1992): Jugendliche Flüchtlinge in Heimen der Jugendhilfe. Situation und Zukunftsperspektiven. Freiburg: Lambertus

Huber, Bertold: Gesetzliche Grundlagen. In: Woge e.V. und Institut für Soziale Arbeit (Hrsg.) (1999): 223-245

Jockenhövel-Schiecke, Helga (1986): Realities of life and future prospects within two cultures. Unaccompanied minor refugees from South East Asia in the Federal Republic of Germany. In: International Migration 24/86. 573-602

Jockenhövel-Schiecke, Helga (Hrsg.) (1993): Unbegleitete Flüchtlingskinder in Großstädten der Bundesrepublik Deutschland. Frankfurt/M.: Internationaler Sozialdienst Deutscher Zweig e.V.

Jockenhövel-Schiecke, Helga (1998): Ausländische Jugendliche in Einrichtungen der Jugendhilfe – Entwicklungen, Erfahrungen, aktuelle Fragen. In: Weiss/Rieker (1998): 45-72

Jordan, Silke: Clearingverfahren und Erstaufnahme/Erstversorgung – Pädagogische Maßnahmen für unbegleitete minderjährige Flüchtlinge – Ein Bericht über die Bundesländer Berlin, Hessen, Hamburg und Bayern. In: Weiss/Rieker (Hrsg.) (1998): 45-73

Kallert, Heide: Flüchtlinge und Migranten in der Heimerziehung. In: Colla/Gabriel/Müller-Teusler/ Winkler (Hrsg.) (1999): 651-662

Knösel, Peter: Die rechtliche Situation ausländischer Jugendlicher – Konsequenzen für die Jugendhilfe. In: Jugendhilfe Heft 3/00. 123-130

Rooß, Burkhardt/Schröer, Wolfgang (1999): Unbegleitete minderjährige Flüchtlinge. In: Gemende/ Schröer/Sting (Hrsg.) (1999): 117-132

Niekrawitz, Clemens (1990): Interkulturelle Pädagogik im Überblick. Von der Sonderpädagogik für Ausländer zur interkulturellen Pädagogik für Alle. Frankfurt: Verlag für Interkulturelle Kommunikation

Petersen, Elisabeth (1993): Kinder auf der Flucht. Vertrieben, entwurzelt, unerwünscht – Kinderflüchtlinge in Deutschland. Hamburg: Rowohlt

Scherr, Albert (1994): Multikulturalismus – eine Programmatik für die Soziale Arbeit in der Einwanderungsgesellschaft Bundesrepublik? In: Neue Praxis 4/94. 340-349

Sobotta, Joachim (1992): Kindheit und Exil. Zur psychosozialen Situation und Therapie minderjähriger Flüchtlinge. Düsseldorf: Psychosoziales Zentrum für Flüchtlinge

Woge e.V. und Institut für Soziale Arbeit (Hrsg.) (1999): Handbuch der sozialen Arbeit mit Kinderflüchtlingen. Münster: Rowohlt

Weiss, Karin/Rieker, Peter (Hrsg) (1998): Allein in der Fremde. Münster: Waxmann

Weiss, Karin/Enderlein, Oggi: Statistik. In: Woge e.V. und Institut für Soziale Arbeit (Hrsg.): 205-212.

Weiss, Karin/Enderlein, Oggi/Rieker, Peter (in Vorbereitung): Junge Flüchtlinge in multikultureller Gesellschaft: Leske + Budrich

# Transkulturelle Psychiatrie und Psychotherapie

*Eckhardt Koch*

## 1. Problemlage

Unter der Vorstellung nur vorübergehender Zuwanderung wurde in Deutschland die Frage nach Integration der mehr als acht Millionen Menschen ausländischer Herkunft jahrzehntelang vernachlässigt. Forderungen nach gesellschaftlicher Einbindung von Arbeitsmigranten, Flüchtlingen und Asylbewerbern sind erst seit Anfang des Jahres 2000 Thema politischer Parteien. Schlüssige und gleichzeitig mehrheitsfähige Konzepte werden gesucht. Dabei stellt sich auch die Frage, wie das deutsche Gesundheitssystem auf die Herausforderung der Versorgung von Patienten aus anderen Kulturen — zu denen auch die Spätaussiedler (J. Kornischka 1995) zu zählen sind — in der Vergangenheit reagiert hat und ob Konzepte bestehen, die für den aktuellen gesellschaftlichen Diskurs bedeutsam sind.

Medizinische Publikationen beschreiben schon früh[1] Probleme mit fremd anmutender Darstellung körperlichen Leidens bei der Behandlung ausländischer Patienten, die beim Arzt auf Unverständnis stoßen. Betonung körperlicher Schmerzen führt zu überdurchschnittlicher Inanspruchnahme diagnostischer Verfahren, ohne dass hierdurch angemessene therapeutische Interventionen folgen. Im ärztlichen Alltag folgt häufig ein circulus vitiosus von zunehmenden diagnostischen und therapeutischen Maßnahmen ohne positive Auswirkung auf die Symptomatik. Es entwickeln sich chronifizierte Krankheitsverläufe, deren depressive Anteile lange verkannt werden und die oft erst nach Jahren zum Psychiater oder Psychotherapeuten führen.

Obwohl es sich bei der medizinischen Behandlung von Minoritäten um ein wichtiges Thema der gesundheitlichen Versorgung insgesamt handelt, hat sich bislang vor allem die Psychiatrie einer wissenschaftlichen Betrachtung des Gegenstandes angenommen. Dabei dominiert englischsprachige Literatur, in Deutschland fehlen verlässliche epidemiologische Daten[2] weiterhin.

Bei einer Umfrage der Deutsch-Türkischen Gesellschaft für Psychiatrie, Psychotherapie und psychosoziale Gesundheit (E. Koch 2000a) zur psychiatrischen und psychosozialen Versorgung von Patienten ausländischer Herkunft in Deutschland, an der sich insgesamt 89 stationär-psychiatrische Einrichtungen beteiligten, wurden gravierende Defizite bei der stationären wie auch ambulanten Behandlung von Patienten ausländischer Herkunft deutlich. Insbesondere wurde die sprachliche

---

1 Zum Beispiel Poeck 1962; Gmelin 1965.
2 „Psychiatrische Epidemiologie: Zweig der Psychiatrie, der die Häufigkeit psychischer Erkrankungen und den Einfluss kultureller und sozialer Bedingungen auf sie untersucht. Die Ergebnisse dienen als Grundlage für Schaffung und Betrieb psychiatrischer Einrichtungen und Dienste" (Peters 1990: 159).

Verständigung und das Krankheitsverständnis der Patienten von mehr als 2/3 der Institutionen als häufiges und schwerwiegendes Behandlungsproblem genannt. Aber auch diagnostische und therapeutische Unsicherheiten aufgrund von Kulturdifferenz und schlechte sozioökonomische Verhältnisse wurden von der Hälfte der Einrichtungen als therapieerschwerend angeführt.

Die Einrichtungen selber sahen insbesondere einen hohen Bedarf an qualifizierten Dolmetschern (R. Salman 2001) und der Einstellung muttersprachlicher Fachkräfte. Auch wurden spezielle Konzepte innerhalb der Regeleinrichtungen für Minoritäten für dringlich erachtet.

Nur ein Drittel der Einrichtungen gab an, spezielle Angebote für Patienten ausländischer Herkunft bereitzustellen. Dabei handelte es sich überwiegend um den Einsatz professioneller Dolmetscher. Darüber hinausgehende Konzepte wurden nur von insgesamt sechs Kliniken berichtet. Es muss somit festgestellt werden, dass in Deutschland nach wie vor erhebliche Zugangsbarrieren zum System der medizinischen Versorgung für Menschen mit Migrationshintergrund bestehen.

In diesem Beitrag sollen ausgehend von neuen Konzepten der transkulturellen Psychiatrie Hintergründe für den Umgang mit fremdkulturellen Patienten erläutert werden, die als Voraussetzung einer angemessenen medizinischen Versorgung anzusehen sind.

## 2. Historische Entwicklung der transkulturellen Psychiatrie

Psychische Störungen existierten zu allen Zeiten und in allen Kulturen. Auch waren Auseinandersetzungen um geistige Gesundheit und der Umgang mit psychisch Kranken in allen Epochen Teil medizinischer Erörterungen und Praxen. Schon Hippokrates (460-377 v. Chr.), der als Vater der Medizin bezeichnet wird, führte eine erste Klassifikation von Geisteskrankheiten ein, die Epilepsie, Manie, Melancholie und Paranoia umfasste. Die Hippokratiker zeichneten bereits vollständige Lebensgeschichten ihrer Patienten auf und betonten die Bedeutung einer vertrauensvollen Arzt-Patient-Beziehung (F.G. Alexander/S.T. Selesnick 1969). Die islamische Heilkunde brachte bereits im 15. Jahrhundert Krankenhäuser mit speziellen therapeutischen Angeboten für psychisch Kranke hervor. Doch gab es vor Ende des 18. Jahrhunderts kein psychiatrisches Fachgebiet innerhalb der Medizin. Medizinische Spezialisierungen fanden erst ab dem 19. Jahrhundert statt (E. Shorter 1999).

Psychiatrische Untersuchungen in außereuropäischen Kulturen waren erstmals Mitte des 19. Jahrhunderts zu verzeichnen, als die Kolonialmächte Gesundheitsdienste in ihren Hoheitsgebieten planten. Angeregt wurde die Beschäftigung mit kulturvergleichender Psychiatrie durch Kraepelin. Nach Veröffentlichung seines diagnostischen Systems 1899 prüfte er anhand einer Untersuchung an Anstaltspatienten auf Java dessen Gültigkeit auch für fremde Kulturen. In seiner Veröffentlichung (E. Kraepelin 1904: 248-249) führt er unter anderem aus: „Auf der anderen Seite zeigen die uns bekannten Krankheitsbilder dort Abwandlungen, die wir mit einer gewissen Berechtigung auf Rasseneigentümlichkeiten der Erkrankten zurückführen dürfen. Darin liegt eine Ausbeute vergleichend psychiatrischer Untersuchungen, die weit über das ärztliche Gebiet hinaus Beachtung verdient. Wenn sich die Eigenart eines Volkes in seiner Religion und seinen Sitten, in seinen geistigen und künstlerischen Leistungen, in seinen politischen Taten und in seiner geschichtlichen Entwicklung kundgibt, so wird sie schließlich auch in der Häufigkeit und in der klinischen Gestaltung seiner Geistesstörungen zum Ausdruck kommen, besonders derjenigen, die aus inneren Bedingungen hervorgehen." Der Begriff „Transkulturelle Psychiatrie" schließlich geht auf E.D. Wittkower (1964) zurück, der damit eine Erweiterung der psychiatrischen Sichtweise um kulturelle Aspekte von Entstehung, Häufigkeit, Form und Therapie psychischer Störungen in verschiedenen Kulturen verband.

E. Kraepelin ging bei seinen Untersuchungen von Werten, Normen und psychopathologischen Kriterien aus, die seiner eigenen Kultur und der klinischen Erfahrung in Deutschland entstammten. An dieser ethnozentrischen Betrachtungsweise wurde vor allem seitens der Anthropologie und der Ethnologie Kritik geübt. R. Benedict (1934) sprach von kulturellem Relativismus. Normalität und Moral seien kulturell definiert. Ohne Kenntnis der in einer Kultur üblichen gesellschaftlichen Werte und Normen sei eine Unterscheidung von gesund und krank nicht möglich. W. Machleidt (1999) betont, die transkulturelle Psychiatrie habe sich „aus der theoretischen Kontroverse des Universalismus und Kulturrelativismus entwickelt und nicht etwa aus einem humanitären oder therapeutischen Interesse". Die Universalisten interpretieren psychische Syndrome als Ausdruck in allen Menschen angelegter psychobiologischer Strukturen. Die psychopathologischen Abweichungen sind dabei von pathoplastischen kulturellen Einflüssen, die einer individuellen Erkrankung ihre spezifische Färbung verleihen, überformt. Die Kulturrelativisten hingegen erklären Erkrankungen aus einem speziellen kulturellen Kontext. Doch sind bei dieser Auseinandersetzung die Widersprüche weniger bedeutsam als gegenseitige Ergänzung. Beide Theorieansätze sollten nach W. Machleidt (1999: 5) „als Formen von Reflexion verstanden werden, die ein Orientierungswissen im Feld der transkulturellen Psychiatrie vermitteln". Die Festlegung „auf das eine oder das andere würde eine Komplexitätsreduktion in der Sicht der kulturellen Phänomene bedeuten, die so nicht hingenommen werden muss".

## 3. Zum Stand der Diskussion

Zunächst einmal bedarf es einer Präzisierung und Einengung des sehr weit gefassten Begriffes „Kultur", für den zahlreiche Definitionen existieren. W.M. Pfeiffer (1994: 10) beschreibt in seiner bedeutenden Monographie Kultur als einen „Komplex (...) der überlieferte Erfahrungen, Vorstellungen und Werte umfasst sowie gesellschaftliche Ordnungen und Verhaltensregeln. Es geht um die Kategorien und Regeln, mit denen Menschen ihre Welt interpretieren und woran sie ihr Handeln ausrichten. Kultur ist zwar auf den naturgegebenen Eigenschaften des Menschen und auf den natürlichen Umweltbedingungen gegründet; der Einzelne erwirbt sie aber, wächst hinein, indem er Mitglied einer Gesellschaft ist". Dabei sind Kulturen sehr heterogene Systeme, die außerdem ständiger Veränderung unterworfen sind. Die Vorstellung, Kultur sei statisch und überdauernd wie ein Fels in der Brandung, ist nicht haltbar. Ch. Haasen (2000) weist in diesem Zusammenhang auf den Kulturbegriff der französischen Strukturalisten hin, der Kulturen als verschieden und gleichwertig versteht. Doch hat sich C. Levi-Strauss' Vorstellung, gesellschaftlicher Fortschritt entwickele sich gerade durch kulturelle Anleihen verschiedener Kulturen voneinander durch gegenseitige Befruchtung und Stimulation, in der deutschen Gesellschaft bisher kaum entfalten können.[3]

Zunehmende Beachtung erfahren hingegen Vertreter einer kulturimmanenten Betrachtungsweise. Unter dem Einfluss der Sozialanthropologie entstanden vor allem in den USA und Großbritannien neue psychiatrische Ansätze, die als „New Cross Cultural Psychiatry" bezeichnet werden. Dabei betont A. Kleinman (1978), dass westliche psychiatrische Erklärungsmodelle nur als spezifisch für einen bestimmten Kulturraum anzusehen sind. Kultur beschränke sich nicht darauf, natürliche Phänomene nur zu formen (Pathoplastik der Universalisten), sondern sei als Kontext verstehbar, in dessen Rahmen jede psychische Krankheit zu denken ist. R. Littlewood (2001), ein weiterer wichtiger Vertreter dieser Richtung, fordert, Ansätze zu entwickeln, die erleichtern, lokale Verhaltensbeurteilungen mit ähnlichen Verhaltensweisen in anderen Kulturen in Beziehung zu setzen. Erst dann sei eine vergleichende Beurteilung von Verhaltensweisen oder Phänomenen in verschiedenen Kulturen wirklich möglich.

A. Kleinman, der als Begründer dieser Richtung angesehen werden kann, hatte angeregt, zwischen disease (Krankheit im Sinn einer von außen beurteilten biologischen oder psychologischen Fehlfunktion) und illness (Krankheit im Sinn von subjektivem Krankheitserleben und entsprechender Interaktion) zu unterscheiden.

Die Forschungsmethoden der Cultural Psychiatry waren ursprünglich rein qualitativer Natur und berücksichtigten in besonderem Maße den sozialen und lokalen Kontext. Als Beispiel sei eine Untersuchung von B.J. Good (1977) angeführt, der zunächst den örtlichen Bedeutungen von Schmerz und Leid im ländlichen Iran nachging, bevor die eigentliche epidemiologische Untersuchung (B.J. Good/M.J. Del Vecchio-Good 1981) durchgeführt wurde. Dabei wurde deutlich, dass problematische Lebensumstände wie familiäre Konflikte, Armut oder Trauer zu Herzbeschwerden führen, denen somatische Fehlfunktionen zugeschrieben werden.

Ende der 90er Jahre wiesen L.J. Kirmayer und A. Young (1998) bei einer Untersuchung an einer großen kanadischen Population eines multikulturellen Gebietes nach, dass Somatisierung bei allen untersuchten ethnokulturellen Gruppen häufig, aber mit ganz unterschiedlichen psychosozialen und kulturellen Bedeutungen versehen ist.

---

3  Auch psychoanalytische Sichtweisen und Interpretationen, die insbesondere von Devereux (1974, 1978) vorgelegt wurden, haben in letzter Zeit an Bedeutung verloren.

W.M. Pfeiffer (1994: 16) kritisiert an dieser Forschungsrichtung, dass Sinndeutung und „hermeneutisches Verstehen" zu sehr betont würden und „die objektivierbaren Krankheitsvorgänge ganz in den Hintergrund treten". Doch kommt der kulturimmanenten Betrachtungsweise unbestritten große Bedeutung bezüglich des Verständnisses psychischer wie auch körperlicher Symptome zu.

## 4. Psychiatrie und Migration

Wie schon die zuletzt zitierte Studie andeutet, geht es im Zeichen weltweiter Migration und Globalisierung (J. Collatz 1995) bei der transkulturellen Psychiatrie heute nicht mehr um die Erforschung besonderer Formen psychischer Störungen in archaischen Kulturen, sondern um die Auseinandersetzung mit psychischen Auffälligkeiten von Menschen aus fremden Kulturen in den westlichen Ländern. W. Blankenburg (1984) prägte hierfür den Begriff „Ethnopsychiatrie im Inland".

Auch diese Thematik hat in der Medizin eine lange Tradition. Bereits im Mittelalter war in Europa Heimwehkrankheit — wobei Heimweh als Ausdruck erschwerter Ablösung verstanden werden kann — Thema medizinischer Dissertationen. Johannes Hofer führte 1688 unter anderem aus: „Wenn nun solche, obgleich übrigens gut erzogene Kinder, unter andere Nationen kommen, so können sie sich an keine fremden Sitten und Lebensarten gewöhnen, noch der mütterlichen Pflege vergessen: sie sind furchtsam und ergötzen sich nur an dem süßen Gedanken vom Vaterlande, bis sie mit Widerwillen gegen das fremde Land erfüllt (...) Nacht und Tag an die Rückkehr ins Vaterland denken und, daran gehindert, erkranken."[4]

*4.1. Psychische Reaktionen im Laufe des Migrationsprozesses*

Trotz beschränkter Datenlage kann es als gesichert angesehen werden, dass kausale Zusammenhänge zwischen Krankheit und Migration (H.B.M. Murphy 1965) nicht bestehen. Doch sind Störungen bei der Anpassung an veränderte Lebensbedingungen möglich. Dabei handelt es sich um Prozesse, die sich über längere Zeit (Monate bis Jahre) erstrecken, wobei aktuelle Belastungen erneut akute Reaktionen hervorrufen können. Meist handelt es sich aber um chronische Verstimmungen sowie Fehlregulationen der vegetativen Funktionen. Bei der Einschätzung des Erkrankungsrisikos sind nach J. Zeiler und F. Zarifoglu (1997) folgende Unterscheidungen sinnvoll:

- Hoch-Risiko-Personen (z.B. Kinder, alte Menschen, Flüchtlinge)
- Hoch-Risiko-Perioden (z.B. Eingliederungsphase im Aufnahmeland, lebenskritische Ereignisse) und
- Hoch-Risiko-Milieus (z.B. schlechte sozioökonomische Lage, Fehlen identitätsstützender zwischenmenschlicher Bindungen).

---

4   Zitiert nach Frigessi Castelnuovo/Risso 1986: 12.

Das Erkrankungsrisiko ist am höchsten, wenn Hoch-Risiko-Personen entsprechende Perioden durchlaufen und sich zudem innerhalb eines Hoch-Risiko-Milieus aufhalten. Stark gefährdet scheinen Flüchtlinge, bei denen häufig posttraumatische Belastungsstörungen diagnostiziert werden. So ist nachvollziehbar, dass Bevölkerungsgruppen mit unfreiwilliger Migration eine höhere psychiatrische Morbidität aufweisen, als solche mit freiwilliger Migration. Einzig den akuten paranoiden Reaktionen in (sprach-)fremder Umgebung kann ein direkter Zusammenhang mit dem Migrationsprozess zugeschrieben werden. Abnorme Reaktionen in sprachfremder Umgebung wurden bereits im ersten Weltkrieg bei Soldaten beschrieben (R. Allers 1920). Als ursächliche Faktoren von ängstlicher Erregung mit wahnhafter Missdeutung der Umgebung fanden sich psychophysische Belastung durch Kampfhandlungen, Schmerz, Schlafentzug und Erschöpfung bei oft einfachen und weltunerfahrenen Personen. Nach Herstellen einer angemessenen Verständigung klang die Symptomatik rasch ab. Doch lässt die Neigung zu verzweifelten Handlungen (Aggressions-, Flucht- und Suizidtendenz) die grundsätzliche Gefährlichkeit solcher Reaktionen erkennen. Unter Veränderung der Bewusstseinslage und Amnesie können sie bis in amokartige Ausnahmezustände entgleisen. Auch wenn dramatische Reaktionen selten sind, bietet der klinische Alltag zahlreiche Beispiele von paranoiden Reaktionen auf Überforderung und Angst (E. Koch 1998).

## 4.2. Relevante migrationsspezifische Aspekte bezüglich psychischer Störungen bei Migranten

Abgesehen von den oft traumatischen Erfahrungen, die den Anstoß zur Migration gaben, sind im Rahmen des Migrationsprozesses zumindest drei Aspekte zu unterscheiden:

• der Verlust wichtiger Bezugspersonen, darüber hinaus des stützenden Netzes und der vertrauten Atmosphäre der Heimat
• die Auseinandersetzung mit der neuen Umgebung
• die Entwicklung einer individuellen Position („Identität") zwischen den Polen der Kultur und dem neuen Milieu.

So eng diese Aspekte miteinander verknüpft sind, sollen sie jedoch getrennt besprochen werden.

### 4.2.1. Verlust wichtiger Bezugspersonen und des heimatlichen Stützsystems

Die mediterranen Migranten — und hier speziell die aus der Türkei — kommen zwar zum Teil aus städtischer Umgebung, sind aber weitgehend ländlich geprägt und in hohem Maße auf enge familiäre und nachbarschaftliche Kontakte eingestellt. Der Abschied von Familie und Heimat ist daher geeignet, zwiespältige Gefühle hervorzurufen. Einerseits mag er als Akt selbstbestimmter Befreiung aus der

Rückständigkeit des Dorfes oder der Perspektivlosigkeit großstädtischer Elendsviertel erscheinen. Andererseits bedeutet Migration den Verlust der Sicherheit und Geborgenheit, welche durch das soziale Netz und die gewohnte Lebensform bisher vermittelt wurden. Und deren bedürften die Migranten in den fremdartigen und bedrohlichen Situationen der neuen Umgebung in besonderer Weise, vor allem, wenn sie auf sich allein gestellt sind. Ablösung ist ohne Trauerarbeit nicht möglich. Die heutigen Arbeitsmigranten begegnen dem Leid der Trennung auf vielfältige Weise. Die Abwesenheit wurde für eine möglichst kurze Frist geplant; alle Bemühungen waren darauf gerichtet, durch Grunderwerb, durch Hausbau eine glückliche Zukunft in der Heimat zu sichern. In der Zwischenzeit versuchten sie, das Leben soweit wie möglich den heimischen Gewohnheiten anzunähern. Dabei bildeten sich um Familien, Freundeskreise oder Moscheegemeinschaften zum Teil sozial abgeschlossene Wohnverhältnisse (P. Geiersbach 1989). Unter der Perspektive der Heimkehr wurde die innere Zugehörigkeit zur heimischen Welt lebendig gehalten. Diese Zukunftspläne erwiesen sich jedoch oft als illusionär. Entgegen der Realität wird gern am „Mythos der Heimkehr" festgehalten. Dieser Einstellung kommt auch eine Schutzfunktion zu, denn sie verleiht dem Aufenthalt in der Fremde etwas Provisorisches, das erst durch die Ausrichtung auf eine glückliche Zukunft in der Heimat Sinn erhält. Allerdings wird durch eine derartige Einstellung auch die Auseinandersetzung mit der neuen Umgebung vermieden, so dass ein entscheidender Teil der Lebenswirklichkeit ungelebt bleibt. Fehlende Unterstützung zur Integration seitens Politik und Gesellschaft hat diese Entwicklung gefördert.

### 4.2.2. Beziehung zur neuen Umgebung

Mediterrane Arbeitsmigranten sind auf die Auseinandersetzung mit einer fremden Kultur meistens nicht vorbereitet. Kenntnisse der Sprache, der Sitten und der Lebensverhältnisse des aufnehmenden Landes fehlen. So sind Missverständnisse der Kommunikation und zum Teil auch ernstere Schwierigkeiten vorprogrammiert.

Ein Beispiel: Eine Türkin, die kürzlich nach Deutschland gekommen war, erlebte mit Angst und Wut, wie man vor ihrer Wohnung Gerümpel anhäufte. Sie vermutete darin eine feindselige Handlung, die sie vertreiben sollte. Sperrmüllsammlung war ihr aus der Heimat nämlich unbekannt.

Zwar sind derartige Fehlreaktionen häufig, gelangen aber wegen ihrer Flüchtigkeit und Einfühlbarkeit nicht in psychiatrische Behandlung. Doch auf der Grundlage eines starken Gefühls der Beschämung oder des Bedrohtseins kann es zu Fehlverhalten kommen z.B. in Form von Aggression oder ängstlichem und verletztem Rückzug. Integration kann nicht durch einseitige Anpassungsleistung des Zugewanderten allein ermöglicht werden. Hier ist beidseitige Zuwendung und Annäherung erforderlich. Feindliche Gewalttaten und politische Ausgrenzungen belasten die Integration erheblich und können die Zunahme depressiver und paranoid gefärbter Reaktionen unter den Migranten fördern (J. Zeiler/F. Zarifoglu 1995).

### 4.2.3. Persönliche Identität zwischen Herkunftsland und neuer Umgebung

Im Spannungsfeld zwischen heimatlicher Welt und dem Leben im Aufnahmeland haben Migranten ihre persönliche Orientierung zu finden: Selbstverständnis des Einzelnen, Bewertung wechselnder Lebenssituationen sowie Ausformung des entsprechenden Verhaltens. Dieses Spannungsfeld kann nicht nur als Belastung, sondern auch als wichtiger und grundsätzlich bereichernder Bestandteil modernen Lebens betrachtet werden. Es kommt darauf an, sich der Begegnung zu öffnen, andere zu verstehen und ihr Anders- und Fremdsein zu respektieren. Dies ist Voraussetzung für ein konstruktives Zusammenleben in multikulturellen Gesellschaften.

*Identität* erscheint damit — ähnlich wie Kultur — nicht als ein Ding, das man *hat*, sondern als ein Prozess, in dem man sich befindet, den man lebt. Einerseits ist der Mensch von der Kontinuität seiner Lebensgeschichte, den erfahrenen Prägungen, seinen sozialen Beziehungen und Rollen getragen. Zugleich bedeutet der Prozess aber fortschreitende Wandlung, durch die Interaktionen mit anderen Menschen verstetigt und gesteuert. In diesem Wechsel verleihen Zuwendung und Bestätigung durch andere Menschen Sicherheit, während Ziele und Möglichkeiten die Zukunft erschließen. All dies sind wesentliche Aspekte des Selbstbildes/der Identität. Damit wird deutlich, wie bedroht ein Leben ist, dem die Bestätigung durch die Mitwelt und die zukunftsweisenden Ziele und Chancen fehlen.

## 5. Besonderheit in Erscheinungsbildung und Interpretation psychischer Störungen

Bei Arbeitsmigranten aus mediterranen Ländern ist grundsätzlich mit den gleichen psychischen Krankheiten zu rechnen wie bei der eingesessenen Bevölkerung. Auch in der Prävalenz bestehen, sofern man die Altersstruktur berücksichtigt, keine sicheren Unterschiede. „Kulturgebunde Syndrome" (W.M. Pfeiffer 1980) im engeren Sinn sind bei Patienten aus dem Mittelmeerraum kaum zu erwarten, allenfalls fremdartige anatomische Vorstellungen und kulturtypische Krankheitsdarstellungen. In mehrfacher Hinsicht bestehen allerdings bei den Migranten Besonderheiten in der Interpretation und in der Darbietung der Krankheitserscheinungen. Auch ist mit Unterschieden der Einstellungen und Erwartungen zu rechnen, die für das ärztliche Handeln zu berücksichtigen sind.

* *„Leibhaftigkeit" des Leidens:* Die ausgeprägte Körperbezogenheit, mit der mediterrane Patienten ihr Leid erleben und darstellen, ist für den deutschen Arzt befremdlich. Gewiss kann man hier einen Bewältigungsversuch ursprünglich seelischer Schwierigkeiten sehen; doch berechtigt das nicht, auf einen Mangel an Ausdrucksvermögen für emotionale Gehalte (im Sinne einer Alexithymie[5]) zu schließen. Das Leid wird primär ganzheitlich, „leibhaft" erfahren, wofür

---

5    „Alexithymie: Lesestörung (=Alexie) für Gefühle (=Thyme). Unfähigkeit, bei sich oder anderen Gefühle
     wahrzunehmen und in Worte zu fassen" (Peters 1990: 15).

bereits die Klagegesänge des alten Testamentes Zeugnis geben. Demgegenüber stellt die nachdrückliche Trennung von körperlichem und psychischen Erleben eine verhältnismäßig späte Erwerbung unserer bürgerlichen Kultur dar.

In der Therapie kommt es darauf an, die Patienten in ihrer Körperbezogenheit zu akzeptieren, aber das ganzheitlich erfahrene Leid nicht auf den körperlichen Aspekt zu reduzieren. Es sollte versucht werden, ganz im Sinne der kulturimmanenten Betrachtung, die körperliche Symptomatik auf ihren emotionalen Gehalt und auf ihre Bedeutung für die Lebenssituation des Patienten hin durchsichtig zu machen.

- *Lokalisation der Konflikte im Außenraum:* Unsere psychotherapeutischen Methoden beruhen zu einem wesentlichen Teil auf Introspektion und Erhellung der Lebensgeschichte. Hierzu sind mediterrane Patienten oft wenig geneigt, da sie völlig von ihren aktuellen Schwierigkeiten in Anspruch genommen werden. Zudem führen sie Krankheit und Unglück vor allem auf äußere Einwirkungen zurück, also auf Störungen in den zwischenmenschlichen Beziehungen. Solche Patienten zur Introspektion zu drängen, hätte wenig Sinn. Vielmehr ist es wichtig, die Welt des Patienten und seine konkrete Situation so wahrzunehmen, wie dieser es tut.[6] Durch gemeinsame Betrachtung der Ereignisse kann dann allmählich die persönliche Bedeutung und das emotionale Gewicht des Geschehens fassbar werden. Es geht also weniger um therapeutische Techniken als um eine vertrauensvolle Arzt-Patient-Beziehung (E. Koch 2000b).

- *Umgang mit magischen Vorstellungen:* Magische Einwirkungen wie böser Blick, Zauber oder Fluch sind im Grunde Manifestationen zwischenmenschlicher Beziehungsstörungen, womit sie sich zugleich als soziales Regulativ erweisen: Im Interesse des eigenen Wohlergehens ist es nötig, mit der Umwelt in Harmonie zu leben und keinen Anlass zu Neid, Groll oder Rachewünschen zu geben. Wenn aber das Befinden ernstlich gestört ist, dann entlastet die magische Interpretation den Betroffenen von Schuldgefühl und mobilisiert die Solidarität der Gruppe, die sich durch gezielte Aktivität gegen den gemeinsamen Feind zur Wehr setzt (M. Risso/W. Böker 1964).

Den Patienten durch Bekehrung zur naturwissenschaftlichen Betrachtungsweise von seinen Beeinträchtigungsideen zu befreien, würde eine Missachtung seiner Weltsicht bedeuten und bewirken, dass er sich unverstanden und zurückgewiesen fühlte (F. Röder/P. Opalic 1987). Es bedarf verständnisvoller Anteilnahme durch den Arzt — auch bei unterschiedlichen Sichtweisen —, der Aussprache und Bearbeitung der Ängste sowie der Stärkung des Vertrauens in die eigene Kraft und Kompetenz. Auf diesem Wege könnte es gelingen, die Projektionen aufzulösen und den magischen Befürchtungen ihr Gewicht zu nehmen.

---

6   Siehe auch Oesterreich 2001.

- *Psychische Störungen in der multikulturellen Gesellschaft:* Im Rahmen dieses Aufsatzes soll auf unterschiedliche psychiatrische Störungen nicht näher eingegangen werden. Spezifische kulturelle Hintergründe einzelner Krankheitsbilder aufzuschlüsseln, würde den Rahmen sprengen. Dass psychische Prozesse nicht von dem soziokulturellen Kontext der Betroffenen zu trennen sind, wurde erläutert. Erkennen und Beurteilen kulturspezifischer Äußerungen ist Voraussetzung angemessener Behandlung. Erstmals wurden von Ch. Haasen und O. Yagdiran (2000) Richtlinien für die Beurteilung kultureller Aspekte bei unterschiedlichen Störungsbildern im Bereich Kinder- und Jugendpsychiatrie, Allgemeinpsychiatrie, Sucht- und Gerontopsychiatrie vorgeschlagen. Transkulturell-psychiatrische Sicht- und Vorgehensweisen mit ihren interdisziplinären Ansätzen erobern sich allmählich Zugang zum psychiatrischen Alltag.

## 6. Abschließende Überlegungen

Wanderbewegungen von Einzelpersonen wie auch von größeren Gruppen sind zu einem wesentlichen Merkmal unserer Zeit geworden. Das bedeutet, dass Menschen unterschiedlicher Sprachen, Traditionen und Wertsetzungen miteinander in Verbindung treten und auf Dauer zusammenleben. Damit eine multikulturelle Gesellschaft möglichst reibungslos funktioniert, sind allgemeine Kenntnisse der verschiedenen Kulturen und deren Wertvorstellungen unverzichtbar.

Für die Psychiatrie bedeutet das, sich in noch stärkerem Maße mit kulturtypischen Krankheitsbildern und Erwartungen ausländischer Patienten auseinanderzusetzen, um Grundlagen für eine sinnvolle Arzt-Patient-Beziehung zu schaffen. Aus-, Fort- und Weiterbildung der psychiatrisch tätigen Berufsgruppen muss um Aspekte „interkultureller Kompetenz"[7] erweitert werden.

Bei der psychosozialen Versorgung von Migranten in Deutschland bestehen im psychiatrisch-psychotherapeutischen Bereich weiterhin erhebliche Probleme. Hier fehlen klare Konzepte. Öffentliche Versorgungseinrichtungen wie psychiatrische Krankenhäuser, Gesundheitsämter oder Beratungsstellen müssen sich in stärkerem Maße Migranten öffnen. Interkulturelle Kompetenz des deutschen Fachpersonals und Integration bilingualer Fachkräfte unterschiedlicher Herkunft in die deutschen Behandlerteams ist dafür Voraussetzung (G. Pavkovic 2001). Die Schaffung eigener Kliniken und Versorgungsstrukturen für Migranten hingegen würde weiterer Ausgrenzung Vorschub leisten.

Die psychosoziale Versorgung von Minoritäten ist in den Vereinigten Staaten, aber auch einigen Ländern Europas — insbesondere Großbritannien, Holland und Schweden — bereits deutlich weiter entwickelt (S. Priebe 2000). Diese Erfahrungen kann und sollte die deutsche Psychiatrie nutzen. Auch bei der Forschung besteht Nachholbedarf. Hinsichtlich der Migranten wie auch der Rückkehrer sind

---

7   Siehe in diesem Band den Beitrag von Rohr.

Untersuchungen zur Epidemiologie und zur Evaluation therapeutischer Maßnahmen nur in unzureichendem Umfang vorhanden. Gerade im Hinblick auf die zunehmende internationale Vernetzung bedarf es verstärkter gemeinsamer und koordinierter Bemühungen und multizentrischer Studien auch im Ländervergleich.

Abschließend ist festzustellen, dass die multiethnische Bevölkerungszusammensetzung in der gesellschaftlichen Wirklichkeit der entwickelten Länder einen unumkehrbaren Prozess darstellt. Diese Realität zu verleugnen führt zu gefährlichen Fehlentwicklungen. Um den Migrationsforscher K. Bade (1994) zu zitieren: „Was man tabuisiert, kann man nicht gestalten".

## Literatur

Alexander, F.G./Selesnick, S.T. (1969): Geschichte der Psychiatrie. Konstanz: Diana

Allers, R. (1920): Über psychogene Störungen in sprachfremder Umgebung. In: Zf Neurol Psychiat 60. 1920. 281-89

Bade, K.J. (1994): Ausländer, Aussiedler, Asyl. Eine Bestandsaufnahme. München: Beck

Benedict, R.(1934): Patterns of culture. Boston: Mifflin

Blankenburg, W. (1984): Ethnopsychiatrie im Inland. Norm-Probleme im Hinblick auf die Kultur- und Subkulturbezogenheit psychiatrischer Patienten. Curare 2. 1984. 39-52

Collatz, J. (1995): Auf dem Weg in das Jahrhundert der Migration. Auswirkungen der Migrationbewegungen auf den Bedarf an psychosozialer und sozialpsychiatrischer Versorgung. In: Koch/Özek/Pfeiffer (Hrsg.) (1995): 31-45

Eisenberg, L./Kleinman, A. (Hrsg.) (1981): The relevance of social science for medicine. Dordrecht: Reidel

Faust, V. (Hrsg.) (1995): Psychiatrie – Lehrbuch für Klinik, Praxis und Beratung. Stuttgart: Gustav Fischer

Frigessi Castelnuovo, D./Risso, M. (1986): Emigration und Nostalgia. Sozialgeschichte, Theorie und Mythos psychischer Krankheiten von Auswanderern. Frankfurt: Cooperative Verlag

Geiersbach, P.(1989): Warten bis die Züge wieder fahren. Ein Türkenghetto in Deutschland. Bd.1. Berlin: Mink

Good, B.J. (1977): The heart of what's the matter. The semantics of illness in Iran. Cult. Med. Psychiat. 1 (1977). 25-28

Good, B.J./Del Vecchio-Good, M.J. (1981): The meaning of symptoms. A cultural hermeneutic model for clinical practice. In: Eisenberg/Kleinman (Hrsg.) (1981): 165

Gmelin, W. (1965): Ärztliche Probleme der Gastarbeiter in der BRD. Ärztliche Praxis 17. 1965. 886-890

Haasen, Ch./Yagdiran, O. (Hrsg.): Beurteilung psychischer Störungen in einer multikulturellen Gesellschaft. Freiburg: Lambertus

Haasen, Ch. (2000): Kultur und Psychopathologie. In: Haasen/Yagdiran (Hrsg.) (2000): 13-28

Hegemann, Th./Salman, R. (Hrsg.) (2001): Transkulturelle Psychiatrie. Konzepte für die Arbeit mit Menschen aus anderen Kulturen. Bonn: Psychiatrie Verlag

Kantor, M.B. (Hrsg.) (1965): Mobility and Mental Health. Springfield: Thomas

Kirmayer, L.J./Young, A. (1998): Culture and somatization: clinical, epidemiological and ethnographic perspectives. Psychosom Med Jul-Aug; (4). 1998. 420-30

Kiesel, D./von Lüpke, H. (Hrsg.) (1998): Vom Wahn und vom Sinn. Frankfurt: Brandes und Apsel

Kleinman, A. (1978): Concepts and a model for the comparison of medical systems as cultural systems. Social Science and medicine 12. 1978. 85-93

Koch, E./Özek, M./Pfeiffer, W.M. (Hrsg.) (1995): Psychologie und Pathologie der Migration. Freiburg: Verlag Lambertus

Koch, E./Schepker, R./Taneli, S. (Hrsg.) (2000): Psychosoziale Versorgung in der Migrationsgesellschaft. Freiburg: Lambertus

Koch, E. (1998): Wahn und Entwurzelung. In: Kiesel/von Lüpke (Hrsg.) (1998): 39-51

Koch, E. (2000a): Zur aktuellen psychiatrischen und psychosozialen Versorgung von Minoritäten in Deutschland – Ergebnisse einer Umfrage. In: Koch/Schepker/Taneli (Hrsg.) (2000): 55-67

Koch, E. (2000b): Probleme der Arzt-Patient-Beziehung – allgemeine und interkulturelle Aspekte. Balint-Journal 2000. 1. 103-108

Kornischka, J. (1995): Psychische Störungen und soziale Probleme von Spätaussiedlern. In: Faust (Hrsg.) (1995): 509-517

Kraepelin, E. (1904): Vergleichende Psychiatrie. Cbl. Nervenheilk. Psychiat. 27 (1904) 433-437. Nachdruck curare 3. 1980. 245-250.

Littlewood, R. (2001): Von Kategorien zu Kontexten – Plädoyer für eine kulturumfassende Psychiatrie. In: Hegemann/Salman (Hrsg.) (2001): 22-38

Machleidt, W. (1999): Brennpunkte und Perspektiven Transkultureller Psychiatrie. Vortrag bei den Marburger Gesprächen zur Transkulturellen Psychiatrie „Begegnung mit dem Fremden" am 20. Nov. 1999. Unveröffentlichtes Manuskript

Murphy, H.B.M. (1965): Migration and the major mental disorders: a reappraisal. In: Kantor (Hrsg.) (1965): 5-29

Oestereich, C. (2001): Interkulturelle Psychotherapie in der Psychiatrie. Eine professionelle Herausforderung. In: Hegemann/Salman (Hrsg.): Transkulturelle Psychiatrie. Konzepte für die Arbeit mit Menschen aus anderen Kulturen. Bonn: Psychiatrie Verlag: 152-165

Pavkovic, G. (2001): Interkulturelle Teamarbeit. In: Hegemann/Salman (Hrsg.): 206-220

Peters, U.H. (1990): Wörterbuch der Psychiatrie und medizinischen Psychologie. 4. Auflage, München: Urban und Schwarzenberg

Pfeiffer, W.M. (1980): Kulturgebundene Syndrome. In: Pfeiffer/Schoene (Hrsg.) (1980): 156-170

Pfeiffer, W.M./Schoene, W. (Hrsg.) (1980): Psychopathologie im Kulturvergleich. Stuttgart: Enke

Pfeiffer, W.M. (1994): Transkulturelle Psychiatrie – Ergebnisse und Probleme. 2. Auflage. Stuttgart: Thieme

Pfeiffer, W.M.( 1995): Transkulturelle Aspekte der Psychiatrie. In: Faust, V. (Hrsg.): 31-37

Poeck, K. (1962): Hypochondrische Entwurzelungsdepression bei italienischen Arbeitern in Deutschland. Deutsche Med. Wschr. 87. 1962. 1419-1424

Priebe, S. (2000): Wenn Minoritäten die Mehrheit sind – psychosoziale Versorgung im Osten Londons. In: Koch/Schepker/Taneli (Hrsg.) (2000): 45-54

Risso, M./Böker, W. (1964): Verhexungswahn. Bibl Psychiat Neurol Fasc 124. Basel: Karger

Röder, F./Opalic, P. (1987): Der Einfluß des Hodschas (magischer Heiler) auf türkische psychiatrische Patienten in der Bundesrepublik Deutschland. Eine Auswertung klinischer Fallbeispiele. Psychiat. Prax. 14. 1987. 157-162

Salman, R. (2001): Sprach- und Kulturvermittlung. Konzepte und Methoden der Arbeit mit Dolmetschern in therapeutischen Prozessen. In: Hegemann/Salman (Hrsg.): 169-190

Shorter, E. (1999): Geschichte der Psychiatrie. Berlin: Fest

Wittkower, E.D. (1964): Perspectives of transcultural psychiatry. Israel Ann. Psychiat. 2 .1964. 19-26

Zeiler, J./Zarifoglu, F. (1995): Ethnische Diskriminierung und psychische Erkrankung. In: Koch/Özek/Pfeiffer (Hrsg.) (1995): 152-159

Zeiler, J./Zarifoglu, F. (1997): Psychische Störungen bei Migranten: Behandlung und Prävention. Zeitschrift für Sozialreform 4, 43. Jg. April 1997.

## Weiterführende Literatur

Devereux, G. (1979): Normal und anormal. Aufsätze zur allgemeinen Ethnopsychiatrie. Frankfurt: Suhrkamp

Grinberg, L./Grinberg, R. (1990): Psychoanalyse der Migration und des Exils. München: Verlag Internationale Psychoanalyse

Hoffmann, K./Machleidt, W. (Hrsg.) (1997): Psychiatrie im Kulturvergleich. Berlin: Verlag für Wissenschaft und Bildung

Heise, Th. (Hrsg.) (2000): Transkulturelle Beratung, Psychotherapie und Psychiatrie in Deutschland. Berlin: Verlag für Wissenschaft und Bildung

Koch, E./Özek, M./Pfeiffer, W.M./Schepker, R. (Hrsg.) (1998): Chancen und Risiken von Migration. Freiburg: Lambertus

Kleinman, A./Das, V./Lock, M. (Hrsg.) (1997): Social suffering. Berkeley: University of California Press

Leyer, E.M. (1991): Migration, Kulturkonflikt und Krankheit. Zur Praxis der transkulturellen Psychotherapie. Opladen: Westdeutscher Verlag

Pfleiderer, B./Bichmann, W. (1985): Krankheit und Kultur. Eine Einführung in die Ethnomedizin. Berlin: Reimer

Wulff, E. (Hrsg.) (1978): Ethnopsychiatrie. Seelische Krankheit – ein Spiegel der Kultur? Wiesbaden: Akademische Verlagsanstalt

# 5. Antidiskriminierung, Gleichstellung und Partizipation

# Die Vorreiterrolle der Europäischen Union bei der Etablierung einer Antidiskriminierungsgesetzgebung in der Bundesrepublik Deutschland — Lernen von anderen Ländern

*Elçin Kürşat-Ahlers*

## 1. Einleitung

Es gibt zwei unverzichtbare und einander ergänzende Säulen der rechtlichen Inklusion und gesellschaftlichen Gleichstellung der Zuwanderer: Der Erwerb der Staatsbürgerschaft und der Schutz vor direkter und indirekter Diskriminierung. So wie die Integration ehemaliger Sie-Gruppen — der unteren und untersten gesellschaftlichen Schichten im 19. Jahrhundert — in den Staatsverband qua Verrechtlichung und sozialstaatlicher Leistungen zur Konstituierung des Nationalstaats beitrug, sind heute erleichterte Einbürgerung und staatliche Antidiskriminierungspolitik zur rechtlichen und sozialen Gleichstellung von EinwanderInnen Vorbedingungen der Integration dieser neuen Sie-Gruppen in westlichen Gesellschaften. Diese beiden Maßnahmen stellen die unabdingbare Grundlage für den neuen mühsamen Kohäsionsprozess in Einwanderungsgesellschaften dar. Wo immer scharfe Machtungleichheiten zwischen gesellschaftlichen Gruppen — insbesondere zwischen ethnokulturellen — existieren und das Rechtssystem solche stabilisiert und legitimiert, bleibt die Integration der machtunterlegenen Gruppen in die Mehrheitsgesellschaft auf Dauer versperrt und die Gesamtgesellschaft segmentiert: Rechtliche und darauf beruhende soziale Ungleichheiten führen immer zu Selbstethnisierungen, Rückzugsreaktionen und Parallelgesellschaften.

## 2. Die Anwendbarkeit des „Internationalen Übereinkommens zur Beseitigung jeder Form von Rassendiskriminierung (CERD)" in der Bundesrepublik

CERD verpflichtet die Unterzeichnerstaaten, „jede durch Personen, Gruppen oder Organisationen ausgeübte Rassendiskriminierung mit allen geeigneten Mitteln, einschließlich der *erforderlichen Rechtsvorschriften* zu verbieten und zu beenden". So lautet Art. 1, Internationales Übereinkommen zur Beseitigung jeder Form von Rassendiskriminierung vom 07.03.1966 (CERD):

> *„In diesem Übereinkommen bezeichnet der Ausdruck ‚Rassendiskriminierung' jede Unterscheidung, jeden Ausschluss, jede Einschränkung oder jede Bevorzugung aufgrund von Rasse, Farbe, Abstammung, nationaler oder ethnischer Herkunft mit dem Ziel oder der Folge, die Anerkennung, den Genuss oder die Ausübung der Menschenrechte und Grundfreiheiten auf gleicher Grundlage im politischen, wirtschaftlichen, sozialen, kulturellen oder jedem anderen Bereich des öffentlichen Lebens aufzuheben oder zu behindern. "*

Nach Art. 5 des Übereinkommens umfasst die Verpflichtung der Unterzeichnerstaaten, Diskriminierung auch im *privatrechtlichen Bereich* zu unterbinden. Das Recht auf Zugang zu jedem Ort und Dienst, für die öffentliche Nutzung wie z.B. zu Verkehrsmitteln, Gaststätten, Cafés, Parks usw. hat der Staat zu gewährleisten. Art. 6 verankert ferner das Recht auf Entschädigung für jeden infolge von Rassendiskriminierung erlittenen Schaden und verpflichtet die Unterzeichnerstaaten, dieses Recht durchzusetzen. „Art. 6. Die Vertragsstaaten gewährleisten jeder Person in ihrem Hoheitsbereich (...) das Recht, bei diesen (das heißt den nationalen) Gerichten eine gerechte und angemessene Entschädigung oder Genugtuung für jeden infolge von Rassendiskriminierung erlittenen Schaden zu verlangen." Der Schutz des CERD geht somit deutlich über den im Art. 3 des deutschen Grundgesetzes (GG) verankerten Gleichheitsgrundsatz hinaus. CERD sieht ferner die Möglichkeit von Individualbeschwerde bei dem durch dieses Übereinkommen eingerichteten zuständigen UN-Ausschuss vor.

Obwohl die Bundesrepublik das Übereinkommen zur Beseitigung jeder Form von Rassendiskriminierung 1969 unterzeichnete, ist sie im Gegensatz zu allen anderen Unterzeichnerstaaten ihrer Verpflichtung nicht nachgekommen, die Bestimmungen dieses internationalen Übereinkommens in das nationale Recht umzusetzen. Bis heute gibt es in der Bundesrepublik kein im Binnenraum unmittelbar anwendbares Antidiskriminierungsgesetz. Zudem lehnt die Bundesrepublik sogar das Individualbeschwerderecht beim UN-Ausschuss ab, sodass jeder andere Bewohner der Unterzeichnerstaaten — nicht aber Deutschlands — sich bei diesem Ausschuss beschweren darf. Auch die Vorschrift des Übereinkommens über den Schadenersatz ist bisher im bundesdeutschen Recht nicht umgesetzt worden. Denn eine gesetzliche Vorschrift, die ausdrücklich einen Schadenersatzanspruch wegen Diskriminierung gewährt, gibt es in der Bundesrepublik nicht. Die juristische Literatur lehnt einen solchen Anspruch mehrheitlich ab.

Der Gleichheitssatz im Art. 3 GG bietet den Minderheiten in der Bundesrepublik keinen in der Praxis anwendbaren Diskriminierungsschutz. Denn die Grundrechte gewähren per Definition den Schutz des Einzelnen vor der Staatsgewalt, ihre unmittelbare Anwendbarkeit im privatrechtlichen Bereich bleibt umstritten. De facto haben die von CERD geschützten Gruppen in der Bundesrepublik keine einklagbaren Rechtsansprüche auf Diskriminierungsschutz im Privatrecht und auf eine gerechte und angemessene Entschädigung für die durch die Folgen von Diskriminierung erlittenen Schäden, wie Art. 6 CERD dies fordert.

Es gibt sehr wenige Untersuchungen in Deutschland über Diskriminierungserfahrungen der Opfer. Eine repräsentative Befragung von eintausend türkischen Jugendlichen in Berlin hat 1990 ergeben,[1] dass 43% von ihnen schon einmal die Erfahrung der Benachteiligung oder Zurücksetzung gemacht haben, weil sie Ausländer sind. Aufgrund von Dunkelziffern dürfte dieser Anteil sogar noch wesentlich höher liegen: Denn nach konkreten Erfahrungen der Länder, die Gesetze und staatliche Strategien gegen ethnische Diskriminierung eingeführt haben, erleben die Opfer die

---

1    Durchgeführt durch den Ausländerbeauftragten in Berlin.

Diskriminierungen als peinlich oder beschämend, so dass sie solche Erfahrungen lieber negieren oder verdrängen.

Fast jede Fünfte der in der Befragung angegebenen Diskriminierung findet am Arbeitsplatz oder bei der Arbeitssuche statt. Des Weiteren wurden 14,2% der Diskriminierungen auf Behörden, 13,5% auf Straßen, 11,6% in Schulen, 9% in der Freizeit und 7,6% in Geschäften erfahren. Fast jede Zehnte der Diskriminierungen fand in öffentlichen Verkehrsmitteln statt.

Die 1998 im Auftrag des Nordrhein-Westfälischen Arbeitsministeriums durchgeführte qualitative Befragung[2] von 60 türkischen Migranten und Migrantinnen sowie eine repräsentative Befragung mit 1.000 Interviews aus dem Jahre 1999 haben häufige Diskriminierungserfahrungen ergeben: In Lebensbereichen mit Konkurrenz- und Verteilungskonflikten wie bei der Wohnungssuche, Arbeitssuche oder am Arbeits- und Ausbildungsplatz variierte die Diskriminierungserfahrung zwischen 38 - 43%. 31% gaben an, bei Behörden mindestens einmal diskriminiert worden zu sein. Der Anteil derer, die im täglichen Leben Diskriminierungen erfahren — wie z.B. beim Einkaufen oder in der Nachbarschaft — lag bei rund einem Viertel. Die jüngere Generation scheint tendenziell viel häufiger mit Diskriminierungen konfrontiert zu sein und sie ist gegenüber Diskriminierungspraktiken wesentlich sensibler. Je länger die Aufenthaltsdauer und je höher der Bildungsabschluss, desto stärker fallen die Wahrnehmung von Diskriminierung und das Bewusstsein über eigene Rechte und Pflichten aus. Das heißt, mit zunehmender Integration wird Diskriminierung stärker wahrgenommen.

Spätestens seit dem Ende der 80er Jahre ist in der Bundesrepublik eine ethnische Schichtung durch strukturelle Diskriminierung der Einwanderer/innen sehr klar feststellbar. Im Armutsbericht des Deutschen Paritätischen Wohlfahrtsverbands, des DGB und der Hans-Böckler-Stiftung, „Armut in Deutschland" (1994: 173) ist zu lesen, dass „mehr als jedes andere Merkmal die Nationalität einen engen Zusammenhang mit Unterversorgungsrisiken in der Bundesrepublik (aufweist). Somit kann bei Ausländern von einer ausgesprochenen Armutsgruppe gesprochen werden." Konkret bedeutet dies, dass die ethnische Zugehörigkeit die Partizipation an gesellschaftlichen Ressourcen und gesellschaftliche Position determiniert. „Ausländische Haushalte unterlagen im Zeitverlauf 1984 bis 1992 weitaus stärker der (Einkommens-)Armut als Deutsche. So lebten 60% der ausländischen Bevölkerung mindestens einmal in Armut (gegenüber 30% der deutschen Bevölkerung)" (192). Nach der Datenbasis SOEP waren 1989 fast 40% der Ausländer gegenüber 20% der Deutschen im untersten Einkommensbereich. Bei Ausländern fallen auch mit 90,4% der entsprechenden Fälle am häufigsten Einkommensarmut und eine weitere Unterversorgung zusammen. Nachfolgend einige Unterversorgungskennziffern (1992):

---

2    Zentrum für Türkeistudien, standardisierte Mehrthemenbefragung der türkischen Wohnbevölkerung in NRW 1999.

| | Ausländer | Gesamt (Ausländer u. Deutsche) |
|---|---|---|
| Einkommen | 16,7% | 7,8% |
| Wohnraum | 44,2% | 11,5% |
| Allgemeine Bildung | 27,2% | 3,0% |
| Berufliche Bildung | 55,7% | 21,4% |
| Zwei oder mehr Unterversorgungen zusammen | 37,2% | 7,9% |

*Quelle: Hans-Böckler-Stiftung et.al. 1994*

Wir können schlussfolgern, dass wir es in Deutschland mit einer verfestigten ethnischen Schichtung und kollektiver struktureller Diskriminierung der Einwanderer/innen zu tun haben.

Der verweigerte Zutritt in öffentliche Gaststätten, Bars und Diskotheken oder die Verwehrung von Vertragsabschlüssen im Arbeits-, Miet- oder Dienstleistungsbereich wegen der falschen Abstammung ist in Deutschland zur Normalität geworden. (Nur gelegentlich geraten solche Menschenrechtsverletzungen in das Licht öffentlicher Aufmerksamkeit und werden schnell wieder vergessen oder verdrängt.) Die Folge ist eine zunehmende Segregation, die aus der Sicht der Opfer einen Ausweg aus der alltäglichen Diskriminierung bietet. In vielen deutschen Städten existieren z.B. reine Ausländerdiskotheken.

## 3. Der fehlende rechtliche Schutz gegen Diskriminierung in der Bundesrepublik

Da zusammen mit dem fehlenden Antidiskriminierungsgesetz auch eine institutionelle Unterstützung des Rechtswegs für die Opfer nicht existiert, wagt nur eine verschwindend geringe Zahl, die unzulänglichen und in der Praxis aussichtslosen Schutzmöglichkeiten des deutschen Rechtssystems in Anspruch zu nehmen.

§ 130 StGB über Volksverhetzung und § 131 — Aufstachelung zum Rassenhass, die in ihrem Kern gegen Antisemitismus gerichtet sind, sowie ihre neu formulierte (1994) Zusammenlegung im § 130 StGB konnten nie in Diskriminierungsfällen angewendet werden, weil Rechtsprechung und Literatur sich einig sind, dass eine „bloße Diskriminierung" keine Volksverhetzung darstelle:

Das Oberlandesgericht Frankfurt sprach 1985 den Wirt einer Gaststätte (Schnitzel-Ranch) im Odenwalddorf Hetzbach vom Vorwurf der Volksverhetzung frei, der ein Schild in der Tür ausgehängt hatte: „Türken dürfen dieses Lokal nicht betreten".

(NJW 1985: 1720). Dasselbe Gericht entschied am 11.05.1994 ein im Zimmer eines Beamten im Ordnungsamt (Ausländermeldestelle) Bad Kissingen aushängendes Plakat mit dem Titel „Der Asylbetrüger in Deutschland", das Flüchtlinge als Aidskranke, Faulenzer, Rauschgifthändler und Betrüger diffamiert, keine Volksverhetzung darstelle. (NJW 1995: 143-145). Allein die Tatsache, dass sich seit 1975 nur sechs Urteile auf § 130 StGB berufen, belegt seine Unbrauchbarkeit auf dem Feld der Diskriminierung.

Weitere Paragraphen im Strafrecht, die als ausreichender Ersatz für ein Antidiskriminierungsgesetz diskutiert werden, sind § 185 StGB über Beleidigung und eventuell § 186 — üble Nachrede sowie § 187 — Verleumdung. Es gibt nur einen einzigen Fall, in dem ein Gastwirt wegen Beleidigung durch das Bayerische Oberste Landesgericht verurteilt wurde (NJW 1983: 3040), weil er Gästen den Zutritt verweigerte. Ein Zufall, dass es sich bei den Opfern um US-Soldaten und nicht um „Gastarbeiter" oder „Asylbewerber" gehandelt hat?

Anzeigen wegen Beleidigung scheitern immer wieder daran, dass die Opfer nicht nachweisen können, dass sie wegen ihrer Herkunft oder Hautfarbe nicht eingelassen wurden. Eine Beleidigung liegt nur dann vor, wenn die Form der Zurückweisung eine Missachtung gegenüber dem Besucher ausdrückt. Wenn die Gründe für ein Zutrittsverbot nicht genannt werden (Herkunft, Hautfarbe usw.) liegt keine ausdrückliche Missachtung vor. In diesem Falle ist eine Strafanzeige aussichtslos, weil in Deutschland kein Kontrahierungszwang besteht, das heißt die Gastwirte grundsätzlich das Recht haben, sich die Gäste auszusuchen und abzuweisen.

Ferner haben nach der jetzigen Rechtslage Strafanträge wegen Kollektivbeleidigungen gegen Gruppen (Türken, Ausländer, etc.) in der Praxis kaum Erfolgsaussichten. Eine Unterlassungsklage ist im Falle einer Kollektivbeleidigung nicht so ohne Weiteres möglich wie bei einer persönlichen Beleidigung. Strafgerichte haben eine Bestrafung wegen Beleidigung häufig abgelehnt, weil zu unklar war, wer von der Kollektivbeleidigung betroffen war — so die Auslegung der Gerichte (Nickel 1996: 52). Zusammenfassend kann geschlussfolgert werden, dass der strafrechtliche Schutz der ethnisch-kulturellen Minderheiten vor Diskriminierungen in Deutschland de facto nicht existiert. Somit verstößt die Bundesrepublik seit 1969 gegen internationales Recht.


## 4. Die Verpflichtung Deutschlands zum Antidiskriminierungsgesetz durch die EU-Richtlinien

In der Koalitionsvereinbarung hat die jetzige Bundesregierung sich erstmals in der Bundesrepublik zum Antidiskriminierungsgesetz und damit auch zur Gewährung staatlich garantierter Rechtsansprüche für Diskriminierte bekannt: Durch die Entwicklungen auf EU-Ebene in der Zwischenzeit liegt es auch nicht mehr im Ermessen der Bundesregierung, ob sie eine staatliche Antidiskriminierungspolitik verfolgen und die erforderlichen Änderungen im nationalen Recht sowie in Verwaltungsvorschriften einführen will. Sie muss bis zum 31. Dezember 2003 die vom EU-Rat zwingend vorgeschriebenen Anpassungen an die gemeinsamen europäischen Mindestanforderungen des Gleichbehandlungsgrundsatzes verwirklichen. Mit der Einführung des Art. 13 in den Vertrag der Europäischen Gemeinschaft (EGV) wurden den drei wichtigsten Organen der Gemeinschaft (Parlament, Rat, Kommission) der Auftrag erteilt, „geeignete Vorkehrungen (zu) treffen, um Diskriminierungen aus Gründen des Geschlechts, der Rasse, der ethnischen Herkunft, der Religion oder der Weltanschauung, einer Behinderung, des Alters oder der sexuellen Ausrichtung zu bekämpfen" (Art. 13 EGV). Auf seiner außerordentlichen Sitzung in Tampere am 15./16. Oktober 1999 ersuchte der Europäische Rat die Kommission, sobald wie möglich, Vorschläge zur Durchführung des Art. 13 vorzulegen. Die Umsetzung dieses Auftrags erfolgte im November 1999 durch drei Richtlinien-Vorschläge der Kommission:

1. für die Richtlinie des Rates zur Anwendung des Gleichbehandlungsgrundsatzes ohne Unterschied der Rasse oder der ethnischen Herkunft, die am 29. Juni 2000 beschlossen wurde (2000/43/EG, Dokument 300L0043),
2. für die Richtlinie des Rates zur Festlegung eines allgemeinen Rahmens für die Verwirklichung der Gleichbehandlung in Beschäftigung und Beruf, die am 27. November 2000 beschlossen wurde (2000/78/EG, Dokument 300L0078),
3. für einen Beschluss des Rates über ein Aktionsprogramm der Gemeinschaft zur Bekämpfung von Diskriminierungen (2001-2006) (Kom 1999/567 vom 25.11. 1999).

Die EU zielt mit diesen Richtlinien auf die Festlegung von „Mindestvorschriften, mit denen Diskriminierungen aus Gründen der Rasse oder der ethnischen Herkunft untersagt werden (...)" und auf die Festschreibung eines „Mindestmaßes an Rechtsschutz für die Opfer der Diskriminierung" (Kom 1999/566: 2). Das heißt, es steht jedem Mitgliedstaat offen, in seiner nationalen Gleichstellungspolitik über diese minimalistischen Anforderungen hinauszugehen und günstigere Vorschriften als die der Richtlinie einzuführen oder beizubehalten (Art. 6 Abs. 1). „Die Umsetzung dieser Richtlinie darf keinesfalls als Rechtfertigung für eine Absenkung des von den Mitgliedstaaten bereits garantierten Schutzniveaus in Bezug auf Diskriminierungen benutzt werden" (Art. 6 Abs. 2).

In der Begründung des Vorschlags stellt sich die Kommission gegen jene pädagogisierende Argumentation, die die Gegner eines Antidiskriminierungsgesetzes in der Bundesrepublik anführen, nämlich gegen Vorurteile könne man nicht mit Gesetzen, staatlichen Maßnahmen und Strafen kämpfen. Mit dieser vorgeschobenen Begründung gegen ein Antidiskriminierungsgesetz wurden Rassismus und ethnische Diskriminierungen in der Bundesrepublik bis heute zu einem pädagogischen Problem reduziert, um den politischen Handlungsbedarf abzuwenden. Auch die USA und England, heute mit fortschrittlichen und vorbildlichen Gesetzen, hatten zuerst ausschließlich auf erzieherische Maßnahmen im Kampf gegen Rassismus gesetzt. Der EU-Rat bejaht unzweifelhaft die Effektivität der gesetzlichen Maßnahmen bei der Bekämpfung der Diskriminierung:

*„Es besteht ein allgemeiner Konsens, dass gesetzlichen Maßnahmen im Kampf gegen Rassismus und Intoleranz eine außerordentlich große Bedeutung zukommt. Gesetze gewährleisten nicht nur, dass die Opfer geschützt werden und dass ihnen Rechtsbehelfe zur Verfügung stehen, sondern sind darüber hinaus Ausdruck dessen, dass sich die Gesellschaft dem Rassismus entschieden entgegenstellt und dass die staatlichen Instanzen fest entschlossen sind, gegen Diskriminierungen vorzugehen. Mit Antirassismusgesetzen können die Einstellungen der Menschen nachhaltig beeinflusst werden"* (Kom 1999/566: 2).

## 5.  Die Beziehung zwischen Vorurteilen, Diskriminierung und Gesetzgebung

Rassistische Vorurteile sind Bestandteile der Gedanken, Einstellungen und Emotionen der Menschen, das heißt ihrer subjektiven inneren Welt (W.M. Newman 1973: 195). Diskriminierung dagegen manifestiert sich im äußeren Handeln und Verhalten, die selbstverständlich durch staatliche Zwänge wie Gesetze, öffentliche Normen und ihre Strafandrohung regulierbar und beeinflussbar sind (G. Schäfer/B. Six 1978: 271-274). Ein Mitglied der Commission for Racial Equality, des Zentralorgans der britischen Antidiskriminierungspolitik, formulierte den Kerngedanken der Antidiskriminierungsarbeit wie folgt: „Uns interessiert die Frage nur am Rande, ob Menschen Rassisten sind. Wichtiger ist die Frage, wie sie daran gehindert werden, ihren Rassismus auszuagieren".

Die Schlüsselrolle des gesetzlichen Diskriminierungsverbots sowie der aktiven Gleichstellungspolitik wird in der Frauenförderung inzwischen längst nicht mehr in Frage gestellt. Die Bedeutung der staatlich garantierten, einklagbaren Rechte in der Frauenemanzipation sowohl für die gesellschaftliche Bewusstseinsänderung (beider Geschlechter) als auch bei der Schaffung objektiver, institutioneller und sogar privatrechtlicher Bedingungen für eine Gleichstellung wird mittlerweile allgemein anerkannt. Es ist kein Zufall, dass in allen Ländern mit Antidiskriminierungsgesetzen Maßnahmen gegen die geschlechtliche und ethnisch-rassische Diskriminierung — beide durch unveränderliche biologische Merkmale legitimierte Machtungleichheiten — zusammen gesehen und geregelt werden.

Es gibt eine wechselseitige Beziehung zwischen Vorurteilen und Diskriminierung. Erlaubte Diskriminierung, das heißt diskriminierende oder Diskriminierung zulassende Gesetze sowie rechtliche Schutzlosigkeit gegenüber Entwürdigungen verstärken Vorurteile (G.W. Allport 1971: 474). Denn das öffentliche Gewissen und das Gewissen der Einzelnen bleibt an gesetzliche Normen, an Ge- und Verbote des staatlichen Gewaltmonopols engstens gebunden (N. Elias/I.L. Scotson 1990: 242). Gesetze setzen Verhaltensstandards sowohl durch Strafangst als auch durch eine identifikatorische Verinnerlichung der staatlichen Instanz.

Die Definition des Race Relationsboard 1967 in England über die Bedeutung der Gesetzgebung in der Antidiskriminierungsstrategie ist inzwischen zum Klassiker geworden:

1.  „Das Gesetz ist eine unmissverständliche Deklaration und ein Bekenntnis zur staatlichen Antidiskriminierungspolitik,

2.  es unterstützt diejenigen, die nicht diskriminieren wollen, aber durch den sozialen Druck dazu gezwungen werden,

3. es gibt den Minderheitengruppen Schutz und eine Wiedergutmachungschance,
4. das Gesetz verringert die Vorurteile durch das Verbot der Verhaltensweisen, in denen die Vorurteile ausagiert werden,
5. das Gesetzt schafft öffentliche Standards,
6. es sorgt für eine friedliche Beilegung der Verletzungen und Konflikte, sodass die soziale Spannung nachlässt,
7. es strebt an, ungerechte Praktiken und Diskriminierung zu verringern und die Chancengleichheit zu erhöhen." (C. Mc Crudden et.al. 1991: 3f.).

## 6. Zur Begriffsbestimmung und zum Geltungsbereich der EU-Gleichstellungsrichtlinie im internationalen Vergleich

Das Europäische Parlament hat in seiner Entschließung vom 29. Januar 1998 die Bereiche „der Beschäftigung, der Erziehung, des Gesundheitswesens, der sozialen Sicherheit, des Wohnens und der öffentlichen wie privaten Dienstleistungen" explizit genannt, die durch die Richtlinie abgedeckt werden sollen (ABL. C56 vom 23.02.1998). Der Geltungsbereich des Gleichheitsgrundsatzes wird im Art. 3 recht breit formuliert, in dem aber doch eine Fokussierung auf die ursprüngliche Zuständigkeit der Gemeinschaft durchschimmert. Während die Beschäftigungssphäre mit allen ihren Unterpunkten (wie z.B. die Berufsberatung und -ausbildung oder soziale Sicherheit) ausführlicher genannt werden, sind die Bereiche Kultur oder Politik entgegengesetzt zu CERD nicht erwähnt. „Wohnraum" war nicht explizit im Vorschlag der Kommission enthalten, wurde aber später in den Geltungsbereich des Artikel 3 explizit aufgenommen. Die von CERD angestrebte Breite des Diskriminierungsverbots und Wiedergutmachungsziels „in allen Bereichen des öffentlichen Lebens" ist im Art. 3 nicht zu finden:

*Artikel 3*
*Geltungsbereich*
*(1)   Im Rahmen der auf die Gemeinschaft übertragenen Zuständigkeiten gilt diese Richtlinie für alle Personen in öffentlichen und privaten Bereichen, einschließlich öffentlicher Stellen, in Bezug auf:*

*a) die Bedingungen — einschließlich Auswahlkriterien und Einstellungsbedingungen — für den Zugang zu unselbständiger und selbständiger Erwerbstätigkeit; unabhängig von Tätigkeitsfeld und beruflicher Position, sowie für den beruflichen Aufstieg;*

*b) den Zugang zu allen Formen und allen Ebenen der Berufsberatung, der Berufsausbildung, der beruflichen Weiterbildung und der Umschulung einschließlich der praktischen Berufserfahrung;*

*c) die Beschäftigungs- und Arbeitsbedingungen, einschließlich Entlassungsbedingungen und Arbeitsentgelt;*

*d) die Mitgliedschaft und Mitwirkung in einer Arbeitnehmer- oder Arbeitgeberorganisation oder einer Organisation, deren Mitglieder einer bestimmten Berufsgruppe angehören, einschließlich der Inanspruchnahme der Leistungen solcher Organisationen;*

*e) den Sozialschutz, einschließlich der sozialen Sicherheit und der Gesundheitsdienste;*

*f) die sozialen Vergünstigungen;*

*g) die Bildung;*

*h) den Zugang zu und die Versorgung mit Gütern und Dienstleistungen, die der Öffentlichkeit zur Verfügung stehen, einschließlich von Wohnraum.*

*(2)    Diese Richtlinie betrifft nicht unterschiedliche Behandlungen aus Gründen der Staatsangehörigkeit*
*und berührt nicht die Vorschriften und Bedingungen für die Einreise von Staatsangehörigen dritter*
*Staaten oder staatenloser Personen in das Hoheitsgebiet der Mitgliedstaaten oder deren Aufenthalt*
*in diesem Hoheitsgebiet sowie eine Behandlung, die sich aus der Rechtsstellung von Staatsangehö-*
*rigen dritter Staaten oder staatenlosen Personen ergibt.*

Die Richtlinie ist nach Abs. 2 auch restriktiver in Bezug auf die geschützten Gruppen im Vergleich zu den Antidiskriminierungsgesetzen Großbritanniens oder der Niederlande, die z.B. Diskriminierung aufgrund fremder Nationalität bzw. Staatsangehörigkeit ausdrücklich verbieten, während die EU-Richtlinie dieses Kriterium aus dem Diskriminierungsverbot und -schutz ausschließt.

Der Artikel 2 der Richtlinie beruht auf internationalen Erfahrungen und rechtlichen Entwicklungen aus diesen Erkenntnissen über die Mechanismen der Benachteiligungen seit Mitte der 60er Jahre und verbietet sowohl die *direkte, intendierte* als auch die *indirekte Diskriminierung.*

*Artikel 2*
*Der Begriff „Diskriminierung"*
*(1)    Im Sinne dieser Richtlinie bedeutet „Gleichbehandlungsgrundsatz", dass es keine unmittelbare*
*oder mittelbare Diskriminierung aus Gründen der Rasse oder der ethnischen Herkunft geben darf.*
*(2)    Im Sinne von Absatz 1*
    *a)    liegt eine unmittelbare Diskriminierung vor, wenn eine Person aufgrund ihrer Rasse oder*
    *ethnischen Herkunft in einer vergleichbaren Situation eine weniger günstige Behandlung als*
    *andere Person erfährt, erfahren hat oder erfahren würde;*
    *b)    liegt eine mittelbare Diskriminierung vor, wenn dem Anschein nach neutrale Vorschriften,*
    *Kriterien oder Verfahren Personen, die einer Rasse oder ethnischen Gruppe angehören, in*
    *besonderer Weise benachteiligen könnten, es sei denn, die betreffenden Vorschriften, Krite-*
    *rien oder Verfahren sind durch ein rechtmäßiges Ziel sachlich gerechtfertigt, und die Mittel*
    *sind zur Erreichung dieses Ziels angemessen und erforderlich.*
*(3)    Unerwünschte Verhaltensweisen, die im Zusammenhang mit der Rasse oder der ethnischen Her-*
*kunft einer Person stehen und bezwecken oder bewirken, dass die Würde der betreffenden Person*
*verletzt und ein von Einschüchterungen, Anfeindungen, Erniedrigungen, Entwürdigungen, oder Be-*
*leidigungen gekennzeichnetes Umfeld geschaffen wird, sind Belästigungen, die als Diskriminierung*
*im Sinne von Absatz 1 gelten. In diesem Zusammenhang können die Mitgliedstaaten den Begriff*
*„Belästigung" im Einklang mit den einzelstaatlichen Rechtsvorschriften und Gepflogenheiten defi-*
*nieren.*
*(4)    Die Anweisung zur Diskriminierung einer Person aus Gründen der Rasse oder der ethnischen*
*Herkunft gilt als Diskriminierung im Sinne von Absatz 1.*

In der Genese der Antidiskriminierungsgesetzgebung spielte die Unterscheidung zwischen unmittelbarer (in der englischsprachigen Literatur *„direkter")* und *mittelbarer („indirekter")* Diskriminierung sowie die Aufnahme der Letzteren in das rechtliche Verbot eine Schlüsselrolle. Die direkte Diskriminierung wurde in den Pioniergesetzen über Diskriminierung erstmals in den USA 1964 und in Großbritannien 1965 zur strafbaren Handlung erklärt.

Nach dem britischen Race Relations Act 1968 wurde zwar eine substantielle Verringerung der ausgeübten direkten Diskriminierung nachgewiesen, deren Niveau jedoch ab den 70er Jahren unverändert blieb (S. Baringhorst 1991). In beiden Ländern erwies sich die Beschränkung des Diskriminierungstatbestandes auf direkte, persönliche, beabsichtigte Diskriminierungen als unzulänglich im Kampf gegen ethnische Benachteiligung und Rassismus, weshalb zuerst in den USA und später im letzten Race Relations Act von 1976 in Großbritannien der Begriff der „indirekten Diskriminierung" in das gesetzliche Verbot und unter den rechtlichen Schutz aufgenommen wurde. Dies gilt auch für die Niederlande in den 80er Jahren.

Erst durch die Erkenntnis in den beiden Pionierländern, dass die Bekämpfung von struktureller (und institutioneller) Diskriminierung das Fallenlassen der Suche nach einer Absicht (intentioneller Diskriminierung) und das Fallenlassen der Beweispflicht der Beschwerten bezüglich der Diskriminierungsabsicht der/des Beschuldigten voraussetzt, konnte das Diskriminierungsverbot und der Diskriminierungsschutz auf indirekte Diskriminierung erweitert werden. In England z.B. wurde die Einstellungspraxis verboten, dass die Firmenbeschäftigten für vakante Stellen aus ihrem Bekanntenkreis BewerberInnen fanden. Ebenfalls wurde die Wohnungsvergabepraxis einer Wohnungsgenossenschaft für unzulässig erklärt, ihre neuen Mieter aus dem Bekanntenkreis der bestehenden Mieter zu finden (CRE 1992 und CRE 1991). Da der Anteil der Weißen an Mietern und Beschäftigten höher lag, hätten diese Praktiken die farbige Bevölkerungsgruppe unbeabsichtigt strukturell benachteiligt und die Weißen bevorteilt. Beide Praktiken galten daher als mittelbare Diskriminierung.

Bei der mittelbaren Diskriminierung spielt die Absicht keine Rolle. Sie muss für den Diskriminierungtatbestand auch nicht nachgewiesen werden. Es zählen nur die Folgen. Dies entlastet den Beschwerten und erhöht die Chancen eines Rechtsmittels. Denn alle Regelungen und Praktiken, die zwar formal neutral erscheinen, weil sie alle in gleicher Weise betreffen, in ihren Auswirkungen aber bestimmte Gruppen in Chancen- und Ressourcenverteilung benachteiligen, fallen in die Kategorie der indirekten Diskriminierung. Die Voraussetzung für diese Rechtsauffassung ist, dass, erstens, die *statistische Beweisführung* beim Nachweis von Diskriminierung anerkannt und zweitens, die Beweislast vom diskriminierten Individuum auf die Beschuldigten verlagert wird. Der Terminus technikus hierfür ist die *Umkehr der Beweislast.*

Der Art. 8 der EU-Richtlinie behandelt die Beweislast und sieht vor, dass es dem Beklagten obliegt zu beweisen, dass keine Verletzung des Gleichbehandlungsgrundsatzes vorgelegen hat, „wenn der Beschwerte/Kläger bei einem Gericht oder einer anderen zuständigen Stelle das vermutliche Vorliegen einer unmittelbaren oder mittelbaren Diskriminierung glaubhaft macht". Das heißt, die Beweislast wird dann umgekehrt, wenn das Opfer Tatsachen glaubhaft macht, die das Vorliegen einer Diskriminierung vermuten lassen. Diese Formulierung lässt m. E. dem jeweiligen Richter oder der zuständigen Stelle einen viel zu großen Spielraum.

Der Begriff „*Viktimisierung*" gehört zu den klassischen Klauseln der Antidiskriminierungsgesetze und besagt, dass die Inanspruchnahme des Beschwerde- und Klagerechts nicht zur Benachteiligung oder zu Repressalien führen darf. Die EU-Richtlinie hat den Begriff und das Rechtsprinzip zwar aus anglo-amerikanischen Ländern übernommen (Art. 9) und verpflichtet die Mitgliedstaaten im Art. 9 „im Rahmen ihrer nationalen Rechtsordnung Maßnahmen zu treffen, um den einzelnen vor Benachteiligungen zu schützen, die als Reaktion auf eine Beschwerde oder auf die Leitung eines Verfahrens (...) erfolgen", aber eine explizite Benennung von Zeugen, Informanten oder Lieferern von Beweismaterial als zu schützende Personen vor einer eventuellen Viktimisierung findet keinen Platz in Art. 9. Das ist ein Defizit im Vergleich zu vielen existierenden Antidiskriminierungsgesetzen (z.B. USA, England).

## 7. Das Antidiskriminierungsmodell der EU-Richtlinien im Vergleich zu den USA, Niederlanden und Großbritannien

Art. 7 der Richtlinie ermöglicht den Verbänden, Organisationen und anderen juristischen Personen im Namen der Diskriminierungsopfer oder zu deren Unterstützung Gerichts- oder Verwaltungsverfahren einzuleiten und sich an diesem Verfahren zu beteiligen. Die Rolle der Organisationen in den Niederlanden und in Frankreich geht noch weiter als die in der EU-Richtlinie. Wenn in den Niederlanden die Staatsanwaltschaft in einem strafrechtlich zu verfolgenden Diskriminierungsfall nicht tätig wird (die Einleitung der Strafverfahren fällt in ihre Zuständigkeit), können juristische Personen/Organisationen eine Beschwerde beim Appellationsgericht einlegen (Th. Hessels 1986). In Frankreich haben die antirassistischen Organisationen Anspruch auf Gegendarstellung im Prozessverfahren sowie das Recht zur Veröffentlichung von Prozessunterlagen nach Prozessende. Sie können den Opfern als Nebenkläger zur Seite stehen, um mögliche Einschüchterungen zu verringern.

Es gibt in der internationalen Praxis zwei Grundmodelle der Antidiskriminierungsgesetzgebung (A. Schulte 1994 und 1995). *Das Individualschutzmodell* (equal treatment approach) beruht auf einer formalen einfachen Rechtsgleichheit der Individuen und auf der Annahme, dass eine prinzipielle Gleichbehandlung aller Individuen zur Gerechtigkeit führen würde (A. Siegert 1999: 61). Das heißt, ein besonderer Schutz ethnischer Minderheiten sei durch unterschiedslose Geltung der Menschenrechte unabhängig von Abstammung und Gruppenzugehörigkeit überflüssig. Solch ein minimalistischer Diskriminierungsschutz kann lediglich direkte offene Diskriminierungstatbestände erfassen, indirekte sowie versteckte, insbesondere strukturelle bzw. institutionelle Diskriminierungen auf der Gruppenebene bleiben jedoch unbeachtet. Die Gesetze Belgiens und Frankreichs sind an diesem Konzept orientiert.

*Dem Gruppenschutzmodell* dagegen liegt die Erkenntnis zugrunde, dass gruppenbezogene strukturelle Benachteiligungen, vor allem die kumulierten Folgen der kollektiven Diskriminierungen über Generationen nur durch besondere Förderungen und Bevorrechtungen dieser Gruppen vermindert werden können (C. Brown 1991: 6). Das Gruppenschutzkonzept und die Kategorie der mittelbaren Diskriminierung hängen eng zusammen. Beide wurden in angloamerikanischen Ländern (USA, England, Kanada, Australien) entwickelt, als der geringe Erfolg des Individualschutzes, der auf beabsichtigter Diskriminierung beruht, weiterreichende Maßnahmen erzwang. Neuere Antidiskriminierungsgesetze wie das Niederländische haben das Gruppenschutzmodell übernommen. Auch das internationale Übereinkommen zur

Beseitigung jeder Form von Rassendiskriminierung (CERD) bekennt sich zum Gruppenschutz: „Die Vertragsstaaten treffen, (...) auf sozialem, wirtschaftlichem, kulturellem und sonstigem Gebiet besondere und konkrete Maßnahmen, um die angemessene Entwicklung und einen hinreichenden *Schutz bestimmter Rassengruppen oder ihnen angehöriger Einzelpersonen* sicherzustellen" (Art. 2 Abs. 2 CERD).

Den radikalsten Gruppenschutz entwickelten die USA in Form von *„positiver Diskriminierung"*. Die diskriminierten Gruppen sollen so lange bevorzugt und bevorrechtigt werden, bis die Folgen der vergangenen Benachteiligungen kompensiert worden sind. Das Ziel ist die *Ergebnisgleichheit* im Sinne der Verteilungsgerechtigkeit (equality of results).[3] Die hierfür verwendete Bezeichnung „affirmative action" zielt auf eine Ressourcenbeteiligung der diskriminierten Minderheiten auf allen Gebieten proportional zu ihren Bevölkerungsanteilen, das heißt in der Verteilung der Studienplätze, in Beschäftigung sowie auf betrieblichen Hierarchieebenen, in Schulen, etc. Die Equal Employment Opportunity Commission überwacht diese Gleichstellung am Arbeitsplatz. Nach diesem Konzept wird bereits eine statistisch nachweisbare Verteilungsungerechtigkeit bei gesellschaftlichen Machtpositionen und Gütern als Diskriminierung angesehen.

Da die *„affirmative action"* in den USA zu einer generellen Rechtsnorm für alle Arbeitgeber erhoben wurde,[4] kooperieren Großbetriebe mit der Regierung, um hohe Konventionalstrafen und eine schlechte Publicity zu vermeiden (z.B. Sears and Roebuck, General Electric, General Motors, A.T.T. usw.). Die bevorzugte Behandlung benachteiligter Minderheiten bezieht sich nicht nur auf Einstellungen sondern auch auf innerbetriebliche Beförderungen, auf Bewerbungen um Studien- und Schulplätze, etc. Das Ziel ist die Angleichung der ethnischen Zusammensetzung der Belegschaft, der innerbetrieblichen Ränge, der Schüler- oder Studentenschaft, aber auch der Lehrerschaft an die ethnische Bevölkerungsstruktur im Einzugsgebiet.

Die Diskriminierung wird durch „class action" für Unternehmen und Organisationen sehr teuer: nach diesem Rechtsprinzip wird im Fall einer gerichtlich erwiesenen Diskriminierung der Schadenersatz für den Ankläger auf die gesamte relevante Gruppe ausgedehnt. So zahlte z.B. der Ölkonzern Texaco 200 Millionen Dollar, um der Anklage schwarzer Angestellter wegen Benachteiligung zu entgehen (Ph. Martin 1999: 65-66). Die Restaurantkette Denny's zahlte 54 Millionen Dollar, damit schwarze Kunden ihre Klage fallen lassen: Man hat von einigen schwarzen Kunden verlangt, für ihr Essen im Voraus zu zahlen.

Durch „contract compliance" (Vertragseinhaltung) verpflichtet die amerikanische Bundesregierung alle staatlichen Subventions- und Auftragsempfänger zur Umsetzung der „affirmative action". Das heißt, die Vergabe öffentlicher Aufträge und Subventionen (einschließlich an Schulen und Hochschulen) wurde an die Vertragsunterzeichnung und -einhaltung von Nichtdiskriminierung gebunden. Contract Compliance wurde von anderen Ländern wie Großbritannien und den Niederlanden

---

3    Lashmore/Troyna 1990: 91 ff. u. Elschenbroich 1986: 70-75.
4    Glazer 1972: 17 u. Kerstein 1994: 4-9.

mit unterschiedlicher Intensität und Effektivität übernommen.[5] Aber am 29.03.2001 war in der Frankfurter Rundschau zu lesen, dass der Bundeskanzler diese Auftragsvergabepraxis in der Frauengleichstellungsstrategie ablehnte.

Das britische Gruppenschutzmodell, die „*positive action*", nimmt eine mittlere Stellung zwischen dem amerikanischen positiven Diskriminierungsschutzansatz und dem minimalistischen Individualschutzkonzept ein. Die Fördermaßnahmen für diskriminierte Gruppen zielen auf die Verwirklichung gleicher Chancen im freien Konkurrenzkampf, auf *Chancengleichheit* (E. Cashmore 1994) und nicht auf Verteilungsgerechtigkeit bzw. Ergebnisgleichheit wie in den USA. Positive Diskriminierung (reverse discrimination) ist in Großbritannien verboten. Die im dritten britischen Race Relations Act von 1976 verankerte „positive action" darf in denjenigen Beschäftigungszweigen angewendet werden, in denen Angehörige ethnischer Minderheiten während der letzten zwölf Monate unterrepräsentiert waren. Solche kompensatorischen Maßnahmen umfassen unter anderem: Stellenanzeigen in Medien der Minderheiten, Anwerbungsrunden in Schulen mit hohem Minderheitenanteil, die explizite Angabe in Stellenanzeigen, dass Minderheitenangehörige bei gleicher Qualifikation bevorzugt werden und Reservierung von Positionen für ethnische Minderheiten, „ratio-hiring", das heißt, Festlegung der Beschäftigungsziele in Form von Zahlen und Aufstiegsplänen, Prüfen aller Prozeduren von Anstellungen, Beförderungen, Einstellungstests, um direkte oder indirekte Diskriminierung auszuschalten sowie spezielle Ausbildungs- und Unterstützungsprogramme für Angehörige ethnischer Minderheiten. Einige wenige Untersuchungen über die Wirksamkeit dieser zwei verschiedenen Antidiskriminierungsgruppenkonzepte weisen darauf hin, dass die amerikanische „positive Diskriminierung", entgegengesetzt zur englischen „positiven Aktion", messbare Erfolge nachzuweisen hat. Innerhalb von 22 Jahren (1966-1988) konnte in den USA der Anteil der Schwarzen an der Beschäftigtenzahl von 8% auf 12,4%, der der Hispanics von 2% auf 6,2% erhöht werden. Als in Nordirland der positive Diskriminierungsansatz zu Gunsten der Katholiken Anwendung fand, erhöhte sich ihr Anteil im öffentlichen Sektor innerhalb der sehr kurzen Zeitspanne von acht Jahren (1981-1989) von 2,7% auf 35,2% (L. Lustgarten/J. Edward 1992: 270 ff.). Auch in Australien, wo ebenfalls das „affirmative-action-Modell" praktiziert wird, konnte der Bundesstaat Neusüdwales bereits nach zehn Jahren erkennbare Verbesserungen aufweisen (H. Rittstieg/G.C. Rowe 1992).

Während in Großbritannien ethnische Diskriminierungen mit wenigen Ausnahmen nicht strafrechtlich verfolgt, sondern durch gerichtliche Unterlassungsanordnung und Schadenersatz geahndet werden, ist im niederländischen Straf- und Bürgerlichen Gesetzbuch eine strafrechtliche Verfolgung der Diskriminierung verankert. Beleidigende und diskriminierende Äußerungen über eine Gruppe aufgrund ihrer Rasse, Religion oder Lebensanschauung in der Öffentlichkeit, mündliches, schriftliches oder bildliches Anspornen zur Diskriminierung sowie Verbreitung und

---

5   Gravierende Erfolgsunterschiede in den USA und Großbritannien sind darauf zurückzuführen, dass in den USA die Vertragseinhaltung durch das Federal Office for Contract Complience überwacht wird, während in England kein Kontrollsystem besteht.

Veröffentlichung derartiger Materialien sind mit Gefängnis- und Geldstrafen belegt (Art. 137 StGB). In Frankreich enthält auch das Pressegesetz Strafen gegen den Aufruf zur Diskriminierung. Art. 429 des niederländischen Strafgesetzes verbietet ausdrücklich Rassendiskriminierung bei Ausübung eines Berufes oder Gewerbes, gegen dessen Verstoß ebenfalls Gefängnis- und Geldstrafen sowie Berufsverbot im Falle einer Wiederholung vorgesehen sind. Ferner sind Mitgliedschaft und finanzielle Unterstützung von Organisationen, die diskriminierende Aktivitäten verkünden, strafbare Handlungen. Art. 1401 des niederländischen BGB enthält eine klassische Waffe gegen Diskriminierung, nämlich die Verpflichtung zum Schadenersatz.

Nach einigen umfassenden Untersuchungen über Diskriminierung in der Beschäftigung und Arbeit in den 80er Jahren wurden Maßnahmen ergriffen, die sowohl an private Unternehmen als auch Gemeinden als Arbeitgeber gerichtet sind; z.B. das Verbot, in Stellenanzeigen die niederländische Nationalität zu fordern, ebenfalls das Verbot der Forderung nach guten Sprachkenntnissen oder „niederländisch-sprechend sein", wenn die Sprache für das Ausüben der Tätigkeit wie z.B. bei Putzarbeiten oder Fabrikarbeit nicht erforderlich ist. Stellenanzeigen, die Passfotos verlangen oder Sprachkenntnisse als wichtige Einstellungsvoraussetzung bezeichnen, werden behördlich inventarisiert und überwacht, weil potentielle ethnische Diskriminierung vermutet wird.

Auch in den Niederlanden wird „contract compliance" beschäftigungspolitisch eingesetzt. Bei der Vergabe staatlicher Aufträge oder Subventionen werden Unternehmen und Organisationen bevorzugt, die auf der Liste der „Positiven Aktionsbetriebe (PAB)" und „Positiven Aktionseinrichtungen (PAI)" stehen. Der Staat als größter Arbeitgeber spielt in den Niederlanden eine Vorreiterrolle bei der Antidiskriminierungsstrategie in der Beschäftigung. Die Zielvorgabe des Innenministeriums an die Gemeinden ist zum einen die Angleichung des Anteils der in der Stadtverwaltung beschäftigten ethnischen Minderheiten an deren Bevölkerungsanteil und zum anderen ihr Einsatz an Stellen mit viel Kontakt zur Bevölkerung. Die seit Jahren an die Politik gerichtete Aufforderung in der Bundesrepublik dagegen, dass die staatliche Einstellungspolitik für Auszubildende und Beschäftigte sich am Gleichstellungsgrundsatz und an der Proportionalität der ethnischen Gruppen orientieren sollte, ist auf taube Ohren gestoßen.

Ferner stellt jede niederländische Gemeinde auf freiwilliger Basis einen „Positiven Aktionsplan" für eine diskriminierungsfreie Einstellungspraxis sowie Entwicklungs- und Beförderungslaufbahn der im öffentlichen Dienst beschäftigten Minderheitenangehörigen auf. Höhere Anwerbung der Allochthonen ist das höchste Ziel. Auch hier sehen wir den Grundsatz bestätigt, dass ohne eine zentrale Kontrolle und Erzwingung, wie in den USA, die Erfolgschancen der Antidiskriminierungsmaßnahmen gering bleiben. Weil Sanktionen und Kontrolle die Erreichung von Soll-Zahlen sowie Druckmittel auf die säumigen Gemeinden und Abteilungen der öffentlichen Verwaltung fehlen, bleib die Wirksamkeit dieser Positiven Aktionspläne beschränkt.

An den Beispielen der Vereinigten Staaten, Niederlande oder Großbritannien ist erkennbar, dass die Gruppenschutzorientierung und somit Gruppenförderung sich in der Antidiskriminierungspolitik international durchsetzt. Auch die EU-Richtlinie erlaubt im Art. 5 „positive Maßnahmen" (mit einer unspezifischen Formulierung): „Der Gleichbehandlungssatz hindert die Mitgliedstaaten nicht daran, zur Gewährleistung der vollen Gleichstellung in der Praxis, spezifische Maßnahmen, mit denen Benachteiligungen aufgrund der Rasse oder ethnischen Herkunft verhindert oder ausgeglichen werden, beizubehalten oder zu beschließen" (Art. 5). Im Erläuterungsabschnitt Nr. 17 ist die Rede von „Benachteiligung von Angehörigen einer bestimmten Rasse oder ethnischen Gruppe zu verhindern oder auszugleichen", das heißt, die Gruppenschutzorientierung der EU-Richtlinie wird explizit erwähnt.

## 8. Die organisatorische Struktur der Antidiskriminierungsstrategien (EU im Vergleich)

Als die niederländische Regierung am Anfang der 80er Jahre den Grundsatz einführte, dass jede ungerechtfertigte Unterscheidung zwischen Niederländern und Nicht-Niederländern mit ständigem Wohnsitz im Land aufzuheben sei, mussten alle Gesetze, Erlasse und behördlichen Bestimmungen überprüft werden. Dies führte zur Aufhebung oder Änderung von 100 diskriminierenden Artikeln. Eine entsprechende Anfrage an den Innenminister der deutschen Regierung 1999 wurde dagegen aus Kostengründen abgelehnt. Nun schreibt die EU-Richtlinie in Art. 14 vor,

a)  dass sämtliche Rechts- und Verwaltungsvorschriften, die dem Gleichbehandlungsgrundsatz zuwiderlaufen, aufgehoben werden;

b)  dass sämtliche mit dem Gleichbehandlungsgrundsatz nicht zu vereinbarenden Bestimmungen in Einzel- oder Kollektivverträgen oder -vereinbarungen, Betriebsordnungen, Statuten von Vereinigungen mit oder ohne Erwerbszweck sowie Statuten der freien Berufe und der Arbeitnehmer- und Arbeitgeberorganisationen für nichtig erklärt werden oder erklärt werden können oder geändert werden.

c)  Auch die Bundesregierung muss nun dem allgemeinen Menschenrecht, Schutz aller Menschen vor Diskriminierung,[6] einen Vorrang vor der Kostenfrage einräumen und ihr Versäumnis nachholen.

Entsprechend der internationalen Praxis schreibt Art. 13 der EU-Richtlinie vor, dass jeder Mitgliedstaat eine oder mehrere Stellen bezeichnet, die den Gleichbehandlungsgrundsatz fördern. Diese Stellen können aber „Teil einer Einrichtung sein, die

---

6  Dieses Recht, Schutz aller Menschen vor Diskriminierung, wurde in der Allgemeinen Erklärung der Menschenrechte, im CERD, im Internationalen Pakt der Vereinigten Nationen über bürgerliche und politische Rechte sowie im Internationalen Pakt der Vereinigten Nationen über wirtschaftliche, soziale und kulturelle Rechte und in der Europäischen Konvention zum Schutz der Menschenrechte und der Grundfreiheiten anerkannt. Die EU-Richtlinie zur Anwendung des Gleichbehandlungsgrundsatzes ohne Unterschied der Rasse oder der ethnischen Herkunft bekennt dies explizit zu diesem Menschenrecht, Schutz aller Menschen vor Diskriminierung.

auf nationaler Ebene für den Schutz der Menschenrechte oder der Rechte des einzelnen zuständig ist." (Art. 13 Abs. 1) Gemeint ist eine zentrale Lenkungs-, Überwachungs- und Koordinationsinstitution, wie die Commission for Racial Equality in England (CRE) oder das Landesbüro zur Bekämpfung von Rassendiskriminierung (LBR) in den Niederlanden. Im Absatz 2 des Artikels 13 werden drei Zuständigkeiten dieser Stellen vorgeschrieben:

- „die Diskriminierungsopfer (auf unabhängige Weise) dabei zu unterstützten, ihrer Beschwerde (...) nachzugehen,
- unabhängige Untersuchungen zum Thema der Diskriminierung durchzuführen,
- unabgängige Berichte zu veröffentlichen und Empfehlungen vorzulegen."

Diese Mindestforderungen bezüglich der Aufgaben und Kompetenzen des Zentralorgans in der Antidiskriminierungspolitik bleibt hinter den in der Praxis bereits erreichten Standards zurück. Die Entwicklungsgeschichte der Antidiskriminierungsstrategien in verschiedenen Ländern prägt eine zunehmende Kompetenzsteigerung und politische Bedeutung der jeweiligen Zentralinstanz, weil ihre anfängliche mangelnde Zuständigkeit als eine der wichtigsten Ursachen für die geringe Wirksamkeit des Gesetzes und seiner Implementation diagnostiziert wurde.

Diese internationalen Erfahrungen sollen in die nationale Gesetzgebung in der Bundesrepublik einfließen, um die Wiederholung gleicher Fehler zu vermeiden.

CRE (Commission for Racial Equality) in Großbritannien (C. Mc Crudden et. al. 1991) besteht aus 15 Mitgliedern, die vom Innenministerium ernannt werden: zwei im Einvernehmen mit Arbeitgeber- und zwei mit Arbeitnehmerorganisationen, zwei aus der Wissenschaft, vier Rechtsanwälte, zwei Gewerkschaftssekretäre, drei aus Unternehmen, ein Lehrer und der Vizevorsitzende der Migrationsberatungsdienste. Sie verfügte 1990 über 200 dauerhaft Beschäftigte. Der Zentrale unterstehen fünf regionale Behörden in Leeds, Leicester, Birmingham, Manchester und Edinburgh sowie 87 in Zusammenarbeit mit lokalen Kommunalverwaltungen finanzierte Community Relations Councils.

CRE hat 1976 das Recht auf „formale Untersuchung" auf eigene Initiative im Falle eines begründeten Verdachts auf Diskriminierung oder zum Zwecke der Erkenntnisgewinnung in verschiedenen Branchen oder Regionen durchgesetzt. Sie kann Zeugen und Sachverständige anhören (CRE soll im öffentlichen Interesse Diskriminierungsbereiche und -mechanismen identifizieren und beseitigen). CRE hat ein selbständiges Klagerecht, wenn ihre Aufforderung an die diskriminierende Organisation, die Diskriminierung zu beenden, nicht beachtet wird. Diese Aufforderung und die Fakten werden als Druckmittel öffentlich gemacht. CRE ist ermächtigt, „Codes of Practise", eine Art Interpretations- und Verhaltenskodex zu erlassen. Diese Vorschriften sind zwar rechtlich nicht bindend, aber sie können gerichtlich herangezogen und als Beweismittel verwendet werden.

In den Niederlanden dagegen sind die ersten Antidiskriminierungsinstitutionen in den 70er Jahren als lokale Aktionsgruppen aufgrund konkreter Diskriminierungserfahrungen entstanden. Zu Beginn der 80er Jahre entwickelten sich viele dieser Gruppen zu so genannten Meldestellen, lokalen Antidiskriminierungsbüros (ADB's,

Anti-Discriminitie Bureaus). Diese Büros sind entweder private Initiativen oder sind von lokalen Stadtverwaltungen eingerichtet worden (häufig haben sie die Rechtsform gemeinnütziger Vereine). Sie werden zwar von den jeweiligen Gemeinden gefördert, sind aber in der Regel keine unmittelbaren städtischen Einrichtungen. Dieses landesweite Netz von Antidiskriminierungsstellen steht den Opfern beratend zur Seite. Es führt spezialisierte Schulungen und Fortbildungen für Rechtsanwälte und Rechtsberater durch sowie Gerichtsprozesse gegen Diskriminierung, wenn ein Fall von grundlegender Bedeutung ist. Sie arbeiten gleichzeitig als Informations- und Anlaufstelle der örtlichen Aktionsgruppen. RADAR (Rotterdamer Antidiskriminierungs-Aktionsrat), eines der ersten lokalen Antidiskriminierungsbüros, bearbeitet im Jahr 300 bis 500 Beschwerden mit acht Beschäftigten und etwa 50 ehrenamtlichen Mitarbeitern.[7]

LBR (Landesweites Büro für Rassismusbekämpfung) koordiniert und vernetzt die Aktivitäten der lokalen Stellen. Es wurde 1985 durch die Initiative vom „Nederlands Juristen Comité voor de Mensenrechten" in Zusammenarbeit mit Minderheitenorganisationen gegründet, vom niederländischen Parlament als unabhängiges nationales Koordinierungsbüro anerkannt und vom Justizministerium unterstützt. Zu den wichtigsten Funktionen des LBR gehören u. a. die praktische Unterstützung von Privatpersonen, Organisationen und Professionellen, Spezialschulungen für JuristInnen, Fachberatung von StaatsanwältInnen, RichterInnen, AnwältInnen und RechtsberaterInnen, die in ihrer Arbeit mit Fällen von ethnischer Diskriminierung konfrontiert werden, die Entwicklung von Verhaltenskodizes und Möglichkeiten der praktischen Umsetzung von Gesetzen, Entwicklung und Umsetzung vorbeugender Strategien, eine Datenbank von relevanten Gerichtsurteilen zu führen und ein leicht zugängliches Dokumentationszentrum für die Öffentlichkeit, ein breites Angebot von Materialien für Schulen zu bieten, sowie eine zentrale Registratur der Meldungen über Diskriminierungsfälle zu führen.

Im Falle von Diskriminierungen durch Behörden können sich die Opfer auch an den 1981 eingesetzten Ombudsmann wenden (National Ombudsman Act). Seine Kompetenz erstreckt sich auf Staatsminister, alle ministeriellen Behörden und die Polizei, nicht aber auf lokale Behörden. Einige Gemeinden haben ihren eigenen lokalen Ombudsmann für Diskriminierungsfälle in lokalen Behörden.

Der Ombudsmann hat das Recht, die Handlungen von einzelnen Polizeibeamten, Zivilbeamten und Abteilungen durch eigene Initiative oder wegen der Beschwerde eines Bürgers zu überprüfen. Auf der Basis seiner Untersuchungen formuliert er einen Urteilsspruch, und wenn erforderlich, Empfehlungen. Obwohl sein Urteil juristisch nicht vollstreckt werden kann, ist der Erfolg des Ombudsmanns wegen der öffentlichen und politischen Unterstützung recht beachtlich. Das Problem ist jedoch, dass der Ombudsmann eine allgemeine Einrichtung zur Wahrung der Rechte

---

7   Eine Analyse von 1.000 Beschwerden machte deutlich, dass nur in 40 Fällen Anzeige bei Polizei und Staatsanwaltschaft erstattet worden ist, weil es an juristischen Anhaltspunkten und Beweisen mangelte. Lokale Beschwerdestellen werden kritisiert, dass sie zu häufig den Opfern die Schlichtung empfehlen und von einem Gerichtsverfahren abraten.

der Bürger gegenüber den Behörden ist und keine spezielle Institution in der Bekämpfung der ethnischen oder rassistischen Diskriminierungen. Der Anteil der Beschwerden wegen Diskriminierung blieb daher in den 90er Jahren unter zwei Prozent.

## 9. Diskriminierung im Arbeitsleben

Die EU-Richtlinie setzt im Art. 11 auf sozialen Dialog zwischen Arbeitgebern und Arbeitnehmern zur Voranbringung der Gleichbehandlung in der Arbeitswelt, sei es durch Überwachung der betrieblichen Praxis, durch Tarifverträge und Kollektivvereinbarungen, durch Antidiskriminierungsvereinbarungen auf Unternehmensebene und Verhaltenskodizes, wie dies bereits z.b. in den Niederlanden oder Großbritannien praktiziert wird, sei es durch Forschung oder Problemlösungs- und Erfahrungsaustausch. Die Mitgliederstaaten haben geeignete Maßnahmen zur Förderung dieses Dialogs zu treffen. Nach Art. 11 Abs. 2 sollen die Mitgliedstaaten Arbeitgeber und Arbeitnehmer auffordern, Antidiskriminierungsvereinbarungen abzuschließen.

In Belgien und Frankreich haben die Sozialpartner bereits Rahmenvereinbarungen in den Unternehmen geschlossen. In Großbritannien und in den Niederlanden bestehen Verhaltenskodizes auf nationaler und lokaler Ebene. Niederländische Betriebsräte haben Eingriffsrechte und -pflichten in Diskriminierungsfällen.

Die Einrichtung von Beschwerdestellen oder die Einsetzung von Schlichtern innerhalb der Unternehmen, um Konflikte aus Diskriminierungen beizulegen, sind weitere Maßnahmenbeispiele aus diesen Ländern. Bereits 1988 setzte die CNV (Christliche Gewerkschaft) in den Niederlanden durch, dass ein bestimmter Prozentsatz von Arbeitsplätzen und in der Betriebsschulung für Minderheitengruppen reserviert werden.

Eine Untersuchung der Rechtsfälle aus England zeigt, dass jeweils mit 32% und 34% die meisten betrieblichen Diskriminierungen Einstellungen und Entlassungen betreffen. Nur 13% der Fälle sind bei der Beförderung, 9% in Form von rassischer Beleidigung erfasst.

Während in Ländern mit Antidiskriminierungsgesetzgebung eine Diskriminierung beim Abschluss von Arbeitsverträgen, das heißt bei Einstellungen, verboten und mit dem Schadenersatzanspruch des/ der Diskriminierten verbunden ist, deckt die Rechtsordnung in der Bundesrepublik die Diskriminierung durch den Arbeitgeber, der sich seine Arbeitnehmer nach Herkunft oder Hautfarbe und nicht aufgrund der persönlichen Fähigkeiten aussucht. Das heißt, wer wegen der falschen Hautfarbe oder Abstammung nicht eingestellt wird, kann die Einstellung gerichtlich nicht erzwingen. Auch der Schadenersatzanspruch wegen ethnischer Diskriminierung ist gesetzlich nicht geregelt. § 611a des BGB enthält einen solchen Schadenersatzanspruch nur wegen einer geschlechtlichen Diskriminierung.

*„(1)  Der Arbeitgeber darf einen Arbeitnehmer bei einer Vereinbarung oder einer Maßnahme, insbesondere bei der Begründung des Arbeitsverhältnisses, beim beruflichen Aufstieg, bei einer Weisung oder einer Kündigung, nicht wegen seines Geschlechts benachteiligen. (...)*

*(2)  Hat der Arbeitgeber bei der Begründung des Arbeitsverhältnisses einen Verstoß gegen das Benachteiligungsverbot des Absatzes 1 zu vertreten, so kann der hierdurch benachteiligte Bewerber eine angemessene Entschädigung in Geld in Höhe von höchstens drei Monatsverdiensten verlangen. (...)"*

In den § 611 BGB müssen weitere Diskriminierungsgründe wie die Herkunft, Hautfarbe, Religion, etc. eingefügt werden.[8]


## 10. Einige Durchführungsvoraussetzungen

Nun einige praktische Hinweise auf notwendige Implementationsmaßnahmen für die noch zu entwerfende Antidiskriminierungsgesetzgebung und -politik in der Bundesrepublik:

1.  Die Schaffung von Rechtsansprüchen auf Gleichstellung und Entschädigung im Falle von Diskriminierungen für die Opfer reicht in der Praxis für ihre reale Inanspruchnahme nicht aus, wenn die Beschreitung des Beschwerde- und Rechtswegs nicht gefördert und unterstützt wird. Angesichts der Begegnungsangst der Minderheiten vor den Vertretern der Staatsmacht kommt dem Verhalten der Vollzugsinstanzen eine wichtige Rolle zu, ob die Diskriminierungsopfer von ihrem Rechtsanspruch tatsächlich Gebrauch machen. Die niederländische Polizei erhielt z.B. Verhaltensanweisungen über die Anzeigenentgegennahme. Der Staatsanwaltschaft wurde mitgeteilt, dass eine aktive Fahndungs- und Strafverfolgungspolitik eine hohe Regierungspriorität hat. In vielen Ländern (Niederlande, Großbritannien, usw.) steht den Opfern ein Prozesskostenzuschuss bzw. finanzielle und fachliche Unterstützung im Falle einer Anklage zu.

2.  Vor allem die Bekämpfung von mittelbarer Diskriminierung wie sie in der EU-Richtlinie verankert ist, setzt wie in anderen Ländern die so genannte „ethnic monitoring" voraus, das heißt die ständige Erhebung und Auswertung der statistischen Daten über die Anteile der Minderheiten an Mitteln, Ressourcen, öffentlichen Dienstleistungen als ein Überwachungssystem, ob die Minderheiten entsprechend ihrem Bevölkerungsanteil berücksichtigt werden. In den USA verpflichtet „contract compliance" zudem die Arbeitgeber, Institutionen wie Schulen und Universitäten, die auf staatliche Förderung angewiesen sind, zum „ethnic monitoring" (Lenkung und Überwachung der ethnischen Zusammensetzung der Belegschaft) sowie zur Vorlage von Trendberichten, die den erreichten Grad des Diskriminierungsabbaus und ihre konkreten Zukunftspläne

---

8  Diskriminierungen der Beschäftigten am Arbeitsplatz sind durch das ausdrückliche Diskriminierungsverbot in § 75 des Betriebsverfassungsgesetzes, nachdem Arbeitgeber und Betriebsrat darüber zu wachen haben, dass jede unterschiedliche Behandlung wegen Abstammung, Religion, Nationalität, Herkunft, politischer oder gewerkschaftlicher Betätigung oder Einstellung oder wegen des Geschlechts unterbleibt, nach der heutigen Rechtslage bereits nicht mehr zulässig.

und -bemühungen darlegen. Auch diese Maßnahmen werden in die Antidiskriminierungsstrategien in Großbritannien und der Niederlande aufgenommen. Da in der Bundesrepublik die bisherige Datenerfassung der ethnischen Minderheiten auf der Basis der Nationalität bzw. Staatsangehörigkeit erfolgt, wird das statistische Material durch die Reform des Staatsbürgerschaftsrechts, also durch den automatischen Erwerb der deutschen Staatsbürgerschaft, unbrauchbar. Wie ein deutsches „ethnic monitoring-System" zur Analyse und Bekämpfung der mittelbaren, strukturellen Diskriminierung aufgebaut werden soll, ist gerade im Hinblick auf Datenschutzbestimmungen eine wichtige praktische Frage der Implementation.

3.  Im nationalen Gesetz müssen neue gerichtlich verwertbare Beweismittel und -methoden zugelassen werden, wie z.B. die *statistische Beweisführung* oder die *Testmethode*. Gegen ein Antidiskriminierungsgesetz in der Bundesrepublik wird auch argumentiert, es sei in der Praxis wirkungslos und Diskriminierung sei nicht nachweisbar, obwohl inzwischen vielfältige Beweiserhebungsmethoden in anderen Ländern entwickelt worden sind. Eine solche, die sogenannte Testmethode, die zuerst 1973 in England auf dem Wohnungsmarkt angewendet wurde, wird mittlerweile auch als Beweismittelerhebung bei Diskriminierungen im Dienstleistungsbereich und bei Bewerbungen um Stellen in etlichen Ländern eingesetzt. Die Testergruppe ist aus Engländern angelsächsischer Herkunft und Angehörigen von Minderheiten zusammengesetzt, die bezüglich soziodemographischer Faktoren wie Einkommenshöhe, Familiengröße, etc. völlig gleichgestellt sind. Für die Feststellung der Diskriminierung werden Paare aus beiden Gruppen gebildet, die die zu „testende" Wohnungsgesellschaft, das Maklerbüro, den Hauseigentümer oder den Arbeitgeber bzw. die Diskothek getrennt aufsuchen. Wenn dann für den Minderheitenangehörigen des Testerduos die inserierte Wohnung angeblich bereits vergeben ist (oder die vakante Stelle bereits weg, bzw. die Diskothek bereits voll ist), während der Engländer angelsächsischer Herkunft die Wohnung besichtigen darf (oder Bewerbungsunterlagen zugeschickt bekommt bzw. die Diskothek betreten darf), gilt die Diskriminierung als nachgewiesen. Im Falle von Wohnungsgesellschaften werden selbst die Unterschiede in der Qualität der angebotenen Wohnungen sowie der Anzahl der Wohnungsangebote und im Verhalten des Maklers/Vermittlers gegenüber den Testern als Diskriminierungstatbestand betrachtet. Dass Gesetze Standards setzen und das fehlende Rechts- und Gerechtigkeitsempfinden erst schaffen können, zeigt die zunehmende Unterstützung, Kooperation und aktive Beschwerderate der Gesamtbevölkerung in England und den Niederlanden.

Da die Bundesrepublik sich der europäischen Entwicklung nicht entziehen kann, muss sie bis zum Stichtag 31.12.2003 ein nationales Antidiskriminierungsgesetz verabschieden. Die Frage ist, ob sie ihre Pflicht mit einem minimalistischen Schutz gegen Diskriminierung abtut oder eine effektive weitreichende Gleichstellung der Einwanderinnen und Einwanderer anstrebt.

# Literatur

Allport, G. W. (1971): Die Natur des Vorurteils, Köln: Kiepenheuer & Witsch

Baringhorst, S. (1991): Fremde in der Stadt — Multikulturelle Minderheitenpolitik, dargestellt am Beispiel der nordenglischen Stadt Bradford. Baden-Baden: Nomos-Verlagsgesellschaft

Bielefeld, U. (Hrsg.) (1991): Das Eigene und das Fremde. Neuer Rassismus in der alten Welt? Hamburg (Neuausgabe): Junius-Verlag

Borgotta, E. F./Borgotta, M. L. (Hrsg.): Encyclopaedia of Sociology. Volume 1, New York-Toronto-Oxford-Singapore-Sydney

Braham, P. et.al. (Hrsg.) (1992): Racism and Antiracism. London-Newbury-New Delhi: Sage Publications

Cashmore, E. (1994): Artikel „Equal Opportunity". In: Cashmore, E. (Hrsg.) (1990)

Cashmore, E./Troyna, B. (1990): Introduction to Race Relations.London-New York-Philadelphia: Basic Books

Commission for Racial Equality (CRE) (Hrsg.) (1991): Positive Action and Equal Opportunity in Employment. London

Commission for Racial Equality (CRE) (Hrsg.) (1992): Positive Action and Racial Equality in Housing, A Guide. London

Costa-Lascoux, J. (1998): Gesetze gegen Rassismus. In: Bielefeld, U. (Hrsg.): 283-310

Elias, N./Scotson, I.L. (1990): Etablierte und Außenseiter. Frankfurt/M: Suhrkamp

Elschenbroich, D. (1986): Antidiskriminierungspolitik in den USA. Von Civil Rights (Bürgerrechte) zu Affirmative Action (Aktiver Minderheitenschutz). In: Informationsdienst zur Ausländerarbeit. 4. 70-75

Glazer, N. (1992): Artikel „Affirmative Action". In: Borgotta, E. F./Borgotta, M. L. (Hrsg.) (1992): 17-22

Heinelt, H. (Hrsg.) (1994): Zwanderungspolitik in Europa. Nationale Politiken. Gemeinsamkeiten und Unterschiede. Opladen: Leske & Budrich

Hans-Böckler-Stiftung/DGB/Paritätischer Wohlfahrtsverband (Hrsg.) (1994): Armut in Deutschland. Reinbek bei Hamburg: Rowohlt

Hessels, Th. (1986): Racial Discrimination in the Netherlands. Utrecht: LBR-Publications

Kerstein, R. (1994): Artikel „Affirmative Action". In: Cashmore, E. (Hrsg.) (1990): 4-9

Kürşat-Ahlers, E. (1996): Staatliche Strategien zur Bekämpfung von Rassismus und Diskriminierung. In: Festgabe für Prof. Dr. Selim Kaneti. Istanbul: 288-303

Kürşat-Ahlers, E. (1994): Appelle an das Gewissen der Mächtigen reichen nicht aus! Verspätete staatliche Gleichstellungsrechte für Migranten. In: Utopie Kreativ, Jan./Feb. 1994, Heft 39/40.23-40

Lustgarten, L./Edward, J. (1992): Racial Inequality and the Limits of Law. In: Braham, P. (Hrsg.) (1992): 270-293

Martin, Ph. (1999): Quote ade? In: Kulturaustausch, 49. Jg. 3/99: 64-66

Mc Crudden, C./Smith, D.J./Brown, C. (1991): Racial Justice at Work. The Enforcement of the Race Relations Act 1976 in Employment. London: Policy Studies Institute

Mosley, A.G./Capaldi, N. (Hrsg.) (1996): Affirmative Action. Social Justice or Unfair Preference? Lanham-Boulder-New York-London

Mosley, A.G. (1996): Affirmative Action: Pro. In: Mosley, A.G./Capaldi, N. (Hrsg.)

Newman, W.M. (1973): American Pluralism. A Study of Minority Groups and Social Theory. New-York-Evanston-San Francisco-London

Nickel, R. (1996): Rechtlicher Schutz gegen Diskriminierung. Frankfurt/M: Fachhochschulverlag

Nickel, R. (1999): Gleichheit und Differenz in der vielfältigen Republik. Plädoyer für ein erweitertes Antidiskriminierungsrecht. Baden-Baden: Nomos-Verlagsgesellschaft

Pettigrew, T.F./Taylor, M.C. (1992): Artikel „ Discrimination". In: Borgotta, E.F./Borgotta, M.L. (Hrsg.) (1992): 498-503

Rittstieg, H./Rowe, G.C. (1992): Einwanderung als gesellschaftliche Herausforderung. Inhalt und rechtliche Grundlagen einer neuen Politik. Baden-Baden:

Schäfer, G./Six, B. (1978): Sozialpsychologie des Vorurteils. Stuttgart-Berlin-Köln-Mainz

Schulte, A. (1994): Antidiskriminierungspolitik in westeuropäischen Staaten. In: Heinelt, H. (Hrsg.) (1994): 123-161

Siegert, A. (1999): Minderheitenschutz in der Bundesrepublik Deutschland. Erforderlichkeit einer Verfassungsänderung. Berlin

# Staatlich geförderte Antidiskriminierungspolitik — Das Beispiel der Antidiskriminierungsarbeit in Nordrhein-Westfalen

*Dimitria Clayton*

## 1. Einleitung

Die öffentliche und wissenschaftliche Debatte um rassistische Diskriminierung ist in der Bundesrepublik bisher häufig auf eine Beschreibung von Ursachen und Entwicklungstendenzen ausländer- bzw. fremdenfeindlicher Einstellungen und rechtsextremistischer Aktivitäten beschränkt. Die Fokussierung der öffentlichen Berichterstattung wie auch der sozialwissenschaftlichen Forschung auf „fremdenfeindliche" und rechtsextremistische Gewalt führt dazu, dass der Blick auf subtilere Formen von Diskriminierung, die von einer großen Zahl von Migrantinnen, Migranten und Angehörigen ethnischer Minderheiten erlebt werden, versperrt bleibt (S. Ganter 1998: 11). Strafrechtlich relevante Tatbestände wie Volksverhetzung, Beleidigungen und gewalttätige Übergriffe jugendlicher Neonazis stellen aber nicht die einzigen Formen des vielschichtigen Komplexes „Diskriminierung" dar: „Auch und gerade im Alltagsleben erfahren viele, die ‚anders' aussehen oder ‚anders' sind oder sprechen (ob sie den deutschen Pass besitzen oder nicht), eine ganze Reihe von Benachteiligungen, die allerdings nicht immer mit der gleichen öffentlichen und juristischen Aufmerksamkeit verfolgt werden wie gewalttätige Übergriffe und Volksverhetzungen" (R. Nickel 1996: 74).

Über das Ausmaß von Diskriminierung gegenüber Zugewanderten und Angehörigen ethnischer Minderheiten können keine genaueren Aussagen getroffen werden — weder in quantitativer noch in qualitativer Hinsicht. Darüber, wie und in welcher Weise Angehörige ethnischer Minderheiten von Diskriminierung betroffen sind, wissen wir sehr wenig. Empirische Forschungsergebnisse, die Auskunft geben über Formen erlebter Diskriminierung, ihre Auswirkungen auf die betroffenen Personen (gesellschaftliche Marginalisierung; Unterrepräsentanz in wichtigen gesellschaftlichen Institutionen; gesundheitliche Folgen/psychosomatische Erkrankungen) sowie die von ihnen gewählten Bewältigungsstrategien, sind derzeit noch rar.[1] Die Zahl der Untersuchungen zum Thema Rechtsextremismus und Vorurteilsbildung, also von Analysen, die sich mit den tatsächlichen oder potenziellen Verursachern von Diskriminierung auseinandersetzen, ist dagegen wesentlich größer und ihre methodischen Standards sind weiter entwickelt.

Die Auseinandersetzung um Maßnahmen zur Bekämpfung von rassistischer Diskriminierung spiegelt diese Schieflage in der Diskussion wider. Häufig geht es um die Frage, welche pädagogischen und polizeilichen Maßnahmen geeignet sind,

---

[1]  Vgl. z.B. Mecheril 1994; Kampmann 1994.

Mitglieder der Mehrheitsgesellschaft, darunter auch die potenziellen Täter, für „Fremdenfeindlichkeit" zu sensibilisieren. Die Dringlichkeit solcher Maßnahmen soll hier nicht prinzipiell in Frage gestellt werden. Vielmehr soll die Notwendigkeit eines Perspektivenwechsels thematisiert werden, der die konkreten Erfahrungen der unmittelbar von Diskriminierung Betroffenen und Maßnahmen zur Bewältigung dieser Erfahrungen viel stärker als bisher zur Kernaufgabe der Antidiskriminierungspolitik und -arbeit macht.

Eine an den Bedürfnissen diskriminierter Menschen orientierte Antidiskriminierungspolitik und -arbeit findet in Deutschland — anders als in einigen europäischen Nachbarländern — noch kaum Berücksichtigung. Dazu gehören, um nur einige Beispiele zu nennen, die Implementierung einer umfassenden Gesetzgebung zum Schutz vor rassistischer Diskriminierung und die Förderung einer begleitenden Infrastruktur, die auch ein spezifisches Beratungsangebot zur Unterstützung der unmittelbar Betroffenen beinhaltet, sowie die damit verbundene systematische Erfassung und Dokumentation von Diskriminierungstatbeständen. Neuere Entwicklungen in der Politik der Europäischen Union gegen Diskriminierung haben aber zur Folge, dass die Diskussion um die Umsetzung und Professionalisierung einer solchen Politik auch hierzulande künftig an Bedeutung gewinnen wird.

Der folgende Beitrag wird eine zunehmend ausdifferenzierte und professionelle Antidiskriminierungspraxis darstellen. Angeregt wurde er durch die Erfahrungen mit Antidiskriminierungsprojekten in Nordrhein-Westfalen, die im Rahmen eines Modellprojektes mit Landesmitteln gefördert wurden. Die Erfahrungen mit diesem für die Bundesrepublik noch relativ neuen Aufgabenfeld der Antidiskriminierungsarbeit können einige Möglichkeiten und Grenzen einer staatlich geförderten Antidiskriminierungsarbeit aufzeigen. Zuvor sollen jedoch in einem ersten Schritt die Rahmenbedingungen einer solchen Antidiskriminierungsarbeit vorgestellt werden, da sie die Wirksamkeit der Arbeit maßgeblich bestimmen.

## 2. Wozu eine Antidiskriminierungspolitik?

Zur Legitimierung einer Antidiskriminierungspolitik werden in der bundesdeutschen Diskussion vor allem zwei Thesen angeführt: Im ersten Begründungszusammenhang hat Antidiskriminierungsarbeit eine quasi sicherheitspolitische Funktion. Sie soll als eine Form der gesellschaftlichen Konfliktregelung einen Beitrag zum „friedlichen Zusammenleben" zwischen Mehrheit und Minderheit, zwischen Deutschen und Ausländern leisten. Darüber hinaus trägt eine Antidiskriminierungspolitik dazu bei, durch den Abbau rassistisch bedingter Zugangshindernisse zu gesellschaftlichen Gütern wie z.B. Arbeit, Bildung, Dienstleistungen der sozialen Ausgrenzung von Migrantinnen und Migranten entgegen zu wirken. Die gesellschaftliche Marginalisierung von Migranten und Migrantinnen muss aufgebrochen werden, denn „(w)enn derartige Maßnahmen nicht oder nur in unzureichender Weise durchgeführt werden, so besteht die Gefahr, dass die Zuwanderer dauerhaft in dieser Situation verbleiben, sich die sozialen Konflikte zwischen Einheimischen und Zuwanderern verschärfen und die gesamtgesellschaftliche Integration gefährdet wird" (A. Schulte 1999: 170).

In der NRW-Studie „Kosten der Nichtintegration ausländischer Zuwanderer" werden die Konsequenzen einer Politik beschrieben, die die Humanressourcen der Migranten ignoriert. Dort heißt es: „Wirtschaftliche sowie soziale, kulturelle und politische Integration sind zum einen wesentliche Voraussetzungen für ein gegenüber Ausländern aufgeschlossenes Klima in der deutschen Bevölkerung. Eine unterbliebene bzw. unterbleibende Integration würde aber zum anderen auch bedeuten, dass Potenziale zur wirtschaftlichen Entwicklung nicht genutzt werden bzw. zusätzliche Kosten entstehen".[2] Die mangelnde Teilnahme von Migranten an der politischen Willensbildung gefährde die „Rationalität" des Gesamtsystems, indem Ausgrenzungsmechanismen politisch belohnt würden. Dadurch, so H. D. von Loeffelholz/D. Thränhardt (1996: 112), „kann die Stabilität und Attraktivität des Standorts Bundesrepublik belastet werden. Dies bezieht sich sowohl auf den Ruf der deutschen Exportwirtschaft wie auch auf die allgemeinen politischen Rahmenbedingungen, in denen bisher ein hohes Maß an rationaler Konfliktlösung gegeben war." Eine Aufschaukelung ethnischer Konflikte und Ausgrenzungen könnte die Rationalität der Politik, die soziale Atmosphäre des Landes einschließlich der täglichen Sicherheit und auch die Einbindung Deutschlands in die internationalen Strukturen gefährden (vgl. ebenda).

Die zweite These begründet die Notwendigkeit von Antidiskriminierungspolitik aus allgemein geteilten internationalen rechtlichen Normen. A. Schulte (2000) verweist unter anderem auf das Prinzip der Menschenwürde, das den Staat dazu verpflichtet, alles zu unterlassen, was die Menschenwürde beeinträchtigt und in all den Fällen, in denen die menschliche Würde durch nicht-staatliche Akteure beeinträchtigt oder bedroht wird, schützend einzugreifen (A. Schulte 2000: 168). Ferner verweist er auf den Gleichheitsgrundsatz, der besagt, das vergleichbare Sachverhalte nicht unterschiedlich behandelt werden dürfen. Auf diesem Grundsatz beziehen sich auch die völker-, europa- und verfassungsrechtlichen Diskriminierungsverbote (siehe unten). Das Prinzip der Demokratie verlange dem Staat ab, „eine Kongruenz zwischen Inhabern politischer Rechte und den dauerhaft einer staatlichen Herrschaft Unterworfenen herzustellen und die Möglichkeit einer freien und gleichen Entfaltung für Individuen und Gruppen in politischer, sozialer, kultureller Hinsicht zu erweitern" (ebenda: 169).[3]

Die Bundesrepublik hat schon in der frühen Nachkriegszeit *internationale Normen* der Nichtdiskriminierung anerkannt. Vor dem Hintergrund der nationalsozialistischen Geschichte fühlte man sich in besonderer Weise verpflichtet, dieses Diskriminierungsverbot auch verfassungsrechtlich zu verankern. Seit 1966 ist die Bundesrepublik Deutschland Unterzeichnerstaat des „Internationalen Abkommens gegen jede Form von Rassendiskriminierung". Das Übereinkommen verpflichtet die

---

2    Von Loeffelholz/Thränhardt 1996: 109; vgl. auch Schulte 2000.
3    Die oben genannten Prinzipien werden zur Begründung einer europäischen Antidiskriminierungspolitik formuliert.

Unterzeichnerstaaten zur Realisierung des Diskriminierungsverbotes nicht nur im Rechtsverhältnis zwischen Staat und Bürger, sondern auch in den privatrechtlichen Beziehungen.[4] Diese ausdrückliche Verpflichtung findet sich in Artikel 2 Ziffer 1 des Abkommens, der Verbote für bestimmte Formen rassistischer Diskriminierung, die Entwicklung von Strafnormen und die Gewährung von Schutz vor privater Diskriminierung verlangt:

> *„Die Vertragsstaaten verurteilen die Rassendiskriminierung und verpflichten sich, mit allen geeigneten Mitteln unverzüglich eine Politik der Beseitigung der Rassendiskriminierung in jeder Form (...) zu verfolgen."*

Daraus ergeben sich für die Vertragsstaaten bestimmte Pflichten zur Ergreifung konkreter Maßnahmen, die Schutz vor Diskriminierung gewähren. Das sind:

- die Unterlassung von Handlungen und Praktiken der Rassendiskriminierung gegenüber Personen, Gruppen und Einrichtungen,
- die Überprüfung von staatlichen und örtlichen Behörden auf rassistisches Vorgehen,
- die Aufhebung von Gesetzen und Vorschriften, die eine Rassendiskriminierung bewirken (institutionelle Diskriminierung),
- die Gewährleistung des freien Zugangs zu Orten, die für die Öffentlichkeit gedacht sind, wie Hotels, Cafés, Theater, Parks etc. (individuelle Diskriminierung).

Im *Grundgesetz* verbietet Art. 3 Abs. 3 die Bevorzugung oder Benachteiligung aufgrund bestimmter persönlicher Merkmale und fordert die Gleichbehandlung vor dem Gesetz, unabhängig von Rasse, Geschlecht, Herkunft, Sprache, Herkunftsland oder Abstammung. Er lautet:

(1) Alle Menschen sind vor dem Gesetz gleich.
(2) (...)
(3) Niemand darf wegen seines Geschlechts, seiner Abstammung, seiner Rasse, seiner Sprache, seiner Heimat und Herkunft, seines Glaubens, seiner religiösen oder politischen Anschauungen benachteiligt oder bevorzugt werden. Niemand darf wegen seiner Behinderung benachteiligt werden.

Unmittelbar bindend ist das Diskriminierungsverbot durch staatliche Gewalt. Eine Verletzung des Verbotes kann in diesem Zusammenhang bis hin zu einer verfassungsrechtlichen Beschwerde führen.[5] Der Schutz in Bezug auf die Diskriminierung durch Privatpersonen und aufgrund des Merkmals der Staatsangehörigkeit ist aber mangelhaft.[6]

Neben dem verfassungsrechtlich verankerten Diskriminierungsverbot sieht auch das deutsche *Strafrecht* Handlungsmöglichkeiten gegen Diskriminierung in

---

4    Siehe hierzu ausführlich den Beitrag von Kürşat-Ahlers im gleichen Band.
5    Vgl. Mager 1992: 171.
6    Vgl. Nickel 1996: 28.

einigen wenigen Bereichen vor. So stellen z.b. die Straftatbestände der Volksverhetzung (§ 130 StGB), der Aufstachelung zum Rassenhass (§ 131 StGB) oder der Beleidigung (§ 185 StGB) Ansatzpunkte eines rechtlichen Vorgehens gegen Diskriminierung dar. Der § 130 StGB (Volksverhetzung) ist wohl die älteste und wichtigste strafrechtliche Vorschrift, die Schutz vor Diskriminierung bietet. Einen solchen Diskriminierungstatbestand begeht „wer in einer Weise, die geeignet ist, den öffentlichen Frieden zu stören

1. zum Hass gegen Teile der Bevölkerung aufstachelt oder zu Gewalt- oder Willkürmaßnahmen gegen sie auffordert oder,
2. die Menschenwürde anderer dadurch angreift, dass er Teile der Bevölkerung beschimpft, böswillig verächtlich macht oder verleumdet (...)."

Weitere Rechtsvorschriften gegen diskriminierendes Verhalten sind im *Betriebsverfassungsgesetz* (§ 75, Verbot der unterschiedlichen Behandlung von Personen aufgrund verschiedener Merkmale im Betrieb) sowie im *Bürgerlichen Gesetzbuch* (§§ 611, 612 BGB Benachteiligungsverbot von Frauen bei Einstellung, Stellenausschreibung, Entlohnung) verankert. Trotz solcher einzelrechtlichen Bestimmungen bleibt die Rechtslage unübersichtlich.

Neben Gesetzen zum Schutz vor Diskriminierung gehören zu einer umfassenden Antidiskriminierungspolitik weitere Elemente, die ihre Umsetzung erst möglich machen. Hierzu zählen Institutionen, die mit der Überwachung der Einhaltung der entsprechenden Gesetze beauftragt sind, und ein institutionell verankertes Netz von Beratungsstellen, die befugt sind rechtlichen Beistand zu leisten. Diese institutionelle Struktur hat sich in der Bundesrepublik noch nicht herausgebildet.

Die Voraussetzungen für eine umfassende Antidiskriminierungspolitik dürften sich vor dem Hintergrund der jüngsten Entwicklungen auf der europäischen Ebene verbessern. Der 1997 durch die Regierungskonferenz der EU-Staaten beschlossene „Vertrag von Amsterdam" eröffnet neue Möglichkeiten des Vorgehens gegen Diskriminierung. Auf der Grundlage dieses Vertrages wurden im Jahr 2000 die Richtlinien zur Anwendung des Gleichbehandlungsgrundsatz ohne Unterschied der Rasse oder der ethnischen Herkunft und zur Gleichbehandlung in Beschäftigung und Beruf verabschiedet. Sie entfalten normative Bedeutung für den Rechtsraum der gesamten Europäischen Union. Diese beiden Richtlinien haben für die Politik der EU-Mitgliedsländer unmittelbare und verbindliche Konsequenzen, da sie verpflichtet sind, innerhalb von drei Jahren nach Inkrafttreten der jeweiligen Richtlinie eigene Rechtsvorschriften zum Schutz von ethnischen Minderheiten vor Diskriminierung zu erlassen. Zielsetzungen der Richtlinien sind:

---

7    Es handelt sich dabei um die Richtlinie 2000/43/EG des Rates vom 29. Juni 2000 zur Anwendung des Gleichbehandlungsgrundsatzes ohne Unterschied der Rasse oder der ethnischen Herkunft (am 19. Juli 2000 in Kraft getreten) und um die Richtlinie 2000/78/EG des Rates vom 27. November 2000 zur Festlegung eines allgemeinen Rahmens für die Verwirklichung der Gleichbehandlung in Beschäftigung und Beruf (am 2. Dezember 2000 in Kraft getreten).

- Mindestvorschriften sollen allen Bürgern der EU den gleichen Schutz gegen rassistische Diskriminierung gewährleisten,
- das Bekenntnis der öffentlichen Politik zur Bekämpfung von Diskriminierung,
- die Stärkung der Grundwerte der Union im Hinblick auf die Freiheit, die Demokratie, die Achtung der Menschenrechte und der Grundfreiheiten sowie die Rechtsstaatlichkeit,
- die Förderung des wirtschaftlichen und sozialen Zusammenhalts.

Die Richtlinie zur Anwendung des Gleichbehandlungsgrundsatzes ohne Unterschied der Rasse oder der ethnischen Herkunft (die so genannte „race directive") fordert die Einrichtung unabhängiger Stellen, die unter anderem folgende Aufgaben haben sollen: Beschwerden über einzelne Diskriminierungen entgegennehmen, ihnen nachzugehen, Untersuchungen durchzuführen und einschlägige Berichte zu veröffentlichen.

Bisher gibt es in Deutschland zumeist in freier Trägerschaft agierende, überwiegend ehrenamtliche Stellen, die diese Aufgaben wahrnehmen, jedoch ohne die Autorität und Handlungsbefugnisse, die eine gesetzliche Verankerung ihrer Arbeit verleihen würde.

## 3. Eine Landespolitik gegen Diskriminierung — Das Modell Nordrhein-Westfalen. Ein Erfahrungsbericht

Die staatliche Förderung von Antidiskriminierungsprojekten in Nordrhein-Westfalen ist auch eine Konsequenz aus der Zunahme rechtsextremistischer Gewalt in den letzten zehn Jahren. Ein Brandanschlag, der das Leben mehrerer Mitglieder einer türkischen Familie in Solingen forderte, machte deutlich, dass rassistisch motivierte Gewalt nicht nur ein ostdeutsches Phänomen ist. Damit stieg der Druck, Maßnahmen zu treffen, die dieser Entwicklung entgegen treten sollten. Schon 1992 wurde ein „Fördertopf" zur Unterstützung von Maßnahmen und Initiativen zur Bekämpfung der Ausländerfeindlichkeit eingerichtet. Damit sollten Aktivitäten unterstützt werden, die nach ihren Zielen, Inhalten und Ansatzformen in besonderer Weise geeignet sind, zum Abbau der Ausländerfeindlichkeit sowie zum besseren gegenseitigen Verständnis der in Nordrhein-Westfalen lebenden verschiedenen Bevölkerungsgruppen beizutragen. Mit diesen Mitteln wurden insbesondere
- die pädagogische Arbeit mit Jugendlichen aus der rechtsextremistischen Szene,
- interkulturelle Projekte in Nachbarschaften, Schulen und Einrichtungen der Jugendarbeit und
- die Erstellung von antirassistischem Medienmaterial, gefördert.

Die mögliche Implementierung eines Antidiskriminierungsgesetzes in der Bundesrepublik wurde zwar nicht mit der gleichen Aufmerksamkeit diskutiert wie die steigende Anzahl rechtsextremistischer und rassistisch motivierter Gewalttaten. Der zunehmende Rassismus hatte aber auch dazu geführt, dass einige Parteien (SPD,

Bündnis 90/Die Grünen, PDS) Konzepte für ein Antidiskriminierungsgesetz vorlegten und öffentlich diskutierten. Im Wahlkampf zur NRW-Landtagswahl 1995 wurde die Debatte um ein Antidiskriminierungsgesetz mit einer relativ hohen Beteiligung von Migrantinnen und Migranten geführt. Diese Auseinandersetzung hat der Diskussion um Antidiskriminierungsmaßnahmen eine neue Qualität gebracht. Der Schutz der unmittelbar Betroffenen vor Diskriminierung in allen Lebensbereichen wurde in den Vordergrund der Debatte gestellt.

Im Lichte dieser Debatte machte zu Beginn der 12. Legislaturperiode im September 1995 der damals amtierende Ministerpräsident Johannes Rau, die Absicht der Landesregierung Nordrhein-Westfalen bekannt, „(...) das friedliche Zusammenleben zu födern und alle(n) Formen von Fremdenfeindlichkeit, Rassismus und Ausgrenzung entschieden entgegen(zu)treten." Damit bekräftigte er die Bereitschaft der Landesregierung Nordrhein-Westfalen, ihre Unterstützung von Initiativen gegen Diskriminierung zu erweitern und zu intensivieren.

Als Modellprojekt förderte die Landesregierung ab 1997 neun Projekte, die die Aufgabe haben sollten, strukturelle, institutionelle und individuelle Formen von Diskriminierung in systematischer Weise quantitativ und qualitativ zu erfassen, zu dokumentieren und auszuwerten. Im Rahmen der Projektarbeit sollten verschiedene Maßnahmen zur Veränderung bzw. zur Lösung von Diskriminierungstatbeständen entwickelt und erprobt werden. Über die Unterstützung im Einzelfall hinaus, in dessen Rahmen individuelle Interventionsstrategien mit den Betroffenen entwickelt wurden, sollten in Hinblick auf Behörden, Verbände und andere Institutionen geeignete Trainingsmaßnahmen durchgeführt werden, die die interkulturelle Kompetenz der jeweiligen Mitarbeiter steigern sollten. Weitere wichtige Aufgaben der Projekte sollten die systematische Erfassung und Falldokumentation von Diskriminierungsfällen, die themenspezifische Qualifizierung der eigenen Beschäftigten und anderer Personen, Öffentlichkeitsarbeit und die Zusammenarbeit mit anderen Einrichtungen und Projekten sein. Die thematischen Schwerpunkte der Projektarbeit waren:

- Diskriminierung im Alltag,
- Diskriminierung beim Zugang zum Arbeitsmarkt und im Betrieb,
- Diskriminierung beim Zugang zum Wohnungsmarkt, in der Nachbarschaft und durch Vermieter,
- Diskriminierung beim Zugang zur Regelversorgung.[8]

Zusätzlich zu den o.g. Aktivitäten wurden mehrere Untersuchungen zu den verschiedenen Diskriminierungsfeldern durchgeführt. Es wurde z.B. eine Befragung arbeitsloser Migranten zu ihrer Situation und ihren Diskriminierungserfahrungen durchgeführt. Eine weitere Untersuchung eines Berliner Forschungsinstitut in Kooperation mit dem DGB-Landesbezirk NRW beschäftigte sich mit Erfahrungen alltäglicher rassistischer Diskriminierung in nordrhein-westfälischen Betrieben und

---

8   Übersichten zu Publikationen der im Rahmen der Landesförderung durchgeführten Projekte sowie Veröffentlichungen des LzZ ergänzen das Literaturverzeichnis.

entsprechenden gewerkschaftlichen Bewältigungsstrategien. Um Ausmaß und Formen von Diskriminierung auf dem Wohnungsmarkt ging es bei einer Untersuchung in ausgewählten Siedlungen eines Dortmunder Stadtteils. Zu diesem Thema wurden ausländische und deutsche Mieterinnen und Mieter sowie wohnungspolitische Akteure wie Wohnungsbaugesellschaften, Wohnungsämter, Hausverwaltungen und Mietervereine befragt.

Das 1997 gegründete Landeszentrum für Zuwanderung NRW (LzZ) wurde mit der wissenschaftlichen Begleitung der Projektarbeit beauftragt. Das Landeszentrum wurde somit die erste Landesbehörde, die den expliziten Auftrag bekam, sich in der Antidiskriminierungsarbeit zu betätigen und Entwicklungen in diesem Bereich zu verfolgen.

Drei Bereiche der Arbeit dieser Modellprojekte werden zukünftig auch für die Antidiskriminierungspolitik in anderen Bundesländern Bedeutung haben. Neben den *präventiven Maßnahmen* spielte auch die *Einzelfallberatung* eine große Rolle in der Projektarbeit, und in diesem Zusammenhang die *systematische Erfassung von gemeldeten Diskriminierungsfällen*.

Die geförderten Projekte waren keinesfalls die ersten Antidiskriminierungsstellen, die sich mit solchen Aufgaben befasst hatten. Neu aber war, dass diese Arbeit im Rahmen einer Landesförderung offiziell verfolgt und unterstützt werden konnte. Allein der Status eines „mit Landesmitteln geförderten Antidiskriminierungsprojekts" verlieh den Projekten im Kontakt mit relevanten Stellen Legitimation und Anerkennung. In der folgenden Darstellung dieser Arbeitsbereiche sollen nicht einzelne Maßnahmen thematisiert, sondern die Aspekte hervorgehoben werden, die für die (Weiter-)Entwicklung der praktischen Antidiskriminierungsarbeit von Bedeutung sind.

## 4.    Durch präventive Maßnahmen den Rassismus beseitigen?

Unter dem Titel „präventive Maßnahmen" werden in der Regel sehr unterschiedliche Aktivitäten durchgeführt, die Rassismus, Diskriminierung oder interkulturelle Konfliktkonstellationen zu verhindern suchen. Präventive Maßnahmen werden als eine Kernaufgabe der Antidiskriminierungsarbeit häufig bevorzugt gefördert und durchgeführt. Im Idealfall können sie Individuen und Institutionen für verschiedene Formen der Ungleichbehandlung und Ausgrenzung sensibilisieren und eine Diskussion um erforderliche Handlungsansätze anstoßen.

Die Modellprojekte haben z.B. Vortragsabende zu Themen wie Staatsbürgerschaft, interreligiöser Dialog oder auch Veranstaltungen im Rahmen von Stadtteilforen, z.B. zu Mietrechtsfragen, oder mit Schulen zum Thema „Rassismus in Schulbüchern" organisiert. Eines der Projekte führte regelmäßig Familienwochenenden mit deutschen und türkischen Familien aus dem Stadtteil durch, um den Dialog dieser Gruppen miteinander zu verbessern. Ein weiteres Projekt unternahm in Zusammenarbeit mit der Polizei ein Seminar „Offensive für Fairständnis", um das Verhältnis zwischen Polizeibeamten und ethnischen Minderheiten zu lockern und das gegenseitige Verständnis zu fördern. Die Durchführung dieser Aktivitäten erfordert ein aktives Zugehen auf Zielgruppen — in vielen Fällen handelte es sich dabei um Mitarbeiter aus kommunalen Institutionen — die bisher mit solchen Ansätzen nicht erreicht wurden. Dadurch konnte zugleich der Zugang zu potenziellen Konfliktparteien gewonnen und ein konstruktiver Dialog etabliert werden, der zur Vorbeugung und bei der Bearbeitung von Diskriminierungsfällen relevant werden kann.

Die Erwartungen an die Wirkungen präventiver Arbeit als Mittel zur Bekämpfung von Diskriminierung sind hoch. Dabei wird oft nicht berücksichtigt, dass sie in der Regel mit wenigen Ressourcen und in einem sehr begrenzten Rahmen durchgeführt werden müssen. Häufig beschränkt sich die präventive Arbeit auf Veranstaltungen und Aktionen, die auf Information und Aufklärung der Mehrheitsgesellschaft setzen. Tagungen, Plakate und Poster, Begegnungs- und Fortbildungsveranstaltungen gehören dazu. Als einziger Ansatzpunkt der Antidiskriminierungsarbeit ist diese Art von Maßnahmen aber unzureichend. Die durchgeführten Veranstaltungen erfüllen nicht die hoch gesteckten Erwartungen. Dies ist häufig darauf zurück zu führen, dass sie nicht in ein Gesamtkonzept der Antidiskriminierungsarbeit eingebettet sind. Oft fehlt eine klare Vorstellung davon, welche konkreten Ziele erreicht werden können und sollen, was genau eine Maßnahme zum Abbau bzw. zur Vorbeugung rassistischer Diskriminierung beitragen kann. Einmal durchgeführt, werden die einzelnen Aktivitäten selten systematisch auf ihre Wirksamkeit hin ausgewertet.

Auch *Anti-Rassismus-Trainings* oder *interkulturellen Trainings* wird in der Regel zu viel Wirkung zugetraut. Die oft beabsichtigten Einstellungs- und Verhaltensänderungen können kaum durch punktuelle pädagogische und psychosoziale Maßnahmen erreicht werden. So werden „antirassistische Trainings" in der Erwartung geplant und durchgeführt, damit würden sich die Einstellungen der Teilnehmer ändern und die Bereitschaft zu rassistischem Handeln würde gemindert. Internationale Studien zeigen, dass dies in den meisten Fällen nicht gelingt. Im Kontext einer niederländischen Studie zur Auswertung verschiedener Trainingsmethoden wurden Interviews mit Trainingsanbietern, den Auftraggebern und Trainingsteilnehmern durchgeführt. Insbesondere zwei Aspekte der Trainings wurden kritisch betrachtet. Zum einen verfolgten die meisten Trainingsformen das Ziel, eine Einstellungsänderung bei den Teilnehmern zu erzielen, ohne ihnen aber praktische Handlungskompetenzen zu vermitteln. Die Bedeutung unmittelbarer Handlungskompetenz ist aber sehr hoch einzuschätzen, denn: „In contrast to the traditional view that racial behaviour will change only after racial attitudes change, modern psychology emphasizes that altered behaviour is more often the precursor of altered attitudes" (J.P. Abell 1997: 62). Zum anderen wird hier auch darauf verwiesen, dass eine Vielzahl von Trainings- und Bildungsaktivitäten in der Antidiskriminierungsarbeit daran scheitern, dass sie kein Bestandteil der ‚Firmenideologie' bzw. ‚Firmenpolitik' der betroffenen Organisation werden. Die Führungsebene sieht oftmals keinen Sinn in den Trainings-Angeboten, dementsprechend fehlt auf dieser Ebene die notwendige Unterstützung für die Trainings. Häufig werden sie nur als einmalige Angebote durchgeführt, ohne Nachbereitung oder Fortsetzung. Eine systematische Analyse der

Auswirkungen und Effektivität der Trainings wird nicht vorgenommen. Den Autoren der Studie zufolge ist aber die Wirksamkeit solcher Trainingsprogramme davon abhängig, dass sie in den oberen Etagen der Organisation gewürdigt werden, da sie als Formen der Qualitätssicherung in die regulären Arbeitsprogramme integriert werden müssen (ebenda).

Eine weitere, häufig gewählte Form der präventiven Arbeit sind *Begegnungsveranstaltungen*, die darauf abzielen, Kontakte zwischen Personen „verschiedener Kulturen" zu ermöglichen. Diese können unter bestimmten Bedingungen auch eine geeignete Form sein, Vorurteile abzubauen. Denn nach den Annahmen der Vorurteilsforschung, vor allem der Kontakthypothese, sind für den Abbau von Vorurteilen Kontakte mit interkulturellen Aspekten eine notwendige Voraussetzung.[9] Bei solchen Kontakten können neue Erfahrungen gemacht werden, die nicht in die individuell bestehenden Ansichten und Raster passen. Allerdings muss die Begegnung von Personen — vor allem wenn sie organisiert und nicht spontan erfolgt — nicht zwangsläufig Veränderungen bewirken. Notwendig sind bestimmte Erfordernisse, darauf verweisen die Ergebnisse entsprechender Untersuchungen.[10] So müssen interkulturelle Kontakte regelmäßig und über eine gewissen Zeitraum hinaus stattfinden, wenn sie eine positive Wirkung zeigen sollen. Sie verlangen Vor- und Nachbereitungsgespräche, in denen die Teilnehmenden die Gelegenheit erhalten, ihre persönlichen Erfahrungen zu reflektieren.

*Trainingsprogramme für Migranten und Angehörige ethnische Minderheiten*, die ihnen Wege der Bewältigung von Diskriminierungserfahrungen und gezielte Strategien zum Umgang mit Konflikten und zur Erweiterung der eigenen Handlungskompetenzen im Umgang mit Rassismus vermitteln, sind dagegen selten. Dieser im Sinne des Empowerments wichtige Trainingsansatz müsste aber als ebenso förderungswürdig begriffen werden, wie andere pädagogische Maßnahmen, die sich in der Regel an Mitglieder der Mehrheitsgesellschaft richten.

## 5.  Beratung und Hilfe im Einzelfall

Das Angebot einer gezielten Beratung für Menschen mit Diskriminierungserfahrungen war eine spezifische Tätigkeit, die die geförderten Antidiskriminierungsstellen von anderen in der interkulturellen Arbeit tätigen Einrichtungen unterschied. Dieses Beratungsangebot stellt eine notwendige Form der Hilfestellung der Betroffenen bei der Bewältigung von Diskriminierungserfahrungen und bei der Entwicklung angemessener Formen der Intervention dar. Darüber hinaus werden in den Beratungsgesprächen die konkreten Erfahrungen der Betroffenen deutlich. Damit sind solche Gespräche eine unverzichtbare Informationsquelle für die Ermittlung des konkreten Unterstützungsbedarfes und Grundlage für die Entwicklung wirksamer Handlungsmöglichkeiten gegen Diskriminierung.

---

9   Vgl. Jonas 1998.
10  Vgl. Lauterbach 1996: 123 ff.

Bisher konnte die Versorgung mit einer spezifischen, auf die Bedürfnisse von rassistisch diskriminierten Menschen zugeschnittenen Beratung nur durch wenige Stellen in Nordrhein-Westfalen gewährleistet werden. Sie sind zum größten Teil in der Trägerschaft kleinerer Vereine und Initiativen. Schätzungsweise sind es weniger als 20 in einem Bundesland mit fast 400 Städten und Gemeinden, das heißt, dass — wie auch anderswo in der Bundesrepublik — der Zugang zu Beratungsangeboten sehr eingeschränkt ist. Eine flächendeckende Beratung ist vor diesem Hintergrund nicht möglich. Erst jetzt zeichnet sich bei einer wachsenden Zahl von Kommunen die Bereitschaft ab, solche Stellen einzurichten oder zu fördern.

Sieben der neun mit Landesmitteln geförderten Projekten fungierten als Anlaufstelle für Opfer von Diskriminierung. Ihr vorrangiges Ziel sahen sie darin, den Betroffenen im Einzelfall zu helfen, sie zu unterstützen und zu motivieren, sich gegen erlebte Diskriminierung zur Wehr zu setzen.[11] Die Form der Unterstützung fiel im konkreten Fall sehr unterschiedlich aus. „Bei der Erarbeitung von Interventionsstrategien (wurde) ein abgestuftes Verfahren angewandt. Dabei reicht die Vorgehensweise von der individuellen emotionalen Unterstützung des Ratsuchenden bis zur Einschaltung der Medien zur Erzeugung öffentlichen Drucks".[12] Häufig hatten die Antidiskriminierungsprojekte auch den Charakter von Clearing-Stellen, das heißt, sie gaben Informationen zum weiteren Vorgehen oder vermittelten Ratsuchende an Beratungsstellen weiter, die in den betroffenen Sachbereichen arbeiten, wie z.B. Rechts- oder Mieterberatungen.

Sowohl für die Anlaufstellen, die ein gezieltes Beratungsangebot bei Diskriminierungsfällen bereit halten, als auch für die Einrichtungen der Migrationsarbeit, bei denen die Beratung von Migrantinnen und Migranten einen Schwerpunkt der Arbeit bildet, bestehen viele Schwierigkeiten, die sich nachteilig auf diese Tätigkeit auswirken. So bewegen sich die Beratungsstellen in einem Umfeld, das die Begriffe „Rassismus" bzw. „Diskriminierung" als unpassend oder störend empfindet. Eine Befragung von sozialen Einrichtungen, die in der Beratungsarbeit tätig sind,[13] ermittelte folgende Begründungen dafür:

- Die Begriffe „Rassismus" oder „rassistische Diskriminierung" werden in der Öffentlichkeit mit der nationalsozialistischen Geschichte Deutschlands identifiziert und rufen Emotionen wach, die eine offene Kommunikation über das Thema verhindern.
- Der Begriff „Rassismus" wird vor allem in Gesprächen mit den Behörden vermieden, weil er moralisch aufgeladen ist und anklagend wirkt. Seine Verwendung könnte negativ auf die etablierten Kooperationsbeziehungen wirken.
- Man möchte die positiven Seiten des interkulturellen Zusammenlebens hervorheben. Die Begrifflichkeiten „Rassismus" und „Diskriminierung" bezeichnen im Gegensatz dazu eine Art negative Konfliktregelung und werden deshalb vermieden.

---

11  Vgl. „Das Netzwerk" 2/1999: 4 f.
12  Vgl. ebenda.
13  LzZ Dokumentation 2000, „Beratungspraxis bei Diskriminierungsfällen".

Es gibt eine Vielzahl weiterer Probleme, vor allem institutioneller Art, die sich in sozialen Einrichtungen einschränkend auf die Beratungsleistung auswirken. Eines der Hauptprobleme ist das Fehlen personeller und zeitlicher Ressourcen. Beraterinnen und Berater fühlen sich aufgrund ihrer ohnehin schon hohen Arbeitsbelastung überfordert, zusätzlich auch spezifisch in Hinblick auf Diskriminierungserfahrungen zu beraten. Deshalb werden im Normalfall nur die Fragen behandelt, die vordergründig den Anlass des Gespräches darstellen: in der Regel aufenthalts- und arbeitsrechtliche Themen, Mietfragen sowie die Inanspruchnahme sozialer Leistungen. Die Diskriminierungserfahrungen tauchen meist nur am Rande des Beratungsgesprächs auf; die Sensibilität für das Thema rassistische Diskriminierung fehlt häufig. Die Fähigkeit der Beraterinnen und Berater, eigene potenziell rassistische Denkmuster und Verhaltensweisen zu erkennen und zu reflektieren, ist selten vorhanden. Entsprechend gering ist die Bereitschaft, etwas dagegen zu unternehmen.

Für Einrichtungen, die direkt in kommunale Verwaltungsstrukturen eingebunden sind oder eine sehr enge Arbeitsbeziehung zur Verwaltung haben, ist die Möglichkeit, systematisch zu beraten und zu intervenieren, gerade bei Diskriminierungsfällen, die sich im Kontext behördlichen Arbeitens ereignen, sehr begrenzt. In diesem Zusammenhang wurde von den befragten Einrichtungen hervorgehoben, wie wichtig es sei, die eigenen Beziehungen zur kommunalen Verwaltung nicht zu sehr durch das offene Austragen solcher Konflikte zu belasten. Methoden der Konfliktlösung, wie sie in der Antidiskriminierungsarbeit praktiziert werden und die als konfrontativ, politisch und parteiisch gelten, stoßen häufig auf große Ablehnung und erscheinen diesen Beratungsstellen als ungeeignet.

Diese Erfahrungen machen deutlich, wie hoch der Bedarf an Qualifizierung in diesem, noch neuen Arbeitsfeld ist. Gleichzeitig muss die gerade begonnene Diskussion um Anforderungen und (Mindest-)Standards in der Beratung bei Diskriminierungsfällen unter Einbeziehung der traditionellen Träger der Migrantenberatung weiter geführt werden.

## 6. Diskriminierungsfälle erfassen und dokumentieren

Die Bedeutung der systematischen Erfassung und Auswertung gemeldeter Diskriminierungsfälle ist nicht zu unterschätzen. Sie gibt wichtige Hinweise über Ausmaß und Formen von Diskriminierung und ist somit eine notwendige Grundlage für die Entwicklung effektiver Lösungsansätze. Diese Fallzahlen und Fallinformationen stellen eine wichtige Grundlage für die Entwicklung von adäquaten Handlungsansätzen dar. Die Falldokumentation ist darüber hinaus für die Evaluation, Qualitätssicherung und Weiterentwicklung der Antidiskriminierungsarbeit unverzichtbar.[14]

---

14  Zusätzliche Begründung erfährt die Falldokumentation auch im Rahmen der europäischen Antirassismuspolitik, die mit der Einrichtung der Europäischen Stelle zur Beobachtung von Rassismus und Fremdenfeindlichkeit in Wien und der Einrichtung von so genannten „National Focal Points" zur Erfassung von Fremdenfeindlichkeit wichtige Vorgaben gemacht hat.

Nur auf dieser Basis ist die Transparenz und Nachvollziehbarkeit der unternommenen Maßnahmen gewährleistet. Sie dient der Selbstvergewisserung des Beraters bzw. der Beraterin hinsichtlich des Beratungsprozesses und leistet einen Beitrag zur Sicherung des Beratungsergebnisses. Nur eine Erfassung der Fälle auf der Basis einheitlicher Kriterien und Verfahren kann die Vergleichbarkeit der gewonnen Daten sichern.

Zwei sehr wichtige Befunde der ersten Phase der Erfassung gemeldeter Fälle im Rahmen des Modellprojektes NRW lassen sich festhalten:
- Eine relativ hohe Anzahl gemeldeter Fälle ereignen sich bei Behörden, — ein Indiz dafür, dass gerade in diesem Bereich der Bedarf nach Unterstützung sehr groß ist.
- Eine relativ hohe Anzahl derjenigen, die Diskriminierungstatbestände melden, sind deutsche Staatsbürger. Es sind Deutsche mit Migrationshintergrund (z.B. Deutsche türkischer Herkunft, Afro-Deutsche), die z.B. aufgrund ihrer Hautfarbe diskriminiert worden sind. Hier wird noch einmal deutlich, dass das Thema Antidiskriminierung nicht unbedingt als erweitertes Feld der Migrationspolitik zu sehen und durch klassische Maßnahmen der Migrationssozialarbeit zu bewältigen ist.

Anhand der gemeldeten Fälle können vor allem Rückschlüsse auf das Meldeverhalten der Betroffenen gezogen werden. Da davon auszugehen ist, dass die Mehrzahl der Betroffenen ihre Diskriminierungserfahrungen nicht melden, muss auch angenommen werden, dass die erfassten Fälle nur die Spitze eines Eisbergs darstellen. Das Ausmaß der tatsächlich erlebten Diskriminierung wird wesentlich höher sein. Diese Vermutung wird auch durch entsprechende Erfahrungen aus den Niederlanden gestützt. Dort zeigt sich, dass erst eine erhöhte gesellschaftliche Sensibilität für das Thema Diskriminierung auch zu einem höheren Meldeverhalten der Betroffenen führt.

Vor diesem Hintergrund stellt sich perspektivisch die Frage, wie die Bereitschaft von Migrantinnen und Migranten, das Angebot der Anlaufstellen zu nutzen, erhöht werden kann. Hier erscheinen mir zwei Ansatzpunkte besonders sinnvoll. Bereits die im früheren Stadium der Projektarbeit durchgeführte Selbstevaluation machte deutlich, „dass die Sensibilisierung und Stärkung der Minderheiten eine notwendige und wichtige Aufgabe in der Antidiskriminierungsarbeit ist. (...) Durch [sie] soll auch ein Bewusstsein dafür entstehen, wie und wo sich die Betroffenen wehren können, sie sollen ihr Selbsthilfepotential entdecken, sich einmischen und lernen, zielgerichtet vorzugehen".[15]

---

15    Vgl. eines internen Papieres, B. Kampmann /MASSKS: 1997.

# 7. Resümee

Die Erfahrungen mit der modellhaften Förderung von Antidiskriminierungsprojekten in Nordrhein-Westfalen haben gezeigt, dass die Antidiskriminierungsarbeit gerade für die unmittelbar Betroffenen viel bewirken kann. Auch eine systematische und kontinuierlich durchgeführte vorbeugende Arbeit kann zur Sensibilisierung gegenüber Diskriminierung beitragen. Es ist aber auch deutlich geworden, dass Antidiskriminierungsarbeit nur dann wirksam sein kann, wenn sie als Querschnittsaufgabe aller gesellschaftlichen Institutionen verstanden wird. Dies setzt z.b. voraus, dass die notwendigen institutionellen Rahmenbedingungen geschaffen werden. Dazu gehören eine ausreichende finanzielle Förderung, der Ausbau der rechtlichen Handlungsmöglichkeiten und der Aufbau einer begleitenden Infrastruktur zur Unterstützung der betroffenen Migrantinnen, Migranten und Angehörigen ethnischer Minderheiten.

All dies gehört zu einer effektiven Antidiskriminierungspolitik, wie pädagogische und polizeiliche Maßnahmen, die vor allem bei den potenziellen Tätern ansetzen. Ausgangspunkt einer solchen Politik kann aber nicht der wirtschaftliche Nutzen von Migranten sein, der durch eine Antidiskriminierungs- und Gleichstellungspolitik gesichert werden soll. Sie versteht sich auch nicht primär als Instrument der gesellschaftlichen Konfliktregelung. Eine Politik der Antidiskriminierung muss viel mehr zum Selbstverständnis einer modernen Demokratie gehören, die sich zum Ziel setzt, die Achtung der Menschenwürde zu fördern. Die neueren Entwicklungen in der Diskussion um die Implementierung einer Antidiskriminierungspolitik, die sich aus der Verpflichtung zur Umsetzung der europäischen Richtlinien gegen Diskriminierung ergeben, bedeuten auch für Deutschland die Chance, die Antidiskriminierungsarbeit auf ein festeres institutionelles Fundament zu stellen, dieses relativ neue Arbeitsfeld weiter zu entwickeln und verstärkt zu professionalisieren. Der Weg zu einer umfassenden Antidiskriminierungspolitik ist aber noch weit.

## Literatur

Abell, J.P./Havelaar, A.E./Dankoor, M.M. (1997): The documentation and evaluation of antidiscriminationtraining activities in the Netherlands, Amsterdam (= International Migration Papers 16, hrsg. vom International Labour Office [ILO], Genf)

Ganter, Stephan/Hartmut Esser, et al. (1999): Ursachen und Formen der Fremdenfeindlichkeit in der Bundesrepublik Deutschland. Bonn: Friedrich-Ebert-Stiftung

Jonas, Klaus (1998): Die Kontakthypothese: Abbau von Vorurteilen durch Kontakt mit Fremden? In: Oswald, Margit E./Steinvorth, Ulrich (Hrsg.) (1998): 129-154

Kampmann, Bärbel (1994): Handlungsebenen und Interventionsstrategien gegen Rassismus. In: Nestvogel, Renate (Hrsg.) (1994): 189-203

Kampmann, Bärbel (1994): Schwarze Deutsche. Lebensrealität und Probleme einer wenig beachteten Minderheit. In: Mecheril, Paul/Teo, Thomas (1994): 125-143

Kommission der Europäischen Gemeinschaften (2000): Bericht der Kommissionsdienststellen zur Durchführung des Aktionsplans gegen Rassismus „Rassismus als Querschnittsaufgabe". o.O. (Brüssel), o.J. (2000)

Lauterbach, Wolf (1996): Abbau von Fremdenfeindlichkeit: kooperatives Lernen in ethnisch gemischten Ausbildungswerkstätten. Heidelberg: Asanger

Loeffelholz, Hans Dietrich von/Thränhardt, Dietrich (1996): Kosten der Nichtintegration ausländischer Zuwanderer. Erstellt im Auftrag des Nordrhein-Westfälischen Ministeriums für Arbeit, Gesundheit und Soziales. Düsseldorf: satz und druck gmbh

Mager, Ute (1992): Möglichkeiten und Grenzen rechtlicher Maßnahmen gegen die Diskriminierung von Ausländern. In: ZAR (1992) 4. 170-174

Mecheril, Paul/Teo, Thomas (1994): Andere Deutsche. Zur Lebenssituation von Menschen multiethnischer und multikultureller Herkunft. Berlin: Dietz

Mecheril, Paul/Teo, Thomas (Hrsg.) (1997): Psychologie und Rassismus. Hamburg: Rowohlt

Mecheril, Paul (1994): Die Lebenssituation anderer Deutscher. Eine Annäherung in dreizehn thematischen Schritten, in: Mecheril, Paul/Teo, Thomas (1994): 57-93

Nestvogel, Renate (Hrsg.): Fremdes oder Eigenes. Bad Homburg: IKO Verlag

Nickel, Rainer (1998): Gleichheit und Differenz in der vielfältigen Republik. Baden-Baden: Nomos Verlagsgesellschaft

Nickel, Rainer (1996): Rechtlicher Schutz gegen Diskriminierung, Fachhochschulverlag, Frankfurt/M.

Oswald, Margit E./Steinvorth, Ulrich (Hrsg.) (1998): Die offene Gesellschaft und ihre Fremden. Bern u.a.: Verlag Hans Huber

Schulte, Axel (2000): Zwischen Diskriminierung und Demokratisierung. Aufsätze zu Politik der Migration, Integration und Multikulturalität in Westeuropa. Frankfurt: IKO Verlag

## Publikationen von Projekten im Rahmen der Landesförderung

Antidiskriminierungsbüro Aachen (2000): Benachteiligung und Diskriminierung. Über die Lage der EinwanderInnen auf dem Arbeitsmarkt Aachen 1998. Aachen

Antidiskriminierungsbüro Bielefeld (1999): Diskriminierung von Kindern und Jugendlichen beim Zugang zur Regelversorgung in Bielefeld. Bielefeld

Antidiskriminierungsbüro Detmold im internationalen Begegnungszentrum (ibz) (1998): Erfahrungsbericht 1995 – 1998. Detmold

Antidiskriminierungsbüro Siegen (1998/1999): Diskriminierung ethnischer Minderheiten in Südwestfalen. Jahresberichte 1998; 1999. Siegen

Das Netzwerk für Chancengleichheit gegen Diskriminierung ethnischer Minderheiten in NRW (Hrsg.) (1999): Rundbrief der Initiativen und Projekte 1-3/99. Duisburg

Diakonie Düsseldorf (1999): Stadtteilbezogene Maßnahmen gegen Diskriminierung. Aktivierung von MigrantInnen zum Thema Rassismus und Diskriminierung. Düsseldorf

INFIS (2000): Alltägliche Fremdenfeindlichkeit im Betrieb und gewerkschaftliche Politik. Berlin

Interkulturelles Büro Gelsenkirchen (o.J.): Untersuchungen über Ungleichheiten und Benachteiligungen von Zugewanderten auf dem Wohnungsmarkt. o.O.

Planerladen e.V. (1999): Antidiskriminierungsprojekte im Wohnbereich. Dokumentation und Auswertung von Maßnahmen und Initiativen gegen Rassismus und Fremdenfeindlichkeit in der Dortmunder Nordstadt. Dortmund

## Veröffentlichungen des Landeszentrums für Zuwanderung (LzZ)

LzZ (Hrsg.) (1999): Wider Rassismus und Diskriminierung. Institutionen und Initiativen der Antidiskriminierungsarbeit in NRW. Solingen

LzZ (Hrsg.) (1999): Antidiskriminierungsarbeit in der Kommune. Tagungsdokumentation. Solingen

LzZ (Hrsg.) (2000): Die Beratungspraxis in sozialen Einrichtungen bei Diskriminierungstatbeständen. Ergebnisse einer Befragung von Einrichtungen und Verbänden der Sozialberatung. Solingen

LzZ (Hrsg.) (2001): Evaluation der mit Landesmitteln geförderten Antidiskriminierungsprojekte in NRW. Solingen

# Partizipation von Migranten und Einwanderern in Betrieben und den Gewerkschaften — Das Beispiel der Industriegewerkschaft Metall

*Nihat Öztürk*

## 1. Kurzer geschichtlicher Rückblick

Die folgende Darstellung zur Partizipation der Migranten in den Gewerkschaften wird aus mehreren Gründen exemplarisch auf die Industriegewerkschaft (IG) Metall beschränkt: Erstens arbeiten ein Viertel aller Migranten in der Metallwirtschaft, also im Organisationsbereich der IG Metall. Zweitens zahlt rund die Hälfte aller gewerkschaftlich organisierten Migranten Beiträge an die IG Metall. Drittens ist die IG Metall die einzige Gewerkschaft, welche (in Westdeutschland) flächendeckende Strukturen im Bereich „Migranten" aufgebaut hat und ihre Statistiken zur Partizipation von Migranten systematisch pflegt, während in den meisten Einzelgewerkschaften keine migrantenspezifischen Daten erhoben, gesammelt und ausgewertet werden. Viertens stellt die IG Metall aufgrund ihrer Größe mit mehr als 2,7 Mio. Mitgliedern im Jahre 2001 sowie betriebs- und tarifpolitischen Zuständigkeiten in Kernsektoren der deutschen Wirtschaft wie der Automobil-, Elektro- und Maschinenbauindustrie einen besonders gewichtigen „Block" innerhalb des Deutschen Gewerkschaftsbundes (DGB) dar. Fünftens und vor allem ist die IG Metall im DGB nicht selten richtungsweisend, wenn es um Fragen gewerkschaftlicher Migrations- und Integrationspolitik geht.

Die Gewerkschaften haben sich schon früh mit der Situation der Migranten befasst und Einfluss auf die Anwerbung und Beschäftigung ausländischer Arbeitnehmer ausgeübt, um sich gewisse Informations- und Kontrollmöglichkeiten zu eröffnen. Zu Beginn der Anwerbung ausländischer Arbeitskräfte Mitte der 1950er Jahre setzten die Gewerkschaften eine tarif-, arbeits- und sozialrechtliche Gleichstellung ausländischer Arbeitnehmer durch. Mit dieser Gleichstellung kamen die Gewerkschaften ihrer klassischen Schutzfunktion in doppelter Weise nach: Zum einen wurden ausländische Arbeitskräfte durch Mindeststandards vor Willkür und Ausbeutung geschützt. Zum anderen war die Gleichstellung der Migranten durchaus auch im Interesse deutscher Gewerkschaftsmitglieder, die befürchten mussten, dass die Anwerbung ausländischer Arbeitnehmer erreichte soziale Standards unterhöhlt.

Bereits 1960 erklärte Otto Brenner auf dem sechsten Gewerkschaftstag in Berlin, dass es nicht nur darauf ankomme, die Interessen der ausländischen Arbeitnehmer gegenüber den Arbeitgebern zu vertreten. Er forderte die IG Metall auf, der besonderen Situation der Migranten gerecht zu werden und Schulungen für sie durchzuführen. 1961 wurde beim Vorstand der IG Metall ein „Referat Ausländische Arbeitnehmer" eingerichtet. 1962 wurden ausländische Vertrauensleute erstmals als

Beobachter zum Gewerkschaftstag zugelassen und ein Jahr später erste Schulungen durchgeführt. Auf dem Bremer Gewerkschaftstag der IG Metall 1965, an dem 20 Arbeitsmigranten als Gastdelegierte teilnahmen, wurden die Weichen für die gewerkschaftliche Ausländerarbeit gestellt. Der Gewerkschaftstag stellte fest, dass die Beschäftigung von Migranten kein vorübergehender, sondern ein Dauerzustand sein werde. Zugleich wurde über die arbeits- und sozialrechtliche Gleichstellung hinaus auch die betriebsverfassungsrechtliche Gleichstellung gefordert und die soziale Integration als gesellschaftspolitisches Ziel formuliert.

Nach der ersten Rezession in der bundesdeutschen Wirtschaft 1966/67 begann die IG Metall, die Voraussetzungen der gewerkschaftlichen Arbeit für und mit Migranten auszubauen. 1968 wurde das Referat „Ausländische Arbeitnehmer" beim Vorstand vergrößert und 1973 in eine Abteilung umgewandelt. Schulungen für ausländische Mitglieder und Vertrauensleute fanden in Bezirken und Verwaltungsstellen mit hohem Ausländeranteil statt. Ein Wendepunkt der gewerkschaftlichen Arbeit mit Migranten waren die Jahre 1972 und 1973, als Arbeitsmigranten durch das reformierte Betriebsverfassungsgesetz das passive Wahlrecht zu den Betriebsratswahlen erhielten bzw. der IG Metall-Vorstand den Verwaltungsstellen empfahl, Arbeitskreise für ausländische Arbeitnehmer einzurichten. Erst zu diesem Zeitpunkt wurden Arbeitsmigranten als eine wichtige Zielgruppe wahrgenommen, deren Interessen es auch im öffentlichen Leben zu vertreten galt.

Es dauerte weitere 10 Jahre, bis die IG Metall auf dem 14. Gewerkschaftstag 1983 beschloss, ausländische Arbeitnehmer als Personengruppe anzuerkennen und ihnen die Einrichtung von Ausschüssen zu ermöglichen. Dieser — in den deutschen Gewerkschaften bislang einzigartige — Beschluss gibt Migranten die Möglichkeit, eigene Konferenzen und Fachtagungen abzuhalten sowie Richtlinien und Maßnahmen für die zukünftige gewerkschaftliche Ausländerpolitik vorzuschlagen.

Im Folgenden soll zunächst die Arbeit der IG Metall im Hinblick auf die Organisation und die Repräsentanz der Migranten dargestellt werden. Anschließend wird die Migrationsarbeit der IG Metall im Hinblick auf ihre Verdienste, aber auch aktuellen Schwierigkeiten einer kritischen Bewertung unterzogen.

## 2. Organisation und Repräsentanz der Einwanderer in der IG Metall

### 2.1. Organisationsgrad

Der erreichte Stand in der Organisierung von Einwanderern gehört zu den großen Erfolgen der IG Metall in der Nachkriegsgeschichte. 1961 zählt die IG Metall 11.657 Arbeitsmigranten als Mitglieder. Zwischen 1973 und 2000 konnte die Zahl der organisierten Migranten von 228.721 auf 277.133 erhöht werden, obwohl im gleichen Zeitraum die Zahl der im Organisationsbereich der IG Metall beschäftigten Migranten um 297.800 zurückging. Somit konnte die IG Metall den Organisationsanteil der Migranten innerhalb von nur rund 20 Jahren von ursprünglich 28,2% (1973) auf 54,0% (2000) verdoppeln.

Tabelle 1: Migranten als Beschäftigte in der Metallwirtschaft und als Mitglieder der IG Metall[1]

| Jahr | Beschäftigte | Mitglieder | Organisationsgrad in % |
|------|--------------|------------|------------------------|
| 1972 | 811.000 | 228.721 | 28,2 |
| 1981 | 656.424 | 315.115 | 48,0 |
| 1990 | 585.521 | 325.859 | 55,6 |
| 2000 | 513.200 | 277.133 | 54,0 |

Der hohe Organisationsgrad der Migranten erklärt sich einerseits daraus, dass sie ein besonderes Schutzbedürfnis haben; andererseits betrachten viele Migranten aufgrund fehlender politischer Beteiligungsrechte die Gewerkschaften auch als ihre politische Heimat und als Menschenrechtsorganisation. Allerdings beschränkt sich der hohe Organisationsgrad auf Migranten aus den so genannten Hauptanwerbeländern Türkei, ehemaliges Jugoslawien, Italien, Griechenland, Spanien und Portugal.

Tabelle 2: Ausländische Mitglieder in der IG Metall nach Nationalitäten[2]

| Nationalität | Mitglieder | Anteil an allen ausländischen Mitgliedern in % |
|--------------|------------|-----------------------------------------------|
| Türken | 128.044 | 46,33 |
| Ehem. Jugoslawen | 40.181 | 14,54 |
| Italiener | 33.397 | 12,08 |
| Griechen | 23.891 | 8,64 |
| Spanier | 8.459 | 3,06 |
| Portugiesen | 5.799 | 2,10 |
| Sonstige Nationalitäten | 37.362 | 13,52 |

*Stand: Dezember 2000*

Aufgrund des massiven Beschäftigungsabbaus und der strukturellen Umbrüche in allen traditionellen Branchen der Metallwirtschaft verzeichnet die IG Metall seit Ende 1992 einen Mitgliederrückgang. Erstaunlich und positiv zu bewerten ist, dass der Mitgliederrückgang bei Migranten sich nicht so dramatisch darstellt wie bei den übrigen Personengruppen, obwohl sie vom Beschäftigungsabbau in besonderem Maße betroffen sind.

---

1     Quelle: Geschäftsberichte der IG Metall 1973-1999 sowie laufende Statistiken der Abt. Ausländische Arbeitnehmer beim Vorstand der IG Metall und eigene Berechnungen.
2     Quelle: Statistik des Vorstandes der IG Metall.

## 2.2. Vertrauensleute

Gewerkschaftliche Vertrauensleute sind von Mitgliedern gewählte ehrenamtliche Funktionäre, die in ihrem Wirkungsbereich (Team, Gruppe, Abteilung) Basisarbeit leisten. Sie sind nicht nur erste Ansprechpartner für Arbeitnehmerinnen und Arbeitnehmer, sondern auch Interessenvertreter und Repräsentanten der Gewerkschaft in einem Betrieb. Sie sind ein Bindeglied zwischen Arbeitnehmern, Betriebsräten und der gewerkschaftlichen Verwaltungsstelle. Zu den Kernaufgaben gewerkschaftlicher Vertrauensleute gehören insbesondere die Anwerbung von Mitgliedern, Beitragsanpassungen, Mobilisierung der Mitglieder bei betrieblichen und überbetrieblichen Aktionen sowie bei Tarifauseinandersetzungen.

Zu Beginn der Arbeit mit und unter Arbeitsmigranten innerhalb der IG Metall stand die Gewinnung von gewerkschaftlichen Vertrauensleuten verschiedener Nationalitäten. Ihre Schulung und Inklusion in die gewerkschaftliche Betriebsarbeit legte den Grundstock für die Vertrauensbasis und Zusammenarbeit zwischen deutschen und nichtdeutschen Arbeitnehmern.

Bis zum Jahre 1967 gelang es, in einzelnen Betrieben ausländische Gewerkschaftsmitglieder für die Vertrauensleutearbeit zu gewinnen. Die erste im Jahre 1967 nach Nationalitäten vorgenommene Auswertung der Vertrauensleutewahlen wies 642 bzw. 0,7% gewählte nichtdeutsche Vertrauensleute aus. In den Folgejahren gelang es, zahlreiche nichtdeutsche Mitglieder zur Vertrauensleutearbeit zu motivieren und ihre Zahl kontinuierlich zu steigern. Nach dem Ergebnis der letzten Vertrauensleutewahlen im Jahre 1997 gibt es in den Betrieben 6.829 nichtdeutsche IG Metall-Vertrauensleute. Damit liegt ihr Anteil an der Gesamtzahl der Vertrauensleute über ihrem Anteil an Mitgliedern, der derzeit 10% beträgt.

Tabelle 3: Migranten als Vertrauensleute der IG Metall[3]

| Jahr | Vertrauensleute insgesamt | Ausländische Vertrauensleute | Anteil an allen Vertrauensleuten in % |
|------|---------------------------|------------------------------|----------------------------------------|
| 1973 | 84.876 | 5.719 | 6,7% |
| 1979 | 88.901 | 8.917 | 10,0% |
| 1982 | 90.037 | 10.661 | 11,8% |
| 1985 | 85.867 | 11.311 | 13,2% |
| 1988 | 84.858 | 8.413 | 9,9% |
| 1991 | 80.949 | 7.964 | 9,8% |
| 1994 | 65.595 | 7.395 | 11,3% |
| 1997 | 59.907 | 6.829 | 11,4% |

---

3    Quelle: Geschäftsberichte der IG Metall 1973-1999. *Seit 1988 wurde die Zählweise geändert, so dass nur Vertrauensleute ohne Betriebsratsmandat gezählt werden.

## 2.3. Betriebsräte

Betriebsräte sind von allen in einem Betrieb oder Unternehmen beschäftigten Arbeitnehmerinnen und Arbeitnehmern für vier Jahre gewählte Interessenvertreter/innen. Der repräsentative Charakter des Betriebsverfassungsgesetzes überträgt den Betriebsräten eine beachtliche Autonomie. Sie haben als betriebsverfassungsrechtliche Organe eine Vielzahl von Informations-, Beratungs-, Anhörungs-, Mitwirkungs- und (in abgestufter Form) volle Mitbestimmungsrechte in allen Angelegenheiten, die eine Belegschaft betreffen. Seit 1972 konnte die Zahl nichtdeutscher Betriebsratsmitglieder trotz des massiven Rückgangs der Ausländerbeschäftigung von 1.445 auf 3.488 im Jahr 1998 gesteigert und somit um das Zweieinhalbfache erhöht werden. Dennoch lässt sich hier ein Vertretungsdefizit feststellen, da Einwanderer lediglich mit 5,0% in den betriebsverfassungsrechtlichen Organen vertreten, also nach wie vor unterrepräsentiert sind.[4]

Tabelle 4: Migranten als Betriebsräte im Organisationsbereich der IG Metall[5]

| Jahr | Betriebsräte insgesamt | Ausländische Betriebsräte | Anteil an allen Betriebsräten |
|------|------------------------|---------------------------|-------------------------------|
| 1972 | 65.408 | 1.445 | 2,2% |
| 1975 | 69.436 | 2.090 | 3,0% |
| 1978 | 67.285 | 2.541 | 3,8% |
| 1981 | 65.755 | 2.888 | 4,4% |
| 1984 | 61.908 | 2.872 | 4,6% |
| 1987 | 64.165 | 3.223 | 5,0% |
| 1990 | 64.962 | 3.423 | 5,3% |
| 1994 | 69.943 | 3.268 | 4,6% |
| 1998 | 70.419 | 3.488 | 5,0% |

In Kenntnis dieser Situation fordert der Vorstand der IG Metall bei allen regulären Betriebsratswahlen ausdrücklich dazu auf, die Unterrepräsentanz der Migranten zu beseitigen. Deshalb sollten Migrantinnen und Migranten zur Kandidatur aufgefordert, auf aussichtsreichen Listenplätzen nominiert und unterstützt werden.

---

4   Noch deutlicher wird dieses Defizit an den Zahlen nichtdeutscher Betriebsratsvorsitzender (242 = 2,5%) bzw. stellvertretender Betriebsratsvorsitzender (282 = 3,7%).
5   Quelle: Geschäftsberichte der IG Metall 1973-1999. Ergebnisse der Betriebswahlen 1972-1998. Laufende Statistiken der Abteilung Ausländische Arbeitnehmer beim Vorstand der IG Metall.

## 2.4. Migranten in beschlussfassenden Organen und Leitungsgremien der IG Metall

Die Zahl nichtdeutscher Mandatsträger in den beschlussfassenden Organen und Leitungsgremien in der IG Metall konnte zwar vergrößert werden; sie ist jedoch nach wie vor gering. Von besonderer Bedeutung sind hierbei die beschlussfassenden Gremien „Delegiertenversammlung" und „Ortsvorstand".

Bei der *Delegiertenversammlung* handelt es sich um das höchste beschlussfassende Gremium einer Verwaltungsstelle (insgesamt gibt es bundesweit 180 IG Metall-Verwaltungsstellen). Die Delegiertenversammlung wählt den Ortsvorstand, einschließlich der hauptamtlichen Bevollmächtigten (Geschäftsführer), die Delegierten zu Gewerkschaftstagen und Bezirkskonferenzen, bestätigt die Mitglieder einer Verwaltungsstelle zu den Tarifkommissionen, stellt Anträge zu den Gewerkschaftstagen und Bezirkskonferenzen und fasst alle relevanten Beschlüsse der Gewerkschaftsarbeit einer Verwaltungsstelle. Sie tagt vier Mal jährlich, nimmt die Geschäfts- und Finanzberichte des Ortsvorstandes entgegen und debattiert diverse Gewerkschaftsangelegenheiten wie zum Beispiel Tarif- und Sozialpolitik, Wirtschafts- und Gesellschaftspolitik und nicht zuletzt die Betriebspolitik.

Die Zahl nichtdeutscher Mitglieder in den höchsten beschlussfassenden Organen der Verwaltungsstellen — Delegiertenversammlungen — ist von 919 (1990) auf 883 Mandate (1996) und weiter auf 823 (2000) gesunken. Ihr prozentualer Anteil sank somit von 4,9% auf 4,5%. Dies geschah auch deshalb, weil aufgrund der Einrichtung neuer Verwaltungsstellen und der Gewinnung Hunderttausender neuer Mitglieder in den neuen Bundesländern der Anteil der Migranten in der IG Metall gesunken ist.

Der *Ortsvorstand*, bestehend aus mindestens einem/einer hauptamtlichen Geschäftsführer/in und weiteren ehrenamtlichen Beisitzern (Betriebsräte und Vertrauensleute aus den Betrieben) führt die Geschäfte einer Verwaltungsstelle. Alle grundsätzlichen und operativen Fragen der Gewerkschaftsarbeit werden im Ortsvorstand diskutiert, beraten und gegebenenfalls beschlossen — einschließlich finanzielle Angelegenheiten und die Beschäftigung von Gewerkschaftssekretären und Verwaltungsangestellten. Der Ortsvorstand ist gegenüber der Delegiertenversammlung rechenschaftspflichtig. Die Mitglieder des Ortsvorstandes, einschließlich Geschäftsführer, müssen sich alle vier Jahre erneut zur Wahl stellen.

Gewerkschaftlich organisierte Migranten sind in den Ortsvorständen deutlich unterrepräsentiert. Es konnte die Zahl der Ortsvorstandsmitglieder nichtdeutscher Nationalität von 60 (1990) auf 92 (1996) erhöht werden, ihr Anteil in diesen Leitungsgremien der Verwaltungsstellen stieg von 2,7 auf rund 3,0%. Bei den letzten Ortsvorstandswahlen im Jahre 2000 wurden jedoch nur 75 ausländische Ortsvorstandsmitglieder gewählt.

Im *Beirat* der IG Metall, dem höchsten beschlussfassenden Organ zwischen den Gewerkschaftstagen, waren bis 1990 lediglich zwei Migranten vertreten. Diese Zahl konnte 10 Jahre später auf nunmehr sechs erhöht werden. Die Zahl der *Delegierten zum Gewerkschaftstag* ist ebenfalls gestiegen. Hatten 1989 von 555 Delegierten 19 Delegierte einen ausländischen Pass (3,4%), so waren 1992 von 770 Delegierten 39 nichtdeutscher Nationalität (5,0%). Doch sank die Zahl ausländischer Delegierter 1999 auf 22 (von insgesamt 595 Delegierten) — das entspricht nur noch einem Anteil von 3,7%.

## 2.5. Hauptamtliche Gewerkschaftssekretäre

Seit Mitte der 80er Jahre hat sich die Zahl nichtdeutscher hauptamtlicher politischer Mitarbeiter in der IG Metall fast verdoppelt. Die meisten hauptamtlichen Gewerkschaftssekretäre wurden in Verwaltungsstellen eingestellt. In der IG Metall arbeiten im Jahre 2001 insgesamt 11 nichtdeutsche Sekretäre in den Verwaltungsstellen,[6] ein nichtdeutscher Projektsekretär im Bezirk Nordrhein-Westfalen, fünf nichtdeutsche Sekretäre in der Abteilung „Ausländische Arbeitnehmer" sowie ein koordinierender Ableitungsleiter beim Vorstand. Diese Entwicklung darf aber nicht darüber hinweg täuschen, dass die Relation Mitglieder-Hauptamtliche alles andere als zufriedenstellend ist. Auch in der IG Metall existiert eine chronische Unterrepräsentanz der Migrantinnen und Migranten im hauptamtlichen Bereich: Weniger als 2% aller politisch-hauptamtlichen Funktionäre sind Migranten, während gut 10% aller Mitglieder der IG Metall einen Migrationshintergrund haben.

Die Angaben zur Organisation und Repräsentanz in den Organen betrieblicher und gewerkschaftlicher Interessenvertretungen und vor allem in beschlussfassenden Organen und Leistungsgremien machen deutlich, dass Migranten durchweg besser organisiert, aber schlechter repräsentiert sind. Dennoch darf nicht außer Acht gelassen werden, dass es der IG Metall gelungen ist, das Vertretungsdefizit der Migranten deutlich zu verringern. Die kontinuierliche Gewerkschaftsarbeit mit und für Migranten hat ein festes Fundament von über 10.000 nichtdeutschen Funktionären geschaffen. Auf dieser Basis wird es für die IG Metall einfacher sein, die noch vorhandenen Defizite gegenüber den nichtdeutschen Mitgliedern schrittweise abzubauen und ihre zukünftige Migrationspolitik zu entwickeln.

Ganz anders sieht es im politischen und gesellschaftlichen Bereich aus. Obwohl die IG Metall eine Kehrtwendung von der Ausländerbeschäftigungspolitik hin zu einer Politik fordert, die von der Tatsache ausgeht, dass die Migranten und ihre Familien zum Bestandteil des politischen, sozialen und kulturellen Lebens der Bundesrepublik geworden sind, konnte sie ihre Forderungen nach gesichertem Aufenthalt, kommunalem Wahlrecht, doppelter Staatsbürgerschaft und Abbau von Diskriminierungen auf dem Arbeitsmarkt und in den Betrieben nicht durchsetzen.

Die skizzierte gewerkschaftliche Inklusion sowie die auf volle Gleichberechtigung der Migranten zielende Politik der Gewerkschaften sind Ergebnis des Aufeinanderzugehens von Arbeitsmigranten und Gewerkschaften. Für die Arbeitsimmigranten kann festgestellt werden, dass mit zunehmender Aufenthaltsdauer und Verbleibeorientierung seit dem Anwerbestopp vom November 1973 ihre ursprüngliche

---

6    Je einer in Berlin, Düsseldorf, Friedrichshafen, Göppingen, Heidelberg, Heidenheim, Koblenz, Paderborn, Velbert, Wolfsburg und Stuttgart.

Orientierung auf die Gründung kleinbürgerlicher Existenzen im Herkunftsland abnahm und die Identifikation mit der Lohnarbeiterexistenz wuchs. Folglich stiegen ihre Ansprüche nach besseren Arbeits- und Lebensverhältnissen im Aufnahmeland, ihre betriebliche Fluktuation sank rapide. Einerseits aus diesen Gründen, andererseits aus den gestiegenen Partizipationsmöglichkeiten in Betrieb und Gewerkschaft durch das reformierte Betriebsverfassungsgesetz von 1972 erklärt sich die erhöhte Bereitschaft der Immigranten, sich gewerkschaftlich zu organisieren und zunehmend betriebliche und gewerkschaftliche Funktionen zu übernehmen.

Für die Gewerkschaften liegt es aus mehreren Gründen im wohlverstandenen Eigeninteresse, Arbeitsmigranten zu organisieren. Prinzipiell wird sich jede Gewerkschaft bemühen, möglichst alle in ihrem Bereich abhängig Beschäftigten zu organisieren und zu vertreten. Die Kampfkraft und Verhandlungsmacht einer Gewerkschaft hängt entscheidend davon ab, ob es ihr gelingt, partikularistische Interessen von Arbeitnehmern, die gegeneinander ausgespielt werden können, zu gemeinsamen Grundinteressen zu vereinheitlichen. Darüber hinaus sind die Immigranten konzentriert als Produktionsarbeiter in der Industrie tätig, also dort, wo bei Arbeitskämpfen das Konflikt- und Störpotential nicht unbeachtlich ist .

Dieser Umstand machte die Organisierung und Mobilisierung der ausländischen Arbeitnehmer seitens der Gewerkschaften besonders dringlich. Bei vorausgegangenen Arbeitskämpfen in der Metallindustrie hat sich erwiesen, dass die Mitglieder ausländischer Nationalität für die IG Metall unentbehrlich sind. Mit großem Engagement und Solidarität haben sich die Arbeitsimmigranten an allen Gewerkschaftsaktionen und Tarifauseinandersetzungen seit 1973 beteiligt. Ohne diese Rolle wäre der Beschluss des 14. Gewerkschaftstages der IG Metall 1983 in München zur Anerkennung der Ausländer als eine Personengruppe wahrscheinlich nicht zustande gekommen. Mit dieser Anerkennung und der Gründung von Ausschüssen kann die IG Metall nun seit Jahren behaupten, dass sie die einzige gewerkschaftliche Großorganisation ist, die Immigranten als völlig gleichberechtigte Mitglieder an ihren politischen und programmatischen Entscheidungen beteiligt. Wie wichtig dieser Gewerkschaftstagsbeschluss war, wurde beim Kampf der IG Metall um die 35-Stundenwoche 1984, in der ausländische Arbeitnehmer eine herausragende positive Rolle spielten und in allen sozialen Auseinandersetzungen seit Mitte der 80er Jahre eindrucksvoll dokumentiert.

Wesentlich problematischer gestaltet sich die Organisierung von Drittstaatsangehörigen aus Mittelosteuropa sowie Spätaussiedlern. Bislang konnte der Organisationsgrad dieser Migrantengruppen nicht nennenswert angehoben werden. Als wesentliche Ursachen hierfür werden von Gewerkschaftern häufig genannt: mangelnde Sprachkenntnisse, ihr rechtlicher Status, geringe gewerkschaftliche Erfahrungen in den Herkunftsregionen, ihr geringes industrielles Lohnarbeiterbewusstsein und eine konservative politische Einstellung, die speziell als „Vorwurf" gegenüber Spätaussiedlern und Migranten aus Osteuropa erhoben wird. Eingewandt aber werden kann, dass weniger die Erfahrungen im Herkunftsland für die gewerkschaftliche Organisierung ausschlaggebend sind, sondern die Arbeits- und Lebensbedingungen dieser Migranten in der Bundesrepublik und die von ihnen in den Betrieben gemachten industriellen Arbeitserfahrungen. Erhebliche Defizite lassen sich insbesondere in der Betreuung der neuen Migranten seitens haupt- und ehrenamtlicher Gewerkschaftsfunktionäre feststellen. Darüber hinaus sind bislang von Gewerkschaften keine Angebote zur Gewinnung von Multiplikatoren unter diesen Migranten gemacht worden. Der überkommene Paternalismus deutscher Funktionäre im Umgang mit Minderheiten macht sich — vergleichbar mit der Ignorierung ausländischer Arbeitnehmer bis in die 80er Jahre — auch gegenüber den neuen Migranten bemerkbar. Die Erfahrung hat gezeigt, dass die Überwindung von Paternalismus und der Aufbau einer Funktionärsstruktur innerhalb der Migranten mit Multiplikatorfunktion eine Grundvoraussetzung für bessere gewerkschaftliche Organisierung war. Deshalb können nur gezielte Ansprache und Förderung der neuen Migranten mit attraktiven Angeboten zur Mitarbeit in betrieblichen und gewerkschaftlichen Gremien der Interessenvertretung den Organisationsgrad steigern.

## 3. Betriebliche Ausländerdiskriminierung und gewerkschaftliche Antidiskriminierungspolitik

Die strukturelle Diskriminierung von Migranten beim Zugang zum Ausbildungs- und Arbeitsmarkt sowie in den Betrieben stellt heute das größte Problem bei der Verteilung von Zukunftschancen dar. Die Statistik der Bundesanstalt für Arbeit weist seit Mitte der 70er Jahre eine überdurchschnittlich hohe Arbeitslosigkeit unter Migranten auf. Aktuell beträgt sie das Doppelte der allgemeinen Arbeitslosenquote. Besonders drastisch ist die Arbeitslosigkeit unter Migranten aus der Türkei, aus Italien und Griechenland. Jeder fünfte Migrant aus der Türkei und Italien ist zur Zeit ohne Arbeit. Der drastische Abbau von Arbeitsplätzen in den traditionellen Branchen der verarbeitenden Industrie, in denen überproportional viele Migranten arbeiteten, hat dazu geführt, dass vor allem Einwanderer ihre Arbeit verloren haben. So stieg die absolute Zahl der arbeitslosen Migranten in Westdeutschland von 1985 bis Ende 2000 um fast 75%, während die Zahl der arbeitslosen Bundesbürger „lediglich" um 6,37% gestiegen ist.

Die Ursache für die signifikant hohe Arbeitslosigkeit der Migranten liegt in ihrer spezifischen betrieblichen Stellung in zumeist produzierenden und verarbeitenden Industriezweigen. Sie haben im Prozess der Anwerbung und Beschäftigung freigewordene Positionen des Arbeitsmarktes besetzt, für die sich keine deutschen Arbeitskräfte finden ließen. Vor allem als Arbeiter in Gießereien, im Bergbau, in der Eisen- und Stahlindustrie sowie in der Montage der Automobil- und Elektroindustrie und in der sonstigen Metallverarbeitung konzentrieren sie sich auf wenige Segmente des Arbeitsmarktes (verstärkt anzutreffen sind Migranten auch in den einfachen Dienstleistungen, Reinigungs- sowie Gaststättengewerbe). Dies führte zu einer Unterschichtung betrieblicher Positionen, die sich bis heute nicht nennenswert geändert hat. Ferner ist die betriebliche Situation der Migranten dadurch gekennzeichnet, dass sie einfache, wenig qualifizierte Produktionsarbeiten verrichten, konjunkturellen

Schwankungen stärker unterliegen und an betrieblich-beruflichen Aufstiegsprozessen nicht — bzw. nur in Ausnahmefällen — partizipieren.

Diese Marginalisierung und die Sperrung eines beruflichen Aufstiegs, gepaart mit der Konzentration auf Branchen, die entweder stärker Struktur- und Absatzkrisen unterliegen, und deshalb Arbeitskräfte stärker durch Rationalisierung ersetzen, zementiert die Dauerarbeitslosigkeit der Migranten. Verschärft wird diese Situation dadurch, dass Migranten auch eine Diskriminierung erfahren, weil sie eine rechtlich, politisch und gesellschaftlich ausgegrenzte Bevölkerungsgruppe darstellen. Diese Ausgrenzung macht die Abwälzung der Beschäftigungsrisiken auf Migranten für die Personalabteilungen der Unternehmen einfacher, aber die Schutzfunktion der Betriebsräte gegenüber ihren ausländischen Kollegen schwieriger, da die Intention der Unternehmen, vorrangig Migranten zu entlassen, nicht selten die Unterstützung der deutschen Belegschaftsmehrheit findet.

Auch junge Migranten werden beim Zugang zum Ausbildungsmarkt direkt und indirekt diskriminiert. Zahlreiche Untersuchungen und Studien belegen diskriminierende Praktiken bei Bewerbungen junger Migranten auf Ausbildungsplätze. Als Gründe für die diskriminierenden Praktiken werden unter anderem genannt:

- Mangelnde Leistungsfähigkeit aufgrund unzureichender Deutschkenntnisse und Schulabschlüsse.
- Befürchtungen, dass Mitarbeiter und/oder Kunden ausländische Jugendliche nicht akzeptieren könnten.
- Die ausländische Herkunft als solche, unabhängig von der sprachlichen und schulischen Qualifikation der Bewerber.[7]

Die Diskriminierung lässt sich auch dort feststellen, wo der Gleichbehandlungsgrundsatz indifferent und formalistisch verfolgt wird. Mittelschichtsorientierte sprach- und kulturabhängige Einstellungstests begünstigen automatisch deutsche und benachteiligen ausländische Ausbildungsbewerber.[8] Der Landessozialbericht Nordrhein-Westfalen (NRW) aus dem Jahre 1994 spricht von einer generellen Voreingenommenheit von Unternehmen und Ausbildungsleitern gegenüber ausländischen Jugendlichen. Zu den Einstellungsgesprächen werden ausländische Bewerber meistens nicht eingeladen und bestenfalls als „stille Reserve" gesehen (1994: 188). In einer Studie des Zentrums für Türkei-Studien im Auftrag der Internationalen Arbeitsorganisation (ILO) wurde nachgewiesen, dass türkische Ausbildungsstellenbewerber trotz gleicher sprachlicher und schulischer Qualifikation aufgrund ihrer Ethnie durchgängig diskriminiert werden. Die häufigste Diskriminierungsrate wurde mit 23% im Dienstleistungsgewerbe und sogar 50% im gehobenen Dienstleistungssektor (Banken, Versicherungen) festgestellt.[9]

Diese Diskriminierungspraktiken erklären die geringe Partizipation junger Migranten auf dem Ausbildungsmarkt nur zum geringen Teil. Ausschlaggebend für

---

7   Vgl. Seifert 1992; Landessozialbericht NRW 1994: 184 ff.
8   Vgl. Beer 1997: 26-32.
9   Vgl. Goldberg et.al. 1995.

diese Situation ist die desolate schulische Vorbildung eines großen Teils der Migranten. Ein kurzer Blick auf die schulischen Abschlüsse der Migrantenkinder zeigt auf, dass die Barrieren für die Partizipation in der Arbeitswelt sehr früh aufgebaut werden. Die Bildungsbeteiligung junger Migranten hat sich seit Mitte der 90er Jahre weiter verschlechtert. Gab es 1990 noch 125.000 ausländische Auszubildende, so sank die Zahl auf 110.000 im Jahr 1997.[10] Während 1998 „nur" 11,5% der 20 bis 29-jährigen Deutschen keine Berufsausbildung hatten, waren es bei der gleichen Altersgruppe ausländischer Nationalität 32,7%, bei Türken sogar 39,7%.[11]

Ferner konzentrieren sich Auszubildende nichtdeutscher Nationalität auf Sektoren und Berufe mit geringen Verdienstmöglichkeiten, ungünstigen Arbeitsbedingungen, eingeschränkten Aufstiegschancen und einem hohen Entlassungsrisiko. Während ihr Anteil an allen 15- bis 18-Jährigen 14% ausmacht, haben sie lediglich 8% aller Ausbildungsplätze inne. Hierbei konzentrieren sich Jugendliche ausländischer Staatsangehörigkeit zu 8% auf industrielle und zu 9% auf handwerkliche Ausbildungsplätze. Ihr Anteil an allen Auszubildenden im öffentlichen Dienst beträgt jedoch nur 3% und in Betrieben der Informationstechnologie 3,3%.

Die strukturelle Diskriminierung und soziale Ungleichheit setzt sich in den Betrieben und auf dem Arbeitsmarkt fort. Obgleich in den Betrieben offene Diskriminierung oder gar offen rassistische Praktiken kaum in Erscheinung treten und nicht geduldet werden, sind Betriebe keine „Inseln der Glückseligkeit" und „diskriminierungsfrei". Wie in anderen Bereichen der Gesellschaft, treten auch in Betrieben verdeckte Formen von Rassismus und verschärfte Konkurrenzen auf. Meistens schwerwiegender und nachhaltiger scheinen versteckte Diskriminierungserscheinungen, die als *„gewachsenes soziales Arrangement"* ein *„strukturelles Element des Betriebsalltags"* darstellen (B. Brüggemann/R. Riehle 1998). Diese Form struktureller Migrantendiskriminierung ist selten Folge bewusst rassistischen Handelns, sie ist *„normale Fremdenfeindlichkeit"* (1998: 48) mit weitreichenden Folgen, weil sie Migranten bei Einstellungen, Kündigungen, Entlassungen, Aufstiegsmöglichkeiten, Arbeitsbedingungen sowie bei betrieblicher Aus- und Weiterbildung nachhaltig diskriminiert. Hier interessiert nicht, welche Motive zur Diskriminierung leiten und ob Rassismus, Ethnozentrismus oder andere Ideologien eine Rolle spielen. Die Ergebnisse zeigen: Es findet ethnische Diskriminierung statt.

Diese Fakten sind den Gewerkschaften bekannt. Einerseits erwarten erhebliche Teile der deutschen Arbeitnehmer eine exklusive Schutzfunktion nach nationalen Kriterien, indem Migranten in Krisenzeiten eine Alternativrolle zugewiesen wird, zur Not in die Herkunftsländer zurückzukehren und ihr Glück dort zu versuchen. Diese Mitglieder erwarten für sich also rechtliche und politische Vorrechte, die ihnen in Zeiten verschärfter Konkurrenz um knappe Arbeits- und Ausbildungsplätze

---

10   Vgl. für diese und nachfolgende Zahlen: Die Beauftragte der Bundesregierung für Ausländerfragen 2000.

11   Noch ungünstiger sind die Ausbildungschancen ausländischer Mädchen und junger Frauen, von denen lediglich 32% eine Ausbildung beginnen.

Privilegien zusichern. In diesem Zusammenhang erfüllt das oben zitierte „gewachsene soziale Arrangement" als „Element des diskriminierenden Betriebsalltags" (B. Brüggemann/R. Riehle) einen Beruhigungseffekt und eine Entlastungsfunktion. Andererseits sind Gewerkschaften mit ihrem eigenen Verständnis von sozialer Gleichheit und den Erwartungen ihrer nichtdeutschen Mitglieder konfrontiert, einen entscheidenden und nachhaltigen Beitrag zur Gleichstellung der Migranten zu leisten. Es mangelt jedoch an einem multiethnischen bzw. interkulturellen Selbstverständnis sowie an konkreten Gleichstellungs- und Förderprogrammen der Gewerkschaften für eine angemessene Vertretung der Migranten. Zwar existiert in der IG Metall ein Ausländerförderprogramm bereits seit Anfang der 90er Jahre, doch bis heute wurde dieses Programm nicht umgesetzt.

Die Gewerkschaften bewegen sich also in einem Widerspruch zwischen selbstgesetztem einheitsgewerkschaftlichen Anspruch und partikularen Interessenlagen sowie Erwartungen gerade solcher (deutschen) Mitglieder, die von Ängsten um ihren Arbeitsplatz, von Besitzstandsdenken und von nationalstaatlichen Vorbehalten umtrieben sind. Gewerkschaftspolitische Fortschritte setzen deshalb geduldige Überzeugungsarbeit voraus und können nur in einem langen Prozess realisiert werden.

Der strukturellen Diskriminierung von Migranten versucht die IG Metall durch den Abschluss von Antidiskriminierungsvereinbarungen zu begegnen. Die bereits Ende 1995 entwickelte Mustervereinbarung „*Für die Bekämpfung und Beseitigung der Diskriminierung ausländischer Arbeitnehmer und zur Förderung der Chancengleichheit am Arbeitsplatz*" der IG Metall konnte bislang bei mehreren Konzernen und Großbetrieben (unter anderem bei Thyssen Krupp Stahl AG, Ford AG, Preussag Stahl AG, Sartorius AG), aber auch in einigen mittelständischen Betrieben (unter anderem TWB-Presswerk, Hagen) vereinbart werden.[12] Mit anderen Unternehmen wird der Abschluss dieser Antidiskriminierungsvereinbarung verhandelt.

Zweck dieser Betriebsvereinbarungen ist es, soziale Diskriminierungen von Migranten „am Arbeitsplatz zu bekämpfen bzw. zu beseitigen". Dies soll erreicht werden durch die Verwirklichung von Chancengleichheit bei Einstellungen, beruflicher Aus-, Weiter- und Fortbildung, beruflicher Förderung sowie bei der Vergabe von Werksmietwohnungen. Insbesondere sollen Migranten gezielt motiviert und gefördert werden, solche „betrieblichen Fortbildungsmöglichkeiten wahrzunehmen, die ihnen den Aufstieg in Tätigkeitsbereiche erleichtern, in denen sie bisher unterrepräsentiert sind." In der Vereinbarung verpflichten sich Arbeitgeber und Betriebsrat, etwaigen „Beschwerden über Fälle von Diskriminierung von ausländischen Arbeitnehmerinnen und Arbeitnehmern" umgehend nachzugehen. Die IG Metall empfiehlt im Sinne der „Gemeinsamen Erklärung über die Verhütung von Rassendiskriminierung und Fremdenfeindlichkeit sowie Förderung der Gleichbehandlung am Arbeitsplatz"[13] die betriebliche Antidiskriminierungs- und Gleichstellungspolitik zu evaluieren.

---

12 Diese und weitere Vereinbarungen sind abgedruckt in den Migrationspolitischen Handreichungen „Diskriminierung am Arbeitsplatz — aktiv werden für Gleichbehandlung". Herausgeber ist das Referat Migration beim DGB-Bundesvorstand.

13 Verabschiedet vom Gipfel des Sozialen Dialogs am 21.10.1995 in Florenz.

Als wesentlich weitergehender und wirksamer als diese Musterbetriebsvereinbarung der IG Metall könnte die im Jahre 1996 für alle deutschen Werke der Volkswagen AG zwischen Vorstand und Gesamtbetriebsrat abgeschlossene Vereinbarung *„Partnerschaftliches Verhalten am Arbeitsplatz"* angesehen werden. Diese Betriebsvereinbarung von Volkswagen AG hat zum Ziel, eine besonders partnerschaftliche Unternehmens- und Arbeitskultur zu fördern und setzt ein positives Signal gegen Diskriminierungen jeglicher Art sowie gegen sexuelle Belästigung und Mobbing. Der Respekt vor Persönlichkeit und Würde anderer Menschen soll oberster Verhaltenskodex bei der Volkswagen AG sein. Die Vereinbarung enthält ein Beschwerderecht für alle von Diskriminierung betroffenen Werksangehörigen und benennt die Vorgesetzten, den Betriebsrat, die Frauenbeauftragte sowie das Gesundheitswesen und die Personalabteilung als verantwortliche Stellen, die jeder Diskriminierung nachzugehen haben. Diese Verantwortlichen haben die Aufgabe,

- „die Betroffenen zu beraten und zu unterstützen,
- in getrennten oder gemeinsamen Gesprächen mit den Belästigenden und den belästigten Personen den Sachverhalt festzustellen und zu dokumentieren,
- die belästigende Person über die tatsächlichen Zusammenhänge und Folgen einer Belästigung (...) aufzuklären,
- den zuständigen Gremien Gegenmaßnahmen und ggf. arbeitsrechtliche Konsequenzen im Rahmen der bestehenden Verfahren vorzuschlagen,
- allen — auch vertraulichen — Hinweisen und Beschwerden (...) nachzugehen,
- auf Wunsch die/den Betroffene/Betroffenen zu/in allen Gesprächen und Besprechungen einschließlich zu Sitzungen des Personalausschusses zu begleiten, zu beraten und sie in ihrer Vertretung zu unterstützen."[14]

Im Falle ethnischer Diskriminierung (sowie bei Mobbing und sexueller Belästigung) sieht die Betriebsvereinbarung abgestufte Sanktionen vor. Der Sanktionskatalog enthält „betriebliche Maßnahmen (...) wie zum Beispiel Belehrung, Verwarnung, Verweis, Geldbuße oder arbeitsrechtliche Maßnahmen wie zum Beispiel Versetzung, Abmahnung oder Kündigung", die je nach Einzelfall zu ergreifen sind.

Das Besondere dieser Betriebsvereinbarung ist, dass sie verpflichtende Bildungsseminare und Workshops für Vorgesetzte, Vertrauensleute, Betriebsratsmitglieder und mittleres Management vorsieht. Die Volkswagen AG bietet für die verantwortlichen Akteure im Unternehmen Konflikttrainings, um die Umsetzung der Betriebsvereinbarung im Sinne der oben erwähnten Betriebs- und Arbeitskultur zu ermöglichen. Diese Betriebsvereinbarung soll nach den Vorstellungen der Volkswagen AG konzernintern weltweit angewandt werden.

Auch wenn der Abschluss einer Vielzahl von Antidiskriminierungsvereinbarungen in Betrieben und Unternehmen der Metallwirtschaft sowie anderen Branchen die allgemeine Situation der Migranten nicht wesentlich verändert hat, muss doch

---

14    DGB-Bundesvorstand (Hrsg.) (1998): III-1-2.

konstatiert werden, dass allein die Diskussion über diese Vereinbarungen zur Sensibilisierung der Belegschaften im Hinblick auf den Tatbestand ethnischer Diskriminierung beigetragen hat. Die Wirksamkeit von Betriebsvereinbarungen zur Beseitigung von Diskriminierung kann nur mittel- und langfristig beurteilt werden. Ob die
geplante Novellierung des Betriebsratsgesetzes, die dem Betriebsrat eine aktive Aufgabe bei der Bekämpfung von Diskriminierung und Rassismus zuweisen und ihm
ein Initiativrecht zum Abschluss von Antidiskriminierungsvereinbarungen geben
soll (Paragraph 80), zur nachhaltigen Verbesserung der Situation der Migranten auf
dem Arbeitsmarkt führt und die betriebliche Diskriminierung beseitigt, bleibt abzu-
warten.[15]

Bedeutsam für die Ausweitung von Partizipationsmöglichkeiten und einer
Gleichstellungspolitik zugunsten der Migranten sind sicherlich tarifpolitische Vereinbarungen, die allen Arbeitnehmern, hier insbesondere Migranten, ein Recht auf
betriebliche Qualifizierung und Weiterbildung einräumen. Gerade für Arbeitsmigranten ist eine Qualifizierungsoffensive aus den bereits genannten Gründen dringend
geboten. Bislang blieben die relativ sicheren, qualifizierten und besser bezahlten Arbeitsplätze des Kernsektors deutschen Arbeitnehmern reserviert, während Arbeitsmigranten allgemein eher auf prekäre, unsichere und schlechter bezahlte Arbeitsplätze verwiesen wurden. Deshalb sind für Migranten Hoffnungen mit dem Tarifvertrag
zur Qualifizierung verbunden, der besondere Qualifizierungsmaßnahmen für un-
und angelernte Arbeitnehmer/innen vorsieht und noch im Jahre 2001 in Baden-
Württemberg abgeschlossen werden soll, um danach in anderen IG Metall-Bezirken
vereinbart werden zu können. Eine solche tarifpolitische Qualifizierungsoffensive
könnte Gleichstellungsstrategien ergänzen wie auch gewerkschaftliche „Entwürfe"
unterstützen, die an einer diskriminierungsfreien und weltoffenen Gesellschaft orientiert sind.

## Literatur

Beauftragte der Bundesregierung für Ausländerfragen (Hrsg.) (2000): Bericht über die Lage der Auslän-
der in der Bundesrepublik Deutschland. Berlin/Bonn
Beer-Kern, Dagmar (1997): Aspekte beruflicher und sozialer Förderung von ausländischen Jugendlichen.
In: Deutscher Gewerkschaftsbund (Hrsg.) (1997): 26-32
Brüggemann, Beate/Riehle, Reiner (1998): Diskriminierung und Antidiskriminierungspolitik im Betrieb.
In: Caglar, C./Jahaver-Haghighi, P. (Hrsg.) (1998): 46-68
Caglar/Jahaver-Haghighi (Hrsg.) (1998): Rassismus und Diskriminierung im Betrieb. Hamburg: VSA
Deutscher Gewerkschaftsbund (Hrsg.) (1998): Migrationspolitische Handreichungen „Diskriminierung
am Arbeitsplatz – aktiv werden für Gleichbehandlung". Düsseldorf
Deutscher Gewerkschaftsbund (Hrsg.) (1997): Berufsausbildung und ausländische Jugendliche. Düssel-
dorf
Goldberg, Andreas/Mourinho, Dora/Kulke, Ursula (1995): Arbeitsmarkt-Diskriminierung gegenüber
ausländischen Arbeitnehmern in Deutschland. International Labour Office (Hrsg.): International
Migration Papers 7. Geneve
Hinken, Günter (2001): Als aus „Gastarbeitern" gewählte Betriebsräte wurden. In: Frankfurter Rundschau
vom 2.5.01. 18

---

15  Vgl. Hinken 2001.

Industriegewerkschaft Metall (Hrsg.): Geschäftsbericht, diverse Jahresstatistiken der Abteilung Ausländische Arbeitnehmer, Frankfurt/M.

Minister für Arbeit, Soziales und Gesundheit (Hrsg.) (1994): Landessozialbericht. Ausländerinnen und Ausländer in Nordrhein-Westfalen. Düsseldorf

Seifert, Wolfgang (1992): Die zweite Ausländergeneration in der Bundesrepublik. In: Kölner Zeitschrift für Soziologie und Sozialpsychologie 4/1992. 677-696

# 6. Multiethnische Gesellschaften, städtische Vergemeinschaftung und soziokulturelle Selbstbestimmung

# Heterogene Zuwanderer und Nationalstaatsverständnis – Ein Essay

*Jürgen Fijalkowski*

## 1. Problematische Mitgliedschaftsbedingungen des Typus Nationalstaat

Stehen die Mitgliedschaftsbedingungen des Typus Nationalstaat, insbesondere seiner wohlfahrtsstaatlichen Variante, einer angemessenen Behandlung transnationaler Migranten und ethnischer Minderheiten im Wege? Wenn man sich mit den Zurückgesetzten und Vernachlässigten dieser Erde identifiziert und sich als Bürger eines ökonomisch hochentwickelten und demokratischen Rechtsstaats in ihre Lage versetzt, bieten die ,Nationalstaaten' leicht den Eindruck, nicht viel anderes als ethnozentrische Privilegien-Schutzorganisationen der Reichen und der jeweiligen Dominanzkulturen gegenüber den Armen und den jeweiligen Minderheitskulturen dieser Erde zu sein, und zwar offenbar noch um so mehr, je mehr solche Nationalstaaten nach innen als Wohlfahrtsstaaten organisiert sind.

Aus der Interessenperspektive von Menschen, die ein sehr viel ärmeres und/oder politisch von Diktatur und Anarchie heimgesuchtes Land zu verlassen versuchen, um für sich und ihre Familien Zugang zu jenen Lebenschancen zu erlangen, die die reicheren und politisch als rechtsstaatliche Demokratien stabileren Länder bieten, nimmt sich das Recht der Staaten, Zutritt und Verbleib von Fremden, sprich Nichtstaatsbürgern, zu verweigern, schnell als ein Unrecht aus, das mit seinen Barrieren die Freizügigkeitschancen verletzt, die man sich legitimiert fühlt, als ein unveräußerliches Menschenrecht zu beanspruchen. Mit der Ausübung ihres Zurückweisungsrechts benutzen die Reichen die Unterscheidung der Staatsangehörigkeiten sozusagen als Verteidigung ihrer Privilegien gegenüber den Benachteiligten. Sie benutzen sie dazu, die Sicherheitsgewährleistungen besser geordneter Staatlichkeit, die Erwerbschancen, die in der Beteiligung an ihren Wirtschaftsaktivitäten stecken, und die Wohlfahrtsleistungen, die sie aus den Steuerabgaben ihres Reichtums finanzieren, vor allem ihren eigenen Staatsbürgern vorzubehalten, das heißt die Fremden nach Möglichkeit davon auszuschließen; Ausnahmen gelten nur für humanitäre Extremfälle.

Ähnliches gilt überdies auch für die Interessenperspektive derer, die in einer spezifischen, ihnen vertrauten und von ihnen für wert gehaltenen, Kultur aufgewachsen sind, nun aber, wenn sie nach erfolgreich verlaufener transnationaler Migration Ansässigkeitsrechte gewonnen haben, ihr Leben in einem Aufnahmeland zu führen haben, das von einer anderen Kultur geprägt ist. Jedes Aufnahmeland, bevor es Zuwanderer voll in die Gleichberechtigung der Staatsbürgerschaft aufnimmt, dringt auf Nachweise des Erwerbs des Sprachverständnisses und des bejahenden

Verständnisses der Landessitten, die für eine normale Lebensführung benötigt werden. Tut ein Aufnahmeland dies jedoch in einem Maße, das die Betroffenen als Herabsetzung des Eigenwerts ihrer andersartigen Herkunftskultur und als Zumutung empfinden, diese Herkunftsidentität aufzugeben, so verwandelt sich ihnen der Assimilations-Anspruch des Zuwanderungslandes in die Äußerung der diskriminierenden Arroganz einer nationalen Dominanzkultur, die den Angehörigen kulturell abweichender Minderheiten, die in ihrer Mitte leben, ihr Menschenrecht auf Erhalt kultureller Eigenarten und Minderheitenschutz verkürzt.

Und wirkt nicht die Inanspruchnahme des Zurückweisungsrechts ebenso wie des Assimilationsanspruchs eines Aufnahmelands um so feindlicher, ethno-zentrischer und diskriminierender, wenn und weil der Staat, der sie ausübt, ein ‚Nationalstaat' ist? Denn ‚Nationalstaat' ist ein Staat, der sich erstens darauf gründet, eine Bevölkerung zu haben, die von einer, nicht zuletzt an einer altüberlieferten Sprache erkennbaren, ethnisch spezifischen, Dominanzkultur geprägt ist, und zweitens sich auf eine Bevölkerung gründet, die zu einer öffentlichen Selbstidentifikation als bestimmtes, von anderen unterschiedenes, ‚Staatsvolk' mobilisiert ist. In diesem Sinne ist der ‚Nationalstaat' ein auf eine bestimmte ‚Nation' gegründeter Staat. Ist die abweisende Geschlossenheit des auf eine bestimmte geschichtliche Nation gegründeten Staats nicht zudem um so nationalistischer, je deutlicher sich ein solcher Staat als ‚Sozial- und Wohlfahrtsstaat' darstellt? Sind nicht sozio-ökonomisch inhomogenere Gesellschaften mit schwächer entwickelten Wohlfahrtsvorkehrungen wie die USA gegenüber den ethnisch-kulturell von der Dominanzkultur abweichenden Gruppen von Zuwanderern und Zuwanderungsinteressenten liberaler als Gesellschaften wie die der BRD und vieler anderer westeuropäischer Länder, die durch anspruchsvolle Umverteilungspolitik und hoch entwickelte Sozialstaatsvorkehrungen sozioökonomisch stärker nivelliert sind als die USA?

Aus der menschenrechtlich-humanitären Perspektive von Benachteiligten auswärtiger Herkunft sind alle diese Wahrnehmungen verständlich und nahe liegend. Sie gehören zum Hintergrund der Forderungen nach Anerkennung von Einwanderung durch Einwanderungspolitik, nach Beseitigung des Metöken-Status von ansässig gewordenen Zuwanderern, nach Gleichberechtigung von Menschen unterschiedlicher Herkunft und Kultur auf den Märkten für Arbeit, Wohnungen, Schulbildungen, öffentlichen Ämtern, nach Unterstützung für den Erhalt ethno-kultureller Diversität und die Pflege der Eigenart von Minderheitskulturen etc. Und sie ordnen sich mühelos der generellen, humanistischen, Forderung nach Freiheit der Menschen zur vollen Selbstentfaltung und Abkehr von der Arroganz der Alteuropäer ein, wie sie von den Fürsprechern transnationaler Wanderer und ethnischer Minderheiten allen vorwaltenden Trägheiten und Zynismen mit Recht entgegen gehalten werden. Aber halten diese Wahrnehmungen einer genaueren Analyse Stand? Ist der Nationalstaat, insbesondere in seiner wohlfahrtsstaatlichen Variante, wirklich ein menschenrechts- und minderheitenrechts-feindliches Übel, das es zu überwinden gilt, damit es nicht länger der Herbeiführung einer gerechteren Welt im Wege steht? Die Antwort ist Ja und Nein. Jedenfalls darf man die Kinder nicht mit dem Bade ausschütten.

Nationalstaaten bevorzugen bestimmte ethnokulturelle Eigenheiten der Sprache und der Sitten vor anderen, bauen auf Besonderheiten einer sie von anderen unterscheidenden Geschichte auf und knüpfen die Zulassung von Außenstehenden — zur Mitwirkung in ihren öffentlichen Angelegenheiten und zur Beteiligung an den ihren Bürgern zur Verfügung gestellten öffentlichen Vergünstigungen — an Bedingungen, die als nicht ohne weiteres zu übersteigende Barrieren wirken, so dass sie diese Außenstehenden fernhalten. Gibt es eine Rechtfertigung für dieses Verhalten? Sind es nur Nationalstaaten, die sich so verhalten? Welche Alternativen zu den Nationalstaaten kennt die öffentliche Ordnung der Welt und welches Bild ergibt der Leistungsvergleich unter ihnen, wenn Gleichberechtigung und Frieden unter Menschen als die universellen Leitwerte angesehen werden? Die nachfolgenden Überlegungen sollen zeigen:

Jedenfalls gibt es eine historisch-pragmatische Rechtfertigung für die Fortexistenz der Nationalstaaten und für deren Bemühen, sowohl die grenzüberschreitenden Wanderungen und deren Folgen für den gesellschaftlichen Zusammenhalt der betroffenen Bürgerschaften unter Kontrolle zu halten als auch auf bestimmte Maße einer inneren kulturellen Homogenisierung zu dringen, durch die nach außen Grenzen gezogen werden. Man darf nicht verkennen, was überhaupt Staat für das Zusammenlebenkönnen von Menschen bedeutet, dass es politische Öffentlichkeit immer nur innerhalb einer gemeinsam verstandenen Sprache gibt und die Herausbildung von Dominanzkulturen insofern bis zu gewissem Grade unvermeidlich ist. Und dass die Pluralität der auf unterschiedliche Dominanzkulturen gegründeten Staaten ein in langer Geschichte entstandenes Faktum ist, mit dem man als Gegebenheit rechnen muss, weil man ‚aus Geschichte nicht einfach aussteigen kann'. So etwas können die in Großgruppen komplex vernetzten Menschen noch weniger als der Einzelne. Es kann sein, dass empirisch vorfindliche Staaten die Aufgaben nicht oder nur schlecht erfüllen, die ihren Daseinssinn ausmachen. Aber dieser Daseinssinn ist überall, dass sie als Gebietsherrschaftsorganisationen nach innen rechtlich geordnetes Zusammenleben sowie eine letzte Solidarität für die von Elend Bedrohten, nach außen Unabhängigkeit und Schutz für die selbstbestimmte Eigenart der Lebensführung ihrer Bevölkerung gewährleisten sollen. Insofern sind Staaten, solange sie im Plural existieren, immer auch Interessenorganisationen zur Beschaffung und Bewahrung von Vorteilen und zur Abwehr von Nachteilen.

Es kommt jedoch auf die spezifische Art des Nationverständnisses an, dergemäß die Bedingungen für Zuzugserlaubnisse, für die Einbeziehung in Schutzversprechen und für die Gleichanerkennung als Bürger formuliert werden. Man muss sehen, dass es verschiedene Möglichkeiten der näheren Interpretation dessen gibt, was eine Nation zur Nation macht. Nicht alle Nationalstaaten per se, und nicht die Selbst- und Fremdidentifikation von Menschen als Nation per se, sind normativ und politisch-praktisch problematisch, sondern nur bestimmte Arten von Nationverständnis und die dementsprechenden Interpretationen der Bedingungen für Erwerb und Verlust von Staatsangehörigkeit. Man muss fragen, welche Alternativen es zur Nationalstaatlichkeit der Organisation des politischen Zusammenlebens gibt und was sie taugen. Schließlich muss man die Chancen wie die Unentbehrlichkeit der Weiterentwicklung von Kooperationssystemen sehen, die Nationalstaaten miteinander eingehen können und die für die Gleichanerkennung wie für die friedliche Koexistenz verschiedener Kulturen wichtig sind.

## 2. Die generelle Bedeutung von Staatlichkeit

Was zunächst die generelle Bedeutung von Staat für das Zusammenlebenkönnen von Menschen angeht, so ist festzuhalten: die oben angeführte Interessenperspektive von transnationalen Wanderern scheint tendenziell auf eine Aufhebung von Staatsgrenzen überhaupt zu zielen. Aber auch die transnationalen Wanderer selbst legen durchaus Wert darauf, dass es überhaupt einen Staat gibt, der Funktionen erfüllt, die auch für sie wichtig sind. Sie legen Wert auf den Gewinn eines neuen Rückhalts bei dem Ankunftsstaat oder auf die Forterhaltung ihres Rückhalts an den Herkunftsstaaten und der Möglichkeiten einer Rückkehr oder auf beides. Bei welchem Staat sie diesen Rückhalt suchen, mag sich danach richten, wo die höheren sozioökonomischen und politisch-kulturellen Standards gelten. Aber der nur von Staaten und ihrer legalen Durchsetzungsfähigkeit zu gewährleistende Rückhalt und Schutz ist in jedem Falle gemeint und gesucht. Dass der Sinn von Staatsangehörigkeit die Herstellung und Gewährleistung von Schutz- und Solidaritätsleistungen ist, ohne die es keinen verlässlichen Rechtszustand im Zusammenleben von Menschen gibt, steht auch bei ganz nüchtern kalkulierenden Vor- und Nachteilsabwägungen außer Frage.

So kann der durch ein oppressives Regime verfolgte Iraner im Zufluchtsland Schweden, in dem er um Asyl bittet, nur dann Schutz gegenüber seinen Verfolgern finden, wenn der Staat Schweden, allein oder im Bündnis mit anderen, die Verfolger wirksam zu hindern vermag, die Verfolgung auch über die Grenzen des Zufluchtslandes hinweg fortzusetzen. Nur wenn ein Ankunftsstaat den allgemeinen Menschenrechtsschutz glaubhaft verspricht und zu gewährleisten in der Lage ist, wird ein illegaler Zuwanderer sich seiner bisherigen noch so schlechten staatsbürgerlichen Identität freiwillig entledigen. Kein Deutscher oder Franzose oder US-Amerikaner wirft nach der Ankunft in einem afrikanischen oder südostasiatischen Land, wenn dieses Land von Armut, Unfrieden, Krisen und Instabilität geplagt ist, seinen Pass fort und bittet um Asyl. Hält er sich in einem fremden Land als Tourist, zu privater Erwerbstätigkeit oder im Auftrag einer Organisation auf und gerät in Schwierigkeiten, so ist er froh, ein Recht darauf zu haben, dass der Staat seiner Herkunft und Staatsangehörigkeit ihm alle nötige Unterstützung zukommen lässt. Und auch die in Deutschland in mehreren Jahrzehnten aufenthaltsberechtigt gewordenen Familien der Türken einschließlich ihrer hier geborenen und aufgewachsenen Kinder ziehen wenn möglich eine doppelte Staatsangehörigkeit dem Wechsel der Staatsangehörigkeit vor, weil die bei Wechsel der Staatsangehörigkeit erforderliche Aufrechnung von Verlusten und Gewinnen keine eindeutig positive

Bilanzsumme ergibt, so dass im Zweifel erst die Verdoppelung die erstrebte Vermehrung des Gesamtnutzens erbringt.

Sodann gibt es auch die Interessenperspektive der Ansässigen, und ihr kommt zunächst einmal die gleiche Legitimität zu wie der des Zuwanderers. Auch der Ansässige erwartet von dem Staat, dem er angehört, dass er ihm die in diesem Staat entwickelten und von ihm geschätzten Lebensformen garantiert, ihm, direkt oder im Wege der Umverteilung, öffentliche Leistungen erbringt und deren Fortführung gegen Beeinträchtigungen schützt, woher immer diese kommen mögen. So wie die Interessenperspektive des Zuwanderungsinteressenten auf Grenzdurchlässigkeit und Eröffnung von Vorteilen zielt, so zielt die Interessenperspektive des Ansässigen auf Grenzkontrollen und Abwendung von Nachteilen, und beidemal mit gleicher Legitimität. Die ökonomisch-sozialen und politisch-kulturellen Gefälle in der Welt geben den Migrationsbewegungen der Menschen eine bestimmte Richtung. Entsprechend unterscheiden sich je nach Interessenlage die auf Förderung, Hinnahme oder Abwehr von Migrationen zielenden Politiken der Staaten.

Es gibt Unterschiede liberaler und weniger liberaler politischer Kultur. Aber in jedem der EU-Staaten erwarten die Bürger, dass EU-Beiträge erst erhöht, Schuldenerlasse für Drittweltstaaten erst bewilligt, Bürgschaften für joint ventures mit russischen Unternehmen erst dann übernommen und Finanzierungen für Entwicklungshilfeprojekte in Afrika erst dann zugesagt werden, wenn die vorrangigen Aufgaben der auf die Probleme des eigenen Landes zielenden Politik erfüllt sind bzw. eindeutig nachgewiesen werden kann, dass die genannten Maßnahmen die Erfüllung der vorrangig nationalen Aufgaben nicht beeinträchtigen oder sogar zur besseren Erfüllung beitragen und ihr Ertrag höher als ihre Kosten sein wird. Andernfalls entzieht die Bevölkerungsbasis ihrer Regierung die Unterstützung und letztlich sogar den Gesetzesgehorsam. Der Vorrang des nationalen Interesses steht nirgendwo in Frage. Die US-Amerikaner, die Franzosen, die Albaner oder die Polen erwarten nicht anders als die Deutschen, die Australier, die Vietnamesen oder die Ägypter, dass ihre Regierung die Interessen ihres Landes vertritt, gegenüber benachbarten Bündnispartnern und selbstverständlich gegenüber den Staaten der übrigen Welt. Migrationspolitiken bilden darin keine Ausnahme.

Der im Verdacht der Menschenrechtsfeindlichkeit stehende Nationalstaat ist also zunächst einmal Staat, d.h. eine im Namen eines Staatsvolks konstituierte öffentliche Gewalt, die per Rechtssetzung, Rechtsprechung und Implementation politischer Entscheidungen, per Steuereinzug und Umverteilung etc. eine nach außen und innen souveräne Herrschaft über ein Staatsgebiet und alles ausübt, was auf ihm geschieht. Und was ist nun die Nation, der andere Bestandteil des Kompositums ‚Nationalstaat' und der Realgröße, deren Legitimität hier zum Gegenstand von Zweifel und Reflexion gemacht wird? Wenn man einen Menschen nach seinem Pass fragt, d.h. nach dem Dokument, das eine zur Austeilung solcher Dokumente befugte Behörde ihm ausgestellt hat, damit er es andern vorzeigen kann, so fragt man nach seiner Nationalität, d.h. einem mit einer näheren Bestimmung seines Territoriums und seines Staatsvolks versehenen Staat. Die Nation in diesem Sinne ist die zur Kontrolle und Legitimierung der Staatsgewalt eigens mobilisierbare, und mehr oder minder auch de facto mobilisierte, Mitgliedschaft des Gebietsherr-schaftsverbands Staat. Die Organisation als Staatsvolk und Nation aber erfolgt nicht auf der Grundlage allgemeinen Menschseins an jedem beliebigen Ort und Zeitpunkt der Welt, sondern sie erfolgt erst auf der Grundlage geschichtlich-kulturell spezifischer, in ihrem Eigenwert von anderen unterschiedenen, Gemeinsam-keiten. Es gibt kein aus Menschen bestehendes Substrat von Staat ohne solche Besonderheit einer Gemeinsamkeit.

Dass die jeweilige Gegenwart aufruht auf einer je besonderen Geschichte voller Erfahrungen des Stolzes wie des Leidens, der Scham wie der Genugtuung, durch die untereinander vernetzte Großgruppen von Menschen und vieler Generationen miteinander verbunden und dadurch auch von anderen Großgruppen unterschieden sind, ergibt die besondere Identität eines damit von außen identifizierten ebenso wie sich selbst so identifizierenden Staatsvolks. Als Nation ist das Staatsvolk nach innen ein letzter Solidaritätsverband, nach außen ein Interessenverband. Solche Nationen und ihre Staaten sind die konstituierenden Träger der internationalen politischen Ordnung und des Völkerrechts. Sie können sich in Bündnissen für bestimmte Ziele zusammenschließen, sich auch durch Abgabe von Souveränitätsrechten zu übergreifenden politischen Einheiten föderieren, oder andere Formen vertiefter Kooperation finden. Aber wenn sie dabei in Situationen der Imbalance geraten, die ihre Staatsbürgerbevölkerungen als ungerecht empfinden, weil sie sich in der Subsidiaritätsordnung der zwischenmenschlichen Solidaritäten gegen Gefälle zu geringfügig kompensiert oder durch Gefälle übermäßig belastet empfinden, dann greifen sie auf den Vorbehalt der Sezession in die Vollsouveränität zurück.

Die Nation, die die — sei's unitarisch, sei's föderal organisierte — Staatsgewalt kontrolliert und legitimiert, kann aus großen (260 Mio. US-Amerikaner) oder kleinen (370.000 Malteser), territorial sehr konzentriert (Niederlande) oder sehr ausgedehnt (Russland) siedelnden Bevölkerungen bestehen, ethnokulturell durch die Ursprungssituation sehr homogen (Japan) oder sehr heterogen (Einwanderungskontinente) zusammengesetzt sein, durch lange oder spezifisch ereignisreiche Geschichte trotz Heterogenität politisch-kulturell homogenisiert (Frankreich) oder wegen nachwirkender Kolonialgeschichte trotz staatlicher Einheit deutlich inhomogen geblieben (das erst seit 1960 unabhängige Nigeria) sein, sie kann mit voller (Nationalstaat USA) oder eingeschränkter (russländische Republik Tschetschenien) Souveränität ausgestattet sein, etc. Obschon die Weltorganisation den Namen ‚Vereinte Nationen' trägt, kennt das Völkerrecht im strengen Sinne nur Staaten, d.h. souveräne Gebietsherrschaftsorganisationen, Staatsgebiete, über die, im Namen eines souveränen Staatsvolks, Staatsgewalt effektiv ausgeübt wird. Nationen sind diese Staatsvölker wegen der je besonderen Geschichtszusammenhänge, in denen sie zu Legitimations- und Kontrollinstanzen der Institutionen organisierter Staatsgewalt wurden. Die politisch-sozialen Bewegungen, aus denen die Staatsnationen/Nationalstaaten entstanden, sind ein historisches Phänomen, dem eine Zeit vorherging, in der Gebietsherrschaftsorganisationen sich nicht auf Nationen als ihre Legitimations- und Kontrollinstanzen beriefen, und dem eine Zeit jenseits der gegebenen politischen Organisation der Weltgesellschaft folgen wird, deren Gestalt wir noch nicht kennen.

Aber das Gewicht der geschichtlichen Entwicklungen, in denen sich das bestehende Staatensystem und die es tragenden Nationen in all ihrer Traditionenvielfalt geformt haben und immer noch weiter formen, wiegt schwer. Die Pluralität der auf je spezifische Dominanzkulturen gegründeten Staaten ist ein in langer Geschichte entstandenes Faktum, mit dem man als Gegebenheit rechnen muss, weil niemand sich dem Eingebundensein in Geschichte und ihre Zusammenhänge entziehen kann. Das können die in Großgruppen komplex vernetzten Menschen noch weniger als der Einzelne. Kein Repräsentant anderer europäischer Nationen ließe zu, wollten die Angehörigen der deutschen Nation, auch wenn die Generation der Täter inzwischen zur kleinen Minderheit geworden ist, versuchen, sich ihrer historischen Verantwortungen für die Shoa der europäischen Juden durch Leugnung zu entledigen. Und wer als Zuwanderer die deutsche Staatsangehörigkeit erwirbt, kommt nicht umhin, sich Rechenschaft darüber abzulegen, in welche Geschichtszusammenhänge er sich damit einordnet. Andrerseits gibt es große Traditionen deutscher Literatur-, Wissenschafts-, Architektur-, Rechts-, Musik-, Unternehmens-, Sozial- u.a. Geschichte, die es Wert sind, hochgehalten zu werden, und für die die Angehörigen anderer Nationen die Deutschen so achten wie sie erwarten, ihrerseits von den Deutschen geachtet zu werden. Im großen historischen Horizont verdient um so mehr der Tatbestand Aufmerksamkeit, dass den etwa 3.000 lebenden Sprachen, die in der Weltbevölkerung heute noch gesprochen werden und durch welche die Ethnien voneinander unterschieden werden können, nur 190 Staaten gegenüber stehen. Die meisten der Ethnien bilden daher keine eigenen Staaten mit je eigener Dominanzkultur, sondern existieren als ethno-kulturelle Minderheiten in Kontexten pluriethnisch zusammengesetzter Staatsgebiete, in denen andere die Kultur prägen, die in langer Geschichte zur nationalen Dominanzkultur geworden ist. Aber ob das problematisch ist, hängt vor allem von der Art des Selbstverständnisses dessen ab, was eine Nation zur Nation macht. Den Charakter von Interessenorganisationen im Außenverhältnis und von Solidarverbänden im Innenverhältnis tragen alle Staaten, mehr oder weniger ausgeprägt, aber ungeachtet aller sonstigen Typenvariationen und Unterschiede.

## 3.　Was macht eine Nation zur Nation?

Was nun die verschiedenen Möglichkeiten der näheren Interpretation dessen angeht, was eine Nation zur Nation macht, so ist festzuhalten: Es gibt einen bedeutenden Unterschied der politischen Kulturen und der jeweiligen Muster, die die nähere inhaltliche Interpretation von Nation-Zugehörigkeit und die Kriterienkataloge prägen, nach denen die Zugehörigkeit oder Nichtzugehörigkeit erkannt wird. Man kann liberale von illiberalen Typen unterscheiden bzw. die Fälle auf einer Skala zwischen liberal und illiberal ordnen. Entsprechend ergeben sich Unterschiede der Leichtigkeit oder Schwierigkeit, mit der Zugehörigkeit erworben werden kann etc.

Wichtig ist dafür, ob das Selbstverständnis das einer ‚civic nation' oder das einer ‚ethnic nation' ist, nach älterem Sprachgebrauch: das Selbstverständnis als ‚Willens- und Staatsnation' oder das Selbstverständnis als ‚Herkunfts- und Kulturnation'.

Die ‚Willens- und Staatsnation' gründet sich auf den gemeinsamen, in entsprechendem Verfassungspatriotismus gepflegten, Willen ihrer Bürger zu einer bestimmten Art des Zusammenlebens und der Regelung ihrer öffentlichen Angelegenheiten nach übereinstimmend gewollten Verfassungsprinzipien rechtsstaatlicher Demokratie, ungeachtet ihrer wie immer diversen ethnokulturellen Heterogenität. Die ‚Willens- und Staatsnation' kann in ihrer konkreten Politik auf ein Mehr oder Weniger an Wohlfahrtsstaatlichkeit und Solidarleistungen für die Bürger zielen und demgemäß auch der Entwicklung von Ethnostratifikation in ihrem Innern größeren oder kleineren Spielraum bieten. Auf der Skala zwischen ‚liberal' und ‚illiberal' ist der Typus auf der liberalen Seite platziert, weil das Bekenntnis, die Selbstzuordnung, die freie Selbstbestimmung der Individuen und die Offenhaltung der Chancen zu freier Selbstbestimmung ungeachtet aller sonstigen Ungleichheiten im Vordergrund stehen.

Die ‚Herkunfts- und Kulturnation' gründet sich auf die askriptiv festgestellte, objektive, Zugehörigkeit von Menschen zu Gemeinsamkeiten ethnokultureller Besonderheit, in denen diese sich ungeachtet der Alternativen der Verfassungsprinzipien der Regelung ihrer öffentlichen Angelegenheiten historisch immer schon vorfinden und aus der sie ihr Recht zur Eigenstaatsbildung ebenso wie das zu entsprechender innerer ethnokultureller Homogenisierung herleiten. Die ‚Herkunfts- und Kulturnation' kann in ihrer konkreten Politik ebenfalls auf ein Mehr oder Weniger an Wohlfahrtsstaatlichkeit und Solidarleistungen für die Bürger zielen. Aber der Entwicklung von Ethnostratifikation in ihrem Innern bietet sie von vornherein größeren Spielraum, weil sie per se dazu tendiert, die Vergünstigungen denen vorzubehalten, die sich der Homogenisierung eingepasst haben. Auf der Skala zwischen ‚liberal' und ‚illiberal' ist dieser Typus auf der illiberalen Seite platziert, weil die askriptive Zuordnung der Individuen durch andere, die Anknüpfung an Eigenschaften, die Menschen durch eigene Anstrengung nicht verändern können, und ein ausschließender wie einschließender Gruppendruck im Vordergrund stehen.

An dieser Stelle kann der Gedankengang zur Ausgangsfrage zurückkehren: Ist der auf eine Nation gestützte Staat, der Nationalstaat, ein menschenrechts- und minderheitenrechts-feindliches Übel? Die Antwort lautet differenzierend: Ja, wenn Nation als politische Mobilisierung stets spezifischer, auf ihre eigene Dominanz bedachter Ethnien für ihre eigenstaatliche Souveränität interpretiert wird, denn damit werden die internationalen Verhältnisse bestenfalls zum Dauerzustand eines bloßen Waffenstillstands. Nein, wenn Nation als civic nation interpretiert wird, d.h. als politische Mobilisierung einer von welcher Dominanzkultur immer geprägten Gebietsbevölkerung für Kontrolle und Legitimation einer von vornherein auch für Föderation und Abgabe von Souveränitätsrechten offenen Staatsgewalt. So ist auch erkennbar, dass die liberalen Muster offener für eine Fortführung in eine kosmopolitische Ordnung und Weltföderation sind als die illiberalen Traditionen. Aber so, wie die illiberalen Formen per se zu Konflikt führen, weil ihre Art von Konkurrenz von vornherein Überwältigungskonkurrenz nach innen (Gruppendruck bis hin zu nationalistischem Terror gegenüber Abweichlern) wie nach außen (Hegemonialisierungsversuche, Imperienbildung und Insubordinationen gegenüber Dominanzansprüchen) ist, so laufen auch die liberalsten Formen ein Risiko: dass die derzeit historisch realiter gegebenen Nationen/Staatsvölker ihnen die Akzeptanz aufkündigen. Realistische Verantwortungsethik kann nur versuchen, zwischen Skylla und Charybdis hindurchzusteuern.

Der ,rechtsgerichtete' Ethnopartikularismus der Interpretation der Nation als zu konservierender primordialer Ordnung ist eine Bedrohung, aber auch der ,linksgerichtete' Globaluniversalismus der Interpretation der Nation als zu destruierendem Anachronismus ist eine Bedrohung. Beide sind kontraproduktiv und erhöhen nur die Potentiale für eskalierenden Konflikt. Der Vergrößerung der Chancen für Frieden dient nur ein Realismus, der die Pluralität der Nationen akzeptiert und zugleich die ,civic nation' von der ,ethnic nation' trennt. Letzteres ist zentral. Allerdings macht es durchaus einen Unterschied, ob von den in alten Traditionen kulturell stark homogenisierten Staaten die Rede ist oder von Staaten mit (noch) geringerem Nationbuilding oder von den an polyethnische Zusammensetzung gewöhnten Staaten. In den fest etablierten Staaten mit klarem Geschichts- und Nationalbewusstsein hat die Entfaltung von Liberalität gegenüber ethnokulturellen Andersartigkeiten größere Chancen als in den Staaten mit unsicherem Nationalbewusstsein und unverarbeiteter Geschichte.

## 4. Der Mehr-Nationalitäten und der pluriethnische Staat

Nun sind auch Staats- und Willensnationen ebenso wie Kultur- und Herkunftsnationen per se stets zugleich Interessenorganisationen und protektionistisch. Aber trifft es zu, dass die europäischen Nationalstaaten protektionistischer und ethnozentrischer sind als die multinational-föderalen Staaten anderer Kontinente? Zur Beantwortung muss man insbesondere den so genannten Mehr-Nationalitäten-Staat ansehen, der als Versuch der Regelung der Folgeprobleme pluriethnischer Zusammensetzung einer Bevölkerung eine bedeutende Tradition hat, und ebenso die Föderal-Staats-Nation, die ebenfalls pluriethnisch ist, sich aber vom Mehr-Nationalitäten-Staat auf wichtige Weise unterscheidet.

,Nationalstaaten' unterscheiden sich von so genannten ,Nationalitätenstaaten' durch die eigens gesuchte Deckungsgleichheit zwischen der Staatsorganisation und der spezifischen homogenen Dominanzkultur einer Gebietsbevölkerung, von der die Legitimierung der über sie geübten Staatsgewalt ausgeht. ,Nationalitätenstaaten' bestanden seit der Entdeckung Amerikas und des Seeweges nach Ostasien historisch über mehrere Jahrhunderte hin etwa in Gestalt der dynastisch oder kolonialherrschaftlich zusammengehaltenen älteren multinational-pluriethnischen Großreiche der Habsburger, der Osmanen, der russischen Zaren oder der europäischen Kolonialmächte in Afrika und Asien. Genauer besehen war die Definition der imperialen Großreiche als Nationalitätenstaaten allerdings bereits der Anfang des Zerfalls der Imperien. Imperiale Großreiche sind per se deutlich offener für plurikulturelle Koexistenz und polyethnische Zusammensetzung als die engeren Territorialstaaten, die ihre Nachfolger wurden. Aber sie waren es nur, insofern ihre Untertanen-Völker noch wenig für eine mit Möglichkeiten der Kontrolle verbundene Legitimierung der über sie ausgeübten hoheitlichen Staatsgewalt mobilisiert waren. Im Zuge der Modernisierung und Demokratisierung der Gesellschaften änderte sich dies. Die alten imperialen Großreiche wurden von ihren Untertanen zunehmend als ‚Völkergefängnisse' angesehen, gegen die ‚Risorgimentobewegungen' aufzubegehren begannen, und sie zerfielen entsprechend in Nationalitätenkämpfen.

Im Zuge dieses Zerfall haben sich die moderneren Nationalstaaten zum Teil erst entwickelt, zum Teil jedenfalls befestigt: so in der neuen Welt Amerikas durch die Unabhängigkeitserklärung gegenüber den europäischen Herkunftsmächten der Migranten, so in Europa durch die von Napoleon im Gefolge der großen französischen Revolution bewirkte Auflösung des Heiligen Römischen Reichs Deutscher Nation, weiter im 19. Jahrhundert seit den Befreiungskämpfen Griechenlands und Serbiens gegen die Osmanenherrschaft, über die nationalen Einigungen Italiens und Deutschlands bis hin zur Auflösung der Donaumonarchie wie des europäischen Zarenreiches und der Fixierung des europäischen Nationalstaatensystems, die schließlich am Ende des Ersten Weltkriegs 1919 erfolgte, und so auch in Lateinamerika seit den von Simon Bolivar angeführten Befreiungskämpfen gegen die spanische Kolonialherrschaft. Die großen europäischen Kolonialreiche der Engländer, Franzosen, Portugiesen, Belgier und Niederländer in Afrika und Asien fanden ihre Auflösung erst nach Gründung der Vereinten Nationen und Ende des Zweiten Weltkriegs. Die Staaten, die daraus hervorgingen, nahmen ebenfalls das Muster der Nationalstaatlichkeit zum Vorbild, so sehr das Nation-Building für oftmals höchst polyethnisch zusammengesetzte Bevölkerungen kolonial-herrschaftlich überkommener Territorialabgrenzungen zu einer eigenen, in ihren Ausmaßen von den antikolonialistischen Befreiungsbewegungen meist unerwarteten, und für die nächsten Jahrzehnte bis in die Gegenwart bewegenden Aufgabe wurde.

Für das Nation-Building der ‚Dritten Welt' gab es in der Zeit der Weltkonkurrenz zwischen kapitalistischem und sozialistischem Gesellschaftssystem zunächst drei miteinander konkurrierende Vorbilder: erstens den, in eigener Geschichte homogenisierten, Nationalstaat des in Westeuropa seit der französischen Revolution entstandenen Typs; zweitens die USA als, infolge ihrer Entstehung aus Einwanderungswellen von Europäern der alten Welt von vornherein pluriethnisch zusammengesetzte, ihre innere Einheit durch Föderation und gemeinsame Verfassungsideale gewinnende ‚first new nation', und drittens die UdSSR als ‚Union sozialistischer Sowjetrepubliken', die den europäisch-kolonialistischen Nationalismus ebenso wie die ethnisch-kulturelle Heterogenität in der Internationalität des weltrevolutionären Sowjetpatriotismus und eines neuen sozialistisch-revolutionären Menschentyps aufzuheben versprach. Als letztes der von Europa her gebildeten Imperien — China ist ein eigenes Kapitel — ist inzwischen auch die UdSSR zerfallen. Sie hat insbesondere für das aus ihr hervorgegangene Russland das erneute Problem hinterlassen, wie eine auf einer kontinentweiten riesigen Landmasse lebende 150 Millionen-Bevölkerung zu einer, einen gemeinsamen Staat tragenden, demokratisch-rechtstaatlichen Integration gebracht werden kann, wenn diese Bevölkerung zu über 80 Prozent aus ethnischen Russen, zu 12% Prozent aus 41 in eigenen Territorien organisierten weiteren Nationalitäten sowie zu gut 6 Prozent aus 86 übrigen, als so genannte ‚nichttitulare Nationalitäten' verstreut über die Territorien existierenden, Ethnien besteht.

Die Nationalitäten(Plural)-Staaten, deren Tradition wie gesagt noch in vordemokratische Zeiten der dynastisch zusammengehaltenen Großimperien zurückreicht, unterscheiden sich von den National(Singular)-Staaten dadurch, dass es für die größeren, dichter zusammensiedelnden Ethnien in ihnen innerhalb der übergreifenden föderalen Staatsorganisation eigene Territorien gibt, in denen sie wegen ihrer örtlichen Mehrheit die so genannte Titularnation bilden, der die Ausübung weitgehender Autonomierechte eingeräumt ist. Solche Nationalitäten innerhalb eines sie integrierenden föderalen Staats sind als so genannte ‚titulare Nationen' aus den übrigen, als ‚nichttitular' eingestuften, Nationen/Ethnien herausgehoben. Sie sind mehr als bloße Ethnien, insofern sie politisch für ihre Eigeninteressen deutlich mobilisiert und organisiert sind, obschon sie wegen unvollständiger Souveränität keine ‚National(Singular)-Staaten' im strengeren Sinne bilden. Zwischen, auf der einen Seite, hegemonial geprägten Föderationen einer Mehrheit von Titularnationen einerseits und, auf der anderen Seite, Föderalstaaten, in denen die territorialen Einheiten keinen besonderen Titularnationen zugeordnet sind, besteht ein bedeutender Unterschied. Ein Staat, der aus Nationalitäten im Sinne staatsrechtlich relevanter Ethnien besteht, ist in anderem Sinne Nation als ein Staat, der aus staatsrechtlich irrelevanten Ethnien besteht, die in letzterem Falle darum auch nicht Nationalitäten heißen. Der Unterschied lässt sich im Vergleich Russlands mit den USA demonstrieren.

Russland ist zu gut 80% aus Russen, zu knapp 20% aus anderen Ethnien zusammengesetzt und gliedert sich in 87 territoriale Einheiten, auf die sich 41 ‚titulare' und 86 ‚nichttitulare Nationalitäten' verteilen. Die Titularnation der Russen stellt nicht nur den größten Teil der Bevölkerung und bestimmt die gesamtstaatliche Dominanzkultur, sondern übt kraft der Unterscheidung von titularen und nichttitularen Nationen auch eine politisch-faktische Hegemonie über sämtliche anderen titularen wie nichttitularen Nationalitäten aus, von denen selbst die titularen fast zur Hälfte außerhalb derjenigen Territorialeinheiten leben, die den Titularnationen zugeordnet sind (Ukrainer etc. außerhalb der Ukraine etc.). In den Territorien der nichtrussischen Titularnationen gelten örtlich abweichende Dominanzkulturen und Selbstverwaltungsrechte. Auch werden neben dem Russischen zweite Amtssprachen anerkannt. Die Titularnationen haben in denen ihnen zugeordneten Territorien, gegenüber den dort lebenden nichttitularen oder nur andernorts titularen Minderheiten ebenso wie gegenüber der Gesamtföderation der Territorien, einen knapp unter die Grenze der Vollsouveränität reichenden Autonomieanspruch. Sie stehen bei entsprechender politischer Mobilisierung sozusagen immer schon kurz vor der Sezession und können wohl deshalb innerhalb der Gesamtorganisation wirksam auch nur durch Ausübung von Hegemonie festgehalten werden. Weil das Recht auf kulturelle Diversität und der Schutz für ethno-kulturell abweichende Minderheiten jedoch vor allem auf die Vorkehrung von eigenen Territorien für die Titularnationen konzentriert ist, besteht für die 'nicht-titularen' Nationalitäten jedoch ein entsprechend geringerer Minderheitenschutz. Die 'russländische' Gesamtnation gliedert sich föderal und besteht aus Ethnien, unter denen die größeren durch die Zuerkennung eigener Territorien als Nationalitäten herausgehoben sind, unter denen wiederum die Russen als dominante Nationalität hervortreten. Die russländische Gesamtnation ist zwar als civic nation konzipiert, doch bestehen in und neben ihr starke Elemente von hierarchisch geordneter ethnic nation fort. Der so genannte Mehr-Nationalitäten-Staat ist nicht eo ipso schon civic nation, und der Staat der civic nation nicht notwendig identisch mit dem Mehr-Nationalitäten-Staat. Der hierarchische Ethnoföderalismus in seiner von sozialistisch-internationaler Sowjetideologie verhüllten Form, wie die UdSSR ihn mit ihrer Unterscheidung von titulären und nichttitulären Nationalitäten vormals praktiziert hat, oder auch in der verschönten Form, wie die derzeitige russische Nationalitätenpolitik ihn praktiziert, die die interethnischen Spannungen noch immer durch die Hierarchie zwischen Nationalitäten mit und ohne Territorialautonomie und erst nachgeordnet durch Minderheitenpolitik zu meistern versucht, er macht aus Russland noch nicht eine civic nation.

Die USA sind zu etwa 74% aus Weißen europäischer Abkunft, das heißt Menschen, die in unterschiedlichen Stärkegruppen aus allen alten und neuen Nationalstaaten Europas zugewandert sind, zu 13% aus Schwarzen afrikanischer, 10% Hispanics mittelamerikanischer, 2% Menschen asiatischer sowie 1% indianisch-indigener Abkunft zusammengesetzt und gliedern sich in 50 Bundesstaaten sowie 4 Außengebiete, auf die sich diese polyethnisch-plurikulturelle Bevölkerung in unterschiedlichen Mischungen verteilt. Auch hier gibt es eine Dominanzkultur, und sie ist nach wie vor durch die Traditionen der White Anglo-Saxon Protestants geprägt, die die erste Einwandererwelle stellten. Und die föderationsweite Amtssprache ist Englisch, obschon 32 der 260 Millionen US-amerikanischen Staatsbürger zu Hause eine andere Sprache, davon gut 16 Mio. Spanisch, sprechen und einige der Bundesstaaten sehr stark durch die dort konzentrierten ethnisch-nationalen Herkunftsgruppen geprägt sind. Aber es gibt für ethnisch-kulturell identifizierte Gruppen keinen Anspruch, auf ihnen zugewiesenen Territorien autonome Herrschaft bis knapp unter die Grenze voller Souveränität ausüben zu können.

Es gibt für die staatsrechtliche Erfassung der pluriethnischen Zusammensetzung der Bevölkerung sozusagen ausschließlich 'nichttitulare' Nationalitäten, keine Privilegierung bestimmter Ethnien vermittels Zuordnung eigener Territorien, und es sind ausschließlich generelle menschen- und minderheitenrechtliche Garantien, durch die das Recht auf kulturelle Diversität und der Minderheitenschutz gewährleistet werden. Die Gesamtnation gliedert sich föderal und besteht aus Ethnien, unter denen auch die größeren ungeachtet je faktischer kultureller Dominanz nicht durch die Zuerkennung eigener Territorien herausgehoben sind, sondern sich bei unterschiedlichen Mischungen in staatsbürgerlicher Gleichheit zur gemeinsamen Nationalität der US-Bürger vereinigen. Die US-amerikanische Gesamtnation ist als civic nation konzipiert und negiert unter den Ethnien, aus denen sie zusammengesetzt ist, vorsätzlich alle etwaigen Tendenzen, die sich innerhalb der Föderation auf die Bildung einer Hierarchie separater ethnic nations richten könnten.

Im Vergleich des pluriethnischen Mehr-Nationalitäten-Staat mit der ebenfalls pluriethischen Föderal-Staatsnation bietet insofern der pluriethnisch konzertierte Verfassungspatriotismus, wie die USA oder Kanada oder Australien ihn praktizieren, auch für die Nationalstaaten europäischer Tradition die attraktiveren Perspektiven, wenn sie sich, im Zusammenhang der EU-Integration und des Verhältnisses zu den Ländern Ost- und Südosteuropas wie zu den Ländern der afrikanisch-orientalischen Peripherie, für die ungelösten Fragen ihrer Ausländer- und Staatsbürgerschaftspolitik nach Alternativen umsehen, mit denen sie dem Erbe chauvinistisch-nationalistischer Versuchungen entgegentreten können. Auch die Fortsetzung des Weges der EU-Integration und die Gewinnung einer europäisch konzertierten Gemeinsamkeit der Politik gegenüber den transnationalen Wanderungsbewegungen und ihren Verursachungen setzen voraus, dass es ‚civic nations' sind, die diese Integration und die Konzertierung der Politiken tragen.

## 5. Civic versus Ethnic Nation

Wie also gelangt man zu einem gerechten, wechselseitig akzeptablen und friedlichen Ausgleich der nicht ohne weiteres harmonisierenden Interessen von Zuwanderern und Ansässigen? Ein Dreifaches erscheint nötig: erstens muss man an der Gegebenheit und dem historischen Recht der vorfindlichen Staaten festhalten und die Notwendigkeit der von ihnen zu erbringenden Schutz- und Solidaritätsleistungen anerkennen. Zweitens muss man bei Anerkennung der Regulationserfordernisse auf verstärkte interstaatliche Kooperation zum Abbau der ökonomisch-sozialen und politisch-kulturellen Gefälle und zur Bekämpfung der Ursachen übermäßiger Wanderungen dringen. Und drittens muss man inner-staatlich die Toleranz und Multikulturalität fördern, Nation als civic im Unterschied zu ethnic nation interpretieren, d.h. die illiberal-ethnonationalistischen Elemente der politischen Kulturen abbauen. Insgesamt bedarf es einer Mobilisierung von Eurozivilität: Europa als Wertegemeinschaft der pfleglichen Anerkennung des Rechts auf kulturelle Diversität ebenso wie der Subsidiarität von oben nach unten wie von unten nach oben, denn dem Oben müssen von unten her die Mittel gegeben werden, subsidiär tätig werden zu können. Einen Fluss mit starkem Gefälle wie die Globalisierung der Weltwirtschaft angesichts der Entwicklungsunterschiede der Länder einer ist, kann man nur befahren, wenn die Passagiere auf eine Mehrheit nicht zu großer Staatsschiffe verteilt, und wenn Staustufen und Schleusen eingebaut werden. Sicher hat der Schutz nationaler Arbeitsmärkte in den Industrieländern mit der Achtung für das Eigenrecht anderer ethnokultureller und geschichtlicher Traditionen wenig zu tun und ist auch kaum zu vereinbaren mit dem Ziel internationaler Gerechtigkeit. Aber das gilt nur im Prinzip und für die Gesinnungsethik. Verantwortungsethisch muss gesteuert, das heißt mit der Verteilung der unterschiedliche Sprachen sprechenden Passagiere auf verschiedene Schiffe und mit dem Einbau von Staustufen und Schleusen nach Möglichkeit verhindert werden, dass es zu Katastrophen kommt. Denn die großen wie kleinen Staatsschiffe können auch zerschellen, und dann bleibt nur der Überlebenskampf der Gruppen übrig, sprich Anarchie mit all den damit verbundenen wirklich unerträglichen Kosten.

Problematisch ist nicht der Nationalstaat als solcher, wohl aber das verdinglichende Verständnis der Nation als fixiertem historisch-ethnokulturellem Traditionszusammenhang, ein Verständnis, das dem Fortbestand und der Weiterentwicklung der je bestimmten Kultur des Zusammenlebens die Basis der Freiwilligkeit entzieht. Das in der Gegenwartswelt noch in vielen Abwandlungen fortlebende Verständnis der Nationen als historisch-ethnokulturell fixierte Kultur- und Herkunftsnationen, die staatsbildend geworden sind und einander mit prinzipiellen Souveränitätsrechten gegenübertreten, gewährleistet weder die Gleichberechtigung noch den Frieden unter den historisch-ethnokulturell in der Tat heterogenen und mit einem Menschenrecht auf Diversität ausgestatteten Menschengruppen. Rechtfertigungsfähig ist die auf freien Bürgerwillen gegründete Staats- und Willensnation als ein nach innen und außen für Kooperation offener Solidaritätsverband. Für die Gleichanerkennung ethnisch-kultureller Diversität innerhalb ein- und desselben Staatsverbands ist das Konzept der Staats- und Willensnation das A und O. Für die angemessene Regulation der Ausmaße transnationaler Migrationen ist Staatenkooperation, wie sie derzeit mit dem so genannte Balkanpakt probiert wird, die conditio sine qua non. Ohne sie löst auch ein liberales Staatsangehörigkeits- und Einbürgerungsrecht nicht die Probleme.

# Wohlfahrtsstaat, Einwanderungspolitik und Minderheiten in Kanada: Modell für Deutschland und Europa?

*Heribert Adam*

## 1. Sozialdemographie im historischen Vergleich

Kanada als multikulturelles Einwanderungsland mit relativ harmonischen Gruppen-beziehungen wird zunehmend als Vorbild für weniger tolerante Staaten angepriesen. Die kanadische Regierung und Presse behandeln Multikulturalismus als Exportware und sonnen sich im Lichte weltweiter Friedensbemühungen, Menschenrechtsver-pflichtungen und liberaler Flüchtlingsaufnahmen. Das romantisierende Selbstbild ist indes nicht nur wirklichkeitsfremd, sondern auch politisch gefährlich, weil es die potentielle Intoleranz verleugnet oder als Abirrung pathologischer Einzelgänger er-klärt. Wie spätestens seit dem Milgram-Experiment bewiesen wurde, ist Aggression gegen Andere oder Fremde nicht auf einen bestimmten Nationalcharakter be-schränkt. Ausländerfeindlichkeit als „typisch deutsch" zu präsentieren ist genauso falsch wie die kanadische Illusion, gegen Rassenhass immun zu sein. Im Gegenteil, die deutsche Vergangenheit und die bewusste demokratische Umerziehung, so lässt sich vermuten, hat günstigere Vorbedingungen geschaffen, Fremdenfeindlichkeit zu bekämpfen, als es die verbreitete selbstgefällige Leugnung solcher Einstellungen in Kanada erlaubt.

Immerhin besitzt Kanada bis in die jüngste Vergangenheit eine an rassischer Diskriminierung reiche Einwanderungsgeschichte, die der südafrikanischen Apart-heid nur in Nuancen nachsieht. Abgesehen von den besonders marginalisierten indi-anischen Ureinwohnern (3% der Bevölkerung) waren chinesische Arbeitsmigranten seit 1867 das Hauptziel von Vorurteilen, obwohl sie beim Eisenbahnbau, als Bergar-beiter und Hausgehilfen wesentlich zur wirtschaftlichen Entwicklung des Landes beitrugen. 1885 wurden chinesische Einwanderer mit einer Kopfsteuer belegt, um die „gelbe Überfremdung" einzudämmen. Zuwanderer aus Indien durften nur mit Frachtern, die ohne Zwischenaufenthalt direkt in einem kanadischen Hafen anlegten, einreisen, weil solche Verkehrsverbindungen nicht existierten.

Sikhs, die als Holzfäller in Britisch Kolumbien seit 1885 arbeiteten, wurden be-sonders verachtet. Noch heute streiten sich die kanadischen Gemüter trotz offiziellen Multikulturalismus, ob Sikhs als Angehörige der mythologisierten Bundespolizei (RCMP) ihren von der Religion vorgeschriebenen Turban tragen dürfen. Kanadier japanischer, jedoch nicht deutscher Abstammung, wurden während des Zweiten Weltkrieges als potentielle Kollaborateure ins Innere des Landes deportiert und ent-eignet. Unter allen westlichen Ländern hat Kanada proportional die wenigsten ver-folgten Juden aufgenommen (J. Abella/H. Troper 1982). Noch bis 1964 mussten schwarze Kanadier, deren Vorfahren als englische Loyalisten nach der amerikanischen Revolution nach Kanada auswanderten, separate Schulen in Ontario besuchen. Erst Mitte der sechziger Jahre, als die Wirtschaftsentwicklung in Europa die Zahl der europäischen Einwanderer drastisch verringerte, wurden Kanadas Einwanderungsbestimmungen farbenblind. Seitdem hat die zunehmende Zahl der Zuwanderer aus der Dritten Welt wegen ihrer nicht assimilierbaren Hautfarbe das gewohnte Erscheinungsbild und die Gruppenbeziehungen der kanadischen Gesellschaft noch tiefgreifender als in Deutschland auf Dauer verändert.

Das klassische Einwanderungsland Kanada und das vergleichsweise übervölkerte Deutschland gehören zur Gruppe der sieben reichsten Industriestaaten mit der höchsten Lebensqualität und einem beachtlich hohen Einkommensniveau. Beide Länder sind daher begehrte Ziele für Migranten aus der ganzen Welt. Ein liberales Asylrecht und der Arbeitskräftemangel während der frühen Boomjahre haben in beiden Gesellschaften die Rolle des Einwanderers über das soziologische Interesse hinaus zu explosiven Ressentiments thematisiert. Ein Bevölkerungswachstum ist in beiden Staaten nur durch Zustrom von außen gewährleistet, da das natürliche Geburtenwachstum mit 1,5% in Kanada unter der Reproduktionsrate liegt. Beide hoch entwickelten Sozialstaaten benötigen junge Zuwanderer, um soziale Verpflichtungen gegenüber einem wachsenden Anteil älterer Bürger einlösen zu können. Beide Staaten profitieren vom Zustrom qualifizierter Arbeitskräfte und arbeitswilliger Neuankömmlinge, deren Ausbildungskosten anderswo getragen wurden und deren Motivation und Produktivität die der Einheimischen oft übersteigt.

Trotz dieser strukturellen Ähnlichkeit zweier westlicher Wohlfahrtsstaaten unterscheiden sich die politische Kultur und Institutionen in Kanada und Deutschland beträchtlich. Eine rationale Einwanderungspolitik, das multikulturelle Selbstverständnis zweier Gründungskulturen in Kanada, die unterschiedlichen ökonomischen und geographischen Faktoren resultieren in grundsätzlich toleranteren und humaneren Umgangsformen als in Deutschland. Progressive Gesetze und vielfältige soziale Praktiken regeln und erleichtern die Integration von Immigranten. Im Vergleich hierzu verleugnete bislang die deutsche offizielle Haltung die faktische Immigration.

Mit rund 250.000 Immigranten jährlich repräsentieren die Zuwanderer knapp ein Prozent (0,92%) der kanadischen Gesamtbevölkerung. Dies ist eine relativ hohe Aufnahmerate für westliche Länder, besonders wenn sie mit den anderen klassischen Einwanderungsländern Australien (0,46%) und den USA (0,42%) verglichen wird. 17% der kanadischen Bevölkerung sind nicht im Lande geboren. Die Herkunftsländer der kanadischen Einwanderer erstrecken sich jetzt fast proportional über alle Staaten der Welt, und im Gegensatz zu Deutschland ist die Mehrzahl der Neuankömmlinge nicht europäischer („nicht-weißer") Abstammung. Fast 70% der Zuwanderer kommen heute aus Asien. Diese Kategorie von Staatsangehörigen wird unsinnigerweise als „sichtbare Minderheit" („visible minority") klassifiziert, als ob die Mehrheitsbevölkerung europäischer Herkunft „unsichtbar" wäre. In Wirklichkeit verhält es sich jedoch gerade umgekehrt: in den politischen und ökonomischen Entscheidungsgremien, in den Massenmedien, Staatssymbolen, Repräsentationsritualen und Eliten dominieren die englisch-französischen Segmente, und die „sichtbaren" Minderheiten bleiben unsichtbar.

Tabelle 1: Die zehn wichtigsten Herkunftsländer der Einwanderer nach Kanada, vor 1961, 1980 und 1991-96

| Vor 1961 | | 1980 | | 1991 – 1996 | |
|---|---|---|---|---|---|
| Herkunft | % | Herkunft | % | Herkunft | % |
| Großbritannien | 25,2 | Vietnam | 17,9 | Hongkong | 10,5 |
| Italien | 15,3 | Großbritannien | 12,7 | China | 8,5 |
| Deutschland | 10,2 | USA | 6,9 | Indien | 6,9 |
| Niederlande | 8,4 | Indien | 5,9 | Philippinen | 6,9 |
| Polen | 5,5 | Hongkong | 4,4 | Sri Lanka | 4,3 |
| USA | 4,3 | Laos | 4,4 | Polen | 3,6 |
| Ungarn | 3,1 | Philippinen | 4,2 | Taiwan | 3,1 |
| Ukraine | 2,6 | China | 3,4 | Vietnam | 3,1 |
| Griechenland | 2,0 | Portugal | 2,9 | USA | 2,8 |
| China | 1,7 | Kambodscha | 2,3 | Großbritannien | 2,4 |

Quelle: Employment und Immigration Canada, Immigration to Canada: A Statistical Review, Nov. 1989. Catalogue No 93 F0023XDB96003, Nation Series

Der Einwand, dass das geographisch viel größere Land viel mehr Platz bietet, verblasst, wenn man bedenkt, dass 90% der Kanadier innerhalb eines 100 km breiten Streifens zwischen dem 45. und 50. Breitengrad wohnen und die Mehrheit aller Immigranten sich in den drei großen Städten Toronto, Montreal und Vancouver ansiedelt. Vor allem Toronto und Vancouver verkörpern einen Mikrokosmos der Weltbevölkerung, in dem jetzt Einwanderer aus allen Ländern Asiens die am schnellsten wachsende ethnische Gruppe darstellen. 1986 lebten 78,6% aller Immigranten in Städten mit über 100.000 Einwohnern, verglichen mit 45,9% des in Kanada geborenen Bevölkerungsteils (Desilva 1992: 6).

Tabelle 2: Ethnische Herkunft der Bevölkerung Kanadas und der Einwohner der 3
größten Metropolen des Landes: Volkszählung 1991 (20% Stichprobe)

| | Kanada | Kanada | Montreal | Toronto | Vancouver |
|---|---|---|---|---|---|
| Gesamtbevölkerung | 26.994.045 | 100% | 3.091.115 | 3.863.105 | 1.584.115 |
| Britisch | 5.611.050 | 20,8% | 166.815 | 747.250 | 365.760 |
| Französisch | 6.146.600 | 22,8% | 1.824.305 | 52.080 | 28.160 |
| Sonstige Europäisch | 4.146.065 | 15,4% | 437.545 | 1.016.705 | 257.185 |
| Asien/Afrika | 1.633.660 | 6,1% | 187.435 | 628.835 | 317.295 |
| Pazif. Inseln | 7.215 | 0,1% | 10 | 355 | 4.865 |
| Latein-/Zentr.-Amerika | 85.535 | 0,3% | 24.905 | 26.410 | 6.000 |
| Karibik | 94.395 | 0,4% | 24.895 | 50.660 | 1.335 |
| Schwarze | 224.620 | 0,8% | 38.650 | 125.610 | 4.865 |
| Ureinwohner | 470.615 | 1,7% | 12.730 | 6.440 | 12.570 |
| Mehrfachidentität | 7.794.250 | 28,9% | 363.300 | 939.225 | 560.005 |

Quelle: Statistics Canada, Ethnic Origins, Ottawa:,Industry, Science und Technology. Canada 1993. 1991
Census of Canada. Cat. Nr. 93-315.

Ethnische Herkunft wird in der kanadischen Volkszählung mit zwei Fragen ermittelt: „Welche Sprache lernten Sie zuerst als Kind und beherrschen Sie auch heute
noch einigermaßen?" „Welches war die ethnische Herkunft Ihrer Familie, als sie ursprünglich sich in Kanada ansiedelte?" Während die Antworten auf diese Fragen
Ethnizität objektiv bestimmen, beruht die Identifizierung „sichtbarer Minderheiten"
einzig auf subjektiven Kriterien, also auf Selbstidentifikation.

Überraschend ist die hohe Zahl von einem Drittel der Gesamtbevölkerung, die
Doppel- oder Mehrfach-Herkunftsangaben machen. Diese vor allem englisch-französischen Mischidentitäten und andere multi-ethnische Partnerschaften in der Geschichte des Landes bezeugen eine relativ hohe soziale Integrationsbereitschaft, die
nicht in allen Einwanderungsländern die Norm ist. In Südafrika oder Israel zum Beispiel gibt es wenige interkulturelle Ehen.

## 2. Kanadische Einwanderungspolitik

Grob gesagt selektiert Kanada seine Zuwanderer nach drei Kategorien: (1) Familienzusammenführung, (2) Unabhängige Bewerber und (3) Flüchtlinge. Zwischen 1980
und 1989 entfielen auf die erste Gruppe 39%, auf die Unabhängigen 43% und auf

Flüchtlinge 18% (Economic Council 1991: 4). Jede Kategorie hat verschiedene Untergruppen, deren Definition und Ausleseverfahren vielfach geändert wurden. Offiziell wird die Einwanderungspolitik von vier Erwägungen geleitet: (1) wirtschaftlicher Nutzen, (2) politische Auswirkungen, (3) soziale Verkraftbarkeit und Integrationschancen und (4) humanitäre Erwägungen. Die vier Motivationen stehen öfter in Widerspruch zueinander. So können humanitäre Erwägungen in Richtung verstärkter Flüchtlingszulassung wegen der höheren sozialen Kosten den wirtschaftlichen Nutzen von Einwanderung gefährden oder die soziale Belastbarkeit strapazieren. In dem politisch umstrittenen Entscheidungsprozess haben ökonomische Nutzenerwägungen generell den Ausschlag gegeben. Die Zulassungskriterien von bestimmten Berufen hängen von der Arbeitsmarktlage ab; Investoren, die bereit sind, $ 350.000 für fünf Jahre zu investieren, erhalten die Aufenthaltsgenehmigung ohne Umschweife; jüngere und besser ausgebildete Bewerber haben größere Chancen, in einem differenzierten Punktesystem erfolgreich zu sein. Aber auch die Quote der ökonomisch weniger ertragreichen Familienzusammenführung und Flüchtlingsaufnahme wurde unter dem politischen Druck von organisierten Einwandererorganisationen, von Kirchen und auf Einwanderungsfälle spezialisierten Rechtsanwälten erhöht. In der ersten Hälfte der 1990er Jahre wurden nur 15% aller Einwanderer nach dem Punktesystem ausgewählt, gegenüber 32% 1971 (Globe & Mail, 16. September 1993).

In der Flüchtlingskategorie unterscheidet Kanada zwei Gruppen: Flüchtlinge in Lagern im Ausland, denen nach sorgfältiger Auswahl Einreisevisa unter internationalen Vereinbarungen gewährt werden, und Asylsuchende, die in Kanada selbst um Aufnahme nachsuchen. Jeder Asylflüchtling, der sich auf kanadischem Hoheitsgebiet befindet, hat Anspruch auf Aufenthalt, Unterstützung und Arbeitserlaubnis, bis sein Fall individuell von verschiedenen Gremien überprüft wird. Trotz der weit geringeren Zahl von Personen in dieser Gruppe, hat sich ähnlich wie in Deutschland wieder eine große Zahl von ungeklärten Fällen angestaut, seit 1986 eine Generalamnestie erlassen worden war. Allerdings liegt die gegenwärtige Anerkennungsquote – rund 57% in der ersten Hälfte der 1990er Jahre – weit höher als in vergleichbaren Ländern, besonders in Deutschland.[1]

Fast identisch mit der jüngeren deutschen Praxis sind die schon länger in Kraft gesetzten Eingrenzungsmaßnahmen, um den Zustrom von sogenannten „Wirtschaftsflüchtlingen" durch Visapflicht oder automatische Abschiebung in sichere Drittländer einzudämmen. Anders als Deutschland kann Kanada diese Eingrenzungsmaßnahmen damit rechtfertigen, dass potentielle Zuwanderer eine rationale Einwanderungspolitik nicht auf eigene Faust unterminieren dürfen. Wie in Deutschland klagen auch die kanadischen Kommunen, dass sie die steigenden Kosten zentraler Quotenerhöhungen zu tragen haben, ohne auf die Entscheidungen Einfluss ausüben zu können. Vor allem Schulen fordern mehr Unterstützung für den Sprachunterricht. Einige Länder – vor allem Quebec – bestehen darauf, die Einwanderer in

---

1    Kanadische Beamte erklären das damit, dass die meisten Asylsuchenden direkt aus Ländern anreisen, in denen politische Verfolgung offensichtlich ist (Somalia, ehemaliges Jugoslawien, Sri Lanka, El Salvador).

ihren Gebieten selbst zu bestimmen. Alle Einwohner Kanadas, einschließlich der Zuwanderer, haben jedoch die freie Wahl des Wohnsitzes, weshalb nördliche und ländliche Gebiete trotz aller Bemühungen kaum Zusiedler anziehen.

Zu Beginn des 21. Jahrhunderts argumentieren deshalb einflussreiche konservative Stimmen, den Einwandererstrom stärker zu regulieren und vor allem den Anteil an besser qualifizierten Unabhängigen auf Kosten der Familienzusammenführung und Flüchtlingsaufnahme wieder stärker zu erhöhen. Extreme Vorschläge laufen darauf hinaus, die Einwanderungszulassung generell auf dem internationalen Markt gegen Höchstpreise zu verkaufen. Im Unterschied zu Deutschland, ist die Einwanderungspolitik allerdings kaum Gegenstand von Wahlkämpfen. Selbst Konservative vermeiden es, das Thema anzurühren, um nicht als Rassisten abgestempelt zu werden und die potentiellen „ethnischen Wähler" abzuschrecken.

Nach drei Jahren Aufenthalt kann der Einwanderer die kanadische Staatsangehörigkeit beantragen, die ihm nach einigen rituellen Fragen über die Landesgeschichte und die Verfassung ausgehändigt wird. Das dauernde Aufenthaltsrecht („landed immigrant status") des Neuankömmlings ist der Staatsangehörigkeit gleichgestellt, mit dem einzigen Unterschied, dass nur Staatsangehörige das aktive und passive Wahlrecht besitzen. Dem Einwanderer entstehen ansonsten keinerlei Nachteile, wenn er/sie die Staatsbürgerschaft nicht beantragt.

Die Behörde besitzt bei der kanadischen Einbürgerung keinerlei Ermessensspielraum. Selbst Personen, die der Landessprache nicht mächtig sind, werden regelmäßig eingebürgert, sofern sie die anderen Voraussetzungen (Aufenthaltsdauer, Unbescholtenheit) erfüllen. Die großzügige Einbürgerung erfolgt in der Erwartung, dass der neue Status die politische und soziale Integration bewirkt und nicht, wie in Deutschland, dass die Integration eine Voraussetzung für die Einbürgerung ist. Multikulturalismus als Staatsideologie verneint den kulturellen Integrationsdruck, der in Deutschland aus dem Ausländer erst einen Deutschen machen will, bevor der ausländische Inländer akzeptabel ist. Die Mehrheit der Ausländer weiß ohnehin, dass selbst intensive Integrationsbemühungen letztlich scheitern, weil das Urteil über ihren Erfolg von vorurteilsbehafteten „Einheimischen" abhängig ist. Solange Abstammung vorab einen Deutschen bestimmt, hat selbst der integrationswillige Türke keine Chance, als Deutscher anerkannt zu werden, selbst wenn er zu den Berechtigten gehört, die letztlich den deutschen Pass erwerben.

Im Gegensatz dazu gilt der kanadische Pass als Reisedokument und nicht als Loyalitätsausweis. Zwischen der Einwanderung und dem Erwerb der Staatsangehörigkeit vergehen im Durchschnitt vier bis fünf Jahre bei Einwanderern aus Asien, Afrika und Lateinamerika, während der typische Zuwanderer aus Europa, den USA und Australien erst nach fünfzehn bis zwanzig Jahren den kanadischen Pass erwirbt. Die beträchtlichen Unterschiede resultieren aus dem Verbot der Doppelstaatsangehörigkeit und entsprechenden Pensionsrechten einerseits und der ambivalenteren Identifikation mit der neuen Heimat andererseits. Weil Zuwanderer aus der Dritten Welt, besonders aus den Entwicklungsländern des Commonwealth, nicht nur die Möglichkeit der Doppelstaatsangehörigkeit besitzen, sondern öfter ein politisch oder ökonomisch zerrüttetes Herkunftsland verlassen haben, schätzen sie den begehrten kanadischen Pass höher ein. Dies deutet auf die größere Integrationsbereitschaft dieser Gruppe hin, während vor allem ältere Einwanderer aus England sich nicht mit der „kanadischen Kolonie" identifizieren mögen und stattdessen nostalgisch das Mutterland glorifizieren. Übrigens ist das Datum der Einbürgerung oder der Geburtsort auf persönlichen Dokumenten (Pass, Staatsbürgerschaftsurkunde, Führerschein usw.) nicht vermerkt, so dass sich keine neue Statushierarchie nach Ankunft entwickelt. Im informellen Gebrauch hört man allerdings oft die Wertung „dritte oder vierte Generation Kanadier", um einem politischen Argument besonderes Gewicht zu verleihen.

Die angeführten Daten verweisen auf den wichtigsten Unterschied zwischen der deutschen und kanadischen Einwanderung. Der Zuzug nach Deutschland war vor 1973 ausschließlich – und ist auch heute noch weitgehend – auf weniger qualifizierte Arbeitnehmer beschränkt. In Kanada dagegen verhält sich die Schichtenzugehörigkeit der Einwanderer seit 1967 eher umgekehrt. Das kanadische Punktesystem – sowie die seit einigen Jahren praktizierte Erlaubnis, sich die Immigration durch entsprechende Investitionen in Kanada buchstäblich zu erkaufen – begünstigt die Auslese nach Klassen- und Bildungsherkunft. Seit der grundlegenden Änderung der Einwanderungsbestimmungen 1967 erreichen viele der Neuankömmlinge das gelobte Land nicht wie früher als verarmte Ausgestoßene, die sich in der Schichtungshierarchie langsam über Generationen hocharbeiten, sondern sie transferieren etablierten Reichtum und anderswo erworbene Qualifikationen in das „sichere" Kanada. Der entsprechende „brain-drain" aus den Entwicklungsländern, welche die Ausbildungskosten der späteren Auswanderer zu tragen hatten, rechtfertigt durchaus die Forderung nach Ausgleichszahlungen.

## 3. Fremdenhass

Wo der Fremde nicht mit „Unterschicht" synonym ist, sondern als gleichberechtigter Staatsangehöriger gilt, kann es kaum eine einheitliche Diskriminierung geben. Die über das gesamte Schichtensystem verteilten Fremden werden oft mehr beneidet als verachtet. Im Prinzip sind jedoch fremdenfeindliche Reaktionen und Integrationskonflikte in beiden Gesellschaften vergleichbar. Die Ausschreitungen in Deutschland und anderswo mögen gegen Ausländer gerichtet sein, während die Rassenkrawalle in Toronto sich gegen eine rassistische Polizei wenden, die kanadische Schwarze als Ausländer behandelt. Eine weitverbreitete Distanz gegenüber „sichtbaren Minoritäten" gleicht dem deutschen Ressentiment gegen „Südländer". Auch in Kanada werden Kinder ethnischer Minderheiten überproportional in Sonderschulen abgeschoben. Programme, um Minderheiten in den Stand zu versetzen, gleichberechtigt am Leistungswettbewerb entsprechend ihren Fähigkeiten teilzunehmen, leiden an Finanzschwäche. Vor allem die marginale Lage der Ureinwohner wird immer noch als Tabu behandelt, was das Image eines Fortschrittslandes beeinträchtigt.

Viele Indianerreservate verwahrlosen wie südafrikanische Bantustans. Während eines Konflikts in Oka, bei dem rebellierende Indianer eine Brücke in Montreal blockierten und der Staat die kanadische Armee aufmarschieren ließ, warfen frustrierte Bürger Steine wie in Rostock. Im Unterschied zu Deutschland wird das Ressentiment nicht erst durch die Zuwanderung ausgelöst, es richtet sich gegen die Ureinwohner, die schon lange zuvor ansässig waren. Die in Deutschland geborene zweite und dritte Generation von Gastarbeitern wird immer noch unsinnigerweise nach ihrem Herkunftsland kategorisiert. Die kanadische Diskriminierung beweist, dass die Einstellung gegenüber Minoritäten nicht von ihrer Herkunft bestimmt ist.

Fremdenhass hat deshalb wenig mit dem tatsächlichen Minderheitsstatus, dem Zustrom oder der Rechtslage der Angegriffenen zu tun. Es ist keine rationale Reaktion auf irrationale Provokation durch andere. Der kanadische Sikh mit dem Turban bedroht die Mehrheit genau so wenig wie der verfolgte Homosexuelle die Nazis. Beide bedrohen jedoch eine moralische und symbolische Ordnung mit alternativen Wertvorstellungen, die sich der Ich-schwache autoritäre Typ nicht leisten kann. Sein Hass gegen den anderen ist der Hass gegen sich selbst und gegen die Unfähigkeit, mit der täglichen Selbstunterdrückung fertig zu werden.

Diese altbekannte psychoanalytische Deutung der Fremdenfeindlichkeit stellt als Lösung vor allem auf die autonome Entwicklung des Einzelnen ab. Nur wenn der jugendliche Randalierer genug Selbstvertrauen gewinnt, muss er seine Identität nicht durch Kraftakte gegenüber anderen erwerben. Auf dieser Ebene operiert das nicht-autoritäre kanadische Schulsystem erfolgreicher als die deutsche Erziehung. Das wenig leistungsfähige und nicht-elitäre kanadische Bildungssystem erlaubt zumindest auch dem Verlierer, sich als Gewinner zu fühlen. Wo alle Gewinner sind, gibt es weniger Anlass, Schuldige für den eigenen Misserfolg zu erfinden.

## 4. Multikulturalismus in Kanada

Grundsätzlich können fünf Staatsreaktionen gegenüber ethnischen Minoritäten unterschieden werden. Es wäre ein Sonderthema, aufzuzeigen, unter welchen Bedingungen und mit welchen Folgen welche Politik betrieben wird. (1) Eliminierung, (2) Deportation oder Sezession, (3) Unterdrückung und Segregation, (4) Assimilierung und (5) multikulturelle Integration.

Pierre Trudeau schlug im Oktober 1971 Multikulturalismus als Staatsideologie vor, weil alle Versuche gescheitert seien, Kanadas Bevölkerung zu anglizisieren. Gegen das Gutachten einer Parlamentskommission über die offizielle Zweisprachigkeit und Bikulturalität des Landes aufgrund seiner englischen und französischen Gründungskulturen wurde eingewandt, dass die 37% der nicht-englischen und nicht-französischen Bevölkerung unberücksichtigt blieben. Die Antwort auf den Protest dieser „Dritten Kraft" (hauptsächlich Ost- und Mitteleuropäer in den Präriegebieten) war Multikulturalismus. Sie wurde als Politik mit vier scheinbar konfligierenden Zielen definiert: (1) Staatssubventionen für Gruppen, die ihre Herkunftskultur bewahren wollen, (2) Unterstützung bei der Überwindung kultureller Barrieren, die

einer demokratischen Beteiligung aller im Wege stehen, (3) Mitwirkung bei interkultureller Verständigung, Toleranz und nationaler Einigung, (4) Unterstützung von
Einwanderern beim Sprachunterricht.[2]

Hinter den Leerformeln liegt die Anerkennung gleicher Identität. Die kulturelle
Hierarchie, die die englische oder französische Herkunftsgruppe höher einstuft als
spätere Zuwanderer, wurde theoretisch abgeschafft. Hinsichtlich Schulbüchern oder
staatlichen Feiertagen können zum Beispiel alle ethnischen Gruppen gleiche Rechte
verlangen. Sie sollen alle repräsentativ vertreten sein, und keine Herkunftsgruppe
kann einer anderen ihre Normen, Literatur oder Lebensvorstellungen aufzwingen.[3]
Der kanadische Staat hat sich ethnisch neutral und plural definiert, im Gegensatz zu
der Schmelztiegelideologie der USA oder dem Assimilationsdruck in Deutschland.
Alteinwohner können gegenüber Neuankömmlingen keine Sonderansprüche anmel-
den. Aus dieser Nivellierung historischer Rechte resultiert die Ablehnung von Multikulturalismus seitens der Quebecker Nationalisten und vor allem seitens der „First-
Nation-People", wie die 2% Indianer sich neuerdings selbst bezeichnen.[4]

Multikulturelle Politik in Kanada hat sich in den drei Jahrzehnten ihrer Anwendung durch alle drei Parteien mehrfach gewandelt. In der ersten Phase stand die Ze-
lebrierung unterschiedlicher Lebensstile und exotischer Festlichkeiten klar im Vordergrund. Diese oberflächliche Anerkennung kultureller Diversität hat antirassistischen Programmen Platz gemacht. Statt Lebensstil werden jetzt Lebenschancen betont. Trotzdem ist die Kritik von rechts und links keineswegs verstummt. Sie konzentriert sich auf drei Aspekte.

- Multikulturalismus lasse sich nicht mit nationaler Einheit in Einklang bringen,
  weil die Politik geteilte Loyalitäten fördert. Ronald Bibby (1990) beklagt in
  seinem vielbeachteten Buch „Mosaic Madness" einen kulturellen Relativismus
  auf Kosten von universellen Standards. Die rechtsgerichtete Reformpartei be-
  harrt darauf, dass es nicht Staatsaufgabe sei, exotische Kulturen mit Steuergel-
  dern am Leben zu erhalten. Andere Kritiker aus diesem Lager weisen nicht zu
  Unrecht darauf hin, dass selbsternannte ethnische Verbandsfunktionäre das Re-
  gierungsinteresse an harmonischen Gruppenbeziehungen geschickt ausbeuten.
  Subventionierter Multikulturalismus hat sich in der Tat eine Gruppe kooptierter
  Sprecher geschaffen.

---

2   Für eine gute Übersicht der kanadischen Diskussion auf dem neuesten Stand siehe Fleras/Elliott
    1992 und aus philosophischer Sicht Angus 1997 und Day 1999. Die internationale Diskussion vor
    allem über Multikulturalismus im Erziehungsbereich enthält das Buch von Moodley 1992/1997.

3   Für eine empirische Übersicht über die kanadische kulturelle Hierarchie und Einstellungen gegen-
    über ethnischen Minoritäten siehe Berry 1992. Siehe auch die Schriften von Burnet 1984/1988;
    Driedger 1989; Richmond 1990/1992; und vor allem von dem kanadischen Soziologen, J. Porter,
    zum Thema Ethnizität im kanadischen Mosaik (1965/1979) und Laquian 1997.

4   Trudeaus pluraler Multikulturalismus für Quebec unterscheidet sich von den Nationalisten darin,
    dass er es Franko-Kanadiern ermöglichen soll, überall französisch zu sprechen, während die Natio-
    nalisten allen Bewohnern von Quebec die französische Identität aufzwingen und sich für Franko-
    Kanadier außerhalb Quebecs wenig interessieren.

- Multikulturalismus bedingt Multilingualität, welche die Regierung jedoch nicht zugestehen will. Offizielle Zweisprachigkeit war die Waffe, mit der Ottawa den Quebec-Separatismus zu besiegen hoffte. Quebec jedoch besteht verständlicherweise auf Einsprachigkeit. Wie andere Kulturen ohne Sprache und Sprachförderung bewahrt werden können, bedarf noch der Erklärung, obwohl Ottawa neuerdings auch freiwilligen Sprachunterricht in nicht-offiziellen Muttersprachen subventioniert.

- Auf Seiten der kanadischen Linken dagegen wird Multikulturalismus mit einem „ethnischen Zoo" und einer Museumskultur verwechselt. Diese Kritiker befürchten, dass die Herkunftsförderung eine freiwillige Ghettoisierung bewirkt. Anstatt Minderheiten Fähigkeiten zu vermitteln, die ihre Wettbewerbsfähigkeit erhöhen, ziele die Staatsintervention auf Kooptation und Appeasement ab. Nichtsdestoweniger wird Multikulturalismus von allen kanadischen Parteien getragen, nicht zuletzt deshalb, weil sie alle die Wählerstimmen der Einwanderer und „Dritten Kraft" benötigen.

Organisatorisch und finanziell kommt der kanadische Multikulturalismus recht billig. Zwar hat die Mulroney-Regierung 1991 endlich ein Wahlversprechen von 1984 eingelöst und ein eigenes Ressort für Multikulturalismus eingerichtet, aber dafür nie mehr als jährlich CAD 25 Millionen bereitgestellt, einschließlich der Mittel für Antirassismus-Programme. Dies ist weniger, als ein Kampfhubschrauber kostet. Eine groß angekündigte Stiftung für Rassenbeziehungen fiel Einsparungserfordernissen zum Opfer. Im Zuge der Defizitbeschränkung wurde ferner Multikulturalismus zusammen mit dem staatlichen Fernsehen, Nationalparks und Einbürgerung unter einer neuen Abteilung „Kulturerbe" zusammengefasst und auf ein bloßes Programm herabgestuft. Einwanderung wurde von der Regierung Kim Campbell dem Ministerium für Öffentliche Sicherheit zugeordnet, was zu Protesten führte. Die Kritiker argumentierten, dass dadurch der falsche Eindruck verstärkt würde, Einwanderer seien ein Sicherheitsproblem statt eine willkommene Bereicherung des kanadischen Mosaiks. Diese organisatorischen Änderungen wurden von der konservativen Regierung vor allem getroffen, um Wählerverluste an rechtsgerichtete Parteien zu vermeiden. Ihr Programm will staatlich geförderten Multikulturalismus ganz abschaffen und Einwanderung vor allem an ihrem wirtschaftlichen Nutzen orientieren.

Allerdings zeigen repräsentative Umfragen seit Beginn der 1990er Jahre (Reid 1991), dass die große Mehrheit der Kanadier multikulturelle Vorstellungen unterstützt. 95% behaupten, dass der „Stolz, Kanadier zu sein, mit Stolz auf die Herkunft vereinbar ist", 90% befürworten Chancengleichheit ohne Unterschied von Rassen und Gruppenzugehörigkeit, 79% glauben, dass Multikulturalismus notwendig sei, um Kanada zu vereinigen. 73% der Befragten geben an, dass sie Freunde mit anderer Herkunft haben, 64% arbeiten zusammen mit Angehörigen anderer Gruppen und 66% glauben, dass Rassendiskriminierung ein Problem in Kanada darstellt. 15% lehnen Mischehen ab, während 68% glauben, dass Rassenvorurteile nicht ohne Regierungsinterventionen sich von selbst auflösen. Obwohl 25% der Befragten Ignoranz über die multikulturelle Politik bekunden, zeigen die Antworten, wie stark offizielle Werbekampagnen Einstellungen beeinflussen und ein Klima diffuser Toleranz fördern. Dies scheint auch von der schweren Wirtschaftsrezession wenig gefährdet zu sein, solange – wie der Economic Council (1991: 29) warnt – sich das gewohnte Zahlenverhältnis zwischen Einheimischen und Einwanderern nicht drastisch verändert. Offensichtlich fördern jedoch hohe Arbeitslosenraten Überfremdungsängste und die Bereitschaft, Sündenböcke auszumachen.

Angesichts der historisch spezifischen Situation eines Einwanderungslandes mit zwei (oder einschließlich der Indianer mehreren) Gründungskulturen ist es zweifelhaft, ob das Konzept des Multikulturalismus unkritisch auf deutsche Verhältnisse übertragbar ist. Am objektiv dauerhaften multikulturellen Charakter Deutschlands kann nach der de-facto-Einwanderung sicher kein Zweifel bestehen. Kanada und Deutschland unterscheiden sich jedoch in der kulturellen Homogenität der einheimischen Mehrheit und dem daraus resultierenden Assimilationsdruck. Dieser fundamentale Unterschied sollte jedoch eine klar formulierte deutsche Einwanderungspolitik nicht ausschließen. Das kanadische Beispiel empfiehlt eine Reihe von Gesetzesänderungen und Verwaltungsmaßnahmen, wie erweitertes Einbürgerungsrecht und Doppelstaatsbürgerschaft. Das gilt auch dann, wenn man akzeptiert, dass sich Ausländerpolitik in einem relativ übervölkerten Gebiet wie Mitteleuropa von einem klassischen Einwanderungsland wie Kanada unterscheiden muss. Vor allem aber könnte die Bundesrepublik bei einer Einbürgerung der Fremden aus der forcierten Gleichheitsbehandlung unterprivilegierter Gruppen in Kanada einige Lehren ziehen.

## 5. Forcierte Chancengleichheit

Wegen der systemimmanenten Diskriminierung und Stigmatisierung sollen staatlich forcierte Gleichbehandlungsprogramme dafür sorgen, dass rassische Minderheiten ihren Randgruppenstatus verlieren. Historische Benachteiligung soll durch geplante Bevorzugung solange kompensiert werden, bis der Anteil unterprivilegierter Gruppen in entscheidenden Bereichen ihrem Bevölkerungsanteil entspricht. In diesem Sinne werden jetzt neben „sichtbaren Minderheiten", Behinderte, Indianer („First Nation People") und Frauen besonders gefördert. An den amerikanischen „Affirmative Action"-Programmen orientiert, aber ohne Quoten zu setzen, versuchen bundesweite Gleichbehandlungsrichtlinien (equity programs) private und öffentliche Unternehmen zu veranlassen, Angehörige der vier Gruppen bei gleicher Qualifikation von Mitbewerbern bevorzugt einzustellen, solange sie unterrepräsentiert sind. Privatunternehmen können nicht gesetzlich gezwungen werden, die Richtlinien zu befolgen, werden aber damit bedroht, von Staatsaufträgen ausgeschlossen zu werden, falls sie nicht kooperieren („contract compliance"). Die Gleichbehandlungspolitik zielt vor allem darauf ab, traditionelle Einstellungskriterien auf ihre Diskriminierungsfunktion zu überprüfen, um es den Angehörigen benachteiligter Gruppen überhaupt erst zu ermöglichen, in die engere Wahl zu kommen. Zum Beispiel wurden Bestimmungen abgeschafft, die bestimmte Mindestgrößen als Einstellungsvoraussetzung von Polizisten und Feuerwehrleuten festlegten und dadurch fast alle körperlich kleineren asiatischen Bewerber ausschlossen. Nachdem die kanadische Polizei jahrelang als „reinrassisch" kritisiert wurde und durch entsprechendes Verhalten mehrfach ethnische Auseinandersetzungen provozierte, wirbt sie jüngst in chinesischen Zeitungen für Polizeianwärter. Solch sinnvolle Gleichbehandlungspolitik bedroht keine Qualitätsvoraussetzungen und das Leistungsprinzip, wie Kritiker beschwören. Im Gegenteil bewirken die Richtlinien, dass der Kreis der potentiellen Bewerber größer ist und dadurch die Chance, den besten Bewerber zu finden, ebenfalls zunimmt.

Allerdings bewirkt die Vergabe von knappen Ressourcen nach dem Abstammungsprinzip, dass sich unter Umständen ethnische und rassische Gruppenidentität perpetuiert, weil damit Vorteile im Leistungswettbewerb verbunden sind. Statt Farbenblindheit und soziale Integration zu fördern, wird die Gesellschaft in ethnisch konkurrierende Segmente fragmentiert. Damit hätte die Politik der forcierten Gleichbehandlung gerade das liberale Prinzip der Chancengleichheit ohne Ansehen von Herkunft oder Rasse untergraben.

Die Kategorie „sichtbare Minorität" für bevorzugte Einstellung beinhaltet mehrere Widersprüche. Im Namen historischer Diskriminierungen werden zum Beispiel einem indischen oder chinesischen Einwanderer bessere Beschäftigungsmöglichkeiten eingeräumt als einem schon lange ansässigen weißen Einheimischen. Employment Equity (Beschäftigungsgleichheit) geht von der zutreffenden Annahme aus, dass Mitglieder bestimmter Rassen und Ethnien diskriminiert wurden und deshalb ein Anrecht auf Ausgleich besitzen. Wie aber kann man historische Unterdrückung messen? Das Recht auf Kompensation kann sich immer nur auf die individuell Betroffenen beziehen. Von der Entschädigung profitieren aber häufig qua ethnischer Gruppenmitgliedschaft Personen, die darauf gar keinen Anspruch haben, weil sie entweder zur Zeit der Diskriminierung noch gar nicht im Lande waren oder als anderweitig Privilegierte gar nicht unter der vergangenen Diskriminierung gelitten haben." Affirmative Action" setzt fälschlicherweise eine gleiche Diskriminierung aller Gruppenangehörigen voraus, was aber kaum der Realität entspricht. Diese Politik ignoriert einerseits die interne Klassenstruktur einer ethnischen Gruppe und begünstigt andererseits die ohnehin schon privilegierte Oberschicht, die sie mit Vorzugsangeboten in das etablierte System kooptiert. Andererseits werden unter der Kategorie „sichtbare Minorität" ethnische Gruppen mit unterschiedlicher Geschichte und unterschiedlichen Erfolgsindikationen subsumiert.

Wie das amerikanische Beispiel noch deutlicher beweist, bestehen beachtliche ökonomische Integrations- und Bildungsunterschiede zwischen der aus der Sklaverei stammenden schwarzen Minderheit, schwarzen Einwanderern aus Jamaika oder einst gleichermaßen diskriminierten asiatischen Minderheiten. Ähnliche Daten lassen sich für die verschiedenen Komponenten der Kategorie „sichtbare Minderheiten" in Kanada feststellen. Ohne auf die komplexen Ursachen dieser Unterschiede einzugehen, können einige Beispiele die paradoxe Situation illustrieren: In vielen Großstädten Kanadas beherrscht die Mehrheit der Schüler die Unterrichtssprache Englisch nur als Zweitsprache. Trotzdem schneiden die Schüler, wenn sie asiatischer

Abstammung sind, im Notendurchschnitt besser ab als weiße und schwarze Einheimische; an den kanadischen Universitäten sind Asien-Kanadier überrepräsentiert, und selbst die sichtbaren Minderheiten („visible minorities") verdienen nicht weniger und befinden sich häufiger in einem Beschäftigungsverhältnis als im Lande Geborene. In der Volkszählung 1986 wurden 6,3% der Bevölkerung als „sichtbare Minderheit" eingestuft, deren Anteil an den Beschäftigten 1993 7,5% beträgt. Andere Statistiken weisen aus, dass die außerhalb Kanadas Geborenen mit kanadischer Ausbildung ein höheres Einkommen erzielen als die im Lande Geborenen mit der gleichen Ausbildung. Affirmative Action-Programme müssten deshalb differenzieren zwischen den erfolgreichen selbstbewussten „sichtbaren Minderheiten", die keinerlei Staatsförderung benötigen und denen (vor allem schwarzen Kanadiern und Indianern), die als stigmatisierte Unterklasse ohne Starthilfe noch weiter an den Rand gedrängt werden.

Tabelle 3: Erfolg asiatischer Einwanderer in wirtschaftlicher und bildungsmäßiger Hinsicht, unterschieden nach der Herkunft (1986)

| Maßstab | Kanada geboren | West-asien | Süd-asien | Südost-asien | Ost-asien | Alle Ein-wanderer |
|---|---|---|---|---|---|---|
| Arbeitslos % | 10,2 | 13,7 | 13,0 | 10,3 | 8,1 | 8,2 |
| Universitätsabschluss % | 8,9 | 20,3 | 25,2 | 19,7 | 19,2 | 12,2 |
| Führungskräfte + höhere Berufsstände % | 26,4 | 27,4 | 26,7 | 24,1 | 28,9 | 27,4 |
| Arbeiter % | 32,0 | 26,0 | 39,9 | 35,9 | 21,1 | 34,5 |
| Mittlere Einkommen aus nicht-selbständiger Tätigkeit (x 1000$) | 18,2 | 16,9 | 18,6 | 15,9 | 17,7 | 20,2 |
| Mittleres Gesamteinkommen (x 1000$) | 15,7 | 13,6 | 16,0 | 12,6 | 14,6 | 16,9 |
| Mittlere Einkommen aus Transferleistungen % | 4,4 | 3,8 | 5,5 | 3,3 | 2,7 | 3,4 |
| Als Arbeiter tätig % | 4,0 | 11,0 | 3,3 | 2,3 | 9,1 | 6,0 |
| Selbständig % | 5,1 | 9,3 | 3,3 | 1,9 | 5,4 | 5,4 |
| Hausbesitzer % | 68,0 | 51,9 | 70,5 | 49,1 | 77,6 | 70,5 |
| Hauswert über $ 99.000 % | 28,3 | 56,9 | 51,1 | 45,1 | 63,0 | 49,9 |

Quelle: Derrick, Th. (1992): The Social Integration of Immigrants. In: The Immigration Dilemma (ed.). Vancouver, B.C.: The Fraser Institute. Vergleiche aus der Volksbefragung 2001 liegen noch nicht vor.

Massive Diskriminierung erleben ebenfalls die im Ausland ausgebildeten Einwanderer, deren Qualifikationen selbst bei hervorragenden Leistungsnachweisen von einheimischen Monopolverbänden nicht anerkannt werden. So verweigern zum Beispiel die Ärztevereinigungen strikt jedes Niederlassungsrecht für Kollegen, die außerhalb ausgebildet wurden, weil sie sonst den begrenzten Krankenetat mit einem größeren Kreis von Ärzten teilen müssten. In ähnlicher Weise diskriminieren kanadische Universitäten ausländische Bewerber, indem sie deren akademische Grade aus Ignoranz oder bürokratischer Sturheit nicht anerkennen. Es sind solche Beispiele, die die proklamierte Chancengleichheit aller Bewerber im sogenannten Land der unbegrenzten Möglichkeiten als sehr begrenzt erweisen.

## 6. Multikulturalismus oder Assimilation?

Während in Deutschland insbesondere in der ersten Hälfte der 1990er Jahre auch nicht wenige Politiker Verständnis für das fremdenfeindliche Verhalten der Bevölkerung bekundeten, werden rassistische Äußerungen von Rechtsextremisten in Kanada von allen Parteien öffentlich verurteilt. Rassenhetze wird in beiden Ländern gerichtlich verfolgt; kanadische Geschichtslehrer, die die Judenverfolgung der Nazis leugnen, verlieren jedoch ihre Stellung nicht nur, weil offensichtlich die fachliche Kompetenz fehlt, sondern vor allem, weil sie eine Bevölkerungsgruppe bewusst beleidigen. Psychische Gewalt wird der Anwendung körperlicher Gewalt gleichgesetzt. Was in Deutschland als „die Kapitulation des Staates vor den Rechtsextremisten"[5] beklagt wird, stellt sich einigen Bürgerrechtlern in Kanada eher als potentielle Gefahr des Staatseingriffs in das Grundrecht der Meinungsfreiheit dar. Hasspropaganda steht nach Paragraph 318-320 des kanadischen Strafgesetzbuches als kriminelle Tat unter Strafe. Allerdings ist es umstritten, ob der Staat automatisch oder nur im Falle einer privaten Beschwerde Anklage führen muss. Zudem wurde die Verfassungsmäßigkeit der Hassparagraphen nach einer Berufung nur mit knapper Mehrheit im obersten Gericht aufrechterhalten.[6]

Grundsätzlich kann festgestellt werden, dass das rechtsextreme Wählerpotential in beiden Ländern wohl gleich ist ($\pm$ 15%), dass sich die öffentliche Meinung in Kanada aber stärker von den Rassisten distanziert. Die öffentliche Verurteilung von Ku-Klux-Klan-Versammlungen oder rechtsextremen Äußerungen ist nicht auf die politische Linke oder die Liberalen beschränkt, sondern schließt auch die Mehrheit in den konservativen Parteien ein. Alle kanadischen Parteien konkurrieren um die fluktuierende Mitte des politischen Spektrums. Im stets kompromissbereiten kanadischen Selbstverständnis jedoch gelten Extremisten gleich welcher Farbe als abwegig. Mehr als anderswo gleichen sich die Parteien und schrecken vor ideologischen

---

5  R. Leicht: „Anschlag auf die Republik". In: Die Zeit, 4. September 1992.
6  Nachdem eine Frauenkommission subtile Geschlechts- und Rassendiskriminierung in Kanadas Juristenkreisen feststellte, wird jetzt darüber gestritten, ob alle Richter gezwungen werden sollen, Sensibilitätskurse über die Rolle der Geschlechter und ethnische Beziehungen zu belegen, oder ob die soziologische Weiterbildung den Richtern selbst überlassen wird.

Auseinandersetzungen zurück. Deshalb kann es sich selbst die rechtsgerichtete Allianz/Reformpartei nicht leisten, durch Sprecher des extremen Flügels desavouiert zu werden. Ein solcher Staatskonsens verhindert, dass sich die fremdenfeindlichen Prädispositionen öffentlich äußern oder in aktives Verhalten umschlagen. Autoritäre Charaktere sind immer auch Konformisten. Zwar haben Gesetze wenig Einfluss auf individuelle fremdenfeindliche Haltungen; sie können jedoch verhindern, dass der latente Rassismus sich in diskriminierendem Verhalten äußert.

Die Ausländerpolitik und die Integrationsvorstellungen unterscheiden sich somit in beiden Ländern fundamental: Offizieller Multikulturalismus in Kanada kontrastiert mit Assimilationsdruck und wachsender Ausländerfeindlichkeit in Europa, je mehr traditioneller Nationalismus ökonomischen Einheitszwängen weicht. Ein unterschiedliches historisches Selbstverständnis von Deutschland als *Kulturnation* steht dem angelsächsischen Konzept der *Staatsnation* gegenüber. Die Kulturnation beruht nach der bekannten Unterscheidung von Meinecke auf dem Abstammungsprinzip, das Personen der gleichen kulturellen Herkunft objektiv als Mitglieder einer Nation prädestiniert.[7] Im Selbstverständnis der Staatsnation wird die Solidarität der Mitglieder dagegen subjektiv begründet. Jeder, der sich zum Staatsverband bekennt, hat Anspruch auf gleichberechtigte Staatsbürgerschaft, unabhängig von seiner Herkunft. Das Selbstverständnis der Staatsnation ist deshalb inklusiv, das der Kulturnation exklusiv. Kulturelle Minoritäten, die nicht der Staatsmehrheit oder dominierenden Gruppen angehören, sind per Definition von der Kulturnation ausgeschlossen.

Der „Verfassungspatriotismus", den Sternberger und Habermas[8] beschwören, lässt sich deshalb nur in der Staatsnation realisieren. Die restriktive Kulturnation eignet sich dagegen für die Mobilisierung eines Nationalismus, der immer andere ausschließt, weil sie nicht zur Nation oder zum „Volksverband" gehören, obwohl sie die gleiche Staatsbürgerschaft besitzen. Der legalen Gleichstellung aller Bürger oder Bewohner setzt der Nationalismus die fiktive ethnische Identität der objektiven Gruppengemeinsamkeit entgegen.[9] Es ist offensichtlich, dass ein multi-ethnisches Einwanderungsland wie Kanada, und zunehmend auch Deutschland, nur mit dem Selbstverständnis einer Staatsnation die nominellen Gleichheitsrechte aller Einwohner verwirklichen kann. Das kontrastiert mit dem Nationalismus, von Subgruppen wie den Quebecois oder Indianern. Quebeckischer oder indianischer Nationalismus gleicht der Kulturnation europäischer Prägung. Er diskriminiert gegen Outsider.

---

7   Meinecke 1901.
8   Habermas 1990.
9   Siehe Anderson 1983. Die umfangreiche theoretische englischsprachige Literatur über Ethnizität und Nationalismus hat seit den Klassikern K. Deutsch und H. Kohn keine Parallele in Deutschland, wo sich die Diskussion hauptsächlich auf Rechtsextremismus und Antisemitismus angesichts der faschistischen Vergangenheit konzentriert. Für herausragende Analysen aus marxistischer Perspektive siehe E.J. Hobsbawn 1990; aus sozio-biologischer Sicht Van den Berghe 1981; Kellas 1991. Die Schriften von E. Gellner, C. Tilly, J. Breuilly, J. Armstrong und M. Banton gehören ebenfalls zum unumgänglichen Repertoire des Themas.

Montreal und Quebec City sind historische Brutstätten von Antisemitismus und paranoidem Widerstand gegen die vermeintliche Gefahr der englischen Überfremdung, wie Montreals berühmtester Romancier Mordecai Richeler überzeugend illustriert hat.[10] Das Verbot von Englisch in öffentlicher Werbung und die Gesetze gegen die freie Schulwahl der Eltern in Quebec haben die 20% englischsprachiger Quebecker und Immigranten praktisch zu Bürgern zweiter Klasse gestempelt. Die Logik eines solchen Nationalismus ist in der Tat die eigene Staatssouveränität und nicht nur kulturelle Regionalautonomie. Quebecs Separatisten sind die entschiedensten Gegner von Multikulturalismus, der sie mit anderen ethnischen Gruppen gleichsetzt. Militante Indianer verstehen sich ebenfalls nicht als kanadische Staatsangehörige.

Soll ein Staat mit kulturell heterogener Bevölkerung fortbestehen und sollen die Segmente relativ harmonisch koexistieren, kann die verbindende Ideologie nicht auf dem Vorrecht einer homogenen Staatsidentität basieren. Das multi-ethnische Staatsgebilde muss sich auch plural und multikulturell definieren. Wie Kanada beweist, kann Multikulturalismus durchaus mit einer übergreifenden Staatsloyalität vereinbart werden, ja sie sogar harmonischer praktizieren als der europäische Assimilationsdruck.

## 7.  Zusammenfassung und aktueller Ausblick

Unterschiede zwischen dem klassischen Einwanderungsland Kanada und Europa bestehen darin, dass
- es eine spezifische Einwanderungspolitik gibt;
- die Neuankömmlinge nicht zur Assimilation gezwungen werden, sondern multikulturell über ihren Integrationsgrad selbst entscheiden;
- die Einbürgerung unbürokratisch und fast automatisch nach drei Jahren Aufenthalt geschieht;
- viele Kanadier mehrere Staatsangehörigkeiten und Pässe besitzen; und dass wegen der offiziellen Zweisprachigkeit und indianischer Verwaltungsautonomie, pluralistisches Selbstverständnis statt Volkstumsideologie vorherrscht. Historisch war Kanada immer eine multiethnische Staatsnation und nie homogene Kulturnation im europäischen Sinne.

Dennoch können drei typische Beispiele aus der gegenwärtigen Diskussion am besten verdeutlichen, wie wenig sich kanadische und europäische Befürchtungen zu Beginn des neuen Jahrhunderts unterscheiden und sich die Argumente gleichen.

(1) Die regierende Liberale Partei hat 2001 einen Gesetzentwurf zu beschleunigten „Abschiebungsmaßnahmen" illegaler und krimineller Migranten vorgelegt, der vor allem die Polizeibefugnisse erweitert und erlaubte Rechtsmittel einschränkt. Der Vorsitzende der kanadischen Rechtsanwaltkammer hat den Entwurf mit Stasi-Willkürmaßnamen verglichen.

---

10    M. Richeler: „A Reporter at Large". In: The New Yorker, 23. September 1991: 40-92.

(2) Vor dem parlamentarischen Einwanderungsausschuss beklagte der frühere Botschafter Martin Collacutt im Mai 2001, dass die jüngste Einwanderungspraxis eine teure Unterklasse schaffe. Dies sei durch die bedenkliche Erweiterung der Familienzusammenführung bedingt, die seit 1986 unqualifizierte Verwandte als geförderte (sponsored) Einwanderer unbeschränkt zulasse. Über die Hälfte der jährlichen Gesamtzahl von 250.000 falle jetzt in diese Kategorie. „Canada is the only developed country that allows the sponsorship of grandparents, aunts and uncles, nephews and nieces. And a proposed amendment to the Legislation will even allow common-law or intended spouses" (National Post, May 8, 2001). Dies habe zu einer Krise im Schulsystem und der medizinischen Versorgung geführt. Seitdem nicht mehr die Bedürfnisse der Wirtschaft die Zahl und Qualität der Einwanderer bestimme, seien diese in der Arbeitslosenversicherung und Sozialhilfe weit überrepräsentiert. „Whereas the poverty level of those who arrived before 1986 was at 19,7% or slightly below that of Canadian-born, the poverty level of those who came after 1991 has reached a disturbing 52,1% with the Canadian-born level relatively unchanged" (National Post, May 8, 2001). Außerdem sei der Prozentsatz der Förderer, die ihren finanziellen Verpflichtungen nicht nachkämen, rapide gestiegen. Die Regierung unternehme aus Rücksicht auf die „ethnische Lobby" nichts, diese Verpflichtungen einzutreiben, sodass der Steuerzahler dafür aufkommen müsse.

(3) Eine populäre Kolumnistin (Diana Francis, Financial Post, 04.01.2000) gibt einer in konservativen Kreisen verbreiteten Stimmung Ausdruck: „Until this country has a decent follow-up capability we should not be accepting the numbers of immigrants and refugees we have been accepting. Until this country has a proper means of screening people, deporting people and controlling the numbers based on economic need, there should be a complete moratorium on immigration. Real refugees should be sheltered, but bogus ones should not – especially when they are opportunists, advised by sleazy Canadian immigration lawyers or accomplices on how to get around the system".

Während früher Kanada Einwanderer im Allgemeinen als Entlastung des Sozialstaates einer alternden Bevölkerung wegen begrüßte, werden sie jetzt häufiger als wirtschaftliche Belastung angesehen. Wenn im globalen Wettbewerb um qualifizierte Migranten Deutschland sich endlich offener zeigt, ist das offene Kanada in der Gefahr, sich stärker abzuriegeln.

## Literatur

Abella, J./Troper, H. (1982): None is Too Many. Canada and the Jews of Europe 1933-1945. Toronto: Lester and Orphen Dennys

Adam, H. (1998): German and Canadian Nationalism and Multiculturalism: A Comparison of Xenophobia, Racism and Integration. In: Haselbach (Hrsg.) (1998): 193-210

Anderson, B. (1983): Imagined Communities: Reflections on the Origins and Spread of Nationalism. London (deutsch: Die Erfindung der Nation. Frankfurt /M.; New York 1988)

Angus, I. (1997): A Border Within, National-Identity, Cultural Plurality and Wilderness. Montreal and Kingston: McGill U.P.

Berry J.W. (1992): Sociopsychological Costs and Benefits of Multiculturalism. Ottawa: Gouvernment Printer

Bissoondath, N. (1994): Selling Illusions: The Cult of Multiculturalism in Canada. Toronto: Penguin

Bibby, R. W. (1990): Mosaic Madness: The Potential and Poverty of Canadian Life. Toronto: Stoddart

Burnet, J. (1984): Myths and Multiculturalism. In: Samuda/Berry/Laferriere (Hrsg.) (1984): 18-29

Burnet J. (1988): Multiculturalism. In: March, J.H. (Hrsg.): The Canadian Encyclopedia: 1401. Edmonton: Hurtig

Day, R.J.F. (1999): Multiculturalism and the History of Canadian Diversity. Toronto: University of Toronto Press

Derrick, Th. (Hrsg.) (1992): The Immigration Dilemma. Vancouver, B.C.: The Fraser Institute

Desilva, A. (1992): Earnings of Immigrants. A Comparative Analysis. Ottawa: Minister of Supply and Services

Driedger, L. (Hrsg.) (1989): The Ethnic Factor: Identity in Divers. Toronto: McGraw-Hill Ryerson

Economic Council of Canada (1991): New Faces in the Crowd, Economic and Social Impacts of Immigration. Ottawa: Gouvernment Printer

Employment and Immigration Canada (1989): Annual Report to Parliament on Future Immigration Levels. Ottawa: Gouvernment Printer

Fleras, A./Elliot, J.L. (1992): Multiculturalism in Canada. Scarborough: Nelson Canada

Froschauer, K. (2001): East Asian and European Immigrants in British Columbia. In: Journal of Ethnic and Migration Studies 27. 2. 225-240

Fry, A.I./Forcevielle, C. (Hrsg.)(1988): Canadian Mosaic: Essays on Multiculturalism. Amsterdam: Free University

Habermas, J. (1990): Die nachholende Revolution. Frankfurt/M.: Suhrkamp

Haselbach, D. (Hrsg.) (1998): Multiculturalism in a World of Leaking Boundaries. Münster: Lit.

Hobsbawn, E. J. (1990): Nations and Nationalism Since 1780. Cambridge: Cambridge University Press (deutsch: Nation und Nationalismus, Frankfurt a.M. 1992)

Kellas, J. G. (1991): The Politics of Nationalism and Ethnicity, London: MacMillan.

Meinecke, F. (1901): Weltbürgertum und Nationalstaat. München/Berlin: Oldenburg.

Kymlicka, W. (1995): Multicultural Citizenship: A Liberal Theory of Minority Rights. Oxford: Claredon

Laquian, E. et.al (Hrsg.)(1997): The Silent Debate: Asian Immigration and Racism in Canada. Vancouver: Institute of Asian Research, UBC

Ley, D. (2000): Seeking Homo Economicus: The Strange Story of Canada´s Immigration Program: Vancouver: Metropolis Project, Working Paper No. 00-02

Moodley, K. (1997): Canadian Multiculturalism and Immigration Policy in Comparative Perspective. In: Rystad, G. (Hrsg.): Encountering Strangers. Lund University Press, 223-247

Moodley, K. (1983): Canadian Multiculturalism as Ideology. In: Ethnic and Racial Studies 6 (3): 320-332

Moodley, K. (1992): Beyond Multicultural Education: International Perspectives. Calgary: Detseling

Porter, J. (1965): The Vertical Mosaic. Toronto: University of Toronto Press

Porter, J. (1979): The Measure of Canadian Society: Education, Equality, and Opportunity. Toronto: Gage Publishing

Rath, J. (Hrsg.) (2000): Immigrant Business, Houndsmill: Macmillan Press.

Reid, A. (1991): Multiculturalism and Canadians: Attitude Study 1991. Ottawa: Multiculturalism and Citizenship Canada

Richmond, A. (1990): Race Relations and Immigration: A Comparative Perspective. In: International Journal of Comparative Sociology 31 (3-4). 156-176

Richmond, A. (1991): Immigration and Multiculturalism in Canada and Australia: The Contradictions and Crisis of the 1980s´. In: International Journal of Canadian Studies 3 (Spring). 87-109

Samuda, R.L./Berry, J.W./Laferriere, M. (Hrsg.): Multiculturalism in Canada: Social and Educational Perspectives. Toronto: Allyn and Bacon

Van den Berghe, P. L, 1981: The Ethnic Phenomenon. New York: Elsevier

# Zuwanderung, ethnische Segregation und städtische Vergemeinschaftung

*Jürgen Friedrichs*

## 1. Einleitung

Die Integration ethnischer Minoritäten ist eines der wichtigsten Probleme hochindustrieller Gesellschaften. Darin wird sich auch in den kommenden Jahren nichts ändern — im Gegenteil: aufgrund wirtschaftlicher Ungleichgewichte zwischen den hoch- und den weniger entwickelten Ländern ist mit einer steigenden Zuwanderung zu rechnen. So geht die Bevölkerungsprognose der Bundesforschungsanstalt für Landeskunde und Raumordnung (heute BMR) davon aus, dass bis zum Jahre 2010 die Bevölkerung in der BRD um rund 5,5 Mio. Personen zunehmen wird, darunter 4,5 Mio. Ausländer (H. Bucher/M. Kocks 1994). R. Münz, W. Seifert und R. Ulrich (1999: 1663ff) schätzen die jährliche Nettozuwanderung von 170.000 Ausländern ab 2010. Selbst wenn diese Prognosen nicht völlig zutreffen sollten, so zeigen sie dennoch, vor welche Anforderungen der Integration ein Land wie die BRD gestellt ist. Das gilt insbesondere für die Großstädte, in denen rund zwei Drittel der Ausländer wohnen. Den höchsten Anteil wies 1998 die Stadt Frankfurt/M. mit 28,5% auf.

Wie andere europäische Länder auch, ist die Bundesrepublik Deutschland in zunehmendem Maße ein Einwanderungsland geworden. Wie die Daten in Tabelle 1 (siehe Anhang) zeigen, hat nicht nur die ausländische Bevölkerung absolut zugenommen, sondern auch deren Anteil an der Gesamtbevölkerung. Die größte Gruppe stellen dabei die Arbeitsmigranten türkischer Herkunft. Erkennbar ist auch, dass die ethnische Heterogenität zunimmt. Sie ist sogar größer als die Daten in der Tabelle es erkennen lassen, weil hier die Aussiedler aus Rumänien, Polen und der ehemaligen Sowjetunion fehlen. Im Jahre 1999 lebten rund 3,2 Mio. Aussiedler in Deutschland, das entspricht einem Bevölkerungsanteil von 3,9% (R. Münz et.al. 1999: 19).

Zudem hat die Aufenthaltsdauer zugenommen: Waren noch im Jahre 1980 nur 37,8% der Ausländer zehn Jahre und länger in Deutschland, so waren es 1997 bereits 49,2%.[1] Für die größte Minorität, die Türken, betrugen die entsprechenden Werte 23,8% und 61,8%. Das von den Politikern unterstellte Rotationsprinzip ist demnach nicht nur schon in den 1960er Jahren verfehlt gewesen, sondern erweist sich nun als völlig unrealistisch.

Um das Ausmaß der räumlichen Integration zu beschreiben, greife ich auf das generelle Modell der Assimilation (oder Integration) von Esser (1980) zurück. Er unterscheidet vier Dimensionen — und zugleich aufeinander folgende Stufen — der

---

[1]  Statistisches Bundesamt 1981: 66; Münz et.al. 1999: 78.

Assimilation: die kognitive (sprachliche), die strukturelle (unter anderem berufliche), die soziale (Netzwerke) und die identifikative (unter anderem Rückkehrabsicht, Übernahme von Normen der Gesellschaft des Einwanderungslandes). Das Modell hat sich auch empirisch bewährt.[2]

Die Grundlage der Integration bildet nach diesem Modell die Fähigkeit, die Sprache des Aufnahmelandes zu beherrschen, weil nur dann eine größere Zahl von Berufen offen steht und nur dann die Kosten, Kontakte zu Personen des Einwanderungslandes, hier: Deutschland, aufzunehmen, keine Barriere für Kontakte bilden. Sind die ersten drei Formen der Assimilation weitgehend gegeben, wird auch eine identifikative Assimilation eintreten, zum Beispiel wird der Rückkehrwunsch geringer und die Übernahme „deutscher" Normen stärker. Solche Normen sind zum Beispiel das Ausmaß an Eigenständigkeit, das Jugendlichen von ihren Eltern zugestanden wird, die Striktheit religiöser Normen und die Partnerwahl. Wie die Auswertungen des Sozio-ökonomischen Panels (SOEP) zeigen, hat sich von 1984 bis 1997 bei den Ausländer/innen a) der Anteil mit guten Deutsch-Kenntnissen, b) der Anteil mit dauerhaften Bleibeabsichten und c) der Anteil mit einer Selbst-Identifikation als „Deutscher" erhöht. Dies gilt insbesondere für die zweite Generation; es gilt auch für die türkische Minorität.[3] Die Integration hat zugenommen; demnach ist zu erwarten, dass auch die Segregation abgenommen hat, zumal sie als Indikator der Integration verwendet wird.

## 2. Räumliche Integration

Ein durchgängiges Ergebnis internationaler Forschung ist, dass sich die Angehörigen einer Minorität ungleich über die Stadtteile verteilen. Das wird in Abbildung 1 beispielhaft an der Verteilung der Ausländer in Köln erkennbar. Diese ungleiche Verteilung lässt sich im Wesentlichen durch zwei Bedingungen erklären: zum einen die geringeren Einkommen der Angehörigen der Minorität, die ihnen kaum erlauben, in Wohngebiete mit hohen Mieten zu ziehen; zum anderen die offenen oder verdeckten Formen der Diskriminierung durch Makler oder Hausbesitzer. Zugleich können wir davon ausgehen, dass die Bereitschaft der Minorität, mit Angehörigen der Majorität zusammen zu leben, größer ist als die Bereitschaft der Majorität, Angehörige der Minorität als Nachbarn zu haben.[4] Wir haben es demnach mit ungleichen sozialen Distanzen zu tun; diese variieren auch danach, um welche Minorität es sich handelt.

---

2  Unter anderem Esser/Friedrichs 1990.
3  Statistisches Bundesamt 2000: 576; für die Aussiedler siehe Münz et.al. 1999: 139-148.
4  Kecskes/Knäble 1988; Schelling 1978.

Abbildung 1: Der Ausländeranteil in der Stadt Köln im Jahre 1998

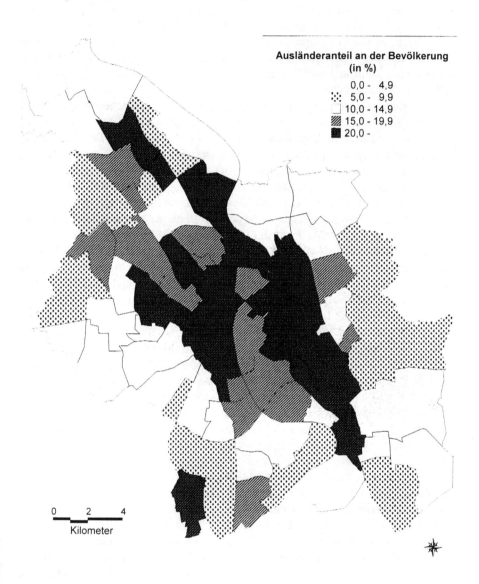

Ausländeranteil an der Bevölkerung
(in %)

0,0 - 4,9
5,0 - 9,9
10,0 - 14,9
15,0 - 19,9
20,0 -

0   2   4
Kilometer

Eine Folge dieser ungleichen Verteilung ist, dass die Haushalte der Minoritäten unter schlechteren Wohnbedingungen leben: Sie haben, im Vergleich zu deutschen Haushalten, kleinere Wohnungen, verfügen über weniger Räume pro Person und haben häufiger schlecht ausgestattete Wohnungen (Bad, Zentralheizung). Die Wohnungen sind überproportional häufig in Wohngebieten mit einem überdurchschnittlichen Anteil statusniedriger Bevölkerung oder auch einem hohen Anteil von Haushalten, die Sozialhilfe beziehen.

Die starke Konzentration von Ausländern in einem städtischen Wohngebiet ist keineswegs nur als Zeichen einer Diskriminierung zu bewerten.[5] Sie kann — als ein Extrem — eine unfreiwillige Konzentration sein, das heißt, die Bewohner haben nicht die rechtliche und in einem weiteren Sinne auch nicht die ökonomische Möglichkeit, das Wohnviertel zu verlassen. Sind sie gezwungen, in diesem Gebiet zu wohnen, so haben wir es mit einem Ghetto zu tun. Das andere Extrem sind Wohngebiete, wie zum Beispiel „Chinatown" in Chicago, wo die ethnische Minorität sich absichtlich und freiwillig sammelt, weil dort aufgrund der hohen Zahl von Angehörigen der gleichen Minorität auch eine ethnische spezifische Infrastruktur entstanden ist, eben weil die lokale Nachfrage hierfür ausreicht und auslastet. „Ethnische Kolonien" haben demnach auch Vorteile.[6] Wir können demnach nicht automatisch davon ausgehen, ein hoher Anteil von Ausländern in einem Wohngebiet sei für die Integration hinderlich. Die meisten Wohngebiete mit einem hohen Anteil von Angehörigen ethnischer Minoritäten in Deutschland gehören keinem der beiden Extreme an.

Problematisch ist allerdings ein anderer Aspekt der räumlichen Verteilung: die hohen Ausländeranteile in benachteiligten Wohngebieten, wobei die Benachteiligung definiert ist als ein überdurchschnittlich hoher Anteil von Bewohnern, die Sozialhilfe empfangen.[7] Da die ausländischen Arbeitnehmer aufgrund ihrer zumeist geringeren Qualifikation stärker als die deutschen davon bedroht sind, arbeitslos zu werden, steigt in diesen Gebieten der Anteil arbeitsloser Ausländer,[8] damit jedoch sinkt die Chance der Integration — es entstehen Wohngebiete der Unterschicht, wie unter anderem H. Häußermann und A. Kapphan (1997) argumentieren. Bestenfalls, so führen M. Krummacher/V. Waltz (2000) am Beispiel von solchen Wohngebieten im Ruhrgebiet aus, besteht ein friedliches Nebeneinander, jedoch keine wirkliche Integration. Diese Interpretation wird durch die Befunde einer Studie über zwei benachteiligte Wohngebiete in Köln gestützt (J. Friedrichs/J. Blasius 2000). In den Wohngebieten Köln-Kalk und Köln-Meschenich wurden 230 deutsche und türkische Bewohner unter anderem nach ihren Einstellungen zu abweichendem Verhalten befragt. Die Befragten sollten angeben, ob sie Verhaltensweisen billigen, wie zum Beispiel, dass ein Nachbar sein Kind schlägt, dass Jugendliche ein ausländisches Mädchen anpöbeln oder eine 15jährige ein Kind bekommt. Der erstaunliche Befund war,

---

5    Vgl. dazu Friedrichs 1990.
6    Esser 1986; Friedrichs 1990; Heckmann 1980: 109; Kapphan 2000: 147.
7    Vgl. Friedrichs/Blasius 2000; Stadt Essen 1997.
8    Vgl. Münz et.al. 1999: 90; für München: Reiß-Schmidt/Tress 2000: 206.

dass die türkischen Befragten solche abweichenden Verhaltensformen stärker und einheitlicher verurteilten als die deutschen Bewohner. Zugleich ließ sich aber feststellen, dass ein möglicher Einfluss der einen auf die jeweils andere Gruppe nur sehr gering sein kann, weil die deutschen Bewohner unter ihren Netzwerkpersonen nur einen Anteil von 8,5% ausländischer Personen (davon 2,1% Türken) nennen und die türkischen Bewohner nur 6,5% deutsche Personen (J. Friedrichs/J. Blasius 2000: 73). Die soziale Assimilation ist demnach niedrig und der gegenseitige Einfluss durch engere Interaktion gering.

Die schlechteren Wohnbedingungen der Migranten finden sich nicht nur in deutschen Städten, sondern sind auch für die Städte in anderen europäischen Ländern nachgewiesen. Dies zeigen nachdrücklich die Befunde über die Lebensbedingungen der türkischen Minorität in unterschiedlichen europäischen Ländern.[9] Auch das Ausmaß der Segregation einzelner ethnischer Minoritäten ist in Deutschland nicht höher als in anderen europäischen Ländern.[10]


## 3. Segregation

Unter Segregation wird die disproportionale Verteilung einzelner Bevölkrungsgruppen über die Teilgebiete einer Stadt verstanden. Das Ausmaß der Segregation sei hier am Beispiel zweier Städte, Frankfurt/M. und Köln beschrieben. Es sind zwei Städte mit einem hohen Anteil ausländischer Bevölkerung; im Jahre 1998 betrug deren Anteil in Frankfurt 28,5%, in Köln 18,8%. (J. Friedrichs 2000: 176). Die Analyse beschränkt sich auf den Index der Segregation (IS), der das Ausmaß der ungleichen Verteilung einer ethnischen Gruppe gegenüber der Verteilung der gesamten restlichen Bevölkerung misst. Zusätzlich beziehen sich einige Angaben auf die Segregation der einzelnen ethnischen Minoritäten gegenüber nur der deutschen Bevölkerung; sie wird mit dem Index der Dissimilarität (ID) gemessen. Die Werte lassen sich vereinfacht folgendermaßen interpretieren: Ein Wert von IS = 25,0 besagt, dass insgesamt 25% der beiden betrachteten Gruppen, zum Beispiel Türken versus restliche Bevölkerung, umziehen müssten, um eine gleichartige Verteilung über die Teilgebiete zu erhalten.

In Tabelle 2 ist die Segregation von sechs ethnischen Minoritäten und der Deutschen aufgeführt. Der wichtigste Befund ist, dass die Werte von 1988 bis 1997 für alle Gruppen gesunken sind, die Segregation sich demnach verringert hat. Das gilt auch für die deutsche Bevölkerung, die sich 1997 ähnlicher verteilt als noch 1988. Ferner ist auffällig, wie niedrig die Segregationswerte sind (das Maximum wäre 100,0). Interpretiert man die IS-Werte als einen Indikator der sozialen Integration, so sind zu beiden Zeitpunkten die Italiener am besten und die Griechen am relativ geringsten integriert, obgleich bei dieser Minorität das Ausmaß der Segregation am

---

9     Vgl. Dangschat 2000: 167 sowie die Beiträge in Özuekren/van Kempen 1997.
10    Friedrichs 2000: 191; Musterd/Ostendorf/Breebart 1998.

stärksten zurück gegangen ist. Schließlich ist der starke Rückgang der Segregation bei den Türken hervorzuheben.

Tabelle 2: Indizes der Segregation (IS), Frankfurt/Main,
1988 und 1997 (Basis: 46 Ortsteile)

| Nationalität | 1988 | 1997 |
|---|---|---|
| Deutsche | 19.3 | 15.6 |
| Italiener | 16.4 | 14.1 |
| Griechen | 35.3 | 27.4 |
| Spanier | 24.2 | 20.3 |
| Türken | 23.2 | 17.6 |
| Marokkaner | 23.5 | 21.2 |
| Jugoslawen | 25.5 | 21.4 |
| Ausländer insgesamt | 19.3 | 15.6 |

*Quelle: J. Friedrichs 2000: 189*

Tabelle 3: Indizes der Segregation (IS), Köln, 1984, 1989, 1994
(Basis: 84 Stadtteile)

| Nationalität | 1984 | 1989 | 1994 |
|---|---|---|---|
| Deutsche | 25.5 | 24.5 | 23.2 |
| Italiener | 30.9 | 29.5 | 27.0 |
| Griechen | 34.5 | 30.5 | 28.7 |
| Türken | 33.7 | 34.2 | 32.7 |
| Jugoslawen | 24.9 | 25.0 | 25.7 |
| Polen | x | x | 23.8 |
| Ausländer insgesamt | 25.5 | 24.5 | 23.2 |

*Quelle: J. Friedrichs 2000: 186;* x Keine Daten verfügbar

Für die Stadt Köln ließen sich die IS-Werte für drei Zeitpunkte, aber nur fünf ethnische Gruppen berechnen (Tabelle 3). Wie für Frankfurt/M., lässt sich auch für Köln ein Sinken der Segregation feststellen, allerdings mit der Ausnahme der Minorität aus Ex-Jugoslawien. Es ist offen, ob dieser Sachverhalt mit der Auflösung Jugoslawiens zusammenhängt. Auffällig ist ferner, dass die Werte über denen von

350

Frankfurt/M. liegen. Der wichtigste Grund hierfür dürfte ein methodischer sein: die Zahl der Stadt- bzw. Ortsteile. Je größer nämlich die Zahl der zugrunde gelegten räumlichen Einheiten ist, desto homogener sind sie, mithin wird das Ausmaß der Segregation höher. Hier sind die Türken die am wenigsten integrierte Gruppe, was auch darin zum Ausdruck kommt, dass die soziale Distanz der Deutschen in Köln zu den Türken am höchsten ist (ID = 33,7; 1994), in Frankfurt/M. hingegen zu den Griechen (ID = 30,3; 1997).

## 4. Diskussion

Die vorangegangene Analyse bezog sich vor allem auf das Ausmaß der Integration ethnischer Minoritäten in die städtische Gemeinschaft. Damit ist jedoch nur ein Teil der Probleme der ethnischen Minoritäten beschrieben. Die immer wieder berichteten Überfälle von Deutschen auf Ausländer zeigen, dass von einer Integration nur bedingt gesprochen werden kann. Über die Zeit hinweg nimmt die Integration zu, was sich sowohl an den Studien über die schulische Bildung, als auch denen einer abnehmenden Segregation zeigen lässt. Eine weitergehende Integration hängt einerseits von den beruflichen Chancen der ethnischen Bevölkerung ab. Das wiederum erfordert eine verbesserte Schulbildung. Für die beruflichen Chancen ist ferner zu vermuten, dass die vor allem in den USA beobachtete Tendenz zu einer steigenden Zahl „ethnischer" Unternehmen[11] auch in Deutschland auftreten wird. Es sind vorwiegend kleinere Betriebe im Dienstleistungssektor. Schon jetzt ist zu erkennen, dass hierin ein Aufstiegskanal für Angehörige der ethnischen Minoritäten zu sehen ist.

Die wichtigste Randbedingung für die weitere Integration ist die wirtschaftliche Entwicklung in einem Land. Die Migration in die europäischen Länder wird sich fortsetzen, denn: „Einmal etablierte Migrationsbeziehungen setzen sich jedoch auch in Phasen hoher Arbeitslosigkeit in den Zielländern fort, solange sich die Bedingungen in den Herkunftsländern nicht grundlegend verbessern" (Münz/Seifert/Ulrich 1999: 244). Da wir von einem steigenden Anteil von Angehörigen ethnischer Minoritäten in allen europäischen Ländern, dort vor allem in den Großstädten auszugehen haben, wird sich im Fall eines geringen wirtschaftlichen Wachstums sehr wahrscheinlich der Konflikt um knappe Ressourcen, Arbeitsplätze und Wohnungen verschärfen und die Konkurrenz zwischen Einheimischen und Immigranten größer werden.

---

11  Unter anderem Wilson/Portes 1980.

Anlage – Tabelle 1: Ausländer in der alten BRD, nach Herkunftsland, 1960, 1970, 1980, 1990 und 2000, in Prozent der ausländischen Bevölkerung

| Herkunftsland | 1960 | | 1970 | | 1980 | | 1990 | | 2000 | |
|---|---|---|---|---|---|---|---|---|---|---|
| | absolut (in Tsd.) | % | absolut (in Tsd.) | % | absolut (in Tsd.) | % | absolut (in Tsd.) | % | absolut (in Tsd.) | % |
| Italien | 196,7 | 28,7 | 527,5 | 20,3 | 617,9 | 13,9 | 552,4 | 10,3 | 619,1 | 8,5 |
| Griechenland | 42,1 | 6,1 | 305,3 | 11,7 | 297,5 | 6,7 | 320,2 | 6,0 | 365,4 | 5,0 |
| Spanien | 44,2 | 6,4 | 239,0 | 9,2 | 180,0 | 4,0 | 135,5 | 2,5 | 129,5 | 1,8 |
| Türkei | 6,7 | 1,0 | 429,4 | 16,5 | 1.462,4 | 32,8 | 1.694,6 | 31,7 | 1.998,5 | 27,4 |
| Portugal | 0,8 | 0,1 | 47,5 | 1,8 | 112,3 | 2,5 | 85,5 | 1,6 | 133,7 | 1,8 |
| Jugoslawien[1] | 16,4 | 2,4 | 409,8 | 15,8 | 631,8 | 14,2 | 662,7 | 12,4 | 1.035,6 | 14,2 |
| Polen | 17,3 | 0,7 | 17,3 | 0,7 | x | x | 242,0 | 4,5 | 301,4 | 4,1 |
| Afrika | x | x | x | x | x | x | x | x | 299,2 | 4,1 |
| Andere[2] | 362,0 | 52,7 | 624,8 | 24,0 | 1.151,4 | 25,9 | 1.649,6 | 30,9 | 2.414,4 | 33,1 |
| Insgesamt[3] | 686,2 | 1,2 | 2.600,6 | 4,3 | 4.453,3 | 7,2 | 5.342,5 | 8,4 | 7.296,8 | 8,9 |

x Keine Daten verfügbar; 1) Die Daten beziehen sich auf das frühere Jugoslawien, einschl. Bosnien, Herzegowina und Kroatien. Mazedonien und Slowenien konnten nicht getrennt einbezogen werden, sie sind in der Kategorie "Andere"; 2) Eigene Berechnungen aus Daten in: Statistisches Jahrbuch für die Bundesrepublik Deutschland und Statistisches Bundesamt 1997; 3) Die Prozentwerte beziehen sich auf den Anteil an der gesamten Bevölkerung der BRD im Jahr 2000 (Stand 30.06.); Quellen: Statistisches Bundesamt 1997; Statistisches Jahrbuch für die Bundesrepublik Deutschland, Jhg. 1981, 1995, 1999.

# Literatur

Blaschke, Jochen/Greussig, Kurt (Hrsg.) (1980): „Dritte Welt" in Europa. Probleme der Arbeitsimmigration. Frankfurt/M.: Syndikat

Bucher, Hansjörg/Kocks, Mathias/Siedhoff, Martina (1994): Die künftige Bevölkerungsentwicklung in den Regionen Deutschlands bis 2010. Annahmen und Ergebnisse einer BfLR-Bevölkerungsprognose. In: Informationen zur Raumentwicklung, Heft 12. 815-852.

Dangschat, Jens S. (2000): Segregation und dezentrale Konzentration von Migranten und Migrantinnen in Wien. In: Schmals (2000): 155-181.

Esser, Hartmut (1980): Aspekte der Wanderungssoziologie. Neuwied-Berlin: Luchterhand.

Esser, Hartmut (1986): Ethnische Kolonien: „Binnenintegration" oder gesellschaftliche Integration? In: Hoffmeyer-Zlotnik (1986): 106-117.

Esser, Hartmut/Friedrichs, Jürgen (Hrsg.) (1990): Generation und Identität. Opladen: Westdeutscher Verlag.

Friedrichs, Jürgen (Hrsg.) (1988): Soziologische Stadtforschung. Opladen: Westdeutscher Verlag. (Sonderheft 29 der Kölner Zeitschrift für Soziologie und Sozialpsychologie

Friedrichs, Jürgen (1990): Interethnische Beziehungen und städtische Strukturen. In: Esser/Friedrichs (1990): 305-320.

Friedrichs, Jürgen (2000): Ethnische Segregation im Kontext allgemeiner Segregationsprozesse in der Stadt. In: Harth et al. (2000): 174-196.

Friedrichs, Jürgen/Blasius, Jörg (2000): Leben in benachteiligten Wohngebieten. Opladen: Leske + Budrich.

Harth, Annette/Scheller, Gisela/Tessin, Wulf (Hrsg.) (2000): Stadt und soziale Ungleichheit. Opladen: Leske + Budrich.

Häußermann, Hartmut/Kapphan, Andreas (1997): Berlin: Bilden sich Quartiere sozialer Benachteiligung? In: Herkommer (1997): 187-208.

Heckmann, Friedrich (1980): Einwanderung als Prozess. Ein Beitrag zur soziologischen Analyse der Gastarbeiterbevölkerung als Einwanderungsminoritäten und zur Entwicklung eines Konzepts ihrer kulturautonomen Integration. In: Blaschke/Greussig (1980): 95-125.

Herkommer, Sebastian (1997): Soziale Ausgrenzungen. Gesichter des neuen Kapitalismus. Hamburg: VSA

Hoffmeyer-Zlotnik, Jürgen H.P. (Hrsg.) (1986): Segregation und Integration. Die Situation von Arbeitsmigranten im Aufnahmeland. Mannheim: Forum Raum und Gesellschaft e.V.

Kapphan, Andreas (2000): Die Konzentration von Zuwanderern in Berlin: Entstehung und Auswirkungen. In: Schmals (2000): 137-153.

Kecskes, Robert /Knäble, Stefan (1988): Der Bevölkerungsaustausch in ethnisch gemischten Wohngebieten. Ein Test der Tipping-Theorie von Schelling. In: Friedrichs (1988): 293-309.

Krummacher, Michael/Waltz, Viktoria (2000): Ruhrgebiet: Migration und Stadtentwicklung in einer altindustrialisierten Region. Herausforderungen, Versäumnisse und „best practice"-Beispiele. In: Schmals (2000): 215-237.

Münz, Rainer/Seifert, Wolfgang/Ulrich, Ralf (1999): Zuwanderung nach Deutschland. Strukturen, Wirkungen, Perspektiven. Frankfurt/M.-New York: Campus.

Musterd, Sako/Ostendorf, Wim/Breebart, Matthijs (1998): Multi-Ethnic Metropolis: Patterns and Policies. Dordrecht: Kluwer.

Özuekren, Sule/van Kempen, Ronald (Hrsg.) (1997): Turks in European Cities: Housing and Urban Segregation. Utrecht: Univerity, European Research Centre on Migration and Ethnic Relations.

Reiß-Schmidt, Stephan/Tress, Josef (2000): München – Stadtentwicklung mit Ausländern. In: Schmals (2000): 203-213.

Schelling, Thomas C. (1978): Micromotives and Macrobehavior. New York: Norton.

Schmals, Klaus (Hrsg.) (2000): Migration und Stadt. Entwicklungen, Defizite, Potentiale. Opladen: Leske + Budrich.

Stadt Essen (Hrsg.) (1997): Konzept interkulturelle Arbeit. Informationen zur Lebenssituation nichtdeutscher Einwohnerinnen und Einwohner in Essen. Essen: Der Oberstadtdirektor.

Statistisches Bundesamt (2000): Statistisches Jahrbuch für die Bundesrepublik Deutschland. Stuttgart: Metzler-Poeschel.

Statistisches Bundesamt (Hrsg.) (2000): Datenreport 1999. Bonn: Bundeszentrale für politische Bildung.

Wilson, Kenneth L./Portes, Alejandro (1980): Immigrant Enclaves: An Analysis of Labor Market Experiences of Cubans in Miami. American Journal of Sociology 86: 295-319.

# Autorenverzeichnis

**Dr. Heribert Adam**, Professor für Soziologie an der Simon Fraser University in Vancouver/British Columbia, Kanada

**Dimitria Clayton**, Leiterin des Referats Gleichstellung ethnischer Minderheiten im Landeszentrum für Zuwanderung Nordrhein-Westfalen, Solingen

**Oggi Enderlein**, Supervisorin und Dozentin in freier Tätigkeit

**Dr. Jürgen Fijalkowski**, Professor für Politische Wissenschaft und Politische Soziologie an der Freien Universität Berlin und dort langjähriger Leiter der Forschungsstelle für Arbeitsmigration, Flüchtlings- und Minderheitenpolitik

**Otto Filtzinger**, Professor, Leiter des Instituts für Interkulturelle Pädagogik im Elementarbereich (IPE), Mainz

**Dr. Jürgen Friedrichs**, Professor für Soziologie, Direktor des Forschungsinstituts für Soziologie an der Universität Köln

**Dr. Hans-Joachim Hoffmann-Nowotny**, Professor am Soziologischen Institut der Universität Zürich, Schweiz

**Manfred Husmann**, Richter am Bundessozialgericht in Kassel

**Dr. Eckhardt Koch**, Arzt, Vorsitzender der Deutsch-Türkischen Gesellschaft für Psychiatrie, Psychotherapie und Psychosoziale Gesundheit, Marburg

**Dr. Peter Kühne**, Professor für Soziologie am Zentrum für Weiterbildung, Sozialakademie, der Universität Dortmund

**Dr. Elçin Kürşat-Ahlers**, Privatdozentin am Institut für Soziologie der Universität Hannover

**Dr. Hermann Kurthen**, Visiting Assistant Professor am Department of Sociology an der State University of New York, Stony Brook, USA

**Dr. Thomas Meyer**, Privatdozent für Soziologie am Fachbereich 1 der Universität-Gesamthochschule Siegen

**Nihat Öztürk**, Gewerkschaftssekretär der Industriegewerkschaft Metall, Verwaltungstelle Düsseldorf

**Dr. Elisabeth Rohr**, Professorin für Erziehungswissenschaft mit dem Schwerpunkt interkulturelle Erziehung an der Philipps-Universität Marburg

**Dr. Albert Scherr**, Professor am Fachbereich Sozialpädagogik an der Fachhochschule Darmstadt

**Dr. Axel Schulte**, Professor am Institut für Politische Wissenschaft der Universität Hannover

**Dr. Bernd Schulte**, Wissenschaftlicher Mitarbeiter am Max-Planck-Institut für Ausländisches und Internationales Sozialrecht, München

**Dr. Werner Sesselmeier**, Privatdozent für Finanz- und Wirtschaftspolitik am Fachbereich 1 der Technischen Universität Darmstadt

**Dr. Andreas Treichler**, Professor für Sozialwissenschaft an der Fachhochschule Frankfurt a. Main, z.Zt. Leiter des Instituts für Migrationsstudien und interkulturelle Kommunikation (IMiK) in Marburg

**Dr. Karin Weiss**, Professorin am Fachbereich Sozialwesen der Fachhochschule Potsdam